한국어발달사 증보

박종국 지음

세종학연구원

새 증보판을 내면서

　내가 "한국어발달사"의 첫 판을 낸 것은 1996년 3월 15일이다. 이 첫 판을 내던 해는 훈민정음 반포 550돌이 되는 해였는데, 그로부터 이미 12년이 지났다. 그런데 이 책은 여러 해 전부터 한 책도 구할 수가 없게 되어, 초판 발행 10년 되던 해인 지난 2006년 훈민정음 반포 560돌 한글날을 기해 다시 새 판을 내고자 본문에 틀린 것은 바로 잡아 놓았으나, 다른 일 때문에 2년이 지난 지금에 와서야 내게 되었다.
　이번에 다시 내는 새 증보판에는 본문에 틀린 것은 고치고 일부 깁기도 하였으며, 필자가 한글학회 창립 100돌 기념 국어학 자료 특별전을 위해 새로 작성한 "한국어발달사 연표"를 부록으로 붙이었다. 그리고, 책의 판형은 새국판으로 다시 짰다.
　이 증보판의 책을 내기까지 나의 내자와 나의 딸인 세종학연구원 대표 은화의 도움이 컸기에 고맙다는 말을 전한다.

2008년 12월 27일

세종학연구원에서　지은이 박 종 국 적음

머 리 말

우리말은 줄잡아 반만년 역사와 더불어 발달 변천하여 왔고, 모든 언어가 마찬가지듯이 지금도, 또 앞으로도 계속 발달 변천하여 갈 것이 분명하다. 그러면, 우리 배달말이 어느 계통에 속하며 역사상 어떻게, 어떤 문자들에 의해 기록되어 보존되고, 전해가며 발달 발전하여 오늘에 이르렀는지의 역사적 발전 과정과 옛 언어들의 참 모습, 그리고 국어의 범위 연구 등이 기술된 국어사의 간행은 어떤가. 오늘날 한국말 연구의 여러 분야 중에서 역사적 연구는 자료의 부족과 공시적 연구의 미진 등으로 인하여 많은 어려움을 안고 있어 이 부문의 개설서는 불과 5, 6책의 개설서가 간행되었을 뿐이다.

이러한 상황에서 국어사다운 개설서를 편찬한다는 일은 여간 어려운 일이 아니다. 그러나, 이 부문은 국어 국문학을 전공하는 학생이나 역사·철학·사회학·인류학·법학·경제학 그리고 기타 다른 학문을 연구하고 있는 학생들로서 국어학에 관심을 갖는 학생들이라면 그 다른 어느 교과목 보다도 먼저 살피고 이해해야 할 일이라 생각한다. 그러므로, 필자는 여러 학자들에 의해 현재까지 연구된 자료를 더듬어 개설서의 시작품으로 내는 것이다.

내가 우리 말·글에 대하여 관심을 갖고 자료를 수집하며 더듬기 시작한 지는 이미 오래이나 보다 정성을 들여 역대 선지자들이 닦은 연구 업적을 조사·분석·정리하기는 「말본사전」을 엮어 내면서부터인데, 이 개설서를 엮기 시작하기는 연세대학교에서 「한국어의 발달」을 강의하면서부터이다.

이 책은 필자가 대학 강의용으로 준비한 유인물 「한국어의 발달」을 다소 수정 보완한 것일 뿐 거의 그대로이다.

본문의 내용은 여덟 장으로 나누어 기술하였는데, 그 첫째가 서설, 둘째가 국어의 계통과 형성, 셋째가 국어 표기 문자이고, 넷째부터 여덟째까지는 국어의 발달 변천 과정을 고대국어부터 현대국어에 이르기까지 다섯 시기로 시대 구분하여 국어 발달사 연구에 필요한 자료를 소개하면서 음운·어휘·말본으로 나누어 기술하였다. 그러나 막상 강의 교과목명인 '한국어의 발달'이란 이름을 살려 표제를 「한국어발달사」라 하여 상재하게 되니, 과연 국어사 개설서로서의 체계와 풀이가 제대로 되어 있는지 부끄러운 마음 금할 길 없다. 그러나 이것은 시작품일 뿐 곧 이어 잘못된 것은 고치고, 보다 광범위한 자료 수집과 검토·분석하여 체계 있는 국어사가 되도록 노력하겠다.

그리고 이 책은 거의 본문 뒤에 붙인 여러 선생님들의 저술과 학계 선배·동료들의 학문적인 공헌에 힘입은 것이다. 이 자리를 빌어 진심으로 감사의 말씀을 드린다.

금년은 마침 「훈민정음 반포 550돌」이 되는 해이자 「독립신문 창간 100주년」이 되는 해이며, 또 정부가 제정한 「문학의 해」이기도 하다. 그리고 필자가 36년간 몸 담고 있는 세종대왕기념사업회가 창립된지 40주년이 되는 해이며, 필자 개인적으로는 진갑이 되는 해이라 여러 기념의 뜻도 아울러 지니고 있어 더욱 감회가 깊다.

끝으로 이 책의 제자를 써 주신 한양대학교 인문과학대학 정 민 교수님과 출판을 맡아 주신 문지사 홍 철부 사장님께 감사드리며, 강의 자료 유인물에서부터 슬기틀(컴퓨터)에 입력과 원고 교정 등을 거의 도맡아 하여 출판하게 뒷바라지 해 준 나의 사랑하는 세 아이들, 큰아들 광순이는 프랑스 유학 중이고, 둘째인 딸 불문학전공 은화와 셋째인 작은아들 이학석사 성순에게도 고맙게 생각한다.

1996년 2월 24일

동교동 서재에서 지은이 씀

차 례

□ 다시 새 증보판을 내면서 ······································· 3
□ 머리말 ··· 5

Ⅰ. 서설

1. 국어와 한국어 발달사 ··· 19
2. 언어의 변화와 연구 ··· 22
3. 연구 방법 ·· 26
4. 시대 구분 ·· 32
5. 연구 자료 ·· 37

Ⅱ. 국어의 계통과 형성

1. 언어의 계통(系統) ·· 45
2. 국어의 계통 ·· 50
   (1) 우랄 알타이 계통설 ······································· 51
   (2) 알타이 계통설 ··· 52
   (3) 알타이 공통조어와 그 분화 ··························· 58
   (4) 한일어 동계설(韓日語同系說) ························ 63
   (5) 남방계설(南方系說) ······································· 65

    (6) 인구어 동계설(印歐語同系說) ·· 66
    (7) 우랄 알타이어의 특질과 한국어와의 관계 ························· 67
  3. 국어의 형성(形成)과 범위(範圍) ··· 75

Ⅲ. 국어 표기 문자

1. 개관 ··· 91
2. 전해지지 않은 고대문자 ·· 92
3. 한자와 차자표기 문자 ·· 100
    (1) 홀로이름씨의 표기 ·· 101
    (2) 임신서기체(壬申誓記體) ··· 105
    (3) 이두(吏讀) ··· 107
    (4) 향찰(鄕札) ··· 111
    (5) 구결(口訣) ··· 115
4. 훈민정음(訓民正音) ·· 121
    (1) 훈민정음의 기원설 ·· 121
    (2) 훈민정음 창제의 동기 ·· 128
    (3) 훈민정음 제자의 원리와 조직 ·· 141
        (3-1) 초성(닿소리) 제자의 원리와 조직 ······························ 142
        (3-2) 중성(홀소리) 제자의 원리와 조직 ······························ 151
        (3-3) 합자법(合字法) ·· 157
    (4) 훈민정음 낱자[字母]의 이름 ··· 166
    (5) 훈민정음 이름의 변천 ·· 169

(6) 훈민정음의 특이성과 우월점 ·· 178

Ⅳ. 고대국어

1. 개관 ·· 183
2. 자료 ·· 184
   (1) 광개토대왕릉비(廣開土大王陵碑) ·· 185
   (2) 임신서기석(壬申誓記石) ·· 187
   (3) 경주 남산신성비(慶州南山新城碑) ·· 188
   (4) 삼국사기(三國史記) ·· 188
   (5) 삼국유사(三國遺事) ·· 188
   (6) 균여전(均如傳) ·· 189
3. 고구려말 ·· 189
4. 백제말 ·· 198
5. 신라말 ·· 201

Ⅴ. 중고국어

1. 개관 ·· 221
2. 자료 ·· 222
   (1) 계림유사(雞林類事) ·· 223
   (2) 향약구급방(鄕藥救急方) ·· 225
   (3) 조선관역어(朝鮮館譯語) ·· 226

      (4) 구역인왕경(舊譯仁王經) ·· 227
      (5) 직해대명률(直解大明律) ·· 228
      (6) 도이장가(悼二將歌) ·· 229
      (7) 고려 속요(高麗俗謠) ·· 230
      (8) 양잠경험촬요(養蠶經驗撮要) ·· 232
      (9) 금석문(金石文) 이두 표기 자료 ···································· 233
  3. 음운·어휘·말본 ·· 233
      (1) 음운(音韻) ·· 233
          (1-1) 닿소리 체계[子音體系] ······································· 234
          (1-2) 홀소리 체계[母音體系] ······································· 239
      (2) 어휘(語彙) ·· 241
      (3) 말본 ·· 245

Ⅵ. 중세국어

1. 개관 ··· 251
2. 자료 ··· 254
3. 음운(音韻) ··· 300
    (1) 음운 체계 ·· 301
        (1-1) 훈민정음 체계 ·· 301
        (1-2) 15세기의 음운 체계 ·· 310
    (2) 음운 체계의 변천 ·· 312
        (2-1) 닿소리(자음)의 변천 ·· 312

  (2-2) 홀소리(모음)의 변천 ··· 328
  (2-3) 성조 체계 ·· 331
4. 한자음 ··· 333
5. 어휘 ··· 336
 (1) 국어 어휘의 특징과 한자어화 ······································· 336
 (2) 어형 변화 ·· 347
 (3) 소멸 어휘 ·· 349
 (4) 의미 변화 ·· 352
6. 말본 ··· 357
 (1) 준굴곡법과 굴곡법 ·· 358
 (2) 준굴곡법(임자씨와 토씨) ·· 359
  (2-1) 자리토씨 ·· 359
  (2-2) 이음토씨 ·· 368
  (2-3) 물음토씨 ·· 373
  (2-4) 도움토씨 ·· 375
  (2-5) 특수토씨(부름자리토씨) ·· 378
 (3) 굴곡법(풀이씨의 끝바꿈) ·· 379
  (3-1) 맺음씨끝의 굴곡범주 ·· 381
  (3-2) 안맺음씨끝의 굴곡범주 ·· 396
7. 맞춤법 ··· 402

Ⅶ. 근대국어

1. 개관 ··· 411
2. 자료 ··· 414
3. 음운 ··· 443
   (1) 음운 체계 ··· 444
      (1-1) 닿소리 체계 ·· 444
      (1-2) 홀소리 체계 ·· 444
   (2) 음운 체계의 변천 ·· 445
      (2-1) 닿소리의 변천 ··· 445
      (2-2) 홀소리의 변천 ··· 451
4. 어휘 ··· 455
   (1) 국어 어휘의 특징 ·· 455
   (2) 어형 변화 ··· 457
   (3) 의미 변화 ··· 458
   (4) 새 낱말 ·· 460
   (5) 빌어온 말[借用語] ·· 461
5. 말본 ··· 462
   (1) 17세기 말본 체계 ··· 462
      (1-1) 주체높임 형태의 변화 ·· 462
      (1-2) 객체높임의 퇴화와 상대높임의 발달 ···················· 463
      (1-3) 임자자리토씨 「-가」의 발생 ······························ 466
   (2) 18세기 말본 체계 ··· 467
   (3) 19세기 말본 체계 ··· 468
6. 맞춤법 ··· 468

Ⅷ. 현대국어

1. 개관 ·· 475
2. 자료 ·· 479
3. 음운 ·· 486
   (1) 닿소리 체계 ·· 486
   (2) 홀소리 체계 ·· 486
   (3) 받침 체계 ··· 487
   (4) 운소(韻素) ·· 487
4. 어휘 ·· 488
   (1) 토박이말 ··· 488
   (2) 빌어온말[借用語] ··· 488
   (3) 짜임새로 본 어휘 분류 ··································· 489
       (3-1) 단일어(單一語) ······································ 490
       (3-2) 합성어(合成語) ······································ 490
       (3-3) 파생어(派生語) ······································ 491
   (4) 약어(略語)와 그밖에 어휘 ······························ 493
5. 말본 ·· 494
   (1) 말본 체계 ··· 494
       (1-1) 분석적 체계 ·· 495
       (1-2) 절충적 체계 ·· 495
       (1-3) 종합적 체계 ·· 497

(2) 씨의 가름[分類] ································· 498
　　(3) 준굴곡법과 굴곡법 ································· 500
　　　　(3-1) 준굴곡법(임자씨와 토씨) ················· 500
　　　　(3-2) 굴곡법(풀이씨의 끝바꿈) ················· 512
　　　　(3-3) 도움줄기[補助語幹] ························· 515
　　(4) 월의 구성법 ·· 518
　　　　(4-1) 월의 으뜸골(기본 문장형) ················ 518
　　　　(4-2) 월의 조각[成分] ······························· 519
　　　　(4-3) 월의 갈래[種別] ······························· 525
6. 맞춤법 ··· 530
　　(1) 국문연구소의 철자법 ································ 531
　　(2) 총독부의 언문 철자법 규정 ······················ 533
　　(3) 조선어학회의 「한글 맞춤법 통일안」 ········· 537
　　　　(3-1) 조선어학회의 창립 ·························· 537
　　　　(3-2) 「한글 맞춤법 통일안」 제정 ············· 539
　　(4) 문교부 고시 「한글 맞춤법」 ······················ 547
7. 대중말[標準語] ·· 550

□ 참고문헌 ·· 557
□ 찾아내기 ·· 566
□ 한국어발달사 연표 ··· 617

I. 서설

1. 국어와 한국어 발달사

2. 언어의 변화와 연구

3. 연구 방법

4. 시대 구분

5. 연구 자료

I. 서설

1. 국어와 한국어 발달사

　국어는 우리 한국 사람에게 있어서는 한국말을 가리킨다. 그러나, 같은 우리말이라도 한국말이라 할 경우와 국어라 이를 경우와는 그 뜻의 내용이 반드시 같은 것은 아니다. 한국말이라 할 경우는 이 지구 상에서 쓰이고 있는 삼천이나[1] 되는 언어들 가운데의 하나만을 말함이니, 국어란 용어보다 좀 더 객관적이고 합리적인 용어이다. 다시 말하면, 중국말·몽고말·영어·프랑스말·도이치말·러시아말·일본말·힌디어·아랍어 등과 같이 이 세계에 현존하여 있는 수많은 구체적 언어의 일종이라는 말이다. 이렇게 놓고 볼 때 한국말이란 다른 종류의 말과 대립적으로 가리킬 때에 이르는 이름이니, 곧 상대적 의미에서 쓰이고 있다. 그러므로, 대외적이라 하겠다. 그러나, 국어라 하면, 이것은 반드시 어느 나라라는 국적을 가진 사람들에 의하여 쓰일 수 있는 구체적 언어이니, 곧 국가어(國家語)의 뜻이므로 절대적이다. 그

---

[1] ①허웅 : 《언어학》(샘문화사, 1981. 2. 20) 431쪽을 보면 2,796의 언어가 있다고 한다(그레이 L. H. Gray가 한 말임). ②유엔교육과학문화기구(유네스코)가 2003년에 발간한 《지구의 언어·문화·생물 다양성 이해하기》라는 책자에는 이 지구상에 약 6,700의 언어가 있다고 하였다.

러므로, 대내적이라 하겠다. 대내적이라 함은 항상 국가를 배경(背景)으로 하여 그 나라의 백성이 반드시 사용할 일종의 의무를 요구하는 뜻이 포함되어 있으니, 국어의 개념을 한마디로 정리한다면, 「국가를 배경으로 국민이 쓰는 대중말(표준말), 또는 한 나라에서 국민이 쓰는 공통어(公通語)다.」라고 규정할 수 있다. 국가라는 배경을 잃을 때는 국어가 아닌 단순한 겨레말[民族語]이라고 부를 수 밖에 없는 것이다. 이런 면에서 볼 때 국어의 개념상 독립된 국가란 필수적인 것이 된다. 또한 국가를 배경으로 하는 대중말 곧 공통어란 단순한 개개인의 고장말이나 특수한 사회 계층이나 직업 등에 따라 사용되는 언어가 아니라 그 나라에서 공식으로 인정하는 언어를 뜻한다. 따라서 국어 성립의 조건은 첫째 구체적 언어(특정 언어)이어야 하고, 둘째 국가를 배경으로 하여야 하고, 셋째 대중말이어야 한다.

우리나라에서는 대중말의 사정 원칙을 종전에는,

"표준말은 대체로 현재의 중류 사회에서 쓰는 서울말로 한다[2]."

라고 하였는데, 현재는 그 사정 원칙을, 다음과 같이 규정하고 있다.

"표준어는 교양 있는 사람들이 두루 쓰는 현대 서울말로 정함을 원칙으로 한다[3]."

이 사정 원칙에 따라, 같은 뜻을 가진 여러말들 중에서 좋은 말(본보기가 될 만한 말) 하나 만을 뽑아서 공용어 곧 대중말(표준말)로 정하는데, 특별한 경우 두 말을 대중말로 정하기도 한다. 이 대중말을

---

[2] 조선어학회 : ≪한글 마춤법 통일안≫(조선어학회, 1933. 10. 29)「총론」제2호 참고.

[3] 문교부 고시 제88-2호 1988. 1. 19「표준어 규정」제1부 표준어 사정원칙 제1장 총칙 제1항 참고.

협의의 국어라 한다.

　이와 같은 대중말의 성격에 비추어 볼 때 인도[4])나 스위스[5]), 필리핀[6])과 같이 다민족 국가 또는 정치적·문화적 배경의 특수성을 고려하는 국가에 있어서는 둘 이상의 대중말(공통어)이 있을 수 있다.

　그러나, 우리나라처럼 단일 민족으로 성립된 국가에서는 민족어가 국어로 되는 것은 자연스러운 일이다. 우리 국어의 경우에는 우리 겨레가 단일 민족이고 단일 언어이므로 공통어는 한국말(배달말) 하나밖에 없기 때문에, 삼자는 구분할 필요도 없을 뿐만 아니라 구분할 수도 없다. 그러므로, 우리 겨레가 쓰는 언어는 겨레말이요, 모국어(母國語 ; 本國語)인 동시에 국가적 공통어인 국가어라고 말할 수 있다. 이런 면에서 볼 때 한 민족이 있으면 민족어도 반드시 병존하게 마련이다. 그러므로, 언어는 겨레와 운명을 같이하는 공동 운명체라는 것과 언어학은 민족학과 접촉하는 면에서 언어의 역사와 인종의 역사, 또는 문화의 역사와는 밀접한 호상 관계에 있다는 사실을 간과(看過)해서는 안된다. 이 언어 속에는 그 겨레가 지니고 있는 전통·역사·종교 그리고 생활의 기본이 되는 것들, 곧 그 겨레의 정신적·물질적 생활의 모든 것이 온통 간직되어 있는 것이다.

　말에 대하여 최현배님은 ≪우리말본≫의 머리말에서,

　　"한 겨레의 문화 창조의 활동은, 그 말로써 들어가며, 그 말로써 하여 가며, 그 말로써 남기나니."

---

[4]) 인도는 「힌디어(Hindi語)」와 「영어」 및 14개 지역어를 공용어로 채택하고 있다고 한다.
[5]) 스위스는 「프랑스말」·「도이치말」·「이탈리아말」을 모두 국어로 인정한다.
[6]) 필리핀은 「탈갈로그말」과 「영어」를 국어로 인정한다.

라고 하였다.

이와 같이 언어란 민족 문화 창조의 활동에 있어서 가장 주요할 뿐 아니라, 한 겨레의 표상인 것이다.

우리가 우리 겨레의 표상인 한국말 곧 국어의 본질을 파악하기 위하여서는 국어의 계통과 그 형성 및 범위, 그리고 우리말 자체의 발달 변천 과정, 곧 국어의 음운·어휘·말본 등의 변천에 대한 실증적인 연구와 체계적인 파악이 필요한데, 이와 같이 한국말이 변천해 온 역사를 체계적으로 서술하는 학문을 한국어발달사 또는 국어발달사(국어사)라 하는 것이다. 곧 국어의 소리, 낱말, 말본의 역사가 국어의 역사이다. 여기에서 「역사」란 말은 해석에 따라 몇 가지 뜻으로 나누어지는데, ⑴ 지난적의 각 시대에 있어서의 국어의 낱낱의 사실. ⑵ 국어의 시대에 따른 변천의 사실. ⑶ 그 변천에 대한 연구자의 인식의 내용과 뜻붙임 등이 그것이다. 엄밀히 말하면 ⑶이 되겠으나, 흔히 ⑴, ⑵의 뜻으로 쓰인다.

그리고 우리가 한국어발달사를 연구하는 까닭은, 첫째 한국어발달사는 우리 겨레의 역사 전체에서 볼 때, 그 주요한 일부가 되기 때문이고, 둘째 우리가 옛말을 듣거나 옛 문헌들을 읽고 올바르게 알고 이해할 수 있는 큰 실용성을 지니고 있기 때문이라 하겠다.

2. 언어의 변화와 연구

언어는 사람과 사람과의 사이의 의사와 감정을 소통하기 위한 수단으로서 발달시킨 음성적 기호 체계(記號體系)이다. 그러나, 언어는 단순히 의사와 감정을 표현해 주는 도구로서 봉사하는데 그치는 것이 아니라, 그 의사와 감정을 좌우하고 또 이루어 내는 힘을 가지고 있다. 그리고 한 나라(겨레)의 언어에는 얼이 스며 있기 때문에 그 나라의 정신에 뿌리를 내리고 자라는 것이다.

오늘날 지구상에 살고 있는 모든 사람은 나면서부터 주위의 사람들이 부려쓰는 언어의 홍수 속에서 자란다. 그리하여 사람은 자질에 의해서 부려쓰인 언어를 듣고 자기의 머리 속에 그것을 갈무리하게 되는데, 그 갈무리가 어느 정도에 이르게 되면, 자기 스스로 그것을 부려쓸 수 있게 된다. 이러한 갈무리와 부려쓰기의 과정에서 언어는 약간의 변질을 면치 못하게 되므로 언어는 끊임없이 변화해 마지 않는다[7].

그러나, 언어의 변화는 눈에 띄게 두드러질 수는 없다. 만일 그렇게 되었다가는 서로 뜻을 교환하는 데 방해가 될 것이기 때문이다. 언어는 항상 변화의 과정에 놓여 있으나, 눈에 띄지 않을 정도로 작기 때문에 언어는 움직이지 않는, 고정된 상태인 것처럼 보이는데, 이러한 고정된 상태로 보이는 시간은 꽤 길 수도 있다. 몇 년은 말할 것도 없고 경우에 따라서는 몇 십년 동안 별로 변하지 않는 것처럼 보이는 일도 있다.

고정된 상태로서의 언어는, 서로 관련 없는 요소들로 만들어진 것이 아니라, 각 요소들은 서로 긴밀하게 얽매어져 있는 조직이요 체계이다. 소리가 그렇고, 낱말이 그렇고, 말본의 규칙이 그러한데, 이것을 언어 체계라 한다. 그리고 이 세 체계의 총체가 언어이다.

---

[7] 국어가 변화를 겪어 왔다는 것은 옛 문헌을 읽어 본 이면 누구나 쉽게 깨달을 수 있는 일이다. 현대말의 지식만 가지고 15, 16세기의 고전을 읽어 보면 지금은 쓰이지 않는 글자나 낱말이 있어 그 뜻을 이해하기 어려움을 발견한다. 이것은 국어에서만 볼 수 있는 현상은 아니다. 언어는 언제나 변화의 과정에 있다고 할 수 있는 것이다.

그런데 이러한 언어 체계는 다음의 세 가지 조건에 따라 달라진다.

첫째, 시간(때)에 따라 달라진다. 우리 한국말의 경우 15세기 국어의 홑홀소리는 일곱이었는데, 오백년 뒤인 지금의 홑홀소리는 아홉 내지 열개로 바뀌었다. 낱말이 시간에 따라 바뀌고, 말본의 체계가 그러하다.

둘째, 공간(지역)에 따라 달라진다. 지구상 여러 곳의 언어가 제각기 다르며, 한 나라 안에서도 지역에 따라 언어가 달라져 있다. 이를테면, 제주도말의 언어 체계는 수도인 서울말의 언어 체계와 다르다.

셋째, 계층에 따라 달라진다. 같은 시간, 같은 지역에서 쓰이는 언어도 똑같은 것이 아니다. 지금 서울 안에서 쓰이는 언어라 해서 모두 똑같지는 않다. 직업과 사회 계층에 따라 다른 언어를 쓰는 일이 있다.

그러므로, 일정한 언어 체계를 정하려면 이 시간과 공간과 계층의 세 가지 조건을 일정하게 해야 하는 것인데, 오늘날 우리 대중말(표준말)이 바로 그러한 조건으로 정해진 하나의 체계이다. 곧 지금 우리들이 쓰고 있는 대중말은, 현대(시간) 교양 있는 사람들이(사회 계층) 두루 쓰는 서울의(공간) 말을 기준으로 하고 있다.

이렇듯 시간과 공간과 사회 계층에 따라 정해진 하나의 언어 체계를 다른 언어 체계에 눈을 돌리지 않고 오직 그 하나의 언어 체계에만 초점을 맞추어 연구하는 학문을 공시언어학(共時言語學, Synchronic linguistics)이라 한다. 한 언어 체계 안에서는 모든 요소들이 서로 긴밀히 얽매여 있는데, 이 모습 곧 어느 한 기간의 언어를 묶어서 동질적인 가치로 보는 것을 공시태(共時態, synchrony)라 한다. 따라서 공시언어학은 공시태를 대상으로 하는 언어학의 한 부문이다.

앞에서도 말한 것처럼 언어는 끊임없이 변화해 왔고, 앞으로도 변화를 지속할 것이다. 그런데 그 변화는 느린 속도로 진행이 되기 때문에 눈에 띄지는 않으나, 그 변화가 쌓이고 쌓이게 되면, 어느 때에 가서 곧 수백년이 지나서는 자못 현격하게 나타나게 되는데, 이러한 변화의 모습 곧 시간에 따라 변화하는 언어의 모습을 연구하는 학문을 진화언어학(進化言語學, Evolutive linguistics), 또는 통시언어학(通時言語學, Diachronic linguistics)이라 한다. 언어의 변화해 가는 모습 곧 각 공시태의 언어들을 역사적으로 꿰뚫어 보는 것을 통시태(diachrony)라 한다. 따라서 통시언어학은 통시태(通時態)를 연구 대상으로 하는 언어학의 한 부문이다.

공시적 연구·통시적 연구는 서로 다른 점이 있다. 이를테면, 한 언어 사실을 설명하는 데도 그 방법이 달라지는 일이 있다. 현대 한국말에「낚시」를 놓고 볼 때,「ㄲ」받침을 쓰고 있는데, 이것은 이 언어가「낚-다」에서 파생된 것으로 생각했기 때문이다. 이러한 생각은 이 언어의 역사를 전혀 생각하지 않고, 오직 현대말의 상태만으로 판단한 결과이다. 그러나, 이 말을 역사적으로 보면, 이 설명은 잘못이다. 옛 한국말의「낚시」의 15세기 옛꼴은「낛」(훈민정음 합자해)이다. 곧 역사적으로 보면「낛」에「-이」가 붙어 말꼴이 늘어난 데 지나지 않는다. 그렇지마는 그렇다고 현대말의「낚시」로 적는 방법이 잘못이라고 말할 수는 없다. 이 두 가지 연구 방법은 언어 사실을 보는 각도가 다르며, 따라서 그것을 설명하는 방법도 다를 수 있기 때문이다.

그러나, 그렇다고 해서 이 두 연구 방법은 서로 관계를 끊고 있는 것은 아니다. 고정된 언어 상태의 설명에는 그 역사적 변화 과정을 연구하는 것이 필요할 때가 많기 때문이다. 현대말의 합성어(合成語)에는 두 낱말의 어느 편에도 없는 소리가 덧나는 일이 있다. 이를테면,

「조」와 「쌀」이 합해지면 「좁쌀」이 되고, 「암」과 「닭」이 합해지면 「암ㅎ닭→암탉」이 되는 따위인데, 이 말들의 역사를 고려하지 않으면, 그 이유가 설명되지 않는다. 역사적으로 보면 「쌀」의 15세기 말은 「뿔」(석보상절 6 : 14)이었으며, 「암」의 15세기 말은 「암ㅎ」(월인석보 7 : 16, 박통사초간 상 : 2)이었기 때문에 이러한 현상이 일어나는 것이다.

이와 같이, 언어의 역사의 연구는 한 시기의 언어의 상태만으로는 설명이 되지 않는 일들을 밝혀 주는 데 도움이 되는 일이 많다. 그러므로, 두 가지의 연구 방법인 공시언어학과 통시언어학은 서로 도움을 주고 있는 것이다.

3. 연구 방법

언어사의 연구는 19세기 이래 연구하기 시작하였는데, 연구 방법은 기본적으로는 진화언어학 곧 통시언어학의 방법이다. 이 통시언어학은 역사언어학(歷史言語學, Historical linguistics)이라고도 한다. 이것은 시간과 공간과 사회 계층에 따라 정해진 하나의 언어 체계를, 시간에 따르는 변화와, 공간이나 사회 계층에 따르는 다름을 전혀 고려하지 않고, 오직 그 하나의 언어 체계에만 초점을 맞추어 연구하는, 곧 어떤 한 시대(일정한 기간)에 주어진 언어 상태를 연구 대상으로 하는 정태언어학, 또는 공시언어학과는 서로 대립되는 개념이다. 언어의 정태적 상태의 연구는 시간과 공간과 사회 계층을 가리지 않는다. 어느 나라의 언어, 어떤 지방의 말이라도 시간과 사회 계층을 일정하게만 하면 된다. 어느 때의 말이라도 공간과 사회 계층을 일정하게만 하면 된다. 또 어느 사회 계층의 말이라도 시간(때)과 공간(곳)을 일정하게만 하면 된다. 그러므로, 공시언어학의 연구 대상은 무수히 많다. 우리나라

3. 연구 방법   27

안에만 하더라도 함경남도의 교양 있는 사람이 지금 쓰고 있는 말, 15세기나 16세기 서울 상류 계급의 말, 18세기 경상북도의 교양 있는 사람들이 쓰던 말 등등, 그 보기를 다 들 수 없을 정도이다.

　이와 같이 어느 세기 국어든 어느 한 시점이나 일정한 기간의 언어인 공시태(共時態)를 대상으로 각각 그 당시의 언어 구조 언어 체계를 연구하는 것이 공시언어학이라면, 통시언어학에 바탕을 둔 통시적 연구 방법은 어느 한 시대가 아닌 역사적인 시간의 흐름에 따라 변천 발전하는 양상인 통시태(通時態)를 대상으로 시간선상에서 이행하고 상호 교체되는 게기저 상항간의 관계를 연구하는 것이다. 다시 말하면, 통시언어학의 대상은 여러 변화의 시기에 있어서의 앞뒤에 이어지는 변화의 모습을 연구하게 된다. 이를테면, 「ᄆᆞ춤내(훈민정음 언해)>ᄆᆞ츰내>ᄆᆞ침내>마침내, 쉬비[易](월인석보 13:12)=수비(석보상절 9:2)>수이>쉬, 처엄(용비어천가 78장)>처엄(야운자경 52, 소학언해 6:104)>처음, 가비야ᄫᆞᆫ[輕](훈민정음 언해)>가비야온>가벼운, ᄃᆞ뷔다[爲](용비어천가 98장)>ᄃᆞ외다>되다」 등으로 변천하는 위상(位相)에는 음운 법칙이 드러나는데 이는 통시적 연구의 영역이다.

　연구 방법 면에서 볼 때 공시적 연구는 오직 하나의 조망(眺望)뿐으로, 그 법칙은 단순히 실제로 존재하는 질서의 표현이며, 언어 상태를 있는 그대로 인증하는 것이다. 따라서 공시태(共時態)에 있어서의 법칙이란 배열(排列)이라고 하는 뜻이며 규칙성의 원리라는 뜻도 된다. 그러나, 통시적 연구는 두 개의 조망을 식별하여 적절히 가려 써야 하는 것이니, 하나는 시간의 흐름을 따라 현재로 내려오는 전망적 방법(展望的方法, Prospective method)이요, 다른 하나는 시간의 흐름을 현재에서 옛으로 거슬러 올라가는 회고적 방법(回顧的方法, Retrospective method)8)이다. 그러므로, 언어사의 연구는 이 전망적 방법과 회고적 방법에 의해서 이루어진다.

　전망적 방법 곧 전망법(展望法)은 어떤 언어의 역사적 기록을 시간의 흐름에 따라 조사해 내려옴으로써 그 언어의 역사를 밝히는 것이다. 따라서 이 방법은 단순한 기술에 귀착되며, 오직 기록들에 대한 비판(批判)이 중심 과업이 된다. 이 방법은 처리상 기록을 취사 선택할 수 있는 어느 정도 풍부한 문헌이 있는 시대에 대해서만 가능하다. 이를테면, 한국말에 대해서 말하면 15세기 훈민정음 창제를 기점으로 현재에 이르는 연구는 이 방법을 적용할 수가 있으니, 이는 한글로 기록된 언어 자료가 풍부하기 때문이다. 그러나, 역대(歷代)의 문헌을 언어 자료로서 다룰 때 주의할 것은 언어와 문자를 혼동하지 말 일이다. 원래 문자는 보수적인 것임을 잊지 않아야 한다. 글자로 쓰여진 언어란 항상 고정(固定)되는 것이어서 그것은 몇 세기(世紀)동안 거의 변하지 않는 일도 있다. 아직 완전히 고정되지 않은 경우라 하더라도 글자로 기록될 때의 언어는 매우 전 시대의 모습의 영향을 받기 쉽기 때문이다. 따라서 각 문헌에 나오는 표기법(表記法)의 어느 부분이 더 옛꼴을 드러내는 것인가, 어느 부분이 당시의 실제 언어를 반영(反映)하는 것인가를 판단하는 통찰력이 필요하다. 그러나, 훈민정음 창제 이후라고 하더라도 오늘날 전승(傳承)된 기록은 그 동안의 한국말의 완전한 모습을 보여 주지는 않는다. 그러므로, 이 동안의 국어의 역사도 그것을 완전하게 서술하려면 회고적 방법을 원용(援用)하여야 한다. 원래 이 회고적 방법은 어느 한 시대의 주어진 언어 사실에서 한 가지 형태를 알고 있다고 가정할 때, 그 형태를 가져오게 한, 보다 전

---

8) 박병채 : ≪국어발달사≫(세영사, 1989. 8. 30 초판, 1990. 8. 30 재판) 19쪽 등을 참고하여 정리하였다.

시대의 형태는 어떠했을까 하는 것을 탐구하는 일이다.

회고적 방법 곧 회고법(回顧法)은 주로 문헌 이전의 시대에 대해서 적용된다. 그러므로, 문헌 이전의 언어의 역사적 사실을 밝힘에 있어선 회고법에 따르지 않을 수 없다. 곧 문헌을 통한 전망법에서 얻어진 어떤 언어의 역사적 변천 과정을 가지고 그 이전의 형태가 어떠했을까를 탐구하는 것이다. 회고법에는 문헌에서 얻어진 결과뿐 아니라, 비교 방법이 더 중요한 구실을 하고, 또 방언(方言)이 중요 재료가 된다.

한국말의 역사적 연구를 위한 방법으로 첫째 문헌 조사 연구 방법(文獻調查硏究方法), 둘째 비교 조사 연구 방법(比較調查硏究方法), 셋째 방언 조사 연구 방법(方言調查硏究方法), 넷째 언어 일반적 연구 방법(言語一般的硏究方法) 등이 있다.

(1) 문헌 조사 연구 방법

한국말의 거의 정확한 문헌 자료는 500여년 전까지 소급할 수 있을 뿐이다. 훈민정음이 창제된 뒤 한글로 기록한 우리말 문헌이 직접적 자료가 되지만, 정확하지는 않으나, 훈민정음 창제 전에도 우리 문헌인 ≪삼국사기≫·≪삼국유사≫ 등에 의해 신라시대의 향가(鄕歌)와 삼국의 땅이름·사람이름·벼슬이름·나라이름 표기, 고려시대 외국인에 의해 된 ≪계림유사(鷄林類事)≫나 ≪조선관역어(朝鮮館譯語)≫에 수록된 어휘, 우리 문헌인 ≪향약구급방≫·≪직해대명률≫·≪구역인왕경≫ 등에 실려 있는 이두와 구결 같이 한자의 형(形)·음(音)·훈(訓)을 빌어 기록된 문헌적 자료도 있다. 그러나, 이 자료들은 한자를 차용(借用) 우리말을 기록했기 때문에 그 시대의 언어 사실을 잘 알 수 없고 다만 언어의 모습을 추측하는 간접적 자료밖에 되지 못한다.

이 밖에 ≪삼국지(三國志)≫ 「위지(魏志)」 등의 중국 문헌 자료와 ≪일본서기(日本書記)≫(720년)·≪고사기(古事記)≫(712년) 등의 일본 문헌 자료에 기록된 우리말의 단편적 기록도 참고가 된다. 그러나, 어떻든 국어사 연구에 있어 가장 중심이 되는 자료는 훈민정음 창제 이후 우리말로 기록된 한글 문헌으로, 이것을 가지고 조선조 500년의 국어사가 엮어지고, 그것을 중심으로 다른 문헌 자료의 기록과 금석문(金石文)의 기록을 참고하고 여기다 비교 연구와 방언 연구, 그리고 언어 일반적 연구를 참고하여 그 이전의 국어의 변천을 어렴풋이나마 찾아보는 것이다.

(2) 비교 조사 연구 방법

비교는 기원(起源)을 같이 하는 서로 다른 두 가지, 또는 그 이상의 형태가 있을 때에만 가능하다. 따라서 비교는 친족 관계(親族關係)에 있는 여러 언어 곧 같은 말겨레[語族]의 언어들 사이에서만 행해질 수 있으며, 또 비교되는 형태가 많을수록 그 결과는 거의 정확하게 된다. 국어의 경우, 친연성(親緣性)이 있다고 보는 이른바 알타이 말겨레[語族]인 퉁구스말·몽고말(蒙古語)·터어키말, 나아가서는 일본말(日本語) 등과의 비교가 일차적으로 대상이 된다. 비교 연구를 할 때 비교하는 언어들 사이 음운(音韻) 및 의미(意味)의 일치를 대응(對應, correspondence)이라고 하며, 이런 대응에 의해서 원시 형태(原始形態)를 가설적(假說的)으로 다시 세우는 것을 재구(再構, reconstruction)라고 한다. 이런 재구를 통해서 알타이 말겨레(Altai 語族)의 공통조어(共通祖語)의 모습까지 설정할 수 있는 것이다. 비교 방법 역시 음운(音韻)·어휘(語彙)·말본 등의 비교 연구가 있다. 더구나 우리나라와

같이 짧고 빈약한 문헌의 기록을 가진 언어에 있어선 동일(同一) 말겨
레의 비교 연구를 통해 문헌 이전의 상태를 재구(再構)하는 것이 가장
필요하다고 여겨지나 그리 쉬운 일이 아니다. 특히 한국말의 비교 언
어학적 연구는 알타이 말겨레의 비교 연구를 개척한 핀란드의 언어학
자 람스테트(G. J. Ramstedt, 1873-1950) 이후 이 방면의 연구에 몇몇
학자가 노력하고 있으나 연구의 성과는 아직 이렇다하게 나타나지 않
고 있다.

그리고 비교 조사 연구는 비단 같은 계통의 언어에 한정되는 것은
아니다. 특히 한국어발달사에 있어서 단일 언어 안에서 제 방언의 비
교 연구란 아주 중요한 일이다.

(3) 방언 조사 연구 방법

한 나라의 언어 중에서 특히 우리나라인 경우 함경도·평안도·경
상도·전라도·제주도 등의 지역에 따라 발음·의미·어휘·음운·말
본 등이 공통어인 대중말(표준말)과 다른 언어 체계를 가진 말을 방언
(dialect)이라 부른다.

방언은 현재 지역적으로 분산된 언어 상태를 보일 뿐 아니라, 거기
에는 그 지방 백성과 사회의 역사가 투영(投影)되어 있다. 방언은 원
래 지역적인 보수성이 강하여 옛 모습을 많이 간수하고 있기 때문에
역대 문헌에서 보여주는 결함을 보충해 줄 뿐 아니라 기록에서 예상
되는 결과를 현실적으로 충족시켜 줄 수도 있으므로 국어사 자료의
산 보고(寶庫)라 할 수 있다. 그러나, 방언 조사 연구의 성과는 아직
빈약하므로 본격적인 연구가 앞으로 있어야 한다.

(4) 언어 일반적 연구 방법

언어학자들이 제공하는 일반언어학적(一般言語學的) 기초 이론(基礎理論), 그 중에도 역사적 변천 이론은 국어발달사 연구에 많은 이론적 근거를 제공한다. 국어의 역사적 변천은 인류 언어의 전반적 변천 경향과 보조를 같이하는 데가 많다. 이것을 근거로 했을 때 국어발달사의 연구도 확고한 이론적 근거를 얻게 되는 것이다.

이상과 같이 국어의 역사적 연구를 위한 방법에 대하여 말하였거니와, 이러한 여러 가지 방법에 의한 연구의 성과들이 종합되고 또 아직까지 연구의 성과가 빈약한 부분의 연구가 본격적으로 된다면 체계적인 한국어발달사의 서술이 가능해지리라 믿는 바이다.

4. 시대 구분

한국어발달사의 시대 구분은 학자에 따라 이견이 많으므로 아직 확립되어 있지 않다. 언어사(言語史)는 정치사(政治史)나 문화사(文化史)와 완전히 무관한 것은 아니지만, 이들에 종속될 것은 아니기 때문에 그 시대 구분도 정치사나 문화사와는 떠나서 독자적인 관점에서 이루어지지 않으면 안 된다. 그러나, 한국어 발달사를 기술함에 있어서 시대 구분을 어떻게 하여 한국어 발달사를 체계적으로 논하느냐 하는 문제는 그리 쉬운 일이 아니다.

오늘날 일반적으로 우리는 현대어와 대립되는 개념으로 고어(古語)라는 말을 쓰고 있는데, 특히 이 중 고어를 시대별로 세분할 필요가 있을 경우에는 왕조(王朝)의 이름을 따서 고구려말·신라말·백제말·

고려어・조선어 등으로 말하고, 다시 조선어(이조어)는 조선 전기어・조선 후기어 등으로까지 가르기도 하였다. 현대어와 고어의 양분법(兩分法)은 역사적 연구 이전의 것이요, 왕조의 이름을 따서 구분한 것은 정치사적인 구분이어서 국어의 사적 기술에서는 비판을 면하기 어렵다.

이렇게 놓고 볼 때 국어의 역사적 기술에 있어서 우선 고려되어야 할 것은 왕조사적(王朝史的) 시대 구분은 과감히 탈피할 일이라고 여겨지나 국어 자체가 독자적인 변천을 하는 것이 아니고, 정치・경제・사회적 등 여러 요소와 함께 복합적인 변천을 하는 것이므로 이들을 참고로 하지 않으면 안 된다. 그러므로, 언어사의 시대 구분이 그리 쉬운 일이 아니어서 이를 탈피하지 못하고 있는 것도 사실이다.

이제 참고로 지금까지 우리나라 학자들이 국어사의 시대 구분을 시도한 것 가운데 그 몇 학자의 것만 구분법에 따라 차례대로 보이면 다음과 같다.

삼분법(三分法)을 택한 학자.
이기문(李基文) ≪국어사개설(國語史槪說)≫ 1961발행.
고대국어(古代國語)/중세국어(中世國語)/근대국어(近代國語)
　다만 중세국어는 전기 중세국어와 후기 중세국어로 나누어 설명하였다.
　이 교수도 개정판(1972. 11. 25)에서 「현대국어」를 첨가 사분법을 택하였다.

사분법(四分法)을 택한 학자.
박병채(朴炳采) ≪국어발달사≫ 1989발행.
고대국어(~1443)/중기국어(1443~1598)/근대국어(1598~1894)/현대국어(1894~)

오분법(五分法)을 택한 학자.

김형규(金亨奎) ≪국어사개요(國語史槪要)≫ 1975발행.

고대어(古代語)/중고어(中古語)/중기어(中期語)/근대어(近代語)
/현대어(現代語)

이철수(李喆洙) ≪한국어사(韓國語史)≫ 1984발행.

고대어(古代語)/전기중세어(前期中世語)/후기중세어(後期中世語)
/근대어(近代語)/현대어(現代語)

육분법(六分法)을 택한 학자.

최범훈(崔範勳) ≪한국어발달사(韓國語發達史)≫ 1990발행.

형성기한국어(形成期韓國語)/고대한국어(古代韓國語)
/중고한국어(中古韓國語)/중세한국어(中世韓國語)
/근대한국어(近代韓國語)/현대한국어(現代韓國語)

이상에서 보인 바와 같이 그간 여러 학자들이 시도한 국어변천사의 시대 구분법은 3분법, 4분법, 5분법, 6분법을 적용하고 있음을 알게 된다. 그리고 용어 사용에 있어서는 고대(古代)·근대(近代)·현대(現代)는 하나로 통일되어 있으나, 다만 고대와 근대 사이의 시대 표기 이름에 대하여만 중세(中世)·중기(中期)·중고(中古) 등 세 가지 이름으로 표기하고 있음을 알겠다.

그러면 필자는 국어사의 시대 구분을 어떻게 해야 할 것인가? 앞에서도 말한 바와 같이 왕조사적(王朝史的) 시대 구분을 탈피해야 한다고 하였지만, 이 시대구분 문제는 한국어발달사를 개관(槪觀)하는 바탕이 되기 때문에 조심스럽게 다루어야 할 문제라고 생각한다. 그러므로, 현 우리의 상황에서 정치·사회적 여러 요소를 아주 배제할 수 없다고 생각하기 때문에, 그간 여러 학자 개개인에 의해 시도된 시대 구분을 참작하여 한국어 발달사의 시대 구분을 다음과 같이 다섯 시기로 가르어 베풀기로 한다.

　(1) 고대국어(~935)
　(2) 중고국어(935~1446)
　(3) 중세국어(1446~16세기 말)
　(4) 근대국어(17세기 초엽~1894)
　(5) 현대국어(1894~현재)

(1) 고대국어(古代國語)

　한국어발달사에 있어서 고대국어 시기는 선사시대는 차치물론(且置勿論)하고, 고조선시대에서 광활한 만주땅과 현 한국 본토(本土) 전역과 도서 등에 존재했던 부여어(夫餘語)·한족조선어(漢族朝鮮語)·예어(濊語)·옥저어(沃沮語)·마한어(馬韓語)·진한어(辰韓語)·변한어(弁韓語)·고구려어(高句麗語)·백제어(百濟語)·신라어(新羅語)·가야어(加耶語)를 포함한 시대를 지나 서력기원 7세기 후반 통일 신라 및 발해시대(渤海時代)를 거쳐 10세기 초엽 고려왕조가 탄생된 직후 통일신라가 망할 때(935년)까지로 한다. 고대국어의 연구는 이렇다 할만한 자료가 그리 많지 않아 어려운 점이 많으나, 한자(漢字)의 음(音)과 새김[訓]을 이용한 이두(吏讀)와 구결(口訣) 문자 표기가 나타났고, 특히 우리말 표기에 있어서 주체적인 향찰표기 체계(鄕札表記體系)라는 한자의 이용 방법이 어느 정도 확립된 시기라 하겠다.

(2) 중고국어(中古國語)

중고국어 시기는 통일신라가 그 국권을 고려 태조(太祖)에게 넘겨준 시기로부터 훈민정음(訓民正音)이 창제 반포된 때(1446)까지로 한다. 이 시기는 향찰(鄕札)의 전통을 이은 이두(吏讀)와 구결(口訣)이 부분적이나마 우리 토박이말 표기로 남아 있기도 하나, 그보다는 한문(漢文)이 부쩍 보급되어 가히 한문화시대(漢文化時代)가 되었던 때라 하겠다. 그리고 또 특기할 일은 국어의 중심이 경주에서 개성으로 옮겨져 경기어(京畿語)가 중앙어(中央語)가 되어 현재까지 이르게 되었다는 사실이다.

(3) 중세국어(中世國語)

중세국어 시기는 우리의 고유문자인 훈민정음이 창제 반포된 때로부터 임진왜란의 종결 시기인 16세기 말까지로 한다. 이 시기는 우리말을 바로 적을 수 있게 됨으로써 우리말의 교육과 외국어 교육 및 연구가 본격적으로 시작되고, 우리말이 정상적으로 기록된 시기이다. 그러므로, 자료도 가장 풍부하게 갖추고 있는 시기라 하겠다.
그리고 이 시기에는 맞춤법 체계가 거의 확립되고, 우리나라 한자음의 정리 통일과 중국 한자음을 정리하였다. 또 이 시기는 언어의 성조체계(聲調體系)를 표기하던 때다.

(4) 근대국어(近代國語)

근대국어 시기는 임진왜란이 종결된 직후인 17세기 초엽부터 갑오경장(甲午更張)전까지로 한다. 이 시기는 임진왜란과 병자호란(丙子胡亂)의 양란을 겪으면서 우리 민족이 크게 자각을 하는 시기다. 특히 18세기에 들어서는 실학(實學)이 대두되면서 근대적 현실성과 민족적 자주성이 선양되었다. 언어에 있어서도 조선 전기의 언어가 귀족적(貴族的)이요 보수적(保守的)이었다면, 조선 후기에 해당되는 이 시기의 언어는 평민적(平民的)이요 또 혁신(革新)과 간이화(簡易化) 현상이 일어난다. 구체적으로 언어 현상을 볼 때 홀소리 「·」음소가 소실되고, 반잇소리(반치음) 「ㅿ」과 어금닛소리(아음) 「ㆁ」과 사성점 등이 사용되지 않게 되었으며, 입천장소리되기(구개음화)와 모음변이(母音變異) 그리고 된소리 및 거센소리 현상이 강화되는 등 많이 변화되고 있다.

(5) 현대국어(現代國語)

현대국어 시기는 갑오경장(甲午更張)으로부터 현재까지를 말한다. 이 시기는 서양 문물(西洋文物)을 적극적으로 받아들여 여러 가지 제도를 혁신하고 신분제(身分制)가 붕괴된 시기이고, 민족적으로 볼 때에는 굴욕적인 수모(受侮)를 당한 기간이 있기도 한 시기이나 조선어학회(朝鮮語學會)에 의한 한글 맞춤법의 제정과 표준말 사정, 외래어 표기, 사전 편찬 등은 획기적인 일이었다. 그리고 또 이 시기에 있어서 특기할 사실은 광복 후 반세기나 되는 동안에 남북한의 분단에서 오는 언어적 차이가 심화(深化)되고 있다. 그러나, 해방 이후 자유 민주주의의 체제가 갖추어지고, 학문 연구와 국어에 의한 표현의 자유가 완전히 보장되고, 국제화됨으로써 연구 분야도 다양해져 국어 문헌의 홍수시대라 하겠다.

5. 연구 자료

인류의 모든 역사가 그러하듯이 언어도 글자로 기록되어 보존되고 또 전하기도 하므로, 한국어 발달사 연구에 있어서 기본 자료는 무엇보다도 지난적의 언어에 대한 문서 기록이라 하겠으니, 이에는 첫째 지난적의 우리말을 기록한 한국말 및 외국말의 문서 기록, 둘째 지난적의 한국말에 대하여 관찰한 결과나 가치 평가를 기록한 문헌, 셋째 외국말을 우리 글자로 기록한 지난적의 문헌 등이라 하겠다. 그리고 그 밖의 참고 자료로는 현대의 우리 대중말(표준말)을 비롯한 방언과 여러 사회 계층의 한국말, 외국말 속에 침투한 한국말, 한국말과 같은 계통이라고 보는 다른 민족들의 여러 가지 언어 등이다.

그러나, 어느 나라 어느 겨레이든 통시적 언어 연구에 있어서 기본 자료가 되는 문서 기록이 다소의 차이는 있겠지만 풍부하게 존재하는 것은 아니다. 더욱이 우리말의 경우, 줄잡아 반만년 역사에 있어서 글자의 제약 때문에 훈민정음 창제 반포 이전의 국어인 고조선에서부터 고려말 조선초에 이르는 고대국어와 중고국어의 문헌 자료는 영성(零星)할 뿐 아니라, 그것도 현존하는 자료가 우리말을 한자의 음(音)과 새김(釋, 訓)을 빌어 전사(轉寫)해 놓은 것 뿐이므로 우리말의 언어 구조를 탐색하는 자료로서는 우리 글자인 훈민정음이 창제 반포된 이후 이 글자로 기록된 중세국어 시기부터의 문헌 자료보다는 미흡함이 이루 말할 수 없으나, 그래도 당시의 언어 생활을 어렴풋이나마 더듬어 파악할 수 있고, 또 다소나마 언어의 뿌리를 알 수 있다는 면에서는 아주 귀중한 자료이다.

이제 여기에서는 국어의 통시적 언어 자료를 필자가 앞에서 구분한 사적 시대 구분에 따라 그 시대 별로 큰 흐름과 대표적인 문헌의 이름만 언급하고 그 구체적인 언어 자료와 각 자료에 대한 소개는 뒤의 해당 시기 자료 편에서 좀 더 소상히 베풀기로 한다.

(1) 고대국어 연구 자료

고대국어의 기간도 유사시대라 하지만 다른 어느 국어시대보다 언어에 관한 모든 기록이나 자료가 제일 영성하다.

고대국어 연구 자료로서 국내 자료로는 금석문(金石文)인 「광개토왕비(廣開土王碑)」의 비문을 비롯하여 몇 사찰의 종기(鍾記)·탑기(塔記)와 석표(石標) 등이 있고, 문헌으로는 ≪삼국사기≫·≪삼국유사≫·≪균여전≫ 등이 있다. 이들 자료를 통하여 어렴풋이나마 우리말의 인명·지명·성명(城名)·관직명·왕호·국호 등의 어휘 다소와 향가 25수를 알 수 있다.

외국의 문헌으로는 중국의 고사승(古史乘)인 ≪삼국지≫와 ≪후한서≫ 등과 일본의 고사서인 ≪일본서기≫·≪고사기≫ 등이 있는데, 특히 중국 사승에 기록된 우리나라 고대 삼국 및 삼한의 언어·풍속·의복 등에 대한 기사는 크게 참고 자료가 된다.

(2) 중고국어 연구 자료

중고국어에 관한 국내 자료는 이두(吏讀) 자료인 ≪향약구급방(鄕藥救急方)≫·≪직해대명률(直解大明律)≫·≪양잠경험촬요(養蠶經驗撮要)≫, 구결(口訣) 자료인 ≪구역인왕경(舊譯仁王經)≫, 인명·지명·관직명 등이 겨우 수록된 개인 문집과 ≪고려사≫, 고려 속요가 수록된 ≪악학궤범≫이나 ≪악장가사≫ 등의 문헌이 있고, 이두 표기 자료인 금석문 등이 있을 뿐인데, 중고국어의 언어 자료로서 귀중한 문헌 자료는 외국 자료인 ≪계림유사(鷄林類事)≫와 ≪조선관역어(朝鮮館譯語)≫이다. 이 두 문헌에 수록된 어휘는 비록 한자로 전사한 것이나 중고국어 특히 고려 후기 언어를 어느 정도 엿볼 수 있는 중요한 자료이다.

(3) 중세국어 연구 자료

중세국어에 관한 문헌 자료는 어느 시기보다도 양적으로나 질적으로 풍부하다. 이 시기부터는 세종대왕에 의해 훈민정음이 창제 반포됨으로써 한글로 기록된 많은 문헌이 현존하니, 그 대표적인 문헌은 ≪훈민정음≫을 비롯하여 악장(樂章)·석가보(釋迦譜)·운서(韻書)인 ≪용비어천가≫·≪월인천강지곡≫·≪석보상절≫·≪월인석보≫·≪동국정운≫·≪홍무정운역훈≫, 불경 언해인 ≪능엄경언해≫·≪묘법연화경언해≫·≪금강경삼가해≫·≪남명집언해≫ 등, 윤리서인 ≪삼강행실도≫·≪이륜행실도≫, 한자 학습서인 ≪훈몽자회≫, 문학서인 ≪두시언해≫, 경서인 ≪대학언해≫·≪중용언해≫·≪논어언해≫·≪맹자언해≫ 등, 일본말 학습서인 ≪이로하(伊路波)≫, 중국말 학습서인 ≪번역노걸대≫·≪번역박통사≫, 의약서인 ≪촌가구급방(村家救急方)≫·≪간이벽온방언해(簡易辟瘟方諺解)≫ 등, 농법서인 ≪농사직설(農事直說)≫, 음악서인 ≪악학궤범≫·≪시용향악보(時用鄕樂譜)≫ 등이다. 특히 중세국어의 공시적 연구는 다른 시기에 비하여 많은 연구가 되어 있다.

(4) 근대국어 연구 자료

근대국어에 관한 문헌 자료는 양도 많지만 종류로도 다른 어느 시기보다 다양하다. 이 시기의 자료는 불경 언해는 중간(重刊)·복각(覆刻)이 많은 반면, 경서 언해가 현저하게 많고, 또 실생활과 관련된 의서·농서인 ≪언해두창집요(諺解痘瘡集要)≫·≪언해태산집요(諺解胎

産集要)≫・≪동의보감(東醫寶鑑)≫・≪농가집성(農家集成)≫ 등, 중국말・일본말・만주말・몽고말 학습서인 ≪노걸대언해(老乞大諺解)≫・≪박통사언해(朴通事諺解)≫・≪첩해신어(捷解新語)≫・≪팔세아(八歲兒)≫・≪소아론(小兒論)≫・≪청어노걸대(淸語老乞大)≫・≪첩해몽어(捷解蒙語)≫, 병서인 ≪연병지남(練兵指南)≫・≪병학지남(兵學指南)≫ 등, 사서(辭書)인 ≪고금석림(古今釋林)≫, 그리고 국어 국자류(國語國字類)와 운서(韻書) 및 소설(小說)・가사(歌辭)・시조(時調) 등이 큰 비중을 차지하고 있다. 그 밖에 이두(吏讀) 자료, 종교에 관한 자료로 기독교 성경의 번역서와 도교서(道敎書), 사진, 신문 등의 자료도 있다.

(5) 현대국어 연구 자료

현대국어 시기에 들어 언어 표현의 범위가 경제・정치・사회・문화 등 각 분야에 걸쳐 다양하게 급속하게 늘어나 그 어느 시기보다도 양과 질에 있어서 문헌 자료가 풍부하다.

신문・잡지・교과서와 신소설은 물론, 과학・종교・예술・기행 등 각종 저서는 말할 것도 없고, 국어에 관한 연구서도 ≪국문정리≫・≪국문론≫・≪신정국문≫・≪대한문전≫・≪국어문법≫・≪국어문전음학≫・≪조선말본≫・≪깁더조선말본≫・≪우리말본≫・≪조선문자급어학사≫・≪한글갈≫・≪조선고가연구≫ 등이 있고,「음운론」・「형태론」・「통어론(통사론)」・「방언론」・「의미론」・「국어학사」・「국어사」・「계통론」 등의 분야별 연구 문헌과 「국어교육론(국어교육학)」・「국어심리학」・「국어사회학」・「국어철학」・「국어문체론」 등의 연구 자료도 나타나기 시작한다. 그리고 이 시기는 직접 자료를 얻을 수 있는 것이 특징이다.

II. 국어의 계통과 형성

1. 언어의 계통(系統)

2. 국어의 계통

3. 국어의 형성과 범위

II. 국어의 계통과 형성

1. 언어의 계통(系統)

오늘날 지구상에서 쓰이고 있는 인류의 언어는 오랜 역사를 가지고 있다. 언어는 선사시대(先史時代)부터 내려오는 오랜 동안 속에서 아마도 맨 처음에는 같은 언어의 집단이었던 것이 여러 가지 원인 특히 민족 이동이나, 또는 정치적·종교적·지리적으로 둘이나 셋 그 이상으로 분화(分化)되었을 것이다. 그런데 이들 분화된 언어의 집단은 각기 개별 언어로 발전하게 되는 법이다. 다만 그 밑바닥에 있어서는 갈라지기 이전의 공통적 고유 요소를 그대로 계승하게 된다. 이와 같이 본디 동일한 언어 집단에서 분화된 언어가 서로 다른 언어 환경 아래 변천을 거듭하여 특이한 개별 언어로 발전된 두세 개 또는 그 이상의 언어들을 동계어(同系語, cognate)라 하며, 이러한 관계를 혈통(血統)에 비유하여 동일어족(同一語族, family of language)이라고 한다. 그리고 그 호상 관계를 친족 관계라 하고, 그 기원이 되는 공통어를 공통조어(共通祖語)라 한다.

오늘날 세계의 언어를 분류하는 방법에는 크게 두 가지가 있는데, 하나는 위에서 보인 바와 같이 계보(系譜)에 의해 분류하는 계통적 분류(系統的分類)가 그것이고, 다른 하나는 언어를 그 낱말의 형태(形態)

곧 말본스런 특징에 따라 굽치는말(굴절어, 굴곡어)·붙는말(부착어, 교착어)·떨어지는말(떨어짐말, 고립어, 위치어) 등과 같이 분류하는 형태적 분류가 그것이다.

　언어계통론(言語系統論, linguistic genealogy) 곧 계통적(系統的) 연구는 비교언어학적(比較言語學的) 방법으로 친족 관계에 있는 언어들을 비교함으로써 그들 언어 사이의 공통점과 유사점 등을 검토하여 그들의 사적 변천 과정을 밝히고, 나아가 근원이 되는 같은 조어 곧 공통조어와 여기서 분화된 언어들의 친족 관계를 연구하는 통시언어학의 부문이라 하겠다. 특히 서구(西歐)에서는 19세기 전반(前半)에 독일(獨逸)을 중심으로, 언어들의 친족 관계는 나무의 한 줄기에서 두 가지가 나고, 다시 그 나뭇가지[樹枝]에서 다른 가지들이 뻗는 것처럼 분화된다는 이른바 계통수설(系統樹說, stammbaum theorie)이 나옴으로써 언어의 계통론(系統論)은 매우 활발하게 발달하였던 것이다.

　19세기 전반기에 인도 게르만 말겨레가 확립된 뒤로 계통 분류 작업이 지구상의 언어 전체에 파급되는 바, 지금까지 유럽의 언어학자들이 이 세계에 3천이나 되는 여러 언어들을 계보(系譜)에 의해 분류해 낸 9가지의 말겨레[語族]에 대해서 약술하기로 한다[1].

(1) 인도 게르만 말겨레(Indo-Germanic family)

「인도 유럽 말겨레(Indo-European family)」 또는 「인구어족(印歐語族)」이라고도 말하는데, 그 분포를 보면, 동쪽으로는 인도(印度), 서쪽으로는 아일랜드에 이르는 지역에 분포된 큰 말겨레[語族]이다. 고대에는 인도에서 구라파(歐羅巴)의 서단(西端)에 걸쳐 분포되었고, 현재

---

[1] 김윤경 : ≪한국문자급어학사≫(동국문화사, 1954. 12) 참고.

는 남·북 아메리카 대륙, 오스트레일리아를 비롯한 세계 각지에 퍼져 있는 영어·독일어·프랑스어·이탈리아어·러시아어·스페인어들을 포함하는 커다란 말떼[言語群]이다. 이 말겨레의 말은 굽치는말[屈折語]임이 특징이다.

(2) 햄-셈 말겨레(Hamito-Semitic family)

「하미토·세미트 말겨레(Hamito-Semitic family)」 또는 「아프로 아시아 말겨레(Afro-Asiatic family)」라고도 말하는데, 그 분포를 보면, 북부 아프리카와 서남 아시아의 여러 지역에 분포된 말떼[言語群]이다. 이집트를 중심으로 하여 북부 아프리카에서 사용되는 리비아말·이집트말·베르베르말 등은 햄 어파(語派)로, 히브리말·아라비아말 등 북부 아프리카로부터 서남 아시아에서 사용되는 말들을 셈 어파로 분류하기도 한다. 현재는 쓰이지 않는 말(곧 히브리말 등)이 많다. 굽치는말(굴절어)임이 특징이다.

(3) 우랄 말겨레(Ural family)

「피노 우그리아 말겨레(Fino-Ugric family)」라고도 말하는데, 그 분포를 보면, 북부 유럽 및 우랄(Ural) 산맥 부근의 여러 지역에서 사용되는 말떼(언어군)이다. 핀란드말·에스토니아말·헝가리말은 가장 중요한 언어이며, 이 밖에 랩말(Lappish)·모르드빈말·세레미스말·보티악말(Votyak)들이 있으며, 사모예드(Samoyed) 제어(諸語)도 이에 속한다. 음운적·형태적 특징에 있어서 알타이 말겨레(Altaic family)와 유사하기 때문에(이를테면, 홀소리어울림, Vowel harmony 또는 교착성 등), 「우랄 알타이 말겨레(Ural-Altaic family)」라는 총괄적인 명칭이 쓰이기도 하였다. 또 「우랄 말겨레」와 「인도 게르만 말겨레」와의 사이에 먼 친족 관계(親族關係)의 가능성을 인정하는 학자도 있다.

(4) 알타이 말겨레(Altaic family)

아시아의 동부에서 터어키에 이르기까지 여러 지역에서 사용되는 말떼[言語群]를 말하는데, 터어키 제어·몽고 제어·만주 퉁구스 제어가 이에 딸린다. 「우랄 말겨레」와는 홀소리어울림[母音調和]·교착성(膠着性, agglutination) 등 구조상의 현저한 유사를 보이고 있어 19세기에는 이들을 「우랄-알타이 말겨레(Ural-Altaic family)」라는 명칭으로 묶기도 하였으나, 20세기에 들어 이 가설은 각각 분리하기에 이르렀다. 특히 우리 한국말이 이에 속한다고 하는 학자가 많으나, 아직 증명을 요하는 일이며, 일본말도 이에 속한다는 설도 있다.

(5) 인도 지나 말겨레(印度支那語族, Indo-China family)

「지나 티벳 말겨레」라고도 말하는데, 서쪽은 인도의 캐시미르에서 티벳과 중국 대륙을 거쳐, 동쪽은 타이완에 이르고, 북쪽은 중앙아시아, 남쪽은 타이·버어마를 포함한 지역의 제어(諸語)를 통틀어 말한다. 중국말·티벳말·타이의 제어(諸語), 버어마의 제어가 이에 딸리며, 단철(單綴) 언어 또는 떨어지는말[孤立語]인 것이 가장 특징이다. 인구어(印歐語)·햄셈어 따위처럼 굴절(屈折)을 하지 않는다.

(6) 말레이 폴리네시아 말겨레(Malayo Polynesian family)

인도양과 태평양에 걸쳐 널리 분포된 말떼(언어군)를 말한다. 인도네시아어파(Indonesian)・멜라네시아어파(Melanesian)・폴리네시아어파(Polynesian)로 나눈다. 말레이(Malay)말은 인도네시아 어파 가운데 가장 널리 사용되고 있는 말이다.

(7) 반투 말겨레(Bantu family)

위도상으로 적도 이남의 아프리카에 널리 분포하는 말떼[言語群]를 말한다. 흑인들의 주요 언어이다. 콩고(Congo) 등의 나라 말이 이에 속한다. 사용인은 450만이나 된다고 한다.

(8) 드라비다 말겨레(Dravida family)

남부 인도(印度)와 스리랑카섬 등에 퍼진 말인데, 현재 드라비다 족(族)이 약 7천 5백만~1억 3천 5백만 가량이나 살고 있다고 한다.

(9) 아메리카 말겨레(America family)

북미(北美)와 남미(南美) 대륙의 토착 인디안(indian)들이 사용하는 말을 말하는데, 약 1,000개(400개 이상, 510 이상이 된다는 학자도 있음)를 헤아리는 언어인지라 분류하기가 어렵다. 이러한 어려움이 있어 편의상 지역에 따라서 캐나다와 미국에서 사용되는 약 10개의 말겨레, 멕시코와 중미(中美)에서 사용되는 약 5개의 말겨레, 남미에서 사용되는 약 10개의 말겨레 등으로 분류하기도 하지만, 아직 그 계통이 수립된 것은 아니다.

이상과 같이 여러 대륙(大陸)과 대양(大洋)에 파급된 세계 언어의 말겨레(어족)를 보통 9가지로 나누어 말하나, 지구상에는 아직도 계보(계통)가 밝혀지지 않은 고립된 언어가 많이 있다. 그러므로, 언어의 계보(系譜)에 의한 분류 곧 계통적 분류(系統的分類)는 완성에 이르기에 요원(遼遠)한 느낌을 준다.

2. 국어의 계통

오늘 우리가 쓰고 있는 한국말의 뿌리는 무엇인가? 어디서 기원하여 어떠한 경로를 거쳐 지금의 한국말로 발전·형성되었을까? 우리 국어는 어떤 언어들과 친족 관계가 있는 것일까? 이러한 의문은 일찌기 제시되었으면서도 지금까지 명확한 대답을 얻을 수 없는 것이 사실이다.

국어 곧 한국말에 대한 계통설 문제가 연구되기 시작한 것은, 19세기 서구(西歐)에 있어서의 비교언어학의 발전의 여파로 인한 것이라 하겠으니, 19세기 후반부터 전개된다. 그러나, 지금까지 1세기 가량 연구된 셈이나 아직도 그 계통이 쉽게 드러나지 않는 언어들 가운데 하나라 하겠다.

한국말에 관한 이 계통론의 역사는 크게 전기(19세기 말까지)와 후기(20세기 들어오면서)로 나누어 말할 수가 있으니, 전기를 「우랄 알타이 계통설(系統說)」, 후기를 「알타이 계통설」[2]로 특징지을 수가 있다.

그런데 한국말은 19세기에서 20세기로 넘어오는 교체기(交替期)에

---

2) 알타이 계통설의 알타이(Altai)라는 이름은 몽골(Mongol, 몽고) 인민 공화국의 서쪽 중앙 아시아의 가운데에 있는 알타이 산맥의 원명칭에서 유래한 것이다. Altai는 몽고말로 「al-금(金), tai-산(山)」이니, 곧 「금산(金山)」을 뜻하는 말이라 하겠다.

그 계통론이 더욱 활발히 논의되면서 알타이 제어를 비롯하여 일본말, 중국말, 아이누(Ainu)말, 드라비다(Dravida)말의 동계설은 물론 인구어(印歐語)의 동계설까지 제기되었다. 이 가운데에서 가능성을 보여 주는 것은 우랄·알타이 계통설이다. 그러나, 우랄·알타이 말겨레가 20세기에 들어 우랄 말겨레와 알타이 말겨레로 나뉘게 된 뒤에는 가설이나마 가능성을 보여 주는 것은 알타이 계통설이다.

(1) 우랄 알타이 계통설

18세기 초반부터 알타이 제어(諸語) 사이에 어떤 어휘의 유사성이 있는 것에 주목은 하였지만 구아주 대륙(歐亞洲大陸)에 걸친 방대한 영역의 언어들을 포괄하는 우랄·알타이 말겨레[語族]가 구성된 것은 19세기 중엽, 핀란드 민족과 언어의 기원을 밝히기 위하여 수년에 걸친 동방으로의 연구 여행을 계속한 핀란드 출신의 언어학자 카스트렌(M. A. Castrén, 1813~1852)에 의해서이다3). 이 가설(假說)은 이미 19세기 후반에 널리 알려져 있었다. 이 시기에 쓰인 서양학자들(Rosny 1864, Dallet 1874, Ross 1878)의 한국에 관한 저서에 이 계통설이 자주 나타나는데, 그것은 몇 가지 공통 특질에 기초를 둔 가설이었다. 그 가운데에서도 강조된 것은 홀소리어울림[母音調和], 언어의 형태론적(形態論的) 부착성4)(附着性), 첫소리 규칙5)[頭音規則], 끝소리 규칙6)

---

3) 그는 피노 우그리아어파·사모예드어·투르크어·몽고어·만주 퉁구스어를 하나의 계통으로 보고 각 언어간의 형태의 연구를 행하였다.

4) 형태론적 부착성(附着性 ; 膠着性)이 뚜렷한 붙는말[添加語, 附着語] 이다.

5) **첫소리 규칙**이란, 첫소리에 쓰기를 꺼리는 소리가 있어서 그런 소리가 나오면 다른 소리로 바뀌게 된다. 그러므로, 느린 닿소리·둘 이상의 닿소리[子音群]·ㄹ(R)소리를 피한다. 곧 말머리에는 R 또는 둘 이상의 닿소리가

[末音規則], 월을 짜는 법7) 등이었다. 그밖에 인도 유럽 제어(諸語)와의 대립에서 말본스런 성(性)이나 수(數)가 분명치 않다는 등의 사실이 열거되었다. 그러나, 우랄·알타이어와 한국말이 이런 구조적 특질들을 공통으로 가지고 있다는 사실은 이들의 친족 관계를 증명하는 적극적 증거는 되지 못한다. 이들은 다만 친족 관계의 가능성을 시사해 줄 뿐이다. 따라서 우랄·알타이 계통설은 그 기초가 허약한 사실이었다고 할 수 있다.

(2) 알타이 계통설

북방계설(北方系說)이라고도 하는 알타이 계통설은 우랄·알타이 계통설이 계속되어 오다가 개개의 언어가 더 세밀하게 연구됨에 따라 우랄 말겨레[語族]와 알타이 말겨레가 분리하게 되는데 이를 정식으로 분리한 사람이 핀란드의 알타이 어학(語學)의 창설자 람스테트(G. J. Ramstedt, 1873-1950)8)다. 그는 한국말에 접하게 됨으로써 한국말의

오지 않는다.

6) 끝소리 규칙이란, 거듭 닿소리를 끝소리에서 피하는 것이다. 곧 말끝에 둘 이상의 닿소리[子音群]가 제약되어 있다. 한국말의 보기를 들면, 말본으로는 「핡, 값, 넋, 읊」따위가 있으나 실제 발음으로는 「할, 갑, 넉, 을」밖에 내지 못한다. 곧 말끝 낱내 끝소리로 나는 음은 「ㄱㄴㄷㄹㅁㅂㅇ」일곱 뿐이고(7종성), 모든 음은 끝소리에서 다 이 7종성의 하나로 귀착(歸着)되는 것이다.

7) 월의 구성 요소의 말본상 구성 순서는 크게 「임자조각(주부)+풀이조각(술부)」이다. 이를 자세히 풀어 국어의 기본(핵) 문장을 보이면, 「① 임자말(주어)+풀이말(술어), ② 임자말+부림말(목적어)+풀이말, ③ 임자말+간접부림말+직접부림말+풀이말」과 같다.

계통 연구에 하나의 새로운 시기가 시작되었다. 19세기의 우랄 알타이 말겨레[語族]의 가설(假說)을 비판하고, 「터어키말」·「몽고말」·「퉁구스말」의 세 어군[三語群]을 포괄하는 「알타이 말겨레」의 가설을 세웠는데, 그가 발표한 논문인 「한국말에 관한 소견」(1928)[9]에서 「한국말」이 이 「알타이 말겨레」에 추가됨을 선언하고 그 증거를 제시하였던 것이다. 그는 처음으로 「한국말」과 「알타이 제어」 사이의 어휘 비교를 통하여 이들의 친족 관계(親族關係)를 증명하려는 진지한 시도(試圖)를 한[10] 학자다.

그 뒤 람스테트의 사후에 발표된 유고(遺稿) ≪알타이어학 개설≫ I·II·III(1952, 1957, 1966)에서는 비교언어학적 방법으로 음운 대응(音韻對應)을 설정하고, 말본 형태소(形態素)[11]를 분석하여 알타이 제어와

---

8) 람스테트는 핀란드의 주일공사(駐日公使)로 1919~1930년 사이에 일본 동경에 머물면서 한국 유학생을 통하여 한국말을 접하면서 한국말의 언어 구조에 깊은 관심을 가지고 연구하였다.

9) Remarks on the Korean Language, Mémories de la société Finno-ougrienne 58(1928).

10) ≪한국어 말본≫(A Korean Grammar, Helsinki, 1939)은 그의 대표적인 업적이다.

11) 형태소는 소리와 뜻이 결합된 말의 낱덩이로서 가장 작은 것. 다시 말하면, 뜻을 가진 가장 작은 말의 단위를 말한다. 이것을 다시 쪼개면 그 말이 가지고 있는 뜻이 파괴되기에 이른다. 곧 「다리」는 소리로서는 /ㄷㅏ/와 /ㄹㅣ/로, 또는 /ㄷ/과 /ㅏㄹㅣ/, /ㄷㅏㄹ/과 /ㅣ/로 쪼갤 수도 있으나, 그렇게 되면 「다리」가 원래 가지고 있던 뜻은 파악될 수가 없게 된다. 그러므로, 「다리」는 더 쪼개지지 않는 하나의 형태소이다. 한 낱말은 한 형태소로 되어 있는 것도 있으나, 둘 이상의 형태소로 만들어지는 것도 있으니, 이를테면, 「다리, 눈, 머리, 집, 해, 달」 따위는 하나의 형태소로 된 말이고,

일치하는 점을 밝혀, 한국말을 전통적 알타이 세 어군[三語群 : 터어키 말·몽고말·퉁구스말]의 그것과 완전히 동등한 것으로 보았던 것이다.

이제 먼저 「알타이 말겨레」에 대해서 간략하게 서술하겠다[12].

(2-1) 터어키 제어(Turkic languages)

터어키 제어는 지중해 북쪽의 아시아와 유럽에 걸쳐 있는 터어키 공화국을 중심으로 페르시아(Persia)·이란(Iran)·아프가니스탄(Afghanistan) 등지를 비롯하여 흑해(黑海) 연안과 소련의 볼가(Volga)강 유역, 러시아(Russia)의 카자크(Kazakh) 지방, 중국의 서역과 시베리아(Siberia)의 레나(Lena)강가에 걸쳐 사용되는 제어(諸語)인데, 약 5,000 만의 언어 인구를 가진 어군인데, 고대 터어키말 자료로는 8세기경의 돌궐족이 돌궐 문자로 쓴 비문이 있고, 위구르(Uighur)족이 위구르 문자로 쓴 언어 자료들이 있다. 추바시말(Chuvash)과 야쿠트말(Yakut)을 제외하고는 언어의 차이가 그렇게 심하지 않고, 다만 방언적(方言的) 차이에 지나지 않는다고 한다.

터어키 제어는 투르크계의 언어, 최근에는 튜바시투르크계의 언

「눈-물, 덧-신, 먹-었-다, 짓-밟-다」 따위는 둘이나 셋의 형태소로 된 말이다. 그리고 형태소는 **자립형태소**(自立形態素 ; 혼자 설 수 있는 것. 철수, 이야기, 책)와 **의존형태소**(依存形態素 ; 다른 말에 기대어 쓰는 것. 읽, 가, 을, 었, 다)로 가르기도 하고, 또 형태소는 그 의미가 실질적이냐 형식적이냐에 따라 **실질형태소**(實質形態素. 철수, 이야기, 책, 읽)와 **형식형태소**(形式形態素. 가, 을, 었, 다)로 구분하기도 한다.

12) 김방한 : ≪한국어의 계통≫(민음사, 1983. 11. 15), 김승곤 : ≪한국어의 기원≫(건국대학교 출판부, 1990. 9. 1 재판) 등 참고.

어라고도 한다. 그리고 현재 터어키말은 1940년에 로마자로 문자 개혁을 단행하여 이것이 터어키 공화국을 중심으로 쓰여지고 있다.

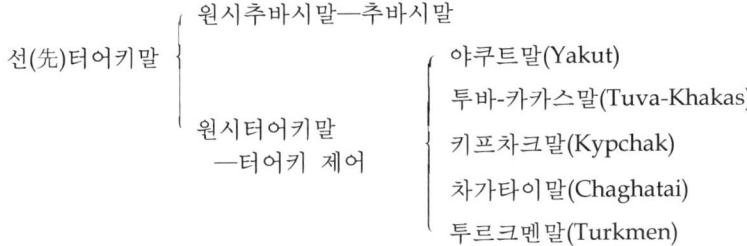

(2-2) 몽고 제어(Mogolian languages)

중국의 북변 시베리아의 남쪽 몽골인민공화국[外蒙古]을 중심으로 중국의 몽골자치구[內蒙古]를 포함하여 동쪽으로는 북만주로부터 서쪽으로는 아프가니스탄의 일부지역을 비롯하여 소련의 볼가강 하류에 이르는 광대한 지역에 분포되어 있다. 이 제어(諸語)는 과거에 큰 세력을 가졌던 언어였는데, 지금은 약 600만에 불과한 언어 인구를 가진 어군인데, 몽고말의 가장 오래된 자료는 13세기 초에 된 징기스칸 석비문(위구르 문자 곧 파스파[八思巴] 문자로 쓰였음)과 글안족[契丹族]이 남긴 글안 문자로 기록된 금속문 자료를 남기고 있다(글안 문자는 현재 세종대왕기념관에 있음). 이들은 지역에 따라 동몽고어군(東蒙古語群)과 서몽고어군(西蒙古語群)으로 나뉜다.

56 II. 국어의 계통과 형성

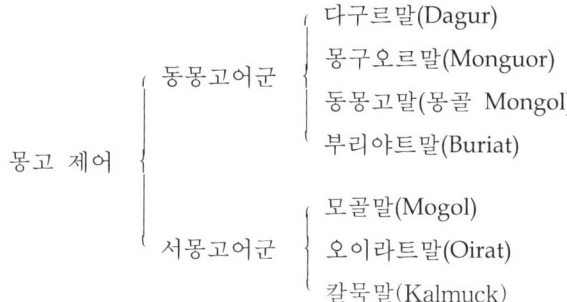

몽골인민공화국에서는 1942년부터 키릴문자로 개혁을 하여 러시아와 같은 문자로 몽골말을 표현하고 있다.

(2-3) 퉁구스 제어(Tungus languages)

일명 「만주-퉁구스 제어(Manchu-Tungus languages)」라고도 말하는 이 「퉁구스 제어」는 사할린섬, 시베리아 동부 전반, 흑룡강(黑龍江) 유역, 만주지방 등 지역에 주로 분포되어 있는데, 약 5만 8천인의 언어 인구를 가진 어군이다. 이 제어는 매우 복잡하게 분화되어 있으나 대체로 북퉁구스어군과 남퉁구스어군으로 나뉜다.

옛날 중국에 청조를 세운 만주 민족의 언어인 여진말도 이 퉁구스말의 하나이다. 언어 자료로는 12~13세기 경의 여진말[女眞語] 비문들과 16세기에 편찬된 여진관역어(女眞館譯語), 그리고 17세기에 만주문자(몽고 문자를 개량하여 만듦)로 표기된 만주말 자료들이 있다. 현재는 청국의 멸망과 더불어 거의 중국말에 밀려 소멸 상태에 놓여 있다.

(2-4) 한국어

한국본토 안에 사는 주민과 제주도·진도·완도·거문도·남해도·거제도·울릉도·독도 등 도서(島嶼), 곧 우리 영토 전역에 살고 있는 주민 약 7,000만명(남한 약 4,500만, 북한 약 2,500만)이 사용하고 있는 언어이다.

이 외에도 우리 겨레가 외국(중국, 미국, 일본, 브라질, 호주, 유럽, 동남아 그 밖)에 거주하며 한국말을 쓰고 있는 약 500만명을 포함시킬 수 있겠다.

그리고 고구려 후손으로 여겨지는 라후족(Lahu)이 쓰는 라후어(Lahu語)를 포함시킬 수 있다. 현재 라후족은 약 30만~60만으로 추정되는데, 이들은 중국과 태국 북부 지방에서 살고 있다.

(2-5) 일본어

일본 영토 전역에 살고 있는 주민과 외국에 거주하는 약 1억 2천만 명이 쓰고 있는 언어이다.

일본말은 한국말 특히 고구려말과 친근 관계를 보여준다. 현재 일본말은 크게 본토 방언과 유구(琉球) 방언으로 구별된다. 또는 백제말, 신라말 등의 유사한 어휘가 있다.

(3) 알타이 공통조어와 그 분화

한국말과 전통적 세 어군인 터어키 제어(諸語)·몽고 제어·퉁구스 제어(만주-퉁구스 제어)의 네 어군[四語群]이 아직 분기(分岐)되기 이전의 단일 공통어를 「알타이 공통어」(Common Altaic) 또는 「알타이 조어」(Proto-Altaic)라고 말한다. 이 알타이 공통어(共通語)는 위의 네 어군의 비교에 의해서 재구(再構)될 수 있다고 하는 것이다.

알타이 공통 조어(共通祖語)가 말해진 지역인 알타이 말겨레[語族]의 고토(故土)는 핀란드 학자 람스테트(G. J. Ramstedt)의 가설(假說)에 따르면 흥안산맥(興安山脈) 근처였다고 한다. 그리고 람스테트는 이 공통 조어시대(共通祖語時代)를 가정하여, 동쪽에는 퉁구스인 선조(先祖)와 한국인의 선조가 살았고, 서쪽에는 몽고인(蒙古人)의 선조와 터어키인의 선조가 살았으며, 한편 북쪽에는 몽고인의 선조와 퉁구스인의 선조가, 남쪽에는 터어키인의 선조와 한국인의 선조가 살았다고 보고, 공통 조어시대의 각 민족의 위치를 아래 틀과 같이 도해(圖解)하였다[13].

---

13) 이기문 : 「한국어형성사」(《한국문화사대계 V – 언어·문학사 (상) – 》, 고려대학교 민족문화연구소, 1967) 참고.

몽고인	<북(北)>	퉁구스인
<서(西)>		<동(東)>
터어키인	<남(南)>	한국인

 그는 또 말하기를, 앞에 도해보다 오히려 아래와 같은 위치가 더 사실(事實)에 가까울는지 모른다고 하였다.

	퉁구스인	
몽고인		한국인
	터어키인	

 또 람스테트는 터어키말은 한편으로는 몽고말, 한편으로는 한국말과 친근성(親近性)을 보여주며, 한국말은 터어키말·퉁구스말과 친근성을, 퉁구스말은 한국말·몽고말과 친근성을, 몽고말은 퉁구스말·터어키말과 친근성을 보여준다고 말하고, 이것이 위의 표와 같은 가설(假說)을 세우게 한다고 주장하였다.
 람스테트 이후 한국말을 포함한 알타이 어학(語學)을 계승하고 있는 학자는 미국의 언어학자 포페(N. Poppe)이다. 포페는 저서 《알타이어학개설》(1965)[14]에서 퉁구스말·몽고말·터어키말의 호상 관련성과 한국말과의 관계에 대하여 람스테트의 견해를 소개하고, 한국말은 퉁구스말에 가장 가까우며 한국말이 적어도 알타이말의 저층(底層;基層, substrat)을 가진 것은 확실하다는 견해를 밝혔다.
 포페는 한국말에서 확인되는 알타이어적 요소에서 볼 때, 아마도 원

---
14) Introduction to Altaic Linguistics, Wiesbaden, 1965

시 한국말[原始韓國語]이 알타이 공통조어(共通祖語)에서 맨 먼저 분리했을 것이라고 추정하였는데, 그 이유로서 한국말은 상고 중국말[上古中國語]의 강한 영향을 받고 있다. 이것은 한국말이 매우 일찍 분리했음을 말해 주는 사실이 아닐 수 없다고 하였다. 그리고 그는 말하기를, 그 뒤에는 터어키·몽고·퉁구스 단일어(單一語) 시대가 꽤 오래 계속했을 것이다. 그 다음 오늘의 터어키말의 선조(先祖)가 분리했을 것이며, 몽고·퉁구스 단일어(單一語)가 얼마 동안 존속하다가, 드디어 몽고말과 퉁구스말도 분리했을 것이다라고 추정하여 아래와 같은 틀로 그 위치를 보였다.

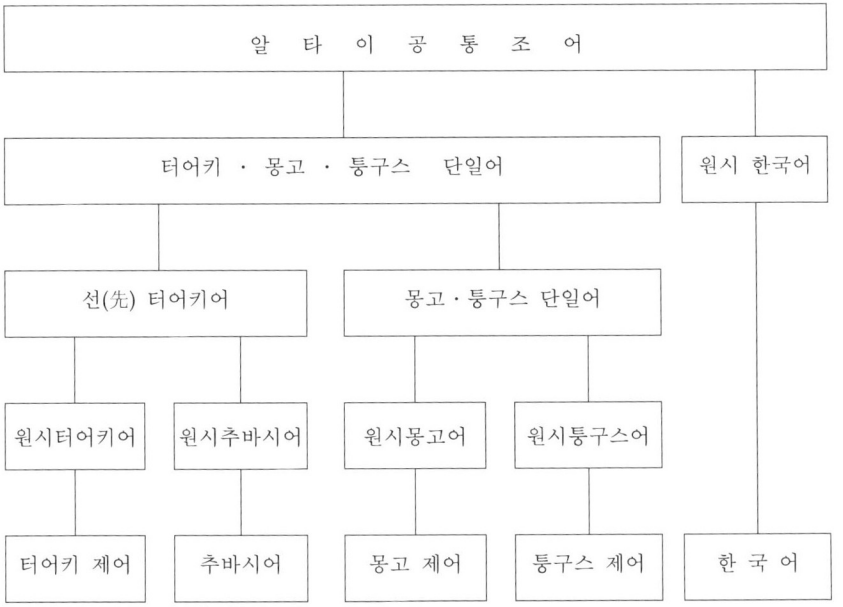

알타이 공통조어(共通祖語) 곧 알타이 제어(諸語)의 하위분류(下位分類)에 대한 포페(Poppe)의 이 견해는 람스테트(Ramstedt)의 알타이 제

어의 하위분류에 대한 견해보다는 확실히 일보 전진한 것이라 하겠으나, 한국말과 알타이 말겨레[語族]의 전통적(傳統的) 세 어군[三語群]과의 관계는, 그들 세 어군의 호상 관계보다 버성김을 의미하는 것이라고 볼 수 있다. 그런데 포페의 논거(論據)에 있어서 상고 중국말로부터의 차용(借用) 문제에 대하여는 빈약함을 면할 수 없으나, 한국말의 최초 분리설은 일리(一理) 있는 것이라 하겠다.

또한 한국말 계통에 대한 미국의 알타이어학자 스트리트(J. Street, 1962)의 견해는 포페(N. Poppe)의 견해와 다른점이 있으니, 그 견해를 보이면 이러하다. 스트리트의 알타이 말겨레(Altaic 語族)의 전통적 세 어군(터어키말・몽고말・퉁구스말)의 관계는 위의 포페의 계통도(系統圖)와 거의 유사하다. 그러나, 스트리트는 한국말의 위치를 알타이 세 어군의 위치와 달리 분리하여 잡아 오른쪽에 놓고, 모르기는 하나 한국말을 그 위치를 대표하는 것으로 잡고 그 줄기에서 일본말과 아이누말(Ainu)까지를 포함하여 다음과 같은 틀로 그 위치를 보이었다.

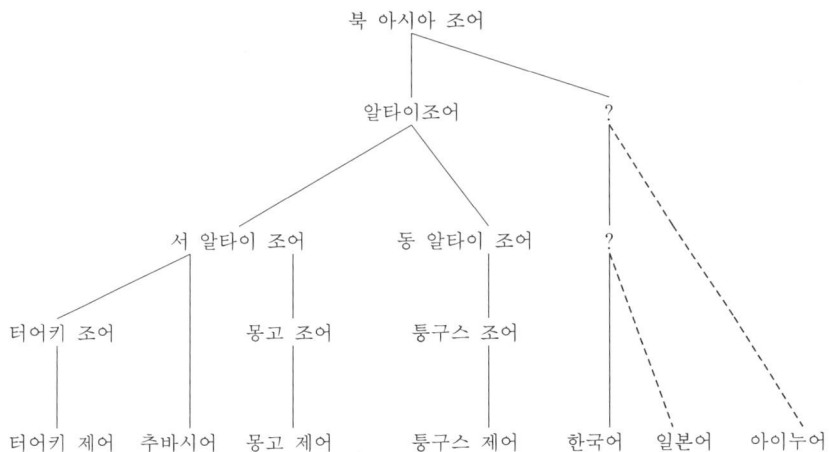

이는 포페(N. Poppe)가 한국말이 알타이 제어(諸語)에서 분리된 것으로 보는 견해와는 달리 「알타이 조어」(祖語, Parent language) 이전에 「북아시아 조어」라는 하나의 앞 단계를 설정하여 여기에서 한국말이 먼저 분리해 나온 것으로 본 것이다. 그리고 그 줄기에다 의문 부호인 물음표(?)와 점선(……)으로 아이누말(Ainu)과 일본말을 차례로 연결시키고 있다. 스트리트(J. Street)의 이 계통도에 따르면 한국말과 알타이 제어와의 관계를 포페보다도 더 멀어지게 본 것이다.

지금까지 보아 세 사람의 언어학자인 람스테트(G. J. Ramstedt)와 포페(N. Poppe), 그리고 스트리트(J. Street)의 견해들을 다시 한 번 요약해 말하면, 람스테트에 의하여 강력하게 주장된 한국말의 「알타이 말겨레설」[語族說]은 포페나 스트리트에게로 내려오면서 차츰 알타이 공통조어(共通祖語)로부터 멀어져가고 있다는 것이니, 람스테트의 견해인 한국말의 전통적 알타이 제어(諸語)와의 등급설(等級說)이, 포페에 와서 한국말이 알타이 공통조어에서 전통적 알타이 어군, 곧 세 어군[三語群 : 터어키말·몽고말·퉁구스말]과 분리되게 되고, 스트리트에 와서는 한 걸음 더 나아가 「알타이 조어(祖語)」 이전에 「북 아시아 조어」라는 앞 단계를 설정하므로 한국말이 알타이 조어보다도 선대에서 분파된 것으로 보았으니, 한국말은 알타이 조어와 더 멀어지게 되었다.

언어의 친족 관계에 대한 증명은 앞에서도 말한 바와 같이 언어 분기(分岐) 이전의 공통적 고유 요소 여부를 밝히는 것이다. 이를 위하여는 낱말이나 말본 형태의 비교에 있어서 우연성(偶然性)이나 차용 관계(借用關係)를 배제하고 엄밀한 음운 대응 규칙을 수립해야 한다. 이런 점에서 전통적 알타이 세 어군[三語群] 사이의 음운 대응 규칙은 상당히 정밀하지만 전통적 알타이 제어와 한국말 사이의 음운 대응

규칙은 아직 그렇지 못하다는데 문제가 있다. 이는 곧 한국말과 전통적 알타이 제어의 친족 관계가 보다 멀어짐을 뜻하는 것이라고 볼 수 있기 때문이다.

우리나라 학자들의 국어 계통 연구는 1920년경부터라 하겠는데[15], 1960년대에 들어 활발한 연구가 진행되고 있다[16].

우리는 전통적 알타이 제어(諸語)와 한국말의 친족 관계에 대한 가설인 제학설을 살펴봄으로써 한국말의 주된 원류(原流)를 어렴풋이 알게 되었으나, 아직도 세 어군[三語群]의 친족 관계를 긍정하는 견해(이것은 람스테드와 포페에 의해서 대표된다)에 대하여 회의적(懷疑的)인 견해를 가진 학자들도 많이 있다. 아예 부인하는 학자는 영국의 저명한 투르크 어학자 클로슨(G. Clauson, 1959)과 되르퍼(G. Doerfer, 1963) 등이다.

(4) 한일어 동계설(韓日語同系說)

한국말과 일본말의 친족 관계를 규명하는 노력은 1세기를 넘어서게 되었다. 그러나, 본격적인 첫 시작은 일찌기 아스톤(W. C. Aston)이 발표한 논문의 하나인 「한·일 양어의 비교 연구」(1879)[17]에 있다고 할 수 있다. 이 논문이 일본 학계에 준 자극은 실로 큰 것이어서, 이른바 한일 양어(韓日兩語)의 비교에 큰 관심을 갖게 되면서 일시 이례

---

15) 권덕규 : ≪조선어문경위(朝鮮語文經緯)≫ 「언어와 고대문화」(1923. 5. 25), 김윤경 : ≪조선문자급어학사(朝鮮文字及語學史)≫(1938. 1. 25) 참고.

16) 이기문 : 「한국어 형성사」(≪한국문화사대계Ⅴ-언어·문학사(상)-≫ 고려대학교 민족문화연구소, 1967), 김방한 : ≪한국어의 계통≫(민음사, 1983. 11. 15) 참고.

17) A Compative Study of the Japanese and Korean Languages.

적(異例的)인 성황을 이룬 일이 있었으나, 그 외적 성황에 비하면 성과는 적은 편이어서, 결과적으로 백도고길(白鳥庫吉)과 김택장삼랑(金澤庄三郞) 등 학자의 업적18)이 크다고 하겠다. 그리고 여기서도 람스테트(G. J. Ramstedt)의 공헌을 잊을 수 없다. 그는 일본말과 한국말 및 알타이 제어(諸語)의 비교에 대해서 단 두 편의 논문밖에 쓰지 않았으나, 이들은 오늘에 이르러서도 그 빛을 잃지 않고 있다.

한국말과 일본말의 비교 연구는 주로 일본학자들이 자기 나라 말의 계통을 연구하기 위한데서 이루어진 것이다. 지금까지 연구된 결과에 따르면 두 언어는 그 구조(構造)가 자못 유사한 점이 있다고 하겠으나, 낱말 및 말본스런 요소의 일치는 대단히 빈약하다. 조사 정리된 두 언어의 유사한 어휘는 약 200여개에 이르나, 큰 난관은 음운의 대응(對應) 규칙이 아직 완전하게 수립되지 못한 점이다.

한국말과 일본말의 낱말 몇 개를 비교해 보이면 다음과 같다.

한 국 말	일 본 말
섬[島]	sima(シマ)
밭[田]	hata(ハタ)
마을[村]	mura(ムラ)
몸[身]	mu(ム)
기와[瓦]	kawara(カワラ)
검[神]	kami(カミ)
말[馬]	uma(ウマ)

---

18) 백도고길(白鳥庫吉):「日本の古語と 韓國語との 比較」國語學雜誌(1894), 김택장삼랑(金澤庄三郞):「日韓兩國語同系論」(三省堂書店, 1910).

(5) 남방계설(南方系說)

우리는 앞에서 한국말과 알타이 제어(諸語)와의 친근 관계를 주장하는 알타이 계통설을 일명 북방계설(北方系說)이라 한다고 말하였는데, 이 북방계설이 북방 대륙에서 그 기원을 찾는 대륙설(大陸說)이라면, 여기에서 말하고자 하는 남방계설(南方系說)은 남방 대양(南方大洋)에서 그 기원을 찾고 있기 때문에 대양설(大洋說)이라고 말할 수 있다. 남방계설은 한국말과 드라비다말(Dravida)[19]과 타밀말(Tamil) 등과의 동계설(同系說)을 말한다.

이들 견해에 의하면 드라비다말이 원래는 인도에서 쓰였었는데, 「인도 게르만 말겨레[印歐語族]」에 속하는 인도-이란말을 쓰는 종족이 남하하면서 원주민(原住民)인 드라비다족은 인도의 남부로 밀려났고, 일부는 말레이지아 동부아시아의 여러 섬으로 흩어졌으며, 그 일부가 바다를 건너서 한국 본토에 들어와 한족(韓族)을 이루고 한족어권(韓族語圈)을 형성했다는 것이다.

남방계설은 주로 19세기 말부터 선교(宣敎)를 목적으로 입국한 프랑스 사람인 선교사(宣敎師) 달레(C. Dallet 1874)가 처음으로 시사했는데, 그 뒤 미국인 선교사 헐버트(H. B. Hulbert 1895, 1906), 독일인 에카르트(A. Eckardt) 등의 연구로 나타나게 된 것이다[20]. 특히 헐버트가 1906년에 지은 ≪한국어와 인도(印度) 드라비다 방언의 비교 연구≫는 국어 계통론(國語系統論)의 역사에서 최초로 발행된 단행본이다[21].

---

19) 드라비다말은 인도(印度) 남부와 스리랑카 섬의 동북부에 주로 사는 드라비다 겨레가 쓰는 말이다. 계통적으로 고립되어 있는데, 타밀말・텔루구말(Telugu)・말라얄람말(Malayalam) 들이 이에 딸린다.

20) 최범훈 : ≪한국어발달사≫(경운출판사, 1990. 10. 30) 38쪽을 참고하여 정리하였다.

이 드라비다말과의 동계설은 그 뒤 몇 학자에 의해 연구된 바 있다. 그러나, 우리 배달겨레는 거석문화(巨石文化)를 지닌 북방민족(北方民族)이라는 것을 역사학에서도 뒷받침해 주고 있는 바와 같이 어디까지나 북방계 요인(要因)이 근간이 되고 남방계 요인은 조금 가미(加味)된 것으로 보아야 한다.

(6) 인구어 동계설(印歐語同系說)

인구어 동계설은 19세기 말과 20세기 초 몇몇 선교사, 주로 독일 학자들에 의하여 주창된 것으로 한국말과 인구어(印歐語 : 인도 유럽말)를 같은 계통의 언어로 본 것이다. 코펠만(H. Koppelman), 귄테르트(H. Güntert), 에카르트(A. Eckardt)들의 학자들이다.

특히 귄테르트는 한국말의 「발[足]」[par]을 라틴어 [pës]와, 한국말의 「불[火]」[pur]을 그리스말 [pür]과 비교하고, 한국말 「보리(대맥)」[pori]와 그리스말 [purós](소맥)을 차용(借用) 관계로 보았다.

에카르트(1966)는 언어 그 자체만으로 친근 관계를 증명할 수 있는 결정적인 증거가 될 수 없으며, 고고학(考古學)과 민족학(民族學)의 증거가 필요하다는 것을 전제로 하고 있다. 그는 권말에 어휘 비교표를

---

21) 헐버트의 비교 연구는 유형적으로 비슷하다고 생각되는 것과, 비슷한 낱말의 나열에 불과하며, 진정한 비교 언어학적 연구라고 하기는 좀 어렵다. 또한 비교의 대상이 된 드라비다말 자체에도 문제가 있다. 보기를 들면, ≪삼국사기≫ 지리지의 백제 지명에 나타나는 「夫里」를 인도 남부 지명에 보이는 Trichinapalli, Alapalli, Saimpalli 등의 지명어사(地名語辭)「-palli」와 일치하는 것으로 주장했다. 「村落」의 뜻을 가지고 있는 드라비다말의 「palli」가 실은 범어(梵語, 산크리트말) 「palli」(小部落)의 차용어(借用語)임을 모르고 「夫里」와 비교했던 것이다.

붙이었으나 이는 외형적인 어휘만의 비교일 뿐 음운 대응(音韻對應)이 전혀 고려되지 않았다22).

이 인구어 동계설은 현재까지 연구된 결과에 따르면 별로 신빙성이 없다고 하겠다.

(7) 우랄 알타이어의 특질과 한국어와의 관계

우랄 알타이어의 특질에 대하여는 우랄 알타이 계통설에서도 언급한 바 있거니와 이들 하나하나에 대하여 설명하면서 한국말과의 관계를 아울러 말하고자 한다.

(7-1) 홀소리어울림[母音調和]

홀소리어울림(Vowel harmony)이란 임자씨[體言]·풀이씨[用言]와 같은 실사(實辭 ; 의미부) 중에 포함되어 있는 홀소리가 허사(虛辭 ; 형태부, 형식어이니 곧 토씨와 씨끝)에 포함되어 있는 홀소리를 자기와 같거나 비슷한 소리가 오게 하는 현상을 말하는데, 오늘날 한국말에서의 홀소리어울림은 거의 소리시늉말[擬聲語]과 짓시늉말[擬態語]인 상징어(象徵語)에서만 찾아볼 수 있을 뿐이다.

홀소리어울림의 대표적인 보기를 몇 개 보면 다음과 같다. 야쿠트 (Yakut) 터어키말에서 「a, o, u, ï」(ㅏ, ·, ㅗ, ㅣ)들을 밝은홀소리[陽性母音]라 하고 「ä, ö, ü, ï」(ㅓ, ㅡ, ㅜ, ㅣ)들을 어두운소리[陰性母音] 라 하는데, 실사 중에 밝은홀소리가 있으면 허사 중에도 밝은홀소리를 오게 하고, 실사 중에 어두운홀소리가 있으면 허사 중에도 어두운홀소

---

22) 이철수 : ≪한국어사≫(개문사, 1990. 8. 26 중판) 65쪽을 참고하여 정리하였다.

리가 오게 하는 현상을 참된 의미의 홀소리어울림이라 한다. 이를테면,

단수인 「ogo(아들)」, 「äsä(곰)」, 「aga(아버지)」들의
복수는 「ogo-lar」, 「äsä-lär」, 「aga-lar」

등으로 되는 따위이며, 또 밝은홀소리로 되는 보기로는

「ogo-nu(아들을)」, 「aga-ni(아버지를)」

들과 같고, 어두운홀소리로 되는 보기로는

「äsä-nï(곰을)」

와 같다. 이 보기에서 보면, 야쿠트말(Yakut)에서의 홀소리어울림은 밝은홀소리는 밝은홀소리끼리 어울리고 어두운홀소리는 어두운홀소리끼리 어울리며, 밝은홀소리와 어두운홀소리가 섞여서 쓰이는 일이 절대로 없다.

　그러면 한국말에서는 어떠한가 하면 중세국어에서 거의 뚜렷한 경향을 보이다가 근대국어 시기에 홀소리「ㆍ」의 소릿값 소실로 인한 홀소리 체계[母音體系]의 변동으로 그 특징은 희박해졌다.

(7-2) 닿소리 법칙[子音法則]

　닿소리 법칙(Law of Consonant)이란, 닿소리가 원칙적으로는 늘 홀소리와 결합되어 쓰이는 것이다. 곧 닿소리만이 독립되어 발음될 수 없다. 그러나,「pt, ps (ㅳ, ㅄ)」따위와 같은 닿소리들만의 결합은 본래는 없었는데 후대에 발달된 것으로 보고 있다. 그런데 우리말에서 보면 중세어에서는 말첫머리 닿소리떼[語頭子音群]「ps, pt, pst (ㅄ, ㅳ, ㅴ)……」(보기 ; 뿔<석보상절 6 : 14>, 뻬<능엄경언해 1 : 3>, 듧뻬 <훈민정음 합자해>) 등이 있었는가 하면 현대 국어의 받침을 보면,

「lk, lp (ㄺ, ㄼ)……」(보기 ; 낡, 밟, 흙-) 등등이다. 이것으로 보면 이와 같은 현상도 알타이어의 특징에 많이 어긋나는 현상이라 하겠다.

(7-3) 첫소리 규칙[頭音規則]

첫소리 규칙(Law of initial sound)에 있어서 말첫소리[頭音]란 말의 처음에 오는 소리를 말하는데, 말에 따라서는 말의 첫소리로 취할 수 있는 닿소리가 있고, 말의 첫소리로 취할 수 없는 닿소리가 있는데, 이와 같이 말의 첫소리로 올 수 있는 닿소리에는 어떤 규칙(規則)이 있는 것인즉, 이와 같은 현상을 「첫소리 규칙」이라고 하는데, 알타이어에서 일반적으로 인정되고 있는 첫소리 규칙을 보기를 들면 다음과 같다.

① 말의 첫소리에 거듭된 닿소리를 기피한다.

우랄 알타이 말겨레에 속하는 사모예드말과 핀란드말 같은 것이 이에 딸린다고 한다. 그러므로, 거듭된 닿소리로 시작되는 외래말은 여러 가지로 변화를 시킨다는 것이다. 보기를 들면,

「Strand」란 낱말은 스오미말로는 「Ranta」로 나타내고, 에스토니아말로는 「Randa」라 하며, 「Glass」란 낱말은 스오미말로는 「Lasj」로 나타내고, 에스토니아말로는 「Lass」라 함과 같이 첫소리들을 떼어 버린 것이다.

「school」을 한국말로는 「스쿠울」이라 하고, 일본말에서는 「スクール」라 표기하는 것과 같은 현상이다.

그런데 중세 한국말에서는 말첫머리에, 「ㅳ(psk), ㅳ(pt)……」(보기 ; ᄢᅢ다<용비어천가 23장>, ᄠᅦ<능엄경언해 1 : 3>…)과 같은 겹닿소리[複子音]가 쓰이었는데, 이런 점으로 보면 고대한국말이 알타이어였겠는

가 하는 점이다.

② 첫소리에 울림소리(흐린소리, 濁音)를 기피한다.

유라크말, 사모예드말, 핀란드말에서는 첫소리에 울림소리[濁音]가 오는 것을 피한다. 타우지말은 「b, dj」를 쓰지 아니하고, 예니세이말 사모예드말은 「g, d」 이외의 모든 울림소리를 다 첫소리에 아니 쓴다. 일본말에서도 순수한 일본말에서는 울림소리를 말첫머리에 쓰는 일은 극히 드물다. 이에 대하여 우리 한국말은 닿소리 「ㄴ, ㅁ」 말고 말의 첫소리로 울림소리를 쓰는 일이 없다고 하겠다.

이러한 것으로 보아 이 특징은 알타이어의 특징에 어느 정도 합당하다고 할 수 있다.

③ 첫소리에 r(ㄹ)음을 기피한다.

알타이어에서는 말의 첫머리에 「r」음을 쓰는 일이 없다. 일본말도 고유한 일본말에서는 「ラ」행의 첫소리를 쓰는 일이 없기 때문에 「러시아」를 「オロシア(Orosia)」라 하였던 것인데, 요즈음에 와서는 교육의 힘으로써 그러한 발음 습관을 만들어서 「ロシア」로 쓰게 된 것이다. 우리 국어의 닿소리 「ㄹ」소리는 「l」과 「r」(홀소리 사이에서만 남)로 실현되나, 우리는 하나의 [ㄹ]을 인식하고 있으므로, 둘로 인식하는 인구어(印歐語)의 표기나 인구어의 우리말 표기에서, 이 특질을 고려하지 아니할 수 없는 것이다. 그런데 외래말의 경우는 우리나라에 있어서도 근자 일본말에서 발음하는 것과 같이 쓰이고 있으니, 보기를 들면, 「라이터, 라이카, 러시아, 라면, 라도시계, 라이온즈클럽, ……」 등등 얼마든지 있다. 그러나, 중세어에서 보면, 한자음 계통에서 온 낱말은 제쳐 놓고, 순 우리말로 여겨지는 낱말 「라온(즐거운, 樂)(<번화 5 : 202>), 러울(너구리)(<훈민정음용자례>), 러피다(넓히다)(<영가 서 :

6>), 로롯바치[才人](<박통사언해 상 : 5>)」 등이 있음을 볼 때, 한국말이 알타이어 특징 중에 당당히 들어갈 수 있다고 할 수 있을는지 좀 의심스럽다.

(7-4) 끝소리 규칙[末音規則]

끝소리규칙(Law of final sound)에 있어서 끝소리[末音]란, 말의 끝에 붙는 소리를 말하는데, 이것도 말의 첫소리와 같이 말의 종류에 따라 제한이 있다. 알타이어의 끝소리 규칙을 보면, 말의 끝소리는 원칙적으로 홀소리 또는 닿소리로 되고, 간혹 겹닿소리[重子音]를 쓰는 일도 있다. 일본말은 낱내[音節] 거의 끝소리가 닿소리로 끝나지 못하고 홀소리로 끝나는 특질을 보이므로, 한국말 끝닿소리를 발음 또는 표기할 때는 반드시 홀소리를 넣는다. 보기를 들면,

　　현대말「서울>서우루, 곰탕>고무탕」,
　　옛말에도 이 규칙에 따라서,「섬[島]>시마(シマ), 곰[熊]>구마(クマ), 붙[筆]>후데」

따위로 일본말이 형성되었다.

　　국어의 경우, 겹닿소리는 말끝 음절 끝소리에 결코 올 수 없다. 둘받침은 형태 표시의 철자법 상에만 존재하는 것 뿐이다. 홑닿소리[單子音] 가운데 갈이소리[摩擦音]「ㅅ」, 붙갈이소리[破擦音]「ㅈ, ㅊ」, 목청소리[氣音]「ㅎ」은 끝소리에서는 폐쇄로 발음되고, 모든 터짐소리[破裂音]도 닫음소리[閉鎖音]로 발음된다. 이리하여, 말끝 낱내(음절) 끝소리로 나는 음은「k, n, t, l, m, p, ŋ」(ㄱㄴㄷㄹㅁㅂㅇ) 일곱 뿐이고(7종성), 모든 음은 끝소리에서 다 이 7종성의 하나로 귀착(歸着, reduction)되는 것이다. 그리고 터짐소리(파열음)「k, t, p」(ㄱㄴㅂ)는

끝소리에서, 정확히 말하여 닫음소리(폐쇄음, [k, t, p])로 발음되는 것이다. 그러므로, 영어의 「Plot」이란 말에서 「t」가 개방 파열한 것을 국어음으로 표기할 때는 부득이 파열의 인상을 주기 위하여 홀소리를 끝에 붙여 「플로트」로 적는다.

그리하여 국어는 이미 말한 바와 같이 말끝 낱내 끝소리에 겹닿소리(중자음)가 못 오므로, 외래말[外來語] 표기나 발음에서는 겹닿소리 사이에 홀소리를 넣는다. 보기를 들면,

    Pinks>핑크스, Capitalism>캐피털리즘

과 같다.

(7-5) 교착성(膠着性)

이 지구상의 언어를 형태적으로 분류할 때, 알타이 제어(諸語)를 붙는말[附着語, 膠着語, agglutinative language]이라 불러 이를 특정짓는 경우가 있는 바와 같이 이 교착성은 알타이 제어의 한 특징을 이룬다. 교착성(부착성)이란 곡용(曲用)에서 줄기[語幹]에 뒷가지[接尾辭]가 첨가되는 것을 말하는 것인데, 여기에는 두 가지 근본적인 특징이 있다.

첫째는 첨가될 수 있는 뒷가지(접미사)의 수가 많다는 점이다. 몽골말본에서 움직씨 bari-「잡다」의 줄기(어간)에 첨가되는 뒷가지의 보기를 보자.

    bari-ldu-「서로잡다, 씨름하다」
    bari-ldu-rul-「씨름하게 하다」
    bari-ldu-rul-u-rda-「씨름하도록 되다」
    bari-ldu-ran「씨름」(-ran, 움직씨에서 이름씨 파생)
    ………

둘째는 각 뒷가지(접미사)가 한 기능만을 가지고 있다는 점이다. 이것이 알타이 제어와 인구어(印歐語)를 근본적으로 구별하는 것의 하나이다. 인구어에서는 한 씨끝[語尾]이 여러 기능을 동시에 지니고 있다. 보기를 들면, 라틴어의 씨끝 -arum은「여성·속격(屬格, genitive)·복수」의 세 기능을 동시에 지니고 있다.

한국말인 경우 임자씨(체언)에는 반드시 토씨가 붙어야 말본스런 자리[格]가 확정되며, 월이 이루어진다. 풀이씨(용언)에는 씨끝(어미)이 규칙적으로 교체됨으로써 여러 가지 말본스런 차이를 나타내주고 있다. 또 어휘에도 뒷가지(접미사, suffix)가 매우 다양하게 발달되어 부착성을 보여주고 있다. 따라서 앞토[前置詞, preposition]가 발달하지 않은 대신, 뒤토[後置詞, postposition]가 발달되어 있다. 그러나, 이러한 경향은 드라비다말(Dravida)에서도 발견되는 경향으로 물론 절대적이라 할 수 없다.

(7-6) 없음씨[冠詞]·성(性)·수(數)

알타이어에서는 인구어(印歐語)에서 발달한 이름씨의 성(性, Gender)이나 없음씨[冠詞, Article ; 영어의 a, an, the]가 없어서 번잡한 말본스런 변화가 없으며, 수(數)관념이 미발달하여 월에는 정확한 수관념(數觀念)이 반영되지 않는다. 수(數)에 대한 우리 국어의 보기를 들면, 복수 뒷가지(접미사)「-들」은 붙여도 좋고 안 붙여도 좋다(열사람-들 ; 열사람, 저희-들 ; 저희, 우리-들 ; 우리). 그것은 또 통사상(統辭上) 지배(支配)나 말본 상 아무런 기능도 요구하지 아니한다. 몸바꿈한 겹셈 이름씨(우리)나 홑셈 이름씨(나) 사이에서도, 통사상 어떤 차이가 나타나는 일이 없다.

(7-7) 월의 구성법

알타이 제어(諸語)에서 대단히 유사한 특질은 어순(語順, Word order)이라 하겠으니, 곧 임자말(주어)이 맨 처음에 놓이고 부림말(목적어)이 그 다음에 놓이고 풀이말(술어)이 맨 뒤에 놓인다(임자말＋부림말＋풀이말). 그런데 퉁구스말에서는 부림말 앞이나 임자말 앞에 풀이말(술어 동사)이 오는 경우가 많다. 인구어(印歐語)의 어순은 「임자말＋풀이말＋부림말」로 되어 있다.

특히 우리 국어에 있어서는 월의 구성 요소의 말본 상 구성 순서는 크게 「임자조각[主部]＋풀이조각[述部]」이라 하겠으나, 기본 문장형(월의 으뜸꼴)을 보이면 다음과 같다.

> ①임자말＋풀이말[움직씨, 그림씨, 이름씨(보어)＋잡음씨]
>   ㉮임자말＋움직씨   (무엇이 어찌한다)
>   ㉯임자말＋그림씨   (무엇이 어떠하다)
>   ㉰임자말＋[이름씨(보어)＋잡음씨]   (무엇이 무엇이다)
> ②임자말＋부림말＋풀이말(움직씨)   (무엇이 무엇을 어찌한다)
> ③임자말＋간접 부림말＋직접 부림말＋풀이말(움직씨)
>   (무엇이 무엇에게 무엇을 어찌한다)

이와 같이 국어의 기본 문장은 셋~다섯으로 본다. 그런데 국어는 임자씨[體言]에 토씨가 뒤붙어서 자리[格]를 표시하므로, 위에 보인 핵심적 말본스런 월의 차례는 절대적인 것은 아니다. 영어나 인구어는 위치어(位置語)이기 때문에 어순만 바뀌어도 문장이 파괴되거나 다른 문법적인 뜻으로 변하지만, 국어는 그 토씨 이외의 낱말 곧 월 구성 요소의 차례를 적당히 도치하여도 임자씨에 토씨만 따라 다니면, 말본스런 뜻엔 변함이 없다. 다만 무엇을 강조하느냐만 달라지는 것이다. 이와 같이 문장 요소가 도치될 수 있다는 것까지 계산에 넣으면 5형식 기본 문장(핵문장)의 자율적 생성 문장은 더욱 복잡하고 어려워지는 것이다. 그리고 또 월을 짤 때에 꾸밈말[修飾語]은 꾸밈 받을 말 앞에 놓인다.

이와 같은 우랄 알타이어의 특질이 한국말 속에 나타나므로 한국말이 이 알타이어 계열에 속했다고 보는 것이다.

3. 국어의 형성(形成)과 범위(範圍)

우리는 앞에서 가설인 전통적 알타이 제어와 한국말의 친족 관계에 대한 제학설을 대강 살펴봄으로써 한국말의 주된 원류(原流)를 어렴풋이 알게 되었으나, 1964년경부터 우리 한국 본토(本土)에서 발굴되고 있는 선사시대(先史時代)의 유물과 고고학계의 소견으로 보아 한민족의 역사도 최소한 30만년 내지 50만년으로 소급하여야 되지 않는가 하는 문제가 제기되었다. 우리 한민족의 역사를 줄잡아 30만년만 보더라도 현재 우리가 파악하고 있는 우리 겨레의 국어학 자료와 역사는 너무나 빈약하다 아니할 수 없다.

아득한 상고시대 어디에서부터 언제 우리 겨레가 기원한 것인가 하는 문제는 단언하기 어려운 일이나, 오래 전부터 중앙 아시아 지방에서 유래되었을 것이라고 추측한다. 그러나, 이도 문제가 된다. 오늘날 우리 고고학계의 일부 학자는 문화의 발생지를 한국 본토 중앙으로 보기 때문이다.

다만 오늘날 우리나라에서는 어디까지나 가설이지만 한민족의 선조들은 우랄·알타이어 또는 알타이어를 사용하였을 것이라는 추측만 널리 통속화되어 있을 뿐이다.

상고시대인 고조선(古朝鮮)의 언어는 차치물론(且置勿論)하고, 고대(古代)에 있어서 그 넓은 만주 대륙인 북방지역(한국 본토 북부 일부 포함)에는 적어도 부여계어(夫餘系語)와 숙신계어(肅愼系語)의 양대어군(兩大語群)이 분포되어 있었고, 한국 본토인 남방 지역(북부 일부 제외 한반도)에는 한족계어(韓族系語)가 분포되었던 부족국가(部族國家)가 있었던 것으로 보인다.

이 북방지역과 남방지역에는 후대 여러 언어들이 말해졌으나, 적어도 북방의 부여계(夫餘系)와 남방의 한족계(韓族系)의 지역에서는 고구려말[高句麗語]·신라말[新羅語]·백제말[百濟語]·가야말[伽倻語] 등이 성립되어 있었음이 확실하다.

오늘날 한국말이 부여계어와 한족계어 속에서 자라났음은 거의 틀림없으나, 그 자세한 형성 과정은 아직까지 밝혀져 있지 않다. 그러므로, 막연하고 단편적인 기록이지만 현전(現傳)하는 고대 국내외 사적(史籍)을 통해서 부여계 제어(諸語)와 한족계 제어의 윤곽을 추정해 볼 수 밖에 없다.

여기에서는 부여계 제어와 한족계 제어에 대한 기록을 살펴보기로 한다.

부여계(夫餘系)는 오늘의 만주와 한국 본토의 북부(北部) 일부에 분포되어 있었다. 막연하나마 부여계 제어(諸語)로서, 부여말[夫餘語]·고구려말[高句麗語]·예말[濊語]·옥저말[沃沮語] 등을 말할 수 있다. 고구려에 관한 기록을 보면, ≪삼국지(三國志)≫「위지(魏志)」동이전(東夷傳)에,

3. 국어의 형성(形成)과 범위(範圍) 77

"동이(東夷)는 옛말에 이르기를, <고구려는> 부여(夫餘)의 별종이라 하였다. 말과 여러 가지 일이 부여와 같은 데가 많다. 그 성품과 의복에는 다른 점이 있다[東夷舊語 以爲夫餘別種 言語諸事 多與夫餘同 其性氣衣服有異]."

라고 하였고, ≪후한서(後漢書)≫에는,

"동이(東夷)는 서로 전하여 이르기를, 부여(夫餘)의 별종이라 하고, 말과 법과 풍속이 많이 같다[東夷相傳 以爲夫餘別種 言語法俗多同]."

라고 하였으며, 예(濊)에 관한 기록을 보면, 「위지(魏志)」에,

"그 기로(耆老)들은 예로부터 스스로 고구려와 씨가 같다고 일러 오며……말과 법과 풍속이 대개 고구려와 같은데, 의복이 차이가 있다[其耆老 舊自謂與句麗同種……言語法俗 大抵與句麗同 衣服有異]."

라고 하였으며, 옥저(沃沮:東沃沮)에 관한 기록을 보면, ≪삼국지≫ 「위지(魏志)」에,

"그 말이 고구려와 대개 같고 때로는 좀 다르다[其言語 與句麗大同 時時小異]."

라고 하였고, 또 ≪후한서(後漢書)≫에,

"동옥저(東沃沮)는……말과 음식과 거처와 의복이 고구려와 비슷한 데가 있다[東沃沮……言語飮食居處衣服 有似句麗]."

라고 하였고, 또 ≪삼국지(三國志)≫에,

"동옥저는 그 말이 고구려와 대개 같고 때때로 좀 다르다[東沃沮 其言語 與句麗大同 時時小異]."

라고 하였다. 이와 같은 기록으로 보아 부여(夫餘)·예(濊)·옥저(沃沮)

는 모두 고구려(高句麗)와 한 겨레로서 그 언어도 한 계통의 어군(語群)이었음을 알 수 있다. 이들의 분포 위치를 보면, 부여는 송화강 유역 일대의 북만주에 농안(農安)·장춘(長春)을 중심으로 자리잡고 있었으며, 고구려는 길림성을 중심으로 다시 압록강 중류와 현 한국 본토로 뻗어 내려왔고, 예와 옥저는 한국 본토 동북부 동해안에 위치하였다. 이를 부여계 어군이라고 통칭하기로 한다.

부여계 제어는 뒤에 고구려말에 의해서 대표되게 되었다. 부여말·옥저말·예말 등은 아무런 자료도 남기지 않고 없어졌지만 고구려말이 그 편린을 남겨 주었으니(《삼국사기 지리지》등 자료), 이 자료는 부여계 제어의 달리 볼 수 없는 매우 소중한 자료가 되는 것이다.

부여계 어군(語群) 이외의 주변 민족으로는 역시 중국의 고대 역대 사적에 숙신(肅愼)·읍루(挹婁)·물길(勿吉)·말갈(靺鞨) 등의 순서로 기록된 기사가 나타난다. 그러나, 이들 기사는 한민족의 근간인 조선·예(濊)·옥저(沃沮)·부여(夫餘)·고구려족과는 비교적 준별(峻別)하고 있다. 특히 숙신(肅愼)의 언어와의 대립에서 명백히 파악된다. 《삼국지》「위지」동이전(東夷傳) 읍루조(挹婁條)에,

"읍루(挹婁)는 부여(夫餘) 동북쪽으로 천여리나 떨어져 있으며, 큰 바닷가에 위치하였는데 남쪽으로는 북옥저(北沃沮)와 접하여 있고, 그 북쪽은 끝간 곳을 알 수 없다. 그 땅은 대부분 험한 산이며, 그 사람의 생김새가 부여와 비슷한데, 언어는 부여나 고구려와 같지 않으며, …… 옛 숙신씨(肅愼氏)의 나라이다[挹婁 在夫餘東北千餘里 濱大海 南與北沃沮接 未知其北所極 其土地多山險 其人形似夫餘 言語不與夫餘句麗同…… 古之肅愼氏之國也]."

라고 기술하고 있다. 읍루(挹婁)는 그 뒤 물길(勿吉), 말갈(靺鞨)로 그

계통이 이어지는 바, 이들과 부여계 제어(諸語)와의 구별은 중국 고사승(古史乘)에 일관하고 있다. ≪위서(魏書)≫ 물길전(勿吉傳)이나, ≪북사(北史)≫ 물길전의 물길(勿吉)에 대하여,

"고구려(高句麗) 북쪽에 있으며……언어는 유난히 다르다[在高句麗北……言語獨異]."

라고 하였으니, 이 기록을 보아도 부여계의 언어인 고구려의 언어와 숙신계의 언어인 물길말[勿吉語]과는 완전히 다르다는 것을 알 수 있다.

그리고 여진(女眞)을 춘추전국시대에는 숙신, 한(漢)나라 때에는 읍루, 남북조시대에는 물길, 수(隋)·당(唐) 때에는 말갈로 불리어오다가 10세기 초의 송(宋)나라 때부터 여진이라 부르기 시작하였다 하여 숙신족(肅愼族)이 여진족(女眞族)의 선조(先祖)라고 하는 것이 통설(通說)같이 되어 있으나 의문이다. 현재로서는 그렇게 숙신족이 여진족의 선조라 단언하기보다 그저 만주 퉁구스 계통 민족의 어느 선조(先祖)라고만 말하는 것이 나을 것으로 여겨진다.

한족계는 오늘날 한국 본토의 남방에 분포되어 있었다. 한족계의 제어로서 삼한어(마한·진한·변한)와 백제말·신라말·가야말 등을 말할 수 있다. 먼저 삼한에 대한 기록을 보면, 중국 고사서인 ≪후한서(後漢書)≫ 「동이전」 한조(韓條)에,

"한(韓)나라는 세 종족이 있는데, 하나는 마한(馬韓), 둘은 진한(辰韓), 셋은 변진(弁辰)이다.……무릇 78나라이다[23].……땅은 합쳐

---

[23] 마한이 54나라, 진한이 12나라, 변한이 12나라이니, 모두 합하여 78 나라이다(이는 ≪후한서≫에 의한 숫자이나 그 고증이 구구하여 아직 결론이 나 있지 않다).

사방이 4천리요, 동서는 바다로 경계를 삼으니, 모두 옛날의 진국(辰國)이다[韓有三種 一曰馬韓 二曰辰韓 三曰弁辰……凡七十八國……地合方四千里 東西以海爲限 皆古之辰國也]."

라고 하였으니, 우리는 이 기록을 통하여 우리 겨레로 한국 본토 남부에 분포된 여러 부족 사회(部族社會)를 당시 중국인이 진국(辰國)이라 총칭한 사실과, 삼한(三韓)은 마한·진한·변한(弁韓)인데, 이 삼한은 다시 여러 소국(小國:部族國家)으로 나누어져 있었다는 사실을 알게 된다.

삼한에 대한 위치에 대하여는 사가(史家)에 따라 다소 견해를 달리하는 점이 있으나, 대체로 진한은 신라(新羅)의 옛 터전이요, 마한은 백제(百濟)의, 변한은 가야(伽倻)의 옛 땅이다. 그렇다면 이들의 언어는 어떠하였던가. 이 나라들에 대한 기록을 보면, ≪삼국지≫ 「위지」 동이전 변한조(弁韓條)에,

"변한은 진한과 섞여 살았다. 또한 성곽이 있다. 의복이나 거처가 진한과 같고, 언어와 법과 풍속이 서로 비슷하다[弁韓與辰韓雜居 亦有城郭 衣服居處 與辰韓同 言語法俗相似]."

라고 하였고, 같은 책 진한조(辰韓條)에,

"진한은 마한의 동쪽에 있다. 그 기로(耆老)들을 통해서 대대로 전해오는 말로는 그들이 옛 진(秦)나라의 노역을 피하여 한국(韓國)으로 망명하여 왔다. 마한이 동쪽 땅을 베어주었다. 그 생활 방식이 성과 울타리[城柵]가 있으며, 그 언어는 마한과 같지 않다. 나라를 「방(邦)」이라 하고, 활을 「호(弧)」라 하고, 도둑을 「구(寇)」라 하고, 술잔 돌리[行酒]는 것을 「행상(行觴)」이라 하며, 서로 불러 모두를 「도(徒)」라고 한다[辰韓在馬韓之東 其耆老傳世自言 古之亡人避秦役

來適韓國 馬韓割其東界地 與之有城柵 其言語不與馬韓同 各國爲邦 弓爲弧 賊爲寇 行酒爲行觴 相呼皆爲徒]."

라고 하였다. 이로 보면, 진한(辰韓)과 변한(弁韓)의 말은 서로 비슷하고, 마한(馬韓)의 말은 진한과 변한의 말과 같지 않은 것이 된다. 그런데 ≪후한서(後漢書)≫「동이전」은 진한과 변한에 대하여,

"성곽과 의복이 모두 같으며 언어와 풍속이 다름이 있다[城郭衣服皆同 言語風俗有異]."

라고 하였으니, 이 기술(記述)은 앞의 기술인 진한과 변한에 대하여 상반(相反)되는 기록이다. 어떤 두 말을 두고, 서로 비슷함과 서로 다름의 어느 쪽에 초점을 두느냐에 달린 듯이 생각된다.

그리고 위의 기록 가운데 진한조(辰韓條)에는, 진한과 마한의 말이 같지 않다고 하므로 언뜻 보기에 서로 다른 언어로 보기 쉽다. 그러나, 이 기사의 전후 문맥을 살펴보면 진한과 마한의 말이 같지 않다고 한 것은 그 대상이 마한의 토착민이 아니라, 중국 진(秦)나라의 부역을 피하여 마한의 변방(邊方)에 유입하여 정착한 중국인 집단에 대한 기술임을 알 수 있다. 이 기사에서 실예로 든 「방(邦)・호(弧)・구(寇)・행상(行觴)・도(徒)」라는 말이 모두 중국말임이어서 더욱 확연하다.

이상의 기록은 아주 빈약한 것이기는 하나, 삼한(三韓)의 언어에 대하여 언급한 기사 내용으로 보아, 삼한의 언어는 방언적 차는 있었을지언정 동일한 한족계어(韓族系語)에 속한다고 보아 무방하다고 여긴다. 이를 한족계 어군이라고 통칭한다.

우리는 이상에서 보는 바와 같이 단편적 기록이나마, 각기 남과 북의 말에 대한 기술은 있지만, 고대 국어사(國語史)에서 가장 중대한 남부의 한족계 제어와 북부의 부여계 제어와의 호상 관계에 대하여는

국내외 사적을 막론하고 한마디의 말도 없다는 것은 아쉬운 점이라 아니할 수 없다. 물론 한마디의 말이 없다고 하여 남북간의 언어 차이를 암시하는 것으로 보지는 않는다. 이는 필연, 언어 사실을 기록하는 당사자가 이에 대한 지식이 미흡하여, 남북 언어의 호상 관계에까지 언급할 수 있는 처지에 있지 않았기 때문으로 보아야 할 것으로 여겨진다.

삼한(三韓) 곧 한족은 그 뒤 백제(百濟)·신라(新羅)·가야(伽倻)로 삼분(三分)되었다. 중국의 옛 기록에는 백제·고구려·신라의 언어를 비교한 기록이 보이는데, 먼저 백제말에 대한 기록을 보면, ≪양서(梁書)≫(629)「백제전(百濟傳)」에,

"오늘날 <백제의> 언어와 복장(服章)이 대개 고구려와 같다[今言語服章 略與高句麗同]."

라고 하였다. 이것은 아마도 백제의 지배 계층족(支配階層族)의 언어에 관한 기술로 생각된다. 우리가 잘 아는 바와 같이 백제의 지배 계층족은 부여족(夫餘族)의 일파(一派)였던 것이다. 백제의 피지배 계층족(被支配階層族)은 마한말[馬韓語]을 계속 사용했을 것이므로, 그들의 언어가 지배 계층족의 그것과 달랐음은 짐작하기에 어렵지 않다. 이 차이에 대해서는 역시 중국 고사서인 ≪주서(周書)≫(1636)「이역전(異域傳)」 백제조(百濟條)에,

"임금의 성은 부여씨(夫餘氏)로서 어라하(於羅瑕)라 부르고, 백성들은 건길지(鞬吉支)라 하는데, 중국말[夏言]로는 왕(王)이다. <임금의> 아내는 어륙(於陸)이라 부르는데 중국말[夏言]로는 비(妃)이다[王姓夫餘氏 號於羅瑕 民呼爲鞬吉支 夏言並王也 妻號於陸 夏言妃也]."

라고 기록되어 있다. 곧 지배 계층인 부여계(북방계) 고구려의 말로는 임금을 「어라하(於羅瑕)」, 왕비를 「어륙(於陸)」이라 했음에 대하여, 피지배 계층(被支配階層)인 한족계(남방계) 말로는 임금을 「건길지(鞬吉支)」라고 했다는 것이다. 이것은 고대에 있어서 외견상 부여·고구려 언어인 북방계 언어 곧 부여계어와 남방계 언어인 한족계 언어가 달랐음을 단적으로 말해 주는 보기라고 할만하다. 우리는 백제의 시조(始祖) 온조(溫祚)는 고구려 시조 고주몽(高朱蒙)의 셋째 아들로 망명(亡命)하여 백제를 세운 나라라 하는 것을 잘 알고 있기 때문이기도 하나. 그러나, 백제에 있어서는 지배 계층족의 언어로의 피지배 계층족의 말을 바꾸어 놓은 일은 없었고, 다만 다소의 영향을 준 데 불과했던 것으로 보인다. 이 위계급[上層]이 백제말의 특징이라고 할 수 있을 것이다.

그런데 백제에 관한 기록 중 ≪양서≫의 기사에 대하여 박병채님은 다음과 같은 의견을 제시하고 있다.

고대 삼국이 남쪽으로 정립하고 있던 7세기 초의 기록임을 주목하여야 한다. 왜냐하면 ≪삼국지≫ 「위지」 동이전에 나오는 고구려말과 이 ≪양서≫에서 말하는 고구려말은 상당한 차이가 있었던 것으로 보아야 하기 때문이다. 이 기사에서 백제말과 고구려말이 같다고 한 것은, 종래의 설처럼, 백제의 지배족이 부여족의 일파였다는 점에서 백제 지배족의 언어를 가리킨 것으로 볼 수도 있으나 실은 부여계의 상층 귀족 뿐 아니라 일반 유이민(流移民)의 남하도 배제할 수는 없는 것이다.

남부의 한계 언어와 북부의 부여계 언어와의 관계에서 볼 때, 역사적으로 선사시대(先史時代)부터 북방에 정치적 변동이 있을 때마다 큰 규모의 유이민이 남하하여 한계 언어와의 언어 접촉이 있었다는 사실을 간과해서는 안 된다. ≪위략(魏略)≫에 위만조선이 망할 무렵, 조선상(朝鮮相) 역계경(歷谿卿)이 2,000호의 이민단을 이끌고 진(辰)나라 동쪽으로 남하했다는 사실도 있고 보면, 그 후 들어온 수많은 유이민이 있었으리라는 것은 더 말할 필요도 없을 것이다. 이는 고대부터 남북 언어의 동질성을 구축할 계기가 되는 중요한 의미를 갖는 것이라고 보기 때문이다. 그러므로, 이 기사는 적어도 당시에는 백제말과 고구려말 사이에는 별반 큰 차이가 없었다는 기록으로 보아야 할 것이다.

다음엔 신라(新羅)에 관한 기록을 보면, 역시 중국 고사서인 ≪양서(梁書)≫ 신라조(新羅條)에,

"그 절[拜]하는 법과 행동이 고구려와 서로 같다. 글자가 없어 나무에 새김[刻木]으로 통신을 삼았으며, <중국 사람과> 말은 백제 사람을 기다린 뒤에 통할 수가 있다[其拜及行 與高句麗相類 無文字 刻木爲信 言語待百濟 而後通焉]."

라고 하였는데, 이 기록 내용 중 중국 사람이 신라 사람과 말을 건네려면 백제 사람을 중간에 넣어야 했다는 것은, 백제말이 신라말과 비슷했음을 말해 주는 것이다. 백제는 신라보다 일찍부터 중국과 교류하였기 때문에 신라 사람으로서는 중국말에 통하는 백제인을 통역으로 삼았으리라는 것은 기이할 것이 없다.

마지막으로 가야말[伽倻語:伽羅語]에 대하여 말하고자 한다. 가야는 그 지역이 남방(南方)이고, 그 선대의 언어가 변한말[弁韓語]일 가능성이 있을 뿐, 가야말에 대한 직접적인 기술은 옛 문헌에 보이지 않는다. 그런데 국내 사서(史書)인 ≪삼국사기(三國史記)≫ 권44에 「전단량(旃檀梁)」에 대해서 협주(夾注)하기를,

"성문(城門)의 이름이다. 가라말[加羅語]로는 문을 「돌[梁]」24)이라 한다[城門名 加羅語門梁云]."

라고 하였다. 이를 보아, 신라말과의 차이가 의식(意識)되었음을 알려 준다. 그리고 이 가야 지역의 지명(地名)을 검토해 보면, 다른 한족계 지역에서는 볼 수 없으며, 오히려 고구려 지역에서 발견되는 요소가 더러 나타난다. 이것은 가야말 또는 그 이전의 변한말이 북방(北方) 부여계가 아니었던가 하는 의문을 자아내 준다. 그런가 하면, 신라 지역에서 흔히 지명(地名) 종결사에서 나타나는 「블[火], 벌(伐)」이 가야 지역에서도 나타나며, 이외에도 「믈[物-水], 거칠(居柒-荒), 거로(巨老-鵝)」 등 한족계어에 해당하는 어휘들이 많이 나타나는 점으로 보아, 가야의 언어도 다른 남방 한족계의 언어와 동일한 언어였을 개연성(蓋然性)이 짙다.

이렇게 옛 문헌의 기록을 통하여 한국말의 뿌리와 줄기를 역사적으로 살펴 본 바에 의하면, 북방의 원시 부여계어(夫餘系語 ; 부여・예・옥저 등의 말)는 남방의 원시 한족계어(韓族系語 ; 진한・마한・변한 등의 말. 일명 삼한계어)와 방언(方言) 이상의 차이가 있었으리라 추정되지만, 고대 삼국인 신라・고구려・백제의 말은 대체로 방언적 차이가 있을 뿐, 동일한 말이 쓰여졌다고 보아야 할 것이다. 그러므로, 만주 대륙과 한국 전토를 무대로 흥망성쇠를 거듭한 한민족의 역사적 발전 속에서 한국말의 뿌리와 줄기가 남북의 간단(間斷) 없는 접촉을 통하여 단일 언어(單一言語)로서 성장해 왔다고 하겠다.

서력 기원 7세기 후반 신라의 삼국통일(三國統一)은 신라말을 중심

---

24) ≪용비어천가≫ 제49장 사적자료에 「착량(窄梁)」을 우리말로 「손돌」이라 옮겼다. 「손돌[窄梁]」은 경기도 강화(江華) 근처에 있는 지명이다.

으로한 한국 전토의 언어적 통일을 어느 정도 가능하게 하였다. 그 뒤 10세기 초 오늘날의 개성(開城)을 중심으로한 고려왕조의 건설은 커다란 의미를 지닌다. 그것은 오늘날 우리가 일반적으로 생각하는 의미 그대로의 한국말이 형성된 것은 정히 10세기 이후의 일인 것이기 때문이다. 그때까지의 정치·경제·문화 등의 중심이 경주(慶州)에서 개성으로 옮겨졌으며, 이는 또한 경주 중심의 신라말이 개성 중심의 고려 중앙어(中央語) 형성에 많은 목을 차지했다는 것을 뜻한다. 따라서 고려의 건국과 더불어 개성말 곧 경기말[京畿語]이 중앙어로 되었고, 한양(漢陽)으로 도읍을 옮긴 조선왕조(朝鮮王朝)에 들어와서도 경기말이 언어사(言語史)에 있어서는 아무런 변화 없이 계속 중앙어가 되어 오늘의 한국말 곧 국어를 형성(形成)하게 되었으니, 지금의 한국말은 직접적으로는 고려초 개성에서 형성된 고려 중앙어에 소급된다고 할 수 있다.

우리는 이상과 같은 한민족의 국문학에 관한 자료나 그 밖의 역사 기록 등으로 보아 분명히 말할 수 있는 것은 거개의 「신라말」과 「고구려말」 및 「백제말」의 일부(잔영)가 합하여 「고려말」의 뿌리가 되고, 「고려말」은 거의 그대로 다시 「조선말」이 되어 「현대말」을 이루었다는 사실이다.

그리고 국어의 범위에는, 통시적으로는 광활한 만주땅과 현 한국 본토와 도서 등에 존재했던 모든 나라, 곧 고조선인 단군조선 이래 나타난 부여·예·옥저·삼한(진한·마한·변한)·신라·고구려·백제·발해(渤海)·고려·탐라(耽羅)·조선 등등의 언어와 공시적으로는 현대 중앙어와 방언 등이 포함된다.

지금말은 그 공간에 따라 중부지방을 비롯하여 동북·서북·동남·

서남 지방과 제주도의 방언 등 여섯으로 나뉜다. 그러나, 이들 방언의 경계선은 행정구역의 그것과 반드시 일치하지는 않는다. 이들의 조선 시대의 8도는 오늘날의 각도의 경계와는 반드시 일치하지 않기 때문이다.

Ⅲ. 국어 표기 문자

1. 개관

2. 전해지지 않은 고대문자

3. 한자와 차자표기 문자

4. 훈민정음

III. 국어 표기 문자

1. 개관

　언어와 문자는 불가분의 밀접한 관계에서 사상 감정 전달의 무형한 연장으로 인류 문화를 규제(規制)하고 있다. 특히 문자는 언어의 결함을 보완하여 사람 겨레의 사상 감정의 발표가 시간적으로 영구히 보존되게 하고, 공간적으로 광원(廣遠)에 전파되게 하며, 반복 음미와 기억에 편리하게 하고 있다.
　우리 인류는 이 문자를 가지므로 말미암아, 앞 사람의 문화적 업적을 계승하여 확장하고 정련(精練)하여, 이를 뒷사람에게 전해 왔으며, 또 전하고 있다. 따라서 문화를 높이고 넓히는 이기(利器)는 언어보다도 문자라 해도 과언이 아닐 것이다. 그러므로, 언어학이나 음성학에 있어서도 언어와 문자를 분리하여 생각할 수 없는 불가분의 관계에 있다. 그러나, 문자의 기원(起源)은 언어와의 관련 아래 발전한 것은 아니다. 언어가 청각적(聽覺的) 의사소통의 수단이었다면 문자는 시각적(視覺的) 의사소통의 수단으로 일찌기 선사시대(先史時代)부터 여러 가지 방법으로 고안(考案)되어 사용되어 왔다.
　그러면 오늘날 60억이나 되는 세계 인류가 사용하고 있는 글자는 겨우 30여종 정도인데, 과거 무수한 종족의 조선(祖先)이 그 지혜를

짜아서 만들어 낸 글자가 얼마나 되느냐 하면, 250여종 또는 300여종이 있다고 한다.

이 글자들은 문자의 발달사적 계단으로 보아 대략 다섯 계단으로 나누어 볼 수 있으니, 매듭글자[結繩文字], 그림글자[繪畵文字], 뜻글자[낱말글자, 意義文字], 낱내글자[音節文字], 낱소리글자[音素文字] 등이 그것이다.

우리 겨레인 경우 훈민정음(訓民正音)이 창제되기 전까지는 우리나라의 문자는 어떠한 문자를 사용하고 있었으며, 또 훈민정음은 어떻게 만들었는가? 이것이 우리가 한번 생각해 볼 만한 문제이다. 현전하는 국내외 자료에 의하면 우리나라의 문자는 전해지지 않은 고대문자와 뜻글자인 중국의 한자(漢字)와 차자 표기 문자인 이두(吏讀)·구결(口訣)·향찰(鄕札) 등의 문자가 있었다 하겠다.

여기에서는 이들 문자와 훈민정음, 즉 한글에 대하여 베풀기로 한다.

2. 전해지지 않은 고대문자

우리나라는 옛부터 한문 글자가 아닌 우리 고유의 고대문자가 있어 사용했다는 기록이 단편적으로 보이는데, 이 기록된 것들을 밝히기로 한다[1].

(1) 삼황내문(三皇內文)

현대 중국학자도 한문과 중국의 문화의 근원은 「동이(東夷)」에 있다

---

1) 이 자료는 김윤경님의 ≪한국문자급어학사≫(동국문화사, 1954. 12)와 ≪새로지은국어학사≫(을유문화사, 1963. 3) 등에 나타나는 고대의 문자를 중심으로 하여 밝힌다.

고 말하거니와, 고대 중국 문헌에도 이것을 증거한다.

진(晋)나라의 도가(道家) 갈홍(葛洪)이 동진 초(東晋初)에 지은 ≪포박자(抱朴子)≫에는,

"황제(黃帝 : 중국 고대의)가 동쪽으로 청구(靑邱 : 靑丘)2)에 이르러 풍산(風山)을 지나다가 자부선생(紫府先生)을 만나「삼황내문(三皇內文)」을 받았다 [黃帝東到靑邱過風山 見紫府先生 受三皇內文]."

라고 하였다.

(2) 신지비사문(神誌秘詞文)

≪증보문헌비고(增補文獻備考)≫ 제246권 예문고(藝文考) 5 잡찬류(雜纂類)의 도서 이름에 ≪신지비사(神誌秘詞)≫라는 기록이 있고, 조선 선조(宣祖) 때 한학자 권문해(權文海)가 지은 ≪대동운부군옥(大東韻府群玉)≫ 권지13에,

"신지(神誌)는 단군 때 사람으로 스스로 선인(仙人)이라 불렸다 [神誌 檀君時人 自號仙人]."

라고 하였으며, ≪태종실록(太宗實錄)≫ 권제17 태종 9년(1409) 윤 4월

---

2) 청구(靑丘) : 우리나라. ≪삼국유사≫ 권제4 현유가(賢瑜珈) · 해화엄(海華嚴) 조에, "유가종(瑜珈宗)의 조사(祖師) 고승(高僧) 대현(大賢)은 남산 용장사(茸長寺)에 살았다. … 대현(大賢)은 일찌기 스스로 청구사문(靑丘沙門)이라 일컬었다. 찬(讚)해 말하기를, '남산의 불상(佛像)을 도니 불상도 따라 얼굴을 돌리어, 청구(靑丘)의 불교가 다시 중천(中天)에 떠올랐네. 궁중 우물을 솟구치게 한 것이, 향로(香爐)의 한 줄기 연기에서 시작될 줄 누가 알리.'라고 하였다[瑜珈祖大德大賢 住南山茸長寺…賢嘗自號靑丘沙門 讚曰 遶佛南山像 逐旋 靑丘佛日再中懸 解敎宮井 淸波湧 誰識金爐一炷煙]."

13일(을묘)조 건원릉 비문(健元陵碑文)에,

"……서운관(書雲觀)의 옛 장서(臧書)인 비기(秘記)에 구변진단지도(九變震檀之圖)3)란 것이 있는데, 건목득자(建木得子 : 李氏를 이르는 말임)라는 말이 있다. 조선(朝鮮)이 곧 진단(震檀)이라고 한 설(說)은 수천년 전부터 내려오는 것으로, 지금에 와서는 증험되었으니 하늘이 유덕(有德)한 이를 돌보아 돕는다는 것은 진실로 징험이 있는 것이다……[……書雲觀舊臧秘記 有九變震檀之圖 建木得子 朝鮮卽震檀之說 出自數千載之前 由今乃驗 天之 眷佑有德 信有徵哉……]."

라고 하였는데, 이에 대한 설명을 ≪용비어천가(龍飛御天歌)≫ 권제3 제15장(章) 본문에「구변지국(九變之局)」이 나오는데 이를 주석하기를,

"국(局)은 도국(圖局)이다. 판국이 아홉번 변하는 그림[九變圖局]은 <단군 때 사람> 신지(神誌)가 만든 도참(圖讖 : 豫言書類)의 이름이니, 이것은 동국(東國 : 우리나라) 역대의 정도(定都)가 아홉번 변할 것을 말하고, 아울러서 본조(本朝 : 朝鮮朝)가 천명을 받아 도읍을 세울 것을 말함이다[局圖局也 九變圖局 神誌所撰圖讖之名也 言東國歷代定都 凡九變其局 幷言本朝受命建都之事]."

라고 하였다. ≪삼국유사≫ 권제3 보장봉로(寶臧奉老) 보덕이암(普德移庵)조에,

"또, 살피건대 신지비사(神誌秘詞)의 서문(序文)에 이르기를, 소문(蘇文 : 벼슬 이름) 대영홍(大英弘)이 서문을 쓰고, 또 주(注)를 달았다[又按神誌秘詞序云 蘇文大英弘序幷注]."

---

3) 구변진단지도(九變震檀之圖) : 아홉번 변하는 진단(震檀)의 그림. 진단(震檀)은 조선을 말함이다.

라고 하였다. ≪세조실록(世祖實錄)≫ 권제7 세조 3년(1457) 5월 26일 (무자)조에,

"팔도관찰사에게 유시(諭示)하기를, ≪고조선비사(古朝鮮秘詞)≫·≪대변설(大辯說)≫·≪조대기(朝代記)≫……등의 문서는 마땅히 사처(私處)에 간직해서는 안되니, 만약 간직한 사람이 있으면 진상하도록 허가하고, 자원하는 서책을 가지고 회사(回賜)할 것이니, 그것을 관청·민간 및 사사(寺社)에 널리 효유(曉諭)하라[諭八道觀察使曰 古朝鮮秘詞 大辯說朝代記……等 文書 不宜藏於私處 如有藏者許令進上 以自願書冊回賜 其廣諭公私及寺社]."

라고 한 기록이 나타남을 보아, 이 ≪고조선비사≫는 귀한 책이었으며, 또 그때까지 있었기에 걷어들이라는 임금의 명령을 내렸을 것이라고 생각된다.

그리고 ≪예종실록(睿宗實錄)≫·≪성종실록(成宗實錄)≫에도 같은 명령을 내린 기록이 있는 것으로 보아 ≪신지비사≫가 조선 전기까지 전하였던 것을 알 수 있으며, 이것은 단군시대에 글이 있었던 것을 증거하는 것이라 보겠다.

(3) 법수교비문(法首橋碑文)

조선 선조(宣祖) 23년(1590) 윤두수(尹斗壽)에 의하여 편간(編刊)된 원지(原誌) ≪평양지(平壤誌)≫에,

"평양 법수교(法首橋)에 옛 비문(碑文)이 있는데, 언문도, 범문도, 전문(篆文)도 아닌 글로서 사람이 깨달아 알 수가 있다[平壤法首橋有古碑 非諺非梵非篆 人莫能曉]."

라고 하였다. 김윤경님은 「법수교비문」을 「신비지사문」과 관련시켜 말하고 있다.

(4) 왕문문(王文文)

≪문화유씨보[柳文化譜]≫에,

"왕문(王文)이 쓴 글자는 전문(篆文)과 같기도 하고, 부적[符]과 같기도 하다. 왕문은 곧 수긍(受兢)의 아버지다[王文書文字 而如篆如符文卽受兢之父]."

라고 하였다. 김윤경님은 왕문(王文)은 서기전 12세기 즈음의 부여인(夫餘人)이므로 부여의 글을 이름이라 생각된다고 하였다.

(5) 고구려 문자(高句麗文字)

≪삼국사기≫ 권제20 고구려본기 제8 영양왕(嬰陽王) 11년(600)조에,

"태학박사(太學博士 : 敎授) 이문진(李文眞)을 시켜서 고사(古史 ; 옛 역사)를 줄여 신집(新集) 5권으로 만들었다. 국초(國初)에 글자가 있어서 어떤 사람이 역사 1백권을 기록하여 ≪유기(留記)≫라 하였던 것인데, 이 때에 이르러 산수(刪修 ; 깎아 고침) 하였다[詔大學博士李文眞 約古史爲新集五卷 國初始用文字 時有人記事一百卷 名曰留記 至是刪修]."

라고 하였다. 김윤경님은 이 기록에 나타난 국초의 문자(文字)를 한문(漢文) 글자가 아닌 다른 글자로 보고 말하기를, "이 같이 국초부터 문자가 있어서 역사를 적었던 것이다. 부여에 문자가 있었다면 고구려도 있었을 것은 틀림없는 일이다."라고 하였다.

(6) 신라 문자(新羅文字)

중국 당(唐)나라 요사렴(姚思廉)이 지은 ≪양서(梁書)≫ 신라전(新羅傳)에,

"그 절하는 법과 행동하는 것이 고구려와 서로 비슷했다. 글자가 없어서 나무에 새김으로써 통신을 삼았으며, 말은 백제로 하여금 소통되었다[其拜及行 與高句麗相類 無文字 刻木爲信 語音待百濟以後通焉]."

라고 하였다. 김윤경님은, 여기 「문자가 없다」고 함은 한자(漢字)가 없음을 말하는 것이고, 「나무에 새긴」 기록이라 함은 신라의 문자를 말하는 것이라 하겠다고 하였다.

그리고 그는 또 신라의 고유한 문자로 「향찰(鄕札)」을 들고 있으니, 향찰에 대한 기록으로는, 고려 문종(文宗) 29년(1075)에 혁련정(赫連挺)이 엮은 ≪균여전(均如傳)≫에,

"향찰은 마치 범서(梵書)를 내리 편 것과 비슷하다[鄕札似梵書連布]."

라고 하였다.

(7) 백제 문자(百濟文字)

≪삼국사기≫ 권제24 백제본기 제2 근초고왕(近肖古王) 30년(375)조에,

"고기(古記)에 이르기를, 백제는 개국 이래로 문자 기록이 아직 없었다가, 이때 고흥(高興) 박사를 만나게 되어 비로소 기록[書記]이 생겼다[古記云 百濟開國已來 未有以文字記事 至是 得博士高興 始有

書記]."

라고 하였고, ≪신당서(新唐書)≫에는,

"백제는 글자와 기록이 있었다[百濟有文字籍記]."

라고 하였다. 이 두 문헌의 기록을 보면 모순되어 보이는데, 이에 대하여 김윤경님은, 중국 사람의 문자 기사가 없다 한 것은 문자가 없었다는 것이 아니고 문자로 적은 기사가 없다는 것으로 보아야 한다고 하였다.

(8) 발해 문자(渤海文字)

중국 진(晋)나라 유향(劉昫)이 착수하여 고조(高祖) 5년(940)에 장소원(張昭遠)이 완성한 ≪구당서(舊唐書)≫에,

"풍속이 고구려와 거란[契丹]과 같고 자못 글자와 기록[書記]이 있었다[風俗與高句麗及契丹 頗有文字及書記]."

라고 하였고, ≪고려사(高麗史)≫ 권1 세가(世家) 권제1 태조1(太祖一) 태조 8년(925) 9월조에,

"발해는 본래 속말 말갈(粟末靺鞨:粟末部)인 바, 당(唐)의 무후(武后) 때에 고구려인(高句麗人) 대조영(大祚榮)이 달아나 요동(遼東)을 보유(保有)하니 예종(睿宗)이 발해군왕(渤海郡王)으로 봉하였으므로 스스로 발해국이라 칭하고 부여(扶餘)·숙신(肅愼) 등 십여 국을 아울러 다 차지하였다. 문자(文字)·예악(禮樂)·관부제도(官府制度)가 있었다[渤海 本粟末靺鞨也 唐武后時 高句麗人大祚榮走保遼東 睿宗封爲渤海郡王 因自稱渤海國 幷有扶餘肅愼等十餘國 有文字禮樂官府制度]."

라고 하였다.

(9) 고려 문자(高麗文字)

조선 영·정조(英正祖) 때의 학자 이덕무(李德懋)의 ≪청장관전서(靑莊館全書)≫ 「청비록(淸脾錄)」에 나오는 「한송정곡(寒松亭曲)」[4]의 원문은 고려문자로 적혔었다는 것과 고려 주조(鑄造)의 「원우통보(元祐通寶)」의 뒤쪽에 있는 글자 「ㅗ」는 현재 한글의 「오」와 유사함을 보아 김윤경님은 고려의 고유 문자를 사용함이 있음을 알겠다고 한다.

이상과 같은 문자설은 이 밖의 문헌에서도 더 찾아 낼 수가 있으나, 이러한 기록을 뒷받침할 만한 문자의 흔적을 지금까지 찾아내지 못하고 있어 이 고대문자설은 그다지 신빙성이 없다고 하겠다. 그런데 근자(1964년경)에 들어와서 우리나라의 선사시대(先史時代) 문화에 대한 연구와 유물 발굴이 활발해짐에 따라 나타나는 암각(岩刻) 등을 단순히 암각화[岩刻畵]로 보느냐, 아니면 그림글자[繪畫文字]로 보느냐에 따라 달라질 수 있는 바, 이것도 고대문자가 있었다고 하는 것에 대한 가능성을 보여주는 것의 하나이니, 우리의 고대문자가 없었다고 단정하여 말하기는 아직 이르다고 생각한다.

---

4) 박종국 : ≪국어학사≫(문지사, 1994. 12. 30) 17쪽 참고.

3. 한자와 차자표기 문자

우리나라는 중국과 접경하여 있는 나라이므로 한(韓)·한(漢) 양민족의 접촉은 일찍부터 있었을 것이고, 따라서 한자·한문의 전래도 고조선 시대인 서력 기원전 2, 3세기경에 시작하여, 전래된 한문은 일부 특수층에서 쓰이다가 시대가 지남에 따라 쓰이는 범위가 차츰 늘어갔을 것이다. 삼국시대에 들어 국내에는 학교가 생기고, 중국 유학생의 내왕이 있다가, 6, 7세기경에는 중국과의 외교 문서가 오고 갔으며, 명문(銘文)·탑기(塔記)·작품 등의 기록이 이미 등장하고 있었으니, 이 무렵에는 한자의 사용이 크게 일반화되어 있었다고 여겨진다.

이리하여 한문 글자는 삼국의 문자 생활을 지배하기에 이르렀고, 이러한 상태는 훈민정음이 창제된 뒤에도 19세기말 갑오경장 때까지 대다수의 지식층에서는 계속되었던 것이다.

한자의 전래로 문자생활을 시작하였다고 여겨지는 우리 선민(先民)들이 국어에 대한 인식 내지 반성은 어느 때부터일까? 이는 아마도 한자와의 접촉에서 시작되었다고 할 수 있다. 원래 한자는 표의(表意)를 위주로 하고, 떨어지는 말[孤立語]인 중국말 표기에 알맞도록 마련된 것인데, 형태가 다른 붙는 말[添加語]인 한국말 표기에는 그대로 적용될 수는 없었다. 그래서, 여기에 우리 조상들은 희미하고 막연하기는 하나마 국어에 대하여 의식하고, 또 반성할 기회를 갖게 되었던 것이다. 중국말과 한국말은 본질적으로 언어 체계가 다를뿐더러 모든 면에 있어서 같지 않다. 이에 한자를 가지고 우리말을 표기하기 위하여 여러 가지 방법을 강구하지 않으면 안 되었던 것이다. 이리하여 중국어법(中國語法)을 완전히 무시하고 순전히 한자만을 차용(借用)하여 우리말 어순(語順)에 맞도록 한자를 나열한다거나, 또는 한자가 지니고 있는 음(音 : 소리)과 훈(訓 : 새김)을 적의 이용하여 우리 의사 표현에 힘쓴다거나, 혹은 중국의 문장(文章)을 읽을 때 중국말에서는 거의 그 발달을 보지 못하였던 허사(虛辭)만을 국어식(國語式)으로 삽입(揷入)하되, 이것도 한자 음·훈(音訓)을 차용하는 등 여러 가지의 우리말을 표기하는 방안이 실현되었다.

한자가 도입되었을 때, 문자 생활에 두 갈래의 반응이 일어났다고 여겨지니, 하나는 구문(構文)이 전혀 다른 한문을 중국 체계(中國體系) 그대로 흡수 소화하려는 것이요, 다른 하나는 자국어와 표기체의 불합치에서 오는 사이점을 지각하고, 새로운 표기법 강구(講究), 곧 고유어 표기의 특별한 방식의 연구를 꾀하는 일이라 하겠다. 우리 조상들은 드디어 국어의 음운조직(音韻組織)과 형태상(形態上)의 차이를 발견하고, 토박이말에 맞는 표기 문자, 곧 한자의 음(音)·훈(訓)을 빌려서 국어의 표기 문자를 창안하여 고유어 표기의 난관 극복을 시도하였으니, 이 문자가 곧 이두(吏讀)·구결(口訣)·향찰(鄕札) 등이다.

(1) 홀로이름씨의 표기

한자의 차용(借用) 과정을 생각해 보면, 전래된 한문은 일부 특수층에서 쓰이다가 한자의 차용단계(借用段階)로 들어가겠는데, 처음에는 음독(音讀)으로 익힌 한문을 그대로 사용하였으니, 이것은 외국말인 한문의 차용이었다. 다만, 이 한문은 한 단계로만 그치지 않고 줄곧 사용되면서, 그 뒤 오랜 기간에 걸쳐서 현재까지 방대하고 진귀한 문헌을 남겨주었다.

그러나, 한자 차용(漢字借用) 첫 단계로서 한자의 음·훈(音訓)을 이용하여 우리말로 발음하던 사람이름·땅이름·벼슬이름들인 홀로이름씨를 기록하는 것이니, 이는 외래 문자(外來文字)의 소화 과정에서 초보적인 문자 이용이며, 자기 나라 글자를 가지지 못한 경우의 외래 문자 흡수 과정에서 일어나는 자연 발생스러운 경향이라 하겠다.

 한자·한문에 의한 사상(思想)·감정(感情)의 표현과 더불어 부닥친 또 하나의 어려움은 홀로이름씨(고유명사)의 표기에 있었다고 본다. 의미 곧 내용을 나타내기보다도 음성 형태에 중점을 두는 홀로이름씨의 표기는 어려운 일이었겠는데, 우리 옛 조상들은 한자의 음훈차표기(音訓借表記)로써 이를 해결하였다. 한자는 표의문자이며 복잡한 음절 구조(音節構造)를 가지고 있고, 반면에 우리 어음(語音)은 음절 조직이 단순하다. 이러한 것을 서로 조화시킨다는 것은 그리 쉬운 일이 아닌데, 이를 해결한 것으로 보아 그 당시 우리 조상들은 표기 이전에 양자의 구조적 차이를 인식하였던 것으로 생각된다. 우리의 홀로이름씨를 한자로 표기하려면, 먼저 홀로이름씨를 낱내(음절)로 분석할 줄 아는 능력을 갖추어야 하고, 그 다음에는 분석된 음형태(音形態)에 가장 가까운 한자를 거기에 비교시켜야 하는 것이다. 이때도 분석된 홀로이름씨 소리(고유명사음)의 형태와 한자의 표음이 꼭 비교된다면 문제는 간단하지만 그 대응(對應)의 보기가 발견되지 않을 때는 그것은 부득이 암시적으로 밖에 표현될 수 없는 것이다.

 그래서 음차(音借)에 있어서는 원칙적으로 동일한 음절조직(音節組織)으로 된 한자음을 이용하여야 되는 것인데, 실제로 표기된 보기로 보면, 현재의 우리 눈으로 볼 때, 표음(表音)스런 표기 속에 표훈(表訓)스런 표기가 끼어 있음을 볼 수 있다. 이런 것은 음운 체계(音韻體系)나 음절 구조의 차이 때문에 부득이 표훈스런 표기를 이용하지 않을 수 없다는 것을 의미한다.

(1-1) 땅이름의 표기

고조선은 요원하여 말할 수 없고, 고구려·백제·신라 등 삼국이 각각 특색 있는 표기 방법을 창출해 내었는지 알 수 없으나, 추측컨대 대동소이한 공통점이 있었을 것이므로, 비교적 자료가 풍부한 신라의 표기체계를 중심으로 고찰하기로 한다. 고유식(固有式) 지명과 한당식(漢唐式) 개정 지명의 보기를 ≪삼국사기≫(1145년)나 ≪삼국유사≫(1285년)에서 삼국의 땅이름을 찾아 보이면, 음훈차표기체계(音訓借表記體系)의 대강을 짐작할 수 있게 한다.

특히 신라가 삼국을 통일한 뒤 제35대 경덕왕(景德王) 16년(757)에는 국내의 땅이름을 모두 한자어식 이름으로 바꾸었다. ≪삼국사기≫ 권제 34, 35, 36 지리지를 보면 땅이름이 바뀌기 전의 이름과 바뀐 이름을 대비하여 적었고, 권제37 지리지에는 옛 땅이름을 다시 정리해 기록하였는데, 이 속에서 우리는 많은 삼국 각 나라의 낱말을 찾아낼 수가 있으니, 그 일부를 보이면 다음과 같다.

신 라 말	대 응 한 자	출 전
吉同郡	永同郡	삼국사기 권제34
推火郡	密城郡	삼국사기 권제34
史勿縣	泗水縣	삼국사기 권제34
巨老縣	鵝州縣	삼국사기 권제34

백제말	대응한자	출전
大山縣	翰山縣	삼국사기 권제36
舌林郡	西林郡	삼국사기 권제36
所夫里郡	扶餘郡	삼국사기 권제36
豆仍只縣	燕岐縣	삼국사기 권제36

고구려말	대응한자	출전
沙熱伊縣	淸風縣	삼국사기 권제35
買尸達縣	蒜山縣	삼국사기 권제35
夫斯達縣	松山縣	삼국사기 권제35
達乙省縣	高烽縣	삼국사기 권제35
波旦縣	海曲縣	삼국사기 권제35

(1-2) 사람이름의 표기

삼국시대의 사람 이름도 역시 한자의 음·훈을 빌어 적었는데, 성(姓)을 쓰지 않은 것이 대부분이다.

신　라 : 阿達羅, 阿音夫, 異次頓, 居柒夫, 斯多含
백　제 : 阿芳, 莫古解, 國智牟, 斯由, 昆支, 貴須
고구려 : 阿蘭弗, 阿道, 菸支留, 左可盧, 乙豆智, 蓋蘇文

(1-3) 벼슬이름의 표기

伊伐湌(伊罰干, 于伐湌, 角干, 角粲, 舒發翰, 舒弗邯), 波珍湌(海干, 破彌干), 大阿湌, 酒多.

이와 같이 신라 사람들은 한자의 음·훈을 적당히 이용하여 홀로이름씨가 가진 음성적 특징을 살리려고 노력하였던 것이다.

이 차자표기법은 이러한 홀로이름씨의 표기에서부터 출발하여 점차 그 범위를 넓혀간 것이다.

그러나, 어떻든 삼국시대에 우리 조상들이 이러한 표기 수단을 쓸 수 있었다는 것은, 그들이 중국말과 한국말의 음운 조직의 차이를 확실히 인식하고 있었다는 근거인 것이다.

(2) 임신서기체(壬申誓記體)

신라 사람들은 중국말의 말본을 완전히 무시하고 글자는 한자를 빌어쓰되, 한자의 음이나 훈을 이용하는 것이 아니라 뜻글자인 한자를 빌어 우리말의 어순(語順)에 맞도록 한자를 나열하는 방식인 우리말 어순식(語順式)의 한문체를 창안하여 사용하였으니, 이는 향가(鄕歌) 표기체인 향찰 표기 체계(鄕札表記體系)와 다른 「임신서기체(壬申誓記體)」 또는 「서기체(誓記體)」이다.

신라 지식인들이 이런 방식을 창안하여 문장 구성에 적용하였다는 것은 벌써 그 당시 한문의 문장 구성법(文章構成法)과 우리말의 문장 구성법에 차이가 있음을 인식한 증거인 것이다. 그리고 그 당시 지식인들은 사상·감정을 자국의 언어 형식으로 표현해보고자 하는 욕구며, 또 이 방법의 강구(講究)는 국어 인식의 정도가 한 걸음 더 진전을 보인 것이라 하겠다.

이 「서기체」는 국치시대인 1940년 5월 경주군(慶州郡) 견곡면(見谷面) 금장리(金丈里)에 있는 석장사지(石丈寺址) 뒤 언덕에서 발견되어 현재 경주 박물관에 소장된 「임신서기석(壬申誓記石)」에 적힌 한문체

(漢文體)이다.

이 「임신서기석명(壬申誓記石銘)」(진흥왕 13년<552> 혹은 진평왕 34년<612>)5)의 한문체로 된 전문(全文)을 보이고 이를 현대말로 옮겨보면 다음과 같다.

"壬申年六月十六日 二人幷誓記 天前誓 今自三年以後 忠道執持 過失无誓 若此事失 天大罪得誓 若國不安大亂世 可容行誓之 又別先辛未年七月卄二日大誓 詩尙書禮傳倫得誓三年; 임신년 6월 16일에 두 사람은 함께 맹세하고 기록하여 하느님 앞에 맹세한다. 지금으로부터 3년 이후에 충도를 지키며[忠道執持], 잘못이 없기를 맹세한다. 만일 이 일을 어기면 하느님께 큰 죄를 얻을 것이라고 맹세한다. 만일 나라가 불안하고 크게 어지러운 세상이면 가히 받아들여 행할 것을 맹세한다. 또 따로 앞서 신미년 7월 22일에 크게 맹세하였다. 시(時)·상서(尙書)·예기(禮記)·좌전(左傳, 혹은 春秋傳)을 차례로 습득할 것을 맹세하여 3년으로 한다."

여기서 보아 아는 바와 같이 이 「서기체」는 이두(吏讀)나 향찰체(鄕札體)처럼 한자의 음이나 훈을 빌어 우리말의 의미부나 형태부를 표기하는 것도 아니고, 다만 한자를 우리말과 같은 어순으로 배열하여 의사를 표시하였으니, 곧 신라어화(新羅語化)의 한문이라고 할 수 있다. 그러므로, 이 한자 차용 표기 방식은, 한자를 빌어 우리말 자체를 표기한 것이 아님을 알 수 있는 바, 향찰과는 구별된다.

---

5) 이병도(李丙燾)「壬申誓記石에 대하여」서울대학교 논문집(인문, 사회학과) 제5집 (1957. 4. 15) 1~7쪽 및 동 필자 ≪성기집(成己集)≫ 「논문편」(정화출판문화사, 1983. 8. 1) 130~135쪽 참고.

(3) 이두(吏讀)

이두도 한자의 음과 훈(새김)을 빌려 우리말을 표기하던 차자표기법의 하나인데, 조선조 초기에서부터 차자표기 일체를 가리켜 이두(吏讀)라고 하여 왔다. 당시에는 이두와 구결(口訣 : 토)을 제하고는 차자표기를 가리키는 이름이 세분되어 있지 않았기 때문이다. 그리하여 일찍이 우리나라의 학자들은 향가(鄕歌)를 표기하는 표기법도 이두라고 하여, 향가를「이두문학」이라고 하기도 하였다. 20세기 초기부터 이 개념이 통렴화되어 현재까지도 향찰(鄕札)과 구별하지 않고 이두라고 불린다. 그러나, 고려 문종(文宗) 29년(1075)에 나온 ≪균여전(均如傳)≫에서 향가와 같은 완전한 우리말의 문장을 향찰(鄕札)이라 불렀던 사실이 밝혀지면서 향찰과 이두를 구별하여야 된다는 견해가 대두되어, 오늘날 우리 학계는 종전대로 향찰과 이두를 동일시하는 견해와, 향찰·이두·구결 등 모두를 동일시하는 견해, 그리고 향찰과 이두를 구별하려는 견해로 나누어져 있다6). 그러나, 필자는 향찰과 이두가 문체·용도·표기법상 차이가 있기 때문에 여기에서는 협의의 이두라 하여 편의상 향찰과 구별하기로 한다. 광의의 이두에는 구결도 포함되나, 이 역시 협의의 이두와는 구별된다. 이두가 쓰인 글은 한문의 개조가 있는 데 반하여 구결은 한문의 순서는 그대로 두고 한문의 독해에 도움을 주기 위하여 토(입곁)만 단 것이다. 곧 이두체는 실사(實辭)는 그대로 한문식 어휘로써 만족하되, 그 사이사이에 한자들의 음과 훈을 이용하여 형태부를 나타내서 국어의 문장 구성법처럼 기록하는

---

6) 장지영·장세경 : ≪이두사전≫(정음사, 1976), 남풍현 : ≪차자표기법연구(借字表記法研究)≫(단국대학교 출판부, 1981), 박종국 : ≪세종대왕과 훈민정음≫(세종대왕기념사업회, 1984) 51~60쪽 참고.

문체이니, 구결이 음독자(音讀字) 중심인데 반해 이두는 훈독자(訓讀字) 중심이다.

이두문체에서는 향찰문(鄕札文)과 구결문(口訣文)이 파생한 것이라고 하기도 하는데, 이 이두문체는 삼국시대에 발달하기 시작하여 통일신라시대에는 성립되어 고려시대를 거쳐 조선초기에 내려옴으로써 더욱 발달하였는데, 조선초기 ≪직해대명률(直解大明律)≫에 이르러 그 체계가 완성되고, 훈민정음이 창제된 이후에도 관공서와 민간에서 쓰여져 19세기말 갑오경장 때까지 계승되어온 것이다.

현존하는 이두체는 신라 눌지왕(訥祗王) 35년(451) 경주 서봉총은합우(瑞鳳塚銀合杅), 지증왕(智證王) 4년(503) 포항 냉수리비(冷水里碑), 진평왕(眞平王) 13년(591) 경주 남산신성비(慶州南山新城碑), 성덕왕(聖德王) 24년(725) 평창(平昌) 상원사종기(上院寺鐘記), 경덕왕(景德王) 4년(745) 대마도(對馬島) 무진사종기(无盡寺鐘記), 경덕왕(景德王) 17년(758) 김천(金泉) 갈항사석탑(葛項寺石塔) 등의 금석문(金石文)을 비롯하여 많은 자료가 남아 있으니, 여기에서는 진평왕 13년 신해(辛亥: 591)에 건립된 「경주 남산신성비문」의 일부와 조선 태조(太祖) 4년(1395)에 발간된 ≪직해대명률≫의 글 일부, 태종(太宗) 15년(1415)에 한상덕(韓尙德)이 잠서(蠶書)를 번역한 ≪양잠경험촬요(養蠶經驗撮要)≫의 일부를 인용하고, 이를 현대말로 옮겨보기로 한다.

(3-1) 경주 남산신성비문(慶州南山新城碑文)

경주 남산신성비는 신라 진평왕(眞平王) 13년(591)에 경주 남산에 성을 쌓고 세운 기념비를 이름이다. 남산신성(南山新城)이라는 이름은 ≪삼국사기≫ 문무왕(文武王) 3년 1월조에 비로소 보이지만, ≪삼국유사≫ 문호왕 법민조(文虎王法敏條)의 기사에, 「별본(別本)에 말하기를, 건복(建福) 8년 신해년(辛亥年)에 남산성을 쌓았는데 둘레가 2,850보(步)였다[別本云 建福八年辛亥 築南山城 周二千八百五十步].」라고 하였으니, 신해년은 진평왕 13년(591)에 비정할 수가 있기 때문에 이 비석은 591년에 세워졌다고 할 수 있다. 또한 이두체로 된 비문에 의하면 축조 후 3년 이내에 붕파(崩破)되면 벌받을 것을 서약하고 있으니, 그 비문의 일부를 보이면 다음과 같다.

"辛亥年二月卄六日 南山新城作節(디위) 如法以(으로)作 後三年崩破者(는) 罪教(이신)事爲(하야)聞教(이사)令(시거) 誓事之(이오) : 신해년 2월 26일 남산신성(南山新城)을 만들제 법대로 만들었다. 후 3년 붕파(崩破)는 죄주실 것을 명령하여 맹서하오7)."

(3-2) 직해대명률(直解大明律)

≪직해대명률≫은 중국 명나라의 형법전 ≪대명률(大明律)≫을 이두체로 알기 쉽게 직해한 것인데, 이 책은 조선 태조 4년(1395) 2월에 발간한 것으로 추정된다. 현재 원간본은 전하지 않고, 오늘날 전해오는 판본은 홍문관본(弘文館本)·비변사본(備邊司本)·규장각본(奎章閣本)을 비롯하여 일본에 건너가 있는 내각문고본과 탁종암본 등이 있다. ≪대명률≫은 조선 전시대에 걸쳐 우리나라 형법의 보통법(일반법)으로서 적용되었다. 당시는 이 직해한 ≪대명률≫을 따로 이름을 붙이지 않고 그대로 ≪대명률≫이라고 불렀으며, 후대에는 ≪직해대명률≫이라고 부르다가 국치시대에 ≪대명률직해≫라고 부르게 되어 오늘날

---

7) 이 원문과 번역문은 김민수(金敏洙)님이 풀이한 ≪신국어학사≫(일조각, 1982) 44쪽에서 거의 그대로 옮겨 쓴 것이다.

일부에서는 그대로 쓰이고 있다. 이 ≪직해대명률≫은 ≪대명률≫을 원문 그대로 직해한 것이 아니고 우리의 실정에 맞도록 하였기 때문에 우리 고유의 용어와 표현이 적지 않다. 여기에서는 ≪직해대명률≫과 ≪대명률≫의 내용 일부를 다음과 같이 보이고 이를 풀이하기로 한다.

"凡僧人<u>等亦</u>(들이) 聚妻妾<u>爲在乙良</u>(ㅎ견으란, 하거들랑) 杖八十<u>遣</u>(ㅎ고) 還俗<u>爲旀</u>(ㅎ며) 女家罪同<u>遣</u>(고, ㅎ고) 離異<u>爲乎矣</u>(ㅎ오되) 寺院住持<u>亦</u>(이, 가) 知情<u>爲在乙良</u>(하거들랑) 罪同<u>齊</u>(ㅎ라, ㅎ다) 僧人<u>亦</u>(이) 妄稱親族及奴子<u>等乙</u>(들을) 委<u>爲</u>(ㅎ여, ㅎ야, ㅎ고) 求婚<u>爲如可</u>(ㅎ다가) 自聚爲妻妾<u>爲在乙良</u>(하거들랑) 犯奸<u>以</u>(로, 으로) 論<u>爲乎事</u>(ㅎ온일) <대명률직해>＝凡僧道聚妻妾者 杖八十還俗 女家同罪離異 寺觀住持 知情與同罪 不知者不坐 若僧道假托親屬或僮僕 爲名求聚 而道僧自占者 以奸論 <대명률>

무릇 중들이 장가들거든 장 80을 치고 환속하며, 여자집도 같은 죄를 주고, <중과 여자는> 떼어버리되, 절의 주지가 그 사정을 알았다면 또한 같은 죄를 준다. 중이 그 친족이나 종들의 이름을 빙자하여 구혼하다가 자기가 장가들거든 범간한 죄로 다스릴 일 <대명률직해 풀이>"

(3-3) 양잠경험촬요(養蠶經驗撮要)

≪양잠경험촬요≫는 조선초기 우대언(右代言) 한상덕(韓尙德)이 태종(太宗)의 명을 받아 원(元)나라의 농서인 ≪농상집요(農桑輯要)≫에서 양잠에 관한 부분을 이두로 번역한 것을 경상도 관찰사인 안등(安騰)이 주선하여 태종 15년(1415) 5월 경주에서 간행한 책이다. 현재 원

간본은 전하지 않고, 16세기 중간본의 후쇄본으로 보이는 책이 전한다. 이 책의 번역문은 원문에 충실하기보다는 독자의 이해를 위하여 부연한 부분이 많으므로 우리나라에서 독자적으로 편찬한 최초의 농서라 하겠다. 이 책의 내용 일부를 보이면 다음과 같다.

"蠶矣(의) 本性段(은,는) 熱物是乎等用良(이온들쓰아, 이온 바로써) 種子亦(이,가) 在紙時乙良(으란, 을랑, 인즉) 極寒爲只爲(하도록) 使內齊(시킨다, 행하여라) 蠶亦(이, 가) 初出爲去等(하거든) 極暖爲只爲(하도록) 看飼爲齊(한다) 眠時及起時乙良(을랑) 不寒不熱爲只爲使內齊(하도록 시킨다) 大眠後乙良(을랑) 通凉爲只爲使內齊(하노독 시킨다) 누에의 본성은 열물(熱物)이온 바로써 종자(種子)가 종이에 있을 때는 아주 서늘하도록 하여라. 누에가 처음 나오거든 아주 따스하도록 간사(看飼)한다. 잠잘 때나 일어날 때는 차지도 않고 덥지도 않게 하도록 할 것이다. 큰잠 자고 난 후는 통량(通凉)하도록 할 것이다."

(4) 향찰(鄕札)

우리말을 차자(借字)로 완벽하게 기록할 수 있었던 표기법이나, 표기한 문장이 향찰이다. 곧 향찰은 차자 표기법 가운데 가장 발달한 표기법이다. 한자·한문의 도입으로 인해 우리말에 대하여 반성하게 되었고, 이것을 계기로 우리말을 소리대로 표기하고자 하는 노력이 시도되었다. 그리하여 그 최초의 시도가 앞에서 말한 홀로이름씨의 표기였다고 할 수 있겠고, 다음 노력이 한자·한자 사이에 삽입하는 형태요소의 표기법에 있었다고 할 것 같으면, 그 마지막 노력은 향가의 문장과 같이 우리말을 차자로 완벽하게 표기할 수 있는 표기법의 완성에 있었다고 하겠다.
  홀로이름씨의 표기법이나 형태요소 표기법은 한문과 우리말의 일부분의 표기에 그치는 것이고, 이것을 이용한 우리말 그대로의 표기는 되지 못하였던 것이다. 그리하여 당시 식자들은 연구 끝에 한자의 음이나 훈을 빌어서 우리말의 의미부인 실사(實辭)까지를 표기하는 방법인 향찰체(鄕札體)를 완성하였던 것이다.
  이 향찰체는 홀로이름씨나 형태요소의 표기에만 그치는 것이 아니라 한자의 음과 훈을 최대로 이용하여 우리말의 실사(實辭)나 허사(虛辭: 형태부)나 할 것 없이 그대로 표기하는 방식으로 그 당시 식자들은 우리말을 소리 그대로 옮겨야 할 경우에는 이 향찰을 통하여 문자 생활을 하였던 것으로 여겨진다.
  향찰이라는 이름은 고려 문종(文宗) 29년(1075)에 나온 ≪균여전(均如傳)≫에 실린 최행귀(崔行歸)의 역시(譯詩) 서문(序文)에 비로소 나타난다. 이 서문은 고려 초의 고승(高僧) 균여대사(均如大師)와 같은 때의 최행귀가 균여대사가 지은 작품 「보현십원가(普賢十願歌)」를 한시로 번역하면서 쓴 것으로, 향찰은 문맥상으로 보아 향언(鄕言) 곧 신라말로 적은 문장을 가리킨 것으로 해석된다. 당악(唐樂)에 대한 향악(鄕樂), 당언(唐言)에 대한 향언(鄕言), 당인(唐人)에 대한 향인(鄕人)의 경우와 같이 당문(唐文, 漢文)에 대한 상대적인 뜻으로 향찰(鄕札)이란 명칭이 일찍부터 사용된 것으로 추측된다. 그러므로, 향가(鄕歌)는 이 향찰로 적은 노래를 뜻한다.
  앞에서도 언급한 바와 같이 20세기에 들어와서 초기 학자들은 모든 차자표기를 「이두(吏讀)」라고 하여 「향찰(鄕札)」이라는 개념을 따로 구별하지 않았다. 그런데 최근에 와서는 신라시대의 차자표기법은 「향찰」, 고려시대 이후의 차자표기법은 「이두」라고 하여 구별하는 견해도 있다. 그러나, 향찰과 이두는 문체·용도·표기법에 있어서 차이가 있으므로 이를 「이두」를 광의의 이두와 협의의 이두로 하위분류함과 같이 구별한다. 또 이두는 고려시대에 와서 갑자기 향찰을 대신한 것이 아니라 향찰식 표기법이 발달하기 이전에 이미 존재하였고, 향찰이 발달한 이후에도 공존하여 쓰였으므로, 이들을 시대의 차이에 따라 구분하는 것은 비록 이름의 발생 연대에 차이가 있다 하더라도 실재하였던 사실과는 맞지 않는다고 하겠다.

그리고 차자표기법의 발달 과정에서, 차자표기법의 순서를 홀로이름씨나 난편적인 낱말의 표기에서 발생하기 시작하여 이두, 구결, 향찰의 순서로 발달된 것으로 보는 견해도 있으나, 이도 아직 더 연구되어야 할 문제이다.

향찰의 기록으로 현재 전하여 오는 것은 주로 그 유명한 25수의 신라 향가(鄕歌)이다. 이 향가 중 가장 오랜 것은 서동(薯童)이 지은 「서동요(薯童謠)」(4구체)와 융천사(融天師)가 지은 「혜성가(彗星歌)」(10구체)로 진평왕대(眞平王代, 579~632)의 것이다. 이러한 사실로 보아 향찰은 6~7세기 전후에 발달하여 신라 향가 14수 가운데 「도솔가(兜率歌)」·「제망매가(祭亡妹歌)」·「찬기파랑가(讚耆婆郞歌)」·「안민가(安民歌)」·「도천수관음가(禱千手觀音歌)」 등 5수가 지어진 경덕왕대(景德王代, 742~765) 무렵에 그 전성기에 달했으며, 균여대사의 「보현십원가」 11수로 그 명맥이 고려에 이어졌으나 점차 쇠퇴하였다. 고려 예종(睿宗)이 15년(1120)에 지은 「도이장가(悼二將歌)」 1수가 그 마지막 일례가 된다 하겠다. 이밖에 고려 고종(高宗) 때(1236년경)에 대장도감(大藏都鑑)에서 간행된 ≪향약구급방(鄕藥救急方)≫에 나타난 향약과 병에 대한 우리말[鄕名]의 표기도 향찰에 속한다고 하겠다. 또 고려 의종(毅宗) 때(1146~1170)에 정서(鄭敍)가 지은 「정과정곡(鄭瓜亭曲)」

도 그 형태가 10구체 향가와 흡사하다고 보아 향가의 범위에 넣고 있는 이도 있다. 이러한 자료들로 볼 때 향찰이 늦어도 13세기까지는 존재하고 있었다고 하겠다.

여기에서는 ≪삼국유사≫에 전하는 경덕왕 때 충담사(忠談師)가 지은 「찬기파랑가」(10구체) 1수와 헌강왕 때 처용이 지은 「처용가(處容歌)」(8구체) 1수에 대한 해독(양주동님의 풀이)의 보기를 들어보기로 한다.

咽鳴爾處米	열치매
露曉邪隱月羅理	나토얀 ᄃ리
白雲音逐于浮去隱安支下	힌구름 조초 ᄠ가는 안디하
沙是八陸隱汀理也中	새파론 나리여히
耆郞矣兒史是史藪邪	耆郞이 즈싀 이슈라
逸烏川理叱磧惡希	일로 나리ㅅ 지벽히
郞也持以支如賜烏隱	郞이 디니다샤온
心未際叱肹逐內良齋	ᄆᅀᆞ미 ᄀᆞᆯ홀 좇누아져
阿耶栢史叱枝次高支好	아으 잣ㅅ가지 노파
雪是毛冬乃乎尸花判也	서리 몯누올 花判여

<찬기파랑가>

東京明期月良	시ᄫᆞᆯ ᄇᆞ기 ᄃᆞ래
夜入伊遊行如可	밤드리 노니다가
入良沙寢矣見昆	드러사 자리 보곤
脚烏伊四是良羅	가ᄅ리 네히어라
二肹隱吾下於叱古	둘흔 내해엇고

二肹隱誰支下焉古   둘흔 뉘해언고
本矣吾下是如馬於隱   본디 내해다마론
奪叱良乙何如爲理古   아사놀 엇디ᄒ릿고
                                              <처용가>

(5) 구결(口訣)

　차자표기법의 하나인 구결(口訣)을 전통적인 개념으로 말하면, 한문을 우리말로 읽을 때에 한문의 낱말 또는 귀절 사이에 들어가는 우리말이다. 토(吐)나 입겿(입곁, 입겻)이라고도 한다. 15세기 중엽 문헌인 ≪세종실록≫에, "무릇 독서를 할 때에 우리말의 마디로써 구두(句讀)하는 것을 통속으로 토라 이른다"8)라고 한 것이라든지, ≪능엄경언해(楞嚴經諺解)≫ 발문 번역에, "上쌍이 입겨츨 ᄃᆞᄅ샤"(세조 7년<1467> 9월)라고 한 것을 김수온(金守溫)의 발문에는 "구결을 친히 달다[親加口訣]"(세조 7년 10월)라고 한 것이나, "임금이 구결을 정하다"(≪원각경언해≫ 첫머리)라고 한 기록들이 그것을 말한다.

　그런데 1973년 12월에 충남(忠南) 서산(瑞山) 문수사(文殊寺)의 불상 복장유물 속에서 고려 충목왕(忠穆王) 2년(1346) 이전의 문헌으로 추정되는 목판본 ≪구역인왕경(舊譯仁王經)≫ 상권의 낙장(2, 3, 11, 14, 15의 5장뿐임)이 발견되면서 구결(口訣)에 대한 새로운 개념이 제기되었다. 이 새로운 구결 자료인 ≪구역인왕경≫을 보면 한문의 문장 구조와 우리말의 문장 구조의 차이를 극복하기 위한 두 가지 중요한 표기 원칙을 보여 준다. 곧 하나는 어순의 차이를 드러내기 위하여 구결

---

8) 「凡讀書以諺語節句讀者 俗謂之吐」(≪세종실록≫ 권제40 세종 10년 윤 4월 18일<기해>조, 1428).

이 오른쪽 뿐 아니라 왼쪽에도 적혀 있는데 오른쪽 구결은 종래 알려진 것과 같이 먼저 순서에 따라 읽어 내려가도록 되어 있다. 또 하나 왼쪽 구결은 순서에서 읽기를 보류했던 부분인데, 이는 오른쪽 구결아래「·」(圈點)과 같은 부호를 써 이 경우 다시 왼쪽 구결로 거슬러 올라가 읽도록 되어 있다. 이렇게 되면 한문의 문장 구조는 국어의 문장 구조로 바뀌며, 조선조의 문헌에서 볼 수 있는 언해와 접근하게 된다. 이와 같은 방법으로 불경이 읽혀졌다는 사실로 미루어 구결은 석독(釋讀)을 위해서도 사용되었으며, 유서 일반에서 보여주는 전통적인 구결인 음독 구결(音讀口訣)과 더불어 신라시대까지 거슬러 올라갈 수 있으리라 생각된다. 이것이 곧 음독 구결과 병행한 석독 구결(釋讀口訣)의 단계라고 할 수 있다. 학계에서는 훈독(訓讀)의 자료인 ≪구역인왕경≫의 기재(인쇄된 한문의 행간에 약자로 표기된 붓글씨)를 훈독 구결(訓讀口訣) 또는 석독 구결, 전통적인 구결을 음독 구결이라 구별하여 부르기도 한다. 그러므로, 오늘날 구결은 전통적인 뜻으로 해석하는 협의의 개념과 한문의 훈독을 지시하는 표기까지 확대하여 파악하는 광의의 개념을 갖게 되었다. 그리고 우리가 참고로 알아두어야 할 일은 고려 충숙왕 때 신득청(申得淸)이 지은 시가 ≪역대전리가(歷代轉理歌)≫를 첨가시켜 구결을 사용 형식으로 보아 석독 구결·음독 구결·문형 구결 등 세 가지로 나누어 말하는 학자도 있다[9]는 일이다.

구결이 생긴 시기에 대하여는 여러 가지 설이 있으나, 조선 헌종(憲宗) 때의 학자 이규경(李圭景)이 지은 ≪오주연문장전산고(五洲衍文長箋散稿)≫ 경사편(經史編) 경전류(經傳類) 3 경전잡설(經傳雜說) 경서 구결 본국정운 변증설(經書口訣本國正韻辨證說)에서 미루어 보아 ≪삼

---

9) 안병희 : ≪중세국어 구결의 연구≫(일지사, 1978 재판), 박종국 : 앞든 책 60~65 쪽, 박병채 : 앞든 책 115~118쪽 참고.

국사기≫ 권제46 열전(列傳) 제6 설총조에 나오는 "우리말[方言]로 구경을 해독하여 후생을 훈도하였다[以方言讀九經 訓導後生]."는 것이나, 성종(成宗) 15년(1484)에 서거정(徐居正)·정효항(鄭孝恒) 등이 엮은 ≪동국통감(東國通鑑)≫ 권10 경덕왕 6년조에 나오는 "우리말[方言]로써 구경을 강독하며 후학을 훈도하였다[以方言講九經 訓導後學]."는 것이나10), ≪증보문헌비고≫ 권243 예문고 2 역대저술에 나오는 "신라 설총이 우리말[方言]로 구경(九經)을 풀이하고, 또 이어(俚語)로 이찰(吏札)을 지어 관부(官府)의 공부(公簿)에 사용하도록 하였다."라고 한 것은 모두 다 구결(口訣)로 구경을 풀이했거나 강독했다고 할 수 있다. 이러한 기록으로 볼 때 이 구결은 이두(吏讀)의 발달 과정에서 우리 조상들이 한문을 배워 글자 생활을 해냄에 있어 그 글의 뜻을 알기 쉽게 파악하기 위하여 한자의 이두식 용법과 비슷한 보조 방법으로 생긴 것이므로 한문 원전을 해독하기 시작할 때 발상되었다고 생각되니, 삼국시대부터 여러 사람에 의하여 발달하기 시작하여 고려 말 조선 초 언해 사업이 착수되기 전에 확립된 것으로 생각된다. 이 구결은 「훈민정음」이 창제되고 난 뒤로는 대개 훈민정음으로 표기되는데, 어떤 책에는 옛 버릇을 고치지 못하고서 종전 그대로 한자를 빌어 토를 표기하기도 하였다. 이 구결 글자도 이두와 마찬가지로 19세기말 갑오경장 때까지 쓰여져 왔다.

  현전하는 구결 자료는 15세기 이후의 문헌에서 많이 찾을 수가 있는데, 그 구결의 내용을 보면, 한문 글자 정자를 빌어 사용하기도 하고, 한자를 줄여서 새로운 글자인 부호 같은 약자를 만들어 쓰기도 하며, 훈민정음이 창제된 뒤에는 주로 이것을 한글로 바꾸어 썼으나, 종

---

10) 최현배 : ≪고친한글갈≫(정음사, 1971) 98쪽, ≪국역동국통감 2≫(세종대왕기념사업회, 1996. 11. 30) 120쪽 참고.

전과 같이 한자를 빌어 쓰기도 하였다. 그 보기 문장을 각각 들어 보면 다음과 같다.

① 한자 정자를 빌어 쓴 구결 보기
≪동몽선습(童蒙先習)≫에서,

"天地之間萬物之中厓(애, 에) 唯人伊(이) 最貴爲尼(ᄒ니) 所貴乎人者隱(는, 은) 以其有五倫也羅(라) 是故奴(로) 孟子伊(이, ㅣ) 曰 父子有親爲旀(ᄒ며) 君臣有義爲旀(ᄒ며) 夫婦有別爲旀(ᄒ며) 長幼有序爲旀(ᄒ며) 朋友有信是羅 爲時尼(이라 ᄒ시니) 人而不知有五常則其違禽獸伊(이) 不遠矣里羅(리라)"

이 보기 글은 거의 다 한문 글자의 음을 빌어서 표기 하였으나 훈(訓, 釋, 새김)을 취한 것도 몇 자(「爲, 是」) 있다.

② 한자를 약자로 만들어 쓴 구결 보기
≪훈의소학강보(訓義小學講譜)≫에서,

"小學之方卩(은, 隱) 灑掃應對ソ尒(ᄒ며, 爲弥<旀>) 入孝出恭ソㄱ(ᄒ야, 爲也) 動罔或悖匕(니, 尼) 行有餘力入: ホ(이어든, 是於等) 誦詩讀書ソ尒(ᄒ며, 爲弥<旀>) 詠歌舞蹈ソ尒(ᄒ며, 爲弥<旀>) 思罔或逾ㅅ匕ㅅ(이니라, 是尼羅)"

이 보기 글의 약자들은 대개 한문 글자의 갓머리[冠]·한쪽 변[邊]·받침[脚]을 따서 줄인 것인데, 간혹 전자인 온 몸 그대로 쓰기도 하였다[11].

③ 훈민정음으로 바꾸어 쓴 구결 보기
≪경민편(警民編)≫에서,

---

[11] 박종국 : ≪세종대왕과 훈민정음≫ 67~70쪽 참고.

3. 한자와 차자표기 문자

"父如天ᄒ시고 母如地라 劬勞生我ᄒ샤 辛勤乳哺ᄒ시며 艱難養育ᄒ시니 父母恩德은 昊天罔極이로다 祖父母ᄂᆞᆫ 生我父母ᄒ시니 與父母無異라 是故로 善事父母ᄒ야 孝順無違ᄒ면 鄕里稱善ᄒ며 國有褒賞이니라"

≪동문선습(童文先習)≫에서,

"天地之間萬物之衆에 唯人이 最貴ᄒ니 所貴乎人者ᄂᆞᆫ 以其有五倫也ㅣ라 是故로 孟子ㅣ 曰 父子有親ᄒ며 君臣有義ᄒ며 夫婦有別ᄒ며 長幼有序ᄒ며 朋友有信이라ᄒ시니 人而不知有五常 則其違禽獸ㅣ 不遠矣니라."

이 보기 글에서 한글로 쓰인 것, 곧 밑줄 친 부분이 모두 다 한문의 토인 구결이다.

이와 같이 유서 일반에서 보여주는 음독 구결은 유학 정신의 정통성과 학습상 독송의 필요성에서 석독(훈독)으로 인한 원전 훼손의 혼란을 피하기 위하여 불경(불전)에서 사용한 석독은 인위적으로 배제하여 종래 일반적으로 알려진 대로 제한된 음독 구결만을 원칙으로 사용해 온 것이라고 볼 수 있다. 이 음독 구결은 한문의 순서는 그대로 두고 독송의 편의를 위하여 국어의 걸림씨나 풀이씨 등 한문 귀절의 단락을 짓는데 사용되었다. 그리고 같은 차자 체계이면서도 구결이 이두나 향찰과 또 다른 점은 한자를 정자 그대로 차용했을 뿐 아니라 때로는 한자의 약체(略體)를 만들어 사용했으며, 훈민정음이 창제된 뒤에는 한자 대신 훈민정음으로 바꾸어 쓰기도 했다는 점이다.

이와 같이 우리의 선조들은 한문 글자를 이용한 이두·향찰·구결이라는 국어의 표기 문자를 창안하여 사용함으로써 어느 정도 우리의 의사를 기록하고 송독에 많은 편의를 주었다. 그러나, 이러한 문자 생활의 차자 방법이 고려 초기에 와서는 쇠퇴하게 되었으니, 그렇게 쇠퇴하게 된 까닭은 다른 이유도 있겠지만 광종(光宗) 9년(958)에 와서 과거제도(科擧制度)에 한문을 필수 과목으로 결정한데 따른 영향이 컸다 하겠다. 당시의 대다수의 식자들은 나라에서 정한 과거제도에 따라 국가와 겨레의 장래는 장차 어찌 되든 간에 이중 노력의 힘이 드는 그때까지의 문자 생활 방법을 바꾸어 현실에 급급한 나머지 우선 손쉬운 방법으로 한자 차자법은 버리고 한문 하나만을 열심히 배워 문자 생활도 하고 필요에 따라 과거시험에도 응할 수 있게 되었기 때문이다. 그러므로, 삼국시대에서 보여주었던 자주적이던 한자 수용 태도는, 이 고려시대에 와서 거의 사라지고(뜻있는 식자들은 계속 수용하였지만), 입말[口語]로는 토박이말을 쓰고 글말[文語]로는 차자 방법이 아닌 한문을 쓰는 기형적인 이중 언어 생활을 한 불우했던 시기가 바로 이 시기라 하겠다. 이 여파로 우리말에는 큰 변동이 일어났으니, 오늘날 우리말에 잠식해 들어와 있는 그 수많은 한자말(외래말)들은 고려시대로부터 활발해진 한문 보급의 영향에서 온 결과라고 할 수 있다.

그러나, 지금까지 말한 차자표기 방법이나, 한문을 이용한 문자 생활이 아무리 부자연하고 비과학적인 방법이었어도 우리 문화 발전에 끼친 공은 말할 것 없고, 우리말에 맞는 글자는 옛부터 뜻글자가 아니고 소리글자이니, 우리에게는 뜻글자 말고 소리글자가 절대로 필요하다는 데에 대한 산 증거가 되는 데 값이 있으며, 그보다 더 중요한 것은 우리 겨레 누구나 다 말하는 대로 글을 써야 하겠다는 정신과 생각이 싹트게 하는 데 자극을 주어, 마침내 우리말을 표기하기에 적합한 소리글자인「훈민정음」곧 한글을 창제해 낼 필요성을 자아내게 해준 데에 있다고 하겠다.

4. 훈민정음(訓民正音)

「훈민정음(訓民正音)」에는 두 가지 뜻이 있으니, 하나는 세종대왕이 창제한 글자의 이름이고, 다른 하나는 책의 이름이다. 전자의 경우 또 「정음(正音)」・「언문(諺文)」・「반절(反切)」・「국문(國文)」・「가갸글」 등으로 불리기도 하였으나 지금은 「한글」이라 한다. 그러나, 세종대왕이 창제할 당시는 물론 적어도 그 뒤 세종 재위 동안에는 정부의 공식 명칭은 「훈민정음(訓民正音)」이라고 하였다. 그리고 후자는 그 해설서인 원본 ≪훈민정음(訓民正音)≫을 말하는 것인데, 이는 훈민정음이 창제된 지 3년 뒤인 세종 28년(1446) 음력 9월 상한에 가서 발행된 것이다.

낱소리글자[音素文字]인 훈민정음의 창제는 우리 겨레의 진정한 역사 시대를 열어 준 일로서, 한자를 빌어 구차하게 우리말을 기록하던 것을, 우리말을 바로 적을 수 있게 됨으로써 우리말의 연구가 본격적으로 시작되고 우리말이 정상적으로 기록됨은 물론 진정한 겨레 문화를 이룩하게 되었다.

(1) 훈민정음의 기원설

세종대왕에 의해 제정 및 반포된 훈민정음, 곧 한글의 글자 모양이 어떠한 원리에 의해서 초성(初聲 : 닿소리) 17자, 중성(中聲 : 홀소리) 11자가 저러한 꼴로 만들어졌는지, 이에 대하여는 그동안 옛날부터 여러 학자들이 관심을 갖고 여러 가지 자기네들 나름대로 설명을 붙여 왔으니, 이를 하나하나 살펴보고자 한다.

(1-1) 고전 기원설(古篆起原說)

≪세종실록≫ 제102권 세종 25년(1443) 음력 12월 30일 그믐 조에,

"이달에 임금이 몸소 언문(諺文) 28자를 지었는데, 그 글자는 고전(古篆)을 모방하였고, 초성(初聲)·중성(中聲)·종성(終聲)으로 나누어 합한 연후에야 글자를 이룬다. 무릇 문자(文字)에 관한 것과 우리 말에 관한 것을 모두 쓸 수 있고, 글자는 비록 간단하고 요약되었지마는 전환(轉換)하는 것이 무궁하니, 이것을 훈민정음(訓民正音)이라고 이른다."

라고 하고, 정인지의 ≪훈민정음≫ 해례 서문에서도,

"글자는 고전을 모방하였다[字倣古篆]."

라고 하였으니, 이는 훈민정음이 중국 옛글자인 고전(古篆)을 본받았음을 말해 주는 유력한 고전 기원설이다.

세종대왕 때 집현전 부제학 최만리 등의 훈민정음 반대 상소문에서도,

"설혹 말하기를, 언문(諺文)은 모두 옛 글자를 본받은 것이고 새로된 글자가 아니라 하지만, 글자의 형상은 비록 옛 전자(篆字)를 모방하였다 할지라도 소리로써 글자를 합하는 것이 모두 옛 것에 반대되니, 실로 의거할 때가 없사옵니다[12]."

라고 하였으니, 이는 중국 옛 글자를 모방하였음을 시인하는 것이라 할 수 있다.

이덕무(李德懋 : 1741~1793)도 그의 ≪청장관전서(靑莊館全書)≫ 제54권 훈민정음(訓民正音)조에,

"훈민정음에 초성(初聲)·종성(終聲)이 통용되는 8자는 다 고전

---

12) ≪세종실록≫ 권제103 세종 26년 2월 20일조 참고.

(古篆)의 형상이다. ㄱ '고문(古文)의 급(及)자에서 나온 것인데, 물건들이 서로 어울림을 형상한 것이다.' ㄴ '익(匿)자에서 나온 것인데, 은(隱)과 같이 읽는다.' ㄷ '물건을 담는 그릇 모양인데, 방(方)자와 같이 읽는다.' ㄹ '전서(篆書)의 기(己)자이다.' ㅁ '옛날의 위(圍)자이다.' ㅂ '전서의 구(口)자이다.' ㅅ '전서의 인(人)자이다.' ㅇ '옛날의 원(圓)자이다.' 또 ㅣ '위 아래로 통하는 것이니, 고(古)와 본(本)의 번절이다.' 번절(翻切) '세속에서는 언문(諺文)으로 반절(反切)이라 하여 반(反)자를 배반한다는 반(反)자로 읽고 반절(反切)의 반(反)자 음(音)이 번(翻)인 줄은 알지 못한다. 1행(行)에 각각 11자이다.' 모두 14행(行)인데 글자를 좇아 횡(橫)으로 읽으면 '가(可)·니(拿)·다(多)·라(羅)의 유(類)와 같다.' 자연히 범주(梵呪)와 같다. 대체로 글자의 획은 전주(篆籀)보다 더 좋은 것이 없으니, 성인(聖人)이 아니면 어떻게 여기에 참여할 수 있겠는가?"

라고 하여, 고전 기원설을 세웠으나, ≪세종실록≫의 글이나 정인지의 ≪훈민정음해례≫ 서문에서는 구체적으로 이러한 설명이 전혀 없으니, 이 이덕무님의 설명은 믿을 수가 없다. 훈민정음 초성의 「ㄹ」과 전서(篆書)의 「기(己)」가 글자 모양이 비슷하고, 「ㅅ」과 전서의 「인(人)」이 글자 모양이 비슷하다고 해서, 바로 그것을 모방하였다고 단정하여 말하기는 어려운 일이다. 이는 단순한 우연의 일치에 불과하여 유기적 관련성이 없으므로 그 일치에 아무 의미를 발견할 수 없다.

그러므로, ≪세종실록≫에 나타난 글이나 정인지의 ≪훈민정음해례≫ 서문의 글의 뜻은 훈민정음이 바로 고전(古篆) 글자에서 왔다는 것이 아니라, 꼴을 본떠서[象形] 글자를 만들어 놓았는데 그 상형(象形)한 것이 고전의 글자와 비슷한 모양이 되었다는 것으로 해석해야 한다고 생각한다[13].

(1-2) 범자 기원설(梵字起原說)

성현(成俔 : 1439~1504)은 ≪용재총화(慵齋叢話)≫ 제7권에서,

"세종께서 언문청(諺文廳)을 설치하여 신숙주(申叔舟)·성삼문(成三問)들에게 명하여 언문(諺文)을 짓게 하니, 초·종성(初終聲)이 8자, 초성(初聲)이 8자, 중성(中聲)이 12자였다. 그 글 자체는 범자(梵字)에 의해서 만들어졌으며, 우리나라와 다른 나라의 어음 문자(語音文字)로써 표기하지 못하는 것도 모두 막힘없이 기록할 수 있었다."

라고 하여, 글 자체는 범자(梵字)에 의해서 만들어졌다고 최초로 말하였고, 이수광(李睟光 : 1563~1628)은 ≪지봉유설(芝峰類說)≫에서,

"우리나라 언서(諺書)는 글자 모양이 전적으로 범자를 본떴다[我國諺書字樣全倣梵字]."

라고 하여, 역시 범자 기원설을 주창하였다. 황윤석(黃胤錫 : 1729~1791)은 ≪운학본원(韻學本源)≫에서,

"우리 훈민정음의 연원(淵源)은 대저 여기에 근본하였으되, 결국 범자의 범위 내에서 벗어나지 않는다."

라고 하였다. 이능화(李能和)는 ≪조선불교통사(朝鮮佛敎通史)≫(1932년간)에서 언문(諺文) 글자법[字法]이 원래 범자(梵字)에 근원한 것임을 말하고, 범자(梵字)와 언문 글자[諺字]의 꼴과 소리가 서로 비슷한 것 몇 가지를 들어 보이었다.

(1-3) 몽고 파스파문자 기원설(蒙古八思巴文字起原說)

---

13) 허웅 : ≪한글과 민족문화≫ 66쪽 참고.

이익(李瀷 : 1681~1763)은 ≪성호사설(星湖僿說)≫ 제16권 인사문(人事門) 언문(諺文) 조에서,

"우리나라의 언문 글자는 세종 28년(병인년)에 지었다. 대개 소리가 있으면 이에 대한 글자가 없는 것이 없다. 사람들은 말하기를, 창힐(倉頡)과 태사주(太史籀) 이후로 처음 있는 일이라 하였다. 원(元)나라 세조(世組) 때에 파스파[八思巴]가 불씨(佛氏)의 유교(遺敎)를 얻어 몽고(蒙古)의 글자를 만들었는데, 평·상·거·입(平上去入)의 네 가지 음운(音韻)으로써 순(脣)·설(舌)·후(喉)·치(齒)·아(牙)·반순(半脣)·반치(半齒) 등 칠유(七音)의 모자(母字)로 나누어 무릇 소리가 있는 것은 하나도 빠뜨림이 없었다.

무릇 중국의 글자는 형상을 주장하므로 사람들이 손으로 전하고 눈으로 볼 수 있는데, 몽고의 글자는 소리를 주장하므로 사람들이 입으로 전하고 귀로 듣게 되어 있다. 그러나, 형상이 전혀 없으니, 또 어찌 능히 없어지지 않겠는가? 이제 그 자세한 내용을 얻어 볼 길이 없는 것이다.

만약 규례를 미루어 문자를 만들었더라면 천하 후세에까지 통용되어 우리나라의 언문(諺文)과 같은 공효가 있었을 것이니, 생각컨대, 명(明)나라 초엽에는 반드시 그 법규가 남아 있었을 것이다.

우리나라에서 언문을 처음 지을 때에는 궁중[禁中]에 관서를 차리고 정인지(鄭麟趾)·성삼문(成三問)·신숙주(申叔舟) 들에게 명하여 찬정(撰定)하게 하였다.

이 때에 명나라의 학사(學士) 황찬(黃瓚 : 원문에는 이름자가 鑽자로 되어 있음)이 죄를 짓고 요동으로 귀양 왔었는데, 성삼문들로 하여금 가서 묻게 하였으니, 왕복이 무릇 13차에 이르렀다는 것이다. 그러나, 추측하건대 이제 언문이 중국의 문자와 판이하게 다른데 황

찬과 무슨 관련이 있었겠는가?

이 때는 원나라가 멸망한 지 겨우 79년이니, <몽고의 문자가> 반드시 남아 있었을 것이며, 황찬이 우리에게 전한 것은 아마도 이것(몽고 문자) 밖에 다른 것은 없었을 것이다.

살피건대, 고려 충렬왕(忠烈王) 때 공주(公主 : 고려로 시집온 원나라 세조의 딸)가 <조비(趙妃)의> 총애를 투기하여 위굴글자[畏吾兒字]로 편지를 써서 원나라로 보냈는데, 이것은 남들이 알지 못하게 하고자 함이다. ≪사기(史記)≫에는, '위굴의 글자는 곧 회골(回鶻)의 글이다.'라고 하였다.

우신행(于愼行)은, 송(宋)나라 가정(嘉定) 3년(1210)에 위굴국[畏吾兒國]이 몽고(蒙古)에 항복했으니, 이것은 당(唐)나라 때의 고창(高昌) 땅이요, 감주(甘州)에 있는 서역(西域) 나라 이름이며, 불교를 신앙하는 자다. 파스파의 전한 바에 이미 불교에 의거하여 몽고의 글자를 지어 원나라 시대에 통용했다고 하였으니, 공주(公主)가 사용한 글자는 이 글이 아니고 무엇이겠는가? 그런즉 이제 언문자[諺字]는 꼴은 다르지만 뜻은 같았을 것이다.

무릇 중국의 문자는 소리[音]는 있으나 문자로써 형용할 수 없는 것이 반이 넘는다. 입술과 혀와 목구멍과 이를 여닫아 맑고 흐린 음성이 입에 따라 다른데, 무슨 까닭으로 이를 형용하는 문자가 혹은 있고 혹은 없는가?

이제 언문은 반·절(反切 : 두 글자의 음을 따서 한 음을 이루는 것)이 무릇 14모음이며, 모음만 있고 절(切)은 없는 것이 또한 네 가지 이니, 세속에서 이른바 입성(入聲)이 이것이다. 그 혀를 윗잇몸에 붙이는 한 가지 소리는 우리나라에도 또한 글자가 없으며, 침(侵)·담(覃)·염(鹽)·함(咸) 4운(韻)은 진(眞)·문(文) 등과 절(切)

4. 훈민정음(訓民正音)

이 동일하다.

우리나라의 이른바 입성(入聲)이 중국에는 없는데, 다만 아(兒)·이(二) 두 자가 있으며, 소(蕭)·효(爻)·우(尤) 3운(韻)은 모두 한 자에 두 음이 되니, 이는 이해할 도리가 없다.

생각컨대, 오호(五胡)의 난리 후에 원위(元魏)를 거쳐 중국의 음이 북방의 음으로 모두 변하여 그런 것이 아니겠는가? 우리나라의 습속이 서도(西道)에 흐린 음성이 많고, 도성 가운데 반촌(泮村 : 성균관(成均館)을 중심으로 그 근처에 있는 동네를 일컫는 말)이 또한 그러하며, 북도의 백성이 제주로 옮겼으므로, 그 음성이 북도와 비슷하니, 이로써 증험할 수 있다.

서역(西域)의 문자는 음성[音]이 갖춰지지 않은 것이 없으나, 옥(屋)·옥(沃) 이하 입성(入聲) 17운(韻) 밖에는 아마 별다른 음성이 없을 것이니, 황찬에게서 얻은 것이 이와 같은 유이다. 그런즉 이것이 파스파[八思巴]의 끼친 뜻임을 또 알 수 있는데, 후일에 나온 것이 더욱 공교하다고 할 만하다.

다만 그 글자의 꼴이 전혀 의의(意義)가 없고 오직 1점 2점으로써 분별하는데, 1점은 모두 혀끝에서 나와 정음(正音)이 되고, 2점은 모두 혀의 우편에서 나와 편음(偏音)이 되는 것이다. 그러나, 그 처음의 범례는 이제 상고할 길이 없다."

라고 하여, 몽고 문자 기원설을 세웠다. 유희(柳僖 : 1773~1837)는 ≪언문지(諺文志)≫에서,

"훈민정음 15초성(初聲)은 우리나라 세종대왕이 사신(詞臣)에게 명하여 몽고 문자의 모양에 의하여 지은 것으로 명(明)나라 학사(學士)인 황찬(黃瓚)에게 질문하여 제작한 것이다."

라고 하고, 또 같은 책 끝에서,

"언문(諺文)은 비록 몽고 문자[蒙古字]에서 기원하여 우리나라에서 이루어진 것이지만 실로 세간에서 가장 정묘(精妙)한 작품이다." 라고 하여, 훈민정음의 몽고 글자 기원설을 인정하고 있다.

(1-4) 그밖의 기원설

서장문자(西藏文字) 기원설, 팔리(Pali) 문자 기원설, 고대 문자(古代文字) 기원설, 상형(象形) 기원설, 태극사상(太極思想) 기원설, 악리(樂理) 기원설 등이 있다[14].

이상과 같이 훈민정음 곧 한글의 근원이 어디에 있는가 하는 문제가 그렇게도 구구하여 정론이 없었는데, 다행히 1940년 7월에 경상북도 안동군 와룡면 주하리 이한걸(李漢杰)님의 집에서 훈민정음을 반포하던 그때의 원간인 ≪훈민정음원본≫, ≪훈민정음해례본≫이 나타나게 되자 훈민정음의 제자 원리는 한결 명백하게 되었다.

(2) 훈민정음 창제의 동기

한자 차용에 실패한[15] 우리 겨레의 문자 생활의 나아갈 길은 두 가

---

[14] 최현배 : 앞든 책 604~633쪽, 김윤경 : ≪한국문자급어학사≫ 207~243쪽 참고.

[15] 신라와 고려 초기에 성행하던 향가 표기 등에서는 비록 한자를 빌어 쓴 것이지만 우리말을 모두 다 표기하던 향찰 혹은 이두가 조선 초에 발간된 ≪직해대명률≫ 등의 문헌에서는 그 표기하는 범위가 좁아지더니, 한문의 토(吐)인 구결에 이르러서는 다시 한자 차용의 범위가 이두보다 더 좁아진다. 그러면서 한문 글자의 약체로써 부호 같은 새로운 글자, 곧 약자를 만들어 내었으나 이 글자는 다른 글자들과 같이 일반화하지는 못하고 말았던

지 중의 한 가지를 택하는 수밖에 없었을 것이다. 하나는 한자 아닌 다른 글자를 차용하는 것이고, 다른 하나는 우리말에 적합한 새로운 글자를 만들어 내는 일이었을 것이다.

그런데 중국 문화에 심취(心醉)된 그 당시의 우리나라 학자 대다수의 생각에는 중국 이외의 다른 나라들은 모두 문화적으로 그리 높게 평가하지 않고 있었다[16]. 그러므로, 한문자 아닌 다른 글자를 차용한다는 것은 생각조차 할 수 없는 일이니, 이를 해결할 방법은 새로운 글자를 만들어 내는 길이다. 우리는 이 길을 관찰해 보기로 한다.

훈민징음 제정의 동기와 취지는 세종대왕의 《훈민정음》 서문과 정인지의 훈민정음 해례 서문에 명료하게 기록되어 있으므로, 이에 대하여 먼저 간략하게 말하고, 다음에는 창제의 동기를 몇 가지로 나누어 말해 보고자 한다.

이 두 서문은 《세종실록》 권제113 세종 28년(1446) 음력 9월 29일(갑오) 그믐조에도 나오는데, 세종대왕의 서문은 글자를 만드신 당사자인 본인이 직접 창제의 목적을 밝힌 것이고, 정인지의 서문은 세종이 글자를 만들 때에 보필한 사람들에게 명하여 「훈민정음」에 대한 해설서를 만들게 하니, 여러 가지 해설과 보기를 지어 그 대강을 서술

것이다. 우리의 조상들은 한문 글자에서 탈바꿈한 일종의 새 글자(향가 표기 글자, 이두, 구결)를 만들어 내기는 하였으나, 이것은 지극히 국한된 범위에서만 쓰였고, 우리말을 기록하는 일반화한 하나의 문자 체계를 이룩하지 못하고 말았다.

16) 최만리(崔萬理) 등의 훈민정음 창제 반대 상소문의 한 조항에 의하면, 우리나라 주위의 글자를 가진 민족, 이를테면, 몽고·서하(西夏)·여진(女眞)·일본 등을 오랑캐라 하고 있으니, 그들의 눈으로는 이러한 겨레의 문화를 높게 평가하기는커녕 아주 얕잡아 보고 있었던 것이다.─《세종실록》 권제103 세종 26년 음력 2월 20일(경자)조 참고.

하고서 이 해설서 편찬에 참여했던 집현전 학사 7인과 돈녕부 주부(敦寧府注簿) 1인, 계 8인을 대표하여 쓴 것으로, 세종대왕의 서문을 좀 더 구체적으로 상세하게 부연한 것이다. 그러므로, 내용상으로는 별 차이가 없다. 그러나, 여기에 나오는 "꼴을 본뜨되 글자는 옛날의 전자(篆字)를 모방하고[象形而字倣古篆]"와 "그 깊은 근원과 정밀(精密)한 뜻의 묘한 것에 있어서는 신들이 능히 발휘(發揮)할 수 있는 것이 아니다[若其淵源精義之妙 則非臣等之所能發揮也]."라는 데에 대하여는 별도로 다른 기회에 깊이 살펴야 할 대목이다. 그러므로, 여기에서는 이 문제에 대하여는 다루지 않기로 한다.

훈민정음 서문에서 세종대왕은 다음과 같이 말씀하였다.

"國之語音 異乎中國 與文字不相流通 故愚民有所欲言 而終不得伸其情者 多矣 予 爲此憫然 新制二十八字 欲使人人易習 便於日用耳" <훈민정음 원본에서>

"나랏말ᄊᆞ미 듕귁(中國)에 달아 문ᄍᆞ(文字)와로 서르 ᄉᆞᄆᆞᆺ디 아니ᄒᆞᆯᄊᆡ 이런 젼ᄎᆞ로 어린 ᄇᆡᆨ셩(百姓)이 니르고져 홂배 이셔도 ᄆᆞᄎᆞᆷ내 제 ᄠᅳ들 시러 펴디 몯ᄒᆞᇙ 노미 하니라 내 이를 윙(爲)ᄒᆞ야 어엿비 너겨 새로 스믈 여듧 ᄍᆞ(字)를 ᄆᆡᆼᄀᆞ노니 사ᄅᆞᆷ마다 ᄒᆡ여 수ᄫᅵ니겨 날로 ᄡᅮ메 뼌한(便安)킈 ᄒᆞ고져 홇 ᄯᆞᄅᆞ미니라" <훈민정음 언해본에서>

"우리나라 말이 중국말에 <대하여> 달라, 한문 글자와는 서로 <잘> 통하지 아니한다. 이런 까닭으로 어리석은 백성이 말하고자 하는 바가 있어도 마침내 제 뜻을 <글자로> 표현해 내지 못하는 사람이 많은지라. 내가 이를 위하여 딱하게(가엾이) 여기어, 새로 스물여덟 글자를 만드노니, 사람마다 하여금 쉬이 익혀서 날마다 쓰기에 편하게 하고자 할 따름이니라." <훈민정음 서문 풀이>

이 글은 지극히 간단하나, 문자 창제의 이유가 다 나타나 있으니, 그 내용을 좀 더 세밀하게 풀어 말하면 다음과 같이 크게 넷으로 나눌 수 있다17).

첫째, 우리 배달 겨레는 중국 민족과 다르기 때문에, 우리말도 또한 중국말과 같지 아니하다.

둘째, 말이 이미 다르니, 중국 문자인 한문 글자를 가지고는 우리 겨레의 언어 생활과 일치하는 정상적인 언어 문자 생활을 하지 못한다.

셋째, 우리 배달 겨레에게는 우리말에 알맞은 글자가 없기 때문에, 민중이 하고 싶은 말이 있어도 끝내 제 뜻을 적어내어 표현하지 못하는 사람이 많다. 이는 딱한 일이니, 이래서야 백성이 잘 살 수가 없으며, 나라가 잘 될 수 없다.

넷째, 이제 내가 새 글자 28자를 만들어 내노니, 이 글자가 백성의 언어 문자 생활의 편리 향상과 나라의 문명 발전에 큰 힘이 되기를 바랄 뿐이다.

이 서문의 내용을 중심으로 해서 그 제작 동기를 말해 보고자 한다.

첫째, 국가주의의 발로라 하겠다. 세종대왕은 중국에 대해「나」자신이 누구라는 것을 분명히 깨우쳐 주고 있다. 세종은 어디까지나 우리말에 중점을 두었다는 것이다. 다시 말하면, 우리말이 주체가 됨은 말할 것 없고 중국보다 우위에 두고 있다는 것이다. 그 당시의 우리나라 정세로 보아 국내적으로는 양반 계급에 있는 한학자들이 한문을

---

17) 이 내용은 최현배님의 글 ≪외솔 최현배 박사 고희 기념 논문집≫(1968년 10월) 27~28쪽을 참고하여 첨삭한 것이다.

숭상하고 있음은 물론 명(明)나라에 대하여는 극히 저자세였고, 게다가 선진문화의 흡수에서인지 중국에 대한 모화사상(慕華思想)에 심취되어 있을 때였다. 당시의 집현전 부제학 최만리 등의 훈민정음 창제 반대 상소문을 보면 알 수 있는데, 그 상소문의 일부를 보이면 다음과 같다.

"우리 조정에서 조종(祖宗) 이래로 지성스럽게 중국을 섬기어 한결같이 중화의 제도를 준행하였는데, 이제 글을 같이하고 법도를 같이 하는[同文同軌] 때를 당하여, 언문을 창작하심은 보고 듣기에 놀랍습니다. 설혹 말하기를, 언문은 모두 옛 글자를 본뜻 것이고 새로 된 글자가 아니라 하지만, 글자의 형상은 비록 옛 전문(篆文)을 모방 하였을지라도 소리로써 글자를 합하는 것이 모두 옛 것에 반대되니, 실로 의거할 데가 없습니다. 만약 <언문을 제작하였다는 사실이> 중국으로 흘러 들어가서 혹시라도 비난하는 일이 있다면 어찌 사대 모화에 부끄럽지 않겠습니까?

역대의 중국이 모두 우리나라는 기자(箕子)의 남긴 풍속이 있다 하고, 문물과 예악이 중화와 비슷하다 하였는데, 이제 따로 언문을 만듦은 중국을 버리고 스스로 이적(夷狄)과 같아지려는 것이어서 이른 바 소합향(蘇合香)을 버리고 당랑환(螳螂丸)을 취함이니, 어찌 문명의 큰 손해가 아니겠습니까?[18]"

또 정인지의 훈민정음 해례 서문을 보면 우리말을 "방언 이어(方言俚語)"라고 표현하고 있다.

이러한 상황 속에서 세종대왕이 우리말은 중국말과 다르다는 것을 서두에 내세우고 있다는 것은 높이 평가되어야 한다. 이러한 표현은 세종대왕의 높은 이상과 투철한 슬기와 강한 주체성과 굳은 의지와

---

18) ≪세종실록≫ 권제103 세종 26년 음력 2월 20일(경자)조 참고.

뚜렷한 국가관이 없이는 말할 수 없는 것이다. 또 대왕이 내 나라 글자가 없음을 무한히 원통하게 생각하셨다는 것은 ≪보한재집(保閒齋集)≫ 권11 부록 행장(行狀)이나, ≪증보문헌비고(增補文獻備考)≫ 권108 악고(樂考) 19 훈민정음편을 보면 알 수 있으니, 여기에는,

"여러 나라가 다 제나라 말소리를 기록할 글자를 가지고 제나라 말을 기록하고 있는데, 홀로 우리나라만이 글자가 없어 임금께서 언문 자모 28자를 만드셨다"

라고 되어 있다[19]. 이로써 볼 때 대왕의 문자 창제의 동기는 세종의 국가주의에 기인하였다고 할 수 있다.

둘째, 민본주의의 발로라 하겠다. 세종대왕은 훈민정음 서문에서,

"어리석은 백성[愚民]이 하소하고자(말하고자) 할 바가 있어도 마침내 제 뜻을 <글자로> 표현해내지 못하는 사람이 많은 지라, 내 이를 딱하게 여기어 새로 스물 여덟자를 만드노니, 사람마다 하여금 쉬이 익혀서 날로 씀에 편하게 하고자 할 따름이다."

라고 하였다. 그리고 새로 만든 글자의 이름을「훈민정음(訓民正音)」이라고 하였다. 여기서「훈민(訓民)」이란 뜻은「백성을 가르친다」는 말이다[20]. 백성을 위한 정치에 있어서 중요한 것은 가난을 없애는 일

---

19) ①≪保閒齋集≫ 卷十一 附錄 行狀(姜希孟撰)「…上以本國音韻 與華語 雖殊其牙舌脣齒喉淸濁高下 未嘗不與中國同 列國皆有國音之文 以記國語 獨我國無之御製諺文 字母二十八字…」 ②≪增補文獻備考≫ 卷一百八 樂考九十 訓民正音,「本朝世宗二十八年 御製訓民正音 上以爲諸國各製文字 以記其國之方言 獨我國無之 遂製字母二十八字 名曰諺文…」

20) ≪훈민정음 언해본≫에서 주석하기를, "訓은 ᄀᆞᄅᆞ칠 씨오, 民ᄋᆞᆫ 百姓이오."라고 하였다.

도 중요하지만 그보다 오히려 더 중요한 것은 무식을 없애는 일이다. 무식을 없애기 위해서는 가르쳐야 하는데, 어리석은 백성[愚民]을 가르치기 위하여는 글자가 쉬워야 한다. 이것이 바로 세종대왕의 훈민 정신(訓民精神)이자 민본 정신(民本精神)의 나타남이며, 민본주의(民本主義)는 오늘날의 민주주의(民主主義)와 통하는 것이다. 정인지의 훈민정음 해례 서문에 나타나 있는 그 몇 도막을 현대말로 풀이해 보이면 다음과 같다.

"우리나라는 예악(禮樂) 문장(文章)이 중국과 견줄 만하나, 다만 우리말이 이와 같지 않아서 글(한문)을 배우는 이는 그 뜻을 깨닫기 어려움을 근심하고, 옥사를 다스리는 이는 그 곡절(曲折)의 통하기 어려움을 괴롭게 여겼다. 옛날 신라의 설총이 비로소 이두(吏讀)를 만들어 관부(官府)와 민간에서 오늘에 이르기까지 쓰고 있으나, 모두 한자를 빌어 쓰는 것이어서 혹은 걸리고 혹은 막히어 다만 비루하고 무계할 뿐만 아니라 언어의 사이에 있어서는 능히 그 만분의 일도 달하지 못할 것이다. … <훈민정음> 스물여덟 자를 가지고 전환(轉換)이 무궁하여 간단하고도 요긴하고 정묘하고도 두루 통하므로, 슬기로운 사람은 하루 아침에 깨칠 것이요, 어리석은 사람도 열흘 안에 배울 수 있느니라. 이것을 가지고 글(한문)을 풀이하면 가히 그 뜻을 알 수 있고, 이로써 송사(訟事)를 들으면 가히 그 정상(情狀)을 알 수 있는 것이다."

이 정인지 서문의 글과 같이 우리말과 다른 중국 글자인 한자로써 민중의 정상적인 문자 생활이란 기대하기 어려운 것은 물론 사법(司法)의 공평도 기하기 어려웠던 것이다. 그러므로, 세종대왕은 온 백성이 정상적인 글자 생활을 영위할 수 있도록 하였으니, 다시 말하면 어려운 한문은 특권 계층에 있는 사람만이 쓰는 것이므로 만민이 평등

하게 씀으로써 상하 귀천을 막론하고 안락한 생활을 누리게 하도록 한 것이다.

세종대왕의 이러한 백성을 사랑하는 정신은 비단 여기에서만 볼 수 있는 것이 아니다. 그분의 말씀과 여러 가지 이룩한 업적에서 얼마든지 찾아볼 수 있는 바, 그 몇 가지만 더 들어보면 이러하다.

세종대왕은 일찌기 말씀하기를,

"임금의 직책은 하늘을 대신하여 만물을 다스리는 것이다. 따라서 만물이 제 위치를 얻지 못하여도 오히려 매우 상심(傷心)할 것인데, 하물며 사람의 경우에는 어떠하겠는가? 진실로 차별하지 않고 만물을 다스려야 할 임금이 어떻게 양민(良民)과 천인(賤人)을 구별해서 다스릴 수 있겠는가?21)"

라고 하였다. 또 말씀하기를,

"비록 사리(事理)를 아는 사람이라 할지라도 법률을 참고해야만 죄의 경중을 알게 되거늘, 하물며 어리석은 백성[愚民]이야 어찌 범죄한 바가 크고 작음을 알아서 스스로 고치겠는가? 비록 백성들로 하여금 다 율문을 알게 할 수는 없더라도 따로 이 큰 죄의 조항만이라도 뽑아 적고, 이를 이두로 번역하여서 민간에게 반포하여, 어리석은 남녀[愚夫愚婦]들로 하여금 범죄를 피할 줄 알게 함이 어떻겠는가?22)"

라고 하였다. 이 말에서 세종대왕은 인도주의적인 분이라는 것을 알 수 있지만, 이와 같이 대왕은 일반 백성은 물론 인격이 무시된 천인(賤人)이나 노비(奴婢), 그리고 죄수(罪囚)에게까지 미치지 않은 데가

---

21) ≪세종실록≫ 권제37 세종 9년 음력 8월 29일(갑진)조 참고.
22) ≪세종실록≫ 권제58 세종 14년 음력 11월 7일(임술)조 참고.

없었다. 대왕은 ≪삼강행실도≫를 편찬 반포하는 교지(敎旨)에서 다음과 같이 말하고 있다.

"오직 오전(五典)을 돈독히 하여 오교(五敎)를 펴는 도리에 대해서 밤낮으로 마음을 다하고 있으니, 한편 생각하면 어리석은 백성[愚民]이 추향(趨向)에 어두운데, 따라서 본받을 바도 없었다. 그래서 유신(儒臣)에게 명하여, 고금(古今)의 효자·충신·열녀 중에서 뛰어나게 본받을 만한 자를 가려서 편집(編輯)하되 일에 따라 그 사실을 기록하고 아울러 시찬(詩贊)을 덧붙이게 하였으나, 그래도 어리석은 남녀[愚夫愚婦]들이 쉽게 이해하지 못할 것을 염려하여 그림을 그려서 붙이고, 이름을 ≪삼강행실(三綱行實)≫이라 하여 이를 인쇄해서 널리 반포하는 바이다[23])."

여기에서 놀라지 않을 수 없는 일은 권채(權採)의 서문에도 있듯이 그림을 먼저 내걸고 행적의 기록은 그 뒤에 붙였다는 일이다. 이것은 곧 오늘날의 화집(畫集)이나 도록(圖錄)처럼 그림이 주(主)이고 글이 종(從)으로 된 것이니, 어리석은 백성들이 글(당시 한자)은 모르나 그림을 통해서 글의 내용을 파악하도록 하고, 그 다음에 글을 읽도록 하자는 뜻이 있었던 것이라 할 수 있다.

세종은 처음 해시계인 앙부일구(仰釜日晷)를 만들어 한양의 혜정교(惠政橋)와 종묘(宗廟) 앞에 설치하여 일영(日影)을 관측하였는데, 어리석은 백성[愚民]을 위한 공중시계로 삼기 위하여 글씨 대신 시신(時神)을 그려 넣음으로써 글을 모르더라도 시간을 알 수 있게 하였다[24]).

---

23) ≪삼강행실도≫·≪세종실록≫ 권제64 세종 16년 음력 4월 27일(갑술)조 참고.

24) ≪세종실록≫ 권제66 세종 16년 음력 10월 2일(을사)조, ≪세종실록≫ 권제77 세종 19년 음력 4월 15일(갑술)조 참고.

또 대왕은 조세제도(租稅制度)를 정할 때 온 백성의 민의(民意)를 파악하기 위하여 먼저 전국 팔도(八道)의 관민(官民)에게 공법(貢法)에 대한 가부를 조사하였는데, 가(可)가 98,657인이고, 불가(不可)가 74,149인이었다[25]. 세종의 이러한 민주적 여론조사는 민주 정치의 표본이라 할 수 있다.

그리고 ≪제가역상집(諸家曆象集)≫이 이루어졌을 때 쓴 이순지(李純之)의 발문(跋文)에는,

"제왕의 정치는 역법과 천문으로 때를 맞추는 것보다 더 큰 것이 없는데, 우리나라 일관(日官)들이 그 방법에 소홀하게 된 시가 오래인지라, 세종 15년(1433) 가을에 우리 전하께서 거룩하신 생각으로 모든 의상(儀象)과 구루(晷漏)의 기계며, 천문(天文)과 역법(曆法)의 책을 연구하지 않은 것이 없어서, 모두 극히 정묘하고 치밀하시었다.‥‥더욱이 전하께서 하늘을 공경하고 백성에게 힘쓰시는 정사가 극치에 이르지 않은 것이 없음을 볼 수 있을 것이다[26]."

라고 하였다.

이러한 여러 가지 사실로 미루어 볼 때 대왕의 정치는 백성을 본위로 한 민본주의를 실현하기 위한 정책이었던 것이다. 그러므로, 세종대왕이 새 글자를 제정한 것도 이 민본주의에 기인한 것이라 할 수 있다.

셋째, 겨레 문화주의의 발로라 하겠다. 정인지(鄭麟趾)의 훈민정음 해례 서문 가운데,

"우리말이 서로 같지 않아 한문을 배워 본 이는 모두가 다 그

---

[25] ≪세종실록≫ 권제49 세종 12년 음력 8월 10일(무인)조 참고.
[26] ≪세종실록≫ 권제107 세종 27년 음력 3월 30일(계묘)조 참고.

뜻을 깨우치기 어려움을 걱정하기 때문에 스물여덟 글자를 만들었 다."

고 함을 보아서도 엿볼 수 있으나, 다음 사항들을 볼 때에 더욱 확실해진다.

세종대왕이 왕자 시절부터 학문을 좋아했음은 너무나 잘 아는 사실이다. 그리하여 임금이 되실 때에는 그 어느 누구에게도 떨어지지 않을 정도의 상당한 학문적 바탕을 지니게 되었다. 즉위하심에 이르러서도 내전(內殿)에서는 말할 것도 없고, 부지런히 경연(經筵)에 나아가 군왕(君王)의 도(道)와 학문의 폭을 넓히었으니, 세종은 경적(經籍)이나 사기(史記) 할 것 없이 통달하지 않음이 없었다.

대왕은 즉위하자 2년 안되어 학문연구 기관인 집현전(集賢殿)을 확충, 대궐 안에 설치하고[27] 유망한 젊은 학자들로 그 직임을 채웠으니, 이는 장차 긴요하게 쓸 인재를 양성하는 것이 그 가장 중요한 계획이었기 때문이다. 그리하여 대왕은 집현전과 그 관원에게 여러 가지 특전을 주고 생활에 구애 없이 하며, 사가독서(賜暇讀書) 등을 통하여 오로지 학문에만 전념하게 하였다. 심지어 집현전의 관원은 다른 관서와는 달리 타관서로의 전임이 거의 허락되지 않았다. 세종대왕은 집현전관(集賢殿官)에 대하여 말씀하기를,

"학술을 전업으로 하여, 종신토록 이에 종사할 것을 스스로 기약하라[28]."

고 하였다. 실록의 기록에 의하면, 당시 집현전에 재직한 경력을 가진 학자의 수는 무려 71인이나 되는데[29], 이는 바로 세종대왕 자신이 학

---

27) ≪세종실록≫ 권제7 세종 2년 음력 3월 16일(갑신)조 참고.
28) ≪세종실록≫ 권제63 세종 16년 음력 3월 20일(정유)조 참고.

문을 숭상하고 있다는 입증인 것이기도 하다. 그렇기 때문에 상당한 수준의 학문을 지닌 대왕과 더불어 경사(經史)를 논한 집현전관(集賢殿官)이었던 경연관(經筵官)의 학문도 당대 최고의 수준이 아닐 수 없었으니, 대왕의 학문과 학자들의 학문은 다 같이 함께 발전할 수 있었다.

또 하나는 세종 시대에 편찬 저술된 문헌들을 통해서도 대왕의 학문 수준을 평가할 수 있는 바, 문화주의에 기인되었다 하지 않을 수 없다. 세종은 즉위한 직후 고제도를 정비하여 행정 체제를 바로잡음과 아울러 학자들로 하여금 다각적으로 연구를 하게 함으로써 어느 방면 할 것 없이 각 분야에 걸쳐 편찬·저술물이 어느 시기보다도 많이 나왔을 뿐 아니라 그 출판물의 수준도 세계 최고 수준의 것이었으니, 그 문헌들 중에서 현재 우리가 어느 정도 밝힐 수 있는 것만도 복간 및 중간된 책들을 합쳐 무려 3백 30여 종이 된다[30]. 이러한 출판물들은 곧 경제·정치·사상·문화·과학 기술 등의 총정리의 결과라 할 수 있으니, 국가의 정치 기반이, 이 정리 과정인 편찬 사업을 통하여 더욱 다져졌고 당대의 문화를 한 단계 높은 수준으로 끌어올려 놓을 수가 있었다고 할 수 있다.

이러한 문화 발전은 어디까지나 세종대왕의 겨레 문화주의의 발로로 인한 인정(仁政)으로 이룩된 결과라고 하지 않을 수 없다.

세종대왕은 그의 이러한 생각을 글자로 승화시키기 위하여 있는 힘과 정성을 다하여 몸소 연구에 골몰해 이룩하게 된 것이다. 그런데 어떤 사람은 훈민정음이 우리나라 한자음이나 중국말의 소리를 적기 위

---

29) 박종국 : ≪세종대왕과 훈민정음≫(세종대왕기념사업회, 1984. 12. 30) 85쪽 및 109쪽 참고.

30) 박종국 : 윗 책 13~24쪽, 손보기 : ≪세종시대에 엮어지고 펴낸 책≫(세종대왕기념사업회, 1986. 10. 20) 참고.

해서 만들기 시작한 것이라는 억지의 주장을 하기도 하나, 이와 같은 견해는 본말(本末)을 전도한 확대 해석에서 나온 것이므로 가당찮은 생각이다.

　훈민정음은 앞에서 말한 세 가지의 동기에서 기인되었다 할 수 있는 바, 이는 세종대왕의 훈민정음 서문과 최만리 등의 훈민정음 창제 반대 상소에 대한 힐문(詰問)에서 명확히 밝힌 바와 같이 우리말을 우리 온 백성이 자유자재로 적어낼 수 있도록 해주기 위하여 만들어낸 것이다. 물론 당시 선진 문화의 섭취, 세계 문화에의 참여라는 면에서 명(明)나라와의 외교 정책상 중국말 통역관의 양성은 국가의 중요한 정책의 하나로 등장되었으며, 그밖에 범어(梵語)·몽고말[蒙古語]·거란말[契丹語]·여진말[女眞語] 등도 배웠던 것이다. 그리고 세종대왕을 비롯한 왕자[31]나 집현전 학사들이 문헌의 여러 기록으로 보아 학문에 대한 상당한 지식을 갖추고 있었기 때문에 중국 성운학(聲韻學)에 대한 이론을 도입하여 훈민정음의 내용면에서 언어 철학적인 분석을 꾀한 것은 사실이다. 그렇다고 ≪홍무정운역훈≫이나 ≪동국정운≫을 들어 그것이 마치 훈민정음을 만든 발로의 새로운 면이라고 주장할 수 없다. 다만 중국말 음운(音韻)을 체계적으로 연구한 그 결정으로 볼 수 있으니, 이는 민족 문화 계발(啓發)을 위한 언해 사업(諺解事業)의 기초 작업임과 동시에 훈민정음 등을 교육시키기 위한 세종대왕의 속셈도 내포되어 있다고 볼 수 있다. 중종 때 최세진(崔世珍)님이 지은 ≪훈몽자회≫는 어린이 교육을 위한 한자 교본이 틀림 없으나, 그 책의 범례(凡例)를 풀이해 보면 다음과 같다.

　"무릇 변두리 고을 밖의 사람들은 반드시 언문(諺文)을 이해하지

---

31) 세자(世子 : 文宗)와 진양대군 유(晉陽大君瑈 : 首陽大君, 世組) 및 안평대군 용(安平大君瑢)을 말함이다.

못하는 이가 많으므로, 지금 언문 자모까지 병저(幷著)하여 언문을 먼저 배운 다음에 자회(字會)를 배우게 하면 아마 가르쳐준 도움이 있을 것이다. 그 문자(한자)를 알지 못하는 이도 모두 언문을 배워서 글자를 알게 되면 비록 스승의 가르침이 없더라도 장차 글을 알 수 있는 사람이 될 것이다."

이 범례의 말은 곧 교본은 한자 교본이나 훈민정음을 배우도록 하는 데도 목적을 둔 것이라고 할 수 있으니, 이것으로 미루어 볼 때 앞 두 책의 편찬도 새로 창제한 글자를 먼저 배우게 하고 이 글자를 가지고 나른 공부도 하게 하자는 데 속셈이 있었다 하여도 과언이 아니라고 생각한다.

이리하여 세종대왕과 그를 도운 왕자와 집현전 학사들은 훈민정음이란 새 글자를 세종 25년(1443) 음력 12월까지 만들어내어 이를 경홀(輕忽)히 백성에게 반포하지 않고 좀 더 완벽을 기하기 위해 그로부터 3년 동안 그 연마에 힘써 완전하게 완성됨에 세종 28년(1446) 음력 9월 상한에 반포하였던 것이다.

(3) 훈민정음 제자의 원리와 조직

훈민정음 제자의 대원리(大原理)는 ≪훈민정음해례≫ 제자해(制字解) 첫머리에 나타나 있으니, 그 글에,

"하늘과 땅의 이치는 하나의 음양(陰陽)과 오행(五行)일 뿐이다. 곤(坤)과 복(復)의 사이가 태극(太極)이 되고, 동(動)과 정(靜)이 있은 뒤에 음양이 되는 것이다. 무릇 하늘과 땅 사이에 있는 삶을 받은 무리로서 음양을 버리고 어찌 하리오? 그러므로, 사람의 말소리[聲音]에는 모두 음양의 이치가 있거늘 돌이켜보건대 사람이 살피지

못했을 뿐이다.
　이제 정음(正音 : 訓民正音)을 지음도 처음부터 지혜로써 경영(經營)하고 힘써 찾은 것이 아니라, 다만 그 말소리를 따라 그 이치를 다하였을 뿐이다. 이치는 이미 둘이 아닌데, 어찌 하늘과 땅, 그리고 귀신과 더불어 그 쓰임을 같이 하지 않을 수 있겠는가?
　정음(훈민정음) 스물여덟 글자는 각각 그 꼴을 본떠서 만들었다 [正音二十八字 各象其形而制之]."
라고 대원칙을 세웠다. 여기에서 우리는 진리 탐구의 길을 생각하게 되는데, 진리는 먼 곳에 있는 것이 아니라 가까운 곳에 있는 법이다. 훈민정음 제자의 원리도 먼 곳에서 찾은 것이 아니라 아주 가깝고도 평범한 곳에서 찾았음을 알겠다. 그렇다면 그 가깝고도 평범한 데에서 찾은 원리란 무엇인가? 그 원리는 곧 그 꼴을 본뜬 상형 원리(象形原理)를 적용하였다고 하였다. 그리고 이 원리는 천지의 모든 도리가 음양 오행의 이치로 지배되어 있으니, 사람의 말소리[聲音]도 역시 그러하기 때문에 만유(萬有)의 법칙인 역리(易理)에서 구하겠다는 것을 넌지시 나타내고 있다.
　그런데 그 낱자를 만든 방법에 대하여는 본 제자해에 자세히 나타난다.

(3-1) 초성(닿소리) 제자의 원리와 조직

　≪훈민정음≫ 해례 제자해에서, 훈민정음 28자는 각각 그 꼴을 본떠서 만들었다고 하고, 이어 닿소리[初聲] 17글자를 만든 방법을 설명하고 있다. 곧 제자해에서,

　"초성(初聲)은 무릇 17자인데, 어금닛소리[牙音] 「ㄱ」은 혀뿌리가

목구멍을 막는 꼴을 본뜬 것이요, 혓소리[舌音] 「ㄴ」은 혀가 윗잇몸에 붙는 꼴을 본뜬 것이요, 입술소리[脣音] 「ㅁ」은 입의 꼴을 본뜬 것이요, 잇소리[齒音] 「ㅅ」은 이의 꼴을 본뜬 것이요, 목구멍소리[喉音] 「ㅇ」은 목구멍의 꼴을 본떴다."
라고 하였으니, 여기에서 닿소리, 곧 초성은 발음기관(음성기관)의 모양을 본떠서 만들었음을 알 수 있다.

초성은 그 나는 자리에 따라 크게 다섯 가지, 곧 오음(五音)으로 나누고, 각 종류의 소리 가운데에서 가장 연한 소리를 적는 글자를 기본글자로 정하여, 이 소리를 낼 때의 발음기관의 모양을 본떠서 기본글자를 만들었다.

어금닛소리[牙音]는 「ㄱㅋㅇ」인데, 그 가운데에서 「ㄱ」글자를 먼저 만들었다. 「ㄱ」소리는 뒤혓바닥을 여린 입천장에 올려 붙이고 거기를 막아 내는 소리인데, 제자해에서는 '혀뿌리가 목구멍을 막는다.'고 설명하였다.

혓소리[舌音]는 「ㄴㄷㅌ」인데, 그 가운데에서 「ㄴ」글자를 먼저 만들었다. 「ㄴ」소리는 혀끝을 윗잇몸에 붙여서 내는데, 제자해에서는 '혀가 윗잇몸에 붙는다.'고 설명하였다.

입술소리[脣音]는 「ㅁㅂㅍ」인데, 그 가운데에서 「ㅁ」글자를 먼저 만들었다. 「ㅁ」소리를 낼 때에는 입술이 닫겨지므로 이때의 입의 모양을 본떠서 「ㅁ」글자를 만들었다. 제자해에서 '입의 꼴을 본뜬 것이다.'라고 설명한 것도 같은 말이다.

잇소리[齒音]는 「ㅅㅈㅊ」인데, 그 가운데에서 「ㅅ」글자를 먼저 만들었다. 「ㅅ」소리는 혀끝을 웃니 뒤쪽에 가까이 접근시켜 거기에서 갈이소리[摩擦音]를 내는 것이므로 이[齒]의 꼴을 본떠서 만들었다. 제자해에서는 '이의 꼴을 본떴다.'고 설명하였다.

목구멍소리[喉音]는 「ㅇㆆㅎ」인데, 그 가운데에서 「ㅇ」글자를 먼저 만들었다. 「ㅇ」은 소리없는(영) 글자이다. 제자해에서는 이 「ㅇ」소리도 「ㆆㅎ」과 같이 소리가 있는 것으로 생각하고 목구멍에서 나는 것으로 해석하여 '목구멍의 꼴을 본떴다.'고 설명하였다.

이리하여 만들어진 기본글자 「ㄱㄴㅁㅅㅇ」의 5글자를 가지고 나머지 초성 글자를 만들어내었는데, 제자해에서는 그 만든 방법에 대하여 설명하기를,

"「ㅋ」은 「ㄱ」에 비하여 소리가 좀 세게 나는 고로 획(畫)을 더한 것이다. 「ㄴ」에서 「ㄷ」, 「ㄷ」에서 「ㅌ」, 「ㅁ」에서 「ㅂ」, 「ㅂ」에서 「ㅍ」, 「ㅅ」에서 「ㅈ」, 「ㅈ」에서 「ㅊ」, 「ㅇ」에서 「ㆆ」, 「ㆆ」에서 「ㅎ」으로 함도 그 소리에 좇아 획(畫)을 더하는 뜻은 다 같되, 오직 「ㆁ」은 다르게 하였다. 반혓소리[半舌音] 「ㄹ」과 반잇소리[半齒音] 「ㅿ」도 또한 혀[舌]와 이[齒]의 꼴을 본뜬 것이로되 그 본[體]을 달리하였으니, 획을 더하는 뜻은 없다."

라고 하였다. 여기에서 볼 때 닿소리(초성)는 먼저 소리나는 자리에 따라 어금니[牙]·혀[舌]·입술[脣]·이[齒]·목구멍[喉] 등 오음(五音)으로 나누어 상형 원리(象形原理)를 적용하여서 그 기본글자 하나씩을 만들고, 각 소리에 속한 소리들은 이 다섯 기본글자를 바탕으로 획을 더해가는 방식으로 하여 만들었음을 알 수 있다. 다만 어금닛소리의 「ㆁ」만은 다르게 하였다고 말하고, 이어 반혓소리 「ㄹ」과 반잇소리 「ㅿ」도 꼴을 본뜬 것은 같으나 획을 더하는 뜻은 없다 하였으니, 기본 글자에 가획 원리(加畫原理)를 적용하지 않았다는 것을 알 수 있다.

4. 훈민정음(訓民正音) 145

    닿소리는 발음기관을 본떠서 만들었는데, 초성글자 중 기본글자에 가획 원리를 적용하여 만들어진 9글자(ㅋ, ㄷㅌ, ㅂㅍ, ㅈㅊ, ㆆㅎ)에 대하여 자세히 설명하면 다음과 같다.

    「ㅋ」소리는 어금닛소리(아음)인데, 제자해에서 말한 바와 같이 어금닛소리의 기본인 「ㄱ」보다는 그 소리가 조금 세다. 그러므로, 「ㄱ」에 한 획을 더하여 「ㅋ」자를 만들었다. 제자해에서는 또 가획 원리의 전개를 나무의 성장 과정에 비겨 말하였으니, '「ㄱ」은 나무의 바탕이 생긴 것[成質]이고, 「ㅋ」은 나무의 성히 자란 것[盛長]이며, 「ㄲ」은 나무의 늙고 단단한 것[老壯]이니, 그러므로, 이늘에 이르러서는 디 어금니에서 꼴을 본뜬 것이다.'라고 하였다.

    「ㄷㅌ」소리는 혓소리(설음)인데, 혓소리의 기본인 「ㄴ」보다는 「ㄷ」이 매우 세다. 그리고 「ㅌ」은 「ㄷ」보다 세다. 그러므로, 「ㄴ」에 한 획을 더하여 「ㄷ」을 만들고, 「ㄷ」에 한 획을 더하여 「ㅌ」을 만들었다. 제자해에서 「ㄴ」은 불청불탁(不淸不濁)이므로 그 소리가 가장 세지 않다고 하였고, 「ㄷ」은 전청(全淸), 「ㅌ」은 차청(次淸)이라 하였다.

    「ㅂㅍ」소리는 입술소리(순음)인데, 입술소리의 기본인 「ㅁ」보다는 「ㅂ」이 매우 세다. 그리고 「ㅍ」은 「ㅂ」보다 세다. 그러므로, 「ㅁ」에 한 획을 더하여 「ㅂ」을 만들고 「ㅂ」에 한 획을 더하여 「ㅍ」을 만들었다. 제자해에서 「ㅁ」은 불청불탁이므로 그 소리가 가장 세지 않다고 하고, 「ㅂ」은 전청, 「ㅍ」은 차청이라 하였다. 그런데 여기 그 자형들에 있어서 한 획을 더한 사실이 「ㅋ」이나 「ㄷㅌ」처럼 그렇게 분명하지 않은 것은 어색한 글자가 됨을 피하여 좀 더 균형 잡히고 모양 있는 글자를 만들기 위하여 「ㅁ」의 꼴을 조금 바꾼 것으로 추측된다.

    「ㅈㅊ」소리는 잇소리(치음)인데, 잇소리의 기본인 「ㅅ」보다는 「ㅈ」

이 세다. 그리고「ㅊ」은「ㅈ」보다 세다. 그러므로,「ㅅ」에 한 획을 더하여「ㅈ」을 만들고,「ㅈ」에 한 획을 더하여「ㅊ」을 만들었다. 제자해에서「ㅅㅈ」은 비록 모두 전청이지만「ㅅ」은「ㅈ」에 비하여 소리가 세지 않으므로 역시 글자를 만듦에는 시초가 된 것이라 하고,「ㅊ」은 차청이라 하였다.

「ㆆㅎ」소리는 목구멍소리(후음)인데, 목구멍소리의 기본형인「ㅇ」은 불청불탁으로 그 소리가 가장 세지 않을 뿐만 아니라 거의 소리 없는 것이다. 그런데「ㆆ」과「ㅎ」은 어느 편이 더 센지 판단하기 곤란하나, 제자해에서는「ㆆ」은 전청이고,「ㅎ」은 차청이라 하였다. 이 제자해에서 다른 소리에 있어서는 전청(ㄱㄷㅂㅈㅅ)이 차청(ㅋㅌㅍㅊ)보다 모두 약하므로, 목구멍소리에 있어서도「ㅎ」을「ㆆ」보다 센소리라 한 것 같다. 그러므로,「ㅇ」에 한 획을 더하여「ㆆ」을 만들고「ㆆ」에 한 획을 더하여「ㅎ」을 만들었다.

이리하여 닿소리(초성) 17자 가운데 14글자가 만들어졌는데, 나머지 세 글자인「ㆁㄹㅿ」은 제자해에서 가획 원리(加畫原理)를 적용하지 않았다고 하였으니, 예외적으로 만들었다고 하겠다. 그러나, 이 세 글자 중「ㄹㅿ」은 오늘날의 안목으로 볼 때 혓소리(설음)의 기본인「ㄴ」, 잇소리(치음)의 기본인「ㅅ」에 대한 가획 글자로 볼 수 있으니,「ㄹ」은「ㄴ」에 두 획을 더한 것이고,「ㅿ」은「ㅅ」의 밑에 한 획을 더하여 만든 것이라 하겠다.

그리고「ㆁ」은 그 소리남이 다른 어금닛소리(아음)와 비슷하면서 또 목구멍소리(후음)「ㅇ」과도 비슷하기 때문에 그 모양을 좀 달리하여「ㆁ」으로 한 것이다. 제자해에서,

"어금닛소리의「ㆁ」은 비록 혀뿌리가 목구멍을 닫아 소리의 기운

이 코로 나오지만, 그 소리가 「ㅇ」과 서로 비슷하여 운서(韻書)에서도 「의(疑)」자 <첫소리>와 「유(喩)」자 <첫소리>를 서로 섞어 씀이 많으므로 이제 또한 목구멍의 꼴을 본뜨되, 어금닛소리의 글자를 만드는 시초로는 삼지 아니하였다."
라고 하였다.

이상과 같이 닿소리(초성) 17자는 각 갈래의 기본 소리로서 제작한 것이 분명하며, 그 나는 자리에서 발음기관(음성기관)의 꼴을 본뜬 과학적인 체계를 수립하였음을 알 수 있다.

이제 이 닿소리(초성) 17자를 한 틀로 보이면 다음과 같다.

구 분	나는자리(오음)	어금닛소리(아음)	혓소리(설음)	입술소리(순음)	잇소리(치음)	목구멍소리(후음)
① 기본글자 ② 청 탁		ㄱ 전청	ㄴ 불청불탁	ㅁ 불청불탁	ㅅ 전청	ㅇ 불청불탁
① 1획 더한글자 ② 청 탁		ㅋ 차청	ㄷ 전청	ㅂ 전청	ㅈ 전청	ㆆ 전청
① 2획 더한글자 ② 청 탁			ㅌ 차청	ㅍ 차청	ㅊ 차청	ㅎ 차청
① 이체(異體) ② 청 탁		ㆁ 불청불탁 ※ㅇ과도 비슷하여 모양을 좀 달리함	ㄹ(반혓소리) 불청불탁 ※2획더한글자		ㅿ(반잇소리) 불청불탁 ※1획더한글자	

닿소리 17자를 성질상(性質上)으로 나열하여 보면, 다음과 같다.

첫째, ≪훈민정음≫ 본문에 나타난 각 갈래[種別]의 첫째의 글자들인 「ㄱㄷㅂㅈㆆ」은 맑은 소리[淸音]요, 터짐소리[破裂音]요, 또 예사소리[平音]인데, 제자해에서는 전청(全淸)이라 하였다. 이때는 전청에 이 다섯 글자 외에 「ㅅ」을 더 포함시켰다.

둘째, ≪훈민정음≫ 본문에 나타난 각 갈래(종별)의 가운데의 글자들인 「ㅋㅌㅍㅊㅎ」은 그 첫째 소리에 목갈이소리[喉頭摩擦音] 「ㆆ」을 더하여 만든 거센소리[激音] 또는 숨띤소리[有氣音]인데, 제자해에서는 차청(次淸)이라 하였다. 곧 어금닛소리의 「ㅋ」은 「ㄱ」에 「ㆆ」을 더하여 만든 거센소리이며, 혓소리 「ㅌ」은 「ㄷ」에 「ㆆ」을 더하여 만든 거센소리이며, 입술소리 「ㅍ」은 「ㅂ」에 「ㆆ」을 더하여 만든 거센소리이며, 잇소리 「ㅊ」은 「ㅈ」에 「ㆆ」을 더하여 만든 거센소리이며, 목구멍소리 「ㅎ」은 그 스스로가 거센소리이니, 모든 갈래(종별)의 가운데의 소리의 공통음이다.

셋째, ≪훈민정음≫ 본문에 나타난 각 갈래(종별)의 맨끝의 「ㆁㄴㅁㅅㅇㄹㅿ」은 앞의 첫째, 둘째가 짧은소리이고 맑은소리[淸音]임에 대하여 「ㅅ」말고는 느린소리이고 흐린소리[濁音]인데, 제자해에서는 「ㅅ」만 제외하고 불청불탁(不淸不濁)이라 하였다.

훈민정음은 또 닿소리(초성) 17자 외에 모든 예사맑은소리[平淸音], 곧 전청음(全淸音 : ㄱㄷㅂㅈㅅ)을 나란히 쓰면[並書] 된소리, 곧 전탁(全濁)이 됨을 규정하되, 다만 목구멍소리에서만 거센소리, 곧 숨띤소리(ㅎ)로써 전탁(ㆅ)을 만든다고 규정하였다. 이 된소리는 현대 국어 음운론에서는 대개 한 독립된 음소(音素)로 보는 것이 상례이다. 전탁에 대하여 제자해에서 설명하기를,

"전청(全淸)을 나란히 쓰면 전탁(全濁)이 되는데, 이는 전청의 소리가 엉기면 전탁이 되기 때문이다[全淸並書則爲全濁 以其全淸之聲 凝則爲全濁也]."

라고 이유를 말하고, 또 설명하기를,

4. 훈민정음(訓民正音) 149

"오직 목구멍소리만이 차청(次淸)으로 전탁이 되는 것은 대개 「ㆆ」은 소리가 깊어서 엉기지 아니하고, 「ㅎ」은 「ㆆ」보다 소리가 얕으므로 엉기어서 전탁이 되기 때문이다."

라고 하였다. 「ㆆ」에는 된소리가 있을 수 없다. 그것은 「ㆆ」자체가 된소리의 자질이 될 수 있기 때문이다[32]. 그러므로, 「ㅎ」만이 된소리의 짝을 가질 수 있는 것이다. 병서법(並書法) 규정에 의하여 이룩된 전탁은 6글자이니, 이를 보이면 다음과 같다.

① 전청의 글자를 병서하여 만든 글자 : ㄲ ㄸ ㅃ ㅉ ㅆ
② 차청의 글자를 병서하여 만든 글자 : ㆅ

이상에서 말한 훈민정음 닿소리의 기본 음소(基本音素) 17글자와 전탁음(全濁音) 6자를 합한 23초성을 나는 자리(조음 위치)와 청탁(淸濁)으로 구분하여 한 틀로 보이면 다음과 같다.

나는 자리 \ 청탁	전청	차청	전탁	불청불탁	계
어금닛소리	ㄱ	ㅋ	ㄲ	ㆁ	4
혓소리	ㄷ	ㅌ	ㄸ	ㄴ·ㄹ	5
입술소리	ㅂ	ㅍ	ㅃ	ㅁ	4
잇소리	ㅅ·ㅈ	ㅊ	ㅆ·ㅉ	ㅿ	6
목구멍소리	ㆆ	ㅎ	ㆅ	ㅇ	4
계	6	5	6	6	23

※ ≪동국정운≫에서도 훈민정음의 초성 23체계와 같이 초성으로는 23자모로 하였다.

또 연서법(連書法)에 의하여 입술가벼운소리[脣輕音] 글자를 만들었

---

[32] 허웅 : ≪한글과 민족문화≫(세종대왕기념사업회, 1974. 12. 15) 82쪽 및 116쪽 주 24번 참고. 또는 ≪개고신판 국어 음운학≫(정음사, 1965) 18~19쪽 참고.

는데, 입술가벼운소리의 표기 방법에 대하여 제자해에서 설명하기를,

"「ㅇ」을 입술소리(ㅂㅃㅍㅁ) 밑에 이어쓰면[連書] 곧 입술가벼운 소리가 되는 것은, 가벼운소리[輕音]는 입술이 잠시 붙고 목구멍소리가 많은 까닭이다."

라고 하였다. 이 제자해 설명에 따라 만들어진 입술가벼운소리의 글자는 「ㅸ ㅹ ㆄ ㅱ」 등 4글자이다.

훈민정음 초성에서 앞에서 말한 23글자(기본음소 17, 전탁음 6)와 입술가벼운소리 4글자를 합한다면 닿소리(자음)는 모두 27자 체계로 조직되었다 하겠다.

훈민정음에 정식으로 규정된 바는 없으나, 실제에 있어서는 예사흐린소리[平濁音], 곧 불청불탁(不淸不濁)의 음도 각각 제 글자로 나란히 써서[各自並書] 전탁(全濁)으로 쓰는 일이 있었으니, 「ㅥ ㆀ」와 같은 두 글자가 그것이고, 또 기본음소의 두 글자나 세 글자를 합용병서(合用並書)하여 된 것도 있으니, 「ㅳ ㅄ ㅄ ㅴ ㅶ ㅷ ㅺ ㅼ ㅽ ㅾ」와 같은 10글자가 그것이다.

이 각자병서(各自並書)와 합용병서(合用並書)로 된 글자들은 ≪훈민정음≫ 본문 글자의 운용에서 '첫소리를 아울러 쓰려면 나란히 쓴다. 끝소리도 마찬가지이다[初聲合用則並書 終聲同].'라는 병서규칙에 적용한 것인데, ≪훈민정음≫ 합자해(合字解)에는 첫소리의 두 글자나 세 글자를 합용병서(合用並書)한 어휘의 보기와 각자병서(各自並書)한 어휘의 보기를 보이고 있다.

그리고 제자해에서는 사람의 말소리[聲音]를 음양(陰陽) 오행(五行)의 이치에 근본을 두고 소리와 계절(季節)의 운행, 소리와 음악[五音], 그리고 방위(方位)에 결부시켜 설명하였는데, 이들의 관계를 한 틀로

보이면 다음과 같다.

구분 성음(오음)	오행	계절	음악(오음)	방위(오방)
어금닛소리[牙音]	나무[木]	봄[春]	각(角)	동(東)
혓소리[舌音]	불[火]	여름[夏]	치(徵)	남(南)
입술소리[脣音]	흙[土]	늦여름[季]	궁(宮)	중앙(中央)
잇소리[齒音]	쇠[金]	가을[秋]	상(商)	서(西)
목구멍소리[喉音]	물[水]	겨울[冬]	우(羽)	북(北)

(3-2) 중성(홀소리) 제자의 원리와 조직

훈민정음 스물여덟 글자 가운데 홀소리[中聲, 母音]는 11자인데, 이 홀소리도 앞의 대원칙에서 밝힌 바와 같이 꼴을 본떠서 만들었다. 그러나, 글자의 역리적(易理的) 생성의 설명은 닿소리[初聲, 子音]에서보다 이 홀소리 글자(낱자)의 생성에서 더욱 두드러지게 나타난다.

훈민정음 창제 당시의 홀소리 11글자를 자형의 간단함과 복잡함을 따라 갈라 보면, 홀소리의 계열은 다음과 같이 세 계단으로 갈라진다.

① ᆞ ㅡ ㅣ (기본글자)
② ㅗ ㅏ ㅜ ㅓ (초출자)
③ ㅛ ㅑ ㅠ ㅕ (재출자)

이 위의 세 계열에서 첫째 계열이 가장 간단한데, 이 첫째 계열의 「ᆞ ㅡ ㅣ」세 글자(낱자)에 대하여 제자해에서 설명하기를,

"「ᆞ」는 … 하늘이 자시(子時)에서 열리는 것이다. 꼴이 둥긂은 하늘을 본뜬 것이다. 「ㅡ」는 … 땅이 축시(丑時)에서 열리는 것이다. 꼴이 평평함은 땅을 본뜬 것이다. 「ㅣ」는 … 사람이 인시(寅時)에서 생긴 것이다. 꼴이 섬[立]은 사람을 본뜬 것이다.

하늘[天]과 땅[地]과 사람[人]을 본떠서 삼재(三才)의 이치[道]가

갖추어졌다. 그러나, 삼재는 만물의 앞이 되는데, 하늘은 또 삼재의 시작이 되나니, 「ㆍ ㅡ ㅣ」 석자가 여덟 글자(ㅗ ㅏ ㅜ ㅓ ㅛ ㅑ ㅠ ㅕ)의 머리가 되며, 「ㆍ」는 또 석자의 우두머리가 되는 것이다."

라고 하였다. 여기에서 「ㆍ ㅡ ㅣ」의 세 글자는 만물의 앞[先]이요, 머리[首]인 하늘[天]ㆍ땅[地]ㆍ사람[人]의 꼴을 본떠 만들었는데[33], 이 세 글자는 하늘ㆍ땅ㆍ사람에서 본을 떠 삼재(三才)의 이치를 갖춘 것이라는 것과 이 세 자가 나머지 여덟 글자(둘째 계열의 글자와 셋째 계열의 글자)의 머리가 된다는 것을 알겠다. 그런데 하늘ㆍ땅ㆍ사람[天地人] 가운데서도 하늘[天]이 시간의 최초인 자시(子時)에 제일 먼저 생겼고, 땅[地]이 축시(丑時)에 두번째로 생겼으며, 사람[人]이 인시(寅時)에 세번째로 생겼다고 하였으니, 「ㆍ ㅡ ㅣ」의 글자 중에서도 「ㆍ」가 우두머리가 됨을 알 수 있다. 그러므로, 이 세 글자(낱자)가 만들어지는 순서도 가장 간단한 꼴인 「ㆍ」를 맨 먼저 두고, 그 「ㆍ」가 가로로 퍼져서 「ㅡ」가 되고, 세로로 늘어나서 「ㅣ」가 되었다고 할 수 있으니, 이는 발생적인 면으로 보거나, 청취적인 면으로 보거나, 이 세 글자의 차례는 「ㆍ → ㅡ → ㅣ」가 되든지 그 반대가 되는 수 밖에 없는데, 생긴 시간의 순서로 보아 이 기본 홀소리의 생긴 순서는 「ㆍ → ㅡ → ㅣ」가 된다고 말할 수 있다[34]. 이 기본 홀소리가 기본이 되어 나머지 여덟 글자인 둘째 계열과 셋째 계열의 글자는 한 번 닫고 한 번 여는 [一闔一闢][35] 방법으로 생성하여 나가는 바, 이를 설명하면 다음과 같다.

---

33) 「ㆍ」소리를 표기하는 글자는 하늘을 본떠 둥글게 하고, 「ㅡ」소리를 표기하는 글자는 땅을 본떠서 평평하게 하고, 「ㅣ」소리를 표기하는 글자는 사람을 본뜨되 그 서있는 모양으로 하였다.

34) 허웅 : ≪한글과 민족문화≫ 93쪽, 김석득 : ≪우리말 연구사≫(정음문화사, 1983. 12. 30) 55~56쪽 참고.

4. 훈민정음(訓民正音)

둘째 계열의 글자인 「ㅗ ㅏ ㅜ ㅓ」는 제자해에 의하면 첫째 계열의 글자인 「· ㅡ ㅣ」가 서로 위아래와 좌우로 합하여서 된 것이다[36]. 또 제자해에서는,

"「ㅗ ㅏ ㅜ ㅓ」는 하늘과 땅에서 시작하여 처음 나옴[初出]이 된 다[ㅗ ㅏ ㅜ ㅓ 始於天地 爲初出也]."

라고 하였다.

셋째 계열의 글자인 「ㅛ ㅑ ㅠ ㅕ」는 둘째 계열의 「ㅗ ㅏ ㅜ ㅓ」가 기본이 되어 거기에 다시 한 점(한 획)을 더하여 된 것이다. 제자해에,

"「ㅛ」는 「ㅗ」와 더불어 같되 「ㅣ」에서 일어나고, 「ㅑ」는 「ㅏ」와 더불어 같되 「ㅣ」에서 일어나고, 「ㅠ」는 「ㅜ」와 더불어 같되 「ㅣ」에서 일어나고, 「ㅕ」는 「ㅓ」와 더불어 같되 「ㅣ」에서 일어나는 것이다."

라고 하였다. 또 제자해에서는,

"「ㅛ ㅑ ㅠ ㅕ」는 「ㅣ」에서 일어나서 사람을 겸함이니, 재차 나옴 [再出]이 된다[ㅛ ㅑ ㅠ ㅕ 起於ㅣ而兼乎人 爲再出也]."

라고 하였다. 이러한 현상으로 볼 때 훈민정음의 홀소리(중성)는 모두 「·」가 바뀌어 변진 것이라 할 수 있으며, 또는 「· ㅡ ㅣ」 세 글자의 얽힘이라 할 수 있으니, 그 세 소리에 대한 설명은 지극히 간단하나, 그 방법은 매우 과학적이다. 제자해에,

"「·」는 혀가 오그라지고 소리가 깊다. … 「ㅡ」는 혀가 조금 오그

---

35) 「이 아래 여덟 소리는 한 번 닫고 한 번 연다[此下八聲一闔一闢]」-≪훈민정음≫ 제자해 참고.

36) ≪훈민정음≫ 제자해 참고.

라지고 소리가 깊지도 않고 얕지도 않다. … 「ㅣ」는 혀가 오그라지지 않고 소리가 얕다."

라고 하였다. 이 설명은 두 방면으로 홀소리의 성질을 설명한 것인데, 현대의 우리들로서도 놀랄 만큼 간결하고도 요령 있는 방법이다. 한편으로는 홀소리를 내는 데 결정적인 작용을 하는 혀의 모양을 설명하고, 한편으로는 그것을 들었을 때의 인상을 설명한 것이니, 한편은 발생음성학(Physiological phonetics)적인 설명이고, 한편은 청취 음성학(auditory phonetics)적인 설명이다[37].

이제 이 홀소리(중성) 11자를 한 틀로 보이면 다음과 같다.

구분	자형 (字形)	발음상태	음감 (音感)	상형 (象形)	동출음 (同出音)	기음 (起音)
기본자 (基本字)	· ㅡ ㅣ	혀가오그라짐[舌縮] 혀가 조금 오그라짐[舌小縮] 혀가 오그라지지 않음[舌不縮]	소리가 깊음[聲深] 소리가 깊지도 않고 얕지도 않음 [聲不深不淺] 소리가 얕음[聲淺]	천원(天圓) 지평(地平) 인립(人立)		
초출자 (初出字)	ㅗ ㅏ ㅜ ㅓ	입을 오므림[口蹙] 입을 벌림[口張] 입을 오므림[口蹙] 입을 벌림[口張]		·ㅡ합 ㅣ·합 ㅡ·합 ·ㅣ합	· ㅡ	
재출자 (再出字)	ㅛ ㅑ ㅠ ㅕ			⁚ㅡ합 ㅣ⁚합 ㅡ⁚합 ⁚ㅣ합	ㅗ ㅏ ㅜ ㅓ	ㅣ ㅣ ㅣ ㅣ

훈민정음에서는 홀소리가 밝음[陽]과 어두움[陰]으로 나누어지는데,

---

[37] 현대 음성학의 연구 방법은 세 방면을 취한다. 발생적인 면의 연구와 청취의 면의 연구와 공기 진동의 모습을 연구하는 면(음향 음성학)인데, 셋째 방법은 현대 물리학의 기계 없이는 불가능한 일이다. 그러므로, 그 당시의 학자들은 그들로서 할 수 있는 두 가지 방면으로 소리 연구를 했음을 우리는 이 설명으로써 알 수 있다.

「ㅗ ㅏ ㅛ ㅑ」와 같이 둥근 것이 위와 밖(오른쪽)에 있는 것은 밝은 홀소리[陽性母音]에 해당되고, 「ㅜ ㅓ ㅠ ㅕ」와 같이 둥근 것이 아래와 안쪽(왼쪽)에 있는 것은 어두운홀소리[陰性母音]에 해당된다. 그리고 기수(奇數)에 밝은 홀소리를, 우수(偶數)에 어두운홀소리를 배합시키는 한편, 기수는 하늘[天]에, 우수는 땅[地]에 배합시켰는데, 방위와 오행 및 위수(位數)와의 관계를 한 틀로 보이면 다음과 같다.

방위[五方]	오행	위수(位數)		비고
		정위(定位)	성수(成數)	
북(北)	물[水]	ㅗ 天一	ㅠ 地六	①하늘[陽]
남(南)	불[火]	ㅜ 地二	ㅛ 天七	②땅[陰]
동(東)	나무[木]	ㅏ 天三	ㅕ 地八	
서(西)	쇠[金]	ㅓ 地四	ㅑ 天九	
중(中)	흙[土]	· 天五	ㅡ 地十	

다만 이 틀에서「ㅣ」만이 홀로 자리[位]와 수(數)가 없음은 홀소리(중성)의 가운데(중간)이기 때문이다. 제자해에서,

"「ㅣ」만이 홀로 자리와 수[位數]가 없음은, 대개 사람은 무극(無極)의 참[眞]과 이오(二五 : 음양과 오행)의 정기가 묘하게 합하여 엉긴 것이며, 진실로 한정된 자리[定位]와 이루어진 수[成數]로써 논할 수 없기 때문이다. 이는 곧 가운뎃소리(홀소리, 중성)의 가운데(중간)이니, 또한 스스로 음양 오행 방위의 수(數)가 있는 것이다."

라고 하였다. 여기에서「ㅣ」는 중간홀소리[中性母音]임을 말한 것이라 하겠으니, 홀소리 11자를 홀소리어울림[母音調和]의 관점에 의해 갈라 보면 다음과 같이 세 가지로 나누어진다.

밝은홀소리 : · ㅗ ㅏ ㅛ ㅑ
어두운홀소리 : ㅡ ㅜ ㅓ ㅠ ㅕ
중간홀소리 : ㅣ

그런데 이 홀소리들은 현대 음운학의 이론으로 그 당시의 홑홀소리 [單母音]와 겹홀소리[複母音, 重母音]로 나누어 말하면,

홑홀소리 : ㆍ ㅡ ㅣ ㅗ ㅏ ㅜ ㅓ (7자)
겹홀소리 : ㅛ ㅑ ㅠ ㅕ (4자)

와 같다고 하겠다[38].

그러나, 이상의 홀소리 11자는 앞에서도 말한 바와 같이 기본글자인 「ㆍ ㅡ ㅣ」 세 자를 바탕으로 하여 음양의 대립으로 배합하여 전개시킨 것으로, 홀소리의 기본 음소(基本音素)로서 체계화한 것이다.

또 중성해(中聲解)에서는 홀소리의 기본음소 11자, 곧 일자 중성(一字中聲)을 기본으로 하여 이들을 합용병서(合用並書)함으로써 18개의 이음 글자[異音字]인 겹홀소리를 다음과 같이 더 만들어내었다.

이자합용중성(二字合用中聲) : ㅘ ㆇ ㅝ ㆊ ㆍㅣ ㅢ ㅚ ㅐ ㅟ ㅔ ㆉ
　　　　　　　　　　　　　　ㅒ ㆌ ㅖ (14자)
삼자합용중성(三字合用中聲) : ㅙ ㆈ ㅞ ㆋ (4자)

이상과 같이 훈민정음 홀소리로 일자중성인 기본음소 11자와 이자중성(二字中聲) 14자, 삼자 중성(三字中聲) 4자를 모두 합한다면 29자가 되어 홀소리 체계[母音體系]는 모두 29자로 조직되었다고 할 수 있으나, 이 중에서 겹홀소리 「ㆇ ㆊ」(이자중성)와 「ㆈ ㆋ」(삼자중성)의 4자는 국어를 표기하는 데에는 사용되지 않고, 그 당시의 우리 한자음의 표준음(標準音)을 제정한 《동국정운》이나, 당시의 중국음을 표기한 《홍무정운역훈》에서만 쓰여 있으니, 우리의 훈민정음은 우리말만을 표기하기 위해서 만들어진 것이 아니라, 다른 어떤 나라 말이라도

---

[38] 오늘날 홑홀소리는「ㅏ ㅓ ㅗ ㅜ ㅡ ㅣ ㅐ ㅔ ㅚ」의 9자(ㅟ를 포함하면 10자)이고, 겹홀소리는「ㅑ ㅕ ㅛ ㅠ ㅒ ㅖ ㅘ ㅙ ㅝ ㅞ ㅟ ㅢ」의 12자(ㅟ를 홑홀소리에 넣으면 11자)이다.

다 표기할 수 있는 체계로 구상되었음을 알 수 있다.

(3-3) 합자법(合字法)

훈민정음은 앞에서 설명한 바와 같이 과학적으로 조직된 닿소리(초성) 17자, 홀소리(중성) 11자, 모두 28자로 모든 말을 표기하게 되어 있다.

그런데 한 낱내(음절) 글자를 이루려면 초성·중성·종성이 어울려야(합해져야) 되는데, 이 원칙 규정은 《훈민정음》 본문 글자의 운용 부문에서 밝히고 있으니, 그 기록에는,

"무릇 글자는 모름지기 어울려야(합해져야) 소리(글자)가 된다[凡字必合而成音]."

라고 하였다. 이 본문에 나타난 낱내를 이루는 원칙을 《훈민정음》 해례에서는 좀 더 소상하게 말해주고 있는데, 합자해(合字解)에 나오는 기록과 종성해(終聲解)에 나오는 기록이 서로 상반되고 있다. 합자해에서는,

"초성·중성·종성의 세 소리[三聲]가 합하여 글자를 이룬다[初中終三聲 合而成字]."

라고 하여, 훈민정음 제자의 원리와 원칙에 의해, 글자는 반드시 합해야만 소리[낱내]를 이룬다고 하였다. 종성해에서는,

"또한 「ㅇ」은 소리가 맑고 비어서 반드시 종성에 쓰지 아니하여도 중성이 소리(낱내)를 이룰 수 있다[且ㅇ聲淡而虛 不必用於終 而中聲可得成音也]."

라고 하여, 「ㅇ」은 소리가 없으므로(영) 종성에 쓰이지 않아도 소리(글

자)를 이룰 수 있다고 하였다. 여기에서 합자해의 기록은 훈민정음 제자의 원리에 의한 낱내 만들기의 원칙이므로 역리적 원리 원칙에 의한 규정이라 말할 수 있고, 종성해의 기록은 말의 소리(speech sound)는 어디까지나 청각적 존재이기 때문에 청취 지각적 허용 규정이라 말할 수 있다[39].

이러한 두 가지 방법은 초·중·종성의 세 소리가 어울려서 만드는 방법(오늘날은 이 두 가지 방법 외에 중성 하나만으로 만드는 방법 하나가 더 첨가된다)으로 하나하나의 낱내 글자가 이룩되는데, 그 이룩된 낱내의 글자가 그야말로 거의 무한한 행렬 집합식(行列集合式)이니, 훈민정음 28자의 제자원리(制字原理)만이 과학적이 아니라 그 낱내가 생성(生成)되는 제자 원리도 과학적이라 할 수 있다.

초성에 대하여 ≪훈민정음≫ 해례 초성해(初聲解)에서는,

"정음의 초성은 곧 운서(韻書)의 자모(字母)이다. 소리[音聲]가 이로 말미암아 나므로 말하기를 모(母)라고 한 것이다. 어금닛소리 「군(君)」자의 초성은 「ㄱ」이니, 「ㄱ」이 「ㅜㄴ」과 더불어 「군」이 된다 [正音初聲 卽韻書之字母也 聲音由此而生 故曰母 如牙音君字初聲是 ㄱ ㄱ與ㅜㄴ而爲군]."

라고 하고, 또 다른 초성들도 모두 이러한 방법으로 쓰인다고 하였다.
중성에 대하여 중성해(中聲解)에서는,

"중성은 글자의 운[字韻]의 가운데 있어서 초성·종성과 합하여 음(音)을 이루는 것이다. 「톤(呑)」자의 중성은 「·」이니, 「·」가 「ㅌ」과 「ㄴ」사이에 있어서 「톤」이 됨이라. 「즉(卽)」자의 중성은 「ㅡ」이

---

39) 문효근 : 「훈민정음의 음절 생성 규정의 이해 - 범자필합이성음에 대하여 - 」, 국어교육론총 제1집 창간호(연세대학교, 1981) 156~158쪽 참고.

니, 「ㅡ」가 「ㅈ」과 「ㄱ」의 사이에 있어서 「즉」이 됨이라. 「침(侵)」자의 중성은 「ㅣ」이니, 「ㅣ」가 「ㅊ」과 「ㅁ」의 사이에 있어서 「침」이 되는 따위와 같은 것이다."

라고 하고, 萼(洪)·땀(覃)·군(君)·업(業)·욕(欲)·샹(穰)·슗(戌)·볋(彆)자도 모두 이와 같다고 하였다.

종성에 대하여 종성해(終聲解)에서는,

"종성은 초성과 중성에 이어서 글자의 운[字韻]을 이루는 것이다. 「즉(卽)」자의 종성은 「ㄱ」이니, 「ㄱ」이 「즈」의 끝에 있어서 「즉」이 되고, 「萼(洪)」자의 종성은 「ㆁ」이니, 「ㆁ」이 「ᅘᅭ」의 끝에 있어서 「萼」이 되는 따위와 같은 것이다. 혓소리·입술소리·잇소리·목구멍소리도 다 같은 것이다."

라고 하였다. 그리고 초성 글자는 원칙적으로 모두 종성으로 쓸 수 있는 것으로 규정하였으니, 그 설명은,

"소리에는 느리고 빠름의 다름이 있으니, 그러므로, 평성·상성·거성은 그 종성이 입성의 빠름[促急]과 같지 않은 것이다. 불청불탁의 글자는 그 소리[聲]가 세지 않으므로 <이것이> 종성에 쓰이면 평성·상성·거성에 맞으며, 전청과 차청과 전탁의 글자는 그 소리가 세므로 <이것이> 종성에 쓰이면 입성에 마땅한 것이다. 그러므로, 「ㆁㄴㅁㅇㄹㅿ」의 여섯 글자는 평성·상성·거성의 종성이 되고, 그 나머지는 모두 입성의 종성이 된다."

라고 하였다. 그러나, 초성 글자 중에서도 「ㄱㆁㄷㄴㅂㅁㅅㄹ」의 여덟 글자만으로 종성에 쓰는데 충분하다고 하였으니, 그 설명은,

"그러나, 「ㄱㆁㄷㄴㅂㅁㅅㄹ」의 여덟 글자로 넉넉히 쓸 수 있는

것이다. 이화(梨花)는 「빗곶」으로 「ㅈ」이 되고, 호피(狐皮)는 「엿의 갗」으로 「ㅊ」이 되지만 「ㅅ」자로 두루 쓸 수 있으므로 다만 「ㅅ」자만 쓰는 것과 같다."

라고 하였다.

《훈민정음》 해례 합자해(合字解)에서는 이 초·중·종 삼성의 글자들이 합치는 방법을 설명하고 있다.

훈민정음은 초성과 중성이 어우르게 될 때에는 어떤 중성은 초성 아래에 있고 어떤 것은 초성의 오른쪽에 붙게 되는데, 이 규칙을 다음과 같이 규정하였다.

① 중성의 둥근 것과 가로 퍼진 글자인 「·ㅡㅗㅛㅜㅠ」는 초성 아래 붙여 쓴다. 이에 대하여 합자해에서는,

 "중성의 둥근 <글자>와 가로 퍼진 <글자>는 초성의 아래에 있으니, 「·ㅡㅗㅛㅜㅠ」가 이것이다."

라고 하였다. 보기를 들면 「ᄀᆞ느도툐무뷰」 등과 같다.

② 중성의 세로로 퍼진 글자인 「ㅣㅏㅑㅓㅕ」는 초성의 오른쪽에 붙여 쓴다. 이에 대하여 합자해에서는,

 "세로로 퍼진 <글자>는 초성 <글자>의 오른쪽에 있으니, 「ㅣㅏㅑㅓㅕ」가 이것이다."

라고 보였다. 보기를 들면, 「기나댜러며」 등과 같다.

③ 이 밖에 종성은 초성·중성의 아래에 놓이도록 규정하였으니, 합자해에,

 "종성 <글자>는 초성 <글자>·중성 <글자>의 아래에 있다. 「군

(君)」자의 「ㄴ」은 「구」의 아래에 있고, 「업(業)」자의 「ㅂ」은 「어」의 아래에 있는 따위와 같다."

라고 하였다.

초성이나 중성이나 종성에 두세 소리가 겹쳐지는 일이 있으니, 이러한 경우에는 두세 글자를 그 자리에서 가로로 나란히 쓰도록[並書] 되었는데, 이 규칙을 다음과 같이 규정하였다.

① 초성을 둘이나 셋 어울려 쓰려면 나란히 쓴다[合用並書]. 이에 대하여 합자해에서는,

"초성의 두 글자나 세 글자를 어울려 쓰는 데에는 나란히 쓰는 것이니, 우리말의 「·따」가 지(地)가 되고, 「짝」이 척(隻)이 되고, 「·쁨」이 극(隙)이 되는 따위와 같은 것이다[初聲二字三字合用並書 如諺語·따爲地 짝爲隻 ·쁨爲隙之類]."

라고 하였다.

② 같은 초성을 어울려 쓰려면 나란히 쓴다[各自並書]. 이에 대하여 합자해에서는,

"각각 제 글자로 나란히 쓰는 것[各自並書]은, 우리말의 「·혀」가 설(舌)이 되고, 「·혀」가 인(引)이 되고, 「괴·여」가 아애인(我愛人)이 되고, 「괴·여」가 인애아(人愛我)가 되고, 「소·다」가 복물(覆物)이 되고, 「쏘·다」가 사지(射之)가 되는 따위와 같은 것이다[各自並書 如諺語·혀爲舌而·혀爲引 괴·여爲我愛人而괴·여爲人愛我 소·다爲覆物而 쏘·다爲射之之類]."

라고 하였다.

③ 중성(中聲)을 둘이나 셋 어울려 쓰려면 나란히 쓴다. 이에 대하여 합자해에서는,

"중성의 두 글자나 세 글자를 어울려 쓰는 것은, 우리말의 「·과」가 금주(琴柱)가 되고, 「·홰」가 거(炬)가 되는 따위와 같은 것이다[中聲二字三字合用 如諺語·과爲琴柱 ·홰爲炬之類]."

라고 하였다.

④ 종성(終聲)을 둘이나 셋 어울려 쓰려면 나란히 쓴다. 이에 대하여 합자해에서는,

"종성의 두 글자나 세 글자를 어울려 쓰는 것은, 우리말의 「흙」이 토(土)가 되고, 「·낛」이 조(釣)가 되고, 「돐·뺌」가 유시(酉時)가 되는 따위와 같은 것이다[終聲二字三字合用 如諺語흙爲土 ·낛爲釣 돐·뺌爲酉時之類]."

라고 하였다.

⑤ 초성·중성·종성을 둘이나 셋 어울려 나란히 쓰는[合用並書] 차례는 각각 왼쪽에서 오른쪽으로 간다. 이에 대하여 합자해에서는,

"그 어울려 쓰고 나란히 쓰는 데[合用並書]에는 왼쪽에서 오른쪽으로 하니, 초성·중성·종성의 세 소리가 다 같은 것이다[其合用並書 自左而右 初中終三聲皆同]."

라고 하였다.

그런데 원칙적으로 한 낱내(한 글자의 소리)는 초성·중성·종성의 세 소리가 어울려야 발음이 되는 것이며, 따라서 이 소리를 적기 위해서는 이 세 글자를 합해야 된다고 하였는데, 여기에 그 원칙에서 벗어나는 일이 또 하나 있으니, 그것은 한문과 국어를 섞어 쓸 때 한자의

자음(字音)에 따라 중성이나 종성으로 깁는(보충하는) 일이 있다는 것이다. 이에 대하여 합자해에서는,

"한자와 우리 글자를 섞어 쓸 적에는 자음(字音 : 한자음)에 따라서 <우리글의> 중성이나 종성으로써 깁는(보충하는) 일이 있으니, 「孔子ㅣ魯ㅅ:사룸」 따위와 같은 것이다[文與諺雜用則有因字音而補以中終聲者 如孔子ㅣ魯ㅅ:사룸之類]."

라고 하였다. 여기에 나타나는 것과 같이 임자자리토씨[主格助詞] 「ㅣ」와 사잇소리 「ㅅ」 따위처럼 글자(낱자) 하나가 단독으로 쓰이는 경우를 말하는 것이다. 이것은 소리를 바로 표기하기 위하여 따로 떼어서 써 넣은 것인데, 이러한 표기법은 '무릇 글자는 모름지기 어울려야 소리를 이룬다[凡字必合而成音].'고 하는 규정과 '초·중·종의 세 소리가 합하여야 글자를 이룬다[初中終三聲合而成字].'는 규정에서 보는 바와 같이 「성음(成音)·성자(成字)」의 구성 요소는 될지언정 단독으로 「성음(成音)·성자(成字)」가 되지 못한다는 것이다. 「孔子ㅣ 魯ㅅ:사룸」의 「子」와 「魯」는 그 소리가 「중」와 「롱」이기 때문에 「ㅇ종성」으로 끝나는 낱내[音節]이다. 「子」와 「魯」와 같은 「ㅇ종성」의 한문 글자에 「ㅣ」와 「ㅅ」이 뒤따를 경우, 축약되어 「성음(成音)·성자(成字)」를 이룬다는 것이다. 「ㅣ」와 「ㅅ」 등은 뒷소리보다는 앞소리에 관계된 것이다.

요컨대 '중성이나 종성으로써 보충한다[補以中終聲].'고 하는 규정은, 훈민정음의 제자의 원리에서 본다면 아무래도 청취 지각적 허용 규정의 처리라 할 수 있다. 그것은 「ㅣ」와 「ㅅ」을 한데 묶어 「子」와 「魯」(ㅇ종성으로 끝나므로)를 깁는다 했으니, 결국 「魯ㅅ」의 「ㅅ」이 한 낱내의 끝소리가 되듯이 「子ㅣ」의 「ㅣ」 역시 그 낱내에서는 끝소리가

될 수 밖에 없는 것이다40).

훈민정음 창제 당시에도 국어에 성조 표기를 하였는데, 이 소리의 높낮이를 중국말의 성조를 적는 갈말(술어)인 사성(四聲) 그대로 따서 평성(平聲)·상성(上聲)·거성(去聲)·입성(入聲)이라 하고, 그 표기 방법은 글자의 왼쪽에 둥근점으로써 하였는데, 왼쪽에 한 점을 찍으면 거성, 두 점을 찍으면 상성, 점이 없으면 평성이다. 한문의 입성은 거성과 같이 왼쪽에 한 점을 찍으나, 국어의 입성은 앞에서 말한 바와 같이 정함이 없어서 평성·상성·거성으로 갈리는데, 다만 빠르다[促急]. 보기를 들면,

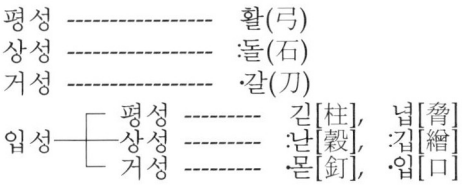

과 같은 것이다. 합자해에서는 이 사성에 대하여 설명하기를,

"평성은 편안하고 부드러우니 봄[春]이라 만물이 서서히 자라고, 상성은 부드럽고도 들리니 여름[夏]이라 만물이 점차 무성하고, 거성은 들리고 씩씩하니 가을[秋]이라 만물이 무르익으며, 입성은 빠르고 막히니 겨울[冬]이라 만물이 드러나지 않게 감추어지는 것이다."

라고 하였다. 이 설명으로는 어떠한 소리를 나타내고 있는지 설명이 좀 모호하나 언해본 ≪훈민정음≫에서는 이 소리에 대한 설명이 매우 똑똑하니, 평성은 「·뭇놋가본 소리(가장 낮은 소리)」, 상성은 「·처석·미 놋 :갑·고 :냉즁(乃終)·이 노·폰 소·리(처음이 낮고 나중이 높은 소

---

40) 문효근 : 앞든 논문 158~161쪽 참고.

리)」, 거성은 「·뭇노·푼 소·리(가장 높은 소리)」, 입성은 「쎨·리긋듣는 소·리(빨리 끊는 소리)」라고 하였다.

그리고 국어에는 실제적으로 쓸데 없으나 합자해의 끝에 세 가지의 붙임이 있으니, ① 한자음을 적는데 「ᅙ」초성을 썼지만 초성의 「ᅙ」과 「ㅇ」은 서로 비슷하여 우리말에서는 통용할 수 있다⁴¹⁾는 것, ② 반혓소리[半舌音]에도 가볍고 무거운 두 소리가 있지마는 운서(韻書)의 자모(字母)는 오직 하나뿐이고, 또 국어에서 비록 가볍고 무거운 소리를 나누지 않더라도 다 소리를 이룰 수 있다. 만일 이를 갖추어 쓰려면, 입술가벼운소리[脣輕音]의 보기에 따라 「ㅇ」을 「ㄹ」 아래에 이어써서 반혀가벼운소리[半舌輕音]가 되게 하는 것이니, 혀가 조금 위잇몸에 붙게 하는 것이다⁴²⁾. ③ 「· ㅡ」 소리가 「ㅣ」소리에서 일어나는 것(곧 겹홀소리 ㅣ ㅢ)은 국어에서는 쓰임이 없다. 그러나, 아이들의 말이나 변두리 시골[邊野]의 말에 간혹 있으니, 마땅히 두 글자를 합하여 쓰되 「긱긔」 따위와 같은 것이다. 이것은 먼저 세로로 긋고 뒤에 가로로 긋는 것이 다른 글자와 같지 아니한 것이다⁴³⁾.

여기에서 우리는 앞에서도 말한 바와 같이 훈민정음 창제자들의 표기 목표가 우리 대중말(표준말)에만 그 대상이 있었던 것이 아니라, 다른 나라의 언어는 말할 것도 없고 바람 소리나 짐승의 울음소리까지도 다 적어낼 수 있는 통일된 체계를 구상하였다는 것을 알 수 있다. 정인지의 ≪훈민정음≫ 해례 서문에,

---

41) "終聲之ᅙ與ㅇ相似 於諺可以通用也"(합자해) 참고.

42) "半舌有輕重二音 然韻書字母唯一 且國語雖不分輕重 皆得成音 若欲備用 則依脣輕例 ㅇ連書ㄹ下 爲半舌輕音 舌乍附上腭"(합자해) 참고.

43) "·ㅡ起 ㅣ聲 於國語無用 兒童之言 邊野之語 或有之 當合二字而用 如긱긔 之類 其先縱後橫 與他不同"(합자해) 참고.

"쓰는 데마다 갖추어지지 아니함이 없고, 가는 데마다 통달하지 아니함이 없다. 비록 바람 소리와 학의 울음·닭의 울음·개의 짖는 소리라도 다 가히 적을 수 있다[無所用而不備 無所往而不達 雖風聲 鶴唳 雞鳴狗吠 皆可得而書矣]."

라고 하였다. 여기에서 우리는 훈민정음이 얼마나 평이하고 실용적인 글자의 기능을 가지고 있는가를 알 수 있다.

(4) 훈민정음 낱자[字母]의 이름

훈민정음 각 낱자[字母]의 이름에 대하여는 훈민정음 창제 당시의 어떤 문헌에도 나타난 바 없어 그 당시 낱자의 이름이 무엇이었는지 도무지 알 수 없다. 아마 ≪훈민정음≫ 원본에도 명시되지 않은 것으로 보아 세종대왕께서 훈민정음 28자를 만들어내시기만 하고, 그 각 낱자의 이름은 짓지 아니한 것이 아닌가 생각된다.

그런데 한글의 각 낱자의 이름이 문헌에 처음 나타나기는 중종 22년(1527)에 만들어진 최세진(崔世珍)님의 ≪훈몽자회(訓蒙字會)≫인데, 이 책은 훈민정음이 창제 반포된 지 82년 만의 일이다.

≪훈몽자회≫에서는 훈민정음 28자를, 「ㆆ」자를 없애고 27글자라 정하고[44], 닿소리[子音] 열여섯 자에 있어서는, 초성·종성에 두루 쓰이는 여덟 글자, 초성에만 쓰이는 여덟 글자의 두 갈래로 나누고, 홀소리[母音]에 있어서는 중성에만 쓰이는 열 한 자라고만 하고 가르지 않았다. 이리하여 닿소리·홀소리 모두 합하여 세 갈래로 나누어 낱자의 이름을 각각 붙이었으니(사실은 낱자의 발음법이다), 이 ≪훈몽자회≫ 범례(凡例)에 기록된 것을 옮겨 적으면 다음과 같다.

---

44) "諺文字母 俗所謂反切二十七字"(훈몽자회 범례) 참고.

諺文字母[俗所謂反切二十七字]
　初聲終聲通用八字
ㄱ其役 ㄴ尼隱 ㄷ池末 ㄹ梨乙 ㅁ眉音 ㅂ非邑 ㅅ時衣 ㆁ異凝
　末衣兩字只取本字之釋俚語爲聲
　其尼池梨眉非時異八音用於初聲
　役隱末乙音邑衣凝八音用於終聲
　初聲獨用八字
ㅋ箕 ㅌ治 ㅍ皮 ㅈ之 ㅊ齒 ㅿ而 ㅇ伊 ㆆ屎
　箕字亦取本字之釋俚語爲聲
　中聲獨用十一字
ㅏ阿 ㅑ也 ㅓ於 ㅕ余 ㅗ吾 ㅛ要 ㅜ牛 ㅠ由 ㅡ應 [不用終聲]
ㅣ伊 [只用中聲]·思[不用初聲]

이제 ≪훈몽자회≫ 범례에 나타난 그 각 낱자의 이름을 보면, 초성(첫소리)·종성(끝소리)에 두루 쓰이는 여덟 글자(ㄱㄴㄷㄹㅁㅂㅅㆁ)는 그 초성으로 쓰인 보기 하나와 종성으로 쓰인 보기 하나를 따서 두 낱내[音節]인 두 자 이름을 짓고, 초성으로만 쓰이는 여덟 글자(ㅋㅌㅍㅈㅊㅿㅇㆆ)는 그 초성으로 쓰인 보기 하나만을 따서 한 낱내인 외자 이름을 지었다. 이를테면, 초성·종성에 두루 쓰이는 「ㄱ」을 「기역(其役)」이라 이름지은 것은, 「기(其)」는 「ㄱ」이 초성으로 쓰이는 본보기의 하나로 든 것이요, 「역(役)」은 「ㄱ」이 종성(받침)으로 쓰이는 본보기의 하나로 든 것이다. 초성으로만 쓰이는 「ㅋ」은 다만 「키[箕]」의 외자로 지었으니, 이는 그것이 초성으로만 쓰이니까 두 자 이름을 지을 필요가 없다고 생각함에서 나온 것이다. 그리고 중성 글자는 제가 가진 소리값[音價]이 제 이름이 되었으니, 이도 역시 종성으로만 쓰이는 것과 같이 한 낱내인 외자 이름이다.

이 ≪훈몽자회≫ 이후 학자들에 따라 낱자의 배열순과 이름을 다르게 붙이기도 하였으나, 대체로 최세진님의 ≪훈몽자회≫에 나타난 이름이 종래 세간에 쓰여 왔다.

그리하여 우리가 오늘날 부르고 있는 낱자의 이름은 최세진님의 ≪훈몽자회≫에서 설정한 것에 따라 정한 것이라 할 수 있는데, ≪훈몽자회≫ 범례에서 닿소리 가운데 초성에만 쓰이는 여덟 글자라 한 것도 모두 초성과 종성에 두루 쓰이는 다른 여덟 글자와 마찬가지로 받침(종성)으로 쓰이기 때문에 조선어학회(한글학회의 전 이름)에서 「한글 맞춤법 통일안」을 제정할 때에 닿소리는 14자, 홀소리는 10자라 하여 한글의 낱자를 모두 24자로 정하고, 각 낱자의 이름도 모두 두 낱내인 두 자 이름을 붙이었다.

조선어학회에서 제정하여 1933년 10월 29일에 발표한 「한글 맞춤법 통일안」의 낱자 이름과 배열 순서는 다음과 같다.

  닿소리(자음) 14자 : ㄱ기역 ㄴ니은 ㄷ디귿 ㄹ리을 ㅁ미음
         ㅂ비읍 ㅅ시옷 ㅇ이응 ㅈ지읒 ㅊ치읓
         ㅋ키읔 ㅌ티읕 ㅍ피읖 ㅎ히읗
  홀소리(모음) 10자 : ㅏ아 ㅑ야 ㅓ어 ㅕ여 ㅗ오 ㅛ요
         ㅜ우 ㅠ유 ㅡ으 ㅣ이

그리고 이들 낱자로써 적을 수가 없는 소리는 두개 이상의 낱자를 어울러서 적는다 하고 「ㄲ ㄸ ㅃ ㅆ ㅉ ㅐ ㅒ ㅔ ㅖ ㅘ ㅙ ㅚ ㅝ ㅞ ㅟ ㅢ」의 16자를 붙임으로 보였는데, 이 낱자들 가운데 닿소리에 해당되는 된소리[병서자] 다섯 자의 이름은 다음과 같이 정하였다.

  ㄲ쌍기역 ㄸ쌍디귿 ㅃ쌍비읍 ㅆ쌍시옷 ㅉ쌍지읒

이와 같이 조선어학회에서「한글 맞춤법 통일안」을 제정할 때 이름 지은 한글의 각 낱자 이름은 한글 맞춤법과 함께「한글 맞춤법 통일안」발표 당시부터 민간의 언론기관·출판기관·문인 기타 전 대중의 지지 속에 부르게 되고 그대로 쓰게 되었으며, 1945년 8월 15일 해방 뒤에는 미군 정부에서「한글 맞춤법 통일안」을 채용하게 되었고, 1948년 8월 15일 우리 정부가 서자 곧 이「한글 맞춤법 통일안」을 그대로 채용하니, 한글의 낱자 이름도 조선어학회에서 지은 그대로 완전히 확정되어 지금까지 그대로 부르고 있다.

그런데 두 개 이상의 낱자를 어울러서 석은 낱자 가운데 홀소리에 해당되는 병서자 11자의 이름도 1988년 1월 19일자로 문교부에서 확정 고시(문교부 고시 제88-1호)한「한글 맞춤법」에서 정하였으니, 그 이름은 다음과 같다.

ㅐ애 ㅒ얘 ㅔ에 ㅖ예 ㅘ와 ㅙ왜 ㅚ외 ㅝ워 ㅞ웨 ㅟ위 ㅢ의

(5) 훈민정음 이름의 변천

훈민정음(訓民正音)의 창제 반포는 우리 역사를 통하여 영원히 잊을 수 없는 뜻깊은 일이다. 그러나, 역사의 진전에는 반드시 해방꾼이 있게 마련이다. 우리말을 적는 우리 글자인 훈민정음의 이름에도 예외는 아니었다.「훈민정음」으로부터 시작하여 오늘의「한글」에 이르기까지 온갖 수모를 겪어 왔다. 이제 그 여러 가지로 불리어진 이름을 차례대로 살펴보고자 한다.

훈민정음(訓民正音)이란 이름은 세종대왕이 명명한 것으로, 세종대왕이 창제한 그 당시는 물론 적어도 그 뒤 세종 재위 동안에는 정부

에서 사용한 공식 이름이었던 것이다. ≪세종실록≫ 권제102 세종 25년(1443) 음력 12월 30일 그믐조에,

"이달에 임금이 친히 언문 28자를 지었는데……, 이것을 훈민정음이라고 이른다[是月 上親制諺文二十八字…… 是謂訓民正音]."

라고 하였고, 동 실록 권제113 세종 28년(1446) 음력 9월 29일 그믐조에,

"이달에 훈민정음이 이루어졌다.……계해년(1443년) 겨울에 우리 임금께서 정음 28자를 처음으로 만드시어 간략하게 보기와 뜻[例義]을 들어 보이시고, 이름을 훈민정음이라 하시었다[是月訓民正音成……癸亥冬 我殿下 創製正音二十八字 略揭例義以示之 名曰訓民正音]."

라고 하였는데, 여기의 앞의 훈민정음은 글자를 만든 원리를 풀이한 (곧 반포용으로 펴낸) 책의 이름을 말함이고, 뒤의 훈민정음은 창제된 글자의 이름을 말함이다. 동 실록 권제114 세종 28년 음력 12월 26일조에,

"이조에 전지하여, 금후로는 이과(吏科)와 이전(吏典)의 취재(取材) 때에는 훈민정음도 아울러 시험해 뽑게 하되, 비록 의리(義理)는 통하지 못하더라도 능히 합자(合字)하는 사람은 뽑게 하라고 하였다[傳旨吏曹 今後吏科及吏典取材時 訓民正音並令試取 雖不通義理 能合字者取之]."

라고 하였고, 동 실록 권제116 세종 29년 (1447) 음력 4월 20일조에,

"이조에 전지하여, 정통(正統) 9년(1444, 세종 26년) 윤 7월의 교지(敎旨)에, …… 먼저 훈민정음을 시험하여 입격(入格)한 이에게만

다른 시험을 보게 할 것이며, 각 관아의 관리 시험에도 모두 훈민정음을 시험하도록 하라고 하였다[傳旨吏曹 正統九年閏七月敎旨······ 始先試訓民正音 入格者許試他才 各司吏曹取才者 並試訓民正音]."

라고 하였다. 또 세조 5년(1459)에 발간된 ≪월인석보≫ 첫머리에 붙어 있는 언해본도 「훈민정음」으로 되어 있다.

이상 문헌의 기록으로 보아 그 당시 정부에서 부른 공식 명칭은 정음(正音)이나 언문(諺文)이 아닌 「훈민정음」이었음을 알 수 있다.

훈민정음이란 말은, 언해본인 ≪세종어제훈민정음≫에 주석하기를,

"訓은 ᄀᆞᄅ칠 씨오 民ᄋᆞᆫ 百姓이오 音ᄋᆞᆫ 소리니 訓民正音은 百姓 ᄀᆞᄅ치시는 正ᄒᆞᆫ 소리라."

라고 하였으니, 이는 곧 「백성을 가르치는 바른 소리」란 뜻이다. 소리와 글자의 개념은 엄연히 다르지마는, 창제된 글자가 한자(漢字)처럼 뜻을 나타내는 뜻글자가 아니고 소리를 적는 소리글자이므로, 소리를 곧 글자로 본 것이다.

원본인 ≪훈민정음≫ 해례본이나 ≪훈민정음≫ 언해본은 바로 이 이름을 그대로 쓴 책들이고, 그 밖에도 여러 문헌에서 이 명칭은 많이 쓰여지고 있다.

훈민정음을 줄여서 「정음(正音)」이라고도 하는데, 이 이름은 정인지의 훈민정음 해례 서문에,

"정음 스물여덟 자[正音二十八字]."

라고 하였고, ≪석보상절≫ 서(序)에,

"ᄯᅩ 正音으로ᄡᅥ 곧 因ᄒᆞ야 더 翻譯ᄒᆞ야 사기노니[又以正音으로 就加譯解ᄒᆞ노니]."

라고 하였으며, ≪월인석보≫ 서(序)에,

"두 글워를 어울워 釋譜詳節을 밍ᄀ라 일우고 正音으로 翻譯ᄒ야 사ᄅᆞᆷ마다 수비 알에 ᄒ야[爰合兩書ᄒ야 撰成釋譜詳節ᄒ고 就譯以正音ᄒ야 俾人人이 易曉케ᄒ야]."

라고 하였다.

언문(諺文)이란 이름은 훈민정음 창제 때부터 최근까지 쓰이던 것으로 아직까지 나이 많은 늙은이에게서 들을 수 있다. 세종 시대의 문헌을 보면, ≪세종실록≫ 권제102 세종 25년 음력 12월 30일 그믐조에,

"언문 스물여덟 자[諺文二十八]"

란 말이 나오고, 동 실록 권제103 세종 26년 음력 2월 16일조에,

"집현전 교리(集賢殿校理) 최항(崔恒), 부교리(副校理) 박팽년(朴彭年), 부수찬(副修撰) 신숙주(申叔舟)·이선로(李善老)·이개(李塏), 돈녕부 주부(敦寧府主簿) 강희안(姜希顔) 등에게 명하여 의사청(議事廳)에 나아가 언문(諺文)으로 운회(韻會)를 번역하게 하였다."

고 하였다. 또 동 실록 권제103 세종 26년 음력 2월 20일자 기록인 집현전 부제학 최만리 등의 상소문에, 「언문(諺文)」이라는 낱말이 무려 21개나 나오며, 동 실록 권제114 세종 28년 음력 10월 10일조에,

"임금이 대간(臺諫)의 죄를 일일이 들어 언문으로 써서, 환관(宦官) 김득상(金得祥)에게 명하여 의금부와 승정원에 보이게 하였다."

고 하였고, 동 실록 권제119 세종 30년(1448) 음력 3월 28일조에,

"상주사(尙州使) 김구(金鉤)를 역마로 불렀다. 김구는 상주사가 된 지 반 년도 못되었는데, 집현전에서 어명을 받들어 언문으로 사서

(四書)를 번역하게 하였다."

고 하였으며, 동 실록 권제121 세종 30년 음력 7월 27일조에,

"좌의정 하연(河演) 등을 빈청(賓廳)에 불러, 환관 김득상과 최읍(崔浥)으로 하여금 언문서(諺文書) 두어 장을 가지고 오게 한 뒤, 사신(史臣)을 물리치고 비밀히 의논하였다."

고 하였고, 동 실록 권제114 세종 28년 음력 11월 8일조에는,

"언문청(諺文廳)을 설치하였다"

고 하였다. 그리고 또 ≪훈민정음해례≫ 합자해(合字解)나 종성해(終聲解)에도,

"한자[文]와 우리 글자를 섞어 쓸 적에는 한자음[字音]에 따라서 중성이나 종성으로써 깁는 일이 있으니,「孔子ㅣ」「魯ㅅ:사룸」따위와 같은 것이다[文與諺雜用則有因字音而補以中終聲者 如孔子ㅣ魯ㅅ:사룸之類]."(합자해)

"첫소리 ㆆ과 ㅇ은 서로 비슷하여 우리말에서는 두루 쓰이는 것이다[初聲之ㆆ與ㅇ相似 於諺可以通用也]."(합자해)

"ㅅ은 우리말[諺語]로「·옷[衣]」의 종성(끝소리)이 되며, ㄹ은 우리말로「:실[絲]」의 종성이 되는 따위와 같은 것이다[ㅅ如諺語·옷爲衣 ㄹ如諺語:실爲絲之類]."(종성해)

라고 하였다. 이러한 것으로 보아「언(諺)」이란「우리글」,「우리말」의 뜻으로 쓰인 것을 알 수 있다.

언문(諺文)과 비슷한 이름으로「언서(諺書)」라고도 했으니, 이 이름은 한문을「진서(眞書)」라고 부른 데 대하여 우리글을「언서(諺書)」라 한 것이다. 문헌에 나타나기는 이수광(李睟光 : 1563~1628)의 ≪지봉

유설(芝峰類說)≫에,

"우리나라 글자[諺書]의 자양(字樣)은 모두 범자를 본받은 것이다[我國諺書字樣 全倣梵字]."

라고 하였다.

또 「언자(諺字)」라고 한 기록도 있으니, ≪세종실록≫ 권제126 세종 31년 음력 10월 5일조에,

"어떤 사람이 언자(諺字)로 벽 위에다 쓰기를, 하 정승(河政丞: 河演)아, 또 공사를 망령되이 하지 말라[人有以諺字書壁上曰 河政丞 且休妄公事]."

고 하였고, 이익(李瀷)의 ≪성호사설(星湖僿說)≫ 제16권 인사문 언문에,

"우리나라의 언자(諺字)는 세종 28년인 병인년에 처음 지었다[我東諺字 刱於世宗朝丙寅]."

라고 하였으며, 이규경(李圭景)의 ≪오주연문장전산고(五洲衍文長箋散稿)≫에,

"천하 만국에 각각 그 나라의 글[書]이 있으나 …… 모두가 우리나라 언자(諺字)의 간이(簡易)하고 이효(易曉)함만 같지 못한 것이다[天下萬國 各有其國之書……俱不如我東諺字之簡易易曉也]45)."

라고 하였다. 그런데 이 「언자(諺字)」라는 이름은 문헌에만 나타나 있을 뿐 입말[口語]로는 별로 쓰인 것 같지 않다.

반절(反切)이란 연산주(燕山主) 이후부터 민간에 전하여 유행되기도 하였는데, 문헌의 기록으로는 최세진(崔世珍)님의 ≪훈몽자회≫ 범례

---

45) 최현배 : 앞든 책 51쪽에서 다시 인용한 것이다.

(凡例) 중에,

"언문자모(諺文字母) 속소위반절이십칠자(俗所謂反切二十七字)."

라고 하였다. 또 이규경(李圭景)의 ≪오주연문장전산고≫ 제17집 경사편(經史編) 경전류(經傳類) 2 소학(小學) 훈고(訓詁) 반절 번뉴 변증설(反切翻紐辨證說)에서는 「번절(翻切)」이라 한 것을 볼 수 있다46). 이는 훈민정음을 반절식(번절식)으로 맞추어 쓰임에서 생긴 이름인 듯하다47). 「반절」이란 한자의 두 자음(字音)을 반씩 따서 한자음을 표시하는 방식을 뜻한다. 이를테면, 「동(東)」자의 음은 「덕(德)」의 초성「ㄷ」과 「홍(紅)」의 중성과 종성 「옹 : ㅗ ㅇ」을 힙쳐서 「동(東)」이 되는 것이므로 「德紅反」 또는 「德紅切」이라고 표시하였다.

「암클」이란 이름으로 쓰여지기도 하였으니, 이것은 선비가 아닌 부녀자들이나 쓰는 글이란 뜻에서 나온 말인 듯하다.

「창살글자」라고 불리어졌다고도 하는데 이는 세종대왕께서 창살을 보고 만드셨다고 하는데서 나온 말이다.

「중글」이란 이름도 있는데, 이는 절간의 승려들이 한글을 가지고 불경도 번역하고, 신도들에게 교리도 가르쳤다고 하여 「중들의 글자」란 뜻에서 비롯된 듯하다.

「상말글」이란 이름도 있는데, 이는 한문은 양반이 쓰는 글이고 한글은 상놈들이나 쓰는 글이란 뜻에서 생긴 이름인 듯하다.

「국문(國文)」이란 이름으로 쓰였다. 앞에서 본 바와 같이 우리 글자

---

46) 박종국 : 앞든 책 171쪽 주18 참고.
47) 박종국 : 윗 책 172쪽 주19 참고.

는 치난날 멸시를 당하면서 수세기 동안 푸대접을 받았다. 그러다가 근대화의 물결이 일기 시작한 고종 31년(1894) 음력 6월 22일(양력 7월 24일) 갑오경장(甲午更張) 이후 공문서와 고시에 한글 쓰기의 법제화가 되었는데, 그 첫 단계 때에는 외국의 나라 이름·땅 이름·사람 이름은 한글로 적기로 한 법령이 갑오년 음력 7월 9일에 공포되어 실시되었으며, 이 법령에「국문(國文)」이라고 쓰이었다. 이때의 모든 법령에는「국문」 또는「본국문(本國文)」으로만 사용되었다48). 이 이름은 뒤에 말본책 이름에도 사용되었으니, 리봉운(李鳳雲)님의 ≪국문정리(國文正理)≫와 주시경(周時經)님의 ≪국문문법(國文文法)≫(필사) 등이 그것이다.

「가갸글」이란 이름으로 쓰여지기도 하였는데, 이 이름은 한글의 차례 벌림「가갸거겨고교구규그기」로 되었다고 해서 부르게 된 것이다. 더구나 오늘날 우리가「한글날」이라 이름하여 기념하는 최초의 한글날의 이름은「가갸날」이라 정하여 1926년 음력 9월 29일(양력 11월 4일) 처음 기념식을 올리고 1927년까지「가갸날」로 계속되다가 1928년도부터「가갸날」을「한글날」로 고쳤다.

또「아문(我文)」·「본문(本文)」·「우리글」·「조선글」·「한국글」·「배달글」·「한자(韓字)」란 이름으로 쓰이기도 하였다.

이상과 같이 우리나라 글자인 훈민정음의 이름은 여러 가지 이름으로 다양하게 불리다가「한글」이란 이름으로 통일되었다.

「한글」이란 이름은 훈민정음 창제 반포 이후 세종대왕의 정신을 그대로 이어 받아 우리 말글 연구와 그 보급 및 계몽에 가장 큰 업적을

---

48) 이응호 : ≪개화기의 한글 운동사≫(성청사, 1975. 2) 10쪽, 101쪽 참고.

남긴 주시경(周時經)님이 지어 쓰기 시작한 데에서 비롯된 것이나, 현재 남아 있는 최초의 기록으로는 ≪한글모죽보기≫에 「배달말글몯음[朝鮮言文會]」을 「한글모」라 한 기록(1913년 4월)이 있고, 신문관(新文館) 발행의 어린이 잡지 ≪아이들보이≫(1913년 9월 5일 창간)의 끝에 가로글씨 제목으로 「한글」이라 한 것이 있다[49]. 이 이름이 일반화하게 된 것은 「한글학회」 전신인 「조선어연구회」(1921년 12월 3일 재창립)에서 1927년 2월 8일 창간한 기관지 ≪한글≫을 발행한 데 이어 또 훈민정음 반포 8주갑(週甲) 병인년(丙寅年 : 1926) 음력 9월 29일을 반포 기념일로 정하여 「가갸날」로 명명한 뒤, 1928년에는 「가갸날」을 「한글날」[50]로 고쳐 부르게 되면서부터이다. 그러나, 공식으로 인정받기는 1946년 10월 9일 「한글날」이 공휴일로 제정되면서부터라 하겠다. 그런데 이 「한글날」은 1991년 10월 9일부터 공휴일에서 제외되었다.

「한글」이란 말의 「한」은 「바르다」·「하나」·「큰」·「많은」·「으뜸」이라는 뜻이다. 이에 대하여 이윤재(李允宰)님은 말하기를,

"역사를 상고하면 조선 고대 민족이 환족(桓族)이며, 나라 이름이 환국(桓國)이었읍니다. 「환」의 말뜻은 곧 「한울」입니다. 조선 사람의 시조 단군(檀君)이 한울로써 명칭이 된 것입니다. 그래서 「환」은 「한」과 같은 소리로 「한울」의 줄인 말이 되었고, 그만 「한」이란 것이 조선을 대표하는 명칭이 된 것입니다. 고대에 삼한(三韓)이란 명칭도 이에서 난 것이요, 근세에 한국(韓國)이란 명칭도 또한 이에서 난 것입니다. 또 「한」이란 말의 뜻으로 보아도 「크다[大]」·「하나[一]」라 「한울[天]」이란 말로 된 것입니다. 이러한 의미로 우리글을 「한글」이라 하게 된 것입니다. 한글의 「한」이란 겨레의 글, 「한」이

---

49) 최현배 : 앞든 책 52쪽, 박종국 : ≪말본사전≫ 668쪽 참고.
50) 한글학회편 ≪한글학회 50년사≫ 6~8쪽, 박종국 : 윗 책 668~669쪽 참고.

란 나라의 글, 곧 조선의 글이란 말입니다51)."
라고 하였다. 이러한 것으로 볼 때 「한글」이란 우리글을 「언문(諺文)」 등 여러 이름으로 낮추어 부른 데 대해, 정당한 우리말 표기 글자란 뜻으로 권위를 세워 준 이름이다. 그러므로, 이 「한글」이란 이름은 세종대왕께서 처음 글자를 지으시고 「훈민정음」이라 명명하신 정신과 통하는 것이다.

위에서 말한 바와 같이 여러 가지 이름으로 불리어졌으나, 정부에서 공식으로 정하여 부른 이름은 「훈민정음」·「국문」·「한글」이라 하겠다.

(6) 훈민정음의 특이성과 우월점

이제 그 많은 세계 문자상에서 우리의 훈민정음 곧 한글이 가지는 특이성과 우월점에 대하여 간략히 말하고자 한다.

첫째, 세계 문자의 발달사적 계단으로 보아 훈민정음은 가장 높은 발달 계단에 속한 낱소리글자[音素文字]가 한 번 더 넘은 소리바탕글자[音韻資質文字]로서, 닿소리글자[初聲字, 子音字]는 발음기관의 모양을 본떠서 기본글자를 만들고 이에 가획 원리(加畫原理)를 적용하여 나머지 글자를 만들었으며(이체자도 있음), 홀소리글자[中聲字, 母音字]는 천·지·인(天地人) 삼재(三才)의 모양을 본떠서 기본글자를 만들고 나머지 글자는 이 기본글자를 바탕으로 하여 음양의 대립으로 배합하여 만든 과학적인 글자이다.

둘째, 훈민정음은 한 낱내[音節]를 성모(聲母)와 운모(韻母)로 2분(二

---

51) 이윤재(李允宰):「한글 강의(一講:한글의 말뜻)」,《신생(新生)》 2권 9호 (1929년 9월 1일) 14쪽 - 이응호:《개화기의 한글 운동사》 13쪽에서 다시 인용하였다.

分)하지 않고, 초성(初聲)·중성(中聲)·종성(終聲)으로 3분(三分)하여 초성과 종성의 동질성을 발견한 점과 초·중·종의 삼성(三聲)이 합자하여 이룩하는 낱내글자[音節文字]가 거의 무한한 행렬집합식(行列集合式)이니, 그 낱내글자가 생성(生成)되는 제자원리도 과학적이라는 점이다.

셋째, 훈민정음은 아예부터 민중의 교화, 민생의 복리, 민의의 창달을 제 사명을 삼고서 난 점이다.

넷째, 훈민정음은 닿소리글자와 홀소리글자의 모양이 확연히 구별됨은 물론 닿소리글자도 오음(五音)에 따라 글자 모양이 구별되고, 홀소리 글자의 글자 모양도 밝은홀소리[陽性母音]와 어두운홀소리[陰性母音]로 확연히 구별된다는 점이다.

다섯째, 훈민정음은 세로글씨[내리글씨, 縱書]와 가로글씨[橫書]와의 성능을 갖추어 있다는 점이다.

여섯째, 훈민정음은 한 사람의 독창으로 한 때에 지어졌으므로 창제자와 창제 반포일을 알 수 있다는 점이다.

이밖에 훈민정음은 글자가 배우기 쉽고 쓰기에 편한 만고의 진리를 갖춘 글자로서, 그 어느 나라 말이든지 거의 다 표기할 수 있고, 또 대중화·속도화·정보화·기계화 시대에 걸맞는 글자라는 점이다.

이상과 같은 특이성과 우월점을 가지고 있는 세계에서 가장 좋은 글자가 훈민정음 곧 한글이라 하겠다.

Ⅳ. 고대국어

1. 개관

2. 자료

3. 고구려말

4. 백제말

5. 신라말

IV. 고대국어

1. 개관

  한국어발달사에 있어서 고대국어의 기간은 유사(有史) 이후 북방계(北方系)의 부여계어인 고구려말과 남방계(南方系)의 한족계어인 신라말·백제말로 삼분화(三分化) 되어 삼국의 정립시대(鼎立時代)를 지나 서력 기원 7세기 후반 통일신라시대 및 발해를 거쳐 10세기 초엽 고려왕조가 탄생된 직후 신라가 망할 때인 935년까지로 한다.

  이때는 유사시대라 하지만 한문자를 빌어 우리말을 표기하여야만 했던 시기인지라 언어에 관한 모든 기록이나 자료가 영성(零星)하기가 짝이 없다. 그리하여 그나마 나라 이름이나 사람 이름 정도 나타내는 기록도 우리 국내 문헌에 먼저 나타나는 것이 아니라 중국 고사승(古史乘)인 3세기 말경의 문헌 ≪삼국지(三國志)≫ 「위지 동이전」을 비롯한 몇 사적(史籍)에 기록되어 보여 줄 뿐이다. 그러나, 다행히도 중고시대에 이루어진 문헌일망정 우리의 사서(史書)로서 ≪삼국사기(三國史記)≫와 ≪삼국유사(三國遺事)≫가 있어 고대 제어(諸語) 중에서 고구려말·백제말·신라말의 어휘를 다소나마 찾아 볼 수 있게 되었다. 이 삼국의 말이 합하여 고려말의 뿌리가 되고, 고려말은 거의 그대로 다시 조선말이 되어 현대말을 이루었다 하겠다.

그리고 이 시대는 한자를 비롯한 유교·불교·도교사상의 유입과 그에 따른 수용 및 대응화 등의 노력이 어울어졌는데, 특히 우리말 표기에 있어서 주체적인 향찰 표기체계(鄕札表記體系, 일명 吏讀表記體系)라는 독자적인 한문자 이용 방법이 어느 정도 확립된 시기이다. 그 결과로 향가(鄕歌)라는 우리의 노래를 남기게 되었는데, 이 노래 중에서 현재 우리는 25수를 얻어 볼 수 있게 되었다.

이 장에서는 선사시대(先史時代)의 한국말에 대해서는 말하지 아니하고, 북방계어인 부여계어를 대표하는 고구려말과 남방계어인 한족계어에서 신라말과 백제말에 대하여서만 논술하고자 한다.

2. 자료

고대국어에 관한 자료로는 국내 자료로서 고구려 「광개토대왕릉비(廣開土大王陵碑)」(414년)를 비롯하여 신라의 경주 「서봉총은합우(瑞鳳冢銀合杅)」(451년), 「영일냉수리비(迎日冷水里碑)」(503년), 「영천청제비(永川菁堤碑)」(536년), 「임신서기석(壬申誓記石)」(552년 추정), 「창령진흥왕척경비(昌寧眞興王拓境碑)」(561년), 「경주남산신성비(慶州南山新城碑)」(591년), 「평창상원사종기(平昌上院寺鐘記)」(725년), 「김천갈항사석탑(金泉葛項寺石塔)」(758년) 등의 금석문(金石文)이 있는데, 이 금석문에 우리말 인명·지명·성명(城名) 등이 표기되어 있고, 문헌 자료인 ≪삼국유사(三國遺事)≫(1275~1308년)와 ≪균여전(均如傳)≫(1075년)에 향가 25수가 수록되어 있어 신라말의 언어 상태를 규시할 수 있으며, 또한 ≪삼국사기(三國史記)≫(1145년) 지리지(地理志)에 고구려·백제·신라의 지명 5백여 개가 옛 땅 이름과 함께 기록되어 있어 신라의 지명은 물론 고구려말과 백제말의 잔영(殘影)을 더듬어 볼 수 있다. 이 ≪삼국사기≫에는 지명 외에도 인명·관직명·국호·왕호·제도 등에 관한 어휘도 수록되어 아주 귀중한 자료이다. 특히 신라가 삼국을 통일한 뒤 제35대 경덕왕(景德王) 16년(757)에는 국내의 지명을 모두 한자어식 이름으로 바꾸었다. ≪삼국사기≫ 권제 34, 35, 36 지리지를 보면 지명이 바뀌기 전의 이름과 바뀐 이름을 대비하여 적었고, 권제37 지리지에는 옛 땅이름을 다시 정리해 기록하였는데, 이 속에서 우리는 삼국 각 나라의 어휘를 찾아낼 수가 있다.

외국의 문헌 자료로서는 중국의 고사서(古史書)인 ≪사기(史記)≫·≪한서(漢書)≫·≪삼국지(三國志)≫·≪후한서(後漢書)≫·≪수서(隋書)≫·≪양서(梁書)≫·≪주서(周書)≫·≪진서(晉書)≫·≪남사(南史)≫·≪북사(北史)≫ 등이 있는데, 이들 각각 「조선열전(朝鮮列傳)」·「조선전(朝鮮傳)」·「위지동이전(魏志東夷傳)」·「동이전(東夷傳)」·「고려전(高麗傳)」·「백제전(百濟傳)」·「신라전(新羅傳)」·「제이전(諸夷傳)」·「사이전(四夷傳)」 등등 부편에서 비록 간단한 언급이요, 또 믿음성도 크지는 않으나 그래도 이들에게서 고대 삼국 및 삼한의 언어·세시·풍습 등에 대하여 알 수 있고, 일본의 고사서인 ≪고사기(古事記)≫(711년)·≪일본서기(日本書記)≫(720년) 등이 있는데, 여기에서 당시 우리의 인명·지명·제도 등에 관한 어휘를 찾아 볼 수 있다.

(1) 광개토대왕릉비(廣開土大王陵碑)

이 비는 고구려의 중흥조인 제19대 광개토대왕(廣開土大王 : 재위 391~413)의 왕릉비로 만주 봉천성(奉天省) 집안현(輯安縣) 통구(通溝)에 있다. 이 비가 발굴되기는 고종 19년(1882) 청나라 성경 장군(盛京將軍) 좌종당(左宗棠)에 의해서인데, 원명은 대왕의 존호(尊號)인 「국강상 광개 토경 평안 호태왕(國罡上廣開土境平安好太王)」이다. 비석이 세워지기는 장수왕(長壽王) 2년(甲寅年, 414) 9월 29일(乙酉)인데, 비의 높이는 22척(尺)이고, 4면에 글자를 새겼으며, 제1면은 너비가 5척 1촌에 11행, 제2면은 4척 5촌에 10행, 제3면은 6척 7촌에 14행, 제4면은 4척 5촌에 9행이고, 1행의 글자수는 모두 41자씩이며, 서체(書體)는 격조 높은 한대(漢代)의 고예서체(古隷書體)이다. 비명(碑銘)의 내용은 비려(碑麗)를 비롯하여 왜군(倭軍)과 싸워 승전한 일 등 임금의 일생 사업을 기록한 것이다.

이 비문에서 찾아볼 수 있는 말은 한자(漢字)로 음차(音借)된 왕명(王名)・국명(國名)・성명(城名)・인명(人名)・지명(地名)・강명(江名) 등의 홀로이름씨(고유명사)이다.

    왕명 : 鄒牟王(추모왕), 儒留王(유류왕)
    국명 : 碑麗(비려), 百殘(백잔), 新羅(신라), 倭(왜), 任殘(임잔),
          任那加羅(임나가라), 安羅(안라)
    성명 : 壹八城(일팔성), 臼模盧城(구모로성), 各模盧城(인모로성),
          閣彌城(각미성), 牟盧城(모로성), 阿旦城(아단성),
          古利城(고리성), 也利城(야리성), 大山韓城(대산한성),
          古牟婁城(고모루성), 仇天城(구천성)
    인명 : 昧仇婁鴨盧(미구루압로), 卑斯麻鴨盧(비사마압로),
          楕社婁鴨盧(타사루압로)
    지명 : 忽本(홀본), 平壤(평양)
    강명 : 奄利大水(엄리대수), 鹽水(염수), 阿利水(아리수)

여기에서 왕명(王名)에 나오는 추모왕(鄒牟王)의 추모(鄒牟)는 주몽(朱蒙)의 전음(轉音)이니, 곧 동명성왕(東明聖王) 주몽(朱蒙)을 말함이며, 유류왕(儒留王)은 유리왕(類利王)을 말함이다. 국명(國名)에 나오는 비려(碑麗)는 ≪진서(晉書)≫ 제97권 동이전(東夷傳)에서 말하는 비리국(裨離國)인 듯하며[1], 백잔(百殘)의 잔(殘)은 음(音)이 제(濟)이니 곧 백제(百濟)를 말함이고, 임잔(任殘)은 임나(任那)와 백제(百濟)를 말함이고, 안라(安羅)는 함안(咸安)에 있던 아라가야(阿羅伽倻)를 말함이다. 지명(地名)에 나오는 홀본(忽本)은 졸본(卒本)을 말함이다. 그리고 강명(江名)에 나오는 엄리대수(奄利大水)는 엄체수(淹褫水)를 말함이고, 염수(鹽水)는 염난수(塩難水) 곧 압록강을 말함이며, 아리수(阿利水)는 한강(漢江)을 밀함이다.

그런데 성명(城名)에 나오는 모로(模盧)·모로(牟盧)·모루(牟婁)들의 낱말이 혹시 15세기 문헌인 ≪용비어천가(龍飛御天歌)≫ 역사 자료 협주에 보이는「모로」곧 뫼[山]가 아닌가 의심스럽다.

別號洪原其山鎭曰椴山 피모로<용가 4 : 21>

고구려의 성명 모로(模盧)·모로(牟盧)·모루(牟婁)가 ≪용비어천가≫에서 뫼[山]를 말한「모로」라면 고구려에서는「뫼[山]」를「모로」라고 말하였다고 하겠다.

(2) 임신서기석(壬申誓記石)

이 비석의 비문은 한문의 구조를 무시하고 우리말의 어순(語順)에 맞추어 표기한 국어 어순식의 한문체인 임신서기체(壬申誓記體) 문장이다. 「임신서기석명(壬申誓記石銘)」의 한문체로 된 문장은 제3장「국어표

---

[1] "비리국(裨離國)은 숙신(肅愼) 서북쪽에 있는데, 말로 가면 2백일이 걸린다 [裨離國在肅愼西北 馬行可二百里]."라고 하였다. 비리(裨離)는 만주 동북지방 송화강(松花江) 유역에 있던 나라인 듯하다.

기문자」의 임신서기체(壬申誓記體) 자료에서 다루었으므로 여기서는 생략한다.

(3) 경주 남산신성비(慶州南山新城碑)

이 비석은 1935년 경주에서 발견되었는데, 비문은 이두체로 되어 있다. 「경주남산신성비」의 비문의 일부는 제3장 「국어표기문자」의 이두자료 예문에서 인용하였으므로 여기에서는 생략한다.

(4) 삼국사기(三國史記)

고려 인종(仁宗) 23년(1145) 김부식(金富軾)이 신라·고구려·백제 3국의 정치적 흥망 변천을 주로 하여 찬진(撰進)한 역사책이다. 50권 10책으로 되었는데, 그 중에도 지리지(地理志)에 나타나는 지명(地名) 외에 인명(人名)·관직명(官職名)·왕호(王號)·국명(國名) 등 홀로이름씨가 한자로 차용 표기되어 있어 이는 고대 국어 연구에 귀한 자료이다.

(5) 삼국유사(三國遺事)

고려 충렬왕(忠烈王) 때(1281~1283) 명승 보각국사(普覺國師) 일연(一然;1206~1289)이 고조선을 비롯하여 신라·고구려·백제 3국 등의 유사(遺事)를 모아서 지은 역사책이다. 5권 3책으로 되었는데, 특히 향찰로 표기된 「혜성가(彗星歌)」 등 14수의 신라 향가가 실려 있어 ≪균여전(均如傳)≫에 수록된 11수와 함께 이 향가는 문학 뿐 아니라 국어학에 있어서도 귀중한 자료가 된다.

(6) 균여전(均如傳)

고려 문종 29년(1075)에 혁련정(赫連挺)이 엮었다. 원명은 ≪대화엄귀법사주원통수좌균여전(大華嚴歸法寺主圓通首座均如傳)≫이다. 고려 초기의 승려 균여(均如 ; 923~973)의 전기인데, 균여의 제자들이 제공한 자료에 의하여 찬술되었다. 균여가 보현십원(普賢十願)에 의하여 지은 「예경제불가(禮敬諸佛歌)」 이하 11수의 향가가 실려 있다. 이 향가가 실려 있다는 점에서 ≪삼국유사≫와 함께 고대국어 연구에 귀중한 자료가 된다.

3. 고구려말

단기 2297년(B.C.37)경 졸본지방(卒本地方)에서 일어나 광활(廣闊)한 만주와 한국 본토 북부를 무대로 하여 등장하였던 고구려의 언어는 어떠하였던가. 이 문제는 신라말을 살피는 것보다 더 어려운 일이다. 왜 그러냐 하면, 신라시대의 말을 기록한 글은 향가를 비롯하여 그래도 꽤 많이 있으나, 북방 부여계 제어를 대표하는 고구려말을 기록한 글은 거의 찾기 어렵게 되어 있기 때문이다. 그러나, 현전(現傳)하는 고구려말 자료로는 백제·고구려·신라의 언어를 비교한 글이 적힌 중국 고사서가 있고, 우리의 자료로는 특히 지명이라는 특수한 홀로이름씨(고유명사)를 기록한 ≪삼국사기≫ 지리지와 ≪삼국유사≫가 있는데, 그 가운데에서도 주된 자료는 ≪삼국사기≫ 지리지(地理志)이다. 이 문헌 권제35(잡지 제4 지리2)와 권제37(잡지 제6 지리4)에는 하나의 지명(地名)에 대하여 한자(漢字)로 표기된 고구려 본디의 명칭과 후대의 한식(漢式) 개칭(改稱)이 병기(並記)되어 있다.

190   Ⅳ. 고대국어

　이 기록은 12세기에 와서 고려시대인에 의해 고구려의 지명어(地名語)를 기록한 것이어서 자료의 질로는 좀 떨어지고, 또 지명어라는 특수한 홀로이름씨만을 기록한 것이어서 자료의 성격이 매우 제한된 것이기는 하나 지금으로서는 이것 이상 다른 자료가 없는 형편이어서 별 도리 없이 이것으로써 부여계 제어의 한 끝이나마 엿볼 수 있다는 것은 다행한 일이다.
　≪삼국사기≫ 지리지 등에는 고구려 낱말이 80여개에 달하는데 이 중에 둘 이상의 지명에서 확인되는 것은 불과 20여에 지나지 않고, 나머지는 오직 한 지명에서 조정(措定)되는 것들이다. 그러나, 이런 하나만의 대응(對應)들도 그것들이 조정(措定)되는 보기들의 대부분이 미더운 대응을 포함하고 있는 지명에서 확인되므로, 진실성이 있을 가능성이 큰 것이다.
　여기서는 ≪삼국사기≫ 지리지에 보이는 고구려말의 어휘 일부를 뽑아 다음 틀과 같이 정리하기로 한다[2].

고구려말	대응한자	삼국사기 지리지에 나오는 용례
達*(달)	山,高	蒜山縣 本高句麗買尸達縣
		松山縣 本高句麗夫斯達縣
		高烽縣 本高句麗達乙省縣
		高城郡 本高句麗達忽
旦,呑,頓*(돈,톤,돈)	谷	水谷城縣 一云買旦忽
		於支呑 一云翼谷
		十谷縣 一云德頓忽

---

[2] ≪삼국사기≫ 영인본, ≪세종실록지리지≫, 이기문님의 「한국어형성사」(1967), 최범훈님의 ≪한국어발달사≫(경운출판사, 1990. 10. 30), 이철수님의 ≪한국어사≫(개문사, 1990. 8. 26 중판) 등 참고.

3. 고구려말

고구려말	대응한자	삼국사기 지리지에 나오는 용례
內,奴,惱*(내,노,뇌)	壤	槐壤郡 本高句麗仍斤內郡
		於斯內縣 一云斧壤
		黑壤郡 一云黃壤郡 本高句麗今勿奴縣
		穀壤郡 本高句麗仍伐奴縣
		休壤郡 一云金惱
巴衣,波衣,波兮	巖,峴	孔巖縣 本高句麗濟次巴衣縣
*(바의,바혜)		松峴縣 本高句麗夫斯波衣縣
		文峴縣 一云斤乙波兮
		三峴縣 一云密波兮
息*(싑)	土	土山縣 本高句麗息達
吐*(토)	堤	長堤郡 本高句麗主夫吐郡
		奈吐郡 一云大堤
內乙*(낼)	沙	沙川縣 本高句麗內乙買縣
忽*(홀,골)	城	陰城縣 本高句麗仍忽縣
		赤城縣 本高句麗沙伐忽
述爾,首泥	峯	峯城縣 一云述爾忽縣
*(수리,수니)		述尒忽縣 一云首泥忽
買*(미)	水,川,井	水入縣 一云買伊縣
		水谷縣 一云買旦忽
		南川縣 一云南買
		沙川縣 本高句麗內乙買縣
		泉井郡 一云於乙買
內米*(내미,ᄂ미)	池,長池	瀑池縣 本高句麗內米忽縣
		內米忽 一云池城 一云長池
波*(바롤)	海	海曲縣 本高句麗波旦縣
		海利縣 本高句麗波利縣

IV. 고대국어

고구려말	대응한자	삼국사기 지리지에 나오는 용례
於乙*(얼)	泉	泉井郡 一云於乙買
甲比*(가비)	穴	穴口縣 一云甲比古次
濟次*(제ㅅ)	孔	孔巖縣 本高句麗濟次巴衣縣
加阿*(ᄀ아)	迂	迂城郡 一云加阿忽
薩寒*(서리)	霜	霜陰縣 本高句麗薩寒縣
奴音,奈(ᄂᆞᆷ,나)	陰	陰竹縣 本高句麗奴音竹縣
		冬音奈縣 一云休陰
乙*(을,ㄹ)	木	高木根縣 一云達乙縣
		赤木縣 一云沙非斤乙
肹*(그힐)	木	栗木郡 一云冬斯肹
仍伐*(잉벌)	穀	穀壤縣 本高句麗仍伐奴縣
斬*(참)	根	楊根縣 一云斯斬
		高木根縣 一云達乙斬
夫斯,扶蘇 *(부ㅅ,부소)	松	松山縣 本高句麗夫斯達縣
		松峴縣 本高句麗夫斯波衣縣
		松岳郡 本高句麗扶蘇岬
去斯,要隱 *(거ㅅ,요은)	楊	楊根縣 一云去斯斬
		楊口郡 一云要隱忽次
買尸*(마눌)	蒜	蒜山縣 本高句麗買尸達縣
加支*(가지)	菁	菁山縣 本高句麗加支達縣
首*(쇼)	牛	生岑郡 一云生嶺 一云首知衣
烏斯*(옷)	猪	猪足縣 一云烏斯廻
烏斯含*(오ㅅ함)	兎	兎山郡 本高句麗烏斯含達縣
功木*(곰)	熊	功木達 一云熊閃山
古衣*(고희)	鵠	鵠浦縣 一云古衣浦
也尸*(얄)	狌	狌川郡 一云也尸買

3. 고구려말

고구려말	대응한자	삼국사기 지리지에 나오는 용례
居尸*(걸)	心	心岳城 本居尸城
忽次, 古次 *(굿,곳,훗)	口	獐項口縣 一云古斯也忽次 穴口縣 一云甲比古次
於支*(엇)	翼	於支谷 一云翼谷
廻*(돌)	足	猪足縣 一云烏斯廻
皆尸*(갤)	牙	牙岳城 本皆尸押忽
乃勿*(나믈,내물)	鉛	鉛城 本乃勿忽
古斯*(구슬)	玉	玉馬縣 本高句麗古斯馬縣
折*(결), 召尸*(솔)	銀	銀尸城 本折忽 木銀城 本召尸忽
毛乙*(털)	鐵	鐵圓郡 一云毛乙冬非
加尸*(가래,갈)	犁	犁山城 本加尸達忽
於斯*(어스)	斧	於斯內縣 一云斧壤
也次*(엇)	母	母城郡 一云也次忽
仇斯*(구ㅅ)	童	童子忽縣 一云仇斯波衣
于尸*(울)	隣	有隣郡 本高句麗于尸郡
伊伐支*(이븟), *(이웃)	隣	鄰豊縣 本高句麗伊伐支縣
皆*(기)	王	遇王縣 本高句麗皆伯縣
斤乙*(글)	文	文峴縣 一云斤乙波兮
別*(별)	重	七重縣 一云難隱別
密*(밀)	三	三峴縣 一云密波兮
于次*(웃)	五	五谷郡 一云于(弓)次云忽 ※「弓次云」은 세종실록 지리지에「于次呑」으로 되어 있어 그 잘못인 듯 함
難隱*(난은)	七	七重縣 一云難隱別

고구려말	대응한자	삼국사기 지리지에 나오는 용례
德*(덕)	十	土谷縣 一云德頓忽
奈*(나,내)	大	奈吐郡 一云大堤
首*(수)	新	首知縣 一云新知
主夫*(주부)	長	長堤郡 本高句麗主夫吐郡
沙非斤,沙伏 *(사비근, 사복)	赤	赤木縣 一云沙非斤乙 赤城縣 本高句麗沙伏忽
今勿*(검믈)	黑	黑壤郡 本高句麗今勿奴郡
奈兮*(나혜)	白	白城縣 本高句麗奈兮忽
伐力*(벌력)	綠	綠驍縣 本高句麗伐力川縣
伏斯*(복ᄉ)	深	深川縣 一云伏斯買
比烈*(비열)	淺	淺城縣 一云比烈忽
馬*(몰)	堅	堅城郡 本高句麗馬忽郡
骨衣*(골의)	荒	荒壤縣 本高句麗骨衣奴縣
沙熱伊*(서늘이)	淸風	淸風縣 本高句麗沙熱伊縣
冬非*(동비)	圓	鐵圓郡 一云毛乙冬非
於斯*(엇)	橫	橫川縣 一云於斯買
伯*(맏)	遇	遇王縣 本高句麗皆伯縣
伊*(이)	入	水入縣 一云買伊縣

이상의 어휘는 ≪삼국사기≫ 지리지에서 뽑아 보인 것이나, 본 지리지편 외의 다른 편과 중국 사적에서 고구려말의 흔적을 찾아볼 수 있으니 그 몇 가지 보기를 다음과 같이 표로 보인다.

고구려말	대응한자	삼국사기 및 중국 사적에 나오는 용례
蘇文*(쇠)	金	蓋蘇文 一云蓋金 <삼국사기 권제49>
多勿*(다물)	復舊土	麗語謂復舊土爲多勿 <삼국사기 고구려본기1>

3. 고구려말

고구려말	대응한자	삼국사기 및 중국 사적에 나오는 용례
朱蒙*(주몽)	善射	扶餘俗語善射謂朱蒙 <삼국사기>
		有一男破而出及長字之曰朱蒙其俗言朱蒙者善射也 <北史高句麗傳>
蘇骨,骨蘇*(소골,골소)	冠	士人加揷二鳥羽貴者其冠曰蘇骨多用紫羅爲之 <북사고구려전>
		丈夫衣同袖衫大口袴白韋帶黃革履其冠曰骨蘇多以紫羅爲之 <周書 高麗傳>
溝漊*(구루)	城	今胡猶名此城爲幘溝漊 溝漊者句麗名城也 <삼국지 위지 동이전>
		遂名此城爲幘溝漊 溝漊者句麗城名也 <북사 고구려전>
位*(위)	相似	句麗呼相似爲位 <삼국지 위지 동이전>

다음 틀은 고구려의 어휘 중에서 중고~중세 한국말과 대응되는 낱말과 고대 일본말과 대응되는 낱말을 뽑아 대조한 것이다.

고구려말	대응한자	중세 한국말	고대 일본말
達*(달)	山,高		「take(嶽)」와 비슷함
旦,呑,頓*(돈,톤,돈)	谷		「tani(谷)」와 비슷함
內,奴,惱*(내,노,뇌)	壤		「na(地)」와 비슷함
巴衣,波衣,波兮*(바의,바혜)	巖,峴	「바회[巖]」와 일치함	「ifafo(巖)」와 비교됨
息*(식)	土	「흙[土]」과 비교됨	
忽*(골,홀)	城	「골[谷,洞]」과 비교됨	
述爾,首泥*(수리,수니)	峯	「수늙[嶺]」과 비교됨	

IV. 고대국어

고구려말	대응한자	중세 한국말	고대 일본말
買*(미)	水,川	「믈[水]」과 일치함	「midu(水)」와 비슷함
內米 *(내미,ㄴ미)	池,長池		「nami(波)」와 비슷함
波*(바롤)	海	「바둘,바롤[海]」과 일치함	
於乙*(얼)	泉	*신라어의 「奈乙」[羅井]에 보이는 「乙」[井]과 일치함	
加阿*(ㄱㅇ)	边	「ㄱ[邊]」과 일치함	
薩寒*(서리)	霜	「서리[霜]」와 일치함	
盻*(그,힐)	木		「ki(木)」에 비교됨
夫斯,扶蘇 *(부ㅅ,부소)	松	「봋[樺]」과 비교 가능함	
要隱*(요은)	楊		「janagi(楊)」와 비슷함
買尸*(마눌)	蒜	「마눌[蒜]」과 비슷함	「mira(韭)와 유사성 있음
首*(쇼)	牛	「쇼[牛]」와 일치함	
烏斯含* (오ㅅ함)	兎		「usagi(兎)」와 비슷함
功木*(곰)	熊	「곰[熊]」과 일치함	「kuma(熊)」와 대응됨
古衣(고희)	鵠	「고해[鵠]」와 일치함	「kofu(鵠)」와 일치함
忽次,古次 *(굿,곳,홋)	口	*제주도 방언의 「굴래」[口]도 이 계통일 것임	「kuti(口)」와 비교됨
乃勿 *(나믈,내믈)	鉛	「납[鉛]」과도 동일 기원의 것임	「namari(鉛)」와 비슷함
古斯*(구슬)	玉	「구슬[玉]」과 일치함	
蘇文*(쇠)	金	「쇠[金]」와 일치함	
加尸 *(가래,갈)	梨	「가래[木枕]」와 일치함	
也次*(엇)	母	「어ㅅ[親]」와 비교가 가능함	

3. 고구려말

고구려말	대응한자	중세 한국말	고대 일본말
仇斯*(구ㅅ)	童		「ko(子)」와 비교됨
于尸*(울)	隣	*현대 한국어의 「울」[戚] 과 일치함	
伊伐支*(이븟)	隣	「이웃[隣]」과 비슷함	
皆*(기)	王	*신라의 「干,翰」과 관계있음	
斤乙*(글)	文	「글[文]」과 일치함	
別*(별)	重	「불[重]」과 일치함	「fä(重)」와 비슷함
密*(밀)	三		「mi(三)」와 비슷함
于次*(웃)	五		「itu(五)」와 비슷함
難隱*(난은)	七		「nana(七)」와 비슷함
德*(덕)	十		「töwo(十)」와 비슷함
奈*(나,내)	大		「naga(長)」와 비슷함
首*(수)	新	「새[新]」와 비슷함	
沙非斤,沙伏*(사비근,사복)	赤	*백제어에 보이는 「所比」 와 비슷함	「sofo(赭)」와 비교됨
今勿*(검물)	黑	「검-[黑]」과 일치함	
伐力*(벌력)	綠	「프르-[綠]」와 비슷함	
伏斯*(복ㅅ)	深		「fuka(深)」와 비슷함
骨衣*(골의)	荒	「거츨-[荒]」과 비슷함	
沙熱伊*(서늘이)	淸風	「서늘-[凉]」과 비슷함	
冬非*(동비)	圓	*한국말 「둥글다」, 「동글다」 등의 「둥,동」과 비슷함	
位*(위)	相似	「이슷-,비슷-[似]」과 비슷함	
於斯*(엇)	橫	「엇-[橫]」과 일치함	

고구려말	대응한자	중세 한국말	고대 일본말
伊*(이)	入	*입[口]이 어원적으로 이 입(入)과 관계가 있을 가능성이 있음	「i-(入)」와 비교됨

위의 틀에서 우리가 알 수 있는 것과 같이 고구려말과 고대 일본말과 비슷한(또는 비교) 어휘가 많다는 사실과, 특히 숫자 4개(3, 5, 7, 10)가 모두 이름이 비슷하다는 점이다. 숫자 이름의 일치 또는 유사함은 인구어(印歐語)에 있어서는 일반적인 사실이지만 알타이어에 있어서는 매우 드문 일인데, 이와 같이 숫자 이름의 유사성은 참으로 놀라운 일이다. 대개 숫자의 이름은 교역이나 정복에 의해서 쉽게 전파될 수 있는 것이니, 고구려말과 일본말의 숫자의 이름의 유사함이 어떤 의미를 가지는 것인지 신중하게 생각해 볼 문제라고 하겠다.

4. 백제말

단기 2316년(B.C.18)경 현재의 한강 북쪽의 하남위례성(河南尉禮城)에 도읍을 정하고 건국하였던 백제의 언어는 어떠하였던가. 백제는 삼국 중 제일 먼저 신라에 의해 멸망되었으므로 언어에 대한 자료도 제일 희소(稀少)하다. 주된 자료는 ≪삼국사기≫ 지리지를 벗어나지 못하고 있다. 이 책 권제36(잡지 제5 지리3)에는 하나의 지명(地名)에 대하여 한자(漢字)로 본시 백제의 명칭과 후대의 한식(漢式) 개칭(改稱)이 아울러 기록되어 불확실하나마 백제말의 어휘 일부를 알 수 있게 되었다.

여기서는 ≪삼국사기≫ 지리지에 보이는 백제말의 어휘들을 뽑아 다음 틀과 같이 정리한다[3].

4. 백제말

백제말	대응한자	삼국사기 지리지에 나오는 용례
舌*(설)	西	西林郡 本百濟舌林郡
珍惡*(돌악)	石	石山縣 本百濟珍惡山縣
己,只*(기,지)	城	悅城縣 本百濟悅己縣
		儒城縣 本百濟奴斯只縣
豆仍*(두잉)	燕	燕岐縣 本百濟豆仍只
述*(술)	峯	陰峯縣 本百濟牙述縣
所非*(숲,소비)	森	森溪縣 本百濟所非芳縣
仍*(너)	汝	汝湄縣 本百濟仍利阿縣
仇知*(군,구디)	金	金池縣 本百濟仇知縣
大*(한)	翰	翰山縣 本百濟大山縣
沙*(사,새)	新	新平縣 本百濟沙平縣
古良*(고랑)	靑	靑正縣 本百濟古良夫里縣
烏*(외)	孤	孤山縣 本百濟烏山縣
所比*(소비)	赤	赤鳥縣 本百濟所比浦縣
勿居*(물거)	淸	淸渠縣 本百濟勿居縣
毛良*(모랑)	高	高敞縣 本百濟毛良夫里縣
古西*(군)	固	固安縣 本百濟古西伊縣

또 백제말의 자료는 ≪삼국사기≫ 지리지 외에 중국의 사적으로 앞에서 보인 ≪양서(梁書)≫ 백제전(百濟傳), ≪주서(周書)≫ 이성전(異城傳) 백제조(百濟條), ≪북사(北史)≫ 백제전 등이다.

백제말에 대하여는 앞에서도 언급한 바와 같이 ≪주서≫의 기록에서 알 수 있음과 같이 지배 계층족의 언어와 피지배 계층족의 언어가 달랐으니, 그 한 보기로서 임금[王]을 지배 계층족의 언어로는 「어라하(於羅瑕)」라고 하고, 피지배 계층족의 언어로는 「건길지(鞬吉支)」라

---

3) ≪삼국사기≫ 영인본, 이기문님의 「한국어형성사」(1967), 최범훈님의 ≪한국어발달사≫, 이철수님의 ≪한국어사≫ 등 참고.

고 했다는 것이다. 이것은 고대에 있어서 북방 부여계 제어와 남방 한족계 제어가 달랐음을 단적으로 말해주는 것이라 볼 수 있다.

이상의 자료를 통하여 우리는 백제가 이중 언어(二重言語) 사용을 했다는 것을 알 수가 있다. 곧 지배 계층의 언어는 부여계어인 고구려말이었고, 피지배 계층의 언어는 한족계어인 마한말[馬韓語]이었다. 이들은 서로 동화되고 어느 정도 영향을 미쳤을 뿐 한족계어가 주류를 이루었던 것이다.

오늘날 ≪삼국사기≫ 지리지에 기록되어 전하는 백제말 중 중세국어(많은 신라말)와 비슷한 것 몇 가지의 보기를 보이면 다음 틀과 같다.

대응한자	백 제 말	중 세 국 어
石	珍惡 *돌악	돓 [石], 돌
新	沙 *사,새	새 [新]
淸	勿居 *물거	묽- [淸]
高	毛良 *모량	ᄆᆞᄅᆞ [棟]

또 백제말 지명(地名)의 특징으로 「夫里」(부리, 音借)를 들 수 있다. 고구려말에는 「忽」(골, 홀, 音借), 신라말에는 「火」(블, 釋借), 「伐」(벌, 音借) 등의 지명어가 많은데 백제말에는 「夫里」가 많이 쓰이고 있다 (≪삼국사기≫ 권36 : 夫餘郡 本百濟 所夫里郡, 陵城郡 本百濟 尒陵夫里郡).

이와 같은 보기로 보아 백제말은 고구려말이나 신라말과는 달리, 어말 모음(語末母音)을 보존하는 경향이 있은 듯하다. ≪용비어천가≫에서 「熊津」을 「고·마ᄂᆞᄅᆞ」라고 했는데, 이것은 백제말의 잔영(殘影)이 아닌가 한다. 여기 「고·마」는 중세국어의 「곰(熊)」에 대응되는 옛꼴[古

形]이다. 일본말의 kuma(熊)의 그것과도 거의 일치한다.

 백제말에서「城」을 의미하는 낱말은「己・只(kï)」였음을 알 수 있다. 이「城」을 고구려말에서는「忽(골, 홀)」이라 하였다. 그런데 고대 일본말의「kï(城, 柵)」는 백제말 어휘의 차용이라고 여겨진다.

5. 신라말

 단기 2277년(B.C.57)경 오늘의 영남 경주 지방에서 일어나, 고구려・백제와 더불어 한국 본토의 판도(版圖)를 가르고 7세기에 최초로 삼국을 통일한 신라의 언어는 어떤 언어인가. 고대국어의 중심인 신라말의 중심은 신라의 발생지였던 금성(金城 ; 慶州) 지방이었다. 앞에서도 언급한 바와 같이, 고대국어는 고조선시대부터 신라말까지의 국어를 말한다. 우리가 잘 아는 바와 같이 신라는 고대 국가로 발전한 이후에도 줄곧 그 정치적・문화적 중심이었던 것이다. 본시 신라의 모체는 삼한(三韓) 78국의 하나인 사로(斯盧)[4]였다. 현 한국 본토 동남부에 치우친

---

[4] ≪삼국사기≫ 권제1에는 신라의 국호(國號)를 서나벌(徐那伐)이라 하였고, ≪삼국유사≫ 권제1에서는 서라벌(徐羅伐)・서벌(徐伐)・사로(斯盧)・계림(鷄林)이라 하였다. 서나(徐那)・서라(徐羅)・서야(徐耶)는 사로(斯盧)・사라(斯羅)・신라(新羅)와 같은 어음(語音)의 이사(異寫)로서, 서(徐)・사(斯)・신(新)은 곧 소벌(蘇伐)의 소(蘇)와 같이 솟[高・上]의 사음(寫音)인 것 같고, 나(那)・라(羅)・야(耶)・로(盧)는「나라」[國]의 고어인즉, 바로 상국(上國)의 뜻이며, 벌(伐)은 불(弗)・화(火)[불]・비리(卑離)・부리(夫里)와 한 가지 성읍(城邑)・도시(都市)를 의미하는 동방 고어(東方古語)이다. 따라서 서나벌(徐那伐)은 상국읍(上國邑 ; 首都)이란 뜻으로 볼 수 있다. 현대말의「서울」은 이 서나벌(徐那伐)의 약칭인 서벌(徐伐) 곧「서볼」에서 전래(傳來)된 말이라 하겠다.

한 부족(部族)이 대체로 4세기(신라 내물왕 때)에 주위의 여러 부족과의 연맹 형성(聯盟形成)을 통하여, 낙동강(洛東江) 동쪽을 지배하는 부족 연맹체로 발전하게 되었고, 6세기(진흥왕 때)에 낙동강 유역의 가야 제국(伽倻諸國)을 합병하기에 이르러, 신라는 고대 국가로서의 기반을 굳혔던 것이다.

이러한 사로(斯盧)의 성장 과정은 곧 사로 언어의 팽창 과정으로 볼 수도 있을 것이다. 사로 부족의 언어가 그 이웃한 부족들의 그것들에 영향을 미쳤을 것이다. 그것은 우선 이웃 부족들의 언어에 영향을 미쳤을 것이니, 이들은 동일 언어의 방언(方言)들이었을 것이므로, 사로 방언의 영향은 이들의 방언스런 차이를 점차 좁혔을 것임에 틀림없다. 그리고 차츰 멀리 떨어진 부족들의 언어에도 영향을 미쳐 갔을 것이다. 이들 중에는 사로의 언어와 방언스런 차이 이상의 것도 없지 않았을 것이나, 그렇다고 해도 그것은 동일한 한족계 언어로서 매우 친근한 관계에 있었을 것이며, 사로말[斯盧語]의 영향은 이들의 언어적 차이를 방언스런 차이로 고쳤을 것으로 여겨진다.

그 중에서도 6세기에 있어서의 가야(伽倻)의 합병은 특기할 사실이 아닐 수 없다. 이것은 많은 신라말을 뿌리로 한 한국 본토 전체의 언어 통일 과정에 있어 최초의 큰 사건이었던 것이다. 가야말이 신라말과 다소 다른 언어였을 것임은 위에서 언급한 바 있는데, 이것이 신라말에 동화(同化)되어 버린 것이다.

서력 기원 7세기 후반에 백제와 고구려가 이어 멸망하고, 신라의 판도가 백제와 고구려의 고토(故土)에까지 확대됨으로 말미암아 많은 신라말을 뿌리로 한 한국 본토의 언어적 통일이 어느 정도 가능하게 된 것이다. 이런 의미에서 통일 신라의 성립은 국어 형성의 역사상 최대의 사건이라고 할 수 있는 것이다. 중고(中古) 내지 중세국어(中世國

語)가 많은 신라말과 고구려 및 백제말 잔영(殘影)들 기반 위에 성립되게 된 것도 이에 말미암은 것이라 하겠다.

통일 신라가 10세기까지 계속되는 동안 경주 중심의 신라말의 영향은 점차 백제와 고구려의 고지(故地)에까지 어느 정도 파급되었을 것으로 생각된다. 그러나, 백제말은 본디 한족계 언어로서 신라말과는 별 차이가 없었으므로 그 고지의 언어 상태는 그리 문제가 되지 않았다고 추측되며, 또 고구려말도 신라말과 방언스런 차이가 있을 뿐, 거의 동일한 언어가 쓰였다고 보아지므로 그 고지의 언어 상태가 어떻게 변했을까 하는 것은 근 문제가 되지 않는다.

이리하여, 상대(上代) 신라로부터 하대(下代) 신라에 이르기까지 사로(斯盧)의 언어가 신라말의 중심이었던 것이니, 이 금성(金城), 곧 사로(斯盧) 지방의 언어와 고구려 및 백제말의 잔영이 합쳐 드디어 거의 한국 본토 전체의 언어가 된 것이라 하겠다.

중국 고사서인 《양서(梁書)》 신라전(新羅傳)에,

"글자는 없고, 나무에 새겨서 신표를 삼는다[無文字 刻木爲信]."

라고 기록되어 있다. 이 기록을 그대로 믿기는 어려우나, 신라 사람이 당시 동양 유일의 글자였던 한자(漢字)를 처음으로 접한 것은, 고구려·백제 사람보다 늦었을 것이다. 그 뒤에 한자의 새김[釋]과 음(音)을 이용하여, 그들 자신의 말을 표기해 보려는 노력이 싹트게 된 것이다. 이런 노력은 처음에는 홀로이름씨(고유명사)에 국한되어 있었던 것으로 보이나 차차 문장(文章)의 일부 또는 전부를 표기하는 단계로까지 발전하여 갔다. 이른바 향찰(鄕札)이니 이두(吏讀)니 하는 것이 그것이다. 홀로이름씨 표기법은 고구려나 백제에도 있었던 증거를 쉽게 찾아볼 수 있으며, 신라가 이 두 나라에서 그것을 배웠을 개연성

(蓋然性)이 크나, 향찰 이두에 이르러는 현재 고구려·백제에 그것이 발달되어 있었다는 증거가 보이지 않으므로, 현전하는 자료만으로 볼 때 신라 사람의 독자적 노력이 컸다고 할 수 밖에 없는 일이다. 이리하여 신라 사람은 그들의 시가(詩歌)를 이로써 표기하였으니, 9세기 말엽에는 ≪삼대목(三代目)≫이란 향가집(鄕歌集)이 편찬되었다고 한다. 그러나, 오늘날 향가는 ≪삼국유사≫에 14수(首), 균여전(均如傳)에 11수, 모두 25수가 전하여 그 편린(片鱗)을 보여 줄 뿐이다.

현재 신라말 자료는 고구려말이나 백제말 그것보다는 조금 풍부한 편이지만, 그 음운·어휘·말본에 걸쳐 체계 있는 연구를 행하기에는 너무나 빈약하다. 그러나, 우리는 그 빈약한 자료인 만큼, 그것을 더욱 면밀히 검토하여야 할 것이다.

신라말의 중요한 자료는 ≪삼국사기≫와 ≪삼국유사≫를 비롯한 국내외 사적에 기록되어 있는 인명·지명·관명(官名)·왕호 등의 홀로이름씨 자료와 현전(現傳) 향가 25수, 그리고 금석문(金石文)을 중심으로 한 이두 자료 등이 있다. 홀로이름씨의 표기는 음독명(音讀名)과 석독명(釋讀名)이 병기(並記)된 보기가 많으므로 귀한 연구 자료로 이용된다. 그리고 향가는 단편적(斷片的)인 어휘나 형태론(形態論) 자료가 아니라, 짧으나마 신라말 문장의 완전한 구조(構造)를 보여 주는 귀한 자료다. 향가의 해독(解讀)은 과거에도 진지하게 시도된 바 있고 또 현재도 계속 고구하고 있다. 그러나, 일반적으로 신라말에 대한 지식이 빈곤하고 특히 현전 향가 자료는 그 절대량의 빈약성(貧弱性)으로 인하여 어떤 체계적인 연구를 불가능하게 하기 때문에 향가의 믿음직한 전체적 해독은 먼 훗날에나 기대해 볼 수 밖에 없는 형편이다.

이두(吏讀) 자료는 주로 금석문(金石文)이 대부분이며, 그 해독에 있어서 여러 가지 문제점이 많아서 어려움은 있지만, 이두는 그 본질상

형태론적(形態論的) 자료이므로, 이 이두 자료를 통하여 신라말의 형태론을 어느 정도 밝혀 줄 것이다.

이러한 자료를 통해서 우리가 얻을 수 있는 신라말의 음운·어휘·말본은 매우 막연하고 단편적인 것이기는 하나, 신라말이 어떤 언어였음을 우리에게 알려 준다. 신라말의 연구는 우리로 하여금 중고~중세 한국말의 뿌리를 찾는데 많은 도움을 준다. 지금까지의 연구 결과로 보면 신라말은 중고~중세국어와 큰 일치를 보여 준다.

위에서도 말한 것처럼 신라말의 가장 중요한 자료는 향가인데, 지금까지의 향가 해독(解讀)이 아무런 방법론적인 반성 없이 중고~중세국어, 특히 중세국어에 전적으로 의존했음에도 불구하고, 그것이 결과적으로 근본적으로는 틀린 것이 아니었음은 신라말과 중고~중세국어의 본질적인 일치에 말미암은 것이다[5]. 그렇다고 고구려말이나 백제말을 배제한다는 것은 아니다.

이제 이에 관련하여 몇 가지 사실을 다음과 같이 지적하기로 한다[6].

① 향가에서 찾아볼 수 있는 토씨(조사) 체계는 대체로 중고~중세어의 그것과 크게 일치한다. ※준굴곡법(곡용) : 뿌리(임자씨)+토씨

---

[5] 신라 향가(鄕歌)에 대한 해독은 처용가(處容歌)에서 시작되었다. 고려가요(高麗歌謠)의 처용가 일부와 향가의 처용가 일부 사이의 일치가 그 실마리를 제공한 것이 되겠다. 이런 일치는 신라말과 중고~중세국어의 연속성을 상징하는 것이다.

[6] ≪삼국유사≫·≪삼국사기≫ 영인본, 양주동님의 ≪고가연구≫(박문출판사, 1957. 3. 10 재판), 이기문님의 「한국어형성사」(1967), 최범훈님의 ≪한국어발달사≫(1990), 이철수님의 ≪한국어사≫(1990), 박병채님의 ≪국어발달사≫(1990 재판) 등 참고.

토씨별	신라말의 토씨	중고~중세말의 토씨
임자자리[主格]	~伊, ~是	~이
매김자리[冠形格]	~矣, ~衣, ~叱	~의/의, ~ㅅ
곳자리[處所格]	~中, ~良中, ~也中	~애/에, ~의/의, ~예
부림자리[目的格]	~乙	~올/을, ~롤/를, ~ㄹ
연장자리[器具格]	~留	~로, ~오로/으로
함께자리[與同格]	~果	~과/와
부름자리[呼格]	~也, ~下, ~良	~야, ~하, ~아
도움토씨[補助詞]	~隱, ~焉	~온/은, ~논/는, ~ㄴ

② 풀이씨의 끝바꿈[活用] 씨끝[語尾]도 중고~중세말의 그것과 많은 일치를 발견할 수 있다. ※끝바꿈(활용) : 뿌리+씨끝

어말 씨끝	신라말의 씨끝	향가에 나오는 용례
매김꼴 씨끝 [冠形詞形語尾]	~隱(~ㄴ)	去隱春皆理米 <모죽지랑가>
	~尸(~ㄹ)	慕理尸心未 <모죽지랑가>
	~期(~이)	東京明期月良 <처용가>
어찌꼴씨끝 [副詞形語尾]	~良(~라)	功德修叱如良來如 <풍요>
	~良(~아/어)	他密只嫁良 置古 <서동요>
	~支(~디)	持以支知古如 <안민가>
	~遣,~古(고)	抱遣 去如 <서동요>
		一等隱枝良出古 <제망매가>
	~如可(~다가)	夜入伊遊行如可 <처용가>
	~伊(~이)	夜入伊遊行如可 <처용가>
	~可(~아)	花肹折叱可 <헌화가>
바른 움직씨 씨끝 [定動詞語尾]	~如(~다)	花肹折叱可獻乎理音如 <헌화가>
	~齊(~뎌,~져)	際叱 逐內良齊 <찬기파랑가>
	~古(~고)	奪叱良乙何如爲理古 <처용가>

③ 높임법(존경법)이 이미 신라말에 발달되어 있었다. 그 형태도 중고~중세국어의 그것과 일치한다. 신라말에는 주체높임인 존경법(尊敬法)의 「~賜」(샤)와 객체높임인 겸양법(謙讓法)의 「白」(솝)이 있었는데, 이들은 각각 중세국어의 「-시-」와 「-숩-/-ᅀᆞᆸ-~-줍-/-ᄌ

ᄫ―~―ᅀᆸ―/―ᅀᄫ―」 등에 일치한다. 향가에서 그 한 보기를 보이면,

    阿冬音乃叱好支賜烏隱 <모죽지랑가> : 아ᄋᆞᆷ 나토샨온
    西方念丁去賜里遣 <원왕생가> : 西方ᄭᅥ뎡 가샤리고
    四十八大願成遣賜去 <원왕생가> : 四十八大願 일고샬가
    慕呂白乎隱佛體前衣 <예경제불가> : 그리ᅀᆞ온 부톄 前의
    刹刹每如邀里白乎隱 <예경제불가> : 刹刹마다 마지ᅀᆞ온
    九世盡良禮爲白齊 <예경제불가> : 九世 다아 禮ᄒᆞᅀᆞ져

와 같다. 이 높임법은 알타이 제어(諸語)에서는 볼 수 없는 것으로, 오직 우리말과 일본말의 특징이라 하겠다.

  ④ 신라말의 셈씨로서 현재 남아 있는 것은 매우 적지만, 대체로 중고~중세말의 그것과 일치한다. 향가에 「一」에 대한 「一等」<도천수관음가>·「一等隱」<제망매가>, 「二」에 대한 「二肹」<처용가>·「二尸」<도천수관음가>, 「四」에 대한 「四是」<처용가>, 「천(千)」에 대한 「千隱」<도천수관음가> 등이 그것이다. 신라말의 「一」은 15세기 「ᄒᆞ낳」(석보상절 9 : 6)의 매김꼴[冠形詞形] 「ᄒᆞᆫ」(용비어천가 22장)과 12세기 초 ≪계림유사≫의 「一曰河屯」 등으로써 *「ᄒᆞ둔」이란 고대형(古代形)을 상정(想定)할 수 있다. 「二」에 대해서도 15세기 국어의 「둘ᇂ」(석보상절 6 : 1)과 12세기 ≪계림유사≫의 「二曰途孛」 등으로 보아 고대형 *「두블」이 상정되며, 「四」에 대해서는 15세기 국어의 「넿」(월인석보 1 : 7)이 존재하며, 「천(千)」에 대해서도 15세기 국어의 「즈믄」(석보상절 13 : 24)이 존재한다. 이 밖에 지명(地名)에서 「三」에 대한 신라말의 셈씨를 추가할 수 있으니, 곧 ≪삼국사기≫ 지리지에,

    三陟郡 木悉直郡, 悉直郡 一云史直

라고 하였으니,「三」과「悉, 史」의 대응이 성립된다면, 15세기 국어의 「세, 세ㅎ」(용비어천가 32장, 석보상절 11 : 9, 석보상절 13 : 49)와 대응이 가능하다.

그러므로, 중고~중세국어의 셈씨 체계는 신라말의 계통을 끄는 것임이 거의 확실하다 하겠다.

⑤ 향가와 이두(吏讀) 자료에서 찾아볼 수 있는 신라말의 대이름씨[代名詞]에 대하여 말하면, 첫째 가리킴[第一稱格]의 사람대이름씨[人代名詞]로서 홑셈[單數]은「吾」, 겹셈[複數]은「吾里」가 보이며, 둘째 가리킴[第二稱格]의 사람대이름씨로는 홑셈「汝」만 보일뿐 겹셈은 보이지 않고, 셋째 가리킴[第三稱格]의 사람대이름씨도 보이지 않는다. 몬대이름씨[物代名詞 ; 指示代名詞]는「此・彼」등으로 표기되어 있어 이들의 발음을 확인하기 어렵다. 다만 첫째 가리킴의 사람대이름씨 겹셈의「吾里」만이 15세기 국어의「우리」(용비어천가 3장)와 일치할 가능성을 보여준다.

그리고 신라말의 대이름씨로서 주목되는 것은 이른바 첫째 가리킴[第一稱格] 곧 자칭(自稱)의 홑셈「矣」(의) 및 그 겹셈「矣徒」(의니)(유서필지)의 존재와,「矣身」(의몸)(어록변증설),「矣家」(의집) 등의 사용이다. 그런데 이에 대응되는 낱말은 중고~중세국어 문헌에는 보이지 않는다. 이「矣」는 무엇인지 의문이 가는 것이다.

그러나「니」(徒)는 중세 문헌의「아자바님내끠(석보상절 6 : 9), 어마님내(월인석보 2 : 6), 夫人내(월인석보 2 : 4)」의「내」다.

⑥ 현존하는 ≪삼국사기≫와 ≪삼국유사≫를 비롯한 내외 사적 자료에서 조정(措定)되는 신라말 어휘는 그렇게 많지 않다. 그러나, 그것은 중고~중세국어 어휘가 거의 본질적으로 신라말의 그것의 계승임

5. 신라말

을 보여준다. 여기서는 내외 사적에 보이는 신라말 중에서 중요한 몇 보기를 다음 틀과 같이 들어 그 단편적인 모습을 엿보기로 한다.

신라말	대응 한자	내외 사적에 나오는 용례	대응되는 중고~중세 및 현대 어휘
朴*(박,붉)	瓠	辰人謂瓠爲朴 <삼국사기 권제1>	15세기 국어 및 현대국어의 「박[瓠]」과 일치함.
嘉俳*(가빈)		八月十五日…謂之嘉俳 <삼국사기 권제1>	근대국어의 「가외[中秋]」, 현대국어 「가위」와 일치함.
破珍・破彌 *(바둘)	海	破珍澹 或云海干 或云破彌 干 <삼국사기 권제38>	「破珍」은 「바돌」(바둘ㄹ)로 읽히며 「破彌」는 오자로 생각됨. 「바돌」은 15세기 국어 「바롤」[海]의 고대형(古代形)임. 15세기 국어에 「바다ㅎ」[海]도 동일어근 「받」에서 파생된 것으로 여겨짐.
韓*(한)	大	大舍或云韓舍, 大阿澹或云 韓阿澹 <삼국사기 권제38>	15세기 국어의 「한[大, 多]」과 일치함.
那*(나리)	川	素那或云金川, 沈那或云煌川 <삼국사기 권제47>	신라말 낱말 「나」[川]와 같이 사용한 것으로 「나리」[川]도 있었음. 그 보기를 들면, 「逸烏川理叱磧惡希 <찬기파랑가>」(일로 나리ㅅ 지벽히)와 같음. 이것은 「나」에 뒷가지[接尾辭] 「리」가 붙은 것으로 여겨짐. 15세기 국어의 「내ㅎ[川]」는 이 「나리」로부터의 발달이라 할 수 있음.

신라말	대응 한자	내외 사적에 나오는 용례	대응되는 중고~중세 및 현대 어휘
內*(누리)	世	因名赫居世王 [蓋鄕言也 或作弗矩 內王 言光明理世也] <삼국유사 권제1>	신라말 낱말 「內」는 「누」를 표기한 것이 아닌가 생각됨. 여기에 뒷가지 「리」가 붙은 것이 「누리」였을 것임. 그 보기를 들면, 「儒禮尼叱今 一作世理智王」<삼국사기 권제1>라고 하였음. 중세국어에 「누리」와 그로부터의 발달인 「뉘」가 있었음. 이 「누」는 고구려어의 「內·奴·惱」와 비교되는 것임.
弗矩*(블거)	赫, 光明	因名赫居世王 [蓋鄕言也 或作弗矩 內王 言光明理世也] <삼국유사 권제1>	중세국어 「붉다[赤]」, 「붉다[明]」와 동일한 줄기[語幹]를 보여줌.
乙*(을,ㄹ)	井	楊山下蘿井傍 異氣如電光垂地 <삼국유사 권제1> 望楊山麓 蘿井傍林間 <삼국사기 권제1> 春二月 置神宮於奈乙 奈乙始祖初生之處也 <삼국사기 권제3> 於始祖誕降之地奈乙 創立神宮以享之<삼국사기 권제32>	신라말 낱말 「蘿井」과 「奈乙」은 같은 말이며, 「奈乙」은 고구려 「於乙」과 일치함. 중고~중세국어에서는 찾아 볼 수 없음.
勿*(믈)	水	泗水縣 本史勿縣 <삼국사기 권제34>	15세기 국어의 「믈(水)」과 일치함.
巨老*(거로)	鵝	鵝州縣 本巨老縣 <삼국사기 권제34>	중세국어 「거유[鵝]」는 이 「거루」에 소급하는 것으로 생각됨.

5. 신라말

신라말	대응 한자	내외 사적에 나오는 용례	대응되는 중고~중세 및 현대 어휘
厼立*(말)	橛	金大問云 厼立者 方言謂之 橛也 <삼국유사 권제1>	중세국어의 「말[橛]」과 일치함.
閼知*(알지)	小兒	閼知卽鄕言小兒之稱也 <삼국유사 권제1>	신라말 「閼知」에 대하여서는 몇가지 어원론이 가능한 듯이 보이는데, 후대(後代)의 「아지」는 이 「알지」에서 「ㄹ」이 탈락한 변화형이 아닌가 함.
柯半*(ᄀᆞ비)	袴	袴曰柯半 <梁書 新羅傳>	신라말 「柯半」은 ≪계림유사≫의 「袴曰珂背」 및 15세기 국어의 「ᄀᆞ외」와 일치하는 것으로, 「ᄀᆞ비」를 나타낸 것임.
洗*(션,신)	靴	靴曰洗 <梁書 新羅傳>	이 「洗」자는 「션」이란 음(音)도 가지고 있으므로, 중세국어의 「신[靴]」과 일치한다고 볼 수 있음.
吉*(길)	永	永同郡 本吉同郡 <삼국사기 권제34>	중세국어의 그림씨 줄기[語幹] 「길-[長, 永]」과 일치함.
居柒*(거츨)	萊,荒	東萊郡 本居柒郡 <삼국사기 권제34> 居柒夫 或云荒宗 <삼국사기 권제44>	중세국어의 「거츨-[荒]」과 일치함.
異次, 異處 *(잋)	厭	厭髑 或作異次 或云異處 方音之別也 譯云厭也 <삼국유사 권제3>	중세국어의 「잋-[困, 倦]」과 일치함.
密*(밀)	推	密城郡 本推火郡 <삼국사기 권제34>	중세국어의 「밀-[推]」과 일치함.

이 밖에도 신라말 어휘는 많이 재구(再構)될 수 있다. 특히 향가에 「道尸」<혜성가, 모죽지랑가, 청불주세가>, 「日尸」<보개회향가>, 「夜音」<모죽지랑가>, 「雲音」<찬기파랑가>, 「心音」<총결무진가>, 「城叱」<혜성가> 등의 표기가 보이는데, 그 말음 표기(末音表記)로 보아 이들이 중세국어의 「길, 날, 밤, 구름, ᄆᆞᅀᆞᆷ, 잣」과 일치한다. 또 「有叱」<혜성가, 모죽지랑가>과 「잇-」, 「折叱可」<헌화가>와 「것거」의 일치도 같은 부류에 속하는 것이다.

이렇게 볼 때, 중고~중세국어의 어휘가 신라말의 그것의 거의 계승이라고 말할 수 있겠다.

⑦ 신라말의 음운 체계(音韻體系)는 아직 해명되어야 할 많은 문제를 지니고 있는 바, 중고~중세국어의 그것과는 상당히 달랐던 것으로 해석된다. 앞에서도 이미 언급한 바와 같이, 고대국어에 관한 연구는 자료적 제약 때문에 연구에 많은 곤란을 겪는다. 더구나 음운 부문(音韻部門)에 있어서는 한차 표기(漢借表記)가 그 곤란성을 더하고 있다.

<닿소리 체계[子音體系]>

신라말의 닿소리 체계도 어떤 결정적인 사실을 논할 만한 자료가 없고, 다만 한자음과 그 밖의 것을 가지고 추측론을 전개할 수 있을 따름이다. 닿소리 체계에 있어서 우선 문제되는 것은 고대어에 이미 터짐소리[閉鎖音, 破裂音]에 있어 거센소리[有氣音, 激音] 계열과 된소리[硬音] 계열이 존재했었을까 하는 것이다.

㉮ 거센소리인 유기음에 대해서 말하면 그 존재를 확인케 하는 보기는 많지 않으나 고대말 곧 신라말에 이것이 존재했음을 알 수 있다. 보기를 들면, 「居柒夫 或云荒宗」<삼국사기 권제44 제2장>, 「東萊郡 本

「居柒山郡」<삼국사기 권제34 제8장>에서 「荒・萊」의 뜻을 가진 말을 「居柒」로 표기했으니, 「柒」의 한자음이 거센소리 「ㅊ(c^h)」이요, 또 이는 중세국어 「거츨-」과 대응한다. 그리고 「厭髑 或作異次 或云異處 方音之別也 譯云厭也」<삼국유사 권제3>의 「異次, 異處」는 「잋-」으로서 중세국어의 「잋-」(困, 倦)(피곤-)에 대응하는 것이다. 「보현십원가(普賢十願歌)」 중에는 「佛體」(부텨)란 말이 여러 번 나오고, 또 「直體良焉多衣」(고티란디)<광수공양가>, 「沙是八陵隱汀理也中」(새파론 나리 여히)<찬기파랑가> 들을 통해 볼 수 있다.

그러나, 거센소리인 유기음과 여린소리인 무기음(無氣音)의 상관 대립(相關對立)도 실상은 그렇게 현저한 존재가 아닌 것 같다. 이러한 대립이 중국말에서는 고대로부터 확고한 성격의 것이었는데도 우리나라 한자음(漢字音)[東音]에서의 반영은 그리 적확한 것이 못 된다는 것이다. 특히, 「ㅋ(K^h)」의 경우가 가장 두드러져 보인다.

중세국어에 있어서도 어두 유기음(語頭有氣音)을 가진 낱말은 그 수가 매우 제한되어 있으며, 후대에 와서 다소 증가되었으나 그 수가 적다는 사실은 주목할 일이다. 「키다[採], 크다[大], 콩[大豆], 키[箕]」 등에 불과하고, 그 뒤에 「고ㅎ[鼻], 갈ㅎ(갈, 刀)」 등이 「코[鼻], 칼(칼ㅎ, 刀)」 등으로 변하여 그 수가 다소 늘었다. 이러한 사실로 보아 한국말의 거센소리는 매우 제한된 조건에서 발달한 것임을 알 수 있게 된다.

㉯ 된소리인 경음(硬音)은 존재하였을까. 15세기 문헌에 보이는 된소리인 경음 「p'(ㅃ), t'(ㄸ), $č'$(ㅉ), k'(ㄲ)」은 아직 하나의 음소(音素)로서 존재하지 않은 것으로 여겨지니, 고대 말기부터 중세 초기에 걸쳐 발달한 것으로 보인다. 한국말의 된소리의 발달에 대해서 말하면 그것은 처음 어중 위치(語中位置)에서 나타나기 시작했으며, 뒤에 어두 위치(語頭位置)에도 나타나게 되어 음소(音素)로서 확립되게 된 것

으로 추측된다.

특히 우리나라 한자음[東音]은 신라말의 음운 체계를 거의 반영하고 있기 때문에 된소리 계열의 존재 여부도 이 한국말 한자음의 검토에서 알 수 있을 것이다. 중국의 중고음(中古音) 체계에는 전청(全淸) 「p(ㅂ), t(ㄷ), k(ㄱ)」, 차청(次淸) 「p^h(ㅍ), t^h(ㅌ), k^h(ㅋ)」, 전탁(全濁) 「p′(ㅃ), t′(ㄸ), k′(ㄲ)」의 3계열이 있는데, 1차적으로 중국음의 전청과 전탁은 우리나라 한자음[東音]의 예사소리[平音, 無氣音]로 나타났고, 차청은 거센소리[有氣音]로 나타나는 경향이 있었음을 알 수 있다. 동음(東音)에는 된소리[硬音]가 나타나 있지 않은 것으로 보아 신라말에는 된소리 계열이 존재하지 않았음을 알 수 있다.

그리고 현존하는 향가 25수를 해독함에 있어서도 된소리로 읽어야 할 곳은 발견되지 않았다.

이리하여 고대국어의 파열음(破裂音, 붙갈이소리인 파찰음 포함) 체계는 예사소리인 무기음(無氣音) 계열과 거센소리인 유기음(有氣音) 계열의 상관적(相關的) 대립으로 이루어졌던 것으로 결론지어 말할 수 있다.

    터짐소리[破裂音, 閉鎖音] 체계(體系)
      예사소리 : p(ㅂ) t(ㄷ) c(ㅈ) k(ㄱ)
      거센소리 : p^h(ㅍ) t^h(ㅌ) c^h(ㅊ) k^h(ㅋ)

이 터짐소리 외의 닿소리 음소(音素)로서는 다음과 같은 것들이 더 있었을 것으로 생각된다.

    갈이소리[摩擦音] : s(ㅅ) h(ㅎ)
    콧소리[鼻音] : m(ㅁ) n(ㄴ) ŋ(ㅇ)
    흐름소리[流音] : r · l(ㄹ)

그리고 15세기 국어의 음소 「β(ㅸ)」, 「z(ㅿ)」 등이 있었는데, 이들이 고대 신라말에서 어떤 음으로 소급되는 가의 문제다. 아마도 신라말에서는 홀소리 사이 「b」의 약화(弱化) 탈락은 아직 나타나지 않았던 것으로 보인다. 15세기 국어에서 순경음 「ㅸ」이 사용되었고(특히 《용비어천가》에 많이 나타남), 《계림유사》에도 「酒曰蘇孛」이란 기록이 나오고, 또 현재 경상도 방언에도 아직 보존된 형태로 나타나는 일이 많으니, 「사비[鰕], 말밤[藻], 더버서[暑]」 등과 같은 말이 쓰였다고 본다.

그리고 홀소리 사이 「s」의 약화 탈락은 가장 뒤늦게까지 계속되어 중세국어 말까지 ㅿ자로 표기되었고, 또 경상도 방언뿐 아니라, 전라도·충청도·함경도 등 많은 지방의 방언에 그대로 「s」를 보존한 형태가 많은 것으로 미루어 신라말에는 「ᄀᆞ술[秋], 겨슬[冬], 무수[蕪], 여시[狐]」와 같은 말이 쓰였다고 본다. 향가에도 「秋」를 뜻하는 국어 낱말을 「秋察」<제망매가>, 힘줌을 보이는 씨끝(어미) 「~사>ᅀᅡ>아>야」를 「~沙」<처용가>로 표기하였다. 이러한 보기는 홀소리 사이 「s」의 약화 현상이 없음을 말해 주는 것이라 하겠다.

다음으로 낱내[音節] 끝 닿소리의 발음에 있어서 신라말에서는 내파음화(內破音化)가 아직 일어나지 않았던 것으로 보인다. 곧, 고대국어에서는 「s(ㅅ)」, 「c(ㅈ)」를 비롯한 모든 닿소리가 낱내 끝 위치에서도 제대로의 소리값을 가지고 있었다. 향가에서 「折叱可」(것거)<헌화가>, 「有叱」(잇-)<혜성가, 모죽지랑가>, 「城叱」(잣)<혜성가> 등에서 낱내 끝 「ㅅ」과, 「임금」을 뜻하는 「尼叱今」이 「尼斯今」 또는 「尼師今」으로 표기된 것으로 낱내 끝 「s」가 발음되었음을 알 수 있다. 또 「枝次」(갖)<찬기파랑가>, 「蓬次」(다봊)<모죽지랑가>, 이차돈(異次頓)의 「異次」(잊-)<삼국유사 권제3> 등의 보기에서 낱내 끝 「c(ㅈ)」, 「c^h(ㅊ)」이 발음되었음을 알 수 있다.

그 밖에 또 낱내 끝 닿소리 [r](ㄹ)은 「尸」자로 표기되어 있다. 향가에서 보기를 보이면 「道尸」(길)<혜성가>, 「二尸」(두블)<도천수관음가>, 「日尸」(날)<보개회양가> 등과 같다.

<홀소리 체계[母音體系]>

고대국어의 음운론(音韻論)에서 홀소리 체계[母音體系]의 재구(再構)는 닿소리 체계[子音體系]의 재구에 비하여 매우 어려운 문제이나, 알타이 공통어(共通語)의 홀소리 음소(音素)는 「a(ㅏ) o(·) u(ㅗ) ä(ㅓ) ü(ㅜ) ö(ㅡ) i(ï)(ㅣ)」 등 7개로 보기도 하고 또 8개로 보기도 한다.

그런데 우리가 확실히 알고 있는 한국말의 최고(最古)의 홀소리 체계로는 15세기 중엽의 것인 바, 이것은 다음과 같이 7개의 홑홀소리 [單母音]이었다.

밝은홀소리 : · ㅗ ㅏ
어두운홀소리 : ㅡ ㅜ ㅓ
중간홀소리 : ㅣ

이 홑홀소리 7음소의 「ㅣ, ㅓ」는 앞홀소리이고, 「ㅡ, ·, ㅏ, ㅜ, ㅗ」는 뒤홀소리인데, 훈민정음(訓民正音) 제정 당시의 글자가 오늘날의 「ㅏ(a), ·(ə), ㅗ(o), ㅓ(ʌ,ə), ㅡ(i,ɯ), ㅜ(u), ㅣ(i)」와 같이 그대로의 발음이었는가에 대해선 의심을 제기하는 이도 있으나, 우선 오늘과 변함없는 발음으로 생각하고 싶다. 다만 현재 쓰지 않는 「·」음은 「ㅡ」와 「ㅏ」의 사이에 자리잡은 가온혓소리[中舌音], 곧 복판홀소리로7), 현재

―――――――――
7) 「·」 ; ①유희 : ≪언문지≫ ㅏㅡ의 간음, ②주시경 : ≪국어문법≫ ㅏㅡ의 겹, ③김두봉 : ≪조선말본≫ ㅏㅡ의 거듭, ④최현배 : ≪한글갈≫ ㅡ와 ㅏ의 사이에 자리잡은 가온혓소리[中舌音], 결국은 복판홀소리[中央母音], ⑤이숭녕 :

제주도 방언에 남아 있는 발음이 그 당시의 발음에 가까운 것을 보존하고 있다고 본다.

고대국어의 홀소리 체계가 어떠했는지는 현존 한자 표기 자료로서는 명확히 알 수는 없으나, 대개는 중세국어와 같지 않았을까 여겨진다. 이제 중세 한국말의 7홀소리 체계의 음소(音素)를 알타이 공통어(共通語)의 음소로 대조해 보면 다음과 같다.

중세국어 음소 : a ə o ɐ(ʌ) ɨ u i (ㅏ · ㅗ ㅓ ㅡ ㅜ ㅣ)
알타이공통어 음소 : a o u ä ü ö ï(i) (ㅏ · ㅗ ㅓ ㅜ ㅡ ㅣ)

고대국어 홀소리 체계에서 가장 문제되는 깃은 홀소리「·」(ə)와 「ㅡ」(ɨ,ɯ)의 존재이다. 중세국어에서의「·」와「ㅡ」의 전신(前身)이 무엇인가 하는 점이다. 홀소리 체계에 있어서의 위치나 대응(對應) 보기들은 이 홀소리들이 각각 알타이 조어(祖語)의 계통을 이어 받았음을 알 수 있다. 우리말에서「·」로 표기되던 낱말을 알타이 제어(諸語)에 대조해 보면, 앞에 보임과 같이 대개「o」로 발음되는 일이 많다.

좀-[沈潛] : 터어키말 com-
물[馬] : 몽고말·만주말·골디어 morin
ᄒᆞ나[一] : 만주말 sonio, 퉁구스말 soli

따라서 15세기 중엽의 한국말의 홀소리 체계는 알타이 공통조어(共通祖語)에서 많은 변화를 일으킨 것으로 보이는데, 이것이 어느 시대에 어떤 과정을 밟아 일어났는지 알기 어렵다.

또 현존하는 신라말 자료에서는 홀소리어울림[母音調和]의 확실한 증거를 보여 주지 않는다. 그러나, 현용 국어보다 근대국어에서 근대

ㅏ와 ㅗ의 사이의 소리, ⑥허웅 : 《우리옛말본》「ㄴ」소리의 혀에, 입술 오므림을 던소리[ʌ] 내지는 [V] 소리의 표기.

국어보다 중세국어에서 홀소리어울림이 더 준수되었던 것으로 보아 신라말에서의 홀소리어울림의 존재는 물론이요, 그것이 매우 엄격히 준수되었을 것으로 추측된다.

 이상의 걸친 검토로 우리는 중고~중세국어가 신라말을 거의 뿌리로 하여 형성되었다는 것을 알 수 있게 되었다.

V. 중고국어

1. 개관

2. 자료

3. 음운 · 어휘 · 말본

V. 중고국어

1. 개관

　중고국어의 기간은 서력기원 10세기 초엽인 918년 왕건(王建)이 고려를 세우고난 뒤인 935년경 신라로부터 나라를 그대로 이어받아 이성계(李成桂)가 조선을 건국하고 54년이 되는 세종(世宗) 28년(1446) 훈민정음(訓民正音)이 창제 반포될 때까지를 말한다. 대체로 고려시대의 언어를 말한다.
　이 기간은 고려 왕조가 개경(開京：開城)을 중심으로 하여 건설되자 정치적・경제적・문화적 중심이 금성(金城：慶州)으로부터 개경으로 옮겨지니, 이로 말미암아 자연히 언어도 지대한 영향을 미쳤다. 그때까지의 수백년에 걸친 금성 중심의 질서가 깨어지고, 한국 본토 중부(中部)에 위치한 개경이 중심지가 되니, 개경말이 중앙어로 되었다. 그 뒤 조선이 건국됨과 동시에 개경으로부터 한양(漢陽)인 현 서울로 이 중심이 다시 옮겨졌으나, 이것은 우리 언어사(言語史)에 있어 아무런 변화도 의미하지 않는다. 이 상태(狀態)가 오늘날까지 지속되고 있으므로 오늘의 국어는, 직접적으로는 10세기 초엽에서 14세기경까지 개경에서 형성된 고려의 중앙어(中央語)로 거슬러 올라가는 것이다.
　따라서 고려 중앙어의 성립은 국어사에 있어서 하나의 새로운 단계를 긋는 획기적인 중대한 사실이라 할 수 있다. 그러므로, 우리는 10세기에서 15세기 중엽까지의 한국말을 중고국어라 부른다. 이 중고국어의 성립은 한국말 형성사의 마지막 장을 장식하는 초점이 된다고 하겠다.

그런데 고려는 고구려의 뒤를 잇는다는 것이 건국이념이었으나, 개경과 인접지인 한강 유역 일대의 땅이 역사적으로 보면 마한과 백제를 거쳐 고구려, 신라에 이어졌음을 보아 개경에는 신라말은 물론이요, 고구려말과 백제말의 잔영(殘影)이 있을 것이 분명하고, 고려 중기에는 몽고(蒙古)의 침략이 오랫동안 계속되었으므로 몽고말의 영향도 다소 있었을 것이며, 또 서북부인 압록강과 두만강 부근에는 여진족(女眞族)이 살고 있었으니, 여진말의 영향도 있었을 것이다.

중고국어의 표기에 있어서도 한자를 빌어 국어를 표기했다는 점은 고대국어의 표기와 같다고 하겠으나, 삼국 특히 신라국어 시기에 있어서 정립된 향가에 쓰여진 향찰 표기 체계가 쇠퇴되고 말았으니, 이는 몹시 아쉬운 점이 아닐 수 없다. 그러나, 이두와 구결이 발달하여 중세국어와 근세국어까지 이어져 왔다.

그리고 자료면에 있어서도 중고국어는 고대국어 못지않게 매우 적다. 12세기 초에 된 어휘집인 ≪계림유사≫와 그 뒤에 된 ≪조선관역어(朝鮮館譯語)≫ 등 10여점의 자료가 있다. 이 자료들마저 단편적인 어휘 중심의 자료들이라 음운(音韻)과 말본을 두루 연구하기에는 부족한 자료들이다.

2. 자료(資料)

중고국어에 관한 자료는 고대국어의 자료보다는 다소 나은 편이지만, 자료의 빈약과 그나마 있는 자료가 한자차용표기(漢字借用表記) 자료로서 또 대부분이 어휘 중심의 자료이기 때문에 음운·어휘·말본 등을 두루 체계적으로 연구하기에는 어려운 형편이다.

현재 알려진 중고 국어의 중요한 자료로는 12세기 초에 중국 송(宋)나라 손목(孫穆)에 의하여 편찬된 ≪계림유사≫와 13세기 중엽에 된 우리나라의 의약서 ≪향약구급방≫을 들 수 있다. 그리고 비록 훈민정음 창제 반포 이후에 이 훈민정음 글자로 정착(定着)되었기 때문에 그 원형과는 좀 거리가 있다고 하겠으나, ≪악학궤범≫과 ≪악장가사≫ 등에 실린 고려가요(高麗歌謠)들도 많은 참고가 되며, 중국 명(明)나라 영락(永樂) 연간인 15세기 초엽에 편찬된 것으로 여겨지는 ≪화이역어(華夷譯語)≫ 중에 「조선관역어(朝鮮館譯語)」는 고려말의 언어와 조선초의 언어를 이해하는데 도움이 되는 자료다. 또 근래 발견된 구결(口訣) 표기 자료인 ≪구역인왕경(舊譯仁王經) 상(上)≫ 등과, 이두 표기 자료인 ≪직해대명률(直解大明律)≫(1395)과 ≪양잠경험촬요(養蠶經驗撮要)≫(1415) 등은 중고어 연구에 빼놓을 수 없는 자료들이다. 그리고 더 말할 수 있다면, 한문만으로 쓰여진 자료이지만 ≪고려사(高麗史)≫(1454)에 기록된 인명·지명·관직명 등의 홀로이름씨 표기와, 고려말의 향찰체 표기 자료 「도이장가(悼二將歌)(1120)」 등의 자료들이다. 다만 ≪균여전(均如傳)≫(1075)에 실려 있는 보현십원가(普賢十願歌) 11수는 신라말 자료에 포함시켰기 때문에 중고국어 자료에서는 제외된다.

(1) 계림유사(雞林類事)

중국 송(宋)나라 외교관(송대에 고려국 신서장관으로 왔었음)인 손목(孫穆)이 12세기초(1103~1104간)에 편찬한 백과서(百科書)이다. 지은이가 고려 숙종(肅宗) 8년(1103)경 신서장관(信書狀官)으로 고려에 다녀간 뒤 자기가 직접 듣고 익힌 고려의 토속과 언어 356항(順治版, 1647)을 가려 한·한대역 어휘집(漢韓對譯語彙集)으로 엮은 것이다. 본래 ≪계림유사≫는 3권으로 토풍(土風)·조제(朝制)·방언(方言)의 3부(部)와 부록(附錄)의 표문집(表文集)으로 되어 있던 것인데, 오늘날 전하는 것은 방언부(方言部)와 토풍(土風), 조제(朝制)의 일부분(一部分)이다. 오늘날 알려진 ≪계림유사≫에는 세 이본(異本)이 있는바, 순치판 설부(順治板說郛)와 고금도서집성(古今圖書集成)(1725)과 민국판 설부(民國板說郛)(1927)에 실려 전하는 것이 그것이다. 판본에 따라 조금의 차이가 있다.

이 책에 실려 있는 어휘 중의 몇 어휘를 보기로 보이면, 다음과 같다.

> 天曰漢捺, 雪曰嫩, 火曰孛, 山曰每, 水曰沒, 井曰烏沒, 木曰南記, 竹曰帶, 柿曰坎, 今日曰烏捺, 面曰捺翅, 索曰那, 高曰那奔, 黃曰那論, 被曰泥不, 刀曰割, 弓曰活, 足曰潑, 石曰突, 馬曰末, 斗曰抹, 針曰板捺, 猪曰突, 花曰骨, 五曰打戌, 六曰逸戌, 尺曰作, 蚤曰批勒, 炭曰蘇戌, 箸曰折.

이것은 먼저 중국말을 보이고 다음에 한국말(고려말)을 한자음을 빌어 표기한 것이다. 이 어휘들의 이해를 돕기 위하여 15세기 국어의 형태로 보이면 다음과 같다.

> 하눌, 눈, 블, 뫼, 믈, 우믈, 낡, 대, 감, 오늘, 눛, 노, 노폰, 노론, 니블, 갈, 활, 발, 돌, 몰, 말, 바늘, 돈, 곶, 다숫, 여슷, 자ㅎ, 벼록, 숫, 져.

이와 같이 12세기의 국어와 15세기 국어를 놓고 볼 때 같은 말임을 알 수 있다. 그러나, ≪계림유사≫에 실려있는 어휘 중 15세기 이후의 국어로는 해석할 수 없는 어휘들이 많이 있다.

(2) 향약구급방(鄕藥救急方)

이 책은 우리나라 의학서(醫學書)로서 초간은 고려 고종(高宗) 때 (1236년경)에 대장도감(大藏都監)에서 간행된 것인데 전하지 않고, 조선 태종(太宗) 17년(1417)에 간행된 중간본(重刊本)이 전하는데, 3권 1책으로 된 목판본이다. 이 중간본도 현재 국내에는 없고 일본 궁내성(宮內省) 서능부(書陵部)에 소장되어 있다.

책의 내용은 향약(鄕藥)으로 위급한 환자의 병을 치료하는 방문을 설명한 것이다. 이 책 권말 부록의 방중향약목초부(方中鄕藥目草部)에는 동광물명(動鑛物名) 및 식물명(植物名) 등 119종의 약초명(藥草名)이 한자의 새김[釋]과 음(音)을 빌려 표기하였다.

菖蒲：松衣亇・消衣亇*(숑의마), 白朮：沙邑菜*(삽치), 茺蔚子：目非也次・目非阿次*(눈비얒), 兎絲子・鳥伊麻*(새삼), 麥門冬：冬沙伊・冬乙沙伊(겨슬사리), 獨活：虎駕草*(범노리플), 升馬：雉骨木・雉馬老草*(꾀모로플), 車前子：吉刑菜實*(길경치열음)[1]

이 이두(吏讀)로써 토박이말을 표기해 놓은 자료는 13세기 중엽의 국어를 연구하는데 귀중한 자료가 된다. 이 책에 실려 있는 어휘들도 15세기 이후의 국어로 해석할 수 없는 것이 꽤 있다.

---

1) 최범훈(崔範勳) ≪한국어발달사≫ (경운출판사, 1990. 10. 30) 99쪽에서 다시 인용하였다.

(3) 조선관역어(朝鮮館譯語)

이 책의 편찬자는 미상이나, 중국인의 외국어 교재(外國語敎材)로 엮은 ≪화이역어(華夷譯語)≫ 속에 수록된 13개국(朝鮮・日本・女眞・琉球・安南 등) 역어(譯語) 중의 1편이다. 이것은 원대(元代)의 13개국 역어가 있었으나 전하지 않고, 조선 태종 8년(1408, 명나라 永樂 6년)에 해당하는 해에 중국 명(明)나라 북경(北京)에 설치된 회동관(會同館)에서 편찬된 것으로 추정되는 것이라 전한다. 현재 ≪조선관역어≫는 몇 개의 이본을 갖고 있다.

이 ≪조선관역어≫는 천문(天文)・지리(地理)・시령(時令)・화목(花木)・조수(鳥獸)・궁실(宮室)・기용(器用)・인물(人物)・인사(人事)・신체(身體)・의복(衣服)・성색(聲色)・진보(珍寶)・음찬(飮饌)・문사(文史)・수목(數目)・간지(干支)・괘명(卦名)・통용(通用)의 19개 부문(部門)으로 나뉘어져 있는데, 여기에 그 시기의 어휘 596개가 수록되어 있다. 그 체재를 보면, 한 어휘가 3단(段)으로 구분되어 있는데, 첫 단에는 중국말을 보이고, 다음 단은 국어(한국말)를 한자음을 빌어 표기하고, 맨 끝단은 중국어음(中國語音)에 대한 당시 국어음을 유사한 한자로 표기하고 있다. 보기를 들면 「천문문(天文門)」에,

중국말	국어(한국말)	중국어음
天	哈嫩二	忝
日	害	忍
月	得二	臥
星	別二	省
風	把論	捧

와 같이 기록되었다. 여기에서 이 어휘들의 이해를 돕기 위하여 훈민정음 창제 당시의 국어의 형태로 보이면 다음과 같다.

하눌(哈嫩二, 석보상절 6 : 35),
힁(害, 용비어천가 50장),
둘(得二, 훈민정음해례 용자례),
별(別二, 훈민정음해례 용자례, 용비어천가 101장),
ᄇᆞ람(把論, 석보상절 9 : 24).

여기에 「二」는 「ㄹ(r)」 받침을 적은 것이다.

그리고 ≪조선관역어≫는 고려 중기에 발생한 것으로 보이는 반치음 「ㅿ」과 순경음 「ㅸ」의 자료를 제공해 주고 있다.

음소	중국말	조선관역어	중세국어
ㅿ	邊	格自*(ᄀᆞᅀ)	ᄀᆞᇫ(ᄀᆞᇫ)
	秋	格自*(ᄀᆞᅀᆞᆯ)	ᄀᆞᅀᆞᆯ
	冬	解自*(겨ᅀᆞᆯ)	겨ᅀᆞᆯ
ㅸ	二	覩卜二	둘
	酒	數本	수울(수을)
	中	憂噴得	가온ᄃᆡ

여기에서 반치음 「ㅿ」의 쓰임은 의심할 여지가 없으나, 순경음 「ㅸ」에 있어서는 「卜」과 「噴」, 「本」의 첫 닿소리를 순음(脣音) 「ㅂ」이나 순경음(脣輕音) 「ㅸ」 어느 것으로 읽을 것인가는 문제가 되는 국어 발달사 연구의 자료가 되는 것이다. 이것을 순경음 「ㅸ」으로 하여 읽을 경우 다음과 같은 형태로 표기할 수 있겠다.

두ᄫᅳᆯ(覩卜二), 수ᄫᅳᆯ(數本), 가ᄫᅩᆫᄃᆡ(憂噴得)

(4) 구역인왕경(舊譯仁王經)

이 ≪구역인왕경(舊譯仁王經) 상(上)≫은 1973년 12월에 충청남도서산(瑞山) 문수사(文殊寺)의 불상복장유물(佛像腹藏遺物) 속에서 발견되었는데, 5장(張, 2, 3, 11, 14, 15) 뿐이다. 목판본이다.

구결 자료인 ≪구역인왕경 상≫은 고려 충목왕(忠穆王) 2년(1346) 이전의 문헌으로 추정되는데, 글줄 사이에 붓글씨로 써 넣은 부분이 중요한 자료이다. 그것은 한문을 당시의 우리말로 완전히 해석한 훈독(訓讀)이기 때문이다. 그 내용의 일부를 소개하면 다음과 같다.

相 無叱隱飛叱 第一義隱 自無叱焉 他作 無叱焉 爲㫆……無刀 無爲隱知沙 諦實爲隱飛叱 無亦飛隱亦羅 寂滅亦焉 第一空亦焉 爲㫆諸隱 法隱 因緣以 有爲㫆爲古隱 有臥 無臥叱 義亦 是亦 如多 爲在多[2]

이 자료는 조선시대의 구결 자료와 달라 이해하기 어려움이 많다.

(5) 직해대명률(直解大明律)

고려말 조선조 개국 초에 고사경(高士褧)·김지(金祗) 등이 명(明)나라의 법률서인 ≪대명률≫을 이두문으로 대역(對譯)해 놓은 것으로 조선 태조 4년(1395)에 간행되었는데, 모두 30권 3책으로 되어 있다.

이 ≪직해대명률≫은 고려시대 이두의 집성(集成)이라 할 수 있다. 간행은 태조 4년이나 그 방대한 자료는 고려시대에 완성되었을 뿐만 아니라 고려시대 언어의 반영으로 보아 손색이 없기 때문이다.

그리고 특히 고려조에 발달한 이두는 독자적인 표기 체계로 투식화(套式化)되어 조선조에 계승되었는데, 이 ≪직해대명률≫에 와서 다시 정비되었다고 하겠다.

≪직해대명률≫의 예문은 제3장 「국어표기문자」의 이두 자료 예문에서 인용하였으므로 여기서는 생략한다.

---

[2] 최범훈 : 앞든 책 99쪽에서 다시 인용하였다.

(6) 도이장가(悼二將歌)

고려 예종(睿宗) 15년(1120)에 예종 임금이 지은 향가체(鄕歌體)에 속한다는 가요로서 형식은 8구체로 되었다. 서경(西京 : 平壤)에서 팔관회(八關會)가 열렸을 때 임금이 참석하고 그 자리에서 개국 공신(開國功臣)인 김낙(金樂)과 신숭겸(申崇謙) 두 장군을 추도(追悼)하여 지은 노래이다. ≪평산신씨장절공유사(平山申氏壯節公遺事)≫에 전한다.

≪평산신씨장절공유사≫에 실린 배경설화와 노래는 다음과 같다.

왕건(王建)이 팔공산에서 후백제 견훤의 군대에 포위되어 형세가 대단히 급박했다. 신숭겸장군은 왕건을 숲 속에 숨기고 자기가 왕건의 옷을 입고 역전하다가 전사했다. 이때에 함께 싸운 장군이 김낙이다. 뒷날 왕건이 고려를 세우고 팔관회를 열어 군신이 큰 연회를 베풀었다. 임금은 자기를 대신하여 죽은 두 공신이 없음을 한탄하여 짚으로 두 장군의 상을 만들어 상석에 앉히고 술을 따르게 했다. 그랬더니 잔의 술이 마르고 두 가상(假像)이 일어나 춤을 추었다. 이로부터 고려의 역대 임금은 팔관회를 열 때마다 두 장군의 상을 모시게 되었다고 한다. 예종이 팔관회를 서경에서 열었을 때 연정(宴庭)에 말을 타고 들어오는 두 가상을 보았다. 신하에게서 개국공신 신(申)·김(金) 두 장군이라는 말을 듣고 즉석에서 한수씩의 한시와 노래를 읊었던 것이다.

여기에서 그 노래의 본문을 보이기로 한다.

主乙 完乎白乎　　　　니믈 오올오슬본
心聞 際天乙 及昆　　　ᄆᄉᆞᆷ ᄀᆞ하ᄂᆞᆯ 밋곤
魂是 去賜矣中　　　　넉시 가샤디(가샤디히)
三烏賜敎 職麻 又欲　　사ᄆᆞ샨 벼슬마 쏘ᄒᆞ져

望彌 阿里刺　　　　　　　 ᄇᆞ라며 아리라
及 彼可 二 功臣良　　　　그 쁴 두 功臣여
久乃 直隱　　　　　　　　오라나 고돈
跡烏隱 現乎賜丁　　　　　자최ᄂᆞᆫ 나토샨뎌

(7) 고려 속요(高麗俗謠)

고려 속요는 구전되어 오다가, 조선초 훈민정음이 창제된 뒤에 훈민정음으로 적혀 내려오고 있는데(≪악학궤범≫과 ≪악장가사≫ 등에 수록됨), 이러한 노래는 고려 시대의 말을 그대로 알려 주지는 못하지만, 그래도 고려말의 편모를 보여 준다.

여기에서는 ≪악학궤범≫에 실려 있는 고려가요「동동(動動)」한 편만 보이기로 한다.

德으란 곰ᄇᆡ예 받ᄌᆞᆸ고
福으란 림ᄇᆡ예 받ᄌᆞᆸ고
德이여 福이라 호ᄂᆞᆯ
나ᅀᆞ라 오소이다
　아으 動動다리

正月ㅅ 나릿 므른　　　　　二月ㅅ 보로매
아으 어져 녹져 ᄒᆞ논ᄃᆡ　아으 노피 현
누릿 가온ᄃᆡ 나곤　　　　燈ㅅ블 다호라
몸하 ᄒᆞ올로 녈셔　　　　萬人 비취실 즈시샷다
　아으 動動다리　　　　　　아으 動動다리

三月 나며 開ᄒᆞᆫ　　　　 四月 아니 니지(저)

아으 滿春 둘 욋고지여
ᄂᆞ미 브롤 즈을
디녀 나샷다
　아으 動動다리

아으 오실셔 곳고리새여
므슴다 錄事니믄
녯나ᄅᆞᆯ 닛고신뎌
　아으 動動다리

五月 五日애
아으 수릿날 아ᄎᆞᆷ 藥은
즈믄힐 長存ᄒᆞ샬
藥이라 받줍노이다
　아으 動動다리

六月ㅅ 보로매
아으 별해 ᄇᆞ룐 빗 다호라
도라 보실 니믈
젹곰 좃니노이다
　아으 動動다리

七月ㅅ 보로매
아으 百種 排ᄒᆞ야 두고
니믈 ᄒᆞᆫ디 녀가져
願을 비ᅌᆞᆸ노이다
　아으 動動다리

八月ㅅ 보로ᄆᆞᆫ
아으 嘉俳나리마론
니믈 뫼셔 녀곤
오ᄂᆞᆯ낤 嘉俳샷다
　아으 動動다리

九月 九日애
아으 藥이라 먹논
黃花 고지 안해 드니
새셔 가만ᄒᆞ얘라
　아으 動動다리

十月애
아으 져미연 ᄇᆞ룻 다호라
것거 ᄇᆞ리신 後에
디니실 ᄒᆞᆫ부니 업스샷다
　아으 動動다리

十一月ㅅ 봉당 자리예
아으 汗衫 두퍼 누워
슬홀ᄉᆞ라온뎌
고우닐 스싀옴 녈셔
　아으 動動다리

十二月ㅅ 분디남ᄀᆞ로 갓곤
아으 나ᄉᆞᆯ盤잇 져다호라
니믜 알ᄑᆡ 드러 얼이노니
소니 가재다 므ᄉᆞᆸ노이다
　아으 動動다리

이 노래는 서연(序聯)을 포함하여 모두 13연(聯)으로 되어 있는데, 그 중 두번째 연에 나오는 「나리」[川]는 훈민정음 창제 당시 문헌에서 그 보기를 찾기 어려우나 누리→뉘[世], 서리→시[間]로 변한 것처럼 나리→내 됨이 분명하다.

(8) 양잠경험촬요(養蠶經驗撮要)

이 ≪양잠경험촬요≫는 우리나라 잠서(蠶書) 혹은 농서(農書) 중에서 가장 오래된 책인데, 서울 통문관 서사(通文館書肆) 이겸로(李謙魯) 님이 소장하고 있던 것을 1965년 이광린(李光麟)님의 논문3)에 의해 알려지게 된 이두 표기 자료이다.

조선 초기에 우대언(右代言) 한상덕(韓尙德)이 태종(太宗)의 명을 받들어 원(元)나라 농서(農書)인 ≪농상집요(農桑輯要)≫에서 양잠에 관한 부분을 이두로 번역한 것을 경상도 관찰사인 안등(安騰)이 주선하여 태종 15년(1415) 경주에서 간행한 책이다. 현재 원간본은 전하지 않고, 이겸로님 소장본은 16세기 중간본의 후쇄본으로 추정된다.

이 책은 모두 44장(張)에 불과한 단권의 소책자로 된 목판본이다. 그러나, 여기에는 138종의 이두 어휘가 내포되어 있어 ≪직해대명률≫ 등에 쓰여진 이두와 아울러 선초(鮮初)의 이두 연구에 중요한 자료가 된다.

≪양잠경험촬요≫의 예문은 제3장 「국어표기 문자」의 이두 자료 예문에서 인용하였으므로 여기서는 생략한다.

---

3) 이광린 :「養蠶經驗撮要」에 對하여 - ≪歷史學報≫ 第二十八輯(歷史學會, 1965. 9. 25) 25~40쪽 참고.

(9) 금석문(金石文) 이두 표기 자료

삼국시대부터 쓰기 시작한 이두체 표기법은 고려조에 발달하여 조선조 후기에 이르기까지 계속 사용되어 왔다. 그러나, 현존하는 고려시대의 이두 자료는 주로 금석문일 뿐 아니라 그 자료도 많지 않아 연구에 불충분하다. 그러나, 고려말을 거쳐 조선초에 이루어진 ≪직해대명률≫과 ≪양잠경험촬요≫ 등의 문헌이 있어 연구에 다소나마 도움을 주고 있다.

여기에서는 금석문 이두 표기 자료 중에서 중요한 몇 가지 자료의 명칭만을 밝히고자 한다.

경청선원 자적선사 능운탑비(境淸禪院慈寂禪師凌雲塔碑) (941년경)
고달사 원종대사탑비(高達寺元宗大師塔碑) (977년)
정도사 조탑비(淨兜寺造塔碑) (1031년)
통도사 국장생석표(通度寺國長生石標) (1085년)
장성백암사첩문(長城白巖寺貼文) (1378년)

3. 음운 · 어휘 · 말본

(1) 음운(音韻)

중고국어의 언어 자료로서 앞에서 밝힌 바 있지만, 그 중에서 가장 중요한 자료는 ≪계림유사≫(1103~1104년간), ≪향약구급방≫(1236년경), ≪직해대명률≫(1395년), ≪조선관역어≫(1403~1424년간) 들이라 하겠다.

이들 자료는 매우 미소하나, 중고국어 기간 5세기 중 12세기 초엽부터 15세기 초엽까지 3세기 동안의 중고국어의 음운적 여러 상태를 다소나마 보여 주고 있어 다행이라 하겠다. 특히 음운사적(音韻史的) 관점에서 보아 중대한 사실을 암시해 준다.

(1-1) 닿소리 체계[子音體系]

중고국어의 닿소리 체계를 재구(再構)한다는 것은 어려운 일이나, 현재 전하는 여러 어휘 자료를 통하여 볼 때, 중고국어 전기의 닿소리 기본 음소[子音基本音素]는 신라시대의 기본 음소를 거의 그대로 가졌을 것이며, 중고국어 후기의 기본 음소는 터짐소리[破裂音, 閉鎖音]「p(ㅂ), pʰ(ㅍ), p'(ㅃ), t(ㄷ), tʰ(ㅌ), t'(ㄸ), c(ㅈ), cʰ(ㅊ), c'(ㅉ), k(ㄱ), kʰ(ㅋ), k'(ㄲ)」, 갈이소리[摩擦音]「s(ㅅ), s'(ㅆ), z(ㅿ)」, 콧소리[鼻音]「m(ㅁ), n(ㄴ), ŋ(ㆁ)」, 흐름소리[流音]「r·l(ㄹ)」등 이었다고 추정되는 바, 이를 조음 위치별에 따라 아설순치후(牙舌脣齒喉)의 오음(五音)의 순서로 다시 배열해 보이면 다음과 같다.

홑닿소리(단자음) : 21개
    어금닛소리계(아음계)(4개) : k(ㄱ), k'(ㄲ), kʰ(ㅋ), ŋ(ㆁ)
    혓소리계(설음계)(5개) : n(ㄴ), t(ㄷ), t'(ㄸ), tʰ(ㅌ), l(ㄹ)
    입술소리계(순음계)(5개) : m(ㅁ), p(ㅂ), p'(ㅃ), pʰ(ㅍ), β(ㅸ)
    잇소리계(치음계)(6개) : s(ㅅ), s'(ㅆ), c(ㅈ), c'(ㅉ), cʰ(ㅊ), z(ㅿ)
    목구멍소리계(후음계)(1개) : h(ㅎ)

겹닿소리(복자음) : 4개
    ㅂ-계 : ps(ㅄ), pt(ㅳ)
    ㅅ-계 : sp(ㅺ), st(ㅼ)

중고국어의 닿소리 체계에 있어서 먼저 말할 것은 신라말에서 이미 발생한 것으로 기술한 거센소리[有氣音, 激音]의 존재에 대한 일이다. 12세기초의 문헌인 ≪계림유사≫의 「深曰及欣」*(급흔)·「高曰那奔」*(노분) 등의 어휘는 그 표기가 매우 불완전함을 면하기가 어렵지만, 「大曰黑根」*(큰<ㅎ근)과 같은 어휘의 표기가 그 전통을 보여주고 있으므로 거센소리의 존재에 대하여는 조금도 의심할 여지가 없다고 할 수 있다.

다음에 말할 것은 고대국어인 신라말의 음운 체계(音韻體系)와 비교할 때, 닿소리에 있어 된소리[硬音]와 말첫머리 닿소리떼[語頭複合子音, 語頭子音群], 그리고 순경음 「ㅸ(β)」과 반치음 「ㅿ(z)」가 나타난 것 등에 대한 일이다. 그러나, 이들의 현상은 중고국어의 전기보다 중고국어의 후기에 들어와서 발생한 현상이다. 이러한 현상은 중고어의 닿소리 체계 상[子音體系上]의 특징이라 하겠다. 이제 이에 대하여 하나하나 기술하기로 한다.

첫째, 「ㅄ, ㅼ」과 같은 말첫머리 닿소리떼 문제에 대한 일이다. 훈민정음 창제 당시인 15세기 중엽 국어 자료에서 찾아볼 수 있는 이들 「ㅄ, ㅼ」의 말첫머리 닿소리떼는 중고국어 전기에는 아직 등장하지 않고, 이들 닿소리 복합(複合)의 첫째 요소인 「ㅂ」은 모종의 홀소리와 어울려, 한 낱내[音節]를 이루고 있던 것으로 추정된다. ≪계림유사≫를 보면,

  白米曰漢菩薩*(힌보술)
  粟曰田菩薩*(조보술)
  女兒曰寶妲*(보둘)

등과 같이 기록되어 있는데, 이들의 기록과 중세국어 초기인 15세기 중엽의 어형(語形) 「힌뿔<월인석보 8 : 90>, 뿔<석보상절 6 : 14>, 쏠<용비어천가 96장>」을 대비시켜 보면 곧 이해되는 사실이다. 요컨대, 중고국어 전기에는 어두(語頭)에 「ㅄ, ㅳ」과 같은 말첫머리 닿소리떼가 없었고 두 낱내말[二音節語]이었음을 보여준다. 이것은 또한 결과적으로 「ㅂ」이 속해있던 낱내[音節]의 홀소리가 12세기 초기의 문헌인 ≪계림유사≫ 시대에서 얼마 내려오지 않은 시기에 약화 탈락했다는 음운변화를 말해 준다.

 ≪직해대명률≫(1395)에 나오는 「叱分」이나 「叱段」과 같은 이두(吏讀)는 *「쁜」, *「쁜」의 표기로 볼 수 있으니, 말첫머리 닿소리떼[語頭子音群]는 13세기경에 형성되었다가 15세기에 들어 후행자음(後行子音)의 된소리화[硬音化]를 남기고 「ㅂ」이 탈락되기 시작하였던 것으로 보인다[4]. ≪직해대명률≫에 나오는 용례는 조선 태종 15년(1415)에 나온 ≪양잠경험촬요≫에도 비슷한 용례가 보인다.

 둘째, 울림갈이소리[有聲摩擦音] 「△(z)」의 발생에 대한 일이다. ≪계림유사≫는 고대국어에서는 볼 수 없었던 반치음 「△」을 보여주고 있으니, 곧 「弟曰丫兒」, 「四十曰麻刃」의 두 어휘는 중세국어의 「아ᅀᆞ(아우)<훈민정음 용자례>」, 「마ᅀᆞᆫ(마흔)<용비어천가 88장>」과 동일한 것으로 본다. 이 닿소리는 생각컨대 고려 공통어(高麗共通語)의 토대가 된 개성 중심의 방언의 한 특징이었던 것으로 보인다. 이 닿소리는 주지하는 바와 같이 홀소리 사이[母音間] 「-s(ㅅ)-」의 약화과정으로서 울림소리로 된 것이다[5].

---

4) 이철수(李喆洙) : ≪韓國語史≫(개문사, 1990. 8. 26 중판) 144쪽의 글을 일부 고치어 인용하였다.

그러나, ≪조선관역어≫에는 「天邊 哈嫩格自」, 「秋 格自」, 「冬 解自」, 「弟 阿自」, 「心 黑怎」들의 기록이 나오니, 이들은 중세국어 「하늘 고새」, 「ᄀᆞ슬」, 「겨슬」, 「아ᅀᆞ」, 「마ᅀᆞᆷ」 들에 해당된다. 그러나, 여기에 표기된 「自」 또는 「怎」 글자는 「z」음을 가졌다고 보는 「日」모(母)가 아니라 「ʃ」(z) 또는 「ʤ」에 해당되는 글자라 해독(解讀)에 곤란이 있으나, 그 당시 우리말엔 이들이 모두 「△(z)」음을 가졌던 것으로 보련다6).

　　邊은 ᄀᆞᅀᅵ라 <월인석보 1:1>
　　모미 겨ᅀᅳ렌 덥고 <월인석보 1:26>
　　ᄀᆞᅀᆞᆯ히 霜露ㅣ와 草木이 이울어든 슬픈 ᄆᆞᅀᆞ미 나ᄂᆞ니
　　　　　　　　　　　　　　　　　　<월인석보 서:16>

 그리고 반치음 「△」는 16세기 말까지 사용되었으므로 「ㅅ(s)」음의 약화 탈락은 12세기초부터 시작되어 임진왜란 때까지 사이에 나타난 것으로 장장 5세기동안의 기간을 지켜온 것이라 하겠다.

 셋째, 순경음 「ㅸ」(β) 등장에 대한 일이다. 순경음 「ㅸ」(β)에 대한 것으로서 ≪계림유사≫에 아무런 긍정적(肯定的) 시사(示唆)도 부정적(否定的) 증거도 발견할 수 없지만 반치음 「△」(z)과 같이 이 시기에 이미 순경음 「ㅸ」(β)이 나타났을 것으로 추측된다. 우선 ≪계림유사≫에 「佛曰孛」, 「風曰孛纜」에서 「ㅂ」(p)를 나타내는 데에 쓴 「孛」자가 「ㅸ」(β)이 기대되는 위치에서도 「孛」자를 사용하고 있다. 곧 「二曰途孛」, 「酒曰酥孛」 등의 어휘가 그 보기다. 이와 같은 바와 같이 당시

---

5) 이기문(李基文): ≪國語史槪說≫(민중서관, 1962. 10. 30 재판) 80쪽의 글을 일부 고치어 인용하였다.

6) 김형규(金亨奎): ≪韓國史槪要≫(일조각, 1991. 1. 15 중판) 53쪽의 글을 일부 고치어 인용하였다.

중국 사람의 청각에는 이와 같은 구별이 안 되었던 것으로 추상된다. 따라서 홀소리 사이[母音間]「ㅂ」(p)의 약화로 인한「ㅸ」(β)의 존재로 홀소리 사이「ㅅ」(s)의 약화에 기인한 반치음「ㅿ」(z)의 존재가 인지되는 ≪계림유사≫의 시기에까지 소급시킨다는 것도 과히 무리한 논리는 아니라 하겠다. 자료의 성격상 ≪계림유사≫나 ≪조선관역어≫가 국어의 음소(音素)들을 정밀히 구별하여 주었을 것을 기대할 수는 없고, 또한 그것을 「ㅸ」(β)에 대해서만 특별히 불만해 할 수는 없는 노릇이다7).

넷째, 붙갈이소리[破擦音]「ㅈ」음의 발음에 대한 일이다. 잇소리[齒音]「ㅈ」을 지금의 서울말처럼「tʃ」, 「ʤ」로 발음하지 아니하고 13세기에는「ts」, 「dz」로 발음했던 것으로 추정된다. 몽고말 차용어(借用語)를 보면 중세 몽고말의「ǯa[ʤa]」, 「ǯe[ʤe]」가 국어에서는「쟈」, 「져」로 되어 있는데, 이것은 국어의「ㅈ」이「dz」였기 때문에「j」를 첨가함으로써 몽고말의「ʤ」에 가깝게 하려고 했음을 말해 주는 것이다8).

다섯째, 낱내사이[音節間]의「ㄹ」(r, l) 탈락문제에 대한 일이다. 합성어(合成語)에서「ㄴ, ㄷ, ㅿ, ㅅ, ㅈ, ㅊ」음 앞의「ㄹ」음이 중고구어 전기에는 유지되었으나 중고국어 후기에는「ㄹ」음이 탈락된다. ≪계림유사≫에는「柴曰孛南木」(불나모), 「扇曰孛采」(불체)인데, 이것이 중세국어에서는「부나무」(현대말), 「부체」로 되고, ≪향약구급방≫에는「苦蔘 板麻」(널삼), 「麥門冬 冬乙沙伊」(겨슬사리)인데, 이것이 중세국어에서는「너삼」, 「겨ᅀᅳ사리」로 되었다.

---

7) 김완진(金完鎭):「韓國語發達史 上(音韻史)」-≪韓國文化史大系Ⅴ≫(고대민족문화연구소, 1967. 5. 30) 135~136쪽 및 이철수(李喆洙) ≪韓國語史≫(개문사, 1990. 8. 26) 145쪽 참고.

8) 이철수(李喆洙): 앞든 책 145쪽 참고.

끝으로 중고국어에서는 아직 낱내끝 닿소리[音節末子音]의 내파음화 (內破音化)가 일어나지 않았다고 생각된다. 따라서 내파음화는 중세국어에서 시작되는 것이다. 15세기 중엽의 국어에서는 이 내파음화가 오늘과 거의 같은 단계에 도달했었다. 다만 「ㅅ(s), ㅈ(č), ㅊ(čʰ)」가 내파음화하여 중화(中和, neutralization)되어 있었으면서도 아직 완전히 「ㄷ」(t) 음화(音化)하지 않은 사실(곧 「ㄷ」(t)와는 중화되지 않은 사실)이 다를 뿐이다. 이 사실은 ≪조선관역어≫에서 끝소리[末音] 「ㅅ (s), ㅈ(č), ㅊ(čʰ)」를 위하여 「思」자를 쓴 보기에 의해서 확증되는 바9), 이 보기를 보이면 다음과 같다.

城 雜思(잣) <용비어천가 52장>,
衣服 臥思(옷) <훈민정음 종성해>,
有 以思大(잇다) <석보상절 6 : 13>,
花 果思(곶) <용비어천가 2장>,
面 捄思(눚) <용비어천가 40장>

(1-2) 홀소리 체계[母音體系]

중고국어의 홀소리 체계의 재구(再構)도 매우 어려운 과제다. 중고국어 연구에 있어 대표되는 ≪계림유사≫의 한자차용표기(漢字借用表記)가 매우 조잡(粗雜)하여 중고어의 홀소리 체계를 재구함에 그 신빙도가 높지 못하다.

≪계림유사≫의 한자의 용법은, 우리나라의 한자 차용 표기법의 그것과는 전체적으로 보아 인연이 멀다. 한자의 새김[釋]은 이용하지 않고 음(音)만을 이용하였는데, 고대 표기법의 음독자(音讀字)들이 이

---

9) 이기문(李基文) : ≪國語史槪說≫(민중서관, 1962. 10. 30 재판) 83쪽 및 103쪽 참고.

≪계림유사≫에서는 거의 쓰여지지 않았다. 이것은 언어학적 소양을 겸비한 우리나라 사람이 이 책 편찬에 직접적으로 관여하지 않고 오직 중국 사람만이 관여했음을 말해 주는 것이라 하겠다. 예외적으로 「豆曰太」, 「升曰刀」 등에서는 고대국어로부터 이두(吏讀)에 사용된 속자(俗字)들이 그대로 기록되었음을 본다. 이것은 이 책의 편찬자가 고려말을 조사함에 있어 입말[口語]과 글말[文語]을 엄격히 구별하지 않은 결과가 아닌가 한다.

≪계림유사≫ 한자음에 대하여 그 일부를 검토해 보면, 가령 홀소리의 관점에서 볼 때, 중세어의 홀소리 「ㅗ」음에 해당하는 것이 「o」와 「u」로 나타나고 있다. 그 보기를 들면 다음과 같다.

① 索曰那(노), 高曰那奔(노폰), 黃曰那論(노론)의 「那」자는 중원음운(中原音韻)에 의하면 「no」이니, 「no」로 읽혀져야 할 것이며,

② 花曰骨(곳), 猪曰突(돝), 硯曰皮盧(벼로), 讀書曰乞鋪(글보-)의 「骨, 突, 盧, 鋪」자는 중원음운에 의하면 「ku, tu, lu, phu」 등으로 나타나니, 「ku, tu, lu, phu」로 읽혀져야 할 것이다.

중고국어의 기간이 앞에서 언급한 바와 같이 10세기 중엽으로부터 시작하여 훈민정음이 창제 반포 될 때까지라 5백여 년의 간격을 두고 있어 고대국어와의 차이가 다소 있으리라 예견되기도 하나, 중고국어의 홀소리 체계는 고대국어의 홀소리 체계와 별 변동이 없었던 것으로 추정된다. 중고국어의 홀소리는 아래와 같이 7개의 음소 체계라 하겠다.

a(ㅏ), ə(ㆍ), o(ㅗ), ʌ(ㅓ), u(ㅜ), i(ㅡ), i(ㅣ)

이제 중고국어의 홀소리 체계를 앞홀소리와 뒤홀소리로 나누어 보

면 다음과 같다.

앞홀소리(전모음)(2개) : i (ㅣ), ʌ (ㅓ)
뒤홀소리(후모음)(5개) : ɨ (ㅡ), ə (·), a (ㅏ), u (ㅜ), o (ㅗ)

(2) 어휘(語彙)

중고국어의 어휘적 특징은 고대국어에 비하여 차용어의 급격한 증가라 하겠다. 삼국시대부터 계속되어 온 중국 한자말의 수용과 불교 용어의 수입은 더욱 심화되었고, 토박이말(고유어)의 수많은 폐용(廢用)이 이 시기에 이루어졌으리라 생각된다. 특기할 만한 것은 고려와 원(1206~1367)의 접촉에 의한 몽고말에서의 차용어이다[10].

첫째, 한자말의 침투를 당한 보기를 찾아보면, 다음과 같다. ≪계림유사≫에서도 「天動, 福田, 幞頭, 眞紅, 食床, 長刀」 등의 한자말이 많음은 물론이요, 토박이말이 있었음직 한데도 「千, 萬, 江, 海, 溪, 毛, 角, 錦, 帽, 車, 印, 銅, 靑, 黑, 赤, 西, 東, 南, 北, 春, 夏, 秋, 冬」 등으로 표기되어 있다. ≪악학궤범≫, ≪악장가사≫, ≪시용향악보≫ 등에 실려 있는 고려 속요(高麗俗謠)에도 그 보기(德, 福, 燈, 正月, 二月, 百種, 紅桃花, 天下太平 등)가 있을 뿐 아니라 공문(公文)·서한(書翰)·기록(記錄) 등이 모두 한자말로 기사(記寫)되어 있다.

둘째, 중세어 또는 근대어 문헌에서 찾아볼 수 없는 낱말들의 보기를 찾아보면 다음과 같다. ≪계림유사≫에서 몇 가지의 보기를 들면,

龍曰稱(珍),
尼曰阿尼,

---
[10] 박병채 : ≪국어발달사≫(세영사, 1990. 8. 30 재판) 113쪽 참고.

兄曰長官, 女子曰漢吟,
婦曰了寸,
母子兄(母之兄)曰訓鬱,
明日曰轄載

와 같은데, 이 낱말들이 15세기 중엽 이후의 문헌에는 ①「龍」은 ≪훈몽자회 상≫에서 「미르」라 하고, ≪아언각비(雅言覺非)≫에서는 「미리」라 했고, ②의 「阿尼」는 고대국어에도 있었던 흔적이 있으니, ≪삼국사기≫ 권제39 신라 직관(新羅職官) 중에 「阿尼典 母六人」과 ≪삼국유사≫ 권제5에 「見女處曰阿尼岾」이 그 보기이다. ③의 「兄」은 ≪훈몽자회 상≫에서 「몬」이라 했고, ④의 「女子」는 ≪월인석보≫ 권1 제8장에서 「겨집」이라 주석 했다.

≪향약구급방≫에서도 몇 가지의 보기를 들면,

枳實 只沙伊, 枳殼 只沙里皮(기사리)
蠐螬 夫背也只(부비야기)
芋 毛立(모리)
鉛 俗云那勿(나물)

와 같은데, 이 낱말들이 15세기 중엽 이후의 문헌에는 ①의 「枳實」은 ≪구급간이방(救急簡易方)≫에서 「팅즈」라 했고, ②의 「蠐螬」는 ≪훈민정음해례본≫ 용자례(用字例)에서 「굼벙」이라 하고, ≪유씨물명고(柳氏物名考)≫에서는 「굼벙이」라 했다. ③의 「芋」는 ≪두시언해≫ 권7과 ≪훈몽자회 상≫에서 「토란」이라 했고, ④의 「鉛」은 ≪한청문감(漢淸文鑑)≫에서 「납」이라 했다. 그런데, ④는 중고국어에 남은 고구려 낱말의 소중한 흔적을 보이는 일례이다. 이 ≪향약구급방≫에 나오는 한 보기는 ≪계림유사≫의 보기들 중에도 고구려말의 낱말이 있을 가능성이 있음을 시사해준다.

셋째, 중고어의 시기에 몽고말에서 차용어들이 들어온 것은 특기할 사실인데(특히 13세기의 일), 그 낱말들의 보기를 찾아보면 다음과 같다[11]. ≪고려사≫에서 고려의 일부 관직명의 보기를 들면,

必闍赤・必者赤	몽고문어(文語)	bičiyeči (書記)
達魯花赤	중세몽고말	daruɣačin (鎭守官名)
火尼赤	중세몽고말	qoniči(n) (牧羊人)
時波赤	몽고문어	šibaɣuči (鷹匠)
站赤	중세몽고말	žamčin (站戶)

와 같은데, 이것은 고려의 일부 관직명에 원(元)나라의 관직명이 그대로 쓰여졌음을 보여 준다.

그 밖에 몽고말 차용어는 주로 말[馬]과 매[鷹]에 관한 것들이고 군사(軍事)에 관한 것과 음식에 관한 것도 더러 있다. 여기에서는 참고로 ≪번역박통사(飜譯朴通事)≫와 ≪훈몽자회(訓蒙字會)≫ 등에서 인용한다.

말[馬]에 관한 낱말들 보기

아질게물[兒馬]	중세몽고말	ažirɣa
악대[犍犗, 去勢畜]	중세몽고말	aɣta(騸馬)
졀다물[赤馬]	중세몽고말	še'erde
간쟈물[線臉馬]	몽고문어(文語)	qalžan
가라물[黑馬]	중세몽고말	qara(黑)
고라물[土黃馬]	중세몽고말	qula(黃馬)
구렁물[栗色馬]	몽고문어	küreng

---
11) 이기문 : 앞든 책 100~102쪽 참고.

고둘개[鞦]   몽고문어   quduryа
오랑[肚帶]   중세몽고말 olang

매[鷹]에 관한 낱말들 보기
　갈지게[黃鷹]   중세몽고말 qarciyai
　귁진[白角鷹]   몽고문어   kögsin
　나친[鴉鶻]   몽고문어   način
　보라매[秋鷹]   몽고문어   boro(bora)
　숑골[海靑]   몽고문어   šingqor, šongqor
　도롱태[弄鬪兒]   중세몽고말 turimtai
                            몽고문어   turimtai, turumtai
　튀곤[白黃鷹]   몽고문어   tuiɣun

군사(軍事)에 관한 낱말들 보기
　고도리[髑頭]   중세몽고말 ɣodoli
　오노, 오니[筈]   몽고문어   onu, oni
　바오달[軍營]   몽고문어   baɣudal
                                    중세몽고말 ba'udal(내리다)
　사오리[凳]   중세몽고말 sa'uri
                                    몽고문어   saɣuri
　털릭[帖裏, 武官의 옷]   몽고문어   terlig
　츄라치[吹螺赤]   몽고문어   čurači
　아기바톨[阿其拔都 ; 용비어천가 7 : 10] 중세몽고말 ba'atur(勇士)

음식(飮食)에 관한 낱말들 보기
　타락(駝酪)   몽고문어   taraɣ
　슈라[水剌]   중세몽고말 šülen(湯)

넷째, 중고어의 시기에 여진말의 차용어도 있는데, 여진말은 주로 함경도의 지명에 그 흔적을 남겼다. 함경도 지역에 여진족이 산 것은 12세기 이전으로부터 15세기 이후에까지 걸친다. 여진말 지명의 대표적인 보기는 두만강(豆滿江)이다. ≪용비어천가≫와 ≪세종실록지리지≫에서 그 보기를 들면,

　　豆漫투먼江 <용비어천가 1 : 8>　여진말 土滿(tümən 萬)
　　斡合워허　<용비어천가 7 : 23>　여진말 斡合(wehe)
　　童巾퉁컨 <용비어천가 1 : 8, 세종실록지리지> 여진말 同肯(tungken)

와 같다.

중고국어에 와서 고대국어에 비하여 한자말이 격증하였는데, 그렇게 격증하게 된 까닭은 다른 이유도 있겠지만 고려초 광종(光宗) 9년(958)에 실시한 과거제도(科擧制度)에 따른 한문의 필수는 한자말의 격증에 큰 자극이 되었다. 그러므로, 고대국어 시절에 보여주었던 자주적이던 한자 수용 태도는 중고국어 시기에 와서 거의 사라지고, 입말[口語]로는 토박이말을 쓰고 글말[文語]로는 한문을 쓰는 기형적인 이중 언어 생활을 한 불우했던 시기가 바로 이 시기라 하겠다.

(3) 말본

중고국어의 말본은, 자료의 부족으로 고대국어의 말본만큼이나 이해하기가 힘들다. 오히려 어느 면에서는 고대국어보다 중고국어의 연구가 더 어려운 형편이다. 그 이유는, 자료의 대표되는 ≪계림유사≫와 ≪향약구급방≫이 일종의 어휘집이므로 여기에서 말본 체계[文法體系] 전모를 파악해 낼 수 없음은 당연하다. 다만 단편적이기는 하지만 ≪계림유사≫와 이두(吏讀) 자료인 금석문(金石文)과 ≪직해대명률≫

등을 통하여 말본 요소 일부를 찾아 낼 수가 있으니, 이들 자료를 통하여 중고국어의 말본을 살피기로 한다.

≪계림유사≫의 어항(語項)에서 말본스런 사실을 찾아보면,

 부름자리토씨[呼格助詞]「아」(-a)
  「父乎其子曰丫加」(아<u>가</u>)
 물음토씨[疑問助詞]「고」(~ko)
  「問你汝誰何曰鏤箇」(누<u>고</u>)
 풀이씨의 매김꼴 토씨[冠形詞形助詞]「ㄴ」(~n)
  「面美曰捺翅朝勳」(ㄴ치됴훈),
  「白米曰漢菩薩」(힌뿔),
  「冷水曰時根沒」(시<u>근</u>믈)
 마침법의 시킴꼴 씨끝[命令形語尾]「쇼셔」(~sosyə),「라」(~ra),
            「거라」(~kəra)
  「借物皆曰皮離受勢」(비리<u>쇼셔</u>),
  「凡呼取物皆曰都囉」(도<u>라</u>),
  「坐曰阿則家囉」(앉<u>거라</u>)

와 같다. 어형(語形)에 있어서 다소의 차이가 있었겠지만 이들은 15세기 국어에 그대로 유지된 것들이다.

다음은 이두 자료로서 금석문(金石文)과 ≪직해대명률≫에서 허사(虛辭)의 일부(도움줄기 포함)와 잡음씨를 찾아 15세기 중세어와 비교해 보기로 한다.

구 분	금석문	직해대명률	15세기 중세국어
임자자리토씨[主格助詞]	亦	亦, 是	이/ㅣ
연장자리토씨[器具格助詞]	以	以	로, ᄋᆞ로/으로
곳자리토씨[處所格助詞]	中, 良中, 亦中	良中, 了, 亦中	애/에/예, 에게, 여희
도움토씨[補助詞]	段, 乙良	段, 叱段, 隱, 乙良 置, 分, 叱分.	ᄋᆞᆫ/은, ᄂᆞᆫ/는, (ᄯᅩᆫ), 란. 도, 뿐.
부림자리토씨[目的格助詞]	乙	乙	ᄋᆞᆯ/을, 롤/를
함께자리토씨[與同格助詞]		果	과
매김자리토씨[冠形格助詞]	矣	矣	익/의
잡음씨[指定詞:繫辭]	是	是	이(이다)
풀이씨의 끝바꿈씨끝 [活用語尾]	彌, 遣, 矣, 齊, 如	㫆, 遣, 乎矣, 齊.	-며, -고, -오ᄃᆡ, -더(-제), -디
안맺음씨끝(도움줄기)	去, 在, 乎, 臥, 白, 內, 行, 賜	去, 在, 乎, 臥, 白, 有, 行, 敎	-거-, -견-, -겨-, -온-, -오-, -ᄂᆞᆫ-, -노-, -ᄉᆞᆸ-, -잇-, -이시-, -니-, -샨-, -샤-

이상의 중고국어의 말본 요소들은 대체로 중세국어의 말본 요소들과 일치하고 있다는 사실을 알 수 있다.

Ⅵ. 중세국어

1. 개관

2. 자료

3. 음운(音韻)

4. 한자음

5. 어휘

6. 말본

7. 맞춤법

Ⅵ. 중세국어

1. 개관

　중세국어의 기간에 대하여는 앞에서도 이미 언급한 바와 같이, 조선 초기 세종대왕에 의해 창제된 훈민정음의 창제 반포 시기인 15세기 중엽에서부터 16세기 말인 임진왜란이 끝나는 시기까지를 말한다.
　필자가 한국어 발달사에서 사적 시대 구분을 함에 있어서 중세국어 기간을 고려초에서부터 조선조 때 일어난 임진왜란까지로 잡지 않고, 중고국어와 중세국어로 분리하여 중고국어 기간을 앞장에서 밝힘과 같이 10세기 초엽에서부터 15세기 중엽인 훈민정음 창제 반포 때까지 잡고, 그 뒤부터 임진왜란이 종식(終熄)되는 해까지 불과 150여 년간을 중세국어 기간으로 잡은 것은 다음과 같은 근거에 의해서라 하겠다.
　훈민정음이라는 글자의 창제가 언어의 어떤 새로운 변혁은 아니지만, 글자란 사람의 말을 전제하고 있기 때문에 말과 글 사이에는 뗄 수 없는 불가분의 관계를 가지고 있기에, 새로운 문자의 창제란 새로운 언어의 창제와 맞먹는 일이다.
　더구나 우리 국어사에 있어서 고려시대의 우리 선조들의 한자 수용 태도를 볼 때, 고대국어 시절에 보여주었던 자주적이던 한자 수용 태도는 찾아볼 수 없을 정도로 거의 사라지고, 입말로는 우리 토박이말을 쓰고 글말로는 한문을 쓰는 기형적이고도 비굴한 이중 언어 생활을 한 불우했던 시절로서 그나마 우리가 현재 볼 수 있는 자료 중 대표적인 자료가 우리 선조들에 의해서 이루어진 것이 아니고, 중국인에 의해 된 자료이므로 올바른 언어 전달이 불가능하게 되었던 것이며, 또 우리 겨레의 역사에 있어서 고려조부터 근대에 이르기까지 큰 사건이라면 훈민정음 창제와 임진왜란이라 할 수 있으니, 낱소리글자[音素文字]인 훈민정음의 창제는 우리 겨레의 진정한 역사 시대를 열어 준 일로서, 한자를 빌어 구차하게 우리말을 적던 것을, 우리말을 바로 적을 수 있게 됨으로써 우리말의 교육과 외국어 교육 및 연구가 본격적으로 시작되고, 우리말이 정상적으로 기록되었다. 그러므로, 우리가 임진왜란을 조선왕조의 역사를 갈라놓은 분수령이자 조선왕조의 문학사를 확연히 바꿔 놓은 분수령이라 하는 것과 같이 훈민정음의 창제는 국어 국문학의 역사를 갈라놓은 분수령(分水嶺)이라 하겠다.

　임진왜란은 단순한 전란이 아니요, 그 전란은 물질적인 파괴에 따른 새로운 건설을 가져왔을 뿐 아니라 정신사적인 면에서 볼 때, 지난날의 유교 이념이 퇴세(退勢)하고 건전하고도 새로운 지도 이념으로 등단한 실학사상(實學思想)이 반영되고 있었기에, 언어에도 변화와 영향을 주는 것은 자연스런 현상이다. 음운사 상(音韻史上)으로 보더라도 임진왜란 종식 뒤에는 반치음「ㅿ」, 후음「ㆆ」, 아음「ㆁ」등의 소리값이 완전히 소실(消失)되면서 낱자들도 소실되어 버렸고, 15세기 중엽 훈민정음 창제와 동시에 언어의 성조 체계(聲調體系)를 표기하던 사성점(실제는 삼성점)이 폐기(廢棄)되었다는 사실이다. 전반적으로 볼 때 임진왜란 종식 후인 근대국어 시기에는 언어가 간소화 실용화되던 시기라 하겠다. 따라서 10세기 초엽에서부터 16세기까지를「중세국어」의 기간으로 잡고 이를 다시「전기중세국어」와「후기중세국어」로 나누는 것보다 「중고국어」와 「중세국어」로 구분함이 합리적이라 하겠다.

이렇게 놓고 볼 때 중세국어 기간 150여 년간은 연산군 때의 일시 비운(悲運)을 제쳐 놓고 우리 토박이말과 함께 고유문자도 갖추어 세계 최고 수준의 인쇄 출판 문화를 꽃피우게 하는 등 그야말로 민족문화의 중흥기를 이룩한 시기였다고 하겠다.

세종대왕의 주도하에 세자 문종을 비롯한 왕자들과 집현전 학사들의 도움으로 창제된 훈민정음의 최초의 사업은, 이 글자의 해설서인 ≪훈민정음≫과 우리말을 자유자재로 적을 수 있다는 시범을 보이기 위하여 왕실과 국가의 무궁한 영화를 읊어 낸 ≪용비어천가≫ 및 ≪월인천강지곡≫ 등의 악장과, 산문체인 ≪석보상절≫을 비롯한 불경과 경서 및 문학작품들의 언해 곧 번역 사업을 위시하여 우리나라 한자음의 정리 통일과 중국 한자음의 정리를 위한 운서(韻書)인 ≪동국정운≫과 ≪홍무정운역훈≫ 등의 편찬 사업이었다.

그리고 자료면에서 보면, 앞의 두 어느 시기보다도 자료가 풍부하고, 또 전하는 자료의 질도 다른 시기보다 좋은 편이다. 이들 문헌은 거의 당시 중앙어(中央語)로 된 중앙의 간행물로서 초기 문헌들은 정음청(正音廳 : 諺文廳)과 교서관(校書館) 및 간경도감(刊經都監)과 같은 궁중 기관에서 편찬한 것들로 현저한 동질성(同質性)을 지니고 있다.

그리고 초기 발간 문헌인 ≪월인천강지곡≫의 표기법은 다른 문헌에 비해 독특한 성격을 지니고 있으니, 첫째 한자말을 쓸 때에 한자로 바로 쓰지 않고 훈민정음으로 먼저 큰 글자로 쓰고 그 다음에 작게 한자를 썼으니, 이는 민족적 자주성을 발휘한 한글전용의 시범을 보여 준 것으로서 훈민정음 창제 정신의 일면을 보여주는 것이라 하겠으며, 둘째 맞춤법이 현대에 맞춤법에 가까워져 있으니, 이는 당시의 언어학적 수준을 보여주는 일이라 하겠다. 그런데 유감스럽게도 이 방법과 그 문자 정책의 정신을 그 뒤인 세조조에 와서부터 잘 이어받아지지를 못했음은 안타까운 일이라 아니할 수 없다.

2. 자료

중세국어에 관한 자료로는 앞에서 언급한 바와 같이 어느 시기보다도 풍부하다. 그러므로, 19세기 말부터 새로운 국어 연구의 경향이 거의 중세어에 집중되어 다른 시기 국어에 비해 많은 연구가 되었다 하겠다. 특히 소실(消失) 문자의 소리값 추적(追跡)으로 한 시기를 보내기도 하였다.

여기에서는 중세어에 관한 전적 자료(典籍資料) 중에서 한글로 된 자료만을 대상으로 하여 목록을 제시하고, 그 전적에 대한 해설을 가하되, 지면을 고려하여 원본 ≪훈민정음≫ 등 대표적인 자료 몇 책만 해설을 하고, 그 밖의 자료는 책명과 간행 연대 및 소장처 등만 밝히고자 한다.

(1) 훈민정음 원본

이 책은 훈민정음이 창제된 지 거의 3년 만인 세종 28년(1446) 음력 9월 상한(上澣)에 가서 발행하여 백성들에게 반포한 ≪훈민정음(訓民正音)≫인데, 책 이름을 ≪훈민정음≫ 외에 ≪훈민정음원본(訓民正音原本)≫ 또는 ≪훈민정음해례본(訓民正音解例本)≫이라 한다. 이 ≪훈민정음≫은 수백 년 동안 자취를 감추었다가 1940년 7월경에 세상에 다시 모습을 나타내 현재 간송미술관(澗松美術館)에 간수되어 있는데, 전문이 보기를 보인 123어휘(종성해 4, 합자해 25, 용자례 94)와 한글 낱자들을 제외하고는 모두 한문 문장으로 된 목판본이다. 이 ≪훈민정음원본≫의 차례는 첫째 훈민정음 그것의 본문(本文)이고, 둘째 정인지들이 풀이한 해례(解例)이며, 셋째 정인지의 해례 서문으로 되어 있는 바, 이 각 편의 내용을 간략하게 살펴보면 다음과 같다.

본문(本文)인 일명 예의편(例義篇)에는, 1) 「훈민정음」이라는 내제에 잇대어 새 글자를 만들게 된 목적과 취의(趣義)를 밝힌 선포문격인 세종대왕의 서문이 실려 있다. 2) 새로 만든 글자인 닿소리[初聲,子音]의 기본 음소(基本音素) 17자 및 병서(並書) 6자(ㄲㄸㅃㅉㅆㆅ : 각자병서)를 포함한 23자와 홀소리[中聲, 母音] 11자의 소리값[音價]을 규정하였다. 3) 새로 만든 훈민정음 28자의 여러 가지 운용법(運用法)을 말하였으니, ㉮ 종성(終聲)에는 다시 초성 글자를 쓴다라고 규정하고, ㉯ 순경음(脣輕音)되는 법을 규정하고, ㉰ 병서(並書)를 규정하고, ㉱ 새로 만든 중성 글자가 초성 글자와 결합할 때의 위치를 규정하고, ㉲ 무릇 글자는 합해야 소리를 이룬다는 규정, ㉳ 거성(去聲)·상성(上聲)·평성(平聲)·입성(入聲) 등 사성(四聲)의 표시법이 설명되어 있다.

해례편(解例篇)은 제자해(制字解)·초성해(初聲解)·중성해(中聲解)·종성해(終聲解)·합자해(合字解)·용자례(用字例)로 나뉘어져 있다.

첫째, 제자해(制字解)에는 1) 새 글자를 만든 대원리(大原理)를 설명하였다. 2) 초성(기본음소) 17자(ㄱㅋㆁ, ㄷㅌㄴ, ㅂㅍㅁ, ㅈㅊㅅ, ㆆㅎㅇ, ㄹㅿ)를 만든 방법이다.

3) 초성(기본음소) 17자를 다음과 같이 오행(五行)·계절(季節)·오음(五音)에 결부시켰다.

성음	오행	계절	오음
어금닛소리[牙音]	나무[木]	봄[春]	각(角)
헛소리[舌音]	불[火]	여름[夏]	치(徵)
입술소리[脣音]	흙[土]	늦여름[季夏]	궁(宮)
잇소리[齒音]	쇠[金]	가을[秋]	상(商)
목구멍소리[喉音]	물[水]	겨울[冬]	우(羽)

4) 초성 23자(기본음소 17자, 병서 6자)를 다음과 같이 청탁(淸濁)으로 분류하고, 전탁(全濁)과 순경음(입술가벼운소리)이 되는 방법과 소리값을 설명하고 있다.

전청(全淸)　　　　ㄱㄷㅂㅈㅅㆆ
차청(次淸)　　　　ㅋㅌㅍㅊㅎ
전탁(全濁)　　　　ㄲㄸㅃㅉㅆㆅ
불청불탁(不淸不濁)　ㆁㄴㅁㅇㄹㅿ

5) 중성은 11자(ㆍ ㅡ ㅣ ㅗ ㅏ ㅜ ㅓ ㅛ ㅑ ㅠ ㅕ)인데, 그 중에 기본 글자인 세 홀소리(ㆍ ㅡ ㅣ)의 소리값과 천·지·인(天地人) 삼재(三才)를 상형했다는 것을 밝히고 있다. 6) 기본 글자(기본 홀소리) ㆍ ㅡ ㅣ를 배합하여 초출자(初出字)인 홑홀소리[單母音] 4자(ㅗ ㅏ ㅜ ㅓ)를 만든 이유와 그 소리값을 밝히고 있다. 7) 홀소리 글자 중 재출자(再出字) 4자(ㅛ ㅑ ㅠ ㅕ)는 각각 초출자인 ㅗ ㅏ ㅜ ㅓ와 혀의 위치나 혀의 높낮이가 같으나, 다만 이들은 모두 기본 홀소리의 하나인 ㅣ자와 결합된 겹홀소리[重母音, 複母音]임을 밝히고 있다. 8) 초출자 ㅗ ㅏ ㅜ ㅓ, 재출자 ㅛ ㅑ ㅠ ㅕ를 만든 까닭을 밝히고 있다. 9) 홀소리의 배열을 음·양(陰陽)으로 나누어 설명하였는데, 특히 초출자와 재

출자에 대하여 말하였다. 그리고 「·」가 이 여덟 소리(초출자와 재출자)에 다 있는 것은 양이 음을 거느려 만물에 두루 흐르는 것과 같은 것이고, 재출자(ㅛ ㅑ ㅠ ㅕ)가 모두 사람을 겸한 것은 사람이 만물의 영장이 되어 능히 음양에 참여하기 때문이라 하였다. 10) 기본 홀소리 세 글자(· ㅡ ㅣ)는 하늘·땅·사람에서 본을 따 삼재(三才)의 이치를 갖춘 것이다. 그리고 이 세 글자는 이를 배합한 ㅗ ㅏ ㅜ ㅓ ㅛ ㅑ ㅠ ㅕ 여덟 글자의 근원이 되는데, 「·」는 이 세 글자 중에서도 우두머리가 된다 하였다. 11) 홀소리를 음양(陰陽) 오행(五行)과 위수(位數)1) 에 결부시켜 설명하였다. 12) ㅣ홀소리만이 홀로 자리[位]와 수(數)가 없는 것은 사람[人]을 본뜬 것으로, 사람은 만물을 생성하는 근원이기 때문임을 밝히고, 이 ㅣ홀소리는 곧 홀소리(가운데소리)의 가운데(중

---

1) 위(位)는 자리, 수(數)는 하늘에서 정한 운명, 곧 정명(定命). ≪주역(周易)≫ 계사전 상(繫辭傳上)에, "하늘은 一, 땅은 二, 하늘은 三, 땅은 四, 하늘은 五, 땅은 六, 하늘은 七, 땅은 八, 하늘은 九, 땅은 十이다. 천수(天數)도 다섯이고, 지수(地數)도 다섯이다. 다섯 자리가 서로 얻어서 합하는 것이 있으니, 천수는 二十五요, 지수는 三 十이다. 무릇 천지(天地)의 수가 五十五이니[하도(河圖)의 수(數)이니], 이것이(하도의 수가) 변화를 이루어 귀신(鬼神)의 조화(造化)를 행하는 것이다[天一地二 天三地四 天五地六 天七地八 天九地十 天數五 地數五 五位相得 而各有合 天數二十有五 地數三十 凡天地之數五十有五 此所以成變化 而行鬼神也]."라고 하였다. 이 ≪주역≫ 계사에서는 1부터 10까지의 수에서 기수(奇數)를 하늘[天], 우수(偶數)를 땅[地]에 배합하였는데, 1에서 5까지는 정위(定位)라 하고, 6에서 10까지는 성수(成數)라 하며, 위수(位數)는 1에서 10까지를 통틀어 일컫는 말이다. 훈민정음 해례에서는 이 위수관(位數觀)을 도입하여 양(陽)인 기수에 밝은 홀소리[陽性母音]를, 음(陰)인 우수에 어두운 홀소리[陰性母音]를 배합시켰다. 홀소리를 음양(陰陽) 오행(五行)과 위수(位數)와의 배합을 한 틀로 보이면 다음과 같다.

간)이니, 스스로 음양(어두움·밝음) 오행(五行) 방위의 수(數)가 있다고 말하였다. 13) 음과 양은 하늘의 이치이고, 강(剛 : 단단함)과 유(柔 : 부드러움)는 땅의 이치라 하였다. 14) 모든 홀소리를 심·천(深淺 : 깊고 얕음)과 합·벽(闔闢 : 닫히고 열림)으로 설명하였다. 곧

  심천(深淺)에 대하여는,

    심(深) : ㆍ ㅗ ㅏ ㅛ ㅑ

    불심불천(不深不淺) : ㅡ ㅜ ㅓ ㅠ ㅕ

    천(淺) : ㅣ

  합벽(闔闢)에 대하여는,

    합(闔) : ㅗ ㅜ ㅛ ㅠ

    벽(闢) : ㅏ ㅓ ㅑ ㅕ

라고 하였다. 15) 모든 닿소리를 허·실(虛實 : 비고 참), 양·체(颺滯 : 날리고 맞닥침), 경·중(輕重 : 무겁고 가벼움)으로 설명하였다2). 16) 첫소리[初聲]와 끝소리[終聲]가 낱내[音節]의 부음(副音)으로 동일성(同一性)임을 땅[地]의 도리에 비겨 설명하였다. 17) 초·중·종성이

오방(五方)	오행(五行)	정위(定位)	성수(成數)
북(北)	물[水]	ㅗ 天 一	ㅠ 地 六
남(南)	불[火]	ㅜ 地 二	ㅛ 天 七
동(東)	나무[木]	ㅏ 天 三	ㅕ 地 八
서(西)	쇠[金]	ㅓ 地 四	ㅑ 天 九
중(中)	흙[土]	ㆍ 天 五	ㅡ 地 十

※ ㅣ 만이 홀로 자리[位]와 수(數)가 없다.
2) 허(虛)는 목구멍소리[喉音], 실(實)은 어금닛소리[牙音], 양(颺)은 혓소리[舌音], 체(滯)는 잇소리[齒音], 경중(輕重)은 입술소리[脣音]의 경중을 말함이다.

합하여 낱내를 이루는 것을 동·정(動靜 : 움직임과 고요함)에 비겨 설명하였는데, 사람은 동정(動靜)을 겸하였다고 하였다. 18) 음양 오행을 오상(五常)[3]과 오장(五臟)[4]에 결부하여 설명하였다. 19) 첫소리와 하늘, 끝소리와 땅, 가운뎃소리[中聲]와 사람을 결부시켜 설명하였다. 20) 대개 자운(字韻)의 요점(要點)은 중성에 있으니, 초성과 종성이 합하여 소리[音]를 이루는 것이라 하였다. 21) 첫소리·끝소리를 건(乾)에 비겨, 건(乾)은 곧 하늘인데, 음·양(陰陽)으로 나뉨을 말하였다. 22) 네 철[四時]인 춘·하·추·동(春夏秋冬)을 원·형·이·정(元亨利貞)[5]에 대비하고 이들이 순환함을 가리켜 말하였다.

둘째, 초성해(初聲解)에는, 1) 훈민정음의 초성은 곧 운서(韻書)의 자모(字母)라고 규정하고, 성음(聲音)이 이로부터 나므로 이르되 모(母)라 하였다. 2) 어금닛소리[牙音] 군(君)자의 첫소리[初聲]는 ㄱ이니, ㄱ이 ㅜㄴ과 더불어 군(君)이 됨이라. 이와 같은 방법으로 다른 초성(어금닛소리 : ㅋㄲㅇ, 혓소리 : ㄷㅌㄸㄴ, 입술소리 : ㅂㅍㅃㅁ, 잇소리 : ㅈㅊㅉㅅ

---

3) 여기에서는 인·의·예·지·신(仁義禮智信)의 다섯 가지 덕(德)을 말함인데, 오상(五常)은 하늘에 배속된다.
4) 간장·심장·비장·폐장·신장[肝心脾肺腎]을 말함인데, 오장(五臟)은 땅[地]에 배속된다.
5) 정(貞)은 겨울[冬]을 말하고, 원(元)은 봄[春]을 말함인데, ≪성리대전(性理大全)≫ 이기편(理氣篇) 주자(朱子 : 朱熹)의 말에, "한 해로 말하면 춘·하·추·동(春夏秋冬)의 네 계절[四季節]이 있고, 건도[乾道 : 천리(天理)의 유행(流行)]로 말하면 원·형·이·정(元亨利貞)의 네 성능[四性能]이 있다[以一歲言之 有春夏秋冬 以乾言之 有元亨利貞]."라고 하였고, 또 "정(貞)이 끝나면 다시 원(元)이 생(生)하는데, 그 무궁(無窮)함이 이와 같다[貞復生元 無窮如此]."라고 하였는데, 이 말에 근거하여 이른 말이라 하겠다.

ㅆ, 목구멍소리 : ㆆㅎㆅㅇ, 반혓소리 : ㄹ, 반잇소리 : ㅿ)들도 된다[6])고 설명하고 있다.

 셋째, 중성해(中聲解)에는, 1) 중성은 자운(字韻)의 가운데에 있어[7]) 첫소리와 끝소리를 합하여 소리[音]를 이루는 것이라 하고, 이의 보기[例]를 보이고 있다. 2) 두 글자 합용[二字合用]의 규정과 한 글자 중성[一字中聲]에 ㅣ가 합한 글자 10개(ㆍㅣ ㅢ ㅚ ㅐ ㅟ ㅔ ㆉ ㅒ ㆌ ㅖ) 및 두 글자 중성[二字中聲]에 ㅣ가 합한 글자 4개(ㅙ ㆎ ㅙ ㅞ)를 설명하고 있다.

 넷째, 종성해(終聲解)에는, 1) 종성은 첫소리와 가운뎃소리를 이어서 자운(字韻)[8])을 이루는 것이라 하고, 이의 보기를 보이고 있다. 2) 종성은 닿소리에 따라 느리고 빠름[緩急]이 다르므로 평성·상성·거성과 입성은 다르다고 말하였다. 3) 불청불탁(不淸不濁)의 글자는 그 소리[聲]가 세지 않으므로 끝소리에 쓰면 평성·상성·거성에 맞으며, 전청(全淸)·차청(次淸)·전탁(全濁)의 글자는 그 소리[聲]가 세므로 끝소리에 쓰면 입성에 마땅한 것이니, ㆁㄴㅁㅇㄹㅿ의 여섯 글자는 평성·상성·거성의 끝소리[終聲]가 되고, 그 나머지는 모두 입성의 끝소리

---

6) 첫소리[初聲]인 닿소리[子音]는 17자이나 각자병서(各自並書)한 전탁음(全濁音) 6자를 합하면 23자가 된다. 이 23자모 체계는 ≪동국정운≫에서 채택한 23자모와 일치한다.

7) 첫소리[初聲]와 끝소리[終聲]는 닿소리로 낱내[音節] 형성에서 버금음[副音]이 되는데, 가운뎃소리[中聲]는 홀소리로서 낱내의 으뜸음[主音]이 된다는 뜻이다.

8) 여기에서 말하는 자운(字韻)이란 낱내[音節]라는 뜻이다. 흔히 말하는 운(韻)이란 한 낱내에서 첫소리[初聲]를 제외하고 홀소리로 시작하여 발음되는 부분을 말한다.

가 된다9). 4) 그러나, ㄱㅇㄷㄴㅂㅁㅅㄹ의 여덟 자만으로 종성을 넉넉히 쓸 수 있다10)하였다. 5) ㅇ은 소리가 맑고 비었으니, 반드시 종성에 쓰지 아니하여도 중성이 음(音)을 이룰 수 있다 하고11), ㄷㄴㅂㅁㅅㄹ자의 받침(끝소리) 쓰기의 보기를 보였다. 6) 오음(五音)의 느리고 빠름[緩急]이 각각 절로 상대가 된다 하였다. 7) 반혓소리[半舌音]「ㄹ」은 우리말에나 쓰이지 한자음에서는 쓰이지 않는다 하였다. 8) 그리고 순수 우리말로 된 4개 낱말의 보기를 들었다.

다섯째, 합자해(合字解)에는, 1) 초성·중성·종성의 세 소리가 합하여야 낱내[音節]를 이룬다는 원칙을 말하였다. 2) 초성·중성·종성이 합하여 낱내를 이룰 때 각각 쓰는 위치를 구체적으로 말하였다. 3) 병서(並書)의 규정, 합용병서(合用並書)와 각자병서(各自並書)의 서법(書法)을 말하였다. 4) 한문자와 우리 글자를 섞어 쓸 때 한자 음에 따라서 중성(곧 ㅣ)이나 종성(곧 ㅅ)으로 보충하는 일이 있음을 보기를 들

---

9) 중국음에서는 끝소리[終聲]가 k, t, p인 글자를 입성(入聲)이라고 해 왔으므로, 훈민정음 해례 편찬자들도 그 이외의 끝소리는 모두 평·상·거성(平上去聲)이 됨을 말한 것이다.

10) 국어의 닿소리는 첫소리[初聲]에서는 ㄱ과 ㅋ, ㄷ과 ㅌ, ㅂ과 ㅍ, ㅅ과 ㅈ·ㅊ 등이 분별되나 끝소리[終聲]에서는 중화 작용(中和作用)을 일으켜 음운론상 ㄱ과 ㅋ, ㄷ과 ㅌ, ㅂ과 ㅍ, ㅅ과 ㅈ·ㅊ 등이 분별되지 않는다. 훈민정음 본문(예의)에서는 「終聲復用初聲」이라고 하였으나, 해례(解例) 종성해(終聲解)에서는 「八字可足用也」라 고 하였다. 이 팔종성(八終聲) 및 칠종성(七終聲)은 그 후 한글 맞춤법 통일안이 제정되기 전까지 많은 문헌에 표기되어 왔다.

11) 동국정운식(東國正韻式) 한자음 표기에서는 가운뎃소리[中聲]로 끝난 한자음에 ㅇ받침[終聲]을 표기했으나(문헌 : ≪석보상절≫), ≪월인천강지곡≫의 문장, 그리고 순수한 우리 말 표기에서는 ㅇ받침(끝소리)을 쓰지 않았다.

어 말하였다. 5) 우리말의 평성·상성·거성·입성을 보기를 들어 보였다. 6) 우리말의 사성(四聲)인 평성·상성·거성·입성의 표시는 글자의 왼쪽에 점을 찍어 표시한다 하였다. 7) 중국 한자음의 입성은 거성과 서로 비슷하나, 우리말의 입성은 일정하지 않아서 혹은 평성과 비슷하며 혹은 상성과 비슷하며 혹은 거성과 비슷하다 하고, 이를 하나하나 보기를 들어 설명하되, 그 점을 찍는 것은 평·상·거성의 경우와 같다고 말하였다. 8) 사성(四聲)의 성조(聲調)를 설명하였다12). 9) 초성의 ㆆ과 ㅇ은 서로 비슷하니 우리말에서는 통용할 수 있다고 하였다. 10) 반혓소리[半舌音]에는 가볍고 무거운[輕重] 두 소리[二音]가 있으나 운서(韻書)의 자모(字母)는 한 가지뿐이고, 또 우리나라 말에는 가벼운 소리와 무거운 소리를 가르지 아니하나 다 소리를 이룰 수 있다. 입술가벼운소리[脣輕音]의 보기에 따라 「ㅇ」을 「ㄹ」아래에 이어쓰면[連書] 반혀가벼운소리[半舌輕音]가 되니, 이는 반혓소리「ㄹ」도 경중(輕重)이 있음이라 하였다. 11) ㆍㅡㅣ에서 일어나는 소리[聲, 곧 겹홀소리 ㅣㅢ]는 우리 나라 말에서는 쓰임이 없으나 아이들의 말이나 변야(邊野)의 말에서 혹 들을 수 있다고 하였다. 12) 그리고 순수 우리말로 된 25개의 낱말의 보기를 들었다.

  여섯째, 용자례(用字例)에는, 실지 말을 표기하는 보기를 든 것으로서 초성에 34개 낱말, 중성에 44개 낱말, 종성에 16개 낱말, 도합 94개 낱말을 훈민정음으로 제시하고 있다.

  정인지의 해례 서문에는, 1) 천지 자연의 소리가 있으면 반드시 천지 자연의 글이 있는 법이라는 말을 서두에서 밝히고 있다. 2) 각 나

---

12) 여기에서는 중국음의 전통적인 사성(四聲)의 성조(聲調)를 설명하는 말을 그대로 인용하고 있다.

라마다 제각기 제 말에 맞는 글자가 있어야 한다는 것을 말하였다. 3) 우리나라는 예악(禮樂) 문장(文章)이 중국과 견줄 만하나, 한자는 우리 글자가 아니므로 한자를 가지고는 우리말을 적을 수 없다는 것을 말하였다. 4) 신라 설총(薛聰)이 지었다는 이두(吏讀)도 한문 글자를 빌어 쓴 것이므로 한자 못지않게 불편하여 훈민정음을 새로 만들었다는 이유를 설명하였다. 5) 정음(正音) 스물여덟 자는 세종대왕께서 세종 25년(1443) 겨울(음력 12월)에 창제하시었는데, 간략한 보기와 뜻을 들어 보이고, 이름을「훈민정음(訓民正音)」이라 하였다고 하였다. 6) 훈민정음은 꼴을 본뜨되 글자는 옛날의 전자(篆字)를 모방하고 소리[聲]를 따라서 음(音)을 일곱 가락[七調]13)에 어울리게 하니, 삼극(三極 : 三才)의 뜻과 이기(二氣 : 陰陽)의 묘함이 다 포괄되어 있다 하였다. 7) 훈민정음은 평이하고 실용적인 글자의 기능을 가지고 있다는 우수성을 여러 각도에서 설명하였다. 8) 세종대왕의 명에 따라 훈민정음 해례 편찬에 참여한 학자는 정인지(鄭麟趾)·최항(崔恒)·박팽년(朴彭年)·신숙주(申叔舟)·성삼문(成三問)·이개(李塏)·이선로(李善老)와 강희안(姜希顔)을 포함하여 8인이라 말하였다. 9) 이 해례는 세종대왕의 명에 따라 자세히 해석을 가하였으므로 스승이 없어도 훈민정음을 스스로 깨닫게 하였으나, 그 깊은 근원과 정밀한 뜻의 묘한 것에 있어서는 편찬자들인 자기들은 능히 나타낼 수가 없다고 하였다. 10) 세종대왕은 하늘이 내신 성인(聖人)으로 제도(制度)와 베푸심이 모든 임금에 뛰어나셨다고 하였다. 11) 세종대왕이 훈민정음을 지으심은 자연에서 이룩하신 창제라 말함과 동시에 세종의 영명한 성덕(聖德)을 기리었다. 12) 끝에 가서 이 해례 서문은 정인지 자신이 세종 28년(1446)

---

13) 음악의 일곱가지 소리[七音]를 말함이니, 곧 궁(宮)·상(商)·각(角)·치(徵)·우(羽)·반상(半商)·반치(半徵)이다.

음력 9월 상한(上澣)에 삼가 썼다고 하였다.

이 책을 「해례본」이라 부르는 것은 「실록본」이나 「언해본(주해본)」 등의 다른 진본(珍本)에서는 찾아볼 수 없는 해례(解例)가 실려 있기 때문이다. 그런데 이 책은 발견 당시 표지부터 책의 첫머리 두 장이 낙장(落張)되어 있어 이 낙장된 부분을 보사(補寫)하였는데, 붓으로 쓸 때 실수로 세종대왕의 서문 끝부분인, 「편어일용이(便於日用耳)」를 「편어일용의(便於日用矣)」라고 하여 「이(耳)」자를 「의(矣)」자로 잘못 썼고, 또 구두점도 두 군데나 잘못 찍었다.

그리고 해례편 중성해(中聲解) 결(訣) 서두에 「모자지음(母字之音)」을 「매자지음(每字之音)」의 오자(誤字)로 보기도 하나, 「모자(母字)」란 「자모자(字母字)」로 보면 될 것이다.

이 《훈민정음》 본문의 언해(諺解)가 세조 5년(1459)에 발간된 《월인석보(月印釋譜)》 권두(卷頭)에 실려 전한다. 이 언해본에는 본문(本文) 외에 치두·정치음(齒頭正齒音)14)의 규정이 덧붙여 있다. 이 언해본의 원간본은 1972년 1월에 발견되어 현재 서강대학교 중앙도서관에 소장되어 있다. 이 서강대학교 소장본과 같은 판으로 보는 박씨본[朴勝彬님 소장본]이 있는데, 이 책은 현재 고려대학교 아세아문제연구소 육당문고(六堂文庫)에 소장되어 있다. 그 밖에 선조 원년(1568)에 복각(覆刻)한 희방사본(喜方寺本) 등이 있다15).

(2) 용비어천가(龍飛御天歌)

---

14) 치두음자(齒頭音字): ㅈ ㅊ ㅉ ㅅ ㅆ, 정치음자(正齒音字): ㅈ ㅊ ㅉ ㅅ ㅆ.
15) 그 밖의 판본(版本)에 대하여는 필자의 《세종대왕과 훈민정음》 (세종대왕기념사업회 1984. 12. 31) 174~197쪽 참고.

세종대왕 때 권제(權踶)·정인지(鄭麟趾)·안지(安止) 등이 세종대왕의 명에 따라 세종 27년(1445) 음력 4월에 본문(本文)인 가시(歌詩)를 완성하였는데, 세종이 다시 최항(崔恒)·박팽년(朴彭年)·강희안(姜希顏) 등에게 주해를 덧붙이게 하여 간행한 것이 ≪용비어천가≫이다. 이 책은 세종 29년(1447)에 간행(모두 10권 5책)된 것으로 추정되는데, 현재 원간본으로 보이는 책은 서울대학교 중앙도서관 가람문고에 권 1·2가 전한다.

이 책은 조선왕조가 천명에 따라 성립되었음을 읊은 노래와, 그 노래의 배경을 설명한 주석으로 이루어졌다. 한글 가사(歌詞)와 한문의 번역시로 된 모두 125장(章)의 노래가 본문이 되고, 각장마다 한문으로 된 설명이 주석으로 붙어 있는데, 한글가사 125장 중 순 우리말로 만 된 가사는 제2장·제30장·제67장·제68장 등 모두 4장뿐이다. 이 책의 한글가사의 표기법은 한자말은 한자로 쓰고 우리말은 훈민정음으로 썼다.

그리고 이 책은 국어학과 국문학 연구 자료는 물론 역사 지리학 분야 등에서도 이용되는 귀중한 자료다. 또한 글자체 곧 자형 연구에도 귀한 자료이다.

특히 ≪용비어천가≫는 그 언어의 표기법에 있어서 주목할 만한 가치를 지니고 있으니, 첫째 8종성(ㄱ,ㄴ,ㄷ,ㄹ,ㅁ,ㅂ,ㅅ,ㅇ) 외에 「ㅿ,ㅈ,ㅊ,ㅍ」의 글자를 더 종성(받침)에 사용하였고, 둘째 사잇소리 6개(ㅅ,ㄱ,ㄷ,ㅂ,ㆆ,ㅿ)를 사용하였으며, 셋째 순경음(脣輕音) 「ㅸ」의 모습을 가장 많이 간직하고 있다(보기 : 글발<16장>, 셔볼<35장>, ᄒᆞᄫᅡ<35장, 37장>). 그리고 전체 문장은 철저히 연철(連綴) 표기로 되었다.

중간본은 광해군 4년(1612), 효종 10년(1659), 영조 41년(1765)의 간본이 있는데, 광해군 4년판은 원간본(原刊本)의 복각(覆刻)이다. 그러나, 효종 10년판은 그 복각인 영조 41년판과 함께 자체(字體)가 원간본과 사뭇 다르게 된 책이다.

그리고 ≪용비어천가≫의 한글 가사와 한시(漢詩)는 ≪세종실록악보(世宗實錄樂譜)≫에도 실려 있다.

(3) 석보상절(釋譜詳節)

세종의 명령에 따라 수양대군(세조)이 어머니 소헌왕후의 명복(冥福)을 빌기 위하여 지은 석가(釋迦)의 일대기(一代記)인데, 세종 29년(1447) 7월 간행(모두 24권?)으로 추정되는 활자본이다. 표기법은 본문에 한자말과 순 우리말이 섞여 있을 때, 한자말은 한자로 먼저 큰 글자로 쓰고 그 다음에 작게 훈민정음으로 쓰고, 우리말은 한자 크기와 같은 훈민정음 글자로 썼다. 그리고 주석문 표기법은 같은 방법으로 썼는데, 다만 글씨의 크기만은 한자나 훈민정음이나 같은 작은 글씨로 썼다. 그리고 철저히 연철(連綴) 표기로 되었다.

수양군(首陽君)의 서(序)에 따르면 석가보(釋迦譜)를 먼저 만들고 그것을 정음(正音)으로 번역(翻譯)한 것이라고 하나, 다른 언해서(諺解書)와는 달리 원문이 없다.

이 책은 현재 영본(零本)으로 전하는데, 권6, 9, 13, 19는 국립중앙도서관에, 권23, 24는 동국대학교 중앙도서관에 소장되어 있고, 중간본(광해군초 목판본) 권11 한 책이 대구 심재완(沈載完)님 소장으로 전할 뿐이었는데, 근래 중간된 목판본 권3과, 초간본 권20이 발견되었다.

(4) 월인천강지곡(月印千江之曲)

아버지 부왕(父王)의 명에 의하여 수양대군(首陽大君)이 지어 바친

≪석보상절≫을 보고 석가(釋迦)의 공덕(功德)을 칭송하여 세종대왕이 지은 노래를 한데 묶은 책인데, 세종 29년(1447)에 된 것으로 생각된다. 모두 600여곡의 노래로 된 상·중·하 3권의 활자본인데, 현재 상권 1책만 대한교과서주식회사에 소장되어 있다. 그리고 권상과 권중의 낙장(落張)이 국립중앙도서관 소장의 ≪석보상절≫ 제19 뒷쪽에 합철되어 전한다.

이 책의 표기법은 앞에서도 말했지만 다른 문헌에 비해 독특한 성격을 지니고 있으니, 첫째 한자말을 쓸 때에 한자로 바로 쓰지 않고 훈민정음으로 먼저 큰 글자로 쓰고, 그 다음에 작게 한자를 썼으며, 둘째 맞춤법이 현대의 맞춤법에 가까와져 있음이 특징이다(분철(分綴) 표기로 되었으며, 받침도 8종성 외에 「ㅈ, ㅊ, ㅌ, ㅍ」의 글자를 더 사용하였음). 그리고 이 ≪월인천강지곡≫은 한글로 표기된 운문(韻文)으로서는 ≪용비어천가≫ 다음가는 최고의 자료로서 국어사 자료는 물론, 국문학과 서지학(書誌學)의 연구 등의 자료로서도 귀중하다.

(5) 동국정운(東國正韻)

세종대왕의 명에 따라 신숙주(申叔舟)·최항(崔恒)·성삼문(成三問)·박팽년(朴彭年) 등이 편찬 발간(모두 6권 6책)한 운서(韻書)이다.

이 책은 훈민정음을 이용한 운서로서 우리나라 한자음(漢字音) 표기의 표준화(標準化)를 위하여 편찬된 것인데, 세종 29년(1447) 음력 9월에 완성되고, 세종 30년(1448) 10월 간행으로 추정된다. 종래 낙질본(落帙本)으로 권1, 6만이 간송미술관에 소장되었었다. 그런데 1972년초 그 완질본(完帙本) 총 6권 6책 1질이 발견되어 현재 건국대학교 박물관에 소장되어 있다.

이 책에서 규정한 한자음은 훈민정음 창제 이후 모든 문헌의 한자음 표기에 적용되었으나(다만 ≪월인천강지곡≫은 조금 다름), 한자음이 좀 인위적(人爲的)으로 정리되었기 때문에 전승음(傳承音, 속음)과 거리가 있어 얼마 뒤인 15세기말부터는 사용되지 않게 되었다. 그러나, 이 책은 당시의 한자음 연구에서 기본 자료가 됨은 물론 자형(字形) 연구에 있어서도 중요한 자료다.

(6) 사리영응기(舍利靈應記)

세종대왕이 내불당(內佛堂)과 불상을 이룩하자 사리(舍利)가 나타나는 상서(祥瑞)가 일어났음을 기록한 책이다. 세종 31년(1449)의 간행으로 추정되는데, 1책으로 되어 있다. 책 끝에 불사에 참여한 신미(信眉)를 비롯한 많은 사람의 성명이 적혔는데, 이름이 「韓실구디」, 「朴검동」 등과 같이 한글로 표기된 사람도 약 50명이나 나타난다. 토박이말로 된 인명의 연구에 기여되는 자료다. 한글 활자는 ≪석보상절≫의 주석에 사용된 활자와 꼭 같다.

이 책은 현재 동국대학교 중앙도서관과 고려대학교 육당문고에 소장되어 있다.

(7) 홍무정운역훈(洪武正韻譯訓)

중국 명(明)나라의 운서(韻書)인 ≪홍무정운(洪武正韻)≫(1375)에 훈민정음으로 표음(表音)하고 주석을 붙인 책이다. 애초에 시작은 세종대왕 때 세종의 명령에 따라 성삼문(成三問)·조변안(曹變安)·김증(金曾)·손수산(孫壽山)·신숙주(申叔舟) 등이 10여 년에 걸쳐 편찬한 것을 단종 3년(1455)에 간행(모두 16권 8책)한 것으로 추정된다.

현존본은 권1, 2를 결한 나머지 책이 고려대학교 도서관 화산문고(華山文庫)에 소장되어 있다. 이 책은 중국 한자음을 표기한 것으로 ≪동국정운≫과는 본질적으로 다르다. 이 ≪홍무정운역훈≫이 너무 커서 이것을 가려 뽑아 줄여 만든 것이 신숙주(申叔舟)의 ≪사성통고(四聲通攷)≫였는데, 현재 전하지 않는다. 다만 이 ≪사성통고≫를 개수(改修)한 최세진(崔世珍)님의 ≪사성통해(四聲通解)≫(중종 12년, 1517)가 있는데, 그 말미(末尾)에 ≪사성통고≫ 범례(凡例)가 붙어 있다. 이 책들은 중국 음운사(音韻史) 및 한글 서체 변천사 연구에도 이용될 수 있는 소중한 자료다.

(8) 월인석보(月印釋譜)

세조가 ≪월인천강지곡≫과 ≪석보상절≫을 합편(合編)한 것으로, 간행(모두 25권)은 세조 5년(1459)로 추정된다. 체재는 ≪용비어천가≫를 본떠서 ≪월인천강지곡≫을 본문, ≪석보상절≫을 주석으로 한 방식으로 되었으며, 합편에서는 문장과 ≪석보상절≫의 권차에 상당한 수정을 하였다. 특히 문장 표기에 있어서 ≪석보상절≫에서는 우리 토박이말로 되어 있던 것을 이 ≪월인석보≫에서는 한자말로 상당한 부분을 바꿔 놓았다. 전체 문장의 표기는 거의 완벽하게 연철(連綴) 표기이나 몇 개의 분철(分綴) 표기가 보인다(보기 : 客은 손이라<13 : 25>, 諸法엣 쳔이 넚디니라<13 : 8>.).

이 책은 현재 영본(零本)으로만 전하는데, 지금까지 알려진 원간본은 권 1, 2, 7, 8, 9, 10, 11, 12, 13, 14, 15, 17, 18, 19, 23, 25 등 16권과 중간본 권 4, 21, 22 등 모두 19권이다. 이 ≪월인석보≫ 권두에「훈민정음 언해(訓民正音諺解)」가 실려 있다. 여기에 치두·정치음(齒頭正

齒音)이 더 첨가되어 있다. 이 ≪훈민정음 언해본≫은 ≪훈민정음 주해본(訓民正音註解本)≫이라고도 한다. ≪훈민정음 언해본≫은 철저히 연철(連綴)로 일관하였다.

(9) 능엄경언해(楞嚴經諺解)<활자본>

≪능엄경≫은 중국 송(宋)나라 휘종(徽宗) 때 온릉(溫陵) 개원련사(開元蓮寺)의 비구(比丘) 계환(戒環)이 요해(要解)한 ≪대불정여래밀인수증료의제보살만행수릉엄경(大佛頂如來密因修證了義諸菩薩萬行首楞嚴經)≫을 줄인 것으로, ≪대불정수릉엄경(大佛頂首楞嚴經)≫ 또는 ≪수릉엄경(首楞嚴經)≫이라 부르기도 하나, 약칭으로 주로 ≪능엄경≫이라 부르고 있다. 이 ≪능엄경언해≫는 세조가 한글로 입겿[口訣]을 달고 신미(信眉)의 도움을 받아 한계희(韓繼禧)·김수온(金守溫) 등이 번역한 불교 경전의 최초의 언해본이다. 세조 7년(1461)의 발문에 의하면, 원래 세종대왕의 명령으로 세조가 세종 31년에 번역에 착수하였으나 완결되지 못하였는데, 세조 7년 음력 5월 석가(釋迦)의 분신사리(分身舍利)가 나타나는 상서가 있게 되자 두어 달 만에 번역을 마치고 음력 10월에 교서관(校書館)에서 을해자(乙亥字)로 간행하였다고 한다. 활자본인데 모두 10권 10책이다. 초간본은 현재 권3, 4만이 전하지 않는데, 현존본의 그 소장처를 보면, 권1은 성암문고(誠巖文庫)에, 권2는 서울대학교 도서관에, 권5는 서울대학교 가람문고와 일본 천리대학도서관(天理大學圖書館)에, 권6은 일본 천리도서관에, 권 7, 8은 세종대왕기념사업회와 권7은 연세대학교 도서관, 권8은 동국대학교 도서관에, 권9는 세종대왕기념사업회와 김형규(金亨奎)님이, 권10은 세종대왕기념사업회에 각각 소장되어 있다.

이 책에서는 훈민정음의 용법이 그대로 적용되어 순경음(脣輕音)「ㅸ」를 비롯하여 반치음「ㅿ」, 후음「ㆆ」, 아음「ㆁ」과 각자병음(各字並音)「ㅇㅇ」・「ㆅ」 등이 사용되어 있고, 불교 용어의 한자말에 대한 풀이 등을 하고 있으므로 국어의 음운 변천과 우리말 연구 및 불교 연구 등에 귀중한 문헌이다. 그리고 이 책의 한글 활자는 을해자와 함께 사용된 것인데, 임진왜란 이전까지 오랜 기간에 걸쳐 많은 책을 찍어 내었다. 그런데 이 활자본은 매우 서둘러 간행된 책이므로 잘못이 나타난다. 곧 수정되어 그 다음 해인 세조 8년(1462)에 간경도감(刊經都監)에서 간행하였는데, 이 책은 목판본이다. 이 간경도감의 목판본에 쓰인 한글의 자형이 활자본의 자형과 비슷하다.

(10) 능엄경언해(楞嚴經諺解)<목판본>

세조는 간경도감을 두어 여러 불경(佛經)을 언해하여 출판하였는데, 이 책은 간경도감에서 최초로 간행한 불경 언해서로서 세조 8년(1462)의 간행으로 보인다. 활자본으로 간행한 앞의 책의 잘못을 바로잡아 간행한 목판본인데, 활자본과 같이 모두 10권 10책으로 되었다. 표기는 거의 완벽하게 연철 표기인데, 극히 우발적(偶發的)으로 보이는 분철 표기가 몇 개 보인다(보기 : 이 卷 처엄에<2 : 123>, 죠흔 힝뎍의 通흔 일ㅋ로미라<6 : 94>.). 한글의 자형은 ≪월인석보≫와 비슷하다. 이 책은 한글 자형과 함께 책의 형태, 번역의 양식, 정서법 등이 간경도감의 다른 언해서와 그 밖의 15세기 불경언해서에 거의 그대로 답습되는 점에서 주목된다.

이 책은 현재 동국대학교 중앙도서관과 서울대학교 중앙도서관에 각각 전질이 전한다.

(11) 묘법연화경언해(妙法蓮華經諺解)

세조의 ≪묘법연화경≫에 세조가 입겿(구결)을 달고 간경도감에서 번역을 붙여 세조 9년(1463)에 간행한 책이다. 목판본인데 모두 7권 7책으로 되었다. 국어사 연구의 귀중한 자료가 된다. 약칭으로 ≪법화경언해(法華經諺解)≫라고도 한다. 표기는 분철(分綴) 표기가 제법 활기를 띠고 있다. 초간본으로 보이는 책은 동국대학교 도서관 소장인 권1·6, 규장각 소장인 권2·3·4·5·6·7, 가람문고 소장인 권7, 일사문고 소장인 권4, 성암고서박물관 소장인 권2·3·4·7 등이 그것이다.

(12) 선종영가집언해(禪宗永嘉集諺解)

세조가 한글로 입겿을 달고 신미(信眉)와 효령대군(孝寧大君) 등이 번역하여 세조 10년(1464)에 간경도감에서 간행한 책이다. 목판본인데 모두 상하 2권 1책의 책이다. 약칭으로 ≪영가집언해(永嘉集諺解)≫라고도 한다. 초간본의 권상은 동국대학교 도서관에, 권하는 서울대학교 일사문고에 소장되어 있다.

(13) 반야바라밀다심경약소현정기언해
(般若波羅密多心經略疏顯正記諺解)

세조가 입겿을 달고 한계희(韓繼禧) 등이 번역하여 세조 10년(1464) 간경도감에서 간행하였다. 목판본인데 1권이다. 이 책 이름은 약칭으로 ≪심경언해(心經諺解)≫·≪반야심경언해≫·≪반야바라밀다심경언해≫라고도 한다. 초간본은 현재 서울대학교 일사문고에 소장되어 있다.

(14) 금강반야바라밀경언해(金剛般若波羅密經諺解)

세조가 한글로 입겿을 달고, 한계희(韓繼禧) 등이 번역한 것을 세조 10년(1464) 간경도감에서 간행한 책이다. 목판본인데 상하 2권으로 분책되었다. 이 책은 《금강경육조해언해(金剛經六祖解諺解)》라고도 하는데, 약칭으로 《금강경언해(金剛經諺解)》라고 한다. 초간본은 현재 임형택(林熒澤)님이 소장하고 있다.

(15) 불설아미타경언해(佛說阿彌陀經諺解)

정토삼부경(淨土三部經)의 하나인 《아미타경》에 한글로 입겿을 달고 번역한 책이다. 이 책은 목판본인데 1책으로 되었다. 책머리에 세조가 번역하였다고 기록되어 있는데, 번역이 《월인석보》 권7의 《석보상절》 내용과 거의 합치하기 때문이다. 목판본은 간경도감에서 세조 10년(1464)에 간행되었으나, 그 원간본은 전하지 않고 복각된 중간본이 동국대학교 도서관에 소장되어 있다(명종 13년, 나주 쌍계사 간행). 그런데, 1970년 을해자로 된 활자본이 발견되었는데 이 활자본은 입겿에도 방점이 표기되는 점 등을 보아 세조 초에 간행된 것으로 추정된다. 이 활자본은 성암고서박물관에 소장되어 있는데, 목판본에 보이는 간기가 없어서 간년미상의 책이다.

(16) 상원사중창권선문(上院寺重創勸善文)

세조 10년(1464) 신미(信眉) 등이 오대산 상원사(五臺山上院寺)를 중수(重修)할 때 세조 양전(兩殿)이 내린 권선문이다. 먼저 한문으로 쓰고 다시 한글로 번역하여 썼는데, 방점이 있는 것이 특징이다. 이 권선문의 번역의 한글은 현존 최고의 필사본으로서도 가치가 있다. 그리고 원명은 ≪오대산상원사중창권선문(五臺山上院寺重創勸善文)≫이다. 이 권선문은 현재 월정사(月精寺)에 소장되어 있다.

(17) 원각경언해(圓覺經諺解)

중국 당(唐)나라 종밀(宗密)의 ≪원각경대소초(圓覺經大疏鈔)≫에 세조가 한글로 입겿을 달고 신미(信眉)·효령대군(孝寧大君)·한계희(韓繼禧) 등이 번역을 하여 세조 11년(1465) 3월에 간경도감에서 간행한 책이다. 모두 10권 10책으로된 목판본이다. 이 책의 판식(版式)과 번역 양식 등은 목판본 ≪능엄경언해≫에 준하나, 국어 표기에서 후음의 「ㆆ」과 각자병서가 폐기되었다. 그리고 분철(分綴) 표기가 다시 자취를 감춘다. ≪원각경≫은 ≪대방광원각수다라요의경(大方廣圓覺修多羅了義經)≫의 약칭이다. 현재 초간본의 완질은 전하지 않으며, 영본(零本)으로 서울대학교 일사문고와 이숭녕(李崇寧)님 등 소장본이 일부 전한다. 그리고 원간본의 복각본과 중간본이 규장각과 동국대학교 도서관에 소장되어 있는 것으로 알려져 있다.

(18) 원각경구결(圓覺經口訣)

≪원각경≫의 본문과 당나라 종밀(宗密)의 ≪원각경대소초(圓覺經大疏鈔)≫에 한글로 입겿을 달아 간행한 책인데, 모두 5책으로 되어 있다. 이 책은 간기(刊記)가 없어 확실치는 않으나, 이 책에 쓰인 을유자(乙酉字)가 세조 11년(1465)에 간행한 ≪원각경≫에 쓰기 위하여 주조한 활자이며, 입겿이 ≪원각경언해≫의 입겿과 일치하는 점 등으로 세조 11년에 간행한 것으로 추정된다. 원간본은 국립중앙도서관 일산문

고와 고려대학교 만송문고(晩松文庫)에 일부씩 전한다.

(19) 주역전의구결(周易傳義口訣)

주역의 대문(大文)에 한글로 입겿을 단 책이다. ≪세조실록(世祖實錄)≫ 세조 12년(1466) 2월 을미조(乙未條)에 ≪주역구결≫ 반포의 기사가 보이는데, 이 기록으로 보아 세조 12년에 간행된 것으로 추정된다. 원간본은 영본(零本)으로 권20 1책이 국립중앙도서관 일산문고에 소장되어 있고, 이것을 복각한 책은 전질 24권 12책이 일본 궁내청 서능부(宮內廳書陵部)에 소장되어 있다.

(20) 주역전의대전구결(周易傳義大全口訣)

한문본 ≪주역전의대전≫의 난상(欄上)에 한글로 입겿을 단 책이다. 이 책의 입겿이 ≪주역전의구결≫의 그것과 똑 같다. 따라서 세조 12년(1466) 이후의 간행된 것으로 추정된다. 현재 권16, 17이 1책으로 된 것이 일본 궁내청 서능부에 소장되어 있다.

(21) 구급방언해(救急方諺解)

원간은 세조 12년(1466)으로 추정되는데 현재 전하지 않고, 16세기 중엽에 간행된 것으로 보이는 을해자본(乙亥字本)의 복각인 중간본(重刊本)이 전할 뿐이다. 모두 2권 2책으로 되었는데, 내용은 위급한 환자를 구하는 약방문을 한글로 번역한 책이다. 의약서로는 최초의 언해본으로 보이는 귀중한 자료다. 이 중간본은 현재 일본 봉좌문고(蓬左文庫)에 완질이, 서울대학교 가람문고에 권1이 전한다.

(22) 목우자수심결(牧牛子修心訣)

고려 희종(熙宗) 때의 보조국사(普照國師) 지눌(知訥 : 호는 牧牛子)의 ≪수심결(修心訣)≫을 신미(信眉)가 번역한 책이다. 목판본으로 된 1권이다. 이 책은 세조 13년(1467)에 간경도감에서 간행한 것이다. 순경음 「ㅸ」이 사용되고 있다. 원간본은 현재 서울대학교 일사문고와 일본 동양문고(東洋文庫)에 소장되어 있다.

(23) 몽산화상법어약록언해(蒙山和尙法語略錄諺解)

원(元)나라 말기의 고승인 몽산(蒙山)의 ≪법어(法語)≫를 신미(信眉)가 한글로 독음과 입겿을 달고 언해한 책이다. 목판본 1책이다. 간기가 없어 확실치는 않으나, 글자의 사용, 방점이 찍힌 입겿, 한자 독음의 위치 등이 ≪월인석보≫의 서문과 같으므로 세조 초의 간행이라 추정된다. 원간본은 거의 성종 3년(1472)의 인출본이다. 이 책은 불가에서 많이 읽혔으므로, 임진왜란 이전의 중간본도 7종이나 알려져 있다. 그리고 이 책의 한글의 자형은 ≪월인석보≫와 같으며, 순경음 「ㅸ」도 사용되고 있다. 초간본은 현재 세종대왕기념사업회, 성암문고, 일본 천리도서관, 조명기(趙明基)님, 이겸로(李謙魯)님이 소장하고 있다.

(24) 법어언해(法語諺解)

혜각존자(慧覺尊者) 신미(信眉)가 입겿과 번역을 한 책이다. 이 책은 환산정응선사시몽산법어(晥山正凝禪師示蒙山法語)·동산숭장주송자행각법어(東山崇藏主送子行脚法語)·몽산화상시중(蒙山和尙示衆)·고담화상법어(古潭和尙法語)의 네 편(篇)의 법어(法語)에 한글로 입겿을 달고 번역한 책이므로 ≪사법어언해(四法語諺解)≫라고도 한다. 간기가 없어서 발간년도는 확실히 알 수 없으나, 단행본으로 간행된 일이 없고, ≪목우자수심결≫이나 ≪몽산화상법어약록언해≫의 중간본에 합철되어 있으므로 ≪목수자수심결≫의 간년인 세조 13년(1467)에 간경도감에서 간행된 것으로 추정된다. 순경음 「ㅸ」도 쓰이고 있다. 원간본으로 여겨지는 책이 현재 서울대학교 일사문고에 소장되어 있다.

(25) 지장보살본원경언해(地藏菩薩本願經諺解)

세조 때 학조(學祖)가 언해한 초간본은 전하지 않고, 현존본으로 가장 오랜 것은 선조 2년(1569) 쌍계사(雙溪寺)에서 중간한 3권 1책의 판본이다. 그 밖에 영조 41년(1765)에 간행된 목판본 3권 1책은 순 한글로 되어 있다. 이 책은 약칭으로 ≪지장경언해≫라고도 한다.

(26) 해동제국기(海東諸國紀)

신숙주(申叔舟)에 의해 성종 2년(1471)에 이루어졌었는데, 그 뒤 여러 차례에 걸쳐 추보된 책이다. 현전하는 가장 오랜 간본은 중종 7년(1512)의 내사본(內賜本)이다. 내용은 일본과 유구(琉球)의 지세(地勢)·국정(國情)·국교(國交)의 연혁과 사신 접대의 절목(節目) 등을 적고 있다. 국어사 자료로서는 권말 부록의 어음 번역에 유구말이 한글로 표기된 것이 있고, 방점은 없으나 순경음까지 사용한 것이 특이하다.

이 책은 현재 국립중앙도서관 일산문고와 일본 내각문고(內閣文庫) 등에 소장되어 있다.

(27) 내훈(內訓)

성종의 생모(生母)인 소혜왕후(昭惠王后)가 부녀자의 훈육에 필요한 대목을 ≪소학(小學)≫·≪열녀(烈女)≫·≪여교(女敎)≫·≪명감(明鑑)≫의 네 책에서 뽑아 7장(章)으로 엮어 3권 3책으로 만들었다. 이 책은 성종 6년(1475)에 이루어졌는데 이 책이 간행되었다는 기록은 없고, 현재 알려진 판본으로는 중종 12년(1522)에 간행되었다는 기록을 비롯하여 약간의 중간본이 있다. 가장 오래된 간본은, 중간본인 선조 6년 (1573)의 내사본(內賜本)이 일본 봉좌문고(蓬左文庫)에 소장되어 있다. 이 책에는 순경음 「ㅸ」도 쓰이고 있다. 그 밖에 이본(광해군 2년 간행, 효종 7년 간행)이 전하는데 모두 3권 3책이다. 이 책들은 방점이 없어지고 언해에도 조금씩 차이를 보인다. 그리고 영조 13년(1736)의 어제내훈(御製內訓)이 있다. 이 책은 책 이름도 다르지만, 번역문의 어휘와 문체가 달라져서 딴 문헌이 되어 있다.

(28) 명황계감언해(明皇誡鑑諺解)

세종대왕의 명령에 의해 세종 23년(1441)에 ≪명황계감≫을 편찬하고, 세조 8년(1462)에 최항 등이 언해본을 간행하였으나 그 원본은 전하지 않는다. 다만 영조 23년(1747)에 영조의 부마(駙馬)인 김한신(金漢藎)이 박명원(朴明源) 집안의 소장본을 베낀 후사본을 그 뒤에 전사한 것이 현재 2종이 전하는 것으로 알려져 있다. 그 하나가 세종대왕기념사업회에 소장되어 있다.

(29) 분류두공부시언해(分類杜工部詩諺解)

중국 당(唐)나라 시인 두보(杜甫)의 시를 유윤겸(柳允謙)·조위(曺偉)·의침(義砧) 등이 언해한 책인데, 성종 12년(1481)에 간행되었다.

모두 25권인데, 현재 원간본은 권 1, 2, 4, 5, 12가 전하지 않고, 영본 (零本)으로 20권이 전한다. 이 책은 다른 언해서와는 달라 입겿이 없고, 국한문 혼용인 언해문의 한자에도 한글 독음이 달리지 않았다. 두 시에 대한 주석은 세종대왕 때부터 행하여졌다고 하나, 번역은 성종의 명령으로 이루어진 것이다. 표기는 분철(分綴) 표기가 다시 등장하나 ≪묘법연화경언해≫의 표기 수준에는 미치지 못한다.

(30) 삼강행실도(三綱行實圖)

본래 세종대왕이 설순(偰循) 등에게 명령하여 우리나라와 중국의 삼강(효·충·열)에 뛰어난 사람 각각 110명의 행적을 그림과 한문으로 설명하여 세종 16년(1434)에 3권 3책으로 간행한 책이다. 그런데 여기에서 말하는 ≪삼강행실도≫는 성종 때 인원을 효·충·열 각각 35명으로 줄이고, 난상(欄上)에 번역을 하여 간행한 책인데, 이 책은 3권 1책의 목판본이다. 간기가 없어 확실치는 않으나 원간본은 성종 12년(1471)의 간행으로 추정되고 있다. 원간본에는 방점과 「ᄫ, ㆆ, ㆅ」까지 나타나는 등 국어사 연구에 귀중한 자료다. 중간본은 선조 14년(1581), 영조 6년(1730) 등 여러 판본이 있는데, 번역이 조금씩 다르다. 현재 초간본으로 보이는 책은 성암고서박물관과 김영중(金永仲)님이 소장하고 있다.

(31) 남명집언해(南明集諺解)

중국 당(唐)나라 고종(高宗) 및 중종(中宗) 때의 고승(高僧)인 영가대사(永嘉大師) 현각(玄覺)이 지은 ≪증도가(證道歌)≫를, 송(宋)나라 남명천선사(南明泉禪師)가 천경산(千頃山)에서 우거(寓居)할 때 도중(徒

衆)을 영도(領導)하던 여가에 구마다[句句] 나누어 계송(繼頌)한 320편(篇)이 그 내용이다. ≪남명집≫의 원명은 ≪영가대사증도가남명천선사계송(永嘉大師證道歌南明泉禪師繼頌)≫이다. 이를 줄여서 ≪증도가남명계송≫·≪남명천선사계송≫·≪남명천계송≫·≪남명계송≫·≪증도가≫·≪가가천송(嘉歌泉頌)≫이라 부르기도 하나, 주로 ≪남명집≫이라 부르고 있다. ≪남명집≫의 언해는 남명천(南明泉)이 ≪증도가≫에 계속하여 읊은 320편에서 세종대왕이 30편을 우리말로 번역한 다음 당시 동궁인 문종(文宗)과 수양대군(首陽大君 : 세조)에게 명령하여 이를 완역(完譯)하도록 하였으나, 예종(睿宗) 때까지는 완성하지 못하였는데, 성종(成宗) 때에 세조비인 자성대비(慈聖大妃) 윤씨(尹氏)의 명으로 학조대사(學祖大師)가 완성하여 간행한 것이다. 간년은 한계희(韓繼禧) 발문과 강희맹(姜希孟) 발문에 따라 ≪금강경삼가해≫와 같이 성종 13년(1482)으로 추정된다. 모두 상·하 2권 2책인데 을해자본이다. 이 책은 한글로 입곁을 달고 번역한 책인데, 표기는 분철(分綴) 표기가 활발히 나타난다. 그리고, 순경음 「ㅸ」를 비롯하여 반치음 「ㅿ」, 후음 「ㆆ」, 아음 「ㆁ」과 각자병서(各自並書) 「ㆅ」 등의 글자가 사용되었고, 한자음 표기는 ≪동국정운≫ 한자음 표기식이다. 원간본은 서울대학교 가람문고와 이겸로(李謙魯)님이, 권하 영본(零本)은 세종대왕기념사업회와 고려대학교 만송문고에 소장되어 있다.

(32) 금강경삼가해(金剛經三家解)

조선 초기의 함허당(涵虛堂) 득통(得通)의 ≪금강경오가해(金剛經五家解)≫ 중 「야부송(冶父頌), 종경 제강(宗鏡提綱), 함허 설의(涵虛說誼)」를 입곁을 달고 번역하여 성종 13년(1482)에 간행한 책이다. 이 책은 5권 5책의 을해자본이다. 책 뒤에 있는 한계희(韓繼禧)·강희맹(姜希孟)의 발문에 따르면, 세종대왕의 명령에 따라 문종과 세조가 번역하여 완성하였으나, 세조비(世祖妃) 자성대비(慈聖大妃)가 학조(學祖)에게 교정(校正)하게 하여 발간하였다고 한다. 표기는 대체로 분철(分綴) 표기이다. 원간본 권1, 5는 세종대왕기념사업회와 동국대학교 도서관에, 권2~5는 서울대학교 가람문고에, 권3, 4는 성암고서박물관에 소장되어 있다.

(33) 불정심경언해(佛頂心經諺解)

≪불정심다라니경(佛頂心陁羅尼經)≫·≪다라니경(陁羅尼經)≫·≪관음경(觀音經)≫이라고도 한다. 내용은 상권이 ≪불정심다라니경≫, 중권이 ≪불정심요병구산방(佛頂心療病救産方)≫, 하권이 ≪불정심구난신험경(佛頂心救難神驗經)≫으로 되었는데, 모두 3권 1책이다. 이 책은 성종 16년(1485)에 간행된 것인데, 다른 언해본과는 달리 한문 원문을 내용을 나타내는 그림과 함께 목판으로 먼저 싣고, 끝에 학조대사(學祖大師)의 발문이 있다. 이어 전문을 번역하여 을해자로 간행하였다. 원간본은 이희승(李熙昇)님 소장으로 전한다.

(34) 오대진언(五大眞言)

덕종비(德宗妃) 성종의 생모 인수대비(仁粹大妃 : 소혜왕후) 한씨(韓氏)가 읽기에 편하게 하기 위하여 종래 행해 오던 범자(梵字)·한자(漢字) 대조의 진언(眞言)에다 한글 음역(音譯)을 덧붙여 간행한 책이다. 간년은 성종 16년(1485)이다. ≪오대진언≫이란 사십이수진언(四十二手眞言)·신묘장구대다라니(神妙章句大陁羅尼)·수구즉득다라니(隨

求卽得陁羅尼)·대불정다라니(大佛頂陁羅尼)·불정존승다라니(佛頂尊勝陁羅尼)의 다섯 가지 진언을 말한다. 현재 원간본은 낙장본이 전하는데 임진왜란 이전의 중간본도 수종이 전한다. 그리고 이 ≪오대진언≫ 원판에는 순한문의 ≪영험약초(靈驗略抄)≫가 부록되어 있는데, 명종 5년(1550)판인 중간본에는 이 ≪영험약초≫가 한글로 번역되어 있음이 특이하다. 원간본은 낙장본으로 성암문고에 소장되어 있다.

(35) 구급간이방(救急簡易方)

구급(救急)에 쓰일 간이(簡易)한 약방문으로, 성종 20년(1489) 윤호(尹壕) 등이 편찬하여 간행하였다. 이 책은 방문마다 한글로 언해를 덧붙여 놓아 일반인도 치료할 수 있도록 하였다. 모두 9권인데, 원간본은 전하지 않고 16세기 중엽의 중간본이 전하는데, 그것도 완질이 아닌 권1, 3, 6, 7만이 전한다. 권1은 서울대학교 일사문고, 권3은 동국대학교 도서관, 권6은 한독약사관(韓獨藥史館)과 이겸로(李謙魯)님, 권7은 김완섭(金完燮)님이 소장하고 있다.

(36) 금양잡록(衿陽雜錄)

일년 네 계절의 농사 및 농작물에 대한 주의 사항을 적은 책이다. 이 책은 세조 때 강희맹(姜希孟)이 금양(衿陽 : 지금의 시흥)에 은퇴해 있을 때 저술한 것인데, 원간은 성종 23년(1492)으로 추정된다. 원간본은 일본 내각문고(內閣文庫)에 있으나, 후쇄본이다. 중간본으로서 ≪농사직설(農事直說)≫에 합하여 간행된 책이다. 특이한 것은 곡품(穀品)에 있는 곡물명의 토박이말을 이두와 한글로 표기한 점이다. 방점은 없으나, 반치음「ㅿ」, 아음「ㆁ」이 쓰이고 있다.

2. 자료   283

(37) 이로하(伊路波)

왜학(倭學)에서 사용한 일본말 교과서이다. 일본 글자(47자)의 독음 표기에 쓰인 한글이 국어사 및 일본어사(日本語史) 연구에 귀중한 자료가 된다. 이 책은 성종 23년(1492)에 단권으로 간행된 것인데, 현재 일본 향천대학부속도서관(香川大學附屬圖書館) 신원문고(神原文庫)에 소장되어 있다.

(38) 악학궤범(樂學軌範)

성종의 명령으로 성현(成俔)·유자광(柳子光)·신말평(申末平)·박내(朴來) 등이 편찬하여 성종 24년(1493)에 간행한 조선 시대 음악 책이다. 이 책은 모두 9권 3책의 목판본인데, 내용은 아악(雅樂)·당악(唐樂)·향악(鄕樂)의 3문(門)으로 나누어 작율(作律)과 용율(用律), 그리고 악기(樂器) 등을 설명한 것이다. 현재 임진왜란 이전의 간본은 일본 봉좌문고(蓬左文庫)에 소장되어 있다. 특히 이 책에 실려 있는 고려가요의 한글 가사(歌詞)와 한글 표기의 음악 용어가 국어사 자료로서 가치가 있으며, 한글 가사에 방점이 없는 것이 동시대 발간된 다른 문헌과 다른 점이다. 그리고 임란 후의 판본으로 광해군 2년(1610) 발행본과 효종 6년(1655) 발행본이 국내에 전한다.

(39) 육조법보단경언해(六祖法寶壇經諺解)

원래 ≪육조법보단경≫은 중국 당(唐)나라의 육조대사(六祖大師) 혜능(惠能)의 어록(語錄)을 제자가 편집한 책이다. 이 언해본은 그 원문을 한글로 번역한 것인데, 모두 3권 3책으로하여 연산군 2년(1496)에 목활자(木活字)로 간행한 것이다. 표기는 분철(分綴) 표기가 많이 나타난다. 현재 권상은 서울대학교 일사문고와 이동림(李東林)님이, 권중은 이겸로님과 이동림 및 이승욱(李承旭)님 등이 소장하고 있고, 권하는 대구의 모씨가 소장하고 있다.

(40) 진언권공언해(眞言勸供諺解)

불공(佛供)에 필요한 진언권공(眞言勸供)과 삼단시식문(三壇施食文)을 한글로 번역한 것인데, 연산군 2년(1496)에 합책(合册)하여 목활자로 발간한 책이다. ≪시식권공언해(施食勸供諺解)≫라고도 한다. 모두 2권 1책으로 되었다. 원간본은 서울대학교 일사문고에 소장되어 있다.

(41) 시식권공언해(施食勸供諺解)

진언권공언해(眞言勸供諺解)를 달리 부른 이름이다.

(42) 속삼강행실도(續三綱行實圖)

중종의 명령에 따라 신용개(申用溉) 등이 세종대왕 때 간행된 ≪삼강행실도≫에 빠진 삼강(효 36인, 충 5인, 열 28)의 사실을 그림과 한문으로 설명하고, 난상(欄上)에 한글로 번역하여 실어 중종 9년(1514)에 간행한 책인데, 전적으로 성종 때 발간된 ≪삼강행실도≫에 따른 것이다. 방점과 반치음 「ㅿ」, 아음 「ㆁ」은 물론이고, 혼란되었으나 순경음 「ㅸ」까지 쓰여지고 있다. 그리고 중간본으로 선조 14년(1581)에 간행된 것이 있는데, 방점과 「ㅸ, ㅿ」이 없어지고 「ㆁ」이 쓰여지고 있다. 내용에서는 심원척간(深源斥姦)조가 더 추가되어 충(忠)이 6인으로 늘어났다는 점이다. 원간본은 서울대학교 일사문고와 일본 동양문고 (東洋文庫)에 소장되어 있다. 그리고 선조 14년(1581)에 간행된 중간본이 있고, 또 영조 3년(1727)에 간행된 중간본이 있다.

(43) 번역노걸대(飜譯老乞大)

본래 ≪노걸대≫는 ≪박통사(朴通事)≫와 함께 중국말을 배우는 학습서인데, 이 ≪번역노걸대≫는 ≪노걸대≫의 원문에 한글로 중국말의 정음(正音)과 속음(俗音)을 달고 번역한 책이다. 이 책은 중종 때 최세진(崔世珍)이 번역하여 중종 12년(1517)경에 간행한 것으로 여겨지는데, 현재 상권·하권으로 된 2권 2책의 목판본인 복각본이 전한다. 임진왜란 이전의 간본이나, 을해자본의 복각으로 보여 원간본인지 의심스럽다. 이 책은 현재 권상은 백순재(白淳在)님이, 권하는 성암고서박물관에 소장되어 있다. 분철(分綴) 표기의 보기가 보인다. 그리고 이 책 이외의 언해 책으로 현종 11년(1670)에 간행된 ≪노걸대언해≫가 있다.

(44) 번역박통사(飜譯朴通事)

≪노걸대≫와 함께 사역원(司譯院)의 학습서인데, 이 ≪번역박통사≫는 ≪박통사≫의 원문에 한글로 중국말의 정음(正音)과 속음(俗音)을 달고 번역한 책이다. 이 책은 중종 때 최세진(崔世珍)이 번역하여 중종 12년(1517)경에 간행한 것으로 생각된다. 모두 을해자본으로 된 3권인데, 현재 권상 1책만 국회도서관에 전한다. 중철(重綴) 표기의 보기 일부가 보인다. 이 책 이외의 언해 책으로 숙종 3년(1677)에 간행된 ≪박통사언해≫가 있다.

(45) 노박집람(老朴集覽)

중종 때 최세진(崔世珍)이 ≪노걸대(老乞大)≫와 ≪박통사(朴通事)≫에서 난해(難解)한 어구(語句)와 홀로이름씨 등을 뽑아 해설을 붙인 책인데, 설명은 한문으로 되었으나, 한글로 된 보기도 있다. 이 책은 간기가 없어 확실치는 않으나 ≪번역박통사≫와 거의 같은 무렵의 간행으로 추정된다. 내용은 자해(字解 ; 單字解·累字解)와 노걸대집람(老乞大集覽) 및 박통사집람(朴通事集覽) 등의 3부로 되어 있다. 모두 1책인데 을해자본(乙亥字本)이다. 원간본은 현재 동국대학교 도서관에 소장되어 있다.

(46) 사성통해(四聲通解)

중종 때 최세진(崔世珍)이 편찬한 중국말의 운서(韻書)다. 이 운서는 자해(字解)가 없는 신숙주(申叔舟)의 ≪사성통고(四聲通攷)≫를 깁고 보태었다고 하나 ≪홍무정운역훈≫의 음계(音系)와 거의 같은 음계를 나타내고 있다. 체재(體裁)는 한자는 낱자(자모) 순으로 배열하여 한글로 표음(表音)하고 자세한 자석(字釋)을 달고 있다. 간년은 편찬자의 서문에 따라 중종 12년(1517) 11월로 추정된다. 모두 상·하 2권 2책이다. 원간본은 전하지 않으나 을해자본의 복각본으로 임진왜란 이전 간행으로 여겨지는 목판본이 일본 국회도서관에 전한다. 그리고 국내에는 광해군 6년(1614)의 목활자본과 효종 7년(1654)의 목판본이 규장각에 소장되어 있다.

(47) 속첨홍무정운(續添洪武正韻)

중종 때 최세진(崔世珍)의 편찬으로 여겨지는 운서(韻書)의 하나인데, 이 책은 《홍무정운》의 결함을 보완하기 위해 편찬된 것이다. 《홍무정운역훈》과 꼭 같이 소운(小韻)의 대표자(代表字)에 한글로 표음(表音)하였다. 원간본은 상·하 2권 2책인 듯하나, 현재 국내에 상권 1책만이 이겸로님에 의해 전한다. 《속첨홍무정운역훈》이란 후대에 붙인 이름이다.

(48) 번역소학(飜譯小學)

중종 때 김전(金詮)·최숙생(崔淑生) 등이 《소학(小學)》의 대문(大文)을 한글로 번역한 책인데, 모두 10권 10책이다. 남곤(南袞)의 발문 연대인 중종 13년(1518)에 발간된 것으로 추정된다. 원간본은 전하지 않으나, 현재 16세기 말기경 내지 그 이후에 발간된 것으로 보이는 중간본이 영본(零本)으로 권6·7이 고려대학교 만송문고에, 권8이 고려대학교 도서관에, 권9가 서울대학교 가람문고에, 권10이 국립중앙도서관에 전한다. 이 전하는 책들은 을해자본을 복각한 목판본으로, 원간본이 을해자본이었음을 알게 한다.

(49) 여씨향약언해(呂氏鄕約諺解)

중종 때 경상도관찰사 김안국(金安國)이 중국 송(宋)나라 여씨(呂氏) 형제가 지은 향약(鄕約)에 주자(朱子)가 첨삭을 하고 주석을 달아서 만든 《여씨향약》에 차자(借字)로 입겿을 달고 한글로 언해하여 중종 13년(1518)에 경상도에서 간행한 책이다. 그 뒤에 여러 번 중간되었다. 원명은 《주자증손여씨향약(朱子增損呂氏鄕約)》이다. 이 책은 분철(分綴) 표기가 활발하나 연철(連綴) 표기도 꽤 많고, 또 중철(重綴) 표기도 더러 보인다. 원간본으로 여겨지는 책은 일본 동경(東京)의 존경각문고(尊經閣文庫)에 소장되어 있다. 이 책은 목판본으로 후인본(後印本)인데, 1책으로 되었다. 이보다 늦은 간본은 간년 미상의 을해자본이 고려대학교 화산문고(華山文庫)에, 선조 7년(1574) 간행의 을해자본이 서울대학교 도서관 일석문고에 소장되어 있다. 세종대왕기념사업회는 선조 7년판의 복각본 2종을 소장하고 있다.

(50) 이륜행실도(二倫行實圖)

중종 때 경상도관찰사 김안국(金安國)이 조신(曺伸)에게 편찬시켜 중종 13년(1518)에 간행한 수신서이다. 장유유서(長幼有序)·붕우유신(朋友有信)의 두 가지 도덕에 뛰어난 사람 48인의 행적을 모아서, 그림을 그리고 한문으로 설명하고, 또 난상(欄上)에 한글로 번역하여 붙인 목판본이다. 모두 1권 1책이다. 분철(分綴) 표기가 전혀 보이지 않는데 중철(重綴) 표기를 가지고 있음이 특이하다(보기 : 사름미<6>, 님금미<27>). 또 방점과 아음 「ㅇ」, 혼란되었으나 반치음 「△」도 쓰였고, 간혹 특이한 어휘도 보인다. 그리고 선조 12년(1579), 영조 3년(1727) 간행 등의 중간본이 있다. 초간본은 옥산서원(玉山書院)과 이화여자대학교 도서관에 소장되어 있다. 그리고 복각본과 개간본이 전한다.

(51) 정속언해(正俗諺解)

중종 때 경상도관찰사 김안국(金安國)이 경상도에서 중국인 왕일암(王逸菴)이가 지은 ≪정속편(正俗篇)≫을 원문에 차자(借字)로 입곁을 달고 한글로 번역 중종 13년(1518)에 간행한 교화서(敎化書)이다. 목판본 1책이다. 현재 임진왜란 이전의 목판본과 18세기경의 중간본이 전한다. 임란 이전본에는 반치음「ㅿ」, 아음「ㆁ」이 나타나고 분철(分綴) 표기가 전혀 보이지 않으나 중철(重綴) 등 정서법(正書法)의 특징이 원간본 ≪여씨향약(呂氏鄕約)≫과 비슷하다(보기 : 사름믜<1>, 손발롤 <4>). 임란 이전의 목판본은 이원주(李源周)님이 소장하고 있다. 중간 본은 규장각과 서울대학교 일사문고, 고려대학교 도서관 등에 소장되어 있다.

(52) 촌가구급방(村家救急方)

중종 33년(1538)에 김정국(金正國)이 간행한 의약서이다. 원간본은 전하지 않고, 선조 4년(1571)경 간행의 중간본이 성암고서박물관 소장 으로 전한다. 내용은 132항의 방문(方文)을 수록한 것이나, 목록에 있어서 향명(鄕名)이라 하여 방문에 나오는 본초(本草), 곧 약재(藥材) 128종을 들고 두 줄로 차자(借字)와 한글로써 토박이말을 표기하였다. 단권으로 되었다.

(53) 시용향악보(時用鄕樂譜)

편자(編者)와 편찬연대 미상의 악보(樂譜)인데, 반치음「ㅿ」가 정확히 쓰인 것으로 보아 16세기 초기인 중종 때 간행된 것으로 여겨진다. 내용은 정간악보(井間樂譜)와 함께 사모곡(思母曲) 등 고가요(古歌謠) 26편이 실려 있다. 단권으로 되었다. 현재 이겸로님이 소장하고 있다.

(54) 간이벽온방언해(簡易辟瘟方諺解)

중종의 명령으로 의관(醫官) 김순몽(金順夢) 등이 엮어 중종 20년

(1525)에 간행한 의약서이다. 한문의 원문에 언해를 붙이었다. 단권으로 되었다. 분철(分綴) 표기의 보기가 보인다. 원간본은 전하지 않고, 선조 11년(1578)의 을해자로 된 중간본이 고려대학교 만송문고에 전한다.

(55) 훈몽자회(訓蒙字會)

중종 22년(1527)에 최세진(崔世珍)이 지은 한자 학습서이다. 아동에게 한자의 음과 뜻을 사물을 통해 정확히 가르치기 위하여 한자 3,360자를 수록하고 한글로 새김과 자음(字音)을 달아서 만든 책이다. 모두 3권 1책으로 되었다16). 원간본은 일본 경도(京都) 예산문고(叡山文庫)에 있는데 을해자본이다. 임진란 이후의 간본은 목판본으로 규장각과 세종대왕기념사업회 등 국내 여러 곳에 소장되어 있다.

(56) 영비각자(靈碑刻字)

서울 노원구(蘆原區 : 전 서울공대 뒷산)에 있는 석비(石碑), 일명 양주 영비각자(楊州靈碑刻字)라고도 한다. 성주인(星州人) 묵재(默齋) 이문건(李文楗 : 1494~1567)의 아버지 이윤탁(李允濯) 부부의 합장(合葬)이다. 건비(建碑) 연대는 중종 31년(1536) 5월인데, 비의 측면에 「영비(靈碑)」라 내리 새기고, 그 밑에 내리 두 줄로 하여 한글로 새기기를,

"녕흔 비라 거운 사르믄 지화롤 니브리라
이눈 글모르눈 사롬드려 알위노라."

라고 하였다. 이는 잡인(雜人)들이 묘를 훼손하지 않도록 예방한 것인데, 이 비는 한글 금석문의 최고이다. 이 비의 찬(撰)·서(書)·각(刻)

---

16) 박종국 : 《국어학사》(문지사, 1994. 12. 30) 114~118쪽 참고.

은 다 이문건님이 하였다. 그는 정언(正言)을 지냈고 당대의 문인이자 명필이었다. 연철(連綴) 표기이다.

(57) 우마양저염역치료방(牛馬羊猪染疫治療方)

중종 36년(1541)에 간행된 활자본이다. 이 책은 가축의 질병을 치료하는 방법이 기술되어 있는데, 체재가 한문의 본문 뒤에 이두(吏讀)와 한글로 된 두 가지 번역을 싣고 있다. 현재 원간본으로 추정되는 책은 일본 사람 강전신리(岡田信利)님이 소장하고 있다. 단권으로 되었다.

(58) 분문온역이해방(分門瘟疫易解方)

중종 37년(1542)에 김안국(金安國) 등이 편찬한 책으로, 온역(瘟疫; 돌림으로 앓는 열병)의 치료 방법 100여 항목을 들고 언해를 덧붙였다. 원간본의 소장처는 알 수 없고, 16세기말의 간본인 듯한 복각인 목판본만이 서울대학교 일사문고에 전한다. 분철(分綴) 표기의 보기가 보이는데, 방점과 반치음 「ㅿ」, 아음 「ㆁ」 등이 사용되었다.

(59) 논어대문구결(論語大文口訣)

≪논어≫의 대문(大文)을 발췌하여 한글로 입겿을 달아 16세기 중엽 무렵에 발간한 책이다. 모두 7권 1책으로 을해자로 되어 있다. 반치음 「ㅿ」, 아음 「ㆁ」이 쓰이고 있다. 이 책은 논어언해(論語諺解)에 앞서는 자료로서 국어사 연구 자료뿐 아니라, 경서(經書) 연구 자료서도 중요하다. 고려대학교 화산문고(華山文庫)에 소장되어 있다.

(60) 남화진경대문구결(南華眞經大文口訣)

≪남화진경≫의 대문(大文)에 한글로 입겿을 달아 16세기 중엽 무렵에 간행한 책인데, 을해자본이다. 반치음 「ㅿ」과 아음 「ㆁ」 등이 쓰이고 있다. 현재 권5, 6 한 책이 성암문고에 소장되어 있다. 이 책은 장자(莊子 ; 南華眞人) 연구 자료로서도 중요하다.

(61) 구해남화진경구결(句解南華眞經口訣)

≪구해남화진경≫의 대문(大文)에 한글로 입겿을 달아 16세기 중엽 무렵에 간행한 책이다. 모두 10권인데, 현재 권4를 제외한 9권이 전하는데, 권1, 2와 7~10이 고려대학교 만송문고에, 권3이 서울대학교 가람문고에, 권10이 국립중앙도서관에, 권5~7, 9, 10이 성암문고에 소장되어 있다. 반치음 「ㅿ」과 아음 「ㆁ」이 쓰이고 있다. 이 책은 장자(莊子) 연구 자료로서도 중요하다.

(62) 소학집설구결(小學集說口訣)

≪소학집설≫의 난 위에 대문(大文)의 입겿을 한글로 달아 인쇄한 을해자본이다. 간년은 확실치는 않으나 16세기 중엽의 간본으로 여겨진다. 반치음 「ㅿ」과 아음 「ㆁ」 등이 정확하게 쓰이고 있다. 현재 권6 한 책이 성암문고에 전한다. 복각본도 있다.

(63) 예기집설대전구결(禮記集說大全口訣)

≪예기집설대전≫의 난 위에 대문(大文)의 입겿을 한글로 달아 인쇄한 책이다. 간년은 확실치는 않으나 16세기 중엽의 간본으로 여겨진

다. 반치음「ㅿ」자가 정확하게 쓰이고 있다. 현재 그 일부인 권1, 4, 5, 17, 19가 연세대학교 도서관에, 권1~3, 19, 20이 고려대학교 만송문고에 소장되어 있다.

(64) 불설대보부모은중경(佛說大報父母恩重經)

부모 특히 어머니의 은혜가 큼을 적은 책이다. 이 책은 우리나라에 널리 유포된 위경(僞經)의 하나인데, 순 한문으로 된 것은 성종 17년 (1486) 안동(安東) 용정사(龍井寺)판 이하 여러 가지가 있고, 언해된 것은 명종 8년(1553) 경기 장단(長端) 화장사(華藏寺)판이 현제까지 알려진 최고본(最古本)인 것 같다. 그런데 최고본은 현재 볼 수 없고, 현존본 중에서는 명종 18년(1563) 송광사(松廣寺) 간본의 책이 가장 오래다. 반치음「ㅿ」, 아음「ㆁ」은 혼란되지만 쓰이고 있다. 이 책은 줄여서 ≪불설부모은중경≫, ≪부모은중경≫, ≪은중경≫이라 부르기도 한다. 송광사판이 서울대학교 일사문고와 고려대학교 도서관에 소장되어 있다.

(65) 성관자재구수육자선정(聖觀自在求修六字禪定)

관세음 보살(觀世音菩薩)의 육자대명왕진언(六字大明王眞言)인 옴마니발메훔(唵麽抳鉢銘吽, 범 Om mani padme hum, 또는 옴마니팔니훔唵嚩呢叭㘇吽, 옴마니밧메훔唵麽抳鉢訥銘吽)을 암송함으로써 선나바라밀(禪那波羅密) 곧 선정(禪定)을 닦는 행법(行法)을 설명한 책이다. 이 책은 명종 15년(1560)에 평안도 숙천부(肅川府)에서 간행한 것인데, 원전에 한글로 입겿을 달고 언해를 한 책이다. 현재 국립중앙도서관에 소장되어 있다. 이 책에는 방점이 전혀 표시되어 있지 않다.

(66) 진언집(眞言集)

불경(佛經) 가운데에서 진언을 모은 책이다. ≪오대진언(五大眞言)≫과 같은 형식의 책이나, 이 ≪진언집≫에서는 그 순서가 오른쪽에 한글 음역(音譯), 가운데가 한자 음역, 왼쪽이 범자(梵字)로 된 것이 다르다. 이 책은 선조 2년(1569) 전라도 안심사(安心寺)에서 간행한 것인데, 3권 3책으로 되었다. 원간본은 널리 유포(流布)되어 있다.

(67) 선가귀감(禪家龜鑑)

선조 때의 서산대사(西山大師) 휴정(休靜)이 지은 원고본(原稿本) ≪선가귀감≫을 한글로 입곁을 달고 언해한 책인데, 2권 1책의 목판본이다. 이 언해본은 한문본보다 먼저 발간되었으니, 그 발간 연도는 선조 2년(1569)이다. 분철(分綴) 표기의 보기가 보인다. 원간본은 서울대학교 도서관과 이기문(李基文)님이 소장하고 있다.

(68) 칠대만법(七大萬法)

국한혼용문으로 되어 있는 저자 미상의 불서이다. 원간은 간기에 따라 선조 2년(1569) 간행으로 본다. 단권으로 된 목판본이다. 칠대(七大)란 만유(萬有) 생성(生成)의 일곱 가지 요소인 지(地)·수(水)·화(火)·풍(風)·공(空)·견(見)·식(識)을 가리킨다. 방점이 없고, 반치음 「ㅿ」, 아음 「ㆁ」이 쓰였으나 혼란이 있다. 현재 후쇄본(後刷本)이 유포(流布)되어 있다.

(69) 염불작법(念佛作法)

저자와 간년 미상의 불서로서 선조 5년(1572)에 간행된 복각본이다.
이 책은 염불의식(念佛儀式)에 쓰이는 각종 진언(眞言), 게송(偈頌), 발
원문(發願文) 등을 수록하였다. 글이 모두 한문으로 되어 있으나, 오직
의상화상서방가(義相和尙西方歌)는 국한문인 경기체가(景幾體歌)이다.
현재 성균관대학교 도서관에 전한다.

(70) 광주판천자문(光州版千字文)

중국 양(梁)나라 주흥사(周興嗣)가 엮은 ≪천자문≫의 한자에 한글
로 새김과 자음(字音)을 단 한자 학습의 입문서(入門書)다. 이 ≪광주
판천자문≫은 언제 어느 사람에 의해 된 것인지 알 수 없으나, 현재까
지 알려진 책 중 최고(最古)의 ≪천자문≫인데, 선조 8년(1575)에 간행
된 것이다. 이 책은 단권으로 되었는데, 현재 일본 동경대학(東京大學)
에 소장되어 있다.

(71) 석봉천자문(石峯千字文)

이 ≪천자문≫은 선조 16년(1583)에 중앙에서 간행된 책이다. 이 책
은 석봉(石峯) 한호(韓濩)의 글씨로 된 것으로 한자의 글씨 교본(敎本)
으로도 쓰였다. 이 천자문은 숙종 17년(1691) 숙종의 서문을 붙여 복
각한 바 있다. 원간본은 일본 동경의 내각문고에 소장되어 있고, 이
복각본은 현재 세종대왕기념사업회에 소장되어 있다. 그 뒤에 나온
≪천자문≫은 거의 이것을 중간한 책들이다.

(72) 신증유합(新增類合)

한자 학습의 입문서인 ≪유합(類合)≫에 요긴한 한자가 많이 빠지고 내용이 좋지 않다고 하여 선조 때 유희춘(柳希春)이 증보 수정하여 간행한 책인데, 모두 2권 1책으로 되어 있다. 이 책의 처음 간행된 것은 선조 7년(1574) 황해도 해주(海州)에서의 일인데, 그 뒤 다시 수정 선조 9년(1576)에 중앙에서 간행되었다. 한자는 상권에 1,000자, 하권에 2,000자 모두 합하여 3,000자가 수록되어 있다. 이 책에 사용된 한글에는 방점과 아음「ㆁ」이 폐기되고, 반치음「ㅿ」은 혼란을 보인다. 가장 오래된 것은 목활자(木活字)로 된 권상 뿐인데, 서울대학교 일사문고에 소장되어 있다. 그리고 완본은 김동욱(金東旭)님이 소장하고 있다.

(73) 백련초해(百聯抄解)

칠언 한시(七言漢詩) 가운데서 연구(聯句) 100수를 뽑아서 한글로 해석을 덧붙인 책이다. 이 책은 단권으로 되었는데, 명종 18년(1563)경에 하서(河西) 김인후(金麟厚)의 편찬이라고 전하나, 원간 연대와 저자 등이 명확하지 않다. 현재 임진왜란 이전의 간본은 일본 동경대학(東京大學)에 소장되어 있다. 이 책에 사용된 한글에는 방점은 없으나, 반치음「ㅿ」과 아음「ㆁ」은 쓰이었다. 그런데 반치음「ㅿ」이 큰 혼란을 보이고 있다. 분철(分綴) 표기의 보기가 보인다. 국내에는 임진왜란 이후에 간행된 여러 종류의 중간본이 전한다.

(74) 초발심자경(初發心自警)

고려 고승 지눌(知訥)이 지은 ≪계초심학인문(誡初心學人文)≫ 1권과, 신라 원효대사(元曉大師)가 지은 ≪발심수행장(發心修行章)≫ 1권과, 고려 충렬왕 때의 각우(覺牛, 호는 野雲)가 지은 ≪야운자경서(野

雲自警序)≫ 1권 등 3권을 합본한 책의 이름인데, 이 책은 불가에 처음으로 입문하는 사람은 반드시 읽어야 하는 책이다. 원전의 본문에 한글로 독음(讀音)과 입겿을 달고 언해한 책이 2종이 전하는데, 그 하나는 선조 10년(1577) 전라도 순천 송광사(松廣寺)에서 간행한 것이고, 또 하나는 선조 16년(1583) 경기도 용인 서봉사(瑞峯寺)에서 간행한 것이 그것이다. 특히 송광사판은 방점 표기가 있으나 극히 형식적이고, 반치음 「ㅿ」의 쓰임도 혼란되어 있다.

(75) 중간경민편(重刊警民編)

본디 ≪경민편≫은 중종 14년(1519) 김정국(金正國)이 황해도관찰사로 있을 때 편찬하여 간행한 책이다. 내용은 인륜(人倫)의 기본에 관계하고 범법하기 쉬운 것 13조목(父母・夫妻・兄弟姉妹・族親 등)으로 나누어 설명한 것이다. 현재 원간본은 전하지 않고, 선조 12년(1579)과 효종 9년(1658) 간행한 중간본이 전한다. 선조 12년판은 경상도관찰사 허엽(許曄)이 「군상(君上)」이란 1조목을 맨 앞에 덧붙여 14조목으로 하여 경주(慶州)・상주(尙州)・진주(晋州)・청송(靑松)에서 단권으로 간행하였는데, 이 중 진주판이 일본 동경교육대학(東京敎育大學)에 소장되어 있다. 이 판은 각 조목을 단위로 원문에 차자(借字)로 입겿을 달고 한글만으로 번역하였다. 이 책에 사용된 한글에는 방점은 없으나, 아음 「ㅇ」은 받침에만 쓰였고, 반치음 「ㅿ」은 두어 군데만 나타난다.

(76) 농사직설(農事直說)

본디 ≪농사직설≫은 세종대왕 때 세종의 명령에 따라 정초(鄭招)・변효문(卞孝文) 등이 편찬한 농법서(農法書)다. 현재 원간본은 전하지 않고, ≪금양잡록(衿陽雜錄)≫과의 합본이 전한다. 이 선조 14년(1581)의 내사본(內賜本)인 중간본이 현전본으로서는 가장 빠른 시기의 간본이다. 곡물명(穀物名)의 이두 표기는 물론 합철된 ≪금양잡록≫의 한글 표기는 국어사의 좋은 자료다. 이 내사본이 서울대학교 도서관과 일본 국회도서관에 소장되어 있다.

(77) 소학언해(小學諺解)

선조의 명령에 따라 선조 20년(1587) 교정청(校正廳)에서 ≪소학≫을 언해하여 간행한 책인데, 모두 6권 4책으로 된 경진자본(庚辰字本)이다. 내사본(內賜本)의 연대에 따르면 간년은 선조 21년(1588)이 된다. 중종 때의 ≪번역소학≫이 있으나 너무 의역에 흘렀다 하여 새로이 번역하게 한 것이다. 이 책에서 분철(分綴) 표기는 새로운 국면(局面)을 맞는다. 그리고 방점과 반치음 「ㅿ」, 아음 「ㆁ」이 쓰여져 있다. 이 내사본은 현재 안동(安東) 도산서원(陶山書院)에 소장되어 있다. 그리고 이 활자본을 복각한 책도 낙질로 전하지만, 방점을 없앤 중간본도 광해군 4년(1612) 발간한 것을 위시하여 여럿 있다. 또 영조 때 왕명에 따라 영조 20년(1744)에 다시 수정해 낸 ≪어제소학언해(御製小學諺解)≫가 있다.

(78) 칠서언해(七書諺解)

중국의 유교 경서(經書)인 사서(四書) 삼경(三經), 곧 ≪대학(大學)≫·≪중용(中庸)≫·≪논어(論語)≫·≪맹자(孟子)≫·≪주역(周易)≫·≪시경(詩經)≫·≪서경(書經)≫을 한글로 번역한 책이다. 선조 9년(1576) 임금이 이이(李珥)에게 명령하여 칠서(七書)의 언해를 상정(詳定)하게 하였으나 사서(四書)의 언해만 끝내고 말았다. 그 뒤 선조 18년(1585)에 다시 교정청(校正廳)을 설치, 사서와 삼경을 번역토록 하여 드디어 선조 21년(1588)에 교정과 언해가 끝났다. 그러나, 이들의 간행에 대하여는 알 수가 없다. 그런데 선조 23년(1590)의 내사기(內賜記)를 가진 경진자본(庚辰字本)「사서언해」가 현재 안동(安東) 도산서원(陶山書院)에 소장되어 있는데, ≪대학언해≫가 1책, ≪중용언해≫가 1책, ≪논어언해≫가 4권 4책, ≪맹자언해≫가 14권 7책이다. 이 책은 분철(分綴) 표기인데, 연철(連綴)과 중철(重綴) 표기의 보기가 보인다. 그리고 방점이 쓰였고, 혼란이 있으나 반치음「ㅿ」, 아음「ㆁ」도 쓰이고 있다. 「사서언해」는 간행된 것을 알 수 있으나,「삼경언해」는 미상이다. 현재 선조 39년(1606)의 장서기(藏書記)를 가진 9권 5책의 ≪주역언해≫, 광해군 5년(1613)의 내사기를 가진 20권 10책의 ≪시경언해≫가 규장각에 소장되어 있다.

(79) 효경언해(孝經諺解)

선조 22년(1589)에 유교 경전(經典)의 하나인 ≪효경대의(孝經大義)≫의 본문에 독음(讀音)과 입겿을 달고서 언해한 책이다. 내사 연대(內賜年代)는 선조 23년(1590)으로 되어 있다. 이 책도 칠서언해(七書諺解)와 마찬가지로 분철(分綴) 표기인데, 연철(連綴)과 중철(重綴) 표기의 보기가 보인다. 또 방점과 반치음「ㅿ」, 아음「ㆁ」이 쓰이고 있다. 원간본은 현재 일본 존경각문고(尊經閣文庫)에 전한다. 국내에도 있으나 상태가 좋지 않다. 후대의 이본은 세종대왕기념사업회 등 여러 곳에 소장되어 있다.

그밖에 선조 4년(1571)으로 추정되는 송강(松江) 정철(鄭澈)의 자당(慈堂) 안씨(安氏) 내간(內簡) 사본을 비롯하여 많은 간찰(簡札)이 있다.

3. 음운(音韻)

중세국어에 와서야 비로소 음운(音韻)[17] 분야에 있어서는 더욱 뚜렷

---

17) 우리가 어떤 말을 듣거나 말을 할 때 의식할 수 있는 심리적 실체로서의 소리를 음운(音韻) 또는 음소(音素)라 한다. 그런데 사람의 입을 통하여 나올 수 있는 소리는 무한하나, 그 나라말에서 식별해야 할 심리적 실체로서의 소리(음운)는 한정되어 있는 것이다.

  그리고 음성(音聲)과 음소(音素)는 구별되니, 음성은 부려쓰인 소리의 낱덩이고, 음소는 갈무리된 말의 소리(시니피앙, signifiant)의 낱덩이다. 가령 [p]와 [b]는 한 소리로 묶어둘 필요가 있는데, 이러한 소리들의 묶음을 「음소」(phoneme)라 하고, 한 음소로 묶인 여러 음성들을 그 음소의 「변이음」(allophone)이라 한다. 한 음소가 놓이는 환경(자리)에 따라 바뀌었다는 뜻에서이다.

  음소는 여러 음성(변이음)의 묶음이므로 그 표기는 다음과 같이 할 수 있다.

  [p]
  [b] } /p, b/

  //는 [p]와 [b] 두 음성이 한 음소로 묶였다는 표시이다. 그런데 한 음소로 묶일 수 있는 음성의 수는 둘에 그치지 않고, 여럿이 될 수 있다. 이럴 경우에는 //안에 들어가는 기호의 수가 많아져야 하니, 이것은 번거로운 일이다. 그러므로, 여러 변이음들 가운데 하나를 대표로 하여 이 대표되는 소리를 표기하는 기호 하나만을 대표로 하여 이 대표되는 소리를 표기하는 기호 하나만을 //안에 넣어, 모든 변이음을 그 가운데 포함한 것으로 약속하

하다. 물론 아직까지 정확한 소리값이 제대로 밝혀지지 못한 음소(音素)도 있고 체계상 모호한 부분이 없지 않으나, 이때의 훈민정음 체계는 당시의 국어에 대한 훌륭한 음운 분석의 소산이었으므로 당시의 음운 체계를 잘 반영하고 있다. 그러나, 모든 문자 체계가 그렇듯이 훈민정음은 문자 체계이므로 완전무결했다고 하기는 어렵다. 그리하여 국어의 어떤 사실이 정확하게 표기되지 못했을 가능성이 있는 것이다. 더구나 ≪동국정운≫의 한자음은 현실음과 거리가 있었던 것으로 알려져 있기 때문이다. 그러나, 중세국어의 음운 체계는 훈민정음 체계를 토대로 하지 않을 수 없다 이어 중세국어의 음운 체계와 음운 체계의 변천에 대하여 살펴보기로 한다.

(1) 음운 체계

(1-1) 훈민정음 체계

훈민정음 제자의 원리와 조직 등에 대하여는 제3장 「국어표기문자」

는 방법을 취한다.

    대표 변이음(principal member)을 뽑는 방법은, 대체로 여러 변이음들 가운데 그 쓰이는 잦기(빈도수)가 높은 것으로 정하는 것이 좋은데, 그 잦기를 일일이 조사하기가 번거로우므로, 그 쓰이는 환경(자리)이 덜 제한된 것으로 정하는 것이 일반적인 방법이다. 환경이 덜 제한된 것은 쓰이는 잦기가 높을 것이란 가정에서 이다. 국어의 [p], [b] 두 변이음 가운데 [b]는 울림소리 사이에서만 나타나고 [p]는 그 밖의 자리에서 나타나므로 [p]를 대표로 뽑는 것이 좋다.

      /p, b/ → /p/

이러한 방법이 적용되기 어려운 때는 임의로 하나를 뽑는 수 밖에 없다.

302 Ⅵ. 중세국어

의 훈민정음편과 앞의 자료편에서 이미 기술하였기 때문에 여기에서는 훈민정음의 닿소리(초성) 체계와 홀소리(중성) 체계에 대하여 간단히 말하고자 한다.

(1-1-1) 닿소리(초성) 체계

≪훈민정음≫ 본문과 해례편 제자해를 보면 닿소리(초성, 자음)의 기본 음소(基本音素) 17자와, 병서(並書) 6자로 규정하고 있으니, 이를 보이면 다음과 같다.

①닿소리(초성) 기본 음소 : 17자

구분 나는 자리	기본글자	1획더한글자	2획더한글자	이체자	계
어금닛소리(아음)	ㄱ	ㅋ		ㆁ	3
혓소리(설음)	ㄴ	ㄷ	ㅌ		3
입술소리(순음)	ㅁ	ㅂ	ㅍ		3
잇소리(치음)	ㅅ	ㅈ	ㅊ		3
목구멍소리(후음)	ㅇ	ㆆ	ㅎ		3
반혓소리(반설음)				ㄹ	1
반잇소리(반치음)				ㅿ	1
계	5	5	4	3	17

②병서(각자병서) : 6자

　　ㄱ병서 : ㄲ
　　ㄷ병서 : ㄸ
　　ㅂ병서 : ㅃ

ㅅ병서 : ㅆ
ㅈ병서 : ㅉ
ㆆ병서 : ㆅ

≪훈민정음≫에서는 이상에서 말한 훈민정음 닿소리의 기본 음소 17자와 각자병서(各自並書)인 전탁음(全濁音) 6자를 합한 23초성을 나는 자리(조음위치)와 청탁(清濁)으로 구분하였는데, 이를 보이면 다음과 같다.

나는 자리＼청탁	전청	차청	전탁	불청불탁	계
어금닛소리(아음)	ㄱ	ㅋ	ㄲ	ㆁ	4
혓소리(설음)	ㄷ	ㅌ	ㄸ	ㄴ·ㄹ	5
입술소리(순음)	ㅂ	ㅍ	ㅃ	ㅁ	4
잇소리(치음)	ㅅ·ㅈ	ㅊ	ㅆ·ㅉ	△	6
목구멍소리(후음)	ㆆ	ㅎ	ㆅ	ㅇ	4
계	6	5	6	6	23

또 ≪훈민정음≫ 본문이나 제자해에서 「ㅇ」을 입술소리(ㅂ,ㅃ,ㅍ,ㅁ) 밑에 연서(連書)하면 입술가벼운소리[脣輕音 : ㅸ,ㆀ,ㆄ,ㅱ]가 된다고 하였으나, 그 글자들 가운데 우리 토박이말 표기에 쓰여진 글자는 「ㅸ」 글자 뿐이다.

훈민정음 초성에서 앞에서 말한 기본 음소 17자, 전탁음 6자, 입술가벼운소리(순경음) 4자를 합한다면 닿소리(자음)는 모두 27자 체계로 조직되었다 하겠다.

그리고 ≪훈민정음≫에 정식으로 규정된 바는 없으나, 실제에 있어서는 예사흐린소리[平濁音], 곧 불청불탁(不清不濁)의 소리 중에서 「ㄴ,

ㅇ」자는 병서(각자병서)하여 전탁(全濁)으로 썼으니,「ㄴㄴ, ㆀ」의 두 글자가 그것이고, 또 기본 음소의 두 글자나 세 글자를 합용병서(合用並書)하여 된 것도 있으니, ㅂㄷ,ㅂㅅ,ㅂㅈ,ㅂㅌ,ㅅㄱ,ㅅㄴ,ㅅㄷ,ㅄㄱ,ㅄㄷ,ㅄㄱ,ㅄㄷ와 같이 11자가 그것이다. 이 합용병서하여 된 글자 중「ㅅㄷ」자는 여진말 땅이름 표기 (「닌쳐시 紉出闊失」<용비어천가 7 : 23>)에만 썼다.

(1-1-2) 홀소리(중성) 체계

≪훈민정음≫ 해례편 제자해를 보면, 홀소리(중성, 모음)는 먼저 천(天)·지(地)·인(人) 삼재(三才)의 모양을 본떠서 기본글자 3자를 만들고, 이 기본글자들의 합성으로 나머지 8자를 만들어 모두 11자를 홀소리의 기본 음소로 체계화하였다. 이를 보이면 다음과 같다.

① 기본글자(3자) : ·, ㅡ, ㅣ
② 초출자(4자) : ㅗ, ㅏ, ㅜ, ㅓ
③ 재출자(4자) : ㅛ, ㅑ, ㅠ, ㅕ

이 위의 세 계열에서 첫째 계열의「·, ㅡ, ㅣ」3자가 나머지 8자(둘째 계열과 셋째 계열의 글자)의 머리가 되며,「·」는 또 기본글자의 우두머리가 되는 것이다.

그리고 둘째 계열인 초출자 4자(ㅗ, ㅏ, ㅜ, ㅓ)는 일차적 합성인데, 이는 첫째 계열의 글자인「·, ㅡ, ㅣ」가 서로 위아래와 좌우로 합하여 된 문자상의 합성일 뿐이지 소리값의 합성은 아니다. 셋째 계열인 재출자 4자(ㅛ, ㅑ, ㅠ, ㅕ)는 이차적 합성인데, 이는 둘째 계열의「ㅗ, ㅏ, ㅜ, ㅓ」가 기본이 되어 거기에 다시 한 점(한 획)을 더하여 된 것이다. 소리값의 측면에서 보면「ㅣ」와의 합성으로 볼 수 있다.

훈민정음에서는 홀소리를 밝음[陽]·어두움[陰]·중간[中]으로 나누

3. 음운(音韻)

었는데, 「ㅗ, ㅏ, ㅛ, ㅑ」와 같이 둥근 것이 위와 밖(오른쪽)에 있는 것은 밝은홀소리[陽性母音], 「ㅜ, ㅓ, ㅠ, ㅕ」와 같이 둥근 것이 아래와 안쪽(왼쪽)에 있는 것은 어두운홀소리[陰性母音], 「ㅣ」와 같이 둥근 것이 없는 것은 중간홀소리[中性母音]라 하였으니, 이 홀소리 11자를 홀소리어울림[母音調和]의 관점에 의해 갈라 다시 정리해 보면 다음과 같다.

밝은홀소리 : ㆍ, ㅗ, ㅏ, ㅛ, ㅑ
어두운홀소리 : ㅡ, ㅜ, ㅓ, ㅠ, ㅕ
중간홀소리 : ㅣ

그런데 이 홀소리들을 현대 음운학의 이론으로 그 당시의 홑홀소리[單母音]와 겹홀소리[複母音, 重母音]로 나누어 말하면,

홑홀소리(7자) : ㆍ, ㅡ, ㅣ, ㅗ, ㅏ, ㅜ, ㅓ
겹홀소리(4자) : ㅛ, ㅑ, ㅠ, ㅕ

와 같다고 하겠다.

또 훈민정음에서는 이들 홀소리의 기본 음소 11자, 곧 일자중성(一字中聲)을 기본으로 하여 이들을 합용병서(合用並書)함으로써 18개의 이음 글자[異音字]인 겹홀소리를 다음과 같이 더 만들어내었다.

이자합용중성(二字合用中聲)(14자) : ㅘ, ㆇ, ㅝ, ㆊ, ㆎ, ㅢ, ㅚ,
ㅐ, ㅟ, ㅔ, ㆉ, ㅒ, ㆌ, ㅖ
삼자합용중성(三字合用中聲)(4자) : ㅙ, ㅞ, ㅙ, ㅞ

이상과 같이 훈민정음 홀소리로 일자중성인 기본 음소 11자와 이자합용중성 14자, 삼자합용중성 4자를 모두 합한다면 29자가 되어 홀소리 체계(모음체계)는 모두 29자로 조직되었다고 할 수 있으나, 이 글

자 중에서 겹홀소리 「ㅛㅑ, ㅕㅕ」(이자중성)와 「ㅙ, ㅞ」(삼자중성)의 4자는 국어를 표기하는 데에는 사용되지 않고, 그 당시의 우리 한자음의 표준음을 제정한 ≪동국정운≫이나, 당시의 중국음을 표기한 ≪홍무정운역훈≫에서만 쓰여 있다.

(1-1-3) 받침(종성) 체계

≪훈민정음≫ 본문에서는,

"끝소리는 다시 첫소리를 쓰느니라[終聲復用初聲]."

라고 대원칙을 세워 놓고 있으나, 종성해(終聲解)에서는,

"ㄱㆁㄷㄴㅂㅁㅅㄹ의 여덟 글자로 넉넉히 쓸 수 있다[ㄱㆁㄷㄴㅂㅁㅅㄹ八字可足用也]."

라고 하였다. 그러니까 본문의 말은 초성(初聲) 글자는 원칙적으로 모두 종성(終聲)으로 쓸 수 있는 것으로 규정한 것이고, 종성해의 말은 초성 23글자 중에서도 「ㄱ,ㆁ,ㄷ,ㄴ,ㅂ,ㅁ,ㅅ,ㄹ」의 여덟 글자만으로 종성에 쓰는데 충분하다고 한 말이다. 그 설명의 보기로서,

"이화(梨花)는 「빗곶」으로 「ㅈ」이 되고, 호피(狐皮)는 「엿의 갗」으로 「ㅊ」이 되지만 「ㅅ」자로 두루 쓸 수 있으므로 다만 「ㅅ」자만 쓰는 것과 같다[如빗곶爲梨花 엿의 갗爲狐皮 而ㅅ字可以通用 故只用ㅅ字]."

라고 하였다. 또 본문의 규정을 뒷받침할 만한 보기로서 15세기 때 문헌인 ≪용비어천가≫나 ≪월인천강지곡≫에 쓰인 종성을 보아도 알 수 있으니, ≪용비어천가≫에는 8종성 외에 「ㅿ, ㅈ, ㅊ, ㅍ」의 글자가 더 쓰였고, ≪월인천강지곡≫에는 8종성 외에 「ㅿ, ㅈ, ㅊ, ㅌ, ㅍ」의 글자

가 더 쓰였다.

또 종성의 합자에 있어서는 ≪훈민정음≫ 합자해(合字解)에서,

"끝소리 <글자>에 두 글자나 세 글자를 합용함은, 가령 우리말의 「훍」이 토(土)가 되고, 「낛」이 조(釣)가 되고, 「돐빼」가 유시(酉時)가 되는 따위와 같으니라[終聲二字三字合用 如諺語훍爲土 낛爲釣 돐빼爲酉時之類]."

라고 하여, 두 글자 합용자로 「ㄺ, ㄳ」 두 자와 세 글자 합용자로 「ㄻ」 한 자를 더 보이었다. 그리고 중세국어에서 이들 외에도 종성으로 「ㄵ, ㄻ, ㄼ, ㄽ, ㅀ」 등이 더 쓰였다.

(1-1-4) 합자 체계

훈민정음은 과학적으로 조직된 닿소리(초성) 17자, 홀소리(중성) 11자, 모두 28자로 모든 말을 표기하게 되어 있다.

그런데 한 낱내(음절) 글자를 이루려면 초성·중성·종성이 어울려야(합해져야) 되는데, 이 원칙 규정은 ≪훈민정음≫ 본문 글자의 운용 부문에서 밝히고 있으니, 그 기록에는,

"무릇 글자는 모름지기 어울려야(합해져야) 소리(글자)가 된다[凡字必合而成音]."

라고 하였다. 이 본문에 나타난 낱내 글자를 이루는 원칙을 ≪훈민정음≫ 해례에서는 좀 더 소상하게 말해주고 있는데, 합자해(合字解)의 기록과 종성해(終聲解)의 기록이 서로 상반되고 있다. 합자해에서는,

"초성·중성·종성의 세 소리가 합하여 글자를 이룬다[初中終三聲合而成字]."

라고 하여, 훈민정음 제자의 원리와 원칙에 의해 글자는 반드시 합해야만 소리[낱내]를 이룬다고 하였다. 종성해에서는,

"또한 ㅇ은 소리가 맑고 비어서 반드시 종성에 쓰지 아니하여도 중성이 소리[낱내]를 이룰 수 있다[且ㅇ聲淡而虛 不必用於終 而中聲可得成音也]."

라고 하여, ㅇ은 소리가 맑고 비어서(소리가 없으므로) 종성에 쓰이지 않아도 소리(글자)를 이룰 수 있다고 하였다. 여기에서 합자해의 기록은 훈민정음 제자의 원리에 의한 낱내 글자 만들기의 원칙이므로 역리적 원리 원칙에 의한 규정이라 말할 수 있고, 종성해의 기록은 말의 소리는 어디까지나 청각적 존재이기 때문에 청취 지각적 허용 규정이라 하겠다. 이 허용 규정에 의해 쓰여진 문헌은 ≪월인천강지곡≫이다.

그런데 원리 원칙에서 벗어나는 일이 또 하나 있으니, 그것은 한문과 국어를 섞어 쓸 때 한자의 자음(字音)에 따라 중성이나 종성으로 깁는(보충하는) 일이 있다는 것이다. 이에 대하여 합자해에서는,

"한자와 우리 글자를 섞어 쓸 적에는 자음(字音 : 한자음)에 따라서 <우리 글의> 중성이나 종성으로써 깁는(보충하는) 일이 있으니, '孔子ㅣ魯ㅅ사룸' 따위와 같은 것이다[文與諺雜用則有因字音而補以中終聲者 如孔子ㅣ魯ㅅ사룸之類]."

라고 하였다. 여기에 나타나는 것과 같이 임자자리토씨[主格助詞]「ㅣ」와 사잇소리「ㅅ」따위처럼 글자(낱자) 하나가 단독으로 쓰이는 경우를 말하는 것이다. 이것은 소리를 바로 표기하기 위하여 따로 떼어서 써 넣은 것인데, 이러한 표기법은「무릇 글자는 모름지기 어울려야 소리를 이룬다[凡字必合而成音].」고 하는 규정과「초·중·종의 세 소리

가 합하여야 글자를 이룬다[初中終三聲合而成字].」는 규정에서 보는 바와 같이 「성음(成音)·성자(成字)」의 구성 요소는 될지언정 단독으로 「성음·성자」가 되지 못한다는 것이다. 「孔子ㅣ 魯ㅅ사룸」의 「子」와 「魯」는 그 소리가 「중」와 「롱」이기 때문에 「ㅇ종성」으로 끝나는 낱내[音節]이다. 「子」와 「魯」와 같은 「ㅇ종성」의 한문 글자에 「ㅣ」와 「ㅅ」이 뒤따를 경우, 축약되어 「성음(成音)·성자(成字)」를 이룬다는 것이다. 「ㅣ」와 「ㅅ」 등은 뒷소리보다는 앞소리에 관계된 것이다.

  요컨대 「중성이나 종성으로써 보충한다[補以中終聲].」고 하는 규정은, 훈민정음의 세자의 원리에서 본다면 아무래도 청취 지각적 허용 규정의 처리라 할 수 있다. 그것은 「ㅣ」와 「ㅅ」을 한데 묶어 「子」와 「魯」(ㅇ종성으로 끝나므로)를 깁는다 했으니, 결국 「魯ㅅ」의 「ㅅ」이 한 낱내의 끝소리가 되듯이 「子ㅣ」의 「ㅣ」 역시 그 낱내에서는 끝소리가 될 수 밖에 없는 것이다.

(1-1-5) 성조 체계

  훈민정음 창제 당시에도 국어에 성조 표기를 하였는데, 이 소리의 높낮이를 중국말의 성조(聲調)를 적는 갈말[術語]인 사성(四聲) 그대로 따서 ≪훈민정음≫ 본문이나 해례에서 평성(平聲)·상성(上聲)·거성(去聲)·입성(入聲)이라 하고, 그 표기 방법은 글자의 왼쪽에 둥근점으로써 하였다. 왼쪽에 한 점을 찍으면 거성, 두 점을 찍으면 상성, 점이 없으면 평성이다. 한문의 입성은 거성과 같이 왼쪽에 한 점을 찍으나, 중세국어의 입성은 정함이 없어서 평성·상성·거성으로 갈리는데, 다만 빠르다[促急]. 보기를 들면,

```
    평성 ············  활[弓]
    상성 ············  :돌[石]
    거성 ············  ·갈[刀]
         ┌평성 ······  긷[柱], 녑[脅]
    입성 ─┼상성 ······  :낟[穀], :깁[繒]
         └거성 ······  ·몯[釘], ·입[口]
```

과 같은 것이다. 종성해(終聲解)에 따르면 불청불탁(不淸不濁)의 글자인 「ㅇ, ㄴ, ㅁ, ㅇ, ㄹ, ㅿ」 6자는 평·상·거성의 종성이 되고, 그 나머지 글자는 모두 입성의 종성이 된다. 그러나, 여기에서 8종성(ㄱ,ㆁ,ㄷ,ㄴ,ㅂ,ㅁ,ㅅ,ㄹ)만 가지고 말한다면 우리말의 입성은 「ㄱ,ㄷ,ㅂ,ㅅ」들의 종성(받침)으로 된 것인데, 이들의 종성 자체는 본래 촉급(促急)한 소리이지마는, 이러한 끝소리로 된 말의 소리는 반드시 모두 촉급하지는 아니하여, 어떤 것은 평성과 비슷하니 그런 것은 점이 없게 되고, 어떤 것은 상성과 비슷하니 그런 것은 두 점을 찍고, 어떤 것은 거성과 비슷하니 그런 것은 한 점을 찍는 것이다.

언해본 ≪훈민정음≫에서는 이 사성(四聲)에 대한 설명이 매우 똑똑하니, 평성은 「뭇눗가본 소리」(가장 낮은 소리), 상성은 「처서미 눗갑고 냉죵[乃終]이 노푼 소리」(처음이 낮고 나중이 높은 소리), 거성은 「뭇노푼 소리」(가장 높은 소리), 입성은 「섈리 긋듣는 소리」(빨리 끊는 소리)라고 하였다.

(1-2) 15세기의 음운 체계

이제 원본 ≪훈민정음≫과 그 밖의 15세기 문헌들에 쓰였던 닿소리(자음)와 홀소리(모음)를 종합 정리해 보고자 한다.

(1-2-1) 닿소리(자음) 체계

3. 음운(音韻) 311

홑닿소리(단자음) : 26개
  어금닛소리계(아음계)(4개) : ㄱ, ㄲ, ㅋ, ㆁ
  혓소리계(설음계)(5개) : ㄴ, ㄷ, ㄸ, ㅌ, ㄹ
  입술소리계(순음계)(5개) : ㅁ, ㅂ, ㅸ, ㅃ, ㅍ
  (「ㅱ」은 우리말에는 쓰임이 없고, 한자 종성에만 쓰임)
  잇소리계(치음계)(6개) : ㅅ, ㅆ, ㅈ, ㅉ, ㅊ, ㅿ
  목구멍소리계(후음계)(4개) : ㅇ, ㆆ, ㅎ, ㆅ
  (「ㅇ」을 제외할 경우에는 3개이고, 「ㆆ」까지 제외할 경우에는
   2개임)
  그밖에(2개) : ㆀ, ㅥ

겹닿소리(복자음) : 11개
  ㅂ-계 : ㅲ, ㅄ, ㅴ, ㅳ
  ㅅ-계 : ㅺ, ㅼ, ㅾ, ㅽ
  ㅄ-계 : ㅴ, ㅵ
  그밖에 : ㅊ

(1-2-2) 홀소리(모음) 체계

홑홀소리(단모음) : 8개
  앞홀소리(전모음)(3개) : ㅣ, ㆀ, ㅓ (「ㆀ」를 제외하면 2개임)
  뒤홀소리(후모음)(5개) : ㅡ, ㆍ, ㅏ, ㅜ, ㅗ
겹홀소리(복모음) : 22개

두겹홀소리 { 오름 { ㅣ-계 : ㅛ, ㅑ, ㅠ, ㅕ, ㅛ, ㅠ, ㆅ (7개)
                    ㅜ-계 : ㅘ, ㅝ, ㅞ (3개)
  (17개)   내림 : ㆎ, ㅢ, ㅚ, ㅐ, ㅟ, ㅔ (6개)

세겹홀소리 { ㅣ-계 : ㅚ, ㅐ, ㅟ, ㅔ (4개)
(6개)   ㅜ-계 : ㅙ, ㅞ (2개)

그리고 낮은 평성과, 높은 거성과, 낮은데서 높아가는 상성의 세 운소(韻素)가 있다.

(2) 음운 체계의 변천

(2-1) 닿소리(자음)의 변천

(2-1-1) 「ㅸ」음의 소실

이 글자는 훈민정음 닿소리(초성) 체계에서는 빠져 있으나, ≪훈민정음≫에서는, 「입술가벼운소리[脣輕音]」라 부르었는데, 그 소리에 대하여 제자해에서,

"입술이 잠시 붙고, 목구멍소리 <바탕이> 많다[脣乍合而喉聲多也]."

라고 하였고, 최세진(崔世珍)의 ≪사성통해(四聲通解)≫(1517)에 실려 있는 「번역노걸대박통사 범례(飜譯老乞大朴通事凡例)」에서는,

"입술을 닫아서 소리를 내면 ㅂ이 되니, 입술 무거운소리라 하고, ㅂ을 낼 때에 입술을 닫으려다가 닫지 않고 공기를 내뿜어 소리를 내면 ㅸ이 되니, 입술 가벼운소리라 한다[合脣作聲爲ㅂ而曰脣重音爲ㅂ之時 將合勿合而氣出聲爲ㅸ而曰脣輕音]."

라고 설명하고 있으니, 이 「ㅸ」글자의 소리는 두 입술 갈이소리이었던 것 같다.

이 낱자가 쓰인 보기를 우리 토박이말에서 들어 보이면 다음과 같다.

3. 음운(音韻)

셔볼(서울, 京 : 용비어천가 18장, 37장),
ㅎᄫᅡ(혼자, 獨 : 용비어천가 35장, 37장),
어드ᄫᅳᆫ(어두운, 暗 : 용비어천가 30장),
갓가ᄫᆞᆯ(가까울 : 월인석보 서 제3장),
열ᄫᅳᆫ(엷은, 薄 : 용비어천가 30장),
술ᄫᅳ니(사뢰니 : 용비어천가 22장),
ᄃᆞᄫᅵ니이다(되니이다, 되다 : 용비어천가 98장),
웃ᄫᅩ리(우스우리, 哂 : 용비어천가 16장).

이 15세기 중엽의 문헌에 나타난 도박이말의 ㅸ기를 보면, 이 글자는 반드시 홀소리와 홀소리 사이나, 닿소리의 「ㄹ」·「ㅿ」와 홀소리 사이에서만 나타나고, 역사적으로는 「ㅂ」이 이러한 자리에서 「ㅸ」으로 바뀌었다가 다시 「ㅗ,ㅜ」(w)로 바뀌어간 것임이 증명된다(「ㅂ→ㅸ→ㅗ,ㅜ」). 곧 「ᄀᆞᄅᆞᄫᅵ」(가랑비 : 월인석보 1 : 36)는 「ᄀᆞᄅᆞ」(가루)와 「비」의 합성어이니,

ᄀᆞᄅᆞ+비＞ᄀᆞᄅᆞᄫᅵ

로 변화한 말이며, ≪용비어천가≫ 제5권 제26장 앞쪽 지명 표기에 나타나는 「대밭」[竹田]도,

대+밭→대받＞대밭

으로 변화한 것이다. 또,

어드ᄫᅥ＞어드워, 갓가ᄫᅡ＞갓가와, 골ᄫᅡ＞골와,
설ᄫᅥ＞설워, 치ᄫᅥ＞치워

따위 변화는 우리 문헌에서 얼마든지 찾아볼 수 있다.

이러한 사실로 보면, 이 「ㅸ」글자는 울림소리[有聲音]의 한 가지를

적은 것으로 여겨지는데, 그렇게 되면 두입술 갈이의 울림소리[兩脣有聲摩擦音] [β]를 적은 것으로 추정된다[18].

이 낱자의 발생 시기는 중고국어 시기인 13세기경으로 보이며, 문헌상으로 보아 세종대왕 때에서 세조(世祖) 때까지 겨우 30여 년만 쓰이다가 15세기 말엽인 1480년경에 없어진[消失] 것으로 보인다.

그리고 한자음에서는 「非비」, 「夫부」들의 글자에서 볼 수 있다.

(2-1-2) 「ㆆ」음의 소실

이 글자는 우리 토박이말에 있어서 첫소리(초성)로 쓰인 보기는 보이지 않고[19], 올적(미래)의 매김꼴(풀이씨의) 씨끝(어미) 「-ㅭ」과, 사잇소리[20] 표기에만 쓰이고 있다. 씨끝 「-ㅭ」과 사잇소리가 쓰인 보기

---

18) 최현배 : ≪고친한글갈≫(정음사, 1971. 1. 10) 533~539쪽, 허웅 : ≪국어학≫ (샘문화사, 1983. 8. 20) 336~337쪽을 참조하여 정리하였다.

19) 중국음을 표기할 경우는 예외이고, ≪동국정운≫의 우리 한자음 표기에 첫소리의 「ㆆ」이 쓰인 보기가 있으나(音훔, 挹흡), ≪동국정운≫의 음은 그 당시의 현실음이 아니기 때문에 문제가 되지 않는다.

20) 현대말의 두 형태소 연결에 있어서, 울림소리(유성음) 사이의 여린소리(연음)「ㄱ, ㄷ, ㅂ, ㅈ」이 울림소리로 변이하여 약화하는 것을 막기 위하여, 이 여린소리를 된소리로 바꾸거나, 또는 그와 비슷한 심리 작용으로 아래 형태소의 첫 「ㄴ, ㅁ」을 겹으로 내는 일을 「사잇소리」라 한다. 15세기 국어에도 이와 비슷한 현상이 있었던 것으로 추측된다(그러나 그 소리 현상은 현대말과 똑같은 것은 아님). 그 표기법은 다음과 같다.

「ㄱ」; 讓兄ㄱ뜯(용비어천가 99장), 遮陽ㄱ세쥐(용비어천가 88장), 乃終ㄱ소리(훈민정음언해).

「ㄷ」; 몃間ㄷ지븨(용비어천가 110장), 君ㄷ字(훈민정음언해).

「ㅂ」; 사ᄅᆞᆷ ᄠᅳ디리잇가(용비어천가 15장), 侵ㅂ字(훈민정음언해).

를 15세기 문헌에서 찾아 그 일부를 보이면 다음과 같다.

씨끝

날 거슳 도ᄌᆞᄀᆞᆯ(나를 거스리는 도둑을 : 용비어천가 115장),

갏 길히(갈 길이 : 용비어천가 19장),

「ㆆ」 ; 先考ㆆ뜯(용비어천가 12장), 快ㆆ字(훈민정음언해),

하놇ᄠᅳ들(용비어천가 86장).

「ㅿ」 ; 나랏 일훔(용비어천가 85장), 世子ㅿ位(용비어천가 101장),

英主ㅿ알픠(용비어천가 16장), 바ᄅᆞᆶ우희(용비어천가 83장),

늪ᄆᆞ를(용비어천가 91장).

「ㅅ」 ; 野人ㅅ서리(용비어천가 4장), 님긊德(용비어천가 118장),

아바닚뒤(용비어천가 28장), 나랏小民(용비어천가 52장),

긼ᄀᆞ새(용비어천가 58장).

※ ① ≪용비어천가≫에서는 사잇소리 「ㄱ, ㄷ, ㅂ, ㆆ」 대신에 「ㅅ」 한 가지를 쓰려는 경향이 나타난다(위의 보기 참고).

② 조금 뒷 시기로 가면 「ㅿ」의 경우에까지 「ㅅ」으로 통일되어 가는데, 이것은 「ㅿ」 사잇소리 현상마저 음운학적으로 같은 현상이었음을 보여 주는 것이다.

부텻말(묘법연화경언해 3 : 156), 聖人ㅅ물(묘법연화경언해 5 : 42),

神通ㅅ(묘법연화경언해 3 : 146), 아릿因(묘법연화경언해 3 : 165).

③ ≪훈민정음 언해≫에는 「ㅸ」도 사잇소리 표기로 쓰인다.

漂퓰ㅸ字, 斗둫ㅸ字

곧 한자음의 끝소리가 「ㅱ」일 때에 「ㅸ」이 쓰는데, 이 한자음은 ≪동국정운≫의 인위적인 표준음을 표기한 것이며, 실지음으로는 「ㅱ」 받침 소리(끝소리)가 발음되었다고는 생각되지 않으므로, 이 글자는 사잇소리의 소리 현상을 추정하는 데는 참고가 되지 않는다.

④ 현대말에서는 그 사잇소리를 표기함에 「ㅅ」 하나만을 쓰기로 규정되어 있다.

드르싫제, 건너싫제(드르실때에, 건너실때에 : 용비어천가 50장).
사잇소리
　先考ᅙ 뜯(선고의 뜻 : 용비어천가 12장),
　那ᅙ字(나자의 : 훈민정음 언해),
　快ᅙ字(쾌자의 : 훈민정음 언해).

15세기의 문헌 중 ≪용비어천가≫의 사잇소리 적는 낱자는 앞의 「사잇소리」주석에서 보인 용례와 같이 「ㄱ, ㄷ, ㅂ, ᅙ, ㅅ, ㅿ」의 여섯인데, ≪훈민정음 언해≫에는 「ㅸ」도 사잇소리로 쓰였다. 그런데 이 사잇소리 중 「ㅿ」와 「ㅸ」을 제외한 나머지 글자는 모두 안울림이다. 그리고 훈민정음의 분류법으로는 「ᅙ」은 목구멍소리(후음) 전청(全淸)으로 되어 있다. 전청은 원칙적으로 울림없는 소리[無聲音]이니, 「ᅙ」은 목구멍에서 조음되는 울림없는 소리(안울림소리)가 될 수밖에 없다. 그런데 목구멍에서 조음되는 소리는 [h]와 [ʔ]가 있을 수 있고, [h]는 「ㅎ」으로 표기되었으니, 「ᅙ」은 [ʔ]이었으리라 추측된다. 그러므로, 사잇소리 표기나 「-ㅭ」 씨끝의 「ᅙ」은 목청을 닫는 울림없는 소리, 곧 목청을 닫고 우선 소리를 끊는 현상을 적은 기호로 추측되는데[21], 문헌상으로 보아 이 글자는 15세기 말을 지나 16세기 초까지 쓰이다가 사라지게 되었다[22].

그리고 한자음으로는 「因힌」, 「音흠」, 「術슗」, 「物믌」과 같이 첫소리(초성)・끝소리(종성) 구분없이 쓰였다.

---

21) 허웅 : 앞든 책 337쪽, 최현배 : 앞든 책 529~533쪽을 참조하여 정리하였다.
22) ≪훈몽자회≫ 범례에서는 "諺文字母 俗所謂反切二十七字."라 하여 훈민정음 28자를, 「ᅙ」자를 없애고 27글자라 정하였다.

(2-1-3) 「ㆅ」음의 소실

이 글자는 ≪훈민정음≫에서는,

"ㅎ은 목구멍소리니, 「헝(虛)」자의 처음 나는 소리 같으며, 병서 (並書)하면 「뽕(洪)」자의 처음 나는 소리 같으니라[ㅎ喉音 如虛字初 發聲 並書 如洪字初發聲]."

라고만 되어 있어 자세한 성질은 알 수 없게 되었다. 그러나, 이 글자 는 다른 각자병서 「ㄲ, ㄸ, ㅃ, ㅆ, ㅉ」와 같이 현대말의 소리처럼 된 소리였음이 분명하다. 따라서 「ㆅ」뿐만 아니라 「ㅆ, ㄸ」들도 된소리 내는 요령으로 발음되었으리라 추측된다.

「ㆅ」은 [j]에 앞서 나타난다. 그 보기를 들면 다음과 같다.

혀爲引(훈민정음 합자해),
치혀시니(잡아당기시니, 꽉 끌어당기시니 ; 용비어천가 87장),
두루혀(돌이키- ; 월인석보 2 : 61),
두르혀(돌이키-, 뒤치- ; 월인석보 2 : 21),
廻논 두루혈씨라(회는 돌이키는 것이다 ; 월인석보 서 : 22),
拔은 쌔혈씨니(발은 빼는 것이니 ; 월인석보 서 : 10),
드리혈씨(드리끌므로, 드리끌매, 吸引 ; 능엄경언해 4 : 25).

[j]에 앞서 나는 「ㅎ」은 [ç] 소리로 나게 된다. 따라서 「ㆅ」은 [ç]를 되게 내는 소리로 추측된다. 곧 앞혓바닥을 센입천장에 접근시켜 갈아 내는 것을, [ç]보다 더 길고 세게 해서 내면 「ㆅ」의 발음이 된다[23].

---

23) 「혀」와 「혀」의 「ㅎ」:「ㆅ」의 차이는, 「셔」와 「쎠」의 「ㅅ」:「ㅆ」의 차이와 같은 것이니, 이 양자를 비교하면 「ㆅ」의 발음법을 짐작할 수 있을 것이다.

그리고 「ㆅ」이 한자음 표기에서는 다른 가운뎃소리(홀소리) 앞에 쓰이는 일이 있으나(「洪뽕」 따위), 이것은 그 당시의 실지의 소리 표기가 아니므로,

이 음소는 순경음 「ㅸ」 음소가 없어지기 시작할 무렵부터 동요하기 시작하여, 성종 때인 1480년경에는 완전히 「ㅎ」에 합류되어 사라지고 만다(때로는 「ㅆ, ㅋ」로 바뀌기도 한다).

「ㆅ」는 보기에서와 같이 홀소리와의 결합이 아주 국한되어 있으니, 곧 「ㅕ」 겹홀소리 밖에는 연결되지 않는다. 이러한 배치 상의 국한성은 다른 음소들과 고립시키는 힘이 된다.

그리고 ≪훈민정음≫에서 보면 다른 전탁(全濁)은 모두 전청(全淸)의 글자(ㄱ, ㄷ, ㅂ, ㅅ, ㅈ, ㆆ)를 겹쳐 적기도 하고 있으나, 「ㆅ」만은 차청(次淸)의 글자(ㅋ, ㅌ, ㅍ, ㅊ, ㅎ)인 「ㅎ」을 겹쳐 적고 있으니, 이것도 체계 상의 고립적 현상으로 볼 수 있다.

(2-1-4) 「ㆀ」음의 소실

이 글자는 훈민정음 첫소리(초성) 체계나 동국정운 체계에서는 보이지 않으며, 다만 ≪훈민정음해례본≫ 합자해에서,

"괴여 爲我愛人, 괴ᅇᅧ 爲人愛我."

라고 해설한 것이 모두다. 그 밖의 문헌에 쓰인 보기를 보이면 다음과 같다.

使ᄂᆞᆫ 히ᅇᅧ ᄒᆞ논 마리라(훈민정음 언해).
業報애 미ᅇᅧ(월인석보 서 : 3).
生死ㅅ 미ᅇᅭ물 그르게 ᄒᆞᄂᆞ니라(월인석보 18 : 52).
드트리 얽미ᅇᅭ미 아니 ᄃᆞ욀씨라(석보상절 6 : 29).
뮈ᅇᅯ 내야 싸호미 업스면(월인석보 14 : 14).

여기에서는 고려하지 않는다.

이들의 보기를 보면 [i,j,u]에 앞서는 것인데, 「ㅇ」는 일반적으로 소리 없는 글자로 생각되고 있으나, 그 당시 사람들은 그와 접촉되는 홀소리(중성)와 같은 소리로 생각하고 있은 듯 하니, 「ㆀ」은 결국 뒤에 오는 [i,j,u]의 된소리(켕김소리)였다고 추측된다. 곧 보통의 [i,j,u]보다 혀를 입천장에 더 접근시키고 조금 길게 내면 된다고 생각한다.

이 음소는 「ㆅ」과 거의 같은 때인 15세기 말경에 켕김 없는 소리로 합류하여 없어지고 말았는데, 그것도 이 음소가 조직 상으로 고립되어 있었기 때문이다.

히ᅇᅧ(석보상절 11 : 28, 훈민정음 언해) > 히여(두시언해 7 : 22),

미ᅇᅵ다(석보상절 13 : 9) > 미이다(법화경언해 2 : 141).

(2-1-5) 「ㅥ」음의 소실

이 글자는 각자병서이지만 된소리로 낼 수 없는 소리이니, 길게만 내면 된다. 다만 단순한 긴 소리가 아니라, 두 「ㄴ」 소리로 내는 것이다.

한숨디ᄔᅩᆫ소리(한숨짓는소리 ; 석보상절 19 : 14~15),

다ᄔᆞ니라(닿느니라 ; 훈민정음 언해),

일ᄔᆞ니라(일느니라, 失 ; 능엄경언해 2 : 2).

이 각자병서도 「ㆀ」과 거의 같은 때인 15세기 말경(《원각경언해》)에 없어지고 말았다.

(2-1-6) 「ㅿ」음의 소실

이 글자는 반잇소리(반치음)인데, 훈민정음의 분류법으로는 불청불탁(不淸不濁)으로 분류되어 있으니, 내는 자리는 잇소리(치음)의 「ㅅ, ㅈ, ㅊ」과 같고, 내는 방법은 울림소리인 「ㆁ, ㄴ, ㅁ, ㄹ, ㅇ」들과 비슷한 소리를 적은 것임을 짐작할 수 있다.

한편 그 당시 「ㅿ」을 가진 말의 중요한 것으로는 두 가지가 있는데, 하나는 한 형태소 안에 쓰인 것이요, 다른 하나는 한 형태음소 [ㅅ-ㅿ]의 변이음소[24]로 쓰인 것이다. 그것들의 보기를 보이면 다음과 같다.

한 형태소 안에 쓰인 보기

    거싀(거의 ; 석보상절 11 : 10),

    겨슬(겨울 ; 월인석보 1 : 26),

    스싀(사이 ; 용비어천가 31장, 60장),

    아ᅀᆞ(아우 ; 훈민정음 용자례, 월인석보 1 : 5).

[ㅅ-ㅿ]의 변이음소로 쓰인 보기

    니서(→닛-, 連 ; 용비어천가 44장),

    우ᅀᆞ샤(→웃- ; 월인석보 7 : 26),

    지서(→짓-, 作 ; 석보상절 13 : 24),

    ᄀᆞ싀(→ᄀᆞᆺ, 許 ; 용비어천가 6장).

이 「ㅿ」가 「ㅅ」과 한 형태소에 속했음을 보면, 잇소리(치음)들 중에서도 「ㅅ」에 가장 가까운 소리, 곧 붙갈이소리[破擦音:「ㅈ, ㅊ」] 아닌

---

24) 한 형태소가 형태음소론적 변동을 일으킬 때에 그 한 부분에서 갈음하는 음소의 떼를 「형태음소」라 하고, 갈음하는 음소를 그 형태음소의 「변이음소」라 부르는 일이 있다. 「니서」의 「ㅿ」은 「닛다」에서는 「ㅅ」으로 변동하므로 [ㅅ-ㅿ]의 묶음을 형태음소라 하고, 「ㅅ」과 「ㅿ」을 그 형태음소의 변이음소라 하는 것이다.

갈이소리[摩擦音:「ㅅ」]였을 것으로 짐작되며, 그 쓰인 보기는 거의 다 울림소리(유성음) 사이에서만 쓰였을 뿐 아니라, 향음(響音 ; 흐름소리와 콧소리를 아울러 일컫는 말)인 「ㄴ, ㄹ, ㅁ, ㆁ, ㅇ」들과 한가지로 분류해 놓았으니 「ㅿ」도 울림소리였음이 분명하다. 그러므로, 「ㅿ」은 [z]소리였으리라 추측된다25).

이 글자는 16세기 후반기에 동요되기 시작하여, 16세기 끝에서는 없어지고 말았다. 「ㅿ」 음소는 체계상으로 볼 때 고립적이다. 왜냐하면, 울림으로 분화되는 음소는, 순경음 「ㅸ」가 없어지고 난 뒤로는, 「ㅅ」: 「ㅿ」 뿐이있다. 이러한 배치의 국한, 조직상의 고립은 이 음소를 완전히 없애고 만 힘이 된 것으로 생각된다26).

(2-1-7) 「ㅇ」음의 소실

현대국어의 표기 방법으로는, 「ㅇ」은 첫소리(초성)로 쓰였을 때는 소리 없는 것[zero]으로 되고, 끝소리(종성, 받침)로 쓰였을 때는 [ŋ] 소리를 가지게 되어 있는데, 그 당시 표기법으로는, 목구멍소리[喉音]인 「ㅇ」은 첫소리로 쓰였거나 끝소리로 쓰였거나 소리 없는 글자요 (다만 「ㅇ」은 불청불탁으로 그 소리가 가장 세지 않을 뿐만 아니라 거의 소리 없는 것이다), 「ㆁ」은 첫소리로 쓰였거나 끝소리로 쓰였거나 [ŋ] 소리를 적는 글자로 쓰였다27). ≪훈민정음≫ 본문에는,

---

25) 최현배 : 앞든 책 524~527쪽, 허웅 : 앞든 책 237~238쪽을 참고하여 정리하다.
26) 허웅 : 앞든 책 363쪽을 참고하여 정리하였다.
27) 허웅 : 앞든 책 338쪽, 최현배 : 앞든 책 527~529쪽, 최범훈 : ≪한국어발달사≫(경운출판사, 1990. 10. 30) 124쪽을 참고하여 정리하였다.

"ㆁ은 어금닛소리니, 업(業)자의 처음 나는 소리 같으니라[ㆁ牙音 如業字初發聲]."

라고 하였는데, 제자해(制字解)에서는,

"오직 어금닛소리의 ㆁ은 비록 혀뿌리가 목구멍을 닫아 소리의 기운이 코로 나아오되 그 소리는 ㅇ와 서로 비슷하니, 그러므로, 운서(韻書)에 의(疑)자 <첫소리>와 유(喩)자 <첫소리>를 서로 섞어 씀이 많다[唯牙之ㆁ 雖舌根閉喉 聲氣出鼻 而其聲與ㅇ相似 故韻書疑與喩多相混用]."

라고 하였으니, 이는 첫소리(초성)의 「ㆁ」이 「ㅇ」과 비슷한 음가를 가진 것임을 입증하는 것이라 하겠다. 그러나, 끝소리(종성)에서의 두 글자의 소리값을 언급한 기록은 없을 뿐만 아니라 국어에서「ㅇ」자가 끝소리로 쓰인 보기는 없고,「ㆁ」자만 첫소리·끝소리 두 자리에 다 쓰이었다.

첫소리(초성)에 쓰인 보기

러울[ləŋul](너구리 ; 훈민정음 해례 용자례)
서에[səŋəj](성에 ; 훈민정음 해례 용자례)
바올[paŋol](방울 ; 용비어천가 44장, 석보상절 13 : 24)

끝소리(종성)에 쓰인 보기

올창[olʧʰaŋ](올챙이 ; 훈민정음 해례 용자례)
부헝[puhəŋ](부엉이 ; 훈민정음 해례 용자례)
밍굴-[mʌjŋkʌ-](만들다 ; 석보상절 11 : 13, 훈민정음 언해)

이 어금닛소리「ㆁ」자는 첫소리에서는 15세기 말 16세기 초에 와서 거의 쓰여지지 않게 되고 끝소리글자(종성자)로서만 정착하게 되는데,

16세기 말 17세기 초에 와서는 그 글자 모양이 「ㅇ」으로 완전히 바뀌게 되었으니, 끝소리에서는 16세기 말 17세기 초에 없어졌다고 하겠다. 그 사이에 자형(字形)을 첫소리(초성)와 끝소리(종성)로 나누어 보이면 다음과 같다.

    첫소리 : ㆁ＞ㅇ
    끝소리 : ㆁ＞ㅇ＞ㆁ・ㅇ＞ㅇ

(2-1-8) 말첫머리 ㅅ-계 닿소리떼의 된소리 되기

중세국어에서 보이는 말첫머리 닿소리떼[語頭子音群]의 소리값에 대하여는 학자에 따라 견해가 다른데, 닿소리떼[子音群]는 「ㅂ-계」・「ㅅ-계」・「ㅄ-계」의 세 계열, 또는 「ㅂ-계」와 「ㅄ-계」를 합쳐 「ㅂ-계」의 한 계열로 보와 두 계열로 나눈다. 이들은 대체로 어원적으로는 하나의 낱내(음절)가 생략될 때, 홀소리가 탈락하여서 남은 닿소리가 다른 낱내의 닿소리 앞에 결합하여 생겨난 것이라고 할 수 있다. 그러나, 국어에서는 가급적 말첫머리에 닿소리떼를 허락하지 않는 음운상의 특성을 가지므로 불안정한 이들 닿소리떼는 된소리 되기[硬音化]의 음운 변화를 겪게 되었고, 따라서 16세기경에 이르러서는 「ㅂ-계」・「ㅅ-계」・「ㅄ-계」 모두 뒤에 오는 닿소리를 닮아서 뒷소리의 겹닿소리를 만들게 되었다. 이 변화는 음성학적으로도 설명될 수 있다. 곧 「ㅅ」의 갈이소리(마찰음)는 그 뒤의 터짐소리(파열음)의 「ㄱ, ㄷ, ㅂ」에 비해 약한 소리이다. 그러므로, 뒷소리에 완전히 닮아서 뒷소리인 「ㄱ, ㄷ, ㅂ」의 겹닿소리를 만들게 된 것이다. 겹닿소리는 이미 있었으나, 그 배치가 국한되어 있었던 된소리에 합류되어, 된소리(경음)의 음소로서의 지위를 확립시키는 결과가 되었다[28].

다만, 「ㅆ」만은 된소리가 될 수 없었기 때문에 그 사이에 홀소리를 넣게 되었다(싸히(석보상절 19 : 14)＞사나이).

(2-1-9) 「ㅅ」 끝소리 소실

중세국어에서 말끝[語末] 닿소리의 대립은 모든 닿소리(초성)를 수용하지는 못하였다. ≪훈민정음≫ 본문에는,

"끝소리는 다시 첫소리를 쓰느니라[終聲復用初聲]."

라고 하였는데, 종성해(終聲解)를 보면,

"ㄱㆁㄷㄴㅂㅁㅅㄹ의 여덟 글자로 넉넉히 쓸 수 있다[ㄱㆁㄷㄴㅂㅁㅅㄹ八字可足用也]."

라고 하였으니, 이는 8종성으로도 거의 만족하게 쓸 수 있다는 규정이다. 곧 당시에 말끝 닿소리의 변별 양상을 설명한 것으로 풀이할 수 있다. 훈민정음 종성해에서 말한 8개의 닿소리에서 볼 수 있듯이 거센소리[激音]나 된소리[硬音]로의 대립이 중화되어 있음은 현대국어와 같다. 다만 「ㄷ」 끝소리와 끝소리 「ㅅ」이 엄연히 대립하고 있어 「ㅅ」 끝소리는 매우 불안정스런 소리였던듯 하였는데, 16세기 말엽에 와서 그 대립된 혼기의 방향이 「ㅅ→ㄷ」으로 기울어지더니(≪소학언해≫ (1567), 「사서언해」(1589)), 17세기 초기에 와서는 「ㅅ→ㄷ」 방향의 혼기가 절대우세하여 「ㅅ」은 거의 모조리 「ㄷ」으로 바꾸어 표기하게 되었다(≪언해두창집요≫(1608), ≪언해태산집요≫(1608), ≪동국신속삼강행실도≫(1617)).

---

28) 허웅 : 앞든 책 362쪽, 박병채 : ≪국어발달사≫(세영사, 1990. 8. 30 재판) 145쪽을 참고하여 정리하였다.

그러나, 이 혼기는 바로 다음 시기의 문헌인 ≪마경초집언해≫(인조 때)에 와서는 「ㅅ→ㄷ」의 정반대인 「ㄷ→ㅅ」 방향의 혼기가 더 널리 나타나며, ≪가례언해≫(인조 10년, 1632)에 이르면 「ㅅ→ㄷ」 방향의 혼기는 거의 자취를 감추고, 「ㄷ→ㅅ」 방향의 혼기가 압도적으로 우세하게 나타난다. 이 방향의 혼기는 17세기 중엽의 문헌인 ≪경민편언해≫(1656)에서는 「ㄷ」, 「ㅅ」 두 종성간의 혼기의 방향이 「ㄷ→ㅅ」의 것으로 거의 정착되어 간다. 그 뒤 문헌인 ≪노걸대언해≫(1670)에서는 전형적 「ㅅ→ㄷ」 방향의 혼기는 일체 자취를 감추고, 모두 「ㄷ→ㅅ」 방향의 혼기뿐이며, 아울러 「ㄷ」은 거의 노소리 「ㅅ」으로 바뀌이 표기되고 있다. ≪박통사언해≫(1677)에서는 「ㅅ」 받침으로 통일된 7종성법 체계가 드디어 완성된다. ≪역어유해≫(1690)도 그대로 7종성법 체계가 유지된다.

그런데 18세기 문헌인 ≪여사서언해≫(1736)는 혼기의 방향을 이 시대의 규칙인 「ㄷ→ㅅ」의 것과 정반대로 「ㅅ→ㄷ」으로 잡고 있다. ≪어제상훈언해≫(1745), ≪어제훈서언해≫(1756) 등 몇 문헌이 더 있다.

그러나, ≪한청문감≫(1779)은 완벽하게 이때의 7종성법을 준수하면서도 「받」[田]만은 「ㄷ」 받침을 하였다. ≪천의소감언해≫(1755)를 비롯하여 이 무렵의 몇 문헌들인 ≪어제계주윤음≫(1757), ≪십구사략언해≫(1772), ≪명의록언해≫(1777), ≪증수무원록언해≫(1792) 등의 7종성법의 준수는 물론 19세기 문헌에서는 이 7종성법이 철저히 지켜졌다.

「ㄷ」 받침의 부활은 갑오경장 뒤인 현대국어 시기에 들어서 맞춤법 통일안인 국문연구소(國文硏究所)의 「국문연구 의정안(國文硏究議定案)」에서 처음이었던 것으로 보인다. 그것은 당시 국문연구소의 중심인물인 주시경(周時經)님이 있었기 때문이라 하겠다.

(2-1-10) 된소리 되기

된소리 되기인 경음화(硬音化) 현상은 제4장「고대국어」신라어편에서 언급한 바와 같이 이미 고대국어 말기에서부터 나타나기 시작하여 15세기에 이르러 뚜렷한 음운 현상이 된다. 이를테면,「그스다」(끌다 ; <두시언해 21 : 40>)가「쯔스다」(끌다 ; <남명집언해 상 : 42>, <두시언해 8 : 66>)로도 같이 나타나는 것이다. 이러한 된소리 되기 현상의 원인은 몇 가지가 있다. 그리고 이러한 현상은 특히 17세기 근대국어에서 광범위하게 일어났다.

(2-1-11) 거센소리 되기

거센소리인 격음(激音)은 제4장「고대국어」신라어편에서 언급한 바와 같이 고대어에 존재했음을 알 수 있으나, 국어의 거센소리는 매우 제한된 조건에서 발달한 것이므로 중세국어에 들어와 된소리 되기보다 다소 늦게 확대되어 16세기를 지나면서 증가되었다고 하겠다(「불」(臂 ; 훈민정음 용자례)>「풀」(훈몽자회 상 : 26, 유합 상 : 21),「고ㅎ」(鼻 ; 석보상절 13 : 38)>「코」(유합 상 : 20),「갈ㅎ」(刀 ; 월인석보 9 : 43)>「칼」(언해태산집요 24)).

(2-1-12) 울림소리 되기

울림없는 소리[無聲音]가 울림소리 되기[有聲音化] 현상은 현대국어에서 일어나는 것과 마찬가지로 중고국어에서도 그대로 일어났다고 하겠다. 더구나 중세국어에 문자 표기로까지 나타난「ᄫ」과「ㅿ」을 보면 더욱 뚜렷하다. 이를테면,「글발」(용비어천가 26장),「셔볼」(용비어천가 18장, 37장), 「스ᄫᆞᆯ」(용비어천가 35장), 「ᄆᆞ숨」(용비어천가 18장, 석보상절 6 : 8), 「ᄀᆞ술」(능엄경언해 7 : 13, 훈몽자회 상 : 1), 「한삼」(사성통해 상 : 70, 구급간이방 3 : 118) 등의 낱말은 모두 울림소리스런 환경에서 「ㅂ」과 「ㅅ」이 울림소리 되었다. 이는 곧 「ㅂ」·「ㅅ」이 본대는 울림없는 맑은 소리이지만, 흐린소리인 울림소리의 다음에 올 적에는 울림소리로 발음이 된 것이다. 그리고 중세국어에는 이러한 울림없는 소리가 울림소리 되는 현상에서 더 나아가 닿소리가 아주 탈락되기도 하여 두 가지 표기가 공존하고 있으니, 그 보기를 보이면 다음과 같다.

　　글발>글월(월인석보 서 : 11),
　　셔ᄫᆞᆯ>셔울(월인석보 2 : 66),
　　스ᄫᆞᆯ>스ᄀᆞ올(금강경삼가해 3 : 37),
　　ᄆᆞ숨>ᄆᆞᄋᆞᆷ(신증유합 하 : 1),
　　ᄀᆞ술ㅎ(월인석보 서 16)>ᄀᆞᄋᆞᆯㅎ(소학언해 1 : 13).

(2-1-13) 닿소리끼리의 닮음

　두 닿소리가 앞·뒤에 연접(連接)하여 발음하게 될 때, 그 이어나는 바람[勢, 김]으로 말미암아, 절로 둘 가운데 하나가 다른 하나를 닮아서 달라지는 일이 있으니, 이를 닿소리끼리의 닮음이라 하며, 또 닿소리의 이어바뀜[子音接變]이라고 한다. 국어에 있어서 이러한 현상은 15세기 이전에 이미 일부에서 변화가 시작되었다고 여겨지지만 16세기에 들어서면 상당한 세력으로 번져가고 있다.

　　걷나다(석보상절 13 : 4)>건나다(월인석보 10 : 24),
　　듣니다(용비어천가 113장)>든니다(월인석보 9 : 61),

호뼈(석보상절 9 : 39) > 홈끠(박통사언해 상 : 21, 소학언해 6 : 65).

이상 중세국어기간 동안인 15-16세기 닿소리(자음)의 변화에 대하여 살펴보았다. 그 결과 말할 수 있는 것은 15세기의 26닿소리 체계 가운데서, 소실된 음소 「ㅸ」, 「ㆆ」, 「ㆅ」, 「ㅇㅇ」, 「ㅥ」, 「ㅿ」, 「ㆁ」 등 7개를 빼면 19개의 닿소리 체계가 성립되는데, 이것은 곧 현대국어의 19개 닿소리 체계는 이때에 이미 완성된 것이라 하겠다. 다만 「ㆁ」만은 자형이 「ㅇ」으로 바뀌어 현대국어의 그 소리값(음가)은 첫소리에서는 소리 없고(zero), 끝소리(종성)에서는 [ŋ]의 소리값을 가지고 있다.

(2-2) 홀소리(모음)의 변천

(2-2-1) 「ㆍ」음의 흔들림

이 글자는 훈민정음 홀소리 글자 제작시에는 기본글자 3개(ㆍ, ㅡ, ㅣ) 중에서도 우두머리이었고, 당시 7개의 홑홀소리(단모음) 가운데 하나였는데, 15세기 이후부터 소리값의 동요가 생겨 「ㆍ」음을 가진 낱내(음절)에 음운 변화가 일어났다. 그리하여 그 소리의 변화는 「ㆍ>ㅡ」, 「ㆍ>ㅏ」, 「ㆍ>ㅗ」, 「ㆍ>ㅓ」 따위로 바뀌는데, 제1차 변화는 주로 제2 낱내 이하에서 「ㆍ>ㅡ」로 진행되고(ᄀᆞᆯ치다[敎] > ᄀᆞ르치다, ᄆᆞᄉᆞᆶ[里] > ᄆᆞ을ᇂ), 제2차 변화는 제1 낱내에서 「ㆍ>ㅏ」, 「ㆍ>ㅗ」, 「ㆍ>ㅓ」 따위로 바뀌는데[29], 이에 따라 「ㆎ」는 「ㅐ」[aj]로 합류한다. 18세기 말기의 일이다.

이 「ㆍ」음에 대하여 《훈민정음》 본문에서,

---

[29] 최현배 : 《고친한글갈》(정음사, 1971. 1. 10) 396~524쪽을 참고하여 정리하다.

3. 음운(音韻)

"·는 톤(吞)자의 가운뎃소리 같다[·如吞字中聲]."

라고 하였고, 제자해에서는,

"·는 혀가 오그라지고(옴츠러지고) 소리가 깊다.……ㅗ는 ·와 같되 입을 오므리는 것이고, 그 꼴은 ·와 ㅡ를 합하여 된 것이니, 하늘과 땅이 처음 사귀는 뜻이니라. ㅏ는 ·와 같되 입을 벌이는(펴지는) 것이다[·舌縮而聲深……ㅗ與·同而口蹙 其形則·與一合而成 取天地初交之義也 ㅏ與·同而口張]."

라고 하였다. 이 ≪훈민정음≫ 기록 중 제자해의 「혀가 오그라지고(옴츠러지고) 소리가 깊다」고 하는 것은 이 「·」소리가 대체로 뒤혓바닥 소리임을 암시해 주는 것이고, 「ㅗ는 ·와 같되 입을 오므리는 것이고…… ㅏ는 ·와 같되 입을 벌리는(펴지는) 것이다」라고 한 말에서 「·와 같다」는 것은, 혀가 오그라지고(옴츠러지고) 소리 깊은 점이 같다는 뜻으로 해석된다. 그러므로, 「·」소리는 「ㅏ」, 「ㅗ」와 그 혀의 모양이 비슷했음을 짐작할 수 있는데, 그 소리값에 대해서는 아직 결정적인 단정을 내리지 못하고 있다[30].

---

30) ① 유희님은 ≪언문지≫에서 ㅏㅡ의 간음이라 하였다.

② 주시경님은 ≪국어문법≫에서 ㅣㅡ의 겹이라고 하였다.

③ 김두봉님은 ≪조선말본≫에서 ㅣㅡ의 거듭이라고 하였다.

④ 최현배님은 「"·"자의 소리값 상고」(≪동방학지 제4집≫, 연세대학교 동방학 연구소, 1959. 6. 30)에서, "·는 ·ㅗㅏ 세모꼴의 한 모로서 뒷 줄 ㅗㅏ에 맞서는 자리에 서게 되는 동시에, 그것이 ㅡ와 ㅏ의 사이에 자리잡은 가온혓소리[中舌音]이며, 또 그래서 복판홀소리[中央母音]이라고 본다."라고 하였다.

⑤ 이극로님은 「ㅏ설(舌) ㅗ순(脣)음인 단모음」(한글 5권 8호), 또는 「·는 후설위(後舌位)의 저설음(低舌音)이요, 또 대악각(大腭角)의 원순음

(2-2-2) 홀소리어울림의 허물어짐

홀소리어울림[母音調和]은 알타이 제어의 첫째 공통특질로 지적되는 사항인데, 15세기에서부터 이미 허물어지기 시작하여(스ᄀ볼<용비어천가 35장>, 스ᄀ올<금강경삼가해 3 : 37>) 지금까지 줄곧 이러한 경향을 걸어 오고 있다. 특히 홀소리의 「ㆍ」가 없어지면서 더 빨리 허물어졌다고 하겠다.

(2-2-3) 둥근 입술 홀소리 되기

한 형태소 안의 「므, 브, 프」의 「ㅡ」가 입술소리(순음)를 닮아서 둥근 입술 홀소리[圓脣母音] 「ㅜ」로 바뀌는데, 이러한 현상이 15세기에 이미 나타나기 시작하였다(브르다>부르다, 픔다>품다, 어듭다>어둡다). 우리 국어의 둥근 입술 홀소리는 「ㅟ, ㅚ, ㅜ, ㅗ」가 있다.

(圓脣音)」(한글 9권 1호)이라 하였다.
⑥ 김윤경님은 ≪나라말본≫에서 ㅏ와 ㅓ의 사이의 소리라 하였다.
⑦ 방종현님은 제주도의 방언을 조사 연구한 결과로 「ㆍ는 ㅏ도 ㅓ도 아니요 ㅗ도 아닌 어떠한 소리」라 하였다(한글 8권 6호).
⑧ 이숭녕님은 ㅏ와 ㅗ의 사이의 소리라 하였다(한글 12권 1호).
⑨ 허웅님은 ≪우리옛말본≫에서, 「ㅗ」소리의 혀에, 입술 오므림을 던 소리, [ʌ] 내지는 [ɣ]소리의 표기. [ʌ]는 [ɔ]의, [ɣ]는 [o]의 입술 편 소리다. [ㅗ]는 [o]와 [ɔ]의 중간 소리이니, 「ㆍ」도 [ʌ]와 [ɣ]의 중간 소리라 할 수 있을 것이라 하였다.
⑩ 오늘날 제주도 방언에 「ᄆᆞᆯ(馬)」을 말할 때 가운데 홀소리의 발음과 같은 소리라고도 한다.

(2-3) 성조 체계

《훈민정음》 본문이나 해례에 규정되어 있고, 또 당시 문헌에 정확히 표시되어 있는 소릿점[傍點]이 성조(聲調)를 말해주는 것인데, 이를 흔히 「사성점」이라 한다31). 《훈민정음》 본문에는,

"왼쪽에 한 점을 더하면 거성(去聲)이요, <점이> 둘이면 상성(上聲)이요, <점이> 없으면 평성(平聲)이요, 입성(入聲)은 점 더함은 한가지로되 촉급(促急)하다[左加一點則去聲 二則上聲 無則平聲 入聲加點同而促急]."

라고 하고, 《훈민정음 언해》에서 주(註)를 더하여 설명하기를,

去聲은 뭇노푼 소리라.
上聲은 처ᅀᅥ미 ᄂᆞᆽ갑고 乃終이 노푼 소리라.
平聲은 뭇ᄂᆞᆺ가ᄫᆞᆫ 소리라.
入聲은 ᄲᆞᆯ리 긋듣ᄂᆞᆫ 소리라.

라고 하였다. 이 설명에 따르면, 거성(去聲)은 <가장> 높은 소리, 곧 고조(高調)를 가리키고, 평성(平聲)은 <가장> 낮은 소리, 곧 저조(低調)를 가리키고, 상성(上聲)은 처음이 낮다가 높아가는 소리, 곧 저조와 고조의 복합 성조였음을 알 수 있다. 이 소릿점은 소리의 높낮이를 표시한 것인데, 중세 문헌에 나타난 사성(四聲)의 설명을 틀로 보이면 다음과 같다.

---

31) 중국말의 평성, 상성, 거성, 입성의 사성과 같은 것을 표시하는 것이란 뜻으로 이렇게 흔히 불리지만, 사실은 우리 국어의 소릿점(방점)은 세 가지의 성조(聲調, toneme)를 표시할 뿐이다.

구분\사성	가점(加點)	훈민정음 해례본	훈민정음 언해본	훈몽자회 범례	소리의 높낮이 [聲調]
평성	점 없음	安而和(봄)	ᄆᆞᆺ᎑ᆺ가ᄫᆞᆫ 소리	ᄂᆞᆺ가온 소리	낮은 소리[低調]
상성	두 점	和而擧(여름)	처ᅀᅥ미 ᄂᆞᆺ갑고 乃終이 노ᄑᆞᆫ 소리	기리혀 나죵 들티ᄂᆞᆫ 소리	낮다가 높아가는 소리 [先低後高調]
거성	한 점	擧而壯(가을)	ᄆᆞᆺ노ᄑᆞᆫ 소리	곧고바ᄅᆞ노ᄑᆞᆫ 소리	높은 소리[高調]
입성	일정하지 않음	促而塞(겨울)	ᄲᆞᆯ리긋돈ᄂᆞᆫ 소리	곧고 ᄲᆞᆫ 소리	일정하지 않음 [不定]

15세기의 소릿점 표기는 매우 정연하였으므로(상성-:돌[石], 거성-·갈[刀]) 이때 언어의 성조(높이)의 음정(音程)은 꽤 컸을 것이다. 그러므로, 당시의 말은 거친 느낌을 줄 수 있고, 따라서 도무지 생활에는 맞지 않는 소리로 느껴지기 쉽다. 그리하여 그 음정이 차차 좁아져서 드디어 16세기 말기에 이르러 높은 거성(去聲)은 낮은 평성(平聲)과 합류하기에 이르렀다. 그러나, 처음이 낮다가 나중이 높아가는 상성(上聲)은 그 비변별적 소리바탕인 길이가 남아서 길게 발음되어 평성·거성과 구별되기에 이르렀다. 비변별적 소리바탕이 변별바탕으로 등장되기에 이른 것이다.

이리하여 평성과 거성은 짧은 소리로, 상성은 긴 소리로 바뀌어, 길이가 높이에 갈음되는데, 현대국어의 운소 조직은 이때에 완성되었다고 하겠다[32].

---

32) 허웅 : 앞든 책 363쪽을 참고하여 정리하였다.

4. 한자음

  훈민정음이 창제된 뒤 한자음의 정리 통일을 위하여 만든 ≪동국정운≫이 이룩되자, 올바른 한자의 음을 일반이 알도록 하기 위하여 15세기 중엽의 문헌부터(≪석보상절≫, ≪월인천강지곡≫,····) 한자말은 한자에다 모두 동국정운식 한자음 표기를 하도록 하였는데, 이러한 한자음 표기 방법이 15세기 말경에 와서, 종전과 같이 동국정운식 표기법으로, 또 현실(現實) 한자음인 동음(東音)을 기초로 한 표기 방법으로 한자음을 표기하게 되었다. 그러므로, 성종 때부터 중세국어 문헌에 한자음 표기 방법은 두 가지 방법으로 통용되었으니, 하나는 동국정운식 한자음 표기법이고, 또 하나는 현실 한자음 표기법이 그것이다.

  첫째, ≪동국정운≫은 당시의 전승 한자음을 바탕으로 하되, 중국운학(中國韻學)의 체계에 맞추어 정리한 운서(韻書)로서 그 특징은 사성(四聲)으로써 조절하여 91운(韻)과 23자모(字母)를 정하여 가지고, 훈민정음으로 그 음(音)을 정하였다는 데 있다.
  이제 ≪동국정운≫의 초성 체계와 종성 체계를 대충 말하면 다음과 같다.

  첫째, 초성으로는 23자모(字母 : 초성을 나타내는 한자)로 결정하였으니, 이것은 결국 훈민정음의 초성 체계와 같다. 곧,

    어금닛소리에 : ㄱ, ㅋ, ㆁ, ㄲ
    혓소리에 : ㄷ, ㅌ, ㄴ, ㄸ
    반혓소리에 : ㄹ
    입술소리에 : ㅂ, ㅍ, ㅁ, ㅃ

잇소리에 : ㅈ, ㅊ, ㅅ, ㅉ, ㅆ
반잇소리에 : ㅿ
목구멍소리에 : ㆆ, ㅎ, ㅇ, ㆅ

의 23초성을 쓰고 있다.

둘째, 종성으로는 ㄱ, ㆁ, ㅭ, ㄴ, ㅂ, ㅁ, ㅇ, ㅱ 등이 쓰이고 있다.

이 《동국정운》의 초성 체계와 종성 체계를 보아 대강 알 수 있음과 같이 이 체계는 당시 우리나라의 실제 한자음의 그것이 아니었으니, 가령 초성에서 각자병서인 전탁음(全濁音)「ㄲ, ㄸ, ㅃ, ㅆ, ㅉ, ㆅ」과「ㆁ, ㆆ, ㅿ, ㅸ, ㅱ」을 썼으니, 그 실제의 보기를 보이면 다음과 같다.

虯끃   覃땀   步뽕   邪쌰   慈쭝   洪嚛
業업   挹흡   穰샹   非빙   微밍

또 종성이 없는 한자에는 「ㅇ, ㅱ」을 붙였으니, 그 실제의 보기를 보이면 다음과 같다.

世셍   御엉   製졩   虯끃   漂푱

그리고 종성에서 입성(入聲) 표기를 위해 종성「ㄹ」에는「ㆆ」을 덧붙여「ㅭ」로[33] 하였으니(以影補來, ㆆ으로써 ㄹ을 보충함), 그 실제 보기를 보이면 이러하다.

戌슗   彆볋   骨곯   舌숋   發벓

그렇지만 당시 현실음인 국어 한자음의 반영이 전혀 없었던 것은 아니었으니, 동국정운식 한자음을 쓰는 문헌에도 한자가 나타나지 않

---

[33] 「ㅭ」은 입성의「ㄷ」을 그 당시의 통용음에 맞추면서 입성다운 특질을 살리는 방편으로 사용했다.

은 한자말은 현실음이 표기되었으며(中國듕귁, 便安뼌한, 百姓빅셩), 순경음(脣輕音 : ㅱㅸㆄㅹ)과 순중음(脣重音 : ㅁㅂㅍㅃ), 치두음(齒頭音 : ㅅㅈㅊㅆㅉ)과 정치음(正齒音 : ㅅㅈㅊㅆㅉ), 설상음(舌上音 : ㄴㄷㄸ)과 설두음(舌頭音 : ㄴㄷㅌㄸ)의 구별을 없애는 등 현실성이 고려되기도 하였다.

이와 같이 동국정운식 한자음 표기법은 완전히 중국 운서(韻書)의 체계에 돌아간 것은 절대 아니요, 그것과 국어 현실음 체계와의 적절한 타협안이었다고 하겠는데, 이러한 이상적 한자음 표기는 세조대에 이르기까지의 문헌인 ≪석보상절≫·≪월인천강지곡≫34)·≪훈민정음언해≫·≪월인석보≫ 등에만 보이며, 성종대에 와서는 일부 불경 언해에만 쓰이었을 뿐이고, ≪삼강행실도≫(1481), ≪불정심타라니경언해≫(1485) 등의 문헌에서는 실제 국어 한자음이 보이기 시작한다. 이로보아 동국정운식 한자음 표기법은 불과 30년 후인 성종대에 이르러 일부 문헌에만 사용되다가 사라졌던 것이다.

둘째는 현실 국어 한자음을 그대로 적은 것이다. 동국정운식 한자음 표기법이 이상적이기는 하였으나, 너무 인위적이었으므로 일반에 깊이 침투하지 못한 채 앞에서 말한 바와 같이 성종대에까지는 일부 문헌에 적용되다가 쓰이지 않게 되고, 현실 한자음 표기법만이 쓰이게 되었다. 성종대에 현실 한자음으로 표기하기 시작한 것이 언해 문헌에 전반적으로 채택된 것은 연산군 때의 일이니, ≪육조법보단경언해≫(1496)와 ≪진언권공언해≫(1496)가 그 대표적인 보기이다. 16세기부터

---

34) ≪월인천강지곡≫에서는 한자 가운데 종성이 없는 한자에는 「ㅇ」을 붙이지 않았다.

의 거의 모든 문헌의 한자음 표기는 이 현실 국어 한자음 표기법으로 통일되었다 하겠다[35].

그리고 중세 문헌의 한자음에는 또한 성조(聲調)의 분별을 위한 소릿점[聲點, 傍點]이 찍히는 바, 여기에도 중국의 전통적 사성을 그대로 따르려고 한 동국정운식의 소릿점과 중세국어음 특유의 성조 체계에 따른 현실 국어 한자음의 소릿점법으로 구별된다. 동국정운식의 소릿점법은 거의 세조 때까지 발간한 문헌에서 보였으나, 동국정운식 한자음 표기법이 사라질 무렵인 성종대에서 이 소릿점법도 같이 사라지었고, 당시 국어의 현실 한자음 표기에는 우리말 성조에 따른 소릿점을 따랐다[36]. 따라서 중세국어 한자음의 성조에 따라 소릿점을 찍은 중종 22년(1527)에 이룩된 ≪훈몽자회≫의 전승자음(傳承字音)을 중국의 전통적 소릿점인 사성에 대조해 보면 그 성격을 알 수 있다. 이 국어 한자음의 성조에 따라 소릿점한 것이 ≪신증유합≫에서는 없어졌다.

5. 어휘

(1) 국어 어휘의 특징과 한자어화

진정한 우리 토박이말 어휘의 기록은 훈민정음 창제 반포로부터 시작한다. 훈민정음이 창제 반포되기 전에 우리나라에도 토박이말 어휘의 기록이 없지 않았다. ≪삼국사기≫나 ≪삼국유사≫는 말할 것도 없고, 금석문을 비롯하여 개인의 문집에 이르기까지 많은 기록들이 있다. 그러나, 이 기록들의 대부분의 어휘가 토박이말 어휘의 기록이 아

---

[35] 중종 22년(1527)에 된 ≪훈몽자회≫는 이 현실 국어 한자음 표기법의 좋은 편람이 된다.

[36] 이에 대하여는 앞의 「성조 체계」 항목을 참고.

닌 한자말이며, 또 토박이말 어휘의 기록이라 했자 그것은 극히 적을 뿐 아니라, 그것마저 한자를 빌어썼기 때문에, 그 문자로서의 체계가 잘 서지 않아서 지금 우리들은 이것을 기록 당시 발음한 말로 된 어휘로 돌이키기에 무척 곤란을 겪고 있다.

그러므로, 우리 토박이말 어휘가 발음대로 기록되기 시작한 진정한 시기는 훈민정음 창제 반포 이후로 보아야 할 것이다. 이때부터 토박이말 어휘가 그대로 정확히 기록되기 시작하게 되었다. 다행히 세종대왕은 훈민정음 창제 반포로서 만족하지 않고 이의 적극적인 보급책을 세워 주신하였으므로 오늘날 우리기 ≪용비어천가≫·≪석보상절≫·≪월인천강지곡≫·≪동국정운≫·≪홍무정운역훈≫ 등 많은 한글 관계 문헌을 접하게 되어 중세국어 어휘를 대할 수 있음은 여러 가지 면에서 아주 다행한 일이라 하겠다.

중세국어의 어휘들을 근대·현대국어 어휘들과 비교해 보면, 형태적인 면에서는 많은 차이가 있어 왔지만 의미상에 있어서는 변화가 비교적 적었음을 알 수 있다. 그러나, 몇 개의 어휘는 용법에서도 오늘날과 다른 점을 발견할 수 있고, 또 두 가지 이상의 의미 값을 갖는 어휘는 매우 많았으니, 그 어휘의 보기를 들면 다음과 같다.

① 2, 3씨(품사)로 통용되는 낱말의 보기.

「아니」[不, 非]

  이름씨인 경우

    아로미 아니가 무르시니라[非知아](능엄경언해 3 : 33)

    阿難이 對答ᄒᆞᅀᆞ오디 아니이다 世尊하(능엄경언해 1 : 54)

    護彌닐오디 그리 아닝다(석보상절 6 : 16)

어찌씨인 경우
불휘 기픈 남ᄀᆞᆫ ᄇᆞᄅᆞ매 아니 뮐쌔(용비어천가 2장)
不은 아니 ᄒᆞ논 ᄠᅳ디라(훈민정음 언해)

「즐겁다(즐기다)」[樂]
그림씨의 기능
큰 시르미 다 업슬쌔 즐겁다 ᄒᆞ시니라(월인석보 2 : 16)
人生 즐거븐 ᄠᅳ디 업고(석보상절 6 : 5)
安樂ᄋᆞᆫ 便安코 즐거볼 씨라(석보상절 9 : 23)
움직씨의 기능
ᄂᆞ모 즐기논 나ᄅᆞᆯ 아니즐겨(용비어천가 92장)
羅雲이 져머 노ᄅᆞᆺ술 즐겨(석보상절 6 : 10)
ᄆᆞᅀᆞᄆᆞᆯ 즐기게 ᄒᆞ고(석보상절 13 : 16)

「둏다」[好]
그림씨의 기능(좋다)
됴커나 굿거나(석보상절 19 : 20)
어늬ᅀᅡ 못 됴ᄒᆞ니잇가(석보상절 6 : 35)
움직씨의 기능(좋아지다)
참기름…가져가아 ᄇᆞᄅᆞᅀᆞᄫᆞ니 됴커시ᄂᆞᆯ(월인석보 2 : 9)
王이 좌시고 病이 됴ᄒᆞ샤(석보상절 11 : 21)

「새」[新]
이름씨인 경우(새 것)
헌옷도 새 ᄀᆞᆮᄒᆞ리니(월인석보 8 : 100)
新은 새라(훈민정음 언해)

새와 늘ᄀ니와(능엄경언해 7 : 83)

매김씨인 경우(새)

새 구스리 나며(월인석보 1 : 27)

새 조ᄒᆞᆫ 옷 입고(능엄경언해 7 : 6)

어찌씨인 경우(새로)

새 出家ᄒᆞᆫ 사ᄅᆞ미니(석보상절 6 : 2)

새 비호ᄂᆞᆫ 뜨들 어즈리디 말씨오(월인석보 10 : 20)

「어느」[何]

이름씨인 경우(어느것, 무엇)

어늬 구더 兵不碎ᄒᆞ리잇고(용비어천가 47장)

어늬사 못 됴ᄒᆞ니잇가(석보상절 6 : 35)

매김씨인 경우(어느, 어떤, 무슨)

어느 뉘 請ᄒᆞ니(용비어천가 18장)

어찌씨인 경우(어찌)

國人 뜨들 어느 다 술ᄫᆞ리(용비어천가 118장)

져믄 아희 어느 들ᄌᆞᄫᆞ리잇고(석보상절 6 : 11)

② 두 가지 이상의 뜻을 갖는 어휘의 보기

「ᄒᆡ」

ᄒᆡ[日 : 太陽]

힌 므지게 ᄒᆡ예 ᄢᅦ니이다(용비어천가 50장)

普光天子ᄂᆞᆫ ᄒᆡ라(석보상절 13 : 6)

ᄒᆡ 디여 가디 그 지븐 光明이 비췰씨(월인석보 1 : 9)

힌[年, 歲]
  여슷 찻 힌 乙酉ㅣ라(석보상절 6 : 1)
  여슷 히룰 苦行ᄒᆞ샤(석보상절 6 : 4)
  힌 년(훈몽자회 상 : 2)
힌다[흰색, 白]
  힌 므지게 히예 ᄢᅦ니이다(용비어천가 50장)
  補陁ᄂᆞᆫ 혀근 힌 고지라(석보상절 6 : 43)
  비치 히오 블구미 뭀 頭腦ㅣ ᄀᆞᆮᄐᆞ니라(월인석보 1 : 23)
  白ᄋᆞᆫ 힐씨라(월인석보 1 : 22)

「ᄀᆞ름」
  ᄀᆞ롬[河, 江]
    ᄀᆞᄅᆞ매 빈 업거늘(용비어천가 20장)
    ᄀᆞᄅᆞ미며 바ᄅᆞ리며(석보상절 19 : 13)
    ᄀᆞ롬 강(江)(훈몽자회 상 : 4)
  ᄀᆞ롬[湖]
    ᄀᆞ롬 호(湖)(훈몽자회 상 : 4)

「고」
  고(방앗고)
    杵는 방핫괴니(석보상절 6 : 31)
    방핫고 디여[落杵](두시언해 7 : 18)
    고 져[杵](훈몽자회 중 : 11)
  고(거문고)
    고 금(琴)(훈몽자회 중 : 32)

고(창고)
　고 름(廩)(훈몽자회 중 : 9)
　곳 고(庫)(훈몽자회 중 : 9)

「ᄒᆞ마」
　ᄒᆞ마[既, 이미, 벌써]
　　西幸이 ᄒᆞ마 오라샤(용비어천가 42장)
　　ᄒᆞ마 아호빌씨(석보상절 6 : 3)
　ᄒᆞ마(장차, 곧)
　　ᄒᆞ마 비 오려다 ᄒᆞᆯ저긔(월인석보 10 : 85)
　　ᄒᆞ마 주글 내어니(월인석보 1 : 7)
　　城을 ᄒᆞ마 앗일 쩌긔[城將陷](삼강행실도 충 : 23)

　중세국어에서도 현대말의 그것과는 다소의 차이가 있었으나, 어휘에 의한 높임법[尊敬法]이 발달되어 있었다.
① 주체높임법[主體尊敬法]으로 쓰여진 어휘들의 보기

움직씨의 보기
「이시다」[有]에 대하여 「겨시다」(계시다)
　　便安히 몯 겨샤(용비어천가 110장)
　　묏고래 수머 겨샤(석보상절 6 : 4)
　　부톄 겨샤디…世尊 이러시니(석보상절 13 : 27)
「먹다」[食]에 대하여 「좌시다」(잡수시다)
　　王이 좌시고 病이 됴ᄒᆞ샤(석보상절 11 : 21)
　　반 좌샤몰 ᄆᆞᄎᆞ시고[飮食訖](금강경언해 4)
　　님긊 좌샤매[王食](두시언해 18 : 17)

16세기에는 「자시다」

　　文王이 혼 번 뫼 자셔든[一飯](소학언해 4 : 12)

　　자실 향(饗)(훈몽자회 하 : 10)

「자다」[寢]에 대해서는 현대말의 「주무시다」에 해당되는 말이 없었고, 「자시다」(주무시다)를 사용하였다

　　셤 안해 자싫 제(용비어천가 67장)

　　좀 자싫 제(월인천강지곡 상 118장)

이름씨의 보기

「밥」[飯]에 대한 「진지」(진지, 밥) 및 「뫼」

　　진지 오를 제[食上](소학언해 4 : 12)

　　文王이 두 번 뫼 자시며[文王再飯](소학언해 4 : 14)

이 경우는 16세기 말에 보일 뿐이다.

대이름씨의 보기

「즈갸」[自己의 높임말], 「즈개」[自己]

　　즈갸 비취워[自照](선가귀감언해 상 : 23)

　　즈걋긔 黃袍 니피ᅀᄫᆞ니(용비어천가 25장)

　　즈걋 나라해셔(석보상절 9 : 33)

　　즈개도 모ᄅᆞ샤(월인석보 21 : 210)

　　즈개도 모ᄅᆞ샤 座애셔 니러(석보상절 11 : 17)

② 객체높임법[客體尊敬法]으로 쓰여진 어휘들의 보기

「니르다」[謂]에 대한 「ᄉᆞᆲ다」(사뢰다, 여쭙다)와 「옅줍다」[여쭙다, 奏]

　　子孫之慶을 神物이 ᄉᆞᆯᄫᅵ니(용비어천가 22장)

　　世尊ᄭᅴ ᄉᆞᆯᄫᆞ샤ᄃᆡ(석보상절 9 : 1)

이 이룰 아니 솗거늘(월인석보 9 : 36)
王끠 가아 말미 엳줍고(석보상절 6 : 15)
如來끠 엳줍노니(능엄경언해 6 : 67)
엳ᄌᆞ올 주(奏)(훈몽자회 상 : 35)

「보다」[見]에 대한 「뵈다」[謁], 또는 「뵈ᅀᆞᆸ다」
兄이 디여 뵈니(용비어천가 36장)
帝祜롤 뵈ᅀᆞᄫᆞ니(용비어천가 7장)
이 法이 뵈도 몯ᄒᆞ며 니르도 몯ᄒᆞ리니(석보상절 13 : 41)

「주다」[與]에 대한 「드리다」[獻, 呈], 「받다」[奉], 또는 「받ᄌᆞᆸ다」[奉獻] 등이 있다.
유무 드릃 사ᄅᆞᆷ도 업거늘(석보상절 6 : 2)
우리 父母ㅣ 太子끠 드리ᅀᆞᄫᆞ시니(석보상절 6 : 7)
奉ᄋᆞᆫ 바돌씨라(월인석보 서 : 13)
慶爵ᄋᆞᆯ 받ᄌᆞᄫᆞ니이다(용비어천가 63장)
받ᄌᆞ올 헌(獻)(훈몽자회 하 : 15)

그리고 윗사람 앞에서는 자기를 「나」[我]라고 하였다. 오늘날 현대말의 자칭(自稱)인 첫째 가리킴[第一稱格]의 「저」에 해당하는 말이 없었다
나는 어버ᅀᅵ 여희오(석보상절 6 : 5)
날 여희여 가ᄂᆞ니(석보상절 11 : 29)
날 거슬 도ᄌᆞᄀᆞᆯ(용비어천가 115장)

중세국어의 토박이말에 대하여는 몇 가지 특질을 살필 수 있다. 중세국어는 단일어(單一語)도 있고, 합성어(合成語)도 있지만, 어휘를 뜻

조각[意味部, 實辭, 槪念語]과 꼴조각[形態部, 虛辭, 形式語]으로 그 구성을 나눌 때, 꼴조각은 거의 모두 토박이말에서 온 것이라는 점이다. 또 개별 어휘로 보면 일상 기본 어휘에는 토박이말이 많으며, 그 밖의 어휘에는 한자말이 토박이말보다 널리 분포되어 있다. 모음 교체(母音交替)에 의해 뜻이 분별되는 어휘가 많은 점은 현대국어에서와 마찬가지이다. 소리시늉말[擬聲語]과 꼴시늉말[擬態語]과 같은 상징어가 아니더라도 비교적 홀소리어울림[母音調和]이 규칙적이었다 하겠으며, 성조(聲調)가 상실되지 않아 동음이의어(同音異義語)는 적은 편이었다.

그리고 국어 어휘사에서 볼 수 있는 큰 특징의 하나는 한자말의 대량(大量) 침투 현상이라 하겠다. 중세국어에서도 예외일 수 없어 한자말은 이미 일상 어휘들에도 토박이말을 격퇴하는 경향이 현저하게 되었다. 삼국시대로부터 고려말까지 융성했던 불교의 영향으로 대부분 한자말로 된 불교 용어가 국어 어휘 속에 유입되었고, 여말(麗末)에 들어온 주자학(朱子學)은 한자말을 더욱 촉진했을 것이다. 조선조에 들어오면서부터는 유교의 영향이 강해짐과 아울러 중국 한민족(漢民族)과의 접촉이 더욱 많아지고 또 당시의 지배층의 위정자들이 유교를 신봉(信奉)하여 한문화(漢文化)에 도취한 데 그 원인이 있었다고 하겠다.

중세국어의 시기에 확인할 수 있는 한자말의 순수 국어의 낱말의 축출로서 첫째로 들 수 있는 보기로는 ≪훈민정음≫ 해례 용자례(用字例)에서만 볼 수 있는 「슈룹」[雨繖]이다(≪계림유사≫「傘曰聚笠」, ≪조선관역어≫「傘 速路」). 이 낱말은 ≪박통사언해≫ 상(40장)과 ≪훈몽자회≫ 중(13장) 등에서 「우산」으로 대체(代替)되었다.

둘째로 들 수 있는 보기로는 셈씨[數詞]인데, ≪훈몽자회≫까지 나타나던 「온[百]」(하 : 14), 「즈믄[千]」(하 : 14)이 ≪신증유합≫에는 「일 빅[百]」(상 : 1), 「일쳔[千]」(상 : 1)으로 되어 있다.

셋째 그 좋은 보기로서 같은 내용의 표기인 ≪석보상절≫ 제19(1~43장)와 ≪월인석보≫ 제17(45장)에서 제18(11장)에 나타난 언어 표현의 일부를 비교 대조해 보기로 한다.

≪석보상절≫ 제19 1장 뒤쪽~2장 앞쪽에,

"이 經 듣고 隨喜ᄒᆞ야 法會로서 나아 녀느 고대 가 쥬의 坊이어나 뷔거르ᄂᆡᆫ ᄯᅡ히어나 자시어나 ᄀᆞ올히어나 巷陌이어나 ᄆᆞ술히이나 제 드론 야ᅌᆞ로 어버ᅀᅵ며 아ᅀᆞ미며 이든 벋ᄃᆞ려 힚ᄀᆞ장 블어 닐어든 ······"

라고 되었는데, 이 언어 표현이 ≪월인석보≫ 제17 45장 앞쪽에서는,

"이 經 듣고 隨喜ᄒᆞ야 法會로셔 나녀나ᄆᆞᆫ 고대 가 僧坊애 잇거나 空閑ᄒᆞᆫ ᄯᅡ히어나 城邑과 巷陌과 聚落과 田里예 드룬 다비 父母 宗親 善友 知識 爲ᄒᆞ야 히믈 조차 불어 닐어든 ······"

라고 하였다.

≪석보상절≫ 제19 14장 뒤쪽~15장 앞쪽에,

"그 가온뒷 안팟귓 種種 말ᄊᆞᆷ과 소리ᄅᆞᆯ 드르리니 象의소리 ᄆᆞᆯ쏘리 쇠소리 술윗소리 우는소리 시름ᄒᆞ야 한숨디ᄂᆞᆫ소리 골와랏소리 갓붐소리 쇠붐소리 바옰소리 우ᅀᅮᆷ소리 말쓺소리 풍륫소리 남지늬소리 겨지븨소리 ᄯᅡ힛소리 갓나힛소리 法소리 法아닌소리 셜본소리 즐거본소리 凡夫ㅅ소리 聖人ㅅ소리 깃븐소리 아니깃븐소리 하ᄂᆞᇙ소리 ······"

라고 되었는데, 이 언어 표현이 ≪월인석보≫ 제17 60장 앞쪽~뒤쪽에

서는,

"그 중 內外옛 種種 語言 音聲을 드르리니 象聲 馬聲 牛聲 車聲 啼哭聲 愁歎聲 螺聲 鼓聲 鍾聲 鈴聲 笑聲 語聲 男聲 女聲 童子聲 童女聲 法聲 非法聲 苦聲 樂聲 凡夫聲 聖人聲 喜聲 不喜聲 天聲 ……"

라고 하였다.

《석보상절》 제19 43장 앞쪽에,

"如來 滅度혼 後에 흔 무수무로 바다 디녀 닐그며 외오며 사겨니르며 쓰며 닐온 말다히 修行호라 ……"

라고 되었는데, 이 언어 표현이 《월인석보》 제18 11장 뒤쪽에서는,

"如來 滅後에 一心으로 受持讀誦호며 解說書寫호야 말다비 修行호야 잇는 ……"

라고 하였다.

이렇게 《석보상절》에 토박이말로 되어 있던 것이 《월인석보》에 와서는 한자말로 바뀌어진 곳이 많다는 것은 당시 상당 수의 지배층의 위정자들이 한학자들로서 한문화에 도취된 이유도 있겠으나, 그 보다도 더 큰 원인은 정권 교체기에 있어서 정권 유지에 급급한 나머지 국어 정책(문자 정책)의 소홀로 세조는 부왕인 세종대왕의 정신을 계승하지 못한 결과에서라 하겠다. 이러한 안일한 국어 정책은 그 후 그대로 계속 되었던 것이다. 이에 대한 근거의 또 하나는 문자 표기에 있어서도 증명된다. 세종 때 된 《월인천강지곡》에는 한자말이라 하더라도 훈민정음이 앞서고 한자(漢字)는 작은 글자로 뒤에 붙어 있는데, 《월인석보》에 들어 있는 「월인천강지곡」엔 그 위치가 《석보상

절≫ 표기 방법과 같이 바뀌어져 있다는 사실만을 보아도 알 수 있는 일이다.
　이와 같이 주체성이 결여된 지배층의 위정자들의 한문 숭상 정신은 15세기 상반기 이후 근대화 기운이 일던 갑오경장 때까지 거의 이어 졌으므로 중국으로부터 중국말의 유입이 계속되었던 것이다.

(2) 어형 변화

　낱말 안에서 음운적 형태(形態, form)가 변화하는 현상은 역사적인 기간을 필요로 하며, 어느 기간 동안엔 변화되기 이전의 모습과 변화된 형태가 공존하기도 한다. 여기에서는 중세국어에서 나타난 어형(語形)이 후대에 변동을 일으킨 어휘들을 대상으로, 그들에서 찾아지는 음운적 형태의 변화 법칙을 고찰한다. 중세국어의 경우, 음운 도치(音韻倒置, metathesis)[37]는 여러 어휘에서 발견된다[38].

　　빗복[臍, 배꼽](월인석보 2 : 29) > 빗곱(증수무원록언해 1 : 26),
　　하야로비[鷺, 해오라기](금강경삼가해 2 : 50, 훈몽자회 상 : 17) >
　　해야로비(두시언해 7 : 7).

등은 한 낱말 안에서 특정 음운(음소)이 서로 바뀌었으니 이는 음소 도치(音素倒置)이고, 「시혹(혹시)(석보상절 9 : 16) > 혹시(或是)(한청문감 246 c)」는 한 낱말 안에서 낱내(음절)가 서로 바뀌었으므로 이는 음절

---

37) 한 낱말이나 말떼[語群]의 내부에서 두 음소 또는 그 연속이 서로 자리를 바꾸는 현상을 말한다. 「해야로비」와 「해오라비」는 음소가 바뀌고, 「반찬」과 「찬반」은 낱내(음절)가 바뀐 말이다. 음소 도치나 음절 도치가 이에 속한다.
38) 박병채 : 앞든 책 207쪽을 참고하여 정리하였다.

도치(音節倒置)이다. 의미가 같은 범위 내에서 또는 의미가 분화(分化)하는 과정에서 시간적[通時的]으로 음운에 변동이 오기도 한다.

    더품[泡, 거품](월인석보 10 : 15)＞거품(구급간이방 6 : 44)
    고봄[瘧, 고금, 학질](능엄경언해 5 : 2)＞고곰(훈몽자회 중 : 34, 역어유해 상 : 61)
    두텁다[敦, 두텁다, 두껍다](훈민정음 언해, 월인석보 2 : 57)＞둗겁다(두껍다)(월인석보 21 : 19)
    드틀[塵, 티끌](석보상절 13 : 38)＞들글(티끌)(능엄경언해 1 : 5)
    ᄡᅳᆷ[隙, 틈](훈민정음 해례 합자해)＞틈(박통사언해 상 : 40)
    솝[內, 裏, 속](월인석보 1 : 10)＞속(속)(월인석보 1 : 13, 금강경삼가해 5 : 31)

등과 같이 바뀌는 것은 닿소리 교체[子音交替]이며,

    바히다[斬, 베다](석보상절 6 : 44)＞버히다(월인석보 1 : 43)
    밧다[脫, 벗다](용비어천가 92장, 월인석보 10 : 17)＞벗다(용비어천가 36장, 석보상절 6 : 39)

등과 같이 바뀌는 것은 홀소리 교체[母音交替]이다. 그런데 홀소리 교체는 대개 의미의 분화를 가져와서,

    가폴[鞘, 가풀](두시언해 16 : 54) : 거플[거플, 稃](훈몽자회 하 : 6)
    갓ㄱ다[깎다, 削](석보상절 6 : 12) : 것ㄱ다[꺾다, 折](용비어천가 36장, 석보상절 11 : 41)
    갗[가죽, 皮](월인석보 1 : 16) : 겇[거죽, 表](월인석보 1 : 42)
    나[我](석보상절 6 : 1) : 너[汝](석보상절 13 : 47, 훈몽자회 하 : 24)
    남다[餘](석보상절 13 : 34) : 넘다[過, 溢](석보상절 서 : 3, 훈몽자회 하 : 11)

다랍다[慳](박통사언해 상:35) : 더럽다[醜](석보상절 13:33, 훈몽자회 하:33)

바탕[마당, 場](금강경삼가해 2:19) : 버텅[뜰층계, 階](월인석보 2:65, 훈몽자회 중:6)

반ᄃ기[반드시, 必](월인석보 17:26) : 번드기[환하게, 뚜렷이, 分明](석보상절 9:2)

쟉다[작다, 小](영가집언해 상 20) : 젹다[少, 小](석보상절 19:4, 월인석보 1:6)

곧다[直](석보상절 19:7, 훈몽자회 하:29) : 굳다[固](용비어천가 19장)

골[谷](훈몽자회 상:3) : 굴[窟](유합 하:56)

늙다[낡다, 故](법화경언해 2:105) : 늙다[老](석보상절 11:36)

붉다[밝다, 明](용비어천가 71장, 석보상절 9:35) : 붉다[紅, 赤, 븕다](두시언해 7:26)

등의 보기와 같이 대립하게 되는데, 중세국어에서 현재에 이르기까지 이러한 보기는 많이 있다.

(3) 소멸 어휘

중세국어에 있던 어휘가 후대에 와서 아주 사라져 없어진 것이 더러 있다. 이를 씨(품사)별로 보기를 보이면 다음과 같다.

① 이름씨의 보기

「텰릭」(天翼, 천릭)
    내 텰리기 어느 네 수질혼 텰리게 미츠료(박통사언해 상:72)
    므쇠로 텰릭을 몰아(악장가사 정석가)

「갸품」
　　　금션람비단 갸품 뻬고(박통사언해 상 : 26)
　　　갸품씬 훠를 신오디(노걸대언해 하 : 47)
「즘게」[樹]
　　　즘겟가재 연즈니(용비어천가 7장)
　　　樹는 즘게라(월인석보 2 : 30)
「미ㅎ(미)」[들, 野, 郊]
　　　東녁 미흔 어느저긔 열려뇨(두시언해 7 : 25)
　　　미 야(野)(훈몽자회 상 : 4)

　무관의 공복(公服)의 한 가지인 「털릭」과 또 옷이나 신 따위를 장식하려고 그 솔기에 달은 띠오리인 「갸품」은 오늘날 그런 물건이 없어짐과 동시에 그런 낱말도 사라져 없어지었고, 큰 나무 또는 수목[樹]의 뜻을 가졌던 「즘게」는 오늘날 「나무」[木]와 구별을 모르게 되었다. 들[野, 郊]의 뜻을 가진 「미」와 「드르」가 있었는데, 오늘날은 그러한 낱말의 자취는 찾아볼 수 없고 오직 「들」 하나만이 남았다.

② 풀이씨의 보기

「괴다」[사랑하다, 愛]
　　　괴여 爲我愛人而 괴㸚 爲人愛我(훈민정음해례 합자해)
　　　아소 님하 도람드르샤 괴오쇼셔(악학궤범 정과정)
「돗다」[사랑하다, 愛]
　　　션비롤 드ᅀᆞ실씨(용비어천가 80장)
　　　드ᅀᆞᆯ 이[愛](훈몽자회 하 : 32)
「젛다」[두려워하다, 畏]
　　　보ᅀᆞᆸ고 저ᄒᆞ니(용비어천가 59장)

受苦를 저허(석보상절 9 : 13)
「잇브다」[피곤하다, 勞]
　　니기 할하 잇브게 ᄒᆞ면(능엄경언해 3 : 9)
　　내죵내 잇브며 受苦ᄅᆞ외도다(두시언해 1 : 19)
「듣다」・「ᄠᅳᆮ듣다」[지다, 떨어지다, 落, 滴]
　　種種 보빅 듣고(석보상절 6 : 32)
　　우므레 듣거든(두시언해 15 : 40)
　　ᄒᆞᆰ 불론거시 허러 ᄠᅳᆮ드르며(법화경언해 2 : 104)
　　신나모 수프리 ᄠᅳᆮ드러 희야디니(두시언해 10 : 33)

「사랑하다」[愛]의 뜻을 가진 낱말에 「ᄉᆞ랑ᄒᆞ다」[愛] 외에 「괴다」와 「ᄃᆞᆺ다」가 있었는데, 「ᄉᆞ랑ᄒᆞ다」만 남고 「괴다」와 「ᄃᆞᆺ다」의 낱말은 소실되었다. 「젛다」는 오늘날의 「두려워하다」, 「두렵다」의 뜻인데, 그 당시 「젛다」 외에 「두립다」[畏]란 말도 있었는데, 오늘날은 「젛다」의 낱말은 소실되었다. 「잇브다」는 오늘날의 「피곤하다」의 뜻인데, 그 당시 「피곤」의 뜻의 낱말로 「고ᄃᆞᆯ프」(두시언해 7 : 18, 15 : 48, 21 : 33), 「ᄀᆞᆺ브다」(가쁘다)(남명집언해 상 : 59, 두시언해 25 : 17, 석보상절 6 : 11), 「시드럽다」(고달프다, 피곤하다)(두시언해 20 : 13, 훈몽자회 중 : 33), 「잇브다(잇부다)」(피곤하다)(월인석보 21 : 115, 능엄경언해 3 : 9) 등이 있었다. 그런데, 오늘날 이런 뜻을 가진 낱말로 「고달프다」・「가쁘다」・「시들하다」 들만 있고, 「잇브다」에 해당되는 낱말은 쓰이지 않고 있다. 「듣다」와 「ᄠᅳᆮ듣다」는 오늘날의 「지다」, 「떨어지다」의 뜻인데, 그 당시는 이 두 낱말 외에 「지다」의 뜻의 낱말로 「디다」[落](용비어천가 50장, 월인석보 1 : 29)란 말도 있었는데, 오늘날은 「지다」와 「떨어지다」란 말이 존재한다.

③ 토씨[견줌자리토씨, 比較格助詞]의 보기

「두고」,「도곤」,「두곤」,「두군」(보다)
  엇디 불의 술기도곤 낫디 아니ᄒ리오(가례언해 7 : 17)
  어듬도곤 나으니라(노걸대언해 상 : 39)
  廬山이 여기도곤 낫단 말 못ᄒ려니(송강 관동별곡)
「라와」(으라와),「이라와」(보다)
  莊嚴호미 日月라와 느러(석보상절 9 : 4)
  눗비치 희요미 누니라와 더으더니(두시언해 1 : 5)

「보다」의 뜻을 가진 토씨「도곤」과「라와」가 있었는데 오늘날 소멸되고, 임자씨 아래에 붙어서 그것과 다른 것과를 서로 견줌을 보이는 토씨의 하나의「보다」로 대치(代置)하게 되었다. 다만 견줌자리토씨인 「도곤」의 낱말은 15, 16세기 문헌에는 보이지 않고 17세기 초엽 문헌부터 나타난다.

(4) 의미 변화

어휘는 어형태(語形態)에 변화를 일으킬 뿐 아니라 의미(意味)에 있어서도 시대가 바뀜에 따라 다소 변화를 일으키는데, 의미 변화의 양상은 전의(轉意)・축소・확대・분화(分化) 등 다양하다. 그런 어휘들을 살펴보면 다음과 같다.

① 통시적인 흐름에 따라 다른 의미로 바뀌는 전의의 보기
「감토」(감투)
  감토 모(帽)(훈몽자회 중 : 22)
  옷 고의 감토 훠둘ᄒ란(박통사언해 상 : 52)

감토 모(帽)(유합상 : 31)
감토[小帽子](역어유해상 : 43)
감토[帽子](동문유해상 : 55)
모즌논 감토ㅣ니(가례언해 1 : 27)

이 「감토」[帽]는 중세국어나 근대국어에서는 「모자」 또는 「작은 모자」라는 뜻만을 가졌으나, 현대말에서는 당초의 원 뜻은 사라지고 「벼슬」이나 「벼슬자리」 또는 「명목(名目)」 따위 뜻을 놀림조로 이르는 말의 뜻으로 바뀌었다.

「겨레」[族]
오란 겨레들히(소학언해 6 : 75)
우리집이 본디 가난혼 겨레라(소학언해 6 : 132)
다론 겨레에 도라 보낼거시라(동국신속삼강행실도 열 1 : 2)
겨레 권당으로서 통간ᄒᆞ면(경민편언해 22)

이 낱말 「겨레」는 중세국어나 근대국어에서는 「친족(親族), 종친(宗親)」의 뜻이었다가 「동포」란 뜻이 보태졌는데, 현대말에는 「같은 동포」나 「민족(民族)」이란 뜻으로만 쓰인다.

「ᄉᆞ랑」[思, 생각, 愛, 寵]
酒終내 赤心이시니 뉘 아니 ᄉᆞ랑ᄒᆞᅀᆞᄫᆞ리[孰不思懷]
(용비어천가 78장)
머리 갓고 묏고래 이셔 道理 ᄉᆞ랑ᄒᆞ더니(석보상절 6 : 12)
내 쏘 ᄉᆞ랑ᄒᆞ요니[我又思惟](능엄경언해 2 : 52)
어버ᅀᅵ 子息 ᄉᆞ랑호문 아니한 ᄉᆞᅀᅵ어니와(석보상절 6 : 3)
ᄉᆞ랑ᄒᆞ며 恭敬ᄒᆞᇙ 相[愛敬相](능엄경언해 6 : 33)
오직 내 지조ᄅᆞᆯ ᄉᆞ랑ᄒᆞ놋다[只愛才](두시언해 7 : 34)

사랑홀 통[寵](훈몽자회 하 : 33)
ᄉᆞ랑 ᄋᆡ[愛](유합하 : 3)

이 낱말 「ᄉᆞ랑」, 「ᄉᆞ랑ᄒᆞ다」는 원래 「생각」, 「생각하다」[思]라는 뜻의 낱말이었는데, 중세 문헌에는 「생각, 생각하다」와 함께 「사랑, 사랑하다」[愛, 寵]의 뜻을 보인다. 더불어 「싱각, 싱각ᄒᆞ다」[思](금강경삼가해 2 : 2, 능엄경언해 7 : 46)도 함께 존재하고 있어, 「ᄉᆞ랑, ᄉᆞ랑ᄒᆞ다」가 「사랑, 사랑하다」의 뜻으로만 쓰일 방향이 마련되어 있다.

「얼굴」[形體, 狀]
얼구를 밍ᄀᆞ라 모딘 呪術로 빌며(석보상절 9 : 17)
얼구를 니저 버들 向ᄒᆞ놋다[忘形向友朋](두시언해 8 : 9)
얼굴 형[形](훈몽자회 상 : 24)
얼굴 장[狀](훈몽자회 상 : 35)

이 낱말 「얼굴」은 「형체」라는 뜻이었으나, 근대국어 이후 「낯」[容顔]이라는 뜻으로 바뀌었다[얼굴[容顔](동문유해 상 : 18)].

「즛」[모양, 容, 貌]
種種 다론 즈싀 즈믄 머리 므의여보며(월인석보 10 : 97)
즈싀 업스면[無態](남명집언해 하 : 74)
즛 용[容](훈몽자회 상 : 24)
즛 모[貌](훈몽자회 상 : 24)

이 낱말 「즛」은 중세국어의 「용모」라는 뜻이었으나, 근대 국어 이후에 「짓」, 곧 「행동」으로 바뀌었다.

「어엿브다, 어엿비」(불쌍하다, 불쌍히)
어엿븐 사ᄅᆞ믈 쥐주어(석보상절 6 : 13)

如來 닐오디 어엿브니라 ᄒᆞ느니[哀憐](능엄경언해 9 : 38)
아비 너교디 이 아ᄃᆞ리 어엿브다(월인석보 17 : 20)
어엿블 휼[恤](훈몽자회 하 : 32)
내 百姓 어엿비 너기샤[我愛我民](용비어천가 50장)
憫然은 어엿비 너기실씨라(훈민정음 언해)

이 낱말 「어엿브다, 어엿비」는 본디 「불쌍하다, 불쌍히」의 뜻을 가졌었으나, 현대말에서는 「예쁘다」[美]의 뜻을 가지게 되었다.

「어리다」[愚]

愚는 어릴씨라(훈민정음 언해)
긔 아니 어리시니[不其爲癡](용비어천가 39장)
내 ᄒᆞᆫ ᄯᆞᄅᆞᆯ 뒤쇼디 져머 어리오(석보상절 11 : 28)
어릴 우[愚](훈몽자회 하 : 30)

이 낱말 「어리다」는 「어리석다」, 「혼미(昏迷)하다」의 뜻을 가졌던 것이 오늘날은 「몇 살 안 되어 나이가 적다」는 「유(幼)」의 뜻으로 바뀌었다.

② 어휘의 의미가 축소되는 경우의 보기

「며주」[醬麴, 간장과 메주]

며주[醬麴](훈몽자회 중 : 21)

이 낱말 「며주」는 「간장・메주」를 모두 가리키다가 근대국어 이후에 「장(醬)」과 「메주[며조, 豉]」(여사서언해 3 : 22)로 나뉘어졌다.

「빈혀」

빈혀를 바사[脫簪](두시언해 15 : 4)
빈혓 구무 마가(구급방언해 상 : 66)

금 빈혀 ᄒᆞ나콰(박통사언해 상 : 20)

이 낱말 「빈혀」[簪, 비녀]는 본디 머리가 풀어지지 않게 남녀의 머리를 쪽지어 꽂는 것을 가리키는 것이었는데, 이것이 근대 국어 이후에 와서는 여자가 사용하는 것에만 국한되었다.

「뫼」(진지)
  文王이 두번 뫼 자시며[文王再飯](소학언해 4 : 14)
  ᄒᆞᆫ 번 뫼 자셔든[一飯](소학언해 4 : 12)

이 「뫼」도 본디 높은 어른의 끼니 음식인 「진지」를 가리키던 것인데, 현대말에서는 제사 때 신위(神位) 앞에 올리는 「밥(메)」에만 국한되었다.

③ 의미가 확대된 어휘의 보기

「오랑캐」[兀良哈]
  兀良哈 오랑캐 兀狄哈 우디거(용비어천가 제1권 제7장)

「오랑캐」란 본디 고려 말 조선 초에 지금 만주 지방에 살고 있던 여진족(女眞族)의 한 부족 이름이었는데, 의미가 확대되어 지금은 야만적인 미개한 종족이란 뜻으로, 멸시하여 「야만적 이민족」을 가리킨다.

④ 의미의 분화(分化)를 일으킨 어휘의 보기

「졈다(젊다)」
  羅雲이 져머 노ᄅᆞᆺ술 즐겨(석보상절 6 : 10)
  나 져믄 學 잇논 聲聞 ᄯᆞᄅᆞ미리잇고[年少有學聲聞]
              (능엄경언해 4 : 64)
  나히 져무매[年少](두시언해 7 : 31)

져믈 유[幼](훈몬자회 상 : 32)

져믈 티[稚](훈몽자회 상 : 32)

이 낱말 「졈다(젊다)」는 본디 「유(幼)·치(稚)」와 노(老)에 대립되는 「청(靑)·장년(壯年)」까지 포함되었으나, 어의(語意)의 분화를 일으켜 「어리다」가 「유(幼)·치(稚)」의 뜻을 가지고 「졈다(젊다)」는 오늘과 같은 국한된 의미를 가지게 되었다.

「ᄇ라다」(바라다)

길헤 ᄇ라ᅀᆞᆸ니(용비어천가 10장)

셔아 이서 ᄇ라더니(석보상절 11 : 29)

울워러 ᄇ라[仰睎](능엄경언해 1 : 4)

모ᄆᆞᆯ 기우려 ᄇ라고[側望](두시언해 8 : 62)

머리 돌아 ᄇ라오니(두시언해 7 : 10)

이 낱말 「ᄇ라다」는 본래 「망견(望見)」과 「희망(希望)」의 뜻을 가졌었으나, 의미 분화를 일으켜 현대말에서는 「보-」[見]를 붙인 「바라보다」와 「바라다」의 어휘가 되었다.

6. 말본

우리말은 삼국시대부터의 기록만을 가지고 있다. 그러나, 이 시기의 기록은 모두 한자를 빌어서 적었으므로 이 기록을 토대로 하여 기록 당시의 말을 되돌려 찾기란 여간 어려운 일이 아니다.

그러므로, 훈민정음이 창제 반포되기 이전의 어휘나 말본 관계를 모색하기에는 더 많은 어려움이 따를 수 밖에 없다. 다행히 15세기 중엽에 들어 훈민정음이 창제 반포되어 이에 의해 기록된 한글 관계 문헌이 많이 나와 자료가 풍부해지니, 중세국어의 말본 체계를 전체적으로 또 구체적으로 보여 주게 되었다.

우리 학계는 20세기에 들면서 집중적인 현대국어 말본 연구에 이어 중세국어 말본 연구가 이어져 현대국어, 중세국어 말본뿐만 아니라, 아직 연구가 덜 된 중세국어와 현대국어의 중간 단계의 국어인 근대국어 말본 연구와, 중세국어 이전 말본의 역사부터 모든 언어 현상을 체계적으로 고찰하는데 많은 도움을 주고 있다.

이제 여기에서는 말본의 대상인 통어론과 형태론 중에서 통어론의 특색은 현대국어의 말과 다를 바 별로 없으므로 형태론의 문제에 그 범위를 국한하여 베풀기로 한다.

(1) 준굴곡법과 굴곡법

원래 「굴곡법」은 구속형식인 뿌리[語根]에 의지해 있는 가지[씨가지, 語枝, 接辭]와 자립형식인 뿌리에 의지해 있는 가지가 통합되는 방법을 말한다. 이 두 가지의 통합 방법은 꼭 같다고 할 수 없다. 그러므로, 앞의 경우를 「순수한 굴곡법」, 또는 「끝바꿈」[活用]이라 하고, 뒤의 경우를 「준굴곡법」 혹은 「곡용」(曲用, declension)이라 하여 구별한다. 그런데 흔히 「순수한 굴곡법」인 풀이씨[用言]의 끝바꿈을 「굴곡법」(屈曲法)이라고 한다. 따라서 이 두 가지의 「가지」도 그 이름을 구별하여 앞의 것을 「활용의 씨끝」[語尾]이라 하고, 뒤의 것을 「준굴곡의 가지」, 또는 「토씨」[助詞, 걸림씨]라 한다. 씨끝과 토씨를 아울러 부를 때는 「굴곡의 가지」란 말이 쓰인다. 이를테면, 「깊-은」은 뿌리와 씨끝으로 된 최소 자립 형식인데, 이 통합 방법은 「끝바꿈」(활용)이고, 「ᄇᆞᄅᆞᆷ-애」는 뿌리와 토씨로 된 최소 자립 형식인데, 이 통합 방법은

「준굴곡법」(곡용)이다. 다시 말하면 임자씨[體言, 主體詞]에 토씨가 통합되는 방법을 「준굴곡법」이라 한다. 그리고 「준굴곡의 가지」(토씨)는 일반적으로 독립된 낱말로 본다. 이 굴곡법을 하나의 틀로 보이면 다음과 같다.

$$\text{굴곡법} \begin{cases} \text{끝바꿈(활용, 순수한 굴곡법)} \cdots\cdots \text{뿌리} + \text{씨끝} \\ \text{준굴곡법(곡용)} \cdots\cdots\cdots\cdots\cdots \text{뿌리(임자씨)} + \text{토씨} \end{cases}$$

(2) 준굴곡법(임자씨와 토씨)

토씨의 가름도 학자에 따라 다소 다르나 여기에서는 토씨를 자리 토씨[格助詞], 이음 토씨[接續助詞, 연결토씨], 물음 토씨[疑問助詞], 도움 토씨[補助詞], 특수 토씨(일명 부름자리 토씨) 등 다섯으로 나누어 베풀기로 한다.

(2-1) 자리 토씨

임자씨 뒤에 붙어서, 그 임자씨가 월의 짠조각[組成分]으로서의 일정한 자리[地位, 格]를 얻게 하는 토씨가 「자리 토씨」[格助詞]이다.

자리 토씨는 그 잡는 자리의 다름을 따라, ①임자자리 토씨[主格助詞], ②부림자리 토씨[目的格助詞], ③위치자리 토씨[位置格助詞], ④견줌자리 토씨[對比格助詞], ⑤방편자리 토씨[方便格助詞]로 나뉜다[39].

(2-1-1) 임자자리토씨

---

39) 허웅 : ≪우리옛말본≫(샘문화사, 1975. 4. 20), 박종국 : ≪말본사전≫(정음사, 1980. 8. 30)을 참고하여 정리하다.

임자말을 표시해 주는 말본스런 방법을 「임자법」이라 하고, 임자법의 토씨(조사)를 「임자자리 토씨」(주격조사)라 하니, 이에는 「-이/ㅣ」가 있다.

「-이」
  싀미 기픈 므른 (용비어천가 2장)
  내히 이러 (용비어천가 3장)
  海東六龍이 ᄂᆞ르샤 (용비어천가 1장)
  周國大王이 豳谷애 사르샤 (용비어천가 3장)

위의 보기처럼, 중세국어에서는 임자씨가 닿소리로 끝나 있는 말에 연결될 때는 현대말의 경우와 같이 「-이」가 쓰인다. 그러나, 홀소리로 끝나 있는 임자씨에 붙을 때(곧 현대말에 있어서는 「-가」가 연결될 자리)는 이것이 독립된 한 낱내(음절)를 이루지 못하고, 임자씨의 끝 낱내에 「-ㅣ」가 덧붙는다. 그 보기를 보이면 다음과 같다.

  내(나+ㅣ) 가리이다 (용비어천가 94장)
  네(너+ㅣ) 가아 ᄒᆞ리라 (용비어천가 94장)
  부톄(부텨+ㅣ) 도녀 (석보상절 9:1)
  니르고져 홇 배(바+ㅣ) 이셔도 (훈민정음 언해)
  그어긔 쇠(쇼+ㅣ) 하아 쇼로 쳔 사마 훙졍ᄒᆞᄂᆞ니라
                                (월인석보 1:24)
  우리 始祖ㅣ(시죄) 慶興에 사르샤 (용비어천가 3장)
  셩쥐(셩쥬+ㅣ)…하ᄂᆞᆯ ᄀᆞᄐᆞ샤 (박통사언해 상:1)
  天下ㅣ 道ㅣ 이시면 (논어언해 1:24)

그리고 임자씨의 끝소리(끝)가 「-이」(i)나, 「-ㅣ」(j)일 때는 임자자리 토씨는 드러나지 않는다. 그 보기를 보이면 다음과 같다.

엄니 히오 (월인석보 2 : 41)
빈 업거늘 (용비어천가 20장)
불휘 기픈 남ᄀᆞᆫ (용비어천가 2장)
쇠 하건마ᄅᆞᆫ (용비어천가 90장)
우리 어버ᅀᅵ 나를 ᄒᆞ야비호라 ᄒᆞ시ᄂᆞ다 (노걸대언해 상 : 6)

그러나, 이 경우에도 그 임자말임을 강조하기 위하여 「-ㅣ」를 드러내는 일이 있으니, 그 보기를 보이면 다음과 같다.

是ㅣ 物이라 (능엄경언해 2 : 34)
理ㅣ 붉고 (육조법보단경언해 서 : 6)
時ㅣ 아니어든 (논어언해 2 : 56)
仲尼ㅣ 엇디 (논어언해 4 : 65)

(2-1-2) 부림자리 토씨

부림말을 표시해 주는 말본스런 방법을 「부림법」이라 하고, 부림법의 토씨를 「부림자리 토씨」(목적격조사)라 하는데, 이에는 홀소리 뒤에 쓰이는 「-ㄹ, -롤, -를」과, 닿소리 뒤에 쓰이는 「-ᄋᆞᆯ, -을」이 있다. 그리고 「-롤」과 「-를」, 「-ᄋᆞᆯ」과 「-을」은 홀소리어울림[母音調和]에 의해 선택되나, 「-롤/-를」과 「-ㄹ」과의 선택 조건은 분명하지 않고, 임의로 변동되었던 듯하다.

「-ㄹ」

ᄇᆞ야미 가칠 므러 (용비어천가 7장)
獨夫受ㄹ 셤기시니 (용비어천가 11장)
소릴 내야 (월인석보 2 : 75)
그르멜 비취샤 (월인석보 7 : 27)

날 주더라 (박통사언해 상 : 3)

「-롤」
　　天下롤 맛드시릴씨 (용비어천가 6장)
　　여슷 히롤 苦行ᄒ샤 (석보상절 6 : 4)

「-를」
　　我后를 기드리ᅀᆞᄫᅡ (용비어천가 10장)
　　聖武를 뵈요리라 (용비어천가 46장)
　　셜흔 여슷 디위를 오ᄅᆞᄂᆞ리시니 (월인석보 1 : 20)

「-ᄋᆞᆯ」
　　나라ᄒᆞᆯ 맛드시릴씨 (용비어천가 6장)
　　聖孫ᄋᆞᆯ 내시니이다 (용비어천가 8장)
　　아ᄎᆞᄆᆞᆯ 앗기노라 (두시언해 20 : 30)

「-을」
　　그를 므러 (용비어천가 7장)
　　天命을 모ᄅᆞ실씨 (용비어천가 13장)
　　닐굽 거르믈 거르샤 (석보상절 6 : 17)
　　됴ᄒᆞᆫ 시져를 맛나니 (박통사언해 상 : 1)

　홀소리어울림은 15세기에도 그리 엄격하게 지켜지지 않았는데, 16세기에는 그 혼란이 더하다.

(2-1-3) 위치자리 토씨

　위치말을 표시해 주는 말본스런 방법을 「위치법」이라 하고, 위치법을 나타내는 토씨를 「위치자리 토씨」(위치격조사)라 하는데, 이에는 「-애/에」, 「-예」, 「-이/의」, 「-끠」, 「-께」, 「-(을)드려」, 「-희」 들이 있다.

「-애/에/예」

홀소리어울림이 그리 엄격하지 않으나, 「-애/에」는 그 지배를 받으며, 「-예」는 임자씨의 끝소리가 「이(i), ㅣ(j)」인 경우에 나타난다.

「-애」
  바르래 가느니 (용비어천가 2장)
  象頭山애 가샤 (석보상절 6 : 1)
  고해 내 마톰 (석보상절 13 : 38)
  내 그 마스래 가 (박통사언해 상 : 3)

「-에」
  慶興에 사르샤 (용비어천가 3장)
  길헤 브라슨봉니 (용비어천가 10장)
  누네 빗 봄 (석보상절 13 : 38)

「-예」
  狄人ㅅ 서리예 가샤 (용비어천가 4장)
  놀애예 일훔 미드며 (용비어천가 16장)
  月食홀 모디예…나니라 (월인석보 2 : 2)

「-이/의」

15세기에 있어서는 위치말은 대개 「-애/에」로 나타내고, 특별한 경우에는 「-이/의」로 나타내는 일이 있었는데, 16세기에 있어서는 「-이/의」가 위치자리 토씨로서 그 쓰임이 우세해진다.

「-이」
　　　나죄 도ᄃ니 (용비어천가 101장)
　　　나조희 닉고 (월인석보 1 : 45)
　　　둘 초ᄒᆞ릭…됴회ᄒᆞ더시다 (소학언해 2 : 42)
「-의」
　　　믈 우희 니ᅀᅥ 티시나 (용비어천가 44장)
　　　굼긔 드러 이셔 (석보상절 13 : 10)
　　　겨틔 셔셔 (묘법연화경언해 2 : 191)
　　　알ᄑᆡ 나ᅀᅡ오라 ᄒᆞ야 (박통사언해 상 : 6)

「-끠」, 「-께」
「-끠」는 15세기부터 16세기까지 변함없이 쓰이었고, 「-께」는 15세기에는 보이지 않던 말로서, 16세기 문헌에 드물게 쓰였다. 그리고 이 토씨들은 높임(존경)을 나타낸다.

「-끠」
　　　부톄 文殊師利끠 니ᄅᆞ샤ᄃᆡ (석보상절 9 : 2)
　　　世尊끠 請ᄒᆞᅀᆞ오ᄃᆡ (월인석보 7 : 48-9)
　　　스승님끠 읍ᄒᆞ고 (박통사언해 상 : 49)
「-께」
　　　어미 주글제 그딋게 부촉ᄒᆞ야 (이륜행실도 14)

「-(을)ᄃᆞ려」
　　　世尊이 ᄯᅩ 文殊師利ᄃᆞ려 니ᄅᆞ샤ᄃᆡ (월인석보 21 : 48)
　　　눕ᄃᆞ려 불어 닐어 (석보상절 9 : 21)
　　　내 너ᄃᆞ려 ᄀᆞᄅᆞ쵸마 (박통사언해 상 10)
　　　날ᄃᆞ려 비러눌 (박통사언해 상 34)

「-희」

「-희」는 15세기에 아주 드물게 쓰이더니, 16세기 문헌에는 보이지 않는다.

　　부톄 이에 와 滅度ㅎ실쑨뎡 우리희도 스승니미실씨

　　　　　　　　　　　　　　　　(석보상절 23 : 52)

(2-1-4) 견줌자리 토씨

견줌말(대비어)을 표시하는 말본스런 방법을 「견줌법」이라 하고, 견줌법을 나타내어 주는 토씨를 「견줌자리 토씨」[對比格助詞, 比較格助詞]라 하는데, 이에는 「-과/와」, 「-과로/와로」, 「-두고」, 「-으라와」, 「-이라와」, 「-으론」, 「-이」 들이 있다.

「-과/와」

「-과」

　　길 넗 사룸과 ᄀᆞ티 너기시니 (석보상절 6 : 5)

　　微塵과 곧ᄒᆞ야 (능엄경언해 5 : 68)

「-와」

　　西方極樂世界와 곧ᄒᆞ야 (석보상절 9 : 11)

　　늦 양ᄌᆞ는 아ᄒᆡᆺ 時節와 엇더뇨 (능엄경언해 2 : 5)

　　눌와 보리오 (두시언해 6 : 15)

　　날와 ᄒᆞᆫ디 일ᄒᆞ연디 오라니 (번역소학 9 : 23)

「-과~-와」의 변동은 현대말과 비슷하나, 다만 「ㄹ」 밑에서도 「-와」로 변동하는 점이 다르다. 곧 「ㄹ」과 홀소리 밑에서 「ㄱ」이 없어진다. 이 토씨의 ㄱ-없애기 규칙은 16세기 초기까지 잘 지켜져 있으나, 16세기 후기에 이르면 이 변동 규칙의 내용이 현대말과 같아지는 경향을 나타내게 된다. 그 보기를 보이면 다음과 같다.

   솔<u>과</u> (소학언해 6 : 68)
   술<u>과</u> (소학언해 5 : 50)

「-과로/와로」
「-과로」
   사롬<u>과로</u> 혼쁴 살며 쏘 혼쁴 주그리라 (두시언해 16 : 42)
「-와로」
   文字<u>와로</u> 서르 스뭇디 아니홀씨 (훈민정음 언해)

「-두고」;「-두곤, -두군, -도곤」
 이 토씨는「두-」에서 파생된 것이다. 그리하여 15세기에는「-두고」뿐이었으나, 16세기에는 토씨「-은」이 녹아 붙어「-두곤」,「-두군」이 쓰이게 되고 나아가서는「-도곤」이 쓰이게 되는데, 이렇게 되면「두-」와의 인연이 완전히 끊어지게 된다.

「-두고」
   웃사롬<u>두고</u> 더은양 ᄒᆞ야 (석보상절 9 : 14)
   受苦ᄅᆞ뷔요미 <u>地獄</u>두고 더으니 (월인석보 1 : 21)
   光明이 <u>ᄒᆡ둘</u>두고 더으니 (월인석보 1 : 26)
   힌요미 <u>서리</u>두고 더으니[白勝霜] (금강경삼가해 2 : 61)

「-두곤」
   <u>놉</u>두곤 더으니눈[過人者] (번역소학 8 : 37)
   요괴로옴이 <u>物</u>두곤 甚혼 줄을 (소학언해 6 : 117)

「-두군」
   <u>저</u>두군 더으니롤 아쳐러ᄒᆞ고 (번역소학 6 : 18)

「-도곤」
　　　民이 仁에 火水도곤 甚ᄒ니 (논어언해 4 : 13)

「-으라와, -이라와」
이 두 토씨는 15세기에는 다 같이 쓰이다가, 16세기에는 「-으라와」
보다 「-이라와」로 기울어진다.

「-으라와」
　　　貪欲앳 브리 이 블라와 더으니라 (월인석보 10 : 14)
　　　그 뫼히…ᄇᆞᄅᆞᄆᆞ라와 ᄲᅡᆯ리 古仙山애 가니라 (월인석보 7 : 32)
　　　븘비ᄎᆞ로 莊嚴ᄒ미 日月라와 느러 (석보상절 9 : 4)

「-이라와」
　　　健壯ᄒᆞᆫ 男兒ㅣ 서근 션ᄇᆡ라와 느도다[健兒勝腐儒]
　　　　　　　　　　　　　　　　　　　　(두시언해 6 : 40)
　　　다ᄅᆞᆫ ᄀᆞ올히 녯 ᄀᆞ올히라와 됴토다 (두시언해 8 : 35)

「-으론」
　　　스믈힌 時節에 열힌제론 衰ᄒ며[二十之時에 衰於十歲ᄒ며]
　　　　　　　　　　　　　　　　　　　　(능엄경언해 2 : 8)
　　　各別히 勞力ᄒᆞᄆᆞ론 더으니라[由勝別勞力]
　　　　　　　　　　　　　　　　　　　　(금강경삼가해 4 : 30)

「-이」
　　　ᄃᆞ리 즈믄 ᄀᆞᄅᆞ매 비취요미 곧ᄒᆞ니라 (월인석보 1 : 1)
　　　出家ᄒᆞᆫ 사ᄅᆞ먼 쇼히 곧디 아니ᄒ니 (석보상절 6 : 22)
　　　執杖釋의 ᄯᆞ리 金像이 곧ᄒᆞ샤 (월인천강지곡 상, 기 37)
　　　仁ᄋᆞᆫ 우희 仁者ㅣ라 호미 ᄒᆞᆫ가지니 (석보상절 13 : 25)

이 토씨「-이」는「곧-, 흔가지-」위에서 견줌을 나타낸다.

(2-1-5) 방편자리 토씨

방편말을 표시하는 말본스런 방법을「방편법」이라 하고, 방편법을 표시해 주는 토씨를「방편자리 토씨」(방편격조사)라 하는데, 이에는 「-으로」,「-오로」들이 있다.

「-으로」
      짜히 열 여듧 相으로 뮈며 (월인석보 2 : 13)
      右脇으로 드르시니 (월인석보 2 : 17)
      七寶로 꾸미고 (월인석보 2 : 27)
      므슴 연고로 아니 온다 (박통사언해 상 : 66)

「-오로」
      부디어나 손토보뢰어나 佛像을 그리숩더니도
                                    (석보상절 13 : 52)
      흔녀고론 깃그시고 (월인석보 2 : 43)
      사르모로 흐야 (노걸대언해 하 : 31)
      구읫자호로논 스므 여듧 자히오 (노걸대언해 하 : 28)

(2-2) 이음 토씨

말과 말의 관계를 맺어 주기는 하나, 그 말의 월 조각[文成分]으로서의 일정한 자리[格]를 표시해 주는 일이 없이, 단순히 같은 기능을 가진 두 말을 연결해 주기만 하는 말본스런 방법을「연결법」이라 하고, 연결법을 나타내어 주는 토씨를「이음 토씨」(연결토씨, 접속조사)

라 한다. 이음 토씨에는 낱말과 낱말을 연결해 주는 「낱말 이음 토씨」 [單語接續助詞]와 월이나 마디를 서로 연결해 주는 「마디 이음 토씨」 (마디연결토씨)가 있다. 「마디 이음 토씨」는 「월 이음 토씨」[文接續助詞]라고도 한다.

(2-2-1) 낱말이음토씨

낱말을 이어 주는 토씨는 「-과/와」, 「-ᄒ고」, 「-이며」, 「-(이)여」, 「-의/-이」, 「-ㅣ」, 「-ㅣ의」 들이 있다.

「-과/와」

「ㄹ」과 홀소리 밑에서 「ㄱ」이 없어진다. 두 말을 같은 월 조각[文成分]으로 묶어 준다. 따라서 이 토씨로서 묶인 말들은 여러 가지 조각이 될 수 있다. 이것이 견줌자리 토씨(비교격조사)의 「-과/와」와 다른 점이다. 그리고 이 토씨는 두 말에 다 붙어서 되풀이되는 것이 보통이나, 반드시 그런 것은 아니다.

「-과…과」

입시울와 혀와 엄과 니왜 다 됴ᄒ며 (석보상절 19 : 7)

저와 눕과롤 어즈려 (석보상절 9 : 16)

깁과 소옴과로 褥 밍ᄀᆞ오 (묘법연화경언해 2 : 140)

「-과…」; 15세기 문헌에도 끝의 「-과」를 빠뜨리는 말씨가 더러 보인다.

뫼콰 ᄀᆞᄅᆞ매 사ᄒᆞ맷 吹角ㅅ 소리 슬프도다 (두시언해 8 : 47)

사롬과 소닉 姓을 무러 알며 (두시언해 8 : 47)

그런데 16세기부터는 끝의 「-과」를 빠뜨리는 말씨가 차차 더 많이 나타나게 된다.

  안호론 어딘 <u>아비와</u> <u>형과</u> 업스며 밧고론 싁싁훈 <u>스승과</u> <u>벋이</u>
업고 (번역소학 9 : 5)
  <u>술와</u> <u>사발</u> 다 잇다 (노걸대언해 상 : 57)

 그리고 「ㄹ」 밑에서도 「ㄱ」이 업서지지 않는 것은 「견줌자리 토씨」의 「-과」와 같이 16세기 후기에 이르면 이 변동 규칙의 내용이 현대말과 같아지는 경향을 나타내게 되기 때문이다. 그 보기를 보이면 다음과 같다.

  <u>술과</u> 즉빅 (소학언해 6 : 68)
  <u>술과</u> 차반 (소학언해 5 : 50)

「-ᄒ고」
 이 토씨는 덧보태는 뜻을 나타내면서 두 말을 한 조각(성분)으로 묶어준다.

  夫人도 목수미 열둘ᄒ고 닐웨 기터 겨샷다 (월인석보 2 : 13)
  하ᄂᆞᆳ 둘에 三百六十度ᄒ고 쏘 度를 네헤 ᄂᆞ호아 ᄒᆞ나히니
            (능엄경언해 16 : 7)

 이 15세기 이음 토씨 「-ᄒ고」 대신 16세기에는 「-ᄒ며」가 나타난다. 그 보기를 보이면 다음과 같다.

  제 <u>아ᅀᆞᄒ며</u> 누의를 (번역소학 9 : 36)

「-이며」
 이 토씨는 벌여 놓는 뜻을 나타내면서 두 말을 묶어 준다.

「-이며…-이며」

草木이며 벌에며 불밝 주길까 ㅎ논 쁘디라 (석보상절 11 : 1)

「-이며…」

죠이며 臣下ㅣ…百姓이 만ㅎ며 (월인석보 13 : 7-8)

「-(이)여」

이 토씨는 벌여 놓는 뜻을 나타내는데, 15세기에는 「-이여」와 그 줄임꼴인 「-여」가 쓰이다가, 16세기에는 그 줄임꼴 만이 보이고, 그리고 「-야」가 등장한다.

「-이여…-이여」

닐굽 히 도ᄃ면 뫼히여 돌히여 다 노가디여 (월인석보 1 : 48)

善容이…沙門이 ᄃ외야 나지여 바미여 修行ᄒ야

(석보상절 24 : 30)

「-여…-여」

내 이제 나져 바며 시름ᄒ노니 (두시언해 8 : 29)

나져 바며 겨를 업시ᄒ야 (내훈 3 : 6)

「-야…-야」

나쟈 바먀 셔긔 나ᄂ니 (박통사언해 상 : 68)

밤야 나쟈 조디 아니ᄒ며 (번역소학 9 : 73)

「-의/이」

大衆의 거긔 (석보상절 19 : 8)

부듸 양ᄌ (두시언해 8 : 25)

죵이 서리예 (두시언해 25 : 7)

사ᄅᆞ믜 집, 사ᄅᆞ믜 글월 (번역소학 8 : 22)

옛 사ᄅᆞ미 지븨 (박통사언해 상 : 11)

「- ㅣ」

이 토씨「- ㅣ」는 「-의」와 같은 매김 토씨(관형격조사)이다.

　　　臣下ㅣ 말 (용비어천가 98장)

　　　쇼ㅣ 머리 (월인석보 1 : 27)

　　　내 모미 (월인석보 8 : 98)

　　　네 말 ᄀᆞ트니라 (석보상절 9 : 22)

이 토씨「- ㅣ」는 모두 홀소리 밑에 연결된다.

「- ㅣ의」

이 토씨는 위의 두 토씨인「- ㅣ」와 「-의」가 겹쳐진 것이다.

　　　내의 眞性 (능엄경언해 2 : 35)

　　　네의 스승 (두시언해 16 : 13)

　　　내의 平生 ᄠᅳ든 (번역소학 10 : 20)

(2-2-2) 마디이음 토씨

이 토씨는「월 이음 토씨」라고도 하는데, 마디를 이어주는 토씨는「-마ᄅᆞᆫ, -마ᄂᆞᆫ」,「-컨마ᄅᆞᆫ」들이 있다.

「-마ᄅᆞᆫ, -마ᄂᆞᆫ」

이 토씨는 뒤집는 뜻을 나타내면서 마디를 이어준다.

「-마ᄅᆞᆫ」

　　　그ᅴ내 ᄌᆞ비ᅀᅡ 오도다마ᄅᆞᆫ 舍利ᅀᅡ 몯 어드리라

　　　　　　　　　　　　　　　　　　　　(석보상절 23 : 53)

　　　ᄒᆞ고져 ᄒᆞ면 므스거슬 일우디 몯ᄒᆞ리오마ᄅᆞᆫ…(번역소학 8 : 20)

「-마ᄂᆞᆫ」

　　　므스글 求ᄒᆞ야 몯 得하며 므스글 ᄒᆞ고져 ᄒᆞ야 몯 일우리오마

  론 後主 뫼셔 닐오디 = 何求不得이며 何欲不遂ㅣ리오마는 乃
  與後 主로 言호디 (내훈 3 : 55-7)
   엇디 사룸이사 업스리오마는 이제 누의 나히 늙고 나도 늙그니
                (번역소학 9 : 79)

 이 토씨「-마론」과「-마는」은 15세기 말에서부터 16세기 초까지
는 어느 정도 섞여 쓰이다가 16세기에는「-마는」으로 고정되었다.

「-컨마론」
이 토씨는 15세기 문헌에서만 보이다.
   定이라 니르고져 ᄒᆞ나컨마론 비취요미 어즐티 아니ᄒᆞ고 慧라
   니르고져 ᄒᆞ나컨마론 괴외ᄒᆞ야 뮈디 아니ᄒᆞ니
            (남명집언해 상 : 45)
   비록 그러나컨마론 눈알피어니 엇데ᄒᆞ료
           (금강경삼가해 2 : 62-3)
이「-컨마론」은「군더더기」이다.

(2-3) 물음 토씨

 의문의 뜻을 나타내면서 월을 끝맺는 말본스런 방법을「물음법」이
라 하고, 물음법을 나타내는 토씨를「물음 토씨」(의문조사)라 한다. 물
음을 나타내는 토씨에는「-고」와「-가」의 두 가지가 있는데,「-고」
는 한 월 안에 물음말이 있을 때 쓰이고,「-가」는 그렇지 않을 때 쓰
인다.

 (2-3-1) 고-물음토씨

 물음말을 포함한 물음법을「고-물음법」이라 하고, 그것을 나타내는

토씨를 「고-물음토씨」라 한다.

　「-고/오」, 「-구」
　홀소리와 「ㄹ」 밑에서, 원칙적으로 「ㄱ」이 탈락하나(곧 「-오」로 변이됨), 이 경우에 「-고」를 그대로 쓰는 일도 있다.

　「-고/오」
　　　얻논 藥이 므스 것고 (월인석보 21 : 215)
　　　이 엇던 光明고 (월인석보 10 : 7)
　　　이 엇던 사롬고 (묘법연화경언해 2 : 28)
　　　그디 子息 업더니 므슷 罪오 (월인석보 1 : 7)
　　　사호매 서르 맛나몬 쏘 어느 날오[ㅂ] (두시언해 21 : 16)
　　　네 이 심이 몃 근 므긔오 (노걸대언해 하 : 57)
　　　이 형님 므슴 말오 (노걸대언해 상 : 18)

　홀소리 다음에서 「ㄱ」이 유지되는 일이 있는데, 이것은 홀소리부딪음을 막기 위해서다. 그 보기를 보이면 다음과 같다.
　　　부톄 누고 (월인석보 21 : 195)
　　　이 므스고 (금강경삼가해 2 : 41)
　　　이 버든 누고 (노걸대언해 하 : 6)

　「ㄹ」 밑에서 「ㄱ」이 탈락하지 않는 것은 16세기 후기에 일어난 현상이다. 그 보기를 보이면 다음과 같다.
　　　호ᄉᆞ는 므스 일고 (순천김씨묘 출토 간찰 80)

　「-구」
　이 토씨는 앞의 「-고/오」 토씨의 문체적 변이(말의 본뜻은 같으나, 말씨가 다소 다른 경우에 교체되는 말)이다. 그런데 이는 15세기에만 드물게 보이고, 16세기 문헌에는 보이지 않는다.

   ᄂᆞ먼 누구 = 他논 是阿誰오 (몽산화상법어약록 20)

(2-3-2) 가-물음토씨

 물음말을 포함하지 않은 물음법을 「가-물음법」이라 하고, 그것을 나타내는 토씨를 「가-물음토씨」라 한다.

「-가/아」

 홀소리와 「ㄹ」 밑에서는, 원칙적으로 「ㄱ」이 탈락하나(곧 「-아」로 변이됨), 이 경우에 「ㄱ」이 그대로 유지되는 일도 있다.

   이 ᄯᆞ리 너희 죵가 (월인석보 8 : 94)
   呪術 힘가 龍鬼神가 (월인석보 10 : 29)
   이ᄂᆞᆫ 賞가 罰아 (몽산화상법어약록 53)
   ᄒᆞ몰며…天下ᄅᆞᆯ 正ᄒᆞᄂᆞᆫ 者아 (맹자언해 9 : 32)

 홀소리 아래에서 「ㄱ」 없어지지 않는 경향이 16세기에는 강하게 나타나는 것 같다. 그 보기를 보이면 다음과 같다.

   이젯 그리미 아니 이가 = 今之畵無乃是 (두시언해 16 : 40)
   네 이 ᄆᆞ리 ᄒᆞᆫ 님자가 각각치가 (노걸대언해 하 : 15)
   숟간나희가 니믈리기가 (박통사언해 상 : 45)

(2-4) 도움토씨

 월 조각(성분) 사이의 관계를 표시하지 않고, 월의 뜻을 정밀히 표현해 주는 토씨인데, 이 토씨는 그 수가 매우 많으므로, 그 중요한 것만 몇 가지 보이기로 한다.

「-는/는/온/은/ㄴ」
이 토씨는 현대말의 「-는/은」과 같이, 대조의 뜻을 나타낸다.
「-는/는」
  나는 어버싀 여희오 (석보상절 6 : 5)
  星宿는 벼리라 (석보상절 9 : 33)
「-온/은」
  불휘 기픈 남ᄀᆞᆫ…곶 됴코 여름 하ᄂᆞ니 (용비어천가 2장)
  命終은 목숨 ᄆᆞ출씨라 (석보상절 6 : 3)
「-ㄴ」
  長生인 不肖ᄒᆞᆯ씨 (월인석보 1 : 41)
  우린 ᄃᆞ로니 (월인석보 2 : 69)
  모미 겨ᅀᅳ렌 덥고 녀르멘 추고 (월인석보 1 : 26)

「-도」
이 토씨는 이것과 저것이 한가지임을 나타낸다.
  ᄒᆞ마 色도 空도 아니라 (능엄경언해 2 : 25)
  四衆을 머리서 보고도 ᄯᅩ 부러 가 절ᄒᆞ고 (석보상절 19 : 30)

「-으란」
이 토씨는 「-는」과 같이, 대조나 말거리를 나타낸다.
  ᄌᆞ걋 오ᄉᆞ란 밧고 (월인석보 1 : 5)
  됴ᄒᆞᆫ 고ᄌᆞ란 ᄑᆞ디 말오 (월인석보 1 : 9)
「마다」
  사ᄅᆞᆷ마다 수비 아라 = 人人易曉 (석보상절 서 : 6)
  人人온 사ᄅᆞᆷ마대라 (석보상절 서 : 6)

「-사」

이 토씨는 강조의 뜻을 나타낸다.

　　이 각시사 내 얼니논 무슴매 맛도다 (석보상절 6 : 14)

　　의제사…알와라 (이륜행실도 11)

「-곳/옷」

이 토씨는 국한 강세의 뜻을 나타내는데, 홀소리와 「ㄹ」밑에서 「ㄱ」이 없어진다.

　　生곳 이시면 (월인석보 2 : 22)

　　부텨옷 드외시면 (석보상절 9 : 3)

　　아둘옷 나거든 (월인석보 8 : 83)

「-뭇, -붓, -봇」

이 토씨들은 모두 강세의 뜻을 나타낸다.

「-뭇」

　　꿈뭇 아니면 어느 길헤 다시 보수봉리 (월인석보 8 : 82)

「-붓」

　　꿈붓 아니면 서르 보수봃 길히 업건마론 (월인석보 8 : 95)

「-봇」

　　ᄒᆞ다가 무슨맷 벗봇 아니면 = 若非志朋

　　　　　　　　　　　　　　　(선종영가집언해 하 : 128)

「-곰/옴」

이 토씨는 「씩」의 뜻을 나타내며, 홀소리와 「ㄹ」밑에서는 「ㄱ」이 없어진다.

　　銀돈 ᄒᆞ낟곰 받ᄌᆞᄫᆞ니라 (월인석보 1 : 9)

훈 나라해 훈 須彌山곰 이쇼디 (월인석보 1 : 22)
둘마다 훈 사롬곰 돌여 딕월을 사모디 (여씨향약 2)
三世 各各 流호야 十世옴 드외면 三十世 일오
(석보상절 19 : 12)
八千里象온 ᄒᆞᄅᆞ 八千里옴 녀는 象이라 (월인석보 7 : 52)
그듸내 各各 혼 아둘옴 내야 (석보상절 6 : 9)

다음은 홀소리 밑에서 「ㄱ」이 유지된 보기다.
이 다숫 됴흔 물와 열 사오나온 물게 네 언메나곰 혜ᄂᆞ다
(노걸대언해 하 : 11)

「-셔」
이 토씨는 자리를 나타내는 말에 붙어서, 위치, 출발, 비교의 뜻을 나타낸다.

東녁 ᄀᆞ올셔 時로 ᄇᆞᄅᆞ매 글 스고 = 東郡時題壁
(두시언해 20 : 7)
그에셔 사니 (월인석보 2 : 7)
孤는 져머셔 어버ᅀᅵ 업슨 사ᄅᆞ미오 (석보상절 6 : 13)
金剛온 쇠예셔 난 묏 구든 거시니 (월인석보 2 : 28)

(2-5) 특수토씨(부름자리토씨)

「부름 토씨」를 「자리 토씨」에 넣어 「부름 자리 토씨」(호격조사)라 하여 다루기도 하나, 여기서는 특수 토씨로 처리한다.

「-아」
이 토씨는 15, 16세기를 통해서 홀소리·닿소리 다음에 두루 쓰인다.

大德아 아뫼나 病혼 사ᄅᆞ미 (석보상절 9 : 32)
　　　善男子아 네… (월인석보 8 : 57)
　　　이 버다 네 사흐논 디피 너므 굵다 (노걸대언해 상 : 19)
　　　내 알와라 小子아 (논어언해 2 : 29)

「-야」
「-아」는 홀소리 밑에나 닿소리 밑에나 두루 붙음이 특색인데, 홀소리 밑에는 「-야」가 쓰이는 일도 있다.
「-야」
　　　長者야 네 이제 (월인석보 21 : 107)
　　　得大勢야 (월인석보 17 : 79)

「-야」가 쓰일 자리에 「-여」가 나타나는데, 이것은 「-야」보다 점잖은 말씨였을 것으로 추측된다.
「-여」
　　　됴타 文殊師利여 네 大悲로 니ᄅᆞ고라 (월인석보 9 : 9)
　　　究羅帝여 네 命終ᄒᆞ다 (월인석보 9 : 36)

「-하」
높임(존경)을 나타낼 때는 「-하」를 쓴다.
　　　님금하 아ᄅᆞ쇼셔 (용비어천가 125장)
　　　世尊하 날 爲ᄒᆞ야 니ᄅᆞ쇼셔 (월인석보 1 : 17)
　　　大王하 아ᄅᆞ쇼셔 (월인석보 7 : 18)

(3) 굴곡법(풀이씨의 끝바꿈)

굴곡법은 앞에서 언급한 바와 같이 흔히 풀이씨(용언)가 말본스런 의의를 나타내기 위해 끝바꿈(활용)하는 현상을 말하는데 씨끝의 분류는 다음의 틀과 같이 한다.

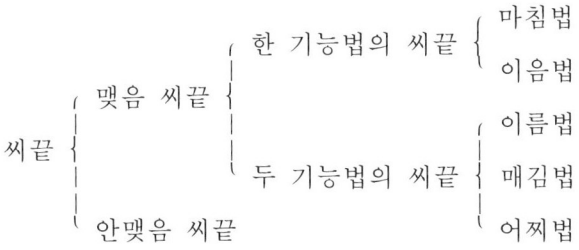

이 틀을 보아 알 수 있음과 같이 맺음씨끝40)은 그 기능으로 보아 크게 두 가지로 나뉘는데, 그 하나는 「한기능법」이고, 하나는 「두기능법」이라 한다. 활용형이 한 가지 기능만을 가지고 있는 것, 이러한 말본 범주는 「한기능법」이라 하고, 활용형이 이중적인 기능을 가지고 있는 것, 이러한 범주를 「두기능법」이라 한다.

「한기능법」에는 두 가지의 하위 범주가 있는데, 하나는 끝바꿈꼴(활용형)이 속구조에 있어서의 월을 마디로 변형시키지 않는다. 이것을 「마침법」[終止法]이라 하고, 하나는 끝바꿈꼴이 속구조의 월을 겉구조의 마디로 변형시켜 주는 구실을 한다. 이것을 「이음법」[接續法]이라 한다.

「두기능법」에는 세 가지의 하위 범주가 있는데, 첫째 하나는 겉구조에서 매김말로 기능하게 하는 방법이고, 둘째는 겉구조에서 어찌말로 기능하게 하는 방법이며, 셋째는 겉구조에서 임자씨처럼 여러 가지 월조각(문장 성분)으로 기능하게 하는 방법이다. 맨 앞의 방법을 「매김법」[冠形法], 두번째 방법을 「어찌법」[副詞法], 세번째 방법을 「이름법」

---

40) 한 어절을 끝맺을 수 있는 씨끝[語尾]을 「맺음씨끝」이라 한다. 어떤 씨끝이든 한 어절을 끝맺을 수 있으면 모두 맺음씨끝이 될 수 있는 것이니, 일반적으로 말하는 씨끝이 이에 해당된다.

[名詞法]이라 한다.
 이러한 씨끝 형태소가 나타내는 말본스런 의의를 「굴곡범주」라 한다41).

(3-1) 맺음씨끝의 굴곡범주

 맺음씨끝의 굴곡 범주에는 앞에서 말함과 같이 「한기능법」에는 두 가지의 하위 범주가 있고, 「두기능법」에는 세 가지의 하위 범주가 있으니, 전자에는 「마침법」·「이음법」이 그것이고, 후자에는 「이름법」·「매김법」·「어찌법」이 그것이다.

(3-1-1) 마침법

 마침법은 한기능법의 한 가지로서, 월을 끝맺는 풀이씨 활용법의 한 가지이다. 마침법은 월을 끝맺는 맺음씨끝으로써 표시되는데 이러한 씨끝들은 말할이의, 들을이에 대한 여러 가지 의향을 나타낸다. 그러므로, 마침법은 「의향법」이라 할 수도 있다. 마침법은 「베풂법」[叙述法]·「물음법」[疑問法]·「시킴법」[命令法]·「꾀임법」[請誘法] 등으로 나뉘진다.

(3-1-1-1) 베풂법

 말할이가 들을이에게 자기의 말을 해버리는 데 그치거나, 약속을 하거나, 또는 느낌을 나타내는 말본스런 방법을 「베풂법(서술법)」이라 하는데, 이것은 다음과 같은 여러 가지 베풂법의 씨끝으로 표시된다.

---
41) 허웅 : 앞든 책, 박종국 : 앞든 책을 참고하여 정리하다.

「-다/라」

이 씨끝은 단순히 말할이의 뜻을 나타내는데 그치는 대표적인 씨끝인데, 느낌을 나타내는 일도 있다.

「-다」

닐굽 히 너무 오라다 (월인석보 7 : 2)

不能은 몯ᄒᆞᄂᆞ다 ᄒᆞ논 ᄠᅳ디라 (석보상절 서 : 1-2)

衆生 救호리라 밥 비러 먹노이다 (월인천강지곡 상 : 기 122)

「-라」

幻온 곡되라 (능엄경언해 2 : 7)

스ᄎᆞᆷ 아뇨미 아니라 (월인석보 1 : 36)

그는 ᄀᆞ장 쉬우니라 (박통사언해 상 : 48)

이밖에 베풂법의 씨끝은 「-은뎌/은댜」, 「-을쎠(셔)/-을샤」, 「-(우)마」, 「-으리」, 「-으니」, 「-뇌」, 「-고나」, 「-고녀/오녀」, 「-으이다」 등이 있다.

(3-1-1-2) 물음법

말할이가 들을이에게 대답을 요구하거나, 자기 마음 속에 의문을 품어보는 것을 나타내는 말본스런 방법을 「물음법」이라 한다. 곧 의문의 뜻을 나타내면서 월을 끝맺는 말본스런 방법을 말한다. 이것들은 물음법(의문법)의 여러 가지 씨끝으로 표현된다. 이 씨끝도 물음 토씨의 경우에서와 같이, 한 월 안에 물음말이 있으면, 「-고/오」가 쓰이고, 그렇지 않으면 「-가/아」가 쓰인다. 「-아」는 그 놓이는 자리에 따라 「-야」로 바뀌기도 하고, 「-여」로 바뀌어 감정적인 뜻을 조금 바꾸기도 한다. 그리고 물음의 「-다」는 들을이가 주체로 등장될 때에(들을 이에 관한 일을 물을 때에) 쓰인다.

「-가」
  셟고 애받븐 쁘디여 누를 가줄빓가 (월인천강지곡 상 : 기 143)
  西京은 편안ᄒᆞᆫ가 몯ᄒᆞᆫ가 (두시언해 18 : 5)
  王이 닐오디 어더 보ᅀᆞ봃까 (석보상절 24 : 43)
  七代之王ᄋᆞᆯ 뉘 마ᄀᆞ리잇가 (용비어천가 15장)
  여슷 하ᄂᆞ리 어늬ᅀᅡ 못 됴ᄒᆞ니잇가 (석보상절 6 : 35)

「-아, -야, -여」
  家門ㅅ 소리를 ᄯᅡ해 디요ᄆᆞᆯ 즐기리아 = 家聲肯墜地
            (두시언해 8 : 57)
  뉘 ᄯᆞᆯ을 굴히야ᅀᅡ 며ᄂᆞᆯ이 ᄃᆞ외야 오리야
           (월인천강지곡 상 : 기 36)
  四海ᄅᆞᆯ 년글 주리여 (용비어천가 20장)
  太子ㅣ 무로디 앗가ᄫᆞᆫ 쁘디 잇ᄂᆞ니여 (석보상절 6 : 25)

「-고」
  엇던 幸ᄋᆞ로 아히들히 비브르 머글고 = 何幸飫兒童
            (두시언해 15 : 56)
  어느 法으로 어느 法을 得홍고 (월인석보 13 : 54)
  故園은 이제 엇더ᄒᆞᆫ고 (두시언해 25 : 24)
  셜본 人生이 어릿던 이 ᄀᆞᆮᄐᆞ니 이시리잇고 (석보상절 6 : 5)
  엇뎨 我 아니오 (원각경언해 하 3-1 : 31)
 이 「-고」가 잡음씨 「아니-」에 바로 연결되는데, 이 경우에는 「아니오」와 같이 「ㄱ」이 없어진다.

「-오」
    尊奉ᄒᆞᅀᆞᄫᅩ몰 엇뎨 누기리오 (월인석보 서 : 13)
    곧 希有타 니르니오 (금강경삼가해 2 : 1)

「-다」
    네 내 마롤 다 드르다 (석보상절 6 : 8)
    네 信ᄒᆞᄂᆞ다 아니 信ᄒᆞᄂᆞ다 (석보상절 9 : 26)
    그듸 엇던 사ᄅᆞ민다 (월인석보 10 : 29)

(3-1-1-3) 시킴법

말할이가 들을이에게 어떠한 행동을 하기(해주기)를 요구(청원)하는 것을 나타내는 말본스런 방법을 시킴법(명령법)이라 하는데, 시킴법의 여러 씨끝으로 표현된다. 시킴법의 맺음씨끝에는 「-으라」, 「-고라/오라」, 「-아쎠/어쎠」, 「-으쇼셔」 등이 있다.

「-으라」
    그듸 이 굼긧 개야미 보라 (석보상절 6 : 36)
    文殊아 아라라 (월인석보 13 : 26)
    ᄒᆞᆫ ᄆᆞᅀᆞᄆᆞ로 뎌 부텨를 ᄉᆞ외 보ᅀᆞᄫᆞ라 (월인석보 8 : 22)

「-고라/오라」
    佛子 文殊아 모든 疑心을 決ᄒᆞ고라 (석보상절 13 : 25)
    내 願을 일티 아니케 ᄒᆞ고라 (월인석보 1 : 13)
    모로매 願이 이디 말오라 ᄒᆞ더니 (석보상절 11 : 30)
    祭 ᄆᆞ차ᄂᆞᆯ 使者브려 보내오라 ᄒᆞ야ᄂᆞᆯ (월인석보 7 : 15)

「-아쎠/어쎠」

　　내 보아져 ᄒᆞᄂᆞ다 술ᄫᅡ쎠 (석보상절 6 : 14)

　　엇뎨 부톄라 ᄒᆞᄂᆞ닛가 그 ᄠᅳ들 닐어쎠 (석보상절 6 : 16-7)

　이「-아쎠/어쎠」씨끝은 높임(존경)의 뜻을 지니고 있다.

「-으쇼셔」

　　이 ᄠᅳ들 닛디 마ᄅᆞ쇼셔 (용비어천가 110~124장)

　　世尊끠 내 ᄠᅳ들 펴아 술ᄫᅡ쇼셔 (석보상절 6 : 6)

　이 씨끝은 아주 높임의 뜻을 나타낸다. 따라서 이 씨끝은 시킴이 아니라 탄원의 뜻을 가진다.

(3-1-1-4) 꾀임법

　들을이와 서로 함께 하기를 재촉하는 뜻을 나타내는 말본스런 방법인데, 꾀임꼴[請誘形]의 씨끝으로 표현된다. 꾀임법의 맺음씨끝에는 「-져/쟈」,「-져라」,「-사이다/새이다」 등이 있다.

「-져」,「-쟈」

이 씨끝은 현대말의 「-자」와 같은 뜻이다.

「-져」

　　七年을 믈리져 ᄒᆞ야 出家ᄅᆞᆯ 거스니 (월인석보 7 : 1)

　　ᄯᅩ 닐오디 여슷 히를 ᄒᆞ져 (월인석보 7 : 2)

「-쟈」

　　이믜셔 비단 사 가지고 가쟈 (노걸대언해 하 : 23)

「-져라」

이 씨끝은 용례가 극히 드물다.

世尊이…니르샤디 父王이 病ᄒᆞ야 겨시니 우리…ᄆᆞᅀᆞ물 훤히
너기시게 ᄒᆞ져라 ᄒᆞ시고 (월인석보 10 : 6)
모든 형뎨ᄃᆞ리 의론ᄒᆞ져라 (박통사언해 상 1)

「-사이다」;「-새이다」
「-사이다」
어버ᅀᅵ ᄀᆞ자 이신 저긔 일후믈 一定ᄒᆞ사이다 (월인석보 8 : 96)
淨土애 ᄒᆞ디 가 나사이다 (월인석보 8 : 100)
여기에 「-사-」는 도움줄기[補助語幹], 일명 안맺음씨끝이다.
「-새이다」
우리 모다 ᄒᆞᄢᅴ 가새이다 (박통사언해 상 : 9)

(3-1-2) 이음법

이음법[接續法]은 한기능법의 한 가지로서, 월을 끝맺지 않고 뒤에 다시 다른 말(마디나 낱말)을 이어가는 씨끝바꿈꼴의 한 가지이다.

마침법은 들을이에 대한 의향을 나타내므로 언어 사용상의 문제이나, 이음법은 순수히 통어상의 문제인데, 그 씨끝은 무수히 많다. 그 중요한 씨끝을 분류하지 않고, 다음과 같이 보기를 곁들여 들어 두기로 한다.

「-으니」
이 씨끝은 이유·원인 등을 나타내며, 또 어떠한 상황을 서술하고, 뒤에 다시 설명을 계속하게 한다.

네 아드리…허믈 업으니 어드리 내티료 (월인석보 2 : 6)
내 네 아비 곧ᄒᆞ니 ᄂᆞ외야 시름 말라 (월인석보 13 : 23)

大德아 사ᄅ미 다 모다 잇ᄂ니 오쇼셔 (석보상절 6 : 29)

「-을ᄊᆡ」
이 씨끝은 원인 또는 설명의 계속을 나타낸다.
　　불휘 기픈 남ᄀᆞᆫ 브ᄅ매 아니 뮐ᄊᆡ 곶 됴코 여름 하ᄂ니
　　　　　　　　　　　　　　　　　　　(용비어천가 2장)
　　따 아랫 獄일ᄊᆡ 地獄이라 ᄒᄂ니라 (월인석보 1 : 28)

「-곤/온」
이 씨끝은 「~하거늘…」 또는 「~한데…」와 같은 뜻을 나타내며, 「ㄱ」은 다른 「ㄱ씨끝」의 경우와 같은 조건 밑에서 없어진다.
「-곤」
　　ᄒᆞᆫ 사ᄅᆞᆷ 勸ᄒᆞ야 가 法 듣게 혼 功德도 이러ᄒ곤 ᄒᆞ몰며…말다
　　비 修行호미 ᄯᆞ녀 (월인석보 17 : 53-4)
「-온」
　　모미 내 이숌 아니온 ᄒᆞ몰며 머리ᄯᆞ녀 (남명집언해 상 : 53)

「-으란ᄃᆡ」
이 씨끝은 조건·가정을 나타낸다.
　　象이 양지 第一이니 엇뎨어뇨 ᄒ란ᄃᆡ…象ᄋᆞᆫ 믌 미트로 거러갈
　　ᄊᆡ 菩薩이 三界 ᄉᆞ뭇 아로미 곧ᄒ니라 (월인석보 2 : 19)

「-거든/어든/나든」
이 씨끝은 조건·가정을 나타낸다.
「-거든」
　　商德이 衰ᄒ거든 天下ᄅᆞᆯ 맛ᄃᆞ시릴ᄊᆡ 西水ㅅ ᄀᆞᅀᅵ 져재 곧ᄒ니
　　　　　　　　　　　　　　　　　　　(용비어천가 6장)

아뫼나 와 가지리 <u>잇거든</u> 주노라 (월인석보 7:3)

「-어든」

어싀 다 눈 <u>멀어든</u> 菓實 따 머기더니 (월인석보 2:12)

「-나든」

西예 <u>오나시든</u> 東鄙 보라ᅀᄫ니 (용비어천가 38장)

손이 <u>오나든</u> 일즉 잔치 아니 ᄒᆞ신 저기 업스더
(번역소학 10:32)

ᄒᆞᄂᆞᆯ해셔 飮食이 自然히 <u>오나든</u> 夫人이 좌시고
(월인석보 2:25)

「-거늘/어늘/나늘」

이 씨끝은 조건·상황·반응을 나타낸다.

「-거늘」

雪山 北에 가니 짜히 훤ᄒᆞ고 고지 <u>하거늘</u> 그에셔 사니
(월인석보 2:6)

太子ㅅ 位 <u>다ᄅᆞ거시늘</u> 새벼리 나지 도ᄃᆞ니 (용비어천가 101장)

「-어늘」

狄人이 <u>굴외어늘</u> 岐山 올ᄆᆞ샴도 하ᄂᆞᆳ 뜨디시니
(용비어천가 4장)

「-나늘」

四海ㅅ 믈 이여 <u>오나늘</u> 머리예 븟ᄉᆞᆸ고
(월인천강지곡 상:기 34)

「-으나」

이 씨끝은 「불구」(사실을 인정하나 그러나)의 뜻을 나타낸다.

祥瑞도 하시며 光明도 <u>하시나</u> ᄭᅮ업스실ᄊᆡ 오늘 몯 숩뇌

(월인석보 2 : 45, 기 26)

威化振旅ᄒᆞ시ᄂᆞ로 興望이 다 몯ᄌᆞᄫᆞ나 至忠이실ᄊᆡ 中興主를 셰시니 (용비어천가 11장)

人鬼도 하나 數 업슬ᄊᆡ 오늘 몯 숩뇌 (월인석보 2 : 45, 기 26)

「-거니와/어니와」
이 씨끝은 앞의 사실을 인정하면서 예측을 뒤집는 뜻을 가졌다.
「-거니와」

衆生ᄋᆞᆫ…그지업시 受苦ᄒᆞ거니와 부텨는 죽사리 업스실ᄊᆡ 寂滅이 즐겁다 ᄒᆞ시니라 (월인석보 2 : 16)

「-어니와」

브리 盛ᄒᆞ야 나면 ᄒᆞᆫ 뉘를 술어니와 모딘 이비 盛ᄒᆞ야 나면 無數ᄒᆞᆫ 뉘를 술며 (석보상절 11 : 42)

「-은ᄃᆞᆯ」
이 씨끝은 양보의 뜻을 나타낸다.

오라 ᄒᆞᆫᄃᆞᆯ 오시리잇가 (용비어천가 69장)

ᄲᅡᆯ길 노핀ᄃᆞᆯ 넌기 디나리잇가 (용비어천가 48장)

「-고(구)/오(우)」
이 씨끝은 그 뒤에 다시 더하고 벌이는 뜻을 나타내며, 「ㄱ」은 씨끝의 「ㄱ」 없애기 규칙에 따른다(「ㄹ」, 「ㅣ」, 「-으리-」, 또는 잡음씨 밑에서 「ㄱ」이 없어진다).
「-고」

利樂ᄋᆞᆫ 됴코 즐거볼씨라 (월인석보 9 : 8)

四衆을 머리셔 보고도 ᄯᅩ 부러 가 절ᄒᆞ고 (석보상절 19 : 30)

「-오」

子는 아드리오 孫온 孫子ㅣ니 (월인석보 1 : 7)

조훈 짜홀 쁘설오 노폰 座 밍글오 便安히 연즈면

(석보상절 9 : 21)

뷔오 괴외코 물가 (월인석보 9 : 21)

「-곡/옥」

이 씨끝은 「-고」의 강세형이다.

「-곡」

죽곡 주그며 나곡 나 (능엄경언해 4 : 30)

비 도르곡 술 머굼 못곡 물 타 도라갈디니라 = 廻船罷酒上馬歸 (두시언해 15 : 44)

「-옥」

사롬 져근 디란 삼가 가디 말옥 범 한 디는 眞實로 디나갈 배니라 = 少人愼莫投 多虎信所過 (두시언해 22 : 47)

「-으며」

이 씨끝은 벌임(나열), 더하기(첨가), 되풀이를 나타낸다.

울며 여희시니라 (석보상절 6 : 9)

菩薩이 도니시며 셔겨시며 안주시며 누보샤매 (월인석보 2 : 26)

「-으니~-으니」

이 씨끝은 이런 일 저런 일(대립되는 일)을 벌여 놓는 뜻을 나타내기 위해서 씨끝을 되풀이함이 특색이다.

그 後에사 외니 올ᄒ니 이그니 계우니 홀 이리 나니라

(월인석보 1 : 42)

「-거니~-거니」
이 씨끝은 앞의 「-으니~-으니」와 유사한 뜻이다.
  一切天과…人非人等이 다 모다 길 <u>잡숩거니</u> <u>미조쫍거니</u> ᄒ야
  ᄂ려 오시더라 (월인석보 21 : 203)

「-으나~-으나」
이 씨끝은 여러 가지 가운데에서 아무것이나 상관없이 가림을 나타
낸다.
  <u>오나</u> <u>가나</u> 다 새지비 兼ᄒ얫도소니 ＝ 來往兼茅屋
           (두시언해 7 : 16)
  <u>뭐나</u> ᄀ마니 <u>잇거나</u> 호매 (몽산화상법어약록 18)

「-고져/오져」
이 씨끝은 희망을 나타낸다.
「-고져」
  善男子 善女人이 뎌 부텻 世界예 <u>나고져</u> 發願ᄒ야ᅀㅏ ᄒ리라
           (석보상절 9 : 11)
  샐리 <u>가고져</u> 願ᄒ노라 (월인석보 서 : 26)
「-오져」
  내 외로왼 무더믈 가 <u>울오져</u> ᄉ랑컨마ᄅㆁ (두시언해 24 : 17)
  먼듸 마켜 <u>쉬오져</u> 願ᄒᄂ 사ᄅᆞ물 (묘법연화경언해 3 : 83)

「-다가」
이 씨끝은 다른 움직임이나 상태로 옮아감을 뜻한다.
  두 희 <u>돌다가</u> 세 희 도드면 (월인석보 1 : 48)
  <u>여희엿다가</u> 다시 서르 맛보니 (두시언해 22 : 22)

「-디」

이 씨끝은 어떠한 상황에서 다시 계속하여 설명하는 뜻을 나타내거나, 남의 말을 인용함을 나타낸다.

말쏘물 솔븅리 하디 天命을 疑心ᄒ실씨 꾸므로 뵈아시니
(용비어천가 13)

世尊이 쏘 文殊師利ᄃ려 니ᄅ샤디 文殊師利여…
(석보상절 9 : 11)

이음법에서는 이 밖에도 많은 씨끝이 있다.

(3-1-3) 이름법

이름법은 두 기능법의 한 가지이다. 이름법은 풀이씨의 끝바꿈꼴이 풀이말의 구실을 하면서, 한편으로는 이름씨처럼 다른 여러 가지 월조각을 겸할 수 있는 방법을 말함이다. 이름법을 나타내는 씨끝에는 「-ㅁ」, 「-기」, 「-디」 등이 있다.

「-ㅁ」

이 씨끝은 반드시 「-오/우-」를 자동적으로(의미 없이) 앞세운다.

됴ᄒ 法 닷고몰 몯ᄒ야 (석보상절 9 : 14)

사ᄅ미 몸 ᄃ외요미 어렵고… (석보상절 9 : 28)

위의 보기에서 「닷곰」은 「法」을 부림말로 취하여 풀이말이 되어 있으면서, 한편으로는 토씨 「-올」의 의지를 받아 「몯ᄒ야」의 부림말이 되어 있다. 「ᄃ외욤」은 「몸」을 임자말로 삼는 풀이말이 되어 있으면서, 한편으로는 토씨 「-이」의 의지를 받아, 「어렵고」의 임자말이 되어 있다.

甚히 기픈 힁뎌기라 아로미 어려보니 (석보상절 9 : 26)

「-기」

　　부텨 供養ᄒᆞ기 外예 (석보상절 23 : 3)

　　布施ᄒᆞ기를 즐겨… (석보상절 6 : 13)

　　남진 어르기를 ᄒᆞ며 (월인석보 1 : 44)

「-디」

　　ᄆᆞ술히 멀면 乞食ᄒᆞ디 어렵고 (석보상절 6 : 23)

　　내 겨지비라 가져가디 어려볼씨 (월인석보 1 : 13)

　　ᄀᆞ장 보디 됴ᄒᆞ니라 (박통사언해 상 : 5)

(3-1-4) 매김법

매김법은 두기능법의 한 가지이다. 매김법은 풀이씨의 끝바꿈꼴이 풀이말로 기능하면서, 매김말의 구실을 겸하는 법을 말함인데, 때매김 [時制]을 아울러 나타내는 것이 그 또 다른 특색이다. 매김법의 씨끝에는 「-을(읋)」, 「-은」 등이 있다.

「-을(읋)」

이 씨끝은 미정의, 또는 중화된 때매김을 아울러 나타낸다.

　　無學ᄋᆞᆫ 다 아라 더 비홀 이리 업슬씨니 (석보상절 13 : 3)

　　모물 몯 미듫 거시니 (석보상절 6 : 11)

　　衆生이 니불 오시 (월인석보 8 : 65)

　　ᄂᆞ려 오싫 부텨 (월인석보 21 : 188)

　　도라오실 제 (노걸대언해 상 : 38)

「-은」

이 씨끝은 이미 결정된 사실을 나타내면서, 풀이말-매김말의 자격을 겸하게 하는 씨끝이다.
> 띠 무든 옷 (석보상절 6 : 27)
> 어미 주근 後에 (월인석보 21 : 21)
> ᄀ장 빚어 됴ᄒᆞ 양ᄒᆞ고 (월인석보 2 : 5)
> 使者는 브리신 사ᄅᆞ미라 (석보상절 6 : 2)
> 부텨 나 겨시던 時節 (석보상절 9 : 2)
> 므레 술믄 ᄃᆞᆰ (박통사언해 상 : 5)

(3-1-5) 어찌법

어찌법(부사법)은 두기능법의 한 가지이다. 어찌법은 풀이씨의 끝바꿈꼴이 풀이말로 기능하면서, 어찌말의 구실을 겸하는 법을 말함이다. 이 씨끝도 많으므로 다음과 같이 보기를 곁들여 들어 두기로 한다.

「-ᄃᆞᆺ, -ᄃᆞᆺ」;「-덧」

이 씨끝은 「흡사함」을 나타낸다. 「-ᄃᆞᆺ」이 널리 쓰인다. 그리고 「ᄒᆞ다」가 이어 나는 일이 많다.

「-ᄃᆞᆺ」
> 百姓이 져재 가ᄃᆞᆺ 모다 가 (월인석보 2 : 7)
> 法이…너비 펴아가미 술위삐 그우ᄃᆞᆺ 홀씨 (석보상절 13 : 4)
> 者는 사ᄅᆞ미라 ᄒᆞᄃᆞᆺ ᄒᆞᆫ 뜨디라 (석보상절 서 : 2)

「-ᄃᆞᆺ」
> 이러ᄐᆞᆺ ᄒᆞᆫ 굴근 菩薩 (월인석보 7 : 62)

「-덧」
> 渴ᄒᆞᆫ 제 ᄯᆞᆫ 믈 먹덧 ᄒᆞ야 (월인석보 7 : 18)

「-드록, -도록」

이 씨끝은 어떠한 경지에 이르기까지 다음 일을 계속함을 나타낸다.

「-드록」

　　목숨 못드록 受苦를 아니 디내리라 (월인석보 9 : 56)

「-도록」

　　子路ㅣ 몸이 못도록 외오려 흔대 (논어언해 2 : 48)

　　좀 드러 새도록 자ᄂ니 (박통사언해 상 : 21)

「-게/에, -긔/의, -거, -긔/익」

이 씨끝은 장차 어떤 경지에 이름을 나타낸다. 「-게」기 보편저이다. 딴이, 「ㄹ」, 잡음씨 다음에는 「ㄱ」이 줄어진다.

「-게/에」

　　그듸 가아 아라듣게 니르라 (석보상절 6 : 6)

　　硏은 다ᄃ게 알씨라 (월인석보 서 : 18)

　　敎化ᄂ ᄀᄅ쳐 어딜에 ᄃ외올씨라 (월인석보 1 : 19)

「-긔/의」

　　如來…모든 ᄆᅀᆞᆯ 즐기긔 ᄒᄂ니 (석보상절 13 : 40)

　　化人ᄋᆫ 世尊ㅅ 神力으로 ᄃ외의 ᄒᆞ샨 사ᄅ미라 (석보상절 6 : 7)

「-거」

　　ᄃᆰ가히ᄅᆞᆯ…됴히 쳐 술찌거 ᄒᆞ야 두고 (월인석보 23 : 73)

「-긔/익」

　　오시 ᄌᆞᄆᆞ긔 우르시고 (월인석보 8 : 101)

　　아ᄃ리 아비 나해셔 곱긔곰 사라 (월인석보 1 : 47)

　　가지 것비쳐 드르리 ᄃ외익 븟아디거늘 (석보상절 6 : 30-31)

(3-2) 안맺음씨끝의 굴곡범주

씨끝의 부분은 둘 이상의 형태소로 이루어지는 일도 있으니, 씨끝 형태소들 가운데 풀이씨를 끝맺지 못하는 씨끝 형태소를「안맺음씨끝」이라 하는데, 한 풀이씨의 줄기와 맺음씨끝 사이에는 여러 개의 안맺음씨끝이 들어갈 수 있다. 이 안맺음씨끝을「도움줄기」(보조어간)라고도 한다. 보기를 들어 설명하기로 한다.

祥瑞도 하시며 光明도 하시나 ㅈ 업스실씨 오늘 몯 숣뇌
(월인석보 2 : 45)
그 金像이 世尊 보ᅀᆞᄫᆞ시고 (월인석보 21 : 204)
江南이라 ᄒᆞᄂᆞ니라 (훈민정음 언해)
天神ㅅ긔 비더니이다 (월인천강지곡 상 : 기 86)
샹녜 말 업더시니이다 (석보상절 24 : 39)

(ㄱ) 「하시며, 하시나, 업스실씨」는 각각「하-시-며, 하-시-나, 없-으시-ㄹ씨」의 세 형태소로 이루어져 있는데, 「하-, 없-」은 줄기이고, 그에 두 형태소로 된 씨끝「-시-며, -시-나, -으시-ㄹ씨」가 붙어 있다.

(ㄴ) 「보ᅀᆞᄫᆞ시고, ᄒᆞᄂᆞ니라」는 각각「보-ᅀᆞᄫᆞ-ᄋᆞ시-고, ᄒᆞ-ᄂᆞ-니-라」로 분석되는데, 씨끝의 부분은 세 형태소로 되어 있다.

(ㄷ) 「비더니이다」는 「비-더-니-이-다」로 분석되며, 씨끝의 부분은 네 형태소로 되어 있고, 「업더시니이다」는 「업-더-시-니-이-다」로 분석되며, 씨끝의 부분은 다섯 형태소로 되어 있다.

(ㄹ) 이 씨끝 형태소들 중, 끝의 「-며, -나, -ㄹ씨, -고, -라, -다」는 맺음씨끝인데, 그 앞의 「-시-, -ᅀᆞᄫᆞ-, -ᄂᆞ-, -니-,

-더-, -이-」따위는 이것만으로는 풀이씨를 끝맺지 못한다. 곧「하시-, 업스시-, 보ᅀᆞᄫᆞ시-, -보ᅀᆞᄫᅠ-, ᄒᆞᄂᆞ니-, ᄒᆞᄂᆞ-, 비더니-, 비더-, 업더시-」따위로써는 한 풀이씨가 끝맺어지지 않는다(다만「-니」는 특별한 경우에 끝맺는 일도 있다). 이것을 안맺음씨끝이라 한다.

안맺음씨끝의 굴곡범주에는「높임법」,「인칭법」,「주체-대상법」,「때매김법」등이 있다. 이제 이들 중「높임법」과「때매김법」만 풀이하기로 한다.

(3-2-1) 높임법[尊敬法]

국어의 높이는 말투를 쓰는 것을 높임법[尊敬法, 敬語法]이라 하는데, 높임에는 세 가지 유형의 높임법이 있으니, 주체높임[主體尊敬], 객체높임[客體尊敬], 상대높임[相對尊敬]이 그것이다. 이 세 가지 유형의 높임법은 현대국어에서와 마찬가지로 중세국어에서도 뚜렷한 체계를 가지고 있었다.

(3-2-1-1) 주체높임

월에서 임자말[主語]을 높이기 위하여 풀이말[敍述語]에서 높이는 말투를 쓰는 것을 주체높임법[主體尊敬法, 主體尊待法, 主語敬語法]이라 한다. 이 때에는 풀이씨[用言]에 높임의 안맺음씨끝(도움줄기)「-(으)시-」를 연결한다.

「-(으)시-」는「-아/어-」와「-오/우-」가 접속될 때는「-(으)샤-」로 변동되는데, 이 경우에는「-아/어-」,「-오/우-」는 없어진다. 그러므로, 15세기 주체높임의 기본형태는 「-(으)샤-」로 잡는 것이 좋다고 생각한다.(「줄기+(으)샤-」)

    王이…그 蓮花룰 브리라 <u>ᄒ시다</u> (석보상절 11 : 31)
    唱義班師ㅣ <u>실쎠</u> 千里人民이 몯더니 (용비어천가 9장)
    海東 六龍이 <u>ᄂᆞ로샤</u> (용비어천가 1장)
    미리 <u>定ᄒ샨</u> 漢水北에 (용비어천가 125장)
    諸佛 <u>니로샴</u> ᄀᆞ티 (석보상절 13 : 59)
    부톄 <u>敎化ᄒ샤미</u> (월인석보 1 : 1)
    釋迦彌勒이 이 <u>부톄시거시니</u> (몽산법어언해 22)

(3-2-1-2) 객체높임

월에 나오는 부림말[目的語]이나 어찌말[副詞語]이 나타내는 대상이 임자말의 대상보다 높은 것일 때에는 부림말이나 어찌말(위치말)을 가지는 풀이씨가 달리 쓰인다. 이것을 객체높임법[客體尊敬法, 客體尊待法]이라 한다. 이것은 안맺음씨끝(도움줄기) 「-습-」으로 대표된다.(「줄기+습-」) 이 안맺음씨끝 「-습-」은 음성적 환경에 따라 「-줍-」, 「-습-」, 「-ᄉᆞᄫᅳ-」, 「-ᄌᆞᄫᅳ-」, 「-ᅀᆞᄫᅳ-」의 이형태를 가졌다.

「-습-」
    법(法)으로 <u>막습거늘</u> (월인천강지곡 상 : 기 100)
    우리옷 계우면 큰 罪룰 <u>닙습고</u> (월인석보 2 : 72)
    萬萬衆生돌히 머리 <u>좃습고</u> (월인석보 2 : 51)

「-줍-」
    蓮花ㅣ 나아 바룰 <u>받줍더라</u> (월인석보 2 : 37)

사르미 즐겨 듣줍게 ᄒᆞ시며 (석보상절 13 : 17)

「-ᄉᆞᆸ-」
    ᄒᆞᆫ 소늘 드ᅀᆞᆸ거나 (석보상절 13 : 53)
    말이ᄉᆞᆸ거늘 (용비어천가 58장)

「-ᄉᆞᄫᆞ-」
    臣下ㅣ 님그믈 돕ᄉᆞᄫᅡ (석보상절 9 : 34)
    須達이…듣줍고 깃ᄉᆞᄫᅡ (석보상절 6 : 21)

「-ᄌᆞᄫᆞ-」
    얻ᄌᆞᄫᅡ (용비어천가 27장)
    내 일훔 조쳐 聖人ㅅ긔 받ᄌᆞᄫᅩ쇼셔 (월인석보 8 : 80)

「-ᅀᆞᄫᆞ-」
    두 菩薩ᄋᆞᆯ 보ᅀᆞᄫᅡ니와 (월인석보 8 : 17)
    얻ᄌᆞᄫᅡ ᄀᆞ초ᅀᆞᄫᅡ (용비어천가 27장)
    내 디나건 諸佛ᄭᅴ 이런 祥瑞롤 보ᅀᆞᄫᆞ니 (석보상절 13 : 27)

(3-2-1-3) 상대높임

월의 임자말이 아니라 월과는 관계가 없는 말할이가 말을 받는 상대편 곧 들을이를 대접하기 위하여 높이는 법을 상대 높임[相對尊敬, 相對尊待]이라 한다. 상대 높임은 일반적으로 안맺음씨끝(도움줄기)「-(으)이-」로써 표시된다.(「줄기+(으)이-」)

    對答ᄒᆞᅀᆞᄫᅩᄃᆡ 實엔 그리ᄒᆞ야 가다이다 (월인석보 7 : 10)
    對答ᄒᆞᅀᆞᄫᅩᄃᆡ 고ᄫᆞ니이다 (월인석보 7 : 10)

내 겨지븨 고보미 사룺 中에도 짝 업스니 부톄 엇뎨 獼猴의 그에
　가줄비 시느니잇고 (월인석보 7 : 11)
나는…大王올 보ᄉᆞᄫᅡ라 오이다 (월인석보 8 : 90)
어드러셔 오시니잇고 (월인석보 8 : 91)

(3-2-2) 때매김법

풀이씨가 끝바꿈을 할 때 시간적인 관념을 그 씨끝으로 나타내는 일을 때매김이라 한다. 풀이씨에는 죄다 때매김[時制, 時相, tense]이 있다. 때매김의 으뜸때[原時, 基本時]에는 과거(지난적)·현재(이적)·미래(올적)가 있다. 중세국어에는 과거형에「ᄒᆞ니라」(「-(으)니-」), 현재형에「ᄒᆞᄂᆞ다」(「-ᄂᆞ-」), 미래형에「ᄒᆞ리라」(「-(으)리-」)로 표현된다.

① 과거형의 보기(「-(으)니-」)
釋迦佛 드외싫둘 普光佛이 니ᄅᆞ시니이다 (월인천강지곡 상 : 기 5)
하눐 고지 드르니이다 (월인석보 2 : 17, 기 14)

② 현재형의 보기(「-ᄂᆞ-」)
羅睺羅 드려다가 沙彌 사모려 ᄒᆞᄂᆞ다 홀씨 (석보상절 6 : 2)
네 어미…이제 惡趣예 이셔 至極 受苦ᄒᆞᄂᆞ다 (월인석보 21 : 53)
네 이제 ᄯᅩ 묻ᄂᆞ다 (월인석보 23 : 97)
金輪王 아ᄃᆞ리 出家ᄒᆞ라 가ᄂᆞ니 (석보상절 6 : 9)
사ᄅᆞ미 福 求ᄒᆞ노라 ᄒᆞ야 (석보상절 19 : 3)
이제 ᄯᅩ 내 아ᄃᆞᆯ 드려가려 ᄒᆞ시ᄂᆞ니 (석보상절 6 : 5)

③ 미래형의 보기(「-(으)리-」)

이 피를 사룸 드외예 ᄒᆞ시리라 (월인석보 1 : 8)

아둘 ᄯᆞ를 求ᄒᆞ면 아둘 ᄯᆞ를 得ᄒᆞ리라 (석보상절 9 : 23)

王이 盟誓ᄒᆞ야 드로리라 ᄒᆞ신대 (월인석보 2 : 5)

그 밖에 때매김 형태소인 안맺음씨끝(도움줄기)「-다/더-」는 과거 경험한 사실이나 미래의 추측을 나타낸다.(잡음씨와 「-(으)리-」 뒤에서는 「ㄷ」은 「ㄹ」로 바뀐다.)

ᄠᅳ데 몯 마존 이리 다 願ᄀᆞ티 ᄃᆞ외더라 (월인석보 10 : 30)

내 롱담ᄒᆞ다라 (석보상절 6 : 24)

六師의 무리 三億萬이러라 (석보상절 6 : 28)

나랏 이후믄 大成이러라 (석보상절 19 : 27)

如來 큰 光明 펴샤…ᄂᆞ려오시더라 (월인석보 21 : 203)

현재형으로 안맺음씨끝 「-ᄂᆞ->-는-」의 진행은 15세기경 일부에서 일어났다.

說法ᄒᆞ신다마다 다 能히 놀애로 브르ᅀᆞᄫᆞ니라 (월인석보 1 : 15)

그런데 새로운 때매김 형태소로 현재형에 나타난 안맺음씨끝 「-ᄂ-」 외에, 과거와 미래형은 사실상 안맺음씨끝 「-ㄴ/은-」과 「-ㄹ/을」에 베풂꼴(서술형)이 접미된 형태이다.

눌 爲ᄒᆞ야 가져간다 (월인석보 2 : 13)

네 바리를 어듸 가 어든다 (월인석보 7 : 8)

눌 보리라 우러곰 온다 (월인석보 8 : 87)

네 내 마를 다 드를따 (석보상절 6 : 8)

어느 劫에 功德이 져글가 (월인천강지곡 상 : 기 169)

나가싫가 저ᄒᆞ샤 (월인천강지곡 상, 기 46)

중세국어에 들어 이들 형태소 체계에 변화가 일기 시작하였으니, 과거형으로 안맺음씨끝(도움줄기) 「-엇-」형의 출현이다.

너비 國土를 머것다 ᄒᆞ시니 (능엄경언해 2 : 63)

안맺음씨끝 「-엇-」은 15세기 문헌에서도 간혹 볼 수 있지만 16세기를 지나 근대국어에 들어서 널리 쓰였다.

그러나, 중세국어 시기에 대부분의 과거형은 「-니-」형태를 보인다.

7. 맞춤법

훈민정음으로 우리말을 표기하는 규칙의 체계인 맞춤법은 표기법(表記法), 정서법(正書法), 철자법(綴字法) 등으로 불린다.

국어 맞춤법의 역사는 세종 25년(1443) 훈민정음(訓民正音)이 창제되면서 시작되었다. 훈민정음 낱자[字母]와 제자 원리 및 이 글자들의 용법에 대한 가장 기본적인 규칙이 ≪훈민정음≫에 규정되어 있다.

훈민정음은 일음일자(一音一字), 또 일자일음주의(一字一音主義)로 낱자(자모)는 28자(닿소리 17자, 홀소리 11자)로 하고, 이를 중심으로 병서(並書)·연서(連書), 그리고 몇 개의 변이자(變異字)를 사용하여 부서(附書)함으로써 낱내 글자[音節文字]를 이루게 되었다. ≪훈민정음≫ 본문에서는 훈민정음 낱자의 자형(字形), 배열 순서, 초성 23자(각자병서 6자 포함)와 중성 11자의 소리값(음가), 문자의 표기법, 소릿점(방점) 등을 간명히 밝히고, 해례에서는 새 글자를 만든 대원리와 제작 방법, 표기법, 소릿점 등에 대하여 보기를 들어가면서 소상 분명하게 밝혀 놓았다.

원본 ≪훈민정음≫과 그밖에 중세국어 자료를 통해보면, 중세국어 맞춤법의 원리는 한마디로 표음적(表音的) 표기법과 그리고 낱내(음절)의 단위화라 할 수 있다. 중세국어의 맞춤법에서는 현대국어의 표기 방법과 같이 형태소(形態素)를 중시하는 표의적(表意的) 표기 방법이 아닌 음소(音素)를 충실히 표기하는 표음주의(表音主義)의 방법을 채택하고 있었다. 현대국어의 맞춤법과 같이 형태소에 충실한 표기 방법은 모든 닿소리를 낱내 글자 끝소리에 허용하여 의미의 분별력을 높이는데 비해, 음소 의식에 따른 중세국어의 표기법은 말의 소리는 어디까지나 청각직 존재이기 때문에 8종성(ㄱㆁㄷㄴㅂㅁㅅㄹ)만으로서 도 쓸 수 있도록 허용함으로써 소리값에 따른 편의성을 따랐다. 8종성이라고 해도 반잇소리(반치음) 「ㅿ」은 소리에 따라 쓸 수 있고, 목구멍소리(후음) 「ㆆ」은 매김꼴(관형사형) 씨끝 「-ㄹ」다음에 그 소리에 따라 썼으며, 합용병서 글자들이 쓰이기도 하였다. 그러나, 허용 규정에 따른 표음적 표기는 중세국어 시기 대부분의 문헌에서 그대로 지켜져 각 낱내가 지니는 소리값에 충실할 수 있었다. 이를테면, 「곶」(花)(훈민정음 종성해)의 끝소리 「ㅈ」이 닿소리 앞이나 말끝(어말)에서는 「ㅅ」으로 청취되어 「곳」으로 적히지만, 「ㅈ」 뒤에 홀소리가 연결되면 현대국어의 표기법과 같이 분철(分綴)하여 「곶이·곶울…」로 적지 않고 연철(連綴)하여 「고지·고줄…」(석보상절 13 : 12, 월인석보 1 : 9) 등과 같이 기저 형태소에 따른 소리값이 되살아나면서 다음 홀소리 앞에 얹혀 발음된다. 중세국어에서는 이를 그대로 표기로 나타나게 했음으로 소리값과 표기 형태에서 오는 버그러짐을 없앨 수 있었다고 하겠다. 그리고 각 낱내는 개별 단위로 독립된 글자를 이루었으니, 이는 한자가 낱내 단위로 되어 있음을 고려한데서 온 것이라 하겠다.

중세국어의 연철(連綴), 곧 임자씨와 토씨, 풀이씨의 줄기와 씨끝을 구분하지 않고 연음(連音)되는 대로 표기하는 표기법은 16세기에 접어들면서 조금씩 분철(分綴)로 나타나기 시작하다가 17세기에 들면서 차츰 늘어났으나 기복이 있었다. 그러나, 18세기에 접어들면서 안정의 길을 걷는다. 연철시기에서 분철시기로 접어드는 도중에는 중철(重綴) 표기가 나타나는데,「사름미」(이륜행실도 6),「님금미」(이륜행실도 27),「돈내」(번역박통사 53),「훍기」(번역박통사 상 40),「사롬믈」(여씨향약언해 1),「딕월롤」(여씨향약언해 34) 등이 그것이다. 분철되는 현상을 보면 울림소리「ㄹ, ㅁ, ㄴ, ㅇ」의 다음에 홀소리로 시작하는 토씨나 씨끝이 오면 역시 분철되었다(「놀(獐)올」<용비어천가 65장>,「쏠이어든」<월인석보 8:83>,「사롬이」<월인석보 8:80>,「손올」<월인석보 18:14>,「양으로」<석보상절 6:21>,「그르세 담아」<월인천강지곡 기 4>).

　그러나, 훈민정음 창제 당시인 15세기 중엽 문헌 중 어떤 문헌을 보면 지금까지 말한 표기 원칙인 연철 방식과 다른 현대 맞춤법과 같이 임자씨와 토씨, 또는 풀이씨의 줄기와 씨끝을 분명히 분석하는 방법인 분철 표기의 경향을 보이고 있으니, 이 문헌이 세종이 지은 ≪월인천강지곡≫이다. 이 문헌은 ≪석보상절≫ 등이 철저한 연철 방식의 표기인데 반해「일이시나」,「눈에」,「ᄆᆞ슴올」,「안아」,「안ᄋᆞ시니이다」,「좀ᄋᆞ며」,「담아」와 같이, 그것을 구별하여 표기한 보기가 많이 보인다. 이 분철 표기 방법은 현대식 맞춤법에 가까와진 방법이다. 또 ≪훈민정음≫에「종성부용초성(終聲復用初聲)」이란 원칙 규정도 있지만 이 문헌은 이 원칙을 적용하여 8종성 외에「ㅈ, ㅊ, ㅌ, ㅍ, ㅿ」따위 받침까지 사용하고 있다(「낮과」<기 16>,「곶 우희」<기 211>,「맞나ᅀᆞᄫᆞ며」<기 179>,「늦」<기 49>,「세낱붗」<기 40>,「딮동」<기 239>,「깊거다」<기 249>,「ᄀᆞᆽ업슬씨」<기 26>……). 이것은 바로 현대 맞춤법 그대로이다.

중세국어 때의 글자들은 모두 그 소릿값에 대응시켜 사용되었는데 사잇소리만은 그렇지 못하다. 임자씨가 서로 결합할 때 그 사이에 들어가는 사잇소리는 「귓것」[鬼](석보상절 6 : 19)처럼 받침으로 나타나기도 하고, 「엄쏘리」[牙音](훈민정음 언해)·「귀쩟」[鬼](석보상절 11 : 34)처럼 뒤에 오는 임자씨에 합쳐지기도 하며, 「君(군)ㄷ字(쭝)」(훈민정음 언해)·「鬼ㅅ것」(월인석보 2 : 71)처럼 중간에 놓이기도 하였다. 그런데 ≪용비어천가≫와 ≪훈민정음 언해≫에서는 사잇소리 표기가 다양히게 나다나는데, 그 표기에는 일징한 규칙이 있있다. 앞 낱말의 말음(末音)이 어금닛소리(아음) 뒤에서는 「ㄱ」, 혓소리(설음) 뒤에서는 「ㄷ」, 입술소리(순음) 뒤에서는 「ㅂ」, 목구멍소리(후음)와 「ㄹ」소리 뒤에서는 「ㆆ」이었다42). 이 규칙에 예외가 되는 것이 「ㅅ」과 「ㅿ」이었다. ≪용비어천가≫에 쓰인 사잇소리는 「ㄱ, ㄷ, ㅂ, ㆆ, ㅿ, ㅅ」들이고, ≪훈민정음 언해≫에 쓰인 사잇소리는 「ㄱ, ㄷ, ㅂ, ㅸ, ㆆ, ㅅ」들이며, ≪월인천강지곡≫과 ≪두시언해≫에 쓰인 사잇소리는 「ㅅ」 하나 뿐이었다. 중세국어 문헌에는 「ㅈ」도 쓰인 문헌이 있지만 결국은 「ㅅ」 하나로 통일되어 쓰여 왔다.

중세국어 표기에서 한자어는 한자에다 죄다 음을 달아, 올바른 한자의 음을 일반이 알도록 한 것이다. 대개 한자를 먼저 크게 쓰고 해당 한자음은 그 다음에 작은 글자로 적었는데, ≪월인천강지곡≫은 이와 반대로 먼저 훈민정음으로 한자의 음을 크게 본문으로 내세우고, 그

---

42) 박병채 : 앞든 책 215~217쪽, 이기문 : 앞든 책 119~120쪽, 최범훈 : 앞든 책 132~134쪽, 이익섭 : ≪국어표기법연구≫(서울대학교출판부, 1992. 6. 20) 54~59쪽, 허웅 : ≪한글과 민족문화≫(세종대왕기념사업회, 1974. 12. 15) 126~127쪽 등을 참고하여 정리하다.

밑에 해당 한자를 조그마하게 달았다. ≪용비어천가≫에서는 한자말은 한자만으로 표기하고 거기에다 음을 달지 않았다. 15세기 문헌의 한자음 표기는 모두 ≪동국정운≫에 의지한 것인데, ≪용비어천가≫가 되던 세종 27년(1445)에는 아직 ≪동국정운≫이 되어 있지 않았으니, 그 음을 달지를 않았던 것으로 여겨진다. ≪석보상절≫이 될 무렵에는 ≪동국정운≫도 완성되어 있었기 때문에 여기에서는 한자에다 죄다 훈민정음으로 음을 달아, 올바른 한자의 음을 일반이 알도록 한 것이다. 그런데 이때에도 ≪동국정운≫에 한자가 나타나지 않은 한자말에는 현실음이 표기되었다.

이러한 한자음 표기 방법이 성종 때에 와서는 동국정운식 표기와 현실음 표기 방법인 두 가지 방법이 적용되었는데, 16세기에 들면서부터는 모든 문헌의 한자음 표기는 현실 한자음 표기법으로 되었다. 중종 22년(1527)에 이룩된 ≪훈몽자회≫는 이 표기법의 좋은 편람이 된다. 중세국어 시기에 된 문헌으로 한자음이 달리지 않은 책으로 성종 12년(1481)에 된 ≪두시언해≫가 있다.

그리고 한자말과 토박이말 죄다 훈민정음 표기에서는 소릿점(방점)으로 사성을 글자 왼쪽에 표시하였다. 그런데 이 사성 표시도 하지 않은 문헌이 있으니, 그것은 성종 24년(1493)에 된 음악서인 ≪악학궤범≫ 등 몇 문헌이다.

중세국어에 있어서 글을 적을 때의 배열은, 글의 줄은 오른쪽에서 시작하여 왼쪽으로 이어지게 하고, 글 쓰기는 내리쓰기로 하였다. 또 이때 띄어쓰기 문제는, 낱말이나 마디 사이를 띄어 쓰지 않고 붙여쓰기가 원칙이었다. 그런데 이 띄어쓰기 문제도 세종 당시에 된 ≪용비어천가≫에는 현대의 띄어쓰기에 걸맞는 권점(圈點)이 사용되어 있어 주목을 끈다. 하여간 이 붙여쓰기는 근대국어 말기까지 지속되었는데,

서기 1896년 4월 7일에 창간한 「독닙신문」(→독립신문) 등에 와서 비로소 띄어쓰기가 시작되었다.

　결론적으로 볼 때, 1933년에 가서야 비로소 「조선어학회」(한글학회)에 의해 정리된 우리나라 「한글 맞춤법 통일안」의 기반이 이미 중세 국어 초기인 세종 때에 세종에 의해 거의 만들어진 것이라 하여도 과언이 아니라 하겠다.

Ⅶ. 근대국어

1. 개관

2. 자료

3. 음운(音韻)

4. 어휘

5. 말본

6. 맞춤법

VII. 근대국어

1. 개관

　근대국어의 시기는 우리 학계에서 거의 통일되게 17세기 초엽에서 19세기 말인 갑오경장까지 3세기 간을 일컫는다. 이 때는 임진왜란을 겪고 난 뒤라 물질적인 파괴에 따른 새로운 건설을 하여야 하는 어려운 시기였으나, 정신사적인 면에서 볼 때, 지난날의 지나친 유교 이념이 퇴세하고, 건전하고도 새로운 지도 이념으로 등단한 실학사상이 반영되고 있었기에 시대적 분위기는 사람들로 하여금 과거와 같이 권위적 형식주의에서 실질적 가치에 점차 눈을 돌리게 하였다. 숙종말 영·정(英正) 시대에 들어 청(淸)나라의 고증학의 영향은 경학에 뿐 아니라, 다른 여러 방면에도 미쳐, 국어학에 있어서도 차원 높은 연구가 일기 시작하였다.
　한국어 발달사에서 중세와 근세의 경계를 16세기와 17세기의 교체기에 두는 까닭은, 국어의 음운 체계나 말본 체계의 변화가 16세기 후기인 임진왜란 이전에 일어나기 시작하였으며, 그 결과 임진왜란이 지난 뒤인 17세기에 와서 국어는 근대적 면목을 띠게 되었기 때문이다.
　근대국어의 자료도 중세국어와 마찬가지로 언해본을 많이 가지고 있지만, 내용적으로 보면 큰 차이가 있다. 곧 중세국어에 많았던 불경

(佛經) 언해는 근대국어에 오면 적은 편이나 중간(重刊)하거나 복각(覆刻)이 많고, 또 경서(經書) 언해가 현저하게 많을 뿐 아니라 실학풍(實學風)의 영향으로 실생활과 관련된 의서(醫書)·농서(農書) 등의 문헌이 많으며, 국어 국자류(國語國字類)·운서(韻書)·이두·문학서적 등의 자료가 있다. 이를 세기별로 자료의 특질을 말하면, 17, 18세기 자료에서 중국어(中國語)나 왜어(倭語), 만주어(滿洲語:淸語), 몽어(蒙語) 학습을 위한 역학서(譯學書)가 많이 간행된 사실과 국자류(國字類)·운서(韻書)의 자료와 소설(小說)·가사(歌辭)·시조(時調) 등이 큰 비중을 차지하고 있다. 문학 작품들은 사본(寫本)과 방각본(坊刻本)으로 전한다. 19세기 자료에서는 18세기에 이어 운서의 자료와 소설·가사 및 이두(吏讀) 자료를 비롯하여, 성경의 번역서와 사전, 신문 등의 등장이다. 특히 이 시기는 참된 민족 문화가 꽃을 피우게 된 시기이기도 하다.

근대국어의 음운 체계는, 17세기의 근대국어에는 중세국어에 있었던 순경음「ㅸ」과 반치음「ㅿ」이 이미 없었으며, 16세기에 말첫머리 ㅅ-계 닿소리떼[語頭子音群]가 된소리로 바뀌더니, ㅄ-계 닿소리떼가 16세기부터 동요하기 시작하여 17세기에는 된소리로 된 것도 있고, ㅂ-계 닿소리떼와 합류한 것도 있었는데, ㅂ-계는 17세기 말에서 18세기 초엽에 동요하기 시작하여 18세기 전반기에 완전히 된소리가 되었다. 이 때는 입천장소리 되는 경향이 나타난다. 중세국어에서부터 진행되어 오던「·」음의 단계적 소실이 근대국어의 홀소리 체계에 큰 영향을 끼쳤다. 18세기 말기「·」음의 소실로 인하여 18세기 말에 7 홀소리 체계가 6 홀소리 체계로 우선 성립된다.「·」가 없어짐에 따라 19세기에 와서는 겹홀소리「ㅐ, ㅔ」(aj, əj)가 흔들리게 되어 결국「ㅐ, ㅔ」(ε, e)가 홑홀소리로 바뀌니, 이 때에 8 홀소리 체계가 된다. 그 밖에 근세국어에는 중세국어에 있었던 성조(聲調)도 없었다.

1. 개관

　근대국어의 말본 체계의 변천은 아직 더 연구되어야 할 문제들을 많이 안고 있어 체계적인 설명이 어려우나, 여기에서는 그간 연구된 결과 중 두드러진 것 몇 가지만 말하고자 한다.

　17세기 말본 체계가 15세기의 그것과 크게 달라진 점은, 높임법의 체계가 크게 흔들려 바뀌었다는 사실과, 임자자리토씨 「-가」의 발생이라 하겠다. 18세기 말에 「·」가 없어짐에 따라 이 음소를 가졌던 여러 토씨나 씨끝은 모두 「ㅡ」로 합류된다. 이에 따라 토씨와 씨끝에서 나타나던 고룸소리와 홀소리어울림은 무너지고 만다. 19세기에는 안맺음씨끝(일닝 도움줄기)「-겟-」(-겠-)이 등장하고, 「-었-」의 확립과 아울러 「-었었-」이 나타난다. 그리고 근대국어 시기의 표기법은 혼란하였다.

　어휘면을 보면 어휘의 어형 변화와 어휘 의미 변화를 찾아 볼 수 있다. 이 시기의 차용어로는 계속된 한자말의 차용은 물론 청나라 말과 일본말의 차용을 들 수 있으며, 서양 문물의 접촉에서 오는 서구말 특히 과학 용어 등의 차용이다. 그리고 근대국어의 맞춤법(표기법)은 한마디로 말해서 중세국어 맞춤법보다 오히려 혼란하다 하겠다.

　근대국어를 이루는 약 3백년 동안은 각기 그 언어적 특성이 뚜렷하다. 근대전기인 17세기에 와서 국어는 큰 변화를 겪지만 아직 중세국어의 전통을 많이 지니고 있다. 여기에 비해 근세 중기인 18세기는 좀 더 현대국어에 가까와지는데 실제로 이 시기의 음운 체계(특히 닿소리 체계)는 현대국어와 거의 비슷하다. 그리고 19세기의 음운 체계는 현대국어의 음운 체계(닿소리, 홀소리 모두)와 거의 일치한다. 그런 점에서 19세기는 현대국어의 기틀을 거의 완전히 닦은 시기라고 하겠다.

　특히 근대국어 시기는 내적으로는 사·농·공·상(士農工商)에 있어서 새로운 양상이 나타나 사회적 변화가 현저해졌고, 외적으로는 중국 및 서구 문물의 접촉에서 오는 영향에 힘입어 이룩된 자료들이 많아 연구의 폭도 그만큼 넓어지지 않으면 안 되게 되었다. 그런데 근세국어 시기말에서 현대국어 시기에 들어 뜻하지 않게 국치시대를 당하게 되어 자료의 열람이 어렵고 국어 연구의 제약을 받았던데다가 광복후 현대국어와 중세국어 연구에 치중하다 보니, 근대국어의 연구가 중세국어 연구에 비해 아직 미진한 상태에 있으나, 다행히 근자에 들어 근대국어 연구에도 힘을 기우리고 있으니 다행이라 하겠다.

2. 자료

근대국어에 관한 자료는 앞의 개관에서도 언급한 바와 같이 양으로도 많지만 질로도 다양하다. 그것은 세계 최초로 우리나라에서 고려 인종 때(1126~1145경)에 이미 금속활자를 발명하여 사용하였는데, 조선조에 와서 특히 세종조에 접어들면서 인재를 양성하여 다각적으로 연구와 저술을 하게 하는 한편 인쇄 활자와 판짜기를 개량, 인쇄술의 발달을 꾀하였던 바, 종래보다 수십 배의 인쇄 능률을 올렸을 뿐 아니라 양질에 있어서도 어느 시대보다도 월등하였었다. 이러한 인쇄 기술과 활발한 연구에 힘입어 그 뒤 많은 문헌이 계속 출간되었던 것이다. 그러나, 뜻하지 않았던 임진왜란이란 긴 전란을 겪으면서 많은 책과 활자 및 목판은 대부분 소실되거나 파괴되었다. 전란이 종식된 뒤 나라에서는 정신문화를 진흥하기 위해 소실 및 도난당한 귀중한 책과 실록(實錄)의 복간을 서둘렀다. 특히 이때 실록 복간을 위해 대량의 목각 활자를 만들어내었으니(1599), 이를 필두로 활판과 목판 인쇄가 다시 활발해지기 시작했다.

여기에서는 근대국어 자료 중에서 중요한 문헌만 추려 발간 연대순으로 소개하기로 한다.

(1) 악장가사(樂章歌詞)

고려 시대의 것으로 추정되는 가요(歌謠)와 조선 초기의 노래를 실은 시가집(詩歌集)이다. 작자·연대가 미상인데, 일설에 중종·명종 때의 박준(朴浚)이 지었다고도 하나 믿기 어렵다. 간년을 선조 40년(1607)경, 또는 인조 4년(1626) 이전으로 보기도 한다. 한글 표기에 있어 아음 「ㆁ」이 쓰이고 있다. 이 책은 1책으로 되어 있는데, 《국조사장(國朝詞章)》·《국조악장(國朝樂章)》·《속악가사(俗樂歌詞)》이라고도 한다. 장서각에 소장되어 있다.

(2) 언해두창집요(諺解痘瘡集要)

두역(痘疫) 처방에 관한 한의서로 2권 2책으로 된 목판본이다. 선조 41년(1608) 어의(御醫) 허준(許浚)이 임금의 명령에 따라 편찬한 것으로 행역(行疫)을 치료하는 방문을 한글로 번역하였다. 이 문헌에는 임진왜란 뒤 초반의 어휘 및 표기법이 사용되었다하겠기, 반치음 「ㅿ」는 전혀 보이지 않으나, 아음 「ㆁ」이 쓰이고 있다. 끝소리에 있어서는 「ㅅ→ㄷ」의 혼기 뿐이다. 규장각에 소장되어 있다.

(3) 언해태산집요(諺解胎産集要)

태산(胎産)에 관한 한의서로 단권으로 된 목판본이다. 선조 41년(1608)에 허준(許浚)이 편찬한 것인데, 약방문(藥方文)을 한글로 해석을 하였다. 끝소리에 있어서는 「ㅅ→ㄷ」의 혼기 뿐이다.

(4) 연병지남(練兵指南)

군사 훈련에 관한 책으로 단권으로 되었다. 광해군 4년(1612)에 한교(韓嶠)가 편찬한 것이다. 내용은 거기보대 오규식(車騎步隊伍規式) 등 여러 편으로 엮어 한글로 번역하였다.

(5) 동의보감(東醫寶鑑)

선조 29년(1596) 임금의 명령에 따라 허준(許浚) 등이 착수, 광해군 2년(1610)에 완성한 의서이다. 광해군 5년(1613)에 인쇄 간행되었는데, 모두 25권 25책이다. 그 가운데 탕약편(湯藥編)에는 수백 종의 국어 약물명[鄕藥名]을 한글로 번역해 놓았다. 현재 규장각에 소장되어 있다.

(6) 동국신속삼강행실도(東國新續三綱行實圖)

광해군의 명령에 따라 홍문관 부제학 이성(李惺) 등이 우리나라의 뛰어난 효자·충신·열녀를 가려 뽑아 행적을 그림과 한문으로 설명하고 그 다음에 한글로 번역하여 실어 광해군 9년(1617)에 간행한 책이다. 끝소리에 있어서 「ㅅ」, 「ㄷ」의 혼기는 16세기 말엽의 ≪소학언해≫나 ≪사서언해≫에서 보이던 것과 같이 거의 「ㅅ→ㄷ」의 혼기 뿐이다. 효자 8권, 충신 1권, 열녀 8권, 원속(元續) 1권 모두 18권 18책으로 된 목판본이다. 원속(元續)은 ≪삼강행실도≫와 ≪속삼강행실도≫에 수록된 우리나라 사람을 가려 내어서 편찬한 것이고, 그 밖의 책들은 모두 새로 수록된 인물로 이루어졌다. 이 문헌은 방대한 양으로나 질(質)로나 17세기 초기 국어 연구의 대표적 자료의 하나라 하겠다.

(7) 태평광기언해(太平廣記諺解)

중국의 ≪태평광기≫를 한글로 번역한 책이다. 언해한 사람과 간년은 알 수 없으나, 광해군 12년(1620)경 간행된 것으로 추측된다. 모두 5권 중 현재 4권이 전한다. 간년이 숙종 때를 넘지 않을 것 같다고 하는 이도 있다.

(8) 두창경험방(痘瘡經驗方)

두창 치료에 관한 한의서이다. 단권으로 된 목판본이다. 언해한 사람과 간년은 확실히 알 수 없으나, 광해군 12년(1620)경 간으로 추측된다.

(9) 중간두시언해(重刊杜詩諺解)

성종 12년(1481)에 을해자로 간행된 ≪두시언해≫가 발간된 지 150여 년이 되기 때문에 이 책을 구해 보기 힘들어진데다가 국어의 변화로 읽고 이해하기가 어려워서 근대국어로 고쳐 중간한 책이다. 이 책은 인조 10년(1632) 경상도에서 간행되었는데, 모두 25권 21책으로 된 목판본이다. 이 중간본은 초간본처럼 드물지는 않아서 전질이 여러 곳에 있다. 세종대왕기념사업회는 전 25권 21책 중 권지10(제10책)과 권지 16(제13책)이 결한 23권 19책을 소장하고 있다.

(10) 가례언해(家禮諺解)

≪주자가례(朱子家禮)≫를 한글로 번역한 책이다. 인조 10년(1632)에 신식(申湜)이 간행하였는데, 모두 10권으로 된 목판본이다. 말첫머리

된소리의 표기에 삼자 합용병서(三字合用並書)인 「ㅴ, ㅵ」은 이미 보이지 않는다. 「ㅺ, ㅼ, ㅽ, ㅾ」의 ㅅ계 합용병서와 「ㅲ, ㅳ, ㅄ, ㅶ, ㅷ」의 ㅂ계 합용병서, 그리고 「ㅆ, ㅃ」의 각자병서가 보인다. 특히 「ㅆ」과 「ㅼ」은 비록 말첫머리 위치에서 사용된 것이 아니고, 또 한 예씩에 불과한 것이지만 문헌상에 최초로 나타나는 보기인 것으로 보여 주목을 끈다43). 끝소리 「ㅅ」과 「ㄷ」간의 혼기 방향이 「ㄷ→ㅅ」 방향으로 틀을 잡는다.

(11) 화포식언해(火砲式諺解)

≪화포식≫을 한글로 번역한 책으로 인조 13년(1635)에 간행한 2권 1책으로 된 목판본이다. 이서(李曙)가 편찬한 책인데, ≪신전자취염초방언해(新傳煮取焰硝方諺解)≫와 더불어 1책으로 되어 있다. 숙종 11년(1685)에 중간되었다. 초간본은 현재 전하지 않고, 중간본이 서울대학교 가람문고에 전한다.

(12) 구황촬요벽온방(救荒撮要辟瘟方)

인조 17년(1639)에 김육(金堉)이 지은 의서인데, 단권으로 되어 있다.

(13) 마경초집언해(馬經抄集諺解)

인조 때 이서(李曙) 등이 ≪마경(馬經)≫을 한글로 초역(抄譯)한 책이다. 내용은 논마유부모(論馬有父母)·상량마도(相良馬圖)·상량마가(相良馬歌) 등 말에 관한 항목 100여 개를 그림을 넣어 가며 풀이한

---

43) 홍윤표 : ≪국어사문헌자료연구≫(태학사, 1993. 3. 15) 3쪽 참고.

것이다. 끝소리에 있어서 「ㅅ→ㄷ」의 혼기가 정반대의 「ㄷ→ㅅ」의 혼기가 더 나타난다. 모두 2권 2책인데, 활자본(목판본)이다. 숙종 8년(1682)에 중간되었다. ≪마경언해(馬經諺解)≫라고도 한다.

이 책의 고판본은 세종대왕기념사업회・국립중앙도서관・장서각 등에 소장되어 있다.

(14) 벽온신방(辟瘟新方)

효종 4년(1653)에 간행된 의서인데, 단권으로 되어 있다. 중종 20년(1525)에 박세거(朴世擧) 등이 변찬한 ≪간이벽온방(簡易辟瘟方)≫을 수정한 것이다. 서울대학교 가람문고와 이화여자대학교 도서관 등에 소장되어 있다.

(15) 농가집성(農家集成)

효종 6년(1655)에 신숙(申洬)이 엮은 것을 간행한 권농서적(勸農書籍)이다. 세종대왕의 명으로 엮은 ≪농사직설(農事直說)≫, 주희(朱熹)의 권농문(勸農文), 세조 때 강희맹(姜希孟)이 지은 ≪금양잡록(衿陽雜錄)≫과 ≪사시찬요(四時纂要)≫ 등이 수록되어 있다. 이 책에 수록된 ≪농사직설≫은 편자가 수정한 것이나, 식물명을 이두식으로 표기한 것은 세종 때 모습을 그대로 보인 것이다. 한글로 표기한 두어 보기가 있고, ≪금양잡록≫ 등에도 식물명을 한글로 적어 놓았다. 단권으로 되었다.

(16) 경민편언해(警民篇諺解)

중종 때 김정국(金正國)이 엮은 ≪경민편≫을 효종 9년(1658)에 이후원(李厚源)이 한글로 번역하여 간행한 책이다.「ㄷ」,「ㅅ」두 종성간의 혼기의 방향이 「ㄷ→ㅅ」으로 거의 정착되어 간다. 단권으로 된 목판본이다. 중간본이 많이 전한다. 세종대왕기념사업회는 영조 24년(1748) 간본을 소장하고 있다.

(17) 어록해(語錄解)

중국 송(宋)나라 때의 이속어(俚俗語)를 모아 적은 ≪어록≫을 언해한 책이다. 퇴계(退溪) 이황(李滉)과 유희춘(柳希春) 및 퇴계의 제자들이 이를 분류 언해하였으나 불완전하였으므로, 효종 8년(1657)에 정양(鄭瀁)이 다시 수정 증보 간행하였는데, 1권 1책으로 되었다. 이 책은 서울대학교 가람문고에 소장되어 있다. 현종 10년(1669) 간본인 어록해는 서울대학교 일사문고와 가람문고, 규장각, 장서각, 세종대왕기념사업회 등에 소장되어 있다.

(18) 인조대왕행장(仁祖大王行狀)

효종 때 된 것으로 추정되는데, 일명 「션됴횡장(先祖行狀)」이라고도 한다.

(19) 신간구황촬요(新刊救荒撮要)

현종 1년(1660) 신숙(申洬)이 간행한 책인데, 1권 1책으로 된 목판본이다.

(20) 노걸대언해(老乞大諺解)

현종 11년(1670)에 당시 중국말 학습서인 ≪노걸대≫를 번역 간행한 것으로 보이는 상·하 2권 2책으로 된 책인데 활자본이다. 숙종 원년 (1675)의 내사본이 있으므로 숙종 원년의 간행이라고도 한다. 중국음의 표기나 번역이 숙종 3년(1677)의 ≪박통사언해(朴通事諺解)≫와 비슷하므로 이 책도 역관(譯官)인 변섬(邊暹)·박세화(朴世華) 등이 편찬한 것으로 여겨진다. 반치음 「ㅿ」자의 사용이 간혹 보인다. 끝소리에서 「ㅅ→ㄷ」의 혼기는 없어지고 「ㄷ→ㅅ」의 혼기뿐이며, 「ㄷ」 끝소리는 거의 다 「ㅅ」으로 바뀌어 표기하고 있다. 현재 규장각에 소장되어 있다.

(21) 첩해신어(捷解新語)

임진왜란 때에 일본으로 잡혀가 10년이나 있다가 돌아온 역관 강우성(康遇聖)이 편찬한 일본말 학습서이다. 일본 글자 오른쪽에 한글로 독음을 달고, 구절 단위로 한글로 번역을 붙였다. 모두 10권 10책의 활자본인데, 간기에 따라 숙종 2년(1676)에 간행된 것으로 인정되나, 원고는 대체로 광해군 10년(1618)에 만들어진 것으로 추정된다.

(22) 박통사언해(朴通事諺解)

숙종 3년(1677)에 변섬(邊暹)·박세화(朴世華) 등이 당시 중국말 학습서인 ≪박통사≫를 번역 간행한 책이다. 끝소리로서의 「ㅅ」과 「ㄷ」의 공존이 없어지고, 「ㄷ」이 「ㅅ」으로 통일된 7종성법으로 된다. 부록으로 최세진(崔世珍)이 지은 ≪노걸대집람(老乞大輯覽)≫과 ≪단자해

(單字解)≫를 수록하였다. 모두 3권 3책으로 된 목판본이다. 반치음「ㅿ」자의 사용이 간혹 보인다.

(23) 경세훈민정음도설(經世訓民正音圖說)

숙종 4년(1678)에 최석정(崔錫鼎)이 지은 문자 음운(文字音韻)에 관한 학적인 연구서인데 필사본이다. 일본 경도대학(京都大學) 하합문고(河合文庫)에 소장되어 있다.

(24) 역어유해(譯語類解)

숙종 16년(1690)에 신이행(愼以行)·김경준(金敬俊) 등이 편찬 간행한 중국말 어휘집인데, 모두 2권 2책으로 된 목판본이다. 천문(天文)·시령(時令)·기후(氣候) 등 60여 종의 내용별로 나누어, 중국의 낱말을 한자로 적고 그 발음과 우리말 뜻을 한글로 적었다. 특히 발음은 역사적인 것과 당대의 것을 좌우에 나란히 적고 있다. 끝소리에서 「ㄷ」을 완전히 제거한 7종성법을 지키고 있다. 영조 51년(1775) 간행인 ≪역어유해보(譯語類解補)≫는 1책으로 되어 있는데, ≪역어유해≫를 같은 체재로 보충하여 만든 책이다. 현재 규장각에 소장되어 있다. 장서각과 세종대왕기념사업회 등에서도 소장하고 있다.

(25) 신전자초방언해(新傳煮硝方諺解)

화약 제조법에 관한 책인데, 모두 1권 1책으로 되어 있다. 숙종 24년(1698) 남구만(南九萬)의 건의에 의하여 역관(譯官) 김지남(金指南)이 연경(燕京)에서 배워온 자초방(煮硝方)을 한글로 번역을 붙여 간행한 것이다. 정조 20년(1796)에 군기시(軍器寺)에서 중간된 중간본이 있다. 현재 규장각에 소장되어 있다.

(26) 왜어유해(倭語類解)

숙종 때 홍순명(洪舜明)이 지은 일본말 학습서인데, 모두 2권 2책으로 되어 있다. ≪첩해신어≫와 함께 왜어 역관(倭語譯官)의 과시용(科試用)으로 쓰이던 책이다. 각 장을 상하 2단에 나누어 한자를 위에 두고 그 밑에 한글로 음과 뜻을, 왜음(倭音)을 좌우 2행에 갈라 달고, 또 그 밑에 한글로 그것에 해당되는 왜어(倭語)를 적어 놓았다. 이 책의 간행 연대는 미상이나 숙종조 때 곧 17세기말로 추정된다.

(27) 팔세아(八歲兒)

숙종 29년(1703)에 신계암(申繼黯)이 편찬 발간한 만주말 학습서인데, 단권으로 되어 있다. 체재는 ≪소아론(小兒論)≫과 똑같으며, 내용은 8살 되는 어린이가 임금의 질문에 대답하는 내용으로 되어 있다. 정조 원년(1777)에 김진하(金振夏)가 수정한 것을 발간한 목판본으로 된 ≪신석팔세아(新釋八歲兒)≫가 있다.

(28) 소아론(小兒論)

숙종 때 신계암(申繼黯)이 편찬 발간한 만주말 학습서인데, 단권으로 되어 있다. 각 줄의 중앙에 만주 글자로 만주말을 쓰고, 그 오른쪽에 한글로 그 음을 적고, 한 구절마다 우리말로 그 뜻을 옮겨 놓았다. 내용은 3살 된 어린 아이와의 문답으로 되어 있다. 정조 원년(1777)에 김진하(金振夏)가 수정한 것을 발간한 ≪신석소아론(新釋小兒論)≫이 있다.

(29) 청어노걸대(淸語老乞大)

숙종 29년(1703)에 간행된 만주말 학습서인데, 모두 8권으로 된 목판본이다. 중국말 학습서의 ≪노걸대≫를 청나라 말 곧 만주말 학습서로 고친 것인데, 최후택(崔厚澤)의 편찬이다. 영조 41년(1765)에 김진하(金振夏)가 수정한 것을 발간한 ≪청어노걸대신석(淸語老乞大新釋)≫ 8권이 있다.

(30) 미타참절요(彌陀懺節要)

숙종 30년(1704)에 중[僧] 명연(明衍)이 번역한 것을 발간한 것인데, 단권으로 된 목판본이다. 이 책 끝에 있는 정원(淨源)의 발문에 의하면 ≪미타참경(彌陀懺經)≫의 글이 넓고 뜻이 깊어 처음 배우는 자가 보기에 어려우므로, 역자(譯者)가 그 절요(節要)를 적기(摘記)하여 언해한 것이라 했다.

(31) 오륜전비기언해(五倫全備記諺解)

경종 원년(1721)에 김창집(金昌集) 등이 편찬한 것을 간행한 중국말 학습서인데, 모두 8권 4책으로 되었다. 중국 명(明)나라 구준(丘濬)이 지은 ≪오륜전비(五倫全備)≫를 한글로 번역한 것이다. 오륜전(五倫全)·오륜비(五倫備) 형제가 서로 이야기하는 형식으로 어학 연습에 편리하게 하기 위하여 여러 책에서 좋은 구절을 뽑아서 각 한자 아래에 중국의 아속음(雅俗音)을 한글로 달아 놓았다. 후대의 중간본도 있다.

(32) 여사서언해(女四書諺解)

영조 때 임금의 명령에 따라 이덕수(李德壽)가 중국의 ≪여사서≫, 곧 후한(後漢) 조대가(曹大家)의 ≪여계(女誡)≫, 당(唐)나라 송약소(宋若昭)의 ≪여논어(女論語)≫, 명(明)나라 인효문황후(仁孝文皇后)의 ≪내훈(內訓)≫, 명나라 왕절부(王節婦)의 ≪여범(女範)≫ 등 네 가지 책을 모아서 언해한 것을 영조 12년(1736)에 간행한 책이다. 이 책에서 끝소리를 보면「ㅅ」,「ㄷ」의 혼기의 방향이 이 때의 규칙인「ㄷ→ㅅ」의 것과 정반대인「ㅅ→ㄷ」으로 잡고 있으니, 16세기 말엽의 ≪소학언해≫와 ≪사서언해≫에서 보이던 결과라 하겠다. 모두 4권 3책으로 된 활자본인데, 일명 ≪어제여사서언해(御製女四書諺解)≫라고도 한다. 현재 원간본이 규장각에 소장되어 있다.

(33) 어제소학언해(御製小學諺解)

영조 때 임금의 명령에 따라 이미 간행된 ≪소학언해≫를 다시 수정한 것을 영조 20년(1744)에 간행한 책이다. 이 책은 모두 6권 4책으로 된 목판본인데, 현재 전질이 장서각 등 몇 곳에 소장되어 있다.

(34) 어제상훈언해(御製常訓諺解)

영조가 세자와 뒤의 임금을 위하여 지은 교훈서인 ≪어제상훈≫을, 경서 언해의 체재에 따라 언해하여 영조 21년(1745)에 간행한 책이다. 이 책은 이 때의 7종성법을 지키지 못하고「ㄷ」과「ㅅ」을 혼기하고 있다. 활자본 1책이다. 현재 원간본은 박종국님 등 몇 곳에 소장되어 있다.

(35) 물보(物譜)

연대는 확실치 않으나 늦어도 영조 21년(1745)부터 순조 26년(1826) 사이에 된 것으로 추정되는 어휘집이다. 물명을 한자로 적고 그 아래 한글로 우리말 이름을 붙여서 엮은 것이다. 한글로 실린 낱말은 1,000개 남짓하다. 이 책은 성호(星湖) 이익(李瀷)의 종손(從孫)인 이가환(李嘉煥)과 그의 아들 이재위(李載威)가 편찬한 책인데, 수사본이다.

(36) 화동정음통석운고(華東正音通釋韻考)

영조 23년(1747)에 박성원(朴性源)이 지은 책이다. 정조 임금이 정조 11년(1787) 책머리에 정음통석 서(正音通釋序)를 써서 간행시켰기 때문에 《정음통석》이라고도 하며, 또 약칭으로 《화동정음》이라고도 한다. 《삼운통고(三韻通考)》와 《사성통해(四聲通解)》에 의거하여 당시의 우리나라와 중국의 한자음을 밝힌 운서다. 그리고 이 책의 범례에 그의 한글에 관한 견해가 적혀 있는데, 그 속에 입술소리로서 ◇자가 들어 있어 주목을 끈다. 모두 2권 1책으로 되어 있다.

(37) 송강가사(松江歌辭)

정철(鄭澈)의 가사와 시조를 수록한 책이다. 사본으로 전하는 것도 있으나 완전하지 못하고, 목판본으로 알려지기는 황주본(黃州本)·의성본(義城本)·관북본(關北本)·성주본(星州本)·관서본(關西本)의 다섯 종류인데, 현재 황주본(黃州本: 일명 李選本, 숙종16~24년?), 성주본(星州本: 영조 23년, 1747), 관서본(關西本: 영조 44년, 1768)의 세 가지 판본(版本)이 전한다.

(38) 동문유해(同文類解)

영조 24년(1748)에 현문항(玄文恒)이 편찬하여 간행한 책인데, 모두 2권 2책으로 된 목판본이다. 이 책은 만주말의 사전류(辭典類)로서, 천문(天文)·시령(時令)·지리(地理) 등 항목별로 가르고 한자와 우리말로 만주말 밑에 주(註)를 달아 놓았다.

(39) 훈민정음운해(訓民正音韻解)

영조 26년(1750)에 신경준(申景濬)이 지은 국어 음운 연구서이다. 내용은 초성·중성·종성의 풀이와 용자례(用字例)의 네 부로 되어 있는데, 그는 이 책에서 낱자(자모)를 36으로 하고, 병서는 갈바쓸 것을 주장하고, 홀소리에 「‥」(=ㅣ+·) 등을 첨가하고 있다. 이 책은 일명 ≪훈민정음도해(訓民正音圖解)≫라고도 한다. 숭전대학 중앙도서관에 소장되어 있다.

(40) 삼운성휘(三韻聲彙)

영조 27년(1751)에 홍계희(洪啓禧)가 엮은 것을 발간한 운서로서 모두 3권 3책으로 되었다. 이 책의 특색은 한자의 조선화를 확인하여 재래의 조선의 운서가 한갓 중국음을 맹종한 잘못을 바로잡아, 우리 음을 표준해서 지었다는데 있다. 이 책의 초간본은 장서각 등에 소장되어 있고, 세종대왕기념사업회는 영조 45년(1769) 간본을 소장하고 있다.

(41) 천의소감언해(闡義昭鑑諺解)

경종(景宗)이 즉위한 뒤 질병이 있고, 또 자손이 없으므로 영조(英祖)를 세자로 책봉하게 된 데 대하여, 그 이유를 천명하여 후세에 밝힌 글을 한글로 번역한 것을 영조 31년(1755)에 간행한 것인데, 모두 5권 5책으로 된 목판본이다. 이 때의 7종성법을 철저하게 지키고 있다. 「ㄷ」 끝소리는 보이지 않는다.

(42) 어제훈서언해(御製訓書諺解)

영조의 훈서(訓書)인 교민(敎民)·애민(愛民)·예신(禮臣) 등에 관한 글을 언해하여 영조 32년(1756)에 간행한 것인데, 1책으로 되어 있다.

(43) 계주윤음(戒酒綸音)

영조 33년(1757)에 대신(大臣)·재상(宰相) 이하 문무 백관에게 술을 금할 것을 명한 유시문(諭示文)이다. 한글로 음과 뜻을 풀이하여 일반 백성에게 공포하기 위하여 간행한 것인데, 단권으로 된 활자본이다. 이 때의 7종성법을 철저하게 지키고 있다. 이 책은 ≪어제계주윤음(御製戒酒綸音)≫이라고도 한다.

(44) 화엄경행원품(華嚴經行願品)

이 책의 원명은 ≪대방광불화엄경입불사의해탈경계보현행원품(大方廣佛華嚴經入不思議解脫境界普賢行願品)≫이다. 영조 36년(1760)에 간행되었는데, 모두 2권으로 되었다. 그 첫째 권은 순한문 줄과 그 한자음에 토를 단 한글 줄이 병행으로 되어 있고, 둘째 권에는 그 내용을 순한글로 번역하였다.

(45) 박통사신석언해(朴通事新釋諺解)

영조 때 김창조(金昌祚)가 본래의 ≪박통사≫를 많이 수정하여 ≪박통사신석≫을 만들고, 다시 언해한 것을 영조 41년(1765)에 간행한 책인데, 모두 3권 3책으로 되어 있다.

(46) 어제백행원(御製百行源)

영조가 지은 것으로 효행(孝行)이 백행(百行)의 첫째임을 깨우쳐 세도(世道)를 진흥시키고자 한 것을 한글로 번역하여 영조 41년(1765)에 간행한 책인데, 1권으로 되어 있다.

(47) 몽어유해(蒙語類解)

영조 때 이억성(李億成)이 편찬한 것을 영조 44년(1768)에 간행한 몽고말 어휘집인데, 모두 2권으로 된 활자본이다. 한자로 천문(天文)·시령(時令)·지리(地理)·인륜(人倫) 등으로 갈라 낱말을 적고, 그 밑에 우리말로 번역하고, 다시 몽고말 발음을 우리말로 적어 놓았다.

(48) 십구사략언해(十九史略諺解)

중국 명(明)나라 여진(余進)의 ≪십구사략통고(十九史略通攷)≫ 제1권을 번역하여 영조 48년(1772)에 간행한 책인데, 모두 2권 2책으로 되어 있다. 통칭 ≪사략언해≫라 한다. 순조 4년(1804)에 중간되었다. 말첫머리 된소리의 표기는 ㅅ계 합용병서와 ㅂ계 합용병서가 동시에 사용되어 「ㅺ, ㅼ, ㅽ, ㅆ, ㅲ, ㅳ, ㅄ, ㅴ, ㅵ」 등이 보인다. 그리고 각자병서에는 「ㅆ」만이 사용되고 있다44). 이 때의 7종성법을 철저하게 지키고 있다. 현재 고판본은 국립중앙도서관에 소장되어 있다. 또 세종대왕기념사업회·서울대학교 가람문고·연세대학교 도서관 등에 소장되어 있다.

(49) 역어유해보(譯語類解補)

영조 51년(1775)에 숙종 때 발간한 ≪역어유해≫를 같은 체재로 보충한 것인데, 1책으로 되어 있다. 이 책은 목판본인데, 규장각·장서각·세종대왕기념사업회 등에 소장되어 있다.

(50) 염불보권문(念佛普勸文)

영조 52년(1776)에 해인사(海印寺)에서 간행한 1권으로 된 목판본이다. 숙종 30년(1704)에 된 ≪대미타참약초요람보권염불문(大彌陀懺略抄要覽普勸念佛文)≫과 거의 같은 내용의 글과 순 한글의 ≪회심곡≫과 ≪유마경≫·≪불설아미타경(佛說阿彌陀經)≫의 언해가 있다. 서울대학교 일사문고에 소장되어 있다.

(51) 언해납약증치방(諺解臘藥症治方)

영조 때 간행된 것으로 추정되는 환약 처방 해설집인데, 1책으로 된

---

44) 홍윤표 : 앞든 책 196쪽 참고.

활자본이다. 우황 청심원(牛黃淸心元)·소합원(蘇合元) 등의 상비 구급약을 매년 12월에 조제하여 투약(投藥)하는 방법을 기록하고, 한글로 주석을 달았다.

(52) 명의록언해(明義錄諺解)

정조 원년(1777)에 간행한 책인데, 모두 3권으로 되어 있다. 김치인(金致仁) 등이 편찬한 것이다. 영조 병신년에 정후겸(鄭厚謙)·홍인한(洪麟漢) 등이 세손(世孫: 뒤의 正祖)의 대리청정(代理聽政)을 반대하여 일으킨 반역을 다스린 사실이 기록되어 있다. 전문(全文)이 한글로 되었다. 이 때의 7종성법을 철저하게 지키고 있다.

(53) 방언집석(方言輯釋)

정조 2년(1778)에 홍명복(洪命福) 등이 엮은 동양의 언어집인데, 모두 4권으로 된 사본이다. 책의 체재는 중국말을 기본으로 하여 그 밑에 중국 근대어·청어(淸語)·몽고말·일본말을 각각 한글로 표기하여 놓았다.

(54) 한청문감(漢淸文鑑)

이수(李洙) 편찬의 한어·만주말 사전인데, 정조 3년(1779)경 간행으로 추정된다. 이 책은 청(淸)나라 때 ≪증정한청문감(增訂漢淸文鑑)≫을 대본으로 한 것인데, 만주말을 천부(天部)·시령부(時令部)·지부(地部) 등으로 구분 기록하고, 거기에 한문과 우리말로 뜻을 쓰고, 또 한글로 만주말 발음을 표기하고 있다. 이 시기의 7종성법을 철저하게 지키되 「받[田]」만은 「ㄷ」 끝소리를 쓰고 있다. 모두 15권으로 된 목판본이다. 프랑스 파리 동양어학교, 일본 동경대학에 소장되어 있다.

(55) 자휼전칙(字恤典則)

정조 7년(1783)에 간행한 책이다. 내용은 정조 7년 흉년으로 굶주려 죽어가는 사람이 많게 되자 구제의 길을 열고자 하여 내린 칙교(勅敎)로서, 굶주린 백성을 구제하는 방법들이 씌어 있는데, 앞부분은 한문에 이두를 섞은 글로 되었고, 뒷부분은 앞의 것을 한글로 번역해 놓았다. 이 책은 일종의 윤음(綸音)인데, 단권으로 된 활자본이다.

(56) 병학지남(兵學指南)

정조 명찬으로 명(明)나라 장수 척계광(戚繼光)의 병서(兵書)인 ≪기효신서(紀效新書)≫에서 군대의 조련 방법에 관한 부분을 요약하여 만든 책이다. 숙종 10년(1684)의 간본은 권2에도 언해가 있으나, 그 이전의 간본은 권1에만 언해가 있다. 정조 11년(1787)에 간행한 책은 모두 5권 1책으로 된 목판본이다. 이 정조 11년 간본은 장서각·세종대왕기념사업회·박종국님 등이 소장하고 있다.

(57) 가체신금사목(加髢申禁事目)

영조·정조 시대에 유행되었던 부인들의 큰머리 얹는[加髢] 일에 대해 정조 12년(1788) 10월에 금지령을 내리고, 그것을 순 한글로 적어 같은 해에 간행한 것이다. 단권으로 된 목판본이다.

(58) 고금석림(古今釋林)

　정조 13년(1789)에 이의봉(李義鳳)이 편찬한 방대한 사서(辭書)이다. 약 1천 500종의 문헌에서 동방의 여러 나라 어휘 수만을 뽑아 모은 책이다. 특히 부록 권40에「나려이두(羅麗吏讀)」라 하여 172종의 이두를 자수에 따라 분류한 다음 한글로 독음을 달고 풀이했다. 또 이 ≪고금석림≫의 일편인 원명이학(元明吏學)에서 이문의 해석에 한글을 보용(補用)했으며, 삼학역어(三學譯語)편에서는 어휘를 ≪왜어유해(倭語類解)≫에서 가져와 일자(一字)·이자류(二字類)로 나열하고 일본말 이에 만주말·몽고말을 나란히 썼다. 이 책은 모두 11항목으로 된 40권의 사본이다.

(59) 첩해몽어(捷解蒙語)

　정조 14년(1790)에 간행된 몽고말 학습서인데, 모두 4권으로 된 목판본이다. ≪신번첩해몽어(新飜捷解蒙語)≫라고도 한다. 원래 영조 때의 사역원(司譯院) 이억성(李億成)이 전래하여 오던 책의 오류(誤謬)를 방효언(方孝彦)이 교정하고, 김형우(金亨宇)가 사재로 간행한 것이다. 이 책의 체재는 ≪첩해신어(捷解新語)≫·≪몽어노걸대(蒙語老乞大)≫와 같다.

(60) 무예도보통지언해(武藝圖譜通志諺解)

　정조의 명령으로 정조 14년(1790)에 ≪무예도보통지≫를 한글로 번역하여 간행한 ≪무예도보통지≫의 부록으로, 우리나라의 전통무예를 잘 보여준다. 1권 1책의 목판본이다. ≪무예도보통지≫는 원래 선조 때에 된 책인데, 정조의 명에 따라 이덕무(李德懋)·박제가(朴齊家) 등이 증보 수정한 것이다. 본래 원문 4권, 언해 1권으로 된 것을 언해본만 따로 떼어서 1권으로 만들었다.

(61) 증수무원록언해(增修無冤錄諺解)

정조의 명에 따라 법의학(法醫學) 서적인 ≪무원록≫을 서유린(徐有隣)이 번역한 것을 정조 15년(1791)에 간행한 책인데, 모두 3권 2책으로 된 목판본이다. 이 책은 당시 7종성법을 철저하게 지키고 있다. 현재 규장각·장서각·국립중앙도서관·국사편찬위원회·세종대왕기념사업회 등에 소장되어 있다.

(62) 규장전운(奎章全韻)

정조 20년(1796) 임금의 명령에 따라 규장각(奎章閣)의 여러 신하, 주로 이덕무(李德懋)가 편찬한 운서(韻書)이다. 이 책은 한자를 사성(四聲)에 의하여 소리의 높고 낮음을 구별하여 놓았다. 특히 한글로 글자의 음을 붙여 놓아서 우리나라 한자음 연구에도 귀중한 자료이다. 모두 2권 1책으로 되었다.

(63) 경신록언석(敬信錄諺釋)

정조 20년(1796) 양주 불암사(佛巖寺)에서 간행한 책이다. 이 책은 도교(道敎)의 문헌에서 인과응보(因果應報)의 경신(敬信)에 대한 것을 모은 ≪경신록≫ 중에서 긴요한 것을 뽑아 한글로 번역하여 한문본과 별도로 간행하였는데, 1권 1책으로 된 목판본이다. 현재 원간본은 장서각에, 고종 17년(1880) 간본은 세종대왕기념사업회 등에 소장되어 있다.

(64) 오륜행실도(五倫行實圖)

정조 21년(1797)에 이병모(李秉模) 등이 편찬한 것을 목활자로 발간한 수신서이다. 임금의 명을 받아 ≪삼강행실도≫와 ≪이륜행실도≫를 합치고 조금 고쳐서 낸 것이다. 오륜(五倫)에 뛰어난 사람 150명의 행적을 그림을 그리고 한문으로 기록하고, 또 한글로 번역하였다. 모두 5권 4책으로 되었다. 말첫머리 합용병서는 ㅅ계와 ㅂ계가 동시에 사용되고 있으나, ㅅ계가 훨씬 우세하게 사용되고 있다. 각자병서는 거의 보이지 않는다. 그리고 「ㆍ」는 「ㆍ」와 「ㅏ」가 혼기되어 있다45). 원간본은 세종대왕기념사업회·규장각·국립중앙도서관·장서각 등에 소장되어 있다.

(65) 제중신편(濟衆新編)

정조 때 임금의 명령에 따라 강명길(康命吉)이 고금의 의서(醫書)를 참고하여 편찬한 것을 정조 23년(1799)에 발간한 한방의서이다. 약물명(藥物名)을 우리말로 적어 놓았다. 모두 8권 5책으로 된 활자본이다. 이 책은 박종국님과 성균관대학교 도서관과 고려대학교 도서관에 소장되어 있다.

(66) 윤음언해(綸音諺解)

---

45) 홍윤표 : 앞든 책 313~315쪽 참고.

임금이 백성에게 내린 조칙(詔勅)을 윤음(綸音)이라 말하는데, 이 윤음을 널리 보급시키기 위하여 대개 한글로 번역되어 있다. 조선 영조 이후 많은 윤음이 언해되었는데, 이는 국어사 연구에 귀중한 자료가 된다. 현재 정조조 간본인 「윤음언해」는 규장각·장서각에 많이 소장되어 있고, 세종대왕기념사업회는 헌종 5년(1839) 간본을 소장하고 있다.

(67) 인어대방(隣語大方)

18세기말에 된 것으로 보이는 일본말 학습서이다. 확실치는 않으나 일본에서의 한국말 학습서로 대마도 사람이 편술한 것이 아닌가 여겨진다. 책의 체재가 일본 문장을 먼저 적고, 다음에 한글로 번역해 놓았으므로, 조선조 사역원에서 일본말 학습서로 사용되었다. 모두 10권 5책으로 된 목판본이다. 말첫머리 된소리의 표기는 ㅅ계 합용병서와 「ㄲ, ㄸ, ㅆ」의 각자병서로 하였다. ㅂ계 합용병서는 하나도 보이지 않고 「ㅃ」도 보이지 않는다. 어말 어미 「ㅅ」과 「ㄷ」은 모두 「ㄷ」으로 표기 된다46).

(68) 아언각비(雅言覺非)

우리나라의 속어(俗語)를 어원적(語源的)으로 고증한 책이다. 정조 때 정약용(丁若鏞)이 지은 것이다. 당시 한자의 사용에 착오가 많아 이를 고치기 위하여 쓴 것인데, 약 200항목에 달한다. 모두 3권 1책으로 된 사본이다.

(69) 화음방언자의해(華音方言字義解)

---

46) 홍윤표 : 앞든 책 352~353쪽 참고.

정조 때 황윤석(黃胤錫)이 지은 것인데, 그의 문집 ≪이재유고(頤齋遺稿)≫에 전한다. ≪이재유고≫ 권25의 잡저(雜著) 중의 한 항목으로 같은 책 21장부터 47장에 걸쳐 약 150항목의 우리말 어원을 한어(漢語)로 설명한 것이다. 국내외 사서(史書)에 수록되어 있는 지명·인명·방언 등에 나오는 어휘들을 한자음의 변천에서, 또는 중국말·범어·여진말 등과의 비교 연구에서 그 어원 및 변천 과정을 설명하였다.

(70) 신간증보삼략직해(新刊增補三略直解)

순조 때 중국 명(明)나라 유인(劉寅)이 지은 ≪삼략직해≫를 번역하여 순조 5년(1805)에 간행한 책이다. 본래 ≪삼략(三略)≫이란 진(秦)나라 말엽의 황석공(黃石公)이 장양(張良, 자는 子房)에게 준 병법서(兵法書)이다. 모두 3권 1책으로 된 목판본이다.

(71) 언문지(諺文志)

순조 24년(1824)에 유희(柳僖)가 지은 ≪문통(文通)≫ 권19에 수록되어 전하는 국문연구서이다. 내용은 정음(正音)의 낱자(자모)를 밝혀 풀어 놓은 것으로 저자의 서문과 초성례(初聲例)·중성례(中聲例)·종성례(終聲例)·전자례(全字例)의 4부로 되어 있다. 그 중 국어학사에서 문제되는 것은 한글의 기원을 몽고 문자에 둔 것, 순중(脣重)과 순경(脣輕), 정치(正齒)와 치두(齒頭)의 구별을 없앤 것, 된소리 표기에 각자병서를 주장한 것, 홀소리「·」의 소리값이「ㅏ」와「ㅡ」의 중간음이라 한 것, 국어에서 사성(四聲)이 필요하지 않다는 것, 입천장소리 되기[口蓋音化]에 관련한 증언 기록 등이라 하겠다. 이 책은 사본이다.

(72) 아희원람(兒戱原覽)

순조 때 장혼(張混)이 아이들을 위하여 지은 책인데, 단권으로 되어 있다. 이 책은 천지(天地)·국속(國俗)·인사 등에 관한 것을 널리 수록하였다.

(73) 물명고(物名考)

순조 때 유희(柳僖)가 지은 책인데, 모두 5권 2책으로 된 사본이다. 광대한 부문에 걸쳐 모든 물명을 자세히 기록하였다. 일명 ≪유씨물명고(柳氏物名考)≫라고도 한다.

(74) 척사윤음(斥邪綸音)

헌종 5년(1839) 사도(邪道)의 폐독(弊毒)을 구제하기 위하여 국민에게 내린 윤음이다. 조선 태조 이후 역대의 교훈·격언 등을 모아 사(邪)를 배척하고 귀정(歸正)의 길을 가르친 것이다. 이 책은 조인영(趙寅永)에 의하여 만들어진 것으로 한글로 번역한 것인데, 1권으로 되어 있다. 이 윤음은 세종대왕기념사업회 등에 소장되어 있다. 또 고종 18년(1881)에 만든 기독교 배척 윤음이 있다. 한글로 해석을 붙였는데, 활자로 인쇄되었다.

(75) 언음첩고(諺音捷考)

헌종 12년(1846)에 석범(石帆)이 우리말의 소리나 한자음을 구별하기 위한 편람으로 만들었는데, 모두 2권 1책으로 되었다.

(76) 태상감응편도설언해(太上感應篇圖說諺解)

철종 3년(1852)에 간행한, 선(善)·악(惡)의 종류를 말한 도교서(道敎書)이다. 서문에 따르면 헌종 14년(1848)에 ≪태상감응편도설≫을 간행하고, 뒤에 다시 만주 글자·한문자의 ≪선악소보도설(善惡所報圖說)≫을 구하여 철종 3년에 그 도상(圖像)과 한문자는 원본대로 두고 만주 글자만 한글로 고쳐 인출하였다. 이 시기의 7종성법을 철저하게 지키고 있다. 모두 5권으로 된 목판본이다.

(77) 관성제군명성경(關聖帝君明聖經)

철종 6년(1855)에 간행된 책인데, 1권으로 된 목판본이다. 관우(關羽)를 모시는 관성교(關聖敎)에 관한 책이다.

(78) 경신록언해(敬信錄諺解)

이 책은 고종의 명에 따라 최성환(崔瑆煥)이 고종 17년(1880)에 도교(道敎)의 여러 설(說) 및 각종 응보(應報)의 사적을 모은 중국의 ≪경신록(敬信錄)≫을 순 한글로 번역하여 간행한 책인데, 1책으로 된 목판본이다. 이 간본은 세종대왕기념사업회 등에 소장되어 있다. 일명 ≪경신록언석(敬信錄諺釋)≫이라고도 한다.

(79) 화어류초(華語類抄)

작자 및 연대 미상인 중국말과 국어의 대역 어휘집인데, 1권 1책으로 된 활자본이다. 체재는 중국말의 어휘를 천문(天文)·시령(時令)·기후(氣候) 등으로 분류하여 어휘를 배열하고, 한글로 당시의 중국음을 달고 상대되는 국어를 주석하는 방식으로 되어 있다. 이 책은 ≪화음계몽(華音啓蒙)≫, ≪화음계몽언해(華音啓蒙諺解)≫와 관련이 깊은 책으로 고종 20년(1883)의 간행으로 추정된다.

(80) 화음계몽언해(華音啓蒙諺解)

작자 및 연대 미상인 중국말 회화서인데, 모두 2권으로 된 활자본이다. 이 책은 고종 20년(1883)에 이응헌(李應憲)이 지은 ≪화음계몽≫을 번역한 것인데, 혹시 한문본인 ≪화음계몽≫을 지은 저자 이응헌 자신이 번역한 것이 아닌가 여겨진다. 이 책은 ≪화어류초(華語類抄)≫와 관련이 깊은 책으로 고종 20년의 간행으로 추정된다.

(81) 방약합편(方藥合編)

고종 22년(1885)에 간행한 의약서로서 1권으로 되었다. 이 책은 본래 황도연(黃度淵)이 지은 것인데, 그의 아들 황필수(黃泌秀)가 이를 편찬하였다. 약물(藥物)의 우리말 이름을 한글로 적어 놓았다..

(82) 유서필지(儒胥必知)

저자와 간행 연대가 미상이다. 내용은 각종 공문 서식을 실은 것인데, 부록에 이두휘편(吏讀彙編)이라 하여 230가지의 이두를 자수(字數)에 따라 분류, 한글로 그 읽는 법을 보였다. 이 독법에 의하면 19세기 말기의 책임을 알 수 있다. 현재 간년 미상의 유서필지는 규장각·국립중앙도서관·세종대왕기념사업회 등에 소장되어 있다.

(83) 그 밖에 자료

① 중간 및 개찬본

≪악학궤범≫(광해군 2년, 1610), ≪용비어천가≫(광해군 4년, 1612), ≪훈몽자회≫(광해군 5년, 1613), ≪삼강행실도≫(영조 5년, 1729), ≪이륜행실도≫(영조 5년, 1729), ≪경민편언해≫(영조 6년, 1730), ≪어제내훈≫(영조 12년, 1736), ≪청어노걸대신석(淸語老乞大新釋)≫(영조 41년, 1765), ≪십구사략언해≫(순조 4년, 1804).

② 신간본

≪계축일기(癸丑日記)≫(광해군 5년, 1613), ≪산성일기(山城日記)≫(인조 때), ≪청구영언(靑丘永言)≫(영조 4년, 1728), ≪청어노걸대신석(淸語老乞大新釋)≫(영조 41년, 1765), ≪훈음종편(訓音宗編)≫(영조 때), ≪일동장유가(日東壯遊歌)≫(영조 39년, 1763), ≪해동가요(海東歌謠)≫(영조 39년, 1763), ≪전율통보(典律通補)≫(정조 9년, 1785), ≪불우헌집(不憂軒集)≫(정조 10년, 1786), ≪청장관전서(靑莊館全書)≫(정조 19년, 1795), ≪고산유고(孤山遺稿)≫(정조 22년, 1798), ≪주영편(晝永編)≫(순조 6년, 1806), ≪한중록(閑中錄)≫(순조 때), ≪의유당일기(意幽堂日記)≫(순조 때), ≪오주연문장전산고(五洲衍文長箋散稿)≫의「언문변증설(諺文辨證說)」(헌종 때), ≪자류주석(字類註釋)≫(철종 7년, 1856), ≪동문자모분해(東文字母分解)≫(고종 6년, 1869), ≪교방가요(敎坊歌謠)≫(고종 9년, 1872), ≪가곡원류(歌曲源流)≫(고종 13년, 1876), ≪한불ᄌ뎐(韓佛字典, Dictionnaire Coréen-Français)≫(고종 17년, 1880), ≪누가복음≫·≪요한복음≫(고종 19년, 1882), ≪성교감략(聖敎鑑略)≫(고종 20년, 1883), ≪마가복음≫(고종 21년, 1884), ≪한성주보(漢城周報)≫(고종 23년, 1886), ≪한영ᄌ전(韓英字典)≫(고종 27년, 1890), ≪한영영한

자전≫(고종 29년, 1890).

③ 그밖에 자료

사본(寫本)과 판각본으로 전하는 방대한 소설(小說), 판소리 사설 및 언간(諺簡)이 전한다.

결론적으로 이상의 자료들을 왕대별로 특징을 말하고자 한다.

임진왜란이 끝난 뒤인 17세기초(선조 말기)에 맨 처음 나온 문헌은 아마 의서(醫書)와 시가집(詩歌集)인 듯하다.

광해군 때에는 임진왜란으로 망실된 중요 문헌의 중간(重刊)이 많으며, 신간으로서도 수신서와 병서가 있다.

인조 때에는 예제에 관한 문헌과 병서 및 문학서가 주로 발간되었다.

효종 때에는 개찬된 의서와 농서 및 수신서가 주로 발간되었다.

현종 때에는 의서와 개역본인 중국말 학습서가 발간되었다.

숙종 때에는 중국말 학습서·일본말 학습서·만주말 학습서 등의 역학서(譯學書)가 많이 발간되었고, ≪훈민정음해례≫가 나온 이래 최초의 국어학 연구서(주로 음성과 글자)인 ≪경세훈민정음도설(經世訓民正音圖說)≫이 최석정에 의해 지어져 나왔다.

경종 때에는 중국말 학습서가 나왔다.

영조 때에는 수신서와 외국말 학습서를 비롯한 다양한 문헌이 중간·개찬·신간되었다. 그리고 이때 우리말과 글자에 관한 연구 문헌이 나왔는데, 그 중에서도 훈민정음에 대한 음운학적·역학적(易學的) 연구를 시도한 이론서인 ≪훈민정음운해≫가 신경준에 의해 지어져 나왔다. 또 이때 문학서가 다양하게 많이 나왔다. 외국말 학습서도 이때에 와서 더 활발히 간행되었다.

정조 때에는 영조 때와 비슷하게 외국말 학습을 위한 문헌과 국어 국자에 관한 연구 문헌이 많이 발간되었고, 또 윤음(綸音)이 있다는 것이다. 그리고 이때에도 문학서가 많으며, 이두(吏讀)에 관한 자료집이 많이 발간되었다.

순조 때에는 훈민정음에 대한 과학적 연구를 시도한 국어 문자·음성 연구서인 《언문지》가 유희에 의해 지어져 나왔다. 또 문학서가 나왔다.

헌종 때에는 국어사전격의 《언음첩고》가 나왔고, 또 문학서가 발간되었다.

철종·고종 때에는 이두 자료를 비롯하여 문학서가 많으며, 종교서적, 사전류, 언간류, 신문류 등이 있음이 특이하다.

3. 음운

근대국어는 앞의 개관에서도 언급한 바와 같이 여러 가지 여건이 순조롭지 못하였던 관계로 아직 17, 18, 19세기의 세기별 공시적 연구가 덜된 상태이므로 통시적 연구가 어려운 상태이나 다행히 요즈음에 와서 이에 대한 관심이 커져 가고 있는 추세이다. 실제로 이 시기에 국어는 음운적으로 적지 않은 변화를 겪었으니, 변화의 싹은 임진왜란이 일어나기 전인 16세기에서부터 이미 나타나기 시작하였다. 그러나, 근대국어로 들어오면서 그 변화의 양상이 뚜렷해졌다고 하겠다. 근대국어 시기 3세기 동안을 놓고 볼 때, 17세기의 국어 음운이 중세국어 음운 체계의 영향을 막 벗어나려고 하고 있다면, 19세기의 국어 음운은 현대국어의 음운 체계와 거의 비슷한 음운 체계를 가지고 있다[47]

---

47) 박병채 : 앞든 책 228쪽 등을 참고하여 정리하였다.

하겠다.

(1) 음운 체계

(1-1) 닿소리 체계

근대국어의 닿소리 음소는 15세기 국어의 닿소리 음소 26개에서 15세기 하반기부터 16세기말 중세국어 시기가 끝날 때까지 소실된 음소 7개(ㅸ, ㆆ, ㆅ, ㅇㅇ, ㅥ, ㅿ, ㆁ)를 뺀 19개 음소 체계라 하겠다.

　예사소리 : ㄱ, ㄷ, ㅂ, ㅅ, ㅈ
　흐린소리 : ㄴ, ㄹ, ㅁ, ㅇ
　거센소리 : ㅊ, ㅋ, ㅌ, ㅍ, ㅎ
　된 소 리 : ㄲ, ㄸ, ㅃ, ㅆ, ㅉ (ㅺ·ㅴ, ㅼ·ㅵ·ㅷ, ㅽ, ㅾ, ㅵ)

이 17세기의 닿소리 체계는 18, 19세기에 이어 그대로 현대국어에 연결되니, 지금말의 19닿소리 체계는 16세기말 17세기 초에 완성되었다 하겠다.

(1-2) 홀소리 체계

근대국어의 홀소리 체계에 있어서 두드러진 큰 변화는 「ㆍ」 음소가 그 둘레의 소리인 「ㅏ, ㅗ, ㅡ」 따위로 합류되어 사라지고, 이에 따라 「ㆎ」는 「ㅐ」[aj]로 합류하며, 겹홀소리 「ㅐ, ㅔ」[aj, əj]가 홑홀소리 [ɛ], [e]로 변화함에 따라 홀소리 체계가 변화한다.

(1-2-1) 17세기의 홀소리 체계

이 시기는 7홀소리 체계이다.

ㅣ, ㅡ, ㅜ, ㅓ, ㆍ, ㅗ, ㅏ (「j」을 넣으면 8개)

(1-2-2) 18세기의 홀소리 체계

이 시기(18세기 중반)는 홀소리 「ㆍ」 음소가 소실되기 때문에 6홀소리 체계가 된다.

ㅣ, ㅡ, ㅜ, ㅓ, ㅗ, ㅏ (「j」을 넣으면 7개)

(1-2-3) 19세기의 홀소리 체계

이 시기(18세기 말에서 19세기)는 「ㆎ」는 「ㅐ」[aj]로 합류하며, 겹홀소리 「ㅐ, ㅔ」[aj, əj]가 홑홀소리인 [ɛ], [e]로 변하므로 8홀소리 체계가 된다.

ㅣ, ㅡ, ㅜ, ㅔ, ㅓ, ㅗ, ㅐ, ㅏ (「j」을 넣으면 9개)

한편 「ㅚ, ㅟ」[oj, uj]도 홑홀소리로 바뀌어 가는 경향이 현저하게 나타나게 되어 [ø], [y]가 새로운 음소로 등장될 기세이다.

이러한 변화는 두겹홀소리와 세겹홀소리 체계를 완전히 뒤흔들고 있다.

(2) 음운 체계의 변천

(2-1) 닿소리의 변천

(2-1-1) 말첫머리 ㅂ-계 닿소리떼의 된소리 되기

ㅄ-계 말첫머리 닿소리떼[語頭子音群]는 16세기부터 동요하기 시작

하여 17세기에는 된소리로 된 것도 있고, ㅂ-계 말첫머리 닿소리떼와 합류한 것도 있었는데, ㅂ-계는 17세기 말에서 18세기 초에 동요하기 시작하여, 18세기 전반기에 완전히 된소리가 되었다[48].

17세기 초엽의 문헌인 ≪동국신속삼강행실도≫(1617)에 「ㅄ」, 「ㅅ」, 「ㅂ」의 혼동이 나타나고 있다[49].

 뼈뎌<효 3 : 43>
 써디니라<효 4 : 29>
 뼈디니라<효 2 : 84>
 쁴려<충 1 : 46>
 끄리오<효 8 : 8>
 브려<효 6 : 44>

이러한 혼동의 현상은 「ㅄ-계」, 「ㅅ-계」, 「ㅂ-계」가 사실상 구별되지 않았음을 입증하는 것이다. 그러나, 실제로 「ㅂ-계」와 「ㅅ-계」 곧 「ㅵ」과 「ㅺ」, 「ㅄ」과 「ㅆ」의 혼동이 나타난 것은 ≪중간두시언해≫(1632)의 「쁟」을 제외하면, 17세기 후반의 일이다. 특히 「ㅆ」 표기가 나타난 것은 ≪왜어유해≫(17세기말 추정)에서부터의 일이다.

 쫄[鹹]<상 48>
 짝[隻]<하 7 : 19>

이 ≪왜어유해≫보다 먼저 나온 숙종 때의 ≪첩해신어≫(1676)에 「ㅉ」의 보기가 보인다.

 그 쫌울<7 : 19>

---

48) 허웅 : 앞든 책 364쪽 등을 참고하여 정리하였다.
49) 이기문 : 앞든 책 196쪽 등을 참고하여 정리하였다.

이상 여러 가지 문헌의 보기들로 보아 서두에서 말한 것과 같이 17세기 말에서 18세기 초에 동요하기 시작하여 18세기 전반기에 완전히 된소리가 되었다고 하겠다.

(2-1-2) 된소리 되기

　중세국어 문헌과 근대국어 문헌에 복잡하게 나타나는 말첫머리 닿소리떼[語頭子音群]가 언제까지 존속하다가 완전 된소리가 되었는가. 이에 대하여는 앞의 제6장 중세국어의 음운 체계 변천 항목과 바로 앞 항목에서 밝힌 바와 같이 16세기에 ㅅ-계가 된소리로 바뀌고, ㅄ-계와 ㅂ-계마저 16세기에서부터 동요하기 시작하여 17세기를 거쳐 18세기 전반기에 이르는 동안에 말첫머리 닿소리떼(어두자음군)는 완전히 없어지고 된소리가 이에 갈음되어, 된소리는 완전히 그 지반을 굳히게 되었다고 하겠다.

　말첫머리 닿소리떼의 된소리되기(경음화) 외에 평음(平音)의 된소리되기 현상이 있다. 이는 이미 15, 16세기에 나타났는데, 근대에 들어 더 많이 나타난다. 대개 평음의 된소리되기 현상은 심리적으로 강세화를 표현하려는 욕구가 바탕이 된다[50].

　　빟다(뿌리다) > 쁳다
　　비븨이다(비비다) > 쎄븨다
　　비븨다(비비다) > 쎄븨다
　　기치다(끼치다) > 끼치다
　　구짇다(꾸짖다) > 꾸짇다
　　구짖다(꾸짖다) > 꾸짖다

---

[50] 박병채 : 앞든 책 235쪽 등을 참고하여 정리하였다.

딯다(찧다) > 찧다
긇다(끓다) > 긇다
그스다(끌다) > 쓰스다

그리고 역행동화(逆行同化)의 현상으로 된 보기도 있다.

겄다 > 썩다
갔다 > 싹다
곳고리 > 꾀꼬리
덧덧이 > 쩟쩟이
둧ᄃ시 > ᄯᆞᄯᆞ시

이러한 보기들은 18세기 이후 주로 나타났다.

또 극히 제한된 보기이지만 17세기에 와서 문헌에 「ㅎ」의 된소리로 보이는 「ㅆㅎ」이란 표기가 나타난다. 이에 대하여 15세기 국어자료에서 보였던 「ㆅ」과 관련시켜 생각해 보고자 한다. 15세기 문헌에서 몇 보기를 보이던 「ㆅ」은 「혀爲引」(훈민정음 합자해), 「引導는 혀아 길 알욀씨라」(석보상절 9 : 8), 「불러 혀미니[招引]」(능엄경언해 8 : 118) 등 극히 제한적인 분포의 보기를 보이다가 15세기 말경에는 완전히 「ㅎ」에 합류되어 사라지고 말았다. 그 뒤 16세기 문헌에는 「ㅎ」의 된소리인 「ㆅ」가 전혀 나타나지 않다가 갑자기 17세기의 문헌인 ≪연병지남≫(1612), ≪동국신속삼강행실도≫(1617), ≪경민편언해≫(1656) 등에 「ㅆㅎ」의 보기가 보이는데, 그 쓰인 보기는 15세기에 쓰였던 「ㆅ」에 비해 극히 제한적이나 보기를 보면 언중(言衆)이 「ㅆㅎ」을 「ㅎ」의 된소리로 인식했음을 엿볼 수 있다.

나를 ᄻᅧ[引我]<연병지남 9>
화를 ᄻᅧ 도적을 ᄡᅩ다가[彎弓射賊]<동국신속삼강행실도 열 4 : 70>

法을 뼈[引法]<경민편언해 6>

그러나, 그 보기가 워낙 적어 이를 변별적인 음운이라 보기는 어렵고, 다만 말하는 사람의 심리적 강세 표현 욕구가 된소리 표기 「ㅅ」으로 유추되어 나타났다고 보는 것이 좋을 듯하다. 그런데 이 된소리는 17세기 후반에 「ㅋ」에 합류되어 버린 것으로 보이게 하는 보기가 현종 때 발간된 중간본 ≪노걸대언해≫(1670)에 보인다.

여러 모시뵈 살 나그내 켜오라[引將幾箇買毛施布的客人來]
<중간본 노걸대언해 하 : 53>

(2-1-3) 거센소리 되기

거센소리되기(격음화)는 제6장 중세국어 음운 체계 변천 항목에서도 말한 바와 같이 15, 16세기를 통하여 점진적으로 나타나기 시작하였는데, 근대국어에서부터 더욱 확산되었다. 대개 중세국어 시기에는 말 가운데서 「ㅎ」 끝소리 임자씨를 가진 말 뒤에 오는 닿소리와의 연결에서 거센소리되기가 일어났는데, 근대국어 시기에 와서는 중세국어 시기에 일어났던 현상의 경우는 물론 말첫머리 평음(平音)에서도 거센소리되기가 일어났다.

불무(풀무)(훈몽자회 하 : 16, 신증유합 하 : 41)>풀무(왜어유해 하 : 16)

닷(탓)(석보상절 9 : 16, 능엄경언해 1 : 43)>탓(동문유해 하 : 49)

거센소리된 말 가운데는 된소리되기의 과정을 거쳤다가 다시 거센소리된 보기도 문헌에 보이는데, 이런 것은 된소리됨이 거센소리되기에 합류된 것이다.

숨끼다(삼키다)(금강경삼가해 3 : 62, 구급간이방 6 : 3)>숨키다(왜어유해 상 : 49, 오륜행실도 2 : 33)

넘叫다(넘찌다, 넘삐다)>넘티다(넘치다)(증수무원록언해 3 : 18)

결론적으로 거센소리되기는 중세국어에 들어와 된소리되기보다 다소 늦게 확대되어 16세기를 지나면서 17세기 이후 광범해졌다고 하겠다.

(2-1-4) 입천장소리 되기

근대국어 시기에 또 두드러진 음운 변화의 하나가 이른 바 입천장소리되기[口蓋音化]였다. 입천장소리되기(이붕소리되기)란 닿소리 「ㄷ, ㄸ, ㅌ, ㄱ, ㅋ」 따위가 홀소리 「ㅣ」[i]나 「j」의 영향을 입어 「i, j」를 닮아서, 그 본대 나는 자리를 버리고, 「i, j」의 나는 자리, 곧 앞이붕[前口蓋, 센입천장]에서 나는 것을 이름이니, 곧 「디→지, 띠→찌, 티→치, 기→지, 키→치」로 되는 현상이다. 이런 변화는 남부 여러 방언에서 매우 일찍 일어나 북상(北上)한 것 아닌가 생각되는데, 경기·서울 현대말에서도 이런 현상이 일어난다. 다만 서북 방언 곧 평안도 말고는 다 그리된다. 이 입천장소리되기 현상에 대해 통시적으로 명확히 파악하고 있었음을 보여주는 문헌이 있다. 유희(柳僖)님은 그의 지음 ≪언문지≫(1824)에서 「ㄷ」과 「ㅈ」, 「ㅌ」과 「ㅊ」의 혼란상과 이러한 현상이 서북 방언에는 나타나지 않는다는 것까지 분명히 말하고 있다. 그런데, 이 자료는 그 정확한 연대는 말해 주지 않고 있어 유감이다. 이 입천장소리되기의 최초의 보기가 보이는 문헌은 ≪왜어유해≫(1703)이다[51].

---

51) 이기문 : 앞든 책 197쪽 참고.

打칠타<상 : 30>
瓦지새와<상 : 32>
刺지를즈<상 : 54>
黜내칠출<상 : 54>
春찌흘용<하 : 3>
觸찌를쵹<하 : 24>
落질락<하 : 30>

이 문헌 뒤 ≪동문유해≫(1748) 등에 많이 나타남을 보아 입천장소리되기는 늦어도 17세기 말이나 18세기 초에 일어났다고 추측된다.
이러한 입천장소리 되는 일반적 경향은 「i, j」 앞에 닿소리 「ㄴ」 [n]의 탈락 현상이 나타난다. ≪십구사략언해≫(1772)에 그 보기가 보이며, 정조 6년(1782)과 7년(1783)의 「윤음(綸音)」 등에 보기가 보인다.

임금(십구사략언해 1 : 17)<님금
일음이라[謂](윤음)<니름
이르히[至](윤음)<니르히

결론적으로 말하면 입천장소리(이붕소리)되기는 늦어도 17세기 말이나 18세기 초에 일어나 근대국어 시기에 매우 활발하게 진행되었다고 하겠으며, 이러한 현상은 현대국어에까지 이어져 더욱 활발히 진행되고 있다고 하겠다.

(2-2) 홀소리의 변천

근대국어의 홀소리 체계에 있어서 두드러진 큰 변화는 앞의 홀소리 체계의 말첫머리에서 언급한 것과 같이 홀소리 「ㆍ」 음소의 소실과

겹홀소리 「ㆎ」는 「ㅐ」[aj]로 합류하며, 겹홀소리 「ㅐ, ㅔ」[aj, əj]가 홑홀소리 [ɛ], [e]로 되었다는 것이라 말한 바 있으므로 여기에서 그밖에 일어난 홀소리 변화에 대하여 살피기로 한다.

(2-2-1) 둥근 입술 홀소리 되기

둥근 입술 홀소리(원순모음)되기란 입술소리[脣音] 「ㅁ, ㅂ, ㅍ, ㅽ」 다음의 홀소리 「ㅡ」가 이어질 때 「ㅡ」가 「ㅜ」로 변하여 「므, 브, 프, 쁘」가 「무, 부, 푸, 쑤」로 바뀌어 소리나는 것을 말한다. 이는 곧 홀소리 「ㅡ」가 앞의 닿소리를 닮아서, 입술소리 「ㅜ」로 된 것이다.

중세국어 시기인 15세기 국어에서 「ㅡ」는 그 출현이 비교적 자유로웠다. 곧 이때는 홀소리 「ㅡ」와 「ㅜ」는 입술소리인 닿소리 아래서도 서로 대립 관계에 있어 변별성을 지녔던 것이다.

믈[水](석보상절 13 : 33, 두시언해 7 : 9),
물[群](석보상절 13 : 46, 두시언해 22 : 4).

그러나, 이와 같은 대립 관계의 흐름 속에서도 「ㅡ」가 안정스런 원순모음으로 자리를 옮기려는 움직임이 중세국어에서도 15세기에 이미 시작되었다.

브르다[飽](석보상절 9 : 9)＞부르다(월인석보 9 : 36)
어듭다[暗](용비어천가 20)＞어둡다(법화경언해 2 : 109)

그러나, 실제로 원순모음되기가 생산적으로 일어난 것은 17세기 말을 거쳐 18세기초 무렵에 가서라고 추정된다.

불[火](역어유해 하 : 18)
부티다(역어유해 상 : 10)

뿔[角](동문유해 하 : 38)
풀[草](동문유해 하 : 45)
븓디(여사서언해 3 : 75)
부르고(여사서언해 3 : 83)

(2-2-2) 앞홀소리 되기

닿소리「ㅅ, ㅈ, ㅊ」아래에서 홀소리「ㅡ」가 홀소리「ㅣ」로 변하는 현상이 있으니, 이를 앞홀소리되기[前舌母音化]라 하는데, 이는 홀소리「ㅡ」가「ㅣ」와 나는 자리가 가까운 잇소리(치음)「ㅅ, ㅈ, ㅊ」을 닮아서「ㅣ」로 된 것이다. 이러한 현상의 낱말 보기는 근대국어 문헌 중 19세기 문헌에서 많이 발견된다.

아춤＞아츰＞아침
거즛＞거짓, 븟다＞찢다
스ᄀᆞ블＞스굴ㅎ＞시골
즛－＞짓－(개가－)

현대국어에서는 한자말까지 이런 변화를 입어 많은 보기의 낱말이 보인다.

법측＞법칙
즐책＞질책
금슬＞금실
긔차＞기차

(2-2-3) 홀소리어울림의 허물어짐

홀소리어울림[母音調和]의 현상은 중세국어 초기까지는 비교적 규칙적이었다고 말할 수 있다. 이 시기에 음성모음화(陰性母音化) 현상이 아주 없었던 것은 아니나(「先은 몬졔오」<월인석보 서 : 15>), 홀소리어울림의 허물어짐은 특히 중세국어 이후 홀소리「ㆍ」의 동요와 이어서 진행된「ㆍ」음소의 소멸로 더 급격히 흔들리게 되었다. 그러나, 형태소 경계 내에서 풀이씨의 씨끝 끝바꿈과 상징어 등에는 남아 있어 현대말까지 연결되고 있다.

(2-2-4) 세겹홀소리 체계의 변화

홀소리의「ㆍ」가 소실됨에 따라 홑홀소리의 자리로 보아 뒤홀소리는 안정 자세를 가지게 되었으나, 앞홀소리는 뒤홀소리에 비해 너무 빈약하다. 이 틈을 타서「ㅐ, ㅔ」겹홀소리가 앞혀의 홑홀소리로 변하고, 이어 20세기에 이르러「ㅚ」는 물론「ㅟ」마저 홑홀소리로 변화하는 경향이 나타나고 있다.

이러한 변화는 두겹홀소리와 세겹홀소리 체계를 완전히 뒤흔들고 만다.

두겹홀소리에서「ㅢ」만을 제외한 모든 홀소리는 없어지거나(·ㅣ), 홑홀소리로 바뀌게(ㅐ, ㅔ, ㅚ, ㅟ) 되니, 이에 따라 세겹홀소리인「ㅒ, ㅖ」[jaj, jəj]가 두겹의 [jɛ], [je]로 바뀌고, 「ㅙ, ㅞ」[ŏaj, ŭəj]가 [wɛ], [we]로 바뀌었다. 그러나, 나머지 세겹홀소리「ㆉ, ㆌ」는 두겹의 [jø, jy]로 바뀌지 않고 사라져 버렸다.

(2-2-5) 두겹홀소리「ㅢ」의 운명

홀소리 중에서 두겹홀소리가 없어지거나(·ㅣ), 홑홀소리로 되고(ㅐ,

ㅔ, ㅚ, ㅟ), 세겹홀소리가 오름 두겹홀소리로 바뀌고 나면, 내림 두겹 홀소리는 「ㅢ」밖에 남지 않는다. 그리하여 이 「ㅢ」도 본디 발음인 내림[ij]에서 오름[ii]으로 바뀌려는 경향이 있으나, 그 과도가 너무 짧아서 겹소리가 두드러지지 않아 매우 불안정하다.

그리하여 이 「ㅢ」앞에 닿소리가 오는 낱내에 있어서는 「희」를 제외하고 「ㅢ」는 모두 「ㅣ」로 바뀐다. 따라서 「듸, 틔」도 「디, 티」로 바뀌게 되는데, 이렇게 되면, 「ㄷ, ㅌ」의 입천장소리되기로 사라졌던 「ㄷ, ㅌ」+「i, j」의 연결이 다시 나타나게 된다. 그러나, 입천장소리되기의 역사적 규칙은 이미 효력을 잃었으므로 「디, 티」의 낱내는 현대말에 다시 살아나게 되었다[52](견디다, 마디, 버티다‥‥).

4. 어휘

(1) 국어 어휘의 특징

고대국어시기부터 들어오기 시작한 한자말의 침투는 중고국어 시기에서부터 훈민정음이 창제 반포되기 전까지는 더욱 많아지더니, 조선 세종대왕에 의해 훈민정음이 창제 반포되면서 그의 침투가 고개를 숙였으나, 세조가 등극하면서부터 정치적 복선과 그 뒤 일부 집권 지식층의 생각 부족으로 세종의 국어와 문자 정책을 제대로 이어받지 못하자, 한자말의 침투는 다시 고개를 들어 후기 근대국어 시기까지 계속되었고, 또 지식층의 일부가 참된 민족문화 건설은 아랑곳 없이 한자말을 새로 만들어 쓰게됨으로써 결국은 고래의 순수한 우리 토박이말까지 한자말로 대체되니, 그 수많은 토박이말들이 한자말에게 자리

---

52) 허웅 : 앞든 책 366쪽 참고.

를 빼앗기어 폐어화(廢語化)하였다. 그 일부를 들면 다음과 같다.

슈룹[雨繖]
뫼[山]
ᄀᆞ롭[江, 湖]
온[百]
즈믄[千]
아슴[親戚]
오래[門]

한편 근대국어 시기에 들어와서 중세국어와 크게 다른 것은 중국말의 차용은 말할 것 없고, 서양에서부터 중국을 통해서 들어온 천문, 지리, 과학 관계 용어와 서양 사람들이 제 삼국을 거치지 않고 직접 우리나라에 들어옴에 따라 유입되는 서양말 외래어, 병자호란 이후 중국 청나라의 영향을 받아 들어오는 만주말인 청어의 차용, 임진왜란 이후 일본과의 통상에서 들어온 일본말 외래어들이 차용어로써 생겨나게 되었다는 것이다.

이와 같이 근대사의 거센 물결에 따라 외래어가 늘어나 국어순화적인 면에서는 어려운 점이 많으나, 고려 이전은 차치하고 근 조선조 5백 년 동안 한문을 가르치고 배우는 데만 힘쓰고 우리말을 연구하고 가르치고 배우는 데는 거의 무관했던 지식인들이 늦게나마 민족 자주의 사상이 싹트게 되어 우리말을 배우고 우리말 글을 연구하여 토박이말을 창조적으로 부려 써 봐야겠다는 움직임이 일어나게 된 것은 좋은 점이라 하겠다.

그리고 또 근대국어에서도 역시 음운 변천에 의해 어형(語形)의 변화를 일으켰음은 중세어와 거의 같으며, 이 시기의 어휘의 문제로 지적할 것은 파생어와 복합어가 차차 늘어나고 있다는 사실이다. 이 현상은 현대국어에서도 계속 이어지고 있다.

그러나, 근대국어에 대한 본격적인 어휘나 문법적인 연구는 앞에서도 언급한 바와 같이 아직 미비하다.

(2) 어형 변화

낱말은 소리와 뜻(의미)의 두 면을 가지고 있는데, 이 두 면은 시간의 흐름에 따라 그 모습을 바꾼다. 여기에서 말하고자 하는 어형 변화란 낱말의 소리 바뀜을 말하며, 의미 변화란 낱말의 뜻 바뀜을 말하는데, 이 항목에서는 어형 변화에 대하여 몇 가지로 나누어 보기를 들고자 한다.

① 음운도치(音韻倒置)

빗복(배꼽)(월인석보 2 : 29) > 비꼽(왜어유해 상 : 17) > 빗곱(증수무원록언해 1 : 26)

시혹(혹시)(석보상절 9 : 16) > 혹시(한청문감 246)

② 유추(類推)

「마순[四十]」(용비어천가 88장, 월인석보 2 : 41, 석보상절 6 : 25)이 「마흔」(동문유해 하 : 20, 십구사략언해 1 : 18)으로 변하는 것은 「셜흔[三十]」(월인석보 2 : 57, 두시언해 8 : 21, 동문유해 하 : 20)에 유추(類推)된 현상이라 하겠다. 이는 중세국어에서 「사올, 나올」이 「사흘, 나흘」로 어형 변화한 것과 비슷한 변화이다. 이는 「마순」의 반잇소리 「△」이 소리값을 상실하여 「마ᄋᆞᆫ」(중간두시언해 4 : 1, 소학언해 6 : 53) > 「마은」(노박집람 하 : 64, 언해태산집요 5)으로 나타

나게 되었는데, 「마은」이 다시 「셜흔」의 「-흔」을 유추한 「마흔」형
으로 변화한 것이다.

③ 민간어원(民間語源)

어떠한 낱말이, 그 어형이 너무 생소해서, 친근감을 주지 않을 때
는, 말할이들은 그들이 이미 잘 알고 있는 다른 말로써 이것을 해석
해서(곧 전문가가 아닌 대중들의 말을 가지고 해석해서) 그로 말미
암아 그 어형(語形)까지도 변형시키는 현상이 있으니, 이를 민간어
원(民間語源)이라 한다.

이러한 유의 어원론은 항간에 적지 아니 유포되어 있다. 이를테
면, 오늘날 우리가 말하는 「황소(수소)」는 중세국어 「한쇼[巨牛, 大
牛]」(용비어천가 87장, 월인천강지곡 상 : 기 162)가 변천한 낱말임
이 분명한데, 이를 털가죽빛에 유래한 것으로 알고 있는 경우다.
「닛므윰[齒槽]」(훈민정음 언해), 「아촌셜[歲暮]」(분간온역이해방 4),
「아촌셜[暮歲]」(역어유해 상 : 4) 등을 「잇몸[齒體]」, 「까치셜[鵲歲]」
이라 대중들은 인식하고 있다.

④ 뒤섞임(blending)

때로는 뜻이 비슷한 두 낱말을 뒤섞어서 한 낱말을 만들어내는
일도 있는데, 이를 혼성(混成)에 의한 어형 변화라 한다. 이를테면,
낱말 「너르다」와 「넙다」가 뒤섞여(blending, contamination) 「넓다」
로 되는 현상과 같은 것이다. 현대국어에서 많이 쓰는 「넓다」의 낱
말은 근대국어 자료에서는 잘 보이지 않으나 「널피다」(여사서언해
서 : 4)는 보인다.

(3) 의미 변화

4. 어휘

낱말은 시간의 흐름에 따라 뜻이 바뀐다. 또 공간(쓰이는 자리)에 따라 바뀌기도 한다. 지금까지 잘 쓰이고 있던 낱말에 음운 변화가 일어나 어형이 바뀌기도 하고, 때로는 다른 낱말로 완전히 대치되어 폐어(廢語)가 되기도 한다.

중세국어에서 근대국어로 내려오는 동안에 의미의 변화를 한 낱말들이 꽤 있다. 이제 그 낱말들의 보기를 들기로 한다.

「어엿브다」(석보상절 6 : 13, 능엄경언해 8 : 128)는 「연민(憐憫)」이란 뜻이었는데, 근대국어에서는 「아름답다[美]」로 전의(轉義) 되었다.

「ᄉᆞ랑ᄒᆞ다」(용비어천가 78장, 석보상절 6 : 12, 두시언해 8 : 23, 석보상절 6 : 3, 두시언해 20 : 29, 훈몽자회 하 : 33)는 「생각하다[思]」와 「사랑하다[愛]」의 두 뜻을 가졌었는데, 뒤에는 현대말과 같은 「사랑하다[愛]」의 뜻만을 가지게 되었으니, 일종의 의미 축소라고 할 수 있다.

「둣오다[愛]」(금강경언해 9, 능엄경언해 4 : 25), 「괴다[愛, 寵]」(훈민정음 합자해, 신증유합 하 : 22, 석봉천자문 30) 등의 낱말이 있었는데, 차례로 폐어가 되었다.

「작다」의 뜻을 가진 낱말은 「햑다[小]」(용비어천가 82장, 석보상절 6 : 43, 금강경삼가해 2 : 57), 「횩다[小細]」(석보상절 13 : 53, 월인석보 2 : 51, 두시언해 20 : 2, 박통사언해 상 : 71), 「횩뎍다[細]」(두시언해 22 : 18, 중간두시언해 1 : 3) 등이었는데, 이 낱말들은 근대국어에 와서 「뎍다」(중간두시언해 11 : 25) > 「작다」로 대치되었다.

「문(門)」을 나타내던 「잎[門, 窓, 戶, 口]」(용비어천가 7장, 두시언해 7 : 12, 금강경삼가해 2 : 54, 두시언해 15 : 22), 「오래[門]」(소학언해 6 : 88, 석봉천자문 27)도 근대어에서 거의 쓰이지 않다가 폐어가 되었다.

「즛」(월인석보 10 : 97, 훈몽자회 상 : 24, 신증유합 하 : 1, 금강경삼가해 35)은 「모양[容]」을 뜻했는데, 뒤에 이 낱말은 품위가 떨어져 「짓」(사설시조에 보임)이 되어 현대말에 이르렀다.

「빋」(석보상절 6 : 24, 월인석보 8 : 81, 두시언해 16 : 3, 능엄경언해 4 : 31, 남명집언해 하 : 52, 훈몽자회 하 : 21, 신증유합 하 : 45)은 「값[價]」과 「빚[債]」의 두 뜻을 가졌었는데, 근대국어에 와서 「값」의 뜻은 없어지고 「빚[債]」(박통사언해 상 : 35)의 뜻으로만 쓰인다.

「빋쏘다」(값이 있다)(박통사언해 상 : 61)의 「쏘다」(석보상절 13 : 22, 월인석보 18 : 28, 노걸대언해 하 : 4)는 「값이 있다, 어떤 가치에 해당한다, 비싸다」라는 뜻을 내포하였는데, 이는 현대말과 반대되는 개념인 것이다. 중세국어에서 현대국어의 「싸다[價廉]」의 뜻은 「디다」(박통사언해 초간 상 : 15, 상 : 51)가 담당했다.

(4) 새 낱말

근대국어 시기에 들어서 중국 등을 통해 새 낱말이 들어왔다. 이태리 사람인 마테오릿치(Matteo Ricci)에 의하여 제작된 새로운 세계지도인 「곤여만국전도(坤輿萬國全圖)」가 우리나라에 연행사(燕行使)였던 이광정(李光庭)·권희(權憘)에 의해서 선조 36년(1603)에 처음 들어왔다. 이로 인하여 일부 식자(識者) 사이에 서양에 대한 지리적 지식을 주었으나, 서구 문물의 도래(渡來)와 서구인과의 직접적 접촉에 의하여 점차 서구를 인식하게 된 것은 인조(仁祖) 때부터의 일이다. 서구 문물은 주로 중국 경사(京師 ; 燕京)로부터 흘러 들어왔는데, 인조 9년

(1631) 7월 정두원(鄭斗源)이 명나라에 진주사(陳奏使)로 갔다가 가져 온 시계인 「자명종(自鳴鍾)」이나, 「천리경(千里鏡)」 같은 기계로 말미 암아 새 낱말이 유입되었다고 하겠으며, 천문, 지리, 과학 관계 서적이 수입되면서 새로운 학문에 대한 관심이 커졌다. 기독교도 중국을 통해 들어왔다. 기독교가 우리에게 끼친 정신적인 영향은 말할 것도 없고, 초기 국역성서(國譯聖書)가 근대국어 어휘 개신(改新) 및 한글 보급에 준 영향도 크다. 그리고 이 시대에 서구인들이 제 삼국을 거치지 않고 직접 우리나라에 들어오기도 했던 것이다. 이와 같은 서구 문물의 유 입은 우리나라에 적지 않은 새 낱말을 가져온 것이다. 중세국어 자료 에서 볼 수 없던 낱말로서 근대국어 자료에 처음 보이는 것으로 「담 비[煙草]」(동문유해 상 : 61), 「뉴[輩]」(동문유해 하 : 51) 등이 있다.

(5) 빌어온 말[借用語]

근대국어의 빌어온 말[借用語]은 주로 중국에서부터 온 것이다. 이 시기에 빌어온 말은 주로 중국말과 만주말(청어)이다. 이들이 차용되 어 오는 경로는 문헌을 통해서 유입되거나 중국 현실어에서 직접 차 용해 오는 경우 등 두 가지 방법에 의했던 것이다. 주로 중국 고전을 통해서 들어온 문헌어들은 국어 한자음으로 동화되어 중국말과는 성 질이 다르다. ≪이수신편(理藪新編)≫과 ≪아언각비(雅言覺非)≫에는 중국에서부터의 차용어가 많이 들어 있다. 몇 낱말의 보기를 들면 다 음과 같다.

비단[匹段], 토슈[套袖], 당지[當直], 망긴[網巾],
슈판[水飯], 사랑[斜廊], 탕건[唐巾], 무명[木綿].

이 낱말들 가운데 「토슈[套袖]」는 ≪역어유해보≫나 ≪동문유해 상≫

및 《한청문감》에서는 「토슈[套手]」라 하고, 《물보》에서는 현대말과 같이 「토시」라 하였다. 만주말 사전류인 《동문유해》와 한어·만주말 사전인 《한청문감》에 「소부리[鞍座兒, 언치]」, 「쿠리매[褂子, 쾌자]」, 「마흐리[冠, 帽, 갓]」, 「타락차[奶子茶]」 등의 만주말이 실려 있다.

5. 말본

국어 말본 체계의 변천은 전체적으로 아직 더 연구되어야 할 문제들을 많이 안고 있다. 훈민정음 창제 반포 이전은 제쳐 놓고 그 이후 말본 체계의 역사를 놓고 볼 때 중세국어 시기인 15, 16세기와 현대국어 시기인 20세기를 뺀 근대국어 시기 기간 300년(17, 18, 19세기) 동안의 말본에 대한 면밀한 연구가 아직 덜 되어 있는 지금의 형편으로는 근대국어의 말본 체계를 말하기란 어려운 일이다. 그러므로, 여기에서는 그간 연구된 결과 중 두드러진 것 몇 가지만 세기별로 나누어 대략 말해 보고자 한다.

(1) 17세기 말본 체계

근대국어 시기인 17세기부터 19세기까지의 3세기를 초기·중기·후기로 나누어 볼 때 초기에 해당되는 17세기 말본 체계가 15세기의 말본 체계와 크게 달라진 점은 높임법(존경법)의 체계가 크게 흔들려 바뀌었다는 사실과 임자자리토씨[主格助詞] 「-가」의 발생이라고 하겠다.

(1-1) 주체높임 형태의 변화

주체 높임은 안맺음씨끝(도움줄기, 補助語幹)「-(으)시-」로써 표시되는데,「-(으)시-」의 15세기 기본형태는 중세국어 시기에서 높임법을 다룰 때「-(으)샤-」로 잡는 것이 좋다고 하였다. 이것이「-(으)시-」로 형태 통일이 이루어진 것은 17세기라[53] 하겠다.

太守 드르셔도 過分타 ᄒ셔 <첩해신어 7:5>,
그리 아ᄅ셔 종용히 ᄒ쇼셔 <첩해신어 8:10>,
ᄆᆞᆷ 브티시믈 <첩해신어 1:4>,
극진ᄒ시믈 <첩해신어 1:5>.

그런데 효종 때 된 것으로 추정되는「인조대왕행장」(일명「션됴힝장(先祖行狀)」)에는「-아/어-」나「-디」에 앞서는 경우에는「-(으)샤-」와「-(으)시-」가 섞여 쓰였다. 이것은 궁중에 있어서는 아직 15세기 말씨가 조금 남아 있었던 탓으로 보아진다.

ᄀᆞ절이 간ᄒ샤 <13>
듯디 아니ᄒ셔눌 <54>
대비…ᄀᆞᆯᄋ샤디 <5>
샹이 뻐 ᄒ시되 <15>

(1-2) 객체높임의 퇴화와 상대높임의 발달

객체란 주로 월에 나오는 부림말이나 어찌말(위치말) 따위로 지시되는 사람이나 일이나 물건을 가리키는 말인데, 객체를 높이는 안맺음씨끝(도움줄기)은「-습-」으로 대표된다. 이 객체 높임의「-습-」은 그 형태가 복잡하게 변동하여, 한 가지 범주를 나타내기에 적당하지

---
53) 허웅 : ≪우리옛말본≫과 ≪국어학≫ 449쪽 및 박종국 : ≪말본사전≫을 참고하여 정리하였다.

않았던 데다가, 그 쓰임도 상당히 넓어[54] 「객체」란 개념을 정의하기가 어려울 형편이었다. 그러므로, 「-숩-」들은, 17세기의 궁중말을 반영하고 있는 것으로 보이는 「인조대왕행장」에서는 객체 높임을 나타내는 일이 있기는 하나, 「-(으)시-」와 더불어, 또는 「-숩-」 단독으로 주체 높임을 나타내기도 하고, 또는 상대 높임에도 더러 쓰였다[55].

   객체높임에 쓰인 보기
      졔궁이 대가룰 <u>좃즈와</u> <1>
      내 일즙 엄친을 <u>일숩고</u> 다만 편모만 <u>밋즈와더니</u> <8>
   주체높임에 쓰인 보기
      샹이 하놀히 삼기신 텬지 <u>만스오샤</u> <51>
      됴시롤 <u>드리오셔</u> 계비롤 <u>삼스오시니</u> <51>
      혼궁의 <u>가오셔</u> 곡님ᄒᆞ려 <u>ᄒᆞ오시거늘</u> <9>
      법복이 아니면 문 잇ᄂᆞᆫ 거슬 <u>잡숩디</u> 아니ᄒᆞ시고 <58>
      유시‥‥우산을 나온대 믈리티시니 어의 다 <u>젓줍더라</u> <33>

   상대높임에 쓰인 보기
      대비 명ᄒᆞ야 <u>드오쇼셔</u> ᄒᆞ고 <5>
      대비 <u>그치오쇼셔</u> ᄒᆞ여 <5>

이 세가지 높임법 가운데 가장 중요한 것은 상대높임이다. 말할이가 말을 할 때 말을 받는 상대편 곧 들을이는 항상 말할이의 눈앞에 있어 말할이의 말하는 마음과 태도를 좌우하는 것이기 때문이다. 그런데 이것을 나타내는 말본 형태가 무너지는 것은 그대로 둘 수 없는 현상이다. 여기에 상대 높임(들을이높임)의 수단을 강화하는데 이용된 것

---

54) 박종국 : ≪말본사전≫ 35~38쪽 참고.
55) 허웅 : ≪국어학≫ 449~452쪽 참고.

이 「-습-」들이었던 것으로 생각된다. 「-습-」들은 주체높임에 쓰인 흔적이 있으나, 주체높임의 「-(으)시-」는 확고한 외형을 유지하고 있었으므로 더 강화할 필요가 그리 절실하지는 않았다. 그리하여 17세기의 문헌에서는 상대높임은 「-(으)이-, -(으)이-」를 쓰기도 하고, 「-습-」만을 쓰기도 하고, 이 두 가지 곧 「-(으)이-, -(으)이-」와 「-습-」이 어우러져 나타나기도 한다. 이 때 상대높임(들을이높임)을 나타내던 「-(으)이-」는 「-ㅇ-」의 소리값 소실로 인하여 17세기에 와서는 거의 「-(으)이-」로 나타난다.

「-(으)이-」(-(으)이-)의 보기
　　엇디 남기링잇가 <첩해신어 3 : 5>
　　극진히 니르심이로송이다 <첩해신어 3 : 5>
　　니젓따소이다 <첩해신어 3 : 5>
　　민망ᄒ여이다 <첩해신어 3 : 9>

「-습-」의 보기
　　그리 ᄒᆞᆸ소 <첩해신어 1 : 26>
　　므슴 빈 어이ᄒ야 ᄯ더뎔습ᄂᆞᆫ고 <첩해신어 1 : 11>
　　이 一杯만 잡습소 <첩해신어 2 : 7>

「-습-」이 상대높임 「-(으)이-(-(으)이-)」와 어우러진 보기
　　하 젓소이 너기ᄋᆞ와 다 먹습ᄂᆞ이다 <첩해신어 2 : 6~7>
　　오옵심을 밋줍닝이다 <첩해신어 6 : 14~15>
　　깃거ᄒᆞᆸ닝이다 <첩해신어 5 : 18>

이 「-습ᄂᆞ이다」, 「-줌(줍)닝이다」, 「-ᆸ닝이다」 등은 상대높임(들을이높임)의 표현으로 굳어서(곧 상대높임을 더 똑똑히 해서) 현대말

의 「-(으)ㅂ니다」로 발달한다. 또 「-습-」은 주체높임 「-(으)시-」와도 결합하여 높임의 뜻을 더한다.

        샹이 둧ᄌᆞ오시고 <인조대왕행장 26>

객체를 높이는 안맺음씨끝(도움줄기) 「-습-」이 본래 객체높임에 쓰이다가 그 기능을 잃고 상대높임에 쓰이게 되고, 이후 주체높임에도 관여하게 된 것은 시기적으로는 16세기 말엽부터이나 대체로 근대국어 시기인 17세기에서부터 확산된 용법이라 하겠다.

(1-3) 임자자리토씨 「-가」의 발생

중세국어에서 임자자리토씨[主格助詞]는 「-이/ㅣ」만 있을 뿐이었다. 그리하여 중세국어에서는 임자씨가 닿소리로 끝나 있는 말에 연결될 때는 현대말의 경우와 같이 「-이」가 쓰이었다. 그러나, 홀소리로 끝나 있는 임자씨에 붙을 때는 이것이 독립된 한 낱내(음절)를 이루지 못하고, 임자씨의 끝 낱내에 「ㅣ」가 덧붙는다. 그리고 임자씨의 끝소리(끝)가 「-이」(i)나, 「-ㅣ」(j)일 때는 임자자리토씨는 드러나지 않는다. 그러나, 이 경우에도 그 임자말임을 강조하기 위하여 「-ㅣ」를 분명히 드러내기도 하였다.

   「-이」토씨가 쓰인 보기
      시미 기픈 므른 <용비어천가 2장>
      내히 이러 <용비어천가 2장>

   「-ㅣ」가 들어나지 않는(쓰이지 않는) 보기
      어늬 회오 <월인석보 2 : 41>
      빋 업거늘 <용비어천가 20장>

불휘 기픈 남군 <용비어천가 2장>
우리 어버싀 나를 호야비호라 호시ᄂ다 <노걸대언해 상 : 6>

「-ㅣ」를 붙여 쓰인 보기
是ㅣ 物이라 <능엄경언해 2 : 24>
如來ㅣ 샹녜 이셔 <묘법연화경언해 5 : 146>

그런데 17세기에 들어와서 임자씨가 홀소리로 끝나 있는 말에 연결될 때 쓰이는 임자자리토씨 「-가」가 문헌에 나타난다56).

븕고 총ᄒ기<u>가</u> 비록 어려오나 <인조대왕 행장>
東來<u>가</u> 요ᄉ이 편티 아니ᄒ시더니 <첩해신어 1 : 26>

(2) 18세기 말본 체계

근대국어 시기에 있어 중기에 해당되는 18세기 말본 체계에 대하여는 좀더 연구가 있어야 하겠지만 어느 정도 자신있게 말할 수 있는 사실은 홀소리의 하나인 「·」의 소리값이 없어짐에 따른 변화이다. 18세기 말기에 「·」가 없어짐에 따라 이 음소를 가졌던 토씨의 「-롤」, 「-ᄂᆞᆫ」, 「-ᄋᆞᆫ」 따위는 모두 「-를」, 「-는」, 「-은」으로 합류되고, 매김꼴 씨끝의 「-ᄋᆞᆫ」, 「-ᄋᆞᆯ」은 「-은」, 「-을」로 합류된다. 이에 따라 중세국어 시기에서 비교적 잘 지켜졌던 토씨와 씨끝에서 나타나던 고룸소리의 홀소리어울림(모음조화)은 무너지고 말게 된다.

---

56) 16세기 말인 선조 5년(1572)경에 쓰여졌다고 하는 송강(松江) 정철(鄭澈) 자당 안씨(安氏) 내간 사본(寫本)에도 「-가」 토씨가 나온다(「춘 구드레 자니 빈<u>가</u> 세니러셔 즈로 돈니니」).

(3) 19세기 말본 체계

근대국어 시기에 있어 후기에 해당되는 19세기 말본에 있어서는 미래 추정형태소인 안맺음씨끝(도움줄기)「-겟-」의 등장이라 하겠다.

「-겟-」의 등장은 18세기 말기에서 19세기 초기의 일로 추정되는데, ≪한듕녹≫에서는 안맺음씨끝「-겟-」이 많이 보인다.

    요란ᄒ니 못ᄒ겟다 ᄒ시고 <한듕녹, 오>
    그리 말면 됴켓다 ᄒ시니 <한듕녹, 오>
    아모리 ᄒ여도 못 살겟다 ᄒ시고 <한듕녹, 이>

그리고 19세기말 20세기 초에는 중세국어 시기에 출현한 과거형 형태소「-엇-」이「-었-」으로 확립되고, 아울러「-겟-」도「-겠-」으로 강화되며, 심지어는「-엇엇-(-었었-)」이 등장한다.

    죠칙을 긔록ᄒ엿스니 <독립신문 2호>
    -엇엇-<주시경님의 ≪국어문법≫(1910)에는 이에 풀이가 나온다.>

6. 맞춤법

우리 국어 맞춤법의 바탕을 이루고 있는 큰 흐름은 소리대로 적기인 음소주의(音素主義)와 형태소 원형 밝히기인 형태주의(形態主義)의 두 가지라 하겠다. 이를 표음표기(表音表記)와 표의표기(表意表記)라고도 한다.

한국어발달사에서 볼 때 현대국어 시기를 제외한 고대·중고·중세·근대국어 시기 중에서 중세국어 시기의 문자 체계와 맞춤법(표기법)이 매우 정연하였다고 하겠다. 이 중세국어 시기의 표기법을 앞의 두 가지 기준인 음소주의와 형태주의에서 생각해 볼 수 있는데, 그 하

6. 맞춤법

나는 ≪훈민정음해례본≫에 나타난 종성규칙(받침규칙)의 원리 원칙인 「종성부용초성(終聲復用初聲)」과 허용규정인 「팔종성가족용(八終聲可足用)」(ㄱㅇㄷㄴㅂㅁㅅㄹ)이 그것이다. 이의 원리 원칙은 어원을 다 밝혀 적는 곧 현대 맞춤법과 같이 형태소 원형 밝히기인 형태 위주의 표기라 하겠고, 허용규정은 말의 소리는 어디까지나 청각적 존재이기 때문에 청취 지각을 인정한 곧 대중을 위한 실용적 편의성에 따른 음소 위주의 표기라 하겠다.

실제로 보면 훈민정음이 창제되고 난 바로 뒤인 세종 재위시 나온 책은 ≪용비어천가≫・≪석보상절≫・≪월인천강지곡≫인데, 이 세 문헌의 맞춤법은 조금 달라, ≪월인천강지곡≫은 현대국어의 맞춤법과 비슷한 원칙인 형태소 원형 밝히기를 조금 적용했을 뿐만 아니라(보기 ; 눈에, 안아, 안ᄋ시니이다, 좀ᄋ며, 담아‥‥), 또 받침까지 8종성 외에 「ㅈ, ㅊ, ㅌ, ㅍ, ㅿ」 등의 표기를 했고, ≪석보상절≫은 소리대로 적었으며, ≪용비어천가≫는 그 중간 상태의 표기였다(받침은 8종성 외 「ㅿ, ㅈ, ㅊ, ㅍ」 등을 표기함). 그러다가 그 뒤에 나온 책인 ≪월인석보≫부터는 거의 모든 문헌이 ≪석보상절≫의 소리대로 적기의 방식을 따르게 되었으니, 중세국어의 종성 곧 받침 표기는 8종성 쪽으로 통일되어 갔다.

음소주의인 소리대로 적기의 방식으로 따르게 된 뒤의 역사적인 사정은 이러한 소리대로 적는 방법에 혼란을 일으키게 되었으니, 그 혼란의 발단은 시대적 배경이 끼친 영향 등 여러 가지가 있겠으나, 주로 다음과 같이 세 군데에 있었다고 본다.

첫째는, 소리가 바뀌고 난 뒤에 그 소리 바뀜을 글자에 반영시키지 않은 것과 반영시킨, 두 가지 표기가 뒤섞이게 되는 데서 일어나는 혼란이다. 이를테면, 15세기의 「ㅄ」 첫소리(초성)는 그 뒤 된소리로 바뀌는데, 그 뒤에도 15세기의 표기법을 그대로 지녀 「뿔, 쓰다」를 그대로 쓰기도 하고, 바뀐 소리를 반영시킨 「쑬, 쓰다」로 쓰기도 하여, 두 가지 방법이 뒤섞이게 된다. 홀소리의 하나인 「ㆍ」가 없어지고 난 뒤로는 이런 혼란이 더욱 심해져 「뿔」은 「쑬」과 「쌀」로 뒤섞이게 된다. 헛소리(설음) 「ㄷ, ㅌ」이 입천장소리가 되고 난 뒤에 일어난 「됴타」와 「죠타」의 뒤섞임도 그런 데에 그 원인이 있는 것이다.

둘째는 말본스런 언어 분석의 지식이 늘어 형태소 분석이 싹트기 시작한 데서 일어나는 혼란이다. 15세기 문헌을 보면 ≪월인천강지곡≫ 등 몇 문헌을 제외하고는 「ᄉᆞᄅᆞ미」를 「사ᄅᆞ미」와 「싸ᄅᆞ미」로 적어 형태소 분석을 전혀 맞춤법에 반영시키지 않았다. 그러나, 우리의 언어 의식으로는 이 말이 두 언어 요소(형태소)로 되어 있다는 생각이 차차 표면에 떠오르게 되자 이 말을 임자씨(체언)와 토씨를 구별하여 적는 분철 표기(分綴表記)인 「사ᄅᆞᆷ이」로 쓰기 시작한다. 그러나, 그것은 규범이 되지 못했기 때문에 연철 표기(連綴表記)인 「사ᄅᆞ미」와 분철 표기인 「사ᄅᆞᆷ이」가 뒤섞이게 됨은 물론, 때로는 중철 표기(重綴表記)인 「사ᄅᆞᆷ미」가 나타나기도 한다. 풀이씨(용언)의 경우도 같은 이유다. 이를테면, 「먹으니」를 풀이씨의 줄기(어간)와 씨끝(어미)을 구별하지 않고 연철 표기하여 「머그니」로 한 것과 분철 표기한 「먹으니」와 뒤섞이고, 중철 표기한 「먹그니」가 나타나기도 한다.

셋째는 청취 지각에서 오는 혼란이다. 중세국어의 받침 표기는 허용 규정에 따라 8종성 쪽으로 통일되어 갔으나, 이때에도 8종성 중 「ㅅ」과 「ㄷ」은 청취 지각에 따라 「ㅅ」과 「ㄷ」간의 섞여쓰기가 나타나더니 (「ㅅ」~「ㄷ」)(「졊ᄌ」<월인석보 21:54, 능엄경언해 6:99, 원각경언해

상 1의 2 : 93>과「졋곤」<능엄경언해 10 : 62, 법화경언해 2 : 118, 원각경언해 하 2의 2 : 9>,「웃듬」<월인석보 17 : 58, 능엄경언해 1 : 43, 두시언해 16 : 21, 박통사언해 초간 상 : 5, 소학언해 4 : 18, 5 : 76>과「읃듬」<소학언해 5 : 77>), 16세기말 17세기 초기에 가서 그 섞여쓰기의 방향이「ㅅ→ㄷ」으로 치우치고 있다(1617년에 간행된 ≪동국신속삼강행실도≫의 표기법이 그 대표적인 보기이다 ;「다숟」<1 : 7>,「맏보고」<1 : 36>,「읻논」<5 : 10>,「좇고」<1 : 20>,「문받긔」<5 : 17>). 이「ㅅ」과「ㄷ」두 종성간의 혼기의 상태가 17세기 후기인 ≪노걸대언해≫(1670)에 가서 완진히 빗어나 한 받침으로 합일됨을 보여줌과 아울러 지금까지의 전형적「ㅅ→ㄷ」방향의 섞여쓰기는 거의 다 정반대인「ㄷ→ㅅ」방향의 혼기로 나타난다. 이것이 ≪박통사언해≫(1677)에 와서「ㄷ」받침은 없어지고「ㅅ」받침만 쓰이게 되니, 8종성법 체계가 이때에 완전히 무너지고,「ㄱ, ㄴ, ㄹ, ㅁ, ㅂ, ㅅ, ㅇ」만을 쓰는 7종성법 체계가 서게 되었다[57]. 이것이 18세기 문헌인 ≪여사서언해≫(1736)에 와서 다시 혼란을 일으키는데, 섞여쓰기의 방향을 이 시대의 규칙이라 할 수 있는「ㄷ→ㅅ」의 것과 정반대인「ㅅ→ㄷ」으로 잡고 있다(「몯ㅎ고」<2 : 26>,「곧투니」<2 : 2>). 그런데 이러한 18세기 중엽의 일시적인 혼란이 18세기 말경인 ≪한청문감≫(1779 추정)에 와서는 다시 이때의 7종성법을 준수하고 있는데, 유독「받[田]」의 받침만은「ㄷ」받침을 쓰고 있음이 특이하다. 그리고 이 ≪한청문감≫과 비슷한 연대에 발간된 ≪명의록언해≫(1777)에서는 7종성법이 철저하게 지켜졌을 뿐 아니라 분철 표기를 적용하고 있다(「벗이」<2 : 14>,「말숨을」<1 : 13>,「밋을지라」<1 : 69>). 19세기에 들어와서는 이 7종성 체계가 잘 이어졌으니, 특히 19세기 말엽에 나온 외국인에 의해 된 자전류나

---

[57] 이익섭 : 앞든 책 333~335쪽 등을 참고하여 정리하였다.

성경인 ≪성교감략≫(1883)・≪셩경직해≫(1892~1897) 등과, 교과서인 ≪국민소학독본≫(1895) 등에서도 7종성법을 따르었다.

   이것이 15세기 후기에서 16세기를 거쳐 근대국어 말까지에 이르는 우리 글자 살이었다.

   끝으로 근대국어 시기의 표기법에 대하여 한마디 덧붙인다면, 그 복잡했던 말첫머리 닿소리떼[語頭子音群]의 된소리화로 인한 간소화와 받침의 혼란을 정리하여 7종성으로 간소화시킨 점을 더 말할 수 있겠다.

VIII. 현대국어

1. 개관

2. 자료

3. 음운(音韻)

4. 어휘

5. 말본

6. 맞춤법

7. 대중말[標準語]

Ⅷ. 현대국어

1. 개관

　현대국어의 시기는 낡은 시대의 봉건적인 특권 체제를 법령으로 폐기하고, 근·현대적인 사회제도를 확립시킨다고 선언한 갑오경장(甲午更張)을 기점으로 하여, 지금까지 1세기 여에 걸쳐 성장되어 온 현 20세기를 일컫는다.

　갑오경장의 혁신적 변화는 새로운 사조(思潮)를 질풍처럼 몰아 왔다. 역사상 제도가 크게 고쳐져 개국 기년을 쓰고 정부 기구가 현대화 되었다. 한문만으로 출제하고 답안을 써 내던 고려조부터의 과거제도는 없어졌으며, 우리글의 이름도 언문(諺文)을 「국문(國文)」이라 부르게 되었고, 속어(俗語)·방언(方言)·언어(言語)·이어(俚語)라 부르던 우리말을 「국어(國語)」라고 하게 되었다. 새 교육이 실시되어 국민의 자각도 컸다. 민족적 자아를 찾기 시작한 것도 이 때였다. 그리하여 중국 숭배, 한문 존중의 수백 년 미혹의 꿈을 깨뜨리고, 제 글자 한글을 높여 쓰기 비롯하여 소설과 시는 물론, 과학·종교·예술·기행 등 각종 저서와 관보·신문·잡지·교과서 등에 이르기까지 모두 한글을 쓰게 되었다.

　이에 따라 국어학에도 새로 연구하는 학자들이 많이 일어나고, 연구의 대상도 종래 문자와 음운 위주에서 말본을 위시한 여러 분야의 연구로 확대되고, 그 방법론에 한 큰 변화를 일으키게 되었다.

그러나, 우리보다 먼저 서구문화를 받아들인 일본은 청일전쟁(淸日戰爭, 1894. 7~1895. 4), 노일전쟁(露日戰爭, 1904. 2~1905. 10)의 승전 여세로 침략 마수를 점차로 뻗치더니, 드디어 융희 4년(1910) 경술 8월 29일에 이르러 우리나라는 역사에 처음 부끄러운 일본인의 강점기를 맞게 되었다. 따라서 겨레의 생존권이 여지없이 박탈되고, 문화 발전의 기회를 잃고, 우리말과 글은 형언할 수 없는 화난을 당하였다.

이러한 망국의 설움 밑에서도 우리의 뜻있는 선각자들은 겨레 정신의 근본인 말과 글을 연구하고 배양하기에 힘썼다. 그리하여 이론적 체계 곧 과학적 체계 위에 국어 연구를 정착시켜 나갔던 것이다.

갑오경장 때부터 일본인의 강점기까지 우리 국어에 대한 연구는 뜻있는 선각자에 의해 새 학문의 사조(思潮) 위에 인간의 정신과학으로서 구체적인 뿌리를 박게 되었다. 이와 같은 구체적인 뿌리 박음은 「말본갈[文法學]」이라는 새로운 연구 대상의 출현에서부터 시작된다. 근·현대 국어학은 주로 음운·문자에서 말본으로 형성 발전되었는데, 「말본갈」은 규범적인 경향을 띠게 되었고, 드디어 규범적인 전통 말본의 시대를 이루었다. 이 말본 체계 적립으로 새로운 문자 체계와 한글 맞춤법을 제정하고, 대중말(표준말)을 확립하게 되었으며, 외래어 표기법 통일안까지 마련하게 되어 마침내 국어사전을 편찬하는데 이르게 되었다.

우리 애국지사들의 끈질긴 노력과 연합군의 승리로 일본인의 강점기를 벗어나 해방과 국권의 회복이 되자 36년 동안 강제로 빼앗겼던 국어에 대한 온 겨레의 관심과 배워 익히고자 하는 학습열 및 연구열이 어느 때보다도 높아져 감은 물론, 국어순화운동도 이러났다.

해방과 국권 회복 직후의 이러한 온 겨레의 국어 사랑과 연구열이 한참 높아져 가고 있는데, 뜻하지 않게 우리 겨레는 강대국에 의해 남북 분단의 아픔을 다시 맞게 된다. 이로 말미암아 반세기가 거의 다 되도록 지금까지 언어 생활도 남북이 소통할 수 없게 되니, 이때부터 국어는 분단된 문화권 속에서 서로 따로 연구할 수 밖에 없게 되었다.

우리 남한에서는 「조선교육심의회」에서 정한 학제와 대한민국 수립 후 제정한 교육법에 따라 설립하는 4년제 정규 대학마다 거의 다 「국어국문학과」를 설치하니, 국어국문학을 전공하겠다고 대학에 입학하는 학생이 다른 어느 학과보다도 많아졌다. 그런데 뜻하지 않은 6·25의 동족상쟁이 일어나게 되어, 정부나 우리의 많은 젊은 학도들도 부산 등지로 피난을 가게 되었다. 그 6·25사변의 북새 속 피난지 임시 교사 등에서도 후진들이 대거 학계에 진출하게 되고, 또 미국을 비롯한 서구 각국으로 직접 유학 가서 구미언어 이론을 학습하고 돌아온 연구가들로 인해 국어학 연구자들이 급격히 늘어나 1952년 환도할 무렵부터는 국어학의 영역이 점차 깊고 또 넓어져 전문분야별로 연구하게 되었다.

현대국어 시기를 현 시점인 1995년도까지만 보더라도 불과 100년 남짓 하지만 그동안 쏟아져 나온 국어학 관계 연구 업적만 보더라도, 그 논문이나 저술 등 연구 업적이 어느 시기보다도 다양할 뿐만 아니라 양으로도 현대국어 시기 이전 전체 기간 동안 나온 양보다 훨씬 많다.

현대국어의 특징은, 우선 음운상으로는 근대국어의 겹홀소리 「ㅚ」, 「ㅟ」가 홀홀소리 [ø], [y]로 되었으며, 된소리되기(경음화)·거센소리되기(격음화) 현상이 뚜렷해졌고, 낱내(음절)는 비교적 간단하여서, 대개 첫소리, 가운뎃소리, 끝소리로 이루어지는데, 가운뎃소리는 없어서는 안 되지마는, 첫소리와 끝소리는 없어도 낱내는 만들어진다.

　국어의 기본 문장형(월의 으뜸골)은 세 가지 내지 다섯 가지 골[型]에 의하여 체계화 될 수 있고, 월의 조각[成分]은 풀이말[述語], 기움말[補語], 직접부림말, 간접부림말을 포함하는 으뜸조각[主成分], 매김말[冠形語], 어찌말[副詞語]을 포함하는 딸림조각[附屬成分], 그리고 월과는 독립적으로 쓰이는 홀로조각[獨立成分]으로 구성된다. 월의 마침법[終止法]에는 베풂꼴[敍述形], 물음꼴[疑問形], 시킴꼴[命令形], 꾀임꼴[請誘形]로 나뉘어지며, 월은 짜임[構造]으로 보아 홑월[單文]과 가진월[包有文]・벌린월[並列文, 나란히월]・이은월[連合文]을 포함하는 겹월[複文]로 가르고, 바탈[性質]로 보아, 베풂월[敍述文], 시킴월[命令文], 물음월[疑問文], 꾀임월[請誘文]의 네 가지로 가른다.

　현대국어의 어휘의 경우, 토박이말보다 한자말이 더 많고, 한자말을 제외한 그 밖의 외래말에는 일본말(일본말과 일본식 한자말, 일본식 서양말)과 서양말(영어・프랑스말・도이치말・이탈리아말・스페인말・희랍말 등)이 어느 시기보다도 많이 늘어났으며, 약어(略語)와 비어(卑語)가 많아졌다고 하겠다.

　현대국어의 맞춤법[正書法]은 최근에 국문연구소(國文硏究所)의 맞춤법 통일안을 시발로 하여, 그 뒤 일본인들의 강제적인 표기법 규정인 조선총독부(朝鮮總督府)의 「보통학교용 언문철자법」(普通學校用諺文綴字法, 또는 諺文綴字法) 규정, 조선어학회에 의해 제정되어 1933년 10월 29일 반포 1989년 2월말까지 시행되던 「한글 마춤법 통일안」(한글 맞춤법 통일안)과 이에 대한 부분적인 수정, 1988년 1월 19일 문교부 고시 제88-1호 「한글 맞춤법」과 동일자 문교부 고시 제88-2호 「표준어 규정」 경로를 밟았다.

　현대국어의 방언 구역으로는 6개의 구역으로 나뉘어 있다. 중부방언, 경상방언, 전라방언, 함경방언, 평안방언, 제주방언들이 있어서 음운이나, 말본, 어휘의 체계가 다르다고 하지마는, 교육에 영향도 있지만, 다른 나라에 비하여 우리나라 방언들 사이에는 그리 심한 차이는 없다. 특히 해방 뒤에 표준말의 기반(基盤)인 서울·경기말이 크게 혼란된 것은 주목할 만한 사실이다.

그리고 현대국어 시기에는 한글 서체의 경우, 정보 산업화 시대에 걸맞는 다양한 한글체가 개발되고 있을 뿐만 아니라 한글 글자본 제정 규정을 마련 중에 있고, 쓰기에 있어서 내리쓰기(세로쓰기)가 가로쓰기로 서의 다 바뀌어졌으며, 철저한 띄어쓰기에 다양한 문장 부호를 사용하고 있다. 또 풀어쓰기 연구도 시도하고 있음이 특징이라고 하겠다.

2. 자료

최근세에 들어 중국의 모든 문물제도만을 제일로 여기고 이를 모방하기에 급급한 나머지, 민족 자주의 정신은 거의 찾아볼 수 없었던 우리 사회는 서양 여러 나라와의 교통이 열리고 그들의 접촉을 통하여 문화를 직접 수입하면서 늦게나마 우리도 민족 자주의 사상이 싹트게 됨과 아울러 민족의 시선이 전 세계에로 돌려지게 되었다.

서양의 과학 사상의 도래(渡來)는 유사 이래 가장 큰 변동을 우리나라에 가져왔다. 그리하여 사회·정치·문화의 전반에 큰 충동(衝動)을 가져와 모두가 혁명이 아닌 데가 없었다. 정부의 조직은 크게 개혁되어 봉건제도는 무너지고 구식 교육기관이 폐쇄되면서 신식 학교 제도가 생기고 널리 만방과 통상하여 나라의 문호를 열었다.

세상은 온통 딴 세상이 되었다. 이 판에 우리의 언어 생활인들은 옛 것을 고집할 수 없었다. 그리하여 우리의 국어 국문학이 한문학의 굴레를 벗어나야 하겠고 서양의 학문과 보조를 맞추어야 할 것이다. 여기에 국어 국문학은 한문학과의 관계를 끊고자 언문일치(言文一致)를 주장하고 국어의 존엄성을 인식하여 국문과 국한문에 의한 언어문자 생활이 이루어지게 된다.

이 역사적 큰 전환기의 선구자는 구당(矩堂) 유길준(兪吉濬)님이다. 구당은 일본을 거쳐 미국 유학을 마치고 돌아와 ≪서유견문(西遊見聞)≫ (1895. 4. 25)을 지어 내었는데, 그 문체는 「국한 혼용」문이었다.

"地球눈吾人의住居ᄒ눈世界니亦遊星의一이라"

이러한 문체는 그 당시로는 혁신적인 큰 사건이었다. 이 책 이전에 있어서는 학자의 이러한 저서는 반드시 한문으로 되어야만 하는 것으로 되어 있었기 때문이다.

이러한 때에 구당은 식자들의 순한문체문으로 내어야 한다는 의견을 무시하고 국한 혼용문으로 그 큰 책을 써 간행하였으니, 그 때 이에 대한 반대가 매우 심했다. 그러나, 구당은 다음과 같은 다섯 가지 이유로써 원저 대로 세상에 공표하였다.

첫째, 이 책의 내용을 일반 민중에게 소개하여 민지의 계발을 하기 위해서는 무엇보다도 그 글이 쉬워야 함이다.

둘째, 나의 한문 지식이 부족하여 내가 듣고 본 것을 한문으로써 자유로 표현하기 어려우므로, 기술의 편의를 위함이다.

셋째, 이제 외국과 문호를 텄고, 따라서 국민 모두가 그 사정을 몰라서는 안 될 터인데, 모든 국민이 다 알게 하기 위해서는 쉬운 글자로 친근한 말을 써, 저의 참스런 형편을 밝게 들어냄이 옳다.

넷째, 차라리 중국의 글자인 한자를 아주 버리고, 우리글을 전용하지 못함을 오히려 유감으로 생각하노니, 국한문 혼용은 다만 오늘의 사정에 맞게 하기 위함일 따름이다.

다섯째, 그런즉 내가 순한문을 쓰지 않은 데 대한 옳고 그름은 이젯 사람보다도 차라리 뒷 사람의 판단에 맡길 것이다.

이런 조목들은 그 당시로서는 매우 대단한 주장으로서, 과연 뒷 사람의 판단이 어떠한지는 더 설명할 필요가 없는 일이다.

구당의 이런 언어 표현의 싹은 범위가 각 분야에 걸쳐 다양하게 급속히 늘어나는데, 그 중에서도 건양 원년(1896) 4월 7일에 서재필(徐載弼)님이 주동이 되어 창간한 「독닙신문」(→독립신문)은 순한글로 된 신문이었다. 이 신문 논설에서 다음과 같이 주장하고 있다.

"우리신문이 한문은 아니쓰고 다만 국문으로만 쓰는거슨 샹하귀쳔이 다보게 홈이라 또 국문을 이러케 귀졀을 쩨여 쓴즉 아모라도 이신문 보기가 쉽고 신문속에 잇는말을 자세이 알어 보게 홈이라 각국에셔는 사롬들이 남녀 무론ㅎ고 본국 국문을 몬저 비화 능통혼 후에야 외국 글을 비오는 법인듸 죠션셔는 죠션 국문은 아니 비오드리도 한문만 공부 ㅎ는 까닭에 국문을 잘 아는 사롬이 드물미라 죠션 국문ㅎ고 한문ㅎ고 비교ㅎ여 보면 죠션국문이 한문 보다 얼마가 나흔거시 무어시고ㅎ니 쳣지는 비호기가 쉬흔이 됴흔 글이요 둘지는 이 글이 죠션글이니 죠션 인민 들이 알어서 빅亽을 한문디신 국문으로 써야 샹하 귀쳔이 모도보고 알어보기가 쉬흘터이라 한문만 늘써 버릇ㅎ고 국문은 폐혼 까닭에 국문만쓴 글을 조선 인민이 도로혀 잘 아러보지못ㅎ고 한문을 잘알아보니 그게 엇지 한심치 아니ㅎ리요 또 국문을 알아보기가 어려운건 다름이 아니라 쳣지는 말마디을 쩨이지 아니ᄒᆞ고 그져 줄줄녀려 쓰는 짜닭에 글ᄌᆞ가 우희 부터는지 아리 부터는지 몰나셔 몃번 일거 본후에야 글ᄌᆞ가 어디 부터는지 비로소 알고 일그니 국문으로 쓴편지 ᄒᆞ쟝을 보쟈ᄒᆞ면 한문으로 쓴것보다 더듸 보고 쏘 그나마 국문을 자죠 아니 쓴는고로 셔툴어셔 잘못봄이라 …… 한문 못 ᄒᆞᆫ다고 그사롬이 무식ᄒᆞᆫ사롬이 아니라 국문만 잘ᄒᆞ고 다른 물졍과 학문이 잇스면 그사롬은 한문만 ᄒᆞ고 다른 물졍과 학문이 업는 사롬 보다 유식ᄒᆞ고 놉흔 사롬이 되는 법이라"

이 「독닙신문」은 우리나라 민간 신문의 최초라는 점만 아니라, 순국문으로 발간하였다는 점으로, 이 신문의 발간은 우리나라 신문의 역사상 획기적인 사건인데, 여기에서 그 당시의 우리 문자 생활의 모순점을 잘 파헤치고 있다. 상하 귀천이 다 볼 수 있도록 하기 위해 한문을 쓰지 않는다는 것, 우리 국문이 배우기 쉽고, 그리고 이것은 우리글인 까닭에 우리 국민들이 알아서 써야 하는 것임에도 불구하고, 우리들은 한문만 배우고 국문은 도리어 잘 읽지 못하니 한심한 일이 아닐 수 없다는 것, 국문만 잘하고 다른 물정과 학문이 있으면, 그 사람들은 도리어 한문만 하고 다른 학문이 없는 사람보다 유식하고 높은 사람이 된다는 점들을 지적하고 있으니, 통쾌한 일이 아닐 수 없다. 또 띄어쓰기를 해야 함을 알고 그것을 실천한 점도 우리나라 글자 문화를 위한 커다란 발전이었다.

이 시기의 문학 활동으로는, 「海에서 少年에게」란 신체시가 나오기도 했으나, 한글 문화의 기수는 역시 ≪혈의 누(血의 淚)≫(1906)·≪귀의 성(鬼의 聲)≫ 등의 소설이었다.

또 이 시기의 우리나라 학자들의 국어학에 대한 연구도 소리 연구에만 그치지 않고 말본의 연구로 시야를 넓히기 시작하였는데, 그 시초는 리봉운(李鳳雲)님의 ≪국문정리(國文正理)≫(1897. 1)이다. 이 책의 전면에 국문 존상(尊尙)의 정신과 국문 정리의 노력이 넘치고 있다. 서문에서 끝까지 온통 순 국문으로 지어졌다. 특히 리님은 서문에서,

"조선 사람이 한문만 숭상하고, 제 글은 아모 이치도 알지 못하니, 참 절통하다. 대저 문명에 제일 요긴한 것은 국문인데, 이것의 이치를 밝히어 쓰고 또 교육하여야만 나머지 만사가 다 그로부터 나와 잘 될 것이다."

라고 하였다. 국문 존중을 극구 강소하였을 뿐만 아니리 안전치 한글만으로 설명을 하고 있으니, 국문과 우리말에 대한 수호·발전의 노력이 비로소 표면화하기 시작했다.

갑오경장 이후에 일어난 이러한 일련의 움직임은, 모두 한문과 한자의 굴레에서 벗어나서, 우리글 우리말을 지키고 발전시켜 나가야 한다는 근본적인 의도의 발로로 볼 수 있는데, 이러한 움직임을 한 몸에 받아서, 말과 글을 나라 바탕에까지 결부시켜, 그 연구와 그 보급에 한 평생을 바쳐 뒷 시기에 큰 영향을 미친 분이 한힌샘 주시경(周時經)님이다.

한힌샘님은 일찍이 한문을 배우는 것이 얼마나 노력의 낭비인가를 깨닫고 그 당시의 애국 운동과 말과 글의 수호 발전에 심혈을 기울이게 되었다. 그리하여 ≪국문문법(國文文法)≫(1905. 필사), ≪대한국어문법≫(1906. 6 유인), ≪소리갈≫(1906. 8 유인), ≪국어문전음학(國語文典音學)≫(1908. 11. 6), ≪말≫(1908. 필사), ≪고등국어문전(高等國語文典) 권일(卷一)≫(1909. 유인), ≪국어문법(國語文法)≫(1910. 4. 15), ≪조선어문법(朝鮮語文法)≫(1911. 12. 29), ≪말의 소리≫(1914. 4. 13 석판)

등의 저술을 내고, 갖은 고초를 겪어 가면서 20여 곳에 출강하여 많은 제자들을 길러 내어, 국어학의 기초를 닦음과 동시에, 국어학자의 정신적 자세를 확립하는데 이론적 근거를 제시하였다. 한힌샘님은 ≪국어문전음학≫「자국언문(自國言文)」에서,

"각 인종(人種)의 언어도 … 각자가 같지 아니하니, 이것은 하늘이 그 구역에 그 인종이 살기를 명하고, 그 인종에 그 말을 명하여, 한 구역의 땅에 한 인종을 낳고, 한 인종의 사람에 한 가지 말을 내게 함이라. 그러므로, 하늘이 명한 성을 따라 그 구역에 그 인종이 살기 편하며, 그 인종이 그 말을 내기 알맞아, 천연(天然)의 사회로 국가를 만들어 독립이 각각 정해지니, 그 구역은 독립의 터전[基]이요, 그 인종은 독립의 몸[體]이요, 그 말[言]은 독립의 성(性)이다58)." <국어문전음학에서 쉽게 풀어 고침>

라고 하여 말[言]이 독립의 「성(性)」임을 강조하고, 또 이어 말하기를,

"자기 나라를 보존하며 자기 나라를 일어나게 하는 길은 나라의 바탕[國性]을 장려함에 있고, 나라의 바탕을 장려하는 길은 자기 나라의 말과 글[國語와 國文]을 존중하여 쓰는 것이 가장 중요하므로, 자기 나라의 말과 글이 어떤 나라의 말과 글만 같지 못하더라도 자기 나라의 말과 글을 갈고 닦아 기어이 만국과 같아지기를 도모해야 할 것이어늘, 우리는 단군 이래로 덕정을 베풀던 그 훌륭한 말과 글자를 연구한 일이 없다59)." <국어문전음학에서 쉽게 풀어 고침>

라고 하였다. 이 한힌샘님의 말은 자기 나라의 말과 글을 존중하여 써야만 나라의 바탕[國性]이 굳건해지며, 나라의 바탕이 장려되어야만

---

58) 주시경 : ≪국어문전음학≫(박문서관, 1908. 11. 6) 1~2쪽 참고.
59) 주시경 : 윗 책 3쪽 참고.

나라를 보존하고 일어나게 할 수 있다는 것이니, 여기에서 우리는 한 힌샘님의 국어 연구의 기본적인 자세를 명백하게 알 수 있다.

선각자 유길준·서재필·리봉운·주시경님들에 의해 창도된 우리말과 우리글에 대한 이러한 자세는 그 뒤에까지 큰 영향을 미치게 되었다. 일본인 강점기에 악랄한 강압과 우리 어문 탄압 말살 정책에도 불구하고, 우리말과 글을 지키려는 겨레의 정열은 끊어지지 않았으니, 그 중에도 주시경님의 정신과 학문을 이어받은 많은 제자들인 애국학자들의 말본의 연구와 조선어학회 사업은 특기 할 바 있다. 그 대표적인 것으로는 최현배(崔鉉培)님의 ≪우리말본≫(1937. 2. 25), 김윤경(金允經)님의 ≪나라말본≫(1948. 5. 15), 김두봉(金枓奉)님의 ≪조선말본≫(1916. 4. 13)과 ≪깁더조선말본≫(1922년경), 정열모(鄭烈模)님의 ≪신편고등국어문법≫(1946. 10. 20), 조선어학회의 학술잡지 ≪한글≫, ≪한글맞춤법통일안≫(1933. 10. 29), ≪사정한 조선어 표준말 모음≫ (1936. 10. 28), ≪외래어 표기법≫(1940. 6), ≪조선말 큰사전(큰사전)≫ (1947. 10. 9~1957. 10. 9) 등이다.

그 밖에도 방대한 국어 연구의 저술인 김윤경님의 ≪조선문자급어학사(朝鮮文字及語學史)≫(1938. 1. 25), 최현배님의 ≪한글갈[正音學]≫ (1942. 4. 30), 양주동(梁柱東)님의 ≪조선고가연구(朝鮮古歌研究)≫(1942. 11) 등과, 신문, 교과서, 잡지, 성경, 학회지 등의 문헌들이 출현하여 인쇄술의 현대화를 이루면서 자료를 풍부하게 하였다.

해방의 기쁨을 안자마자 강대국에 의해 국토가 분단된 지 5년도 못되어 6·25사변을 통하여 기존의 자료를 많이 잃어버리기는 하였으나, 해방 이후 자유 민주주의의 체제가 갖추어지고, 학문 연구와 국어에 의한 표현의 자유가 완전히 보장되고, 국제화됨으로써 학문 연구자와 그 밖의 문필가들이 급격히 늘어나 지금의 현대는 국어 문자현의 홍수시대가 되었다. 그러므로, 현대 국어학의 연구 분야도 다양해져, 말본과 문학의 연구는 물론 음운론, 형태론, 통어론(통사론), 방언론, 의미론, 국어학사, 국어사, 계통론 등 분야별 연구와 국어교육론(국어교육학), 국어심리학, 국어사회학, 국어철학, 국어문체론 등의 연구도 시도되었다.

현대국어 시기의 문헌 소개는 생략하기로 한다.

3. 음운

(1) 닿소리 체계

현대국어의 닿소리 음소는 근대국어에서와 마찬가지로 모두 19닿소리로 이루어져 있다.

예사소리 : ㄱ(k), ㄷ(t), ㅂ(p), ㅅ(s), ㅈ(c)
흐린소리 : ㄴ(n), ㄹ(l), ㅁ(m), ㅇ(ŋ)
거센소리 : ㅊ(c^h), ㅋ(k^h), ㅌ(t^h), ㅍ(p^h), ㅎ(h)
된 소 리 : ㄲ(k'), ㄸ(t'), ㅃ(p'), ㅆ(s'), ㅉ(c')

이 닿소리 음소 19개 중에서 「ㅊ, ㅋ, ㅌ, ㅍ」은 겹닿소리이고 나머지는 모두 홑닿소리이다.

(2) 홀소리 체계

현대국어의 홀소리 음소는 홑홀소리 10, 반홀소리 2, 겹홀소리 12개로 이루어져 있다.

홑홀소리 : 10개

ㅏ(a), ㅓ(ə), ㅗ(o), ㅜ(u), ㅡ(ɨ), ㅣ(i),
ㅐ(ɛ), ㅔ(e), ㅚ(ø), ㅟ(y).

이 홑홀소리 음소 10개 중 「ㅟ」(y)는 겹홀소리 [uj]로 보기도 한다.

반홀소리 : 2개

ㅣ(j), ㅜ(w)

겹홀소리 : 12개

상승적 : ㅑ(ja), ㅕ(jə), ㅛ(jo), ㅠ(ju), ㅒ(jɛ), ㅖ(je), ㅘ(wa),
ㅝ(wə), ㅟ(wi), ㅙ(wɛ), ㅞ(we).

하강적 : ㅢ(ɨj)

(3) 받침 체계

현대국어의 받침은 다음과 같이 27개이다.

ㄱ, ㄴ, ㄷ, ㄹ, ㅁ, ㅂ, ㅅ, ㅇ, ㅈ, ㅊ, ㅋ, ㅌ, ㅍ, ㅎ,
ㄲ, ㄳ, ㄵ, ㄶ, ㄺ, ㄻ, ㄼ, ㄽ, ㄾ, ㄿ, ㅀ, ㅄ, ㅆ.

(4) 운소(韻素)

소리의 길이, 높이, 세기와 같은 홀·닿소리에 속할 수 없는 소리의 자질(資質)이 말의 뜻을 분화하는데 봉사하는 것을 운소(韻素, Prosodeme) 또는 운율 음운(韻律音韻, Suprasegmental Phoneme ; Prosodeme)이라고도 한다.

소리의 길이 / : / 보기······말[馬]과 :말[語], 눈[眼]과 :눈[雪],
발[足]과 :발[簾].
말의 끝남법 /↗↘→↓/ 보기······가오↗(물음), ↘(단정),
→(회의, 불확실), ↓(명령, 감탄).
말의 연접법 /+/ 보기······윤봉길의사+약전, 윤봉길의+사약전

이 보기를 볼 때 현대국어는 운율자질(韻律資質, 얹힘음운) 6개가 있다고 하겠다.

4. 어휘

현대국어의 어휘를 그 기원에 의해 나눠 보면, 토박이말과 빌어온말[借用語]로 크게 나뉜다.

(1) 토박이말

토박이말(고유어)이란 본디부터 우리나라에서 쓰이던 말로서, 외국에서 빌어온 흔적을 찾아볼 수 없는 것이다. 물론 여기에 문제가 아주 없는 것은 아니다. 우리들이 지금은 우리말에 본디부터 있었을 것으로 여기는 말 중에도, 어원학적이나 비교언어학적으로 연구해 보면, 그렇지 않은 것으로 밝혀지는 것도 흔히 발견된다(「붓[筆], 먹[墨]」). 그러나, 「사람, 하늘, 봄, 값, 집임자, 속옷, 어제, 오늘, 본보기, 비옷, ······」 따위의 낱말들은 토박이말임이 분명하다.

(2) 빌어온말[借用語]

빌어온말이란 본디 우리말에 없던 것으로서 외국에서 빌어다 쓰는

낱말을 말함이니, 이를테면,「선생, 학교, 부모, 전기, 가격, 가면, 펜, 잉크, 후까시, 고데, 루트, 쇼크, 사시미, 요지, 니부가리, 공차, 취체, 수속, 일당, 행선지, 보살, 가스, 커피, ‥‥」따위의 낱말들은 외국에서 빌어온 말이다. 이 빌어온말(차용어)도 크게 두 가지로 구별된다. 하나는, 외국에서 들어온 말일지라도 그 들어온 역사가 오래고, 그 쓰이는 범위가 넓어서 모든 국민이 거의 다 알아들을 수 있는 것이니, 이것은 일반적으로「외래말」이라 하고, 다른 하나는 아직 그렇게 널리 쓰이지 않는, 곧 아직 동화·토착되지 않은 말(빌어쓰는말)이니, 이것은 '외국말」이라 한다. 이 두 가지의 구별은「토박이말」과「차용어」를 구별하기보다 더 어렵다.

외래말(외래어)도 그 국적에 따라 크게 세 가지로 나뉜다. 그 들어온 시대 차례로 말하면, 첫째는 한자말이고, 둘째는 일본말이며, 셋째는 대부분 서양에서 들어온 그 밖의 외래말 곧 서양말이다. 그 중에 한자말은 중국에서 한자와 더불어 들어왔거나, 그 한자를 토대로 하여 우리가 다시 만들어 낸 말인데, 이것은 들어온 역사가 오래이고 해서 외래말 중에서 제일 많을 뿐 아니라, 우리 토박이말 보다도 많다는 것이다[60].

특히 현대에 와서 서구어나 일본말(순수 일본말과 일본식 한자말, 일본식 서양말)의 유입이 많아져 가고 있는 실정이다.

(3) 짜임새로 본 어휘 분류

---

[60] 한글학회 : ≪큰사전≫(1947. 10~1957. 10)의 낱말 통계에 의하면, 대중말(표준말)로 잡은 말이 140,464 어휘인데, 이 중 순우리말(토박이말)이 56,115 어휘이고, 한자말이 81,362 어휘이다.

490 VIII. 현대국어

현대국어의 낱말은 그 짜임새로 보아 단일어(單一語), 합성어(合成語, 複合語), 파생어(派生語)로 나뉜다.

(3-1) 단일어(單一語)

단일어는 낱말에 있어서 씨뿌리[語根] 하나만으로 만들어진 말인데, 보기를 들면, 「사람, 하늘, 아버지, 어머니, 봄, 여름, 가을, 손, 사랑, 돌, 나무, 머리, 미나리, 도시락, 소, 송아지, ……」 등과 같다.

(3-2) 합성어(合成語)

둘 이상의 씨뿌리(어근, 곧 낱말)가 모여서 한 낱말로 된 것을 합성어(合成語) 또는 복합어(複合語)라 이른다. 이를테면, 「산돼지, 국물, 국그릇, 밤낮, 속옷, 눈물 ; 오가다, 오르내리다, 듣보다」 따위는 각각 한 낱말인데, 각 낱말은 그 가운데 둘의 씨뿌리(어근) 형태소를 가지고 있다.

합성어 가운데는 뚜렷이 자립성을 가진 두 개의 낱말(자립 형식)이 겹쳐진 것이 있다. 곧 위에 보인 보기 중에서 「산-돼지, 국-물, 국-그릇」 따위는, 합성된 각 성분이 모두 뚜렷한 자립성을 가진 합성어이다. 이런 합성어는, 때로는 하나의 낱말인지, 두 낱말이 결합된 이은말인지 분간하기 어려운 일이 흔히 있기 때문에, 「통어적 합성어」(統語的合成語, syntactic compound)라 불린다. 두 요소가 통어론에서 다루는 두 자립 형식의 통합과 같은 방법으로 결합된 합성어란 뜻이다.

그러나, 앞의 보기에서 「오-가-(다), 오르-내리-(다)」에 있어서의 두 뿌리는 자립성을 가진 두 낱말이 겹쳐진 것은 아니다. 「오-」, 「오르-」는 분명히 뿌리이기는 하되, 자립 형식은 아니다. 이러한 합성어의 두 조각(성분)의 통합은 통어론에서 다루는 자립 형식끼리의 결합과는 다르기 때문에, 이것은 「비통어적 합성어」(非統語的合成語, asyntactic compound)라 불린다.

또 합성어는 같은 뿌리를 겹쳐서 만드는 일이 있는데, 이것을 「반복 합성어」(repetitive compound)라 한다. 그 보기를 보이면, 「사람-사람, 하나-하나, 집-집」 따위와 같다.

(3-3) 파생어(派生語)

씨뿌리[語根]에 파생의 가지[接辭]가 붙어서 이루어진 낱말을 파생어라 이른다. 파생의 가지에는 세 가지 종류가 있다. 씨뿌리에 대한 그 자리에 따라서, 씨뿌리의 앞에 붙는 것을 앞가지[接頭辭, prefix]라 하고, 씨뿌리의 뒤에 붙는 것을 뒷가지[接尾辭, suffix]라 하며, 씨와 씨와의 사이에 들어가아, 그 두 씨를 어울러서, 한 씨로 만드는 일을 하는 씨가지를 속가지[接腰辭, infix] 또는 허리가지(허릿가지)라 한다.

(3-3-1) 앞가지 파생어

앞가지란 씨뿌리의 머리에 붙는 씨가지란 뜻이니, 앞가지 파생어는 앞가지에 의한 파생어를 이름이다. 앞가지에는 이름씨에 붙는 것, 풀이씨(움직씨와 그림씨)에 붙는 것, 어찌씨에 붙는 것이 있다.

① 이름씨 앞에 가지가 붙어서 된 파생어 보기
   한강[大江], 한섬[大島], 한숨[大息], 대인(大人), 한여름[盛夏], 한낮[正午], 한것, 초하루, 초저녁, 애빨래, 갓스물, 참말, 참새, 정말, 들깨, 돌배, 맨주먹, 찰벼, 차조, 날것, 풋나물, 올벼, 홀아비.

② 풀이씨 앞에 가지가 붙어서 된 파생어 보기
　　애빨다, 올되다, 올차다, 늦되다, 짓이기다, 짓씹다, 처먹다,
　　처먹이다, 처맡기다, 치밀다, 얄궂다, 얄망스럽다, 새하얗다,
　　새까맣다, 새파랗다, 시커멓다, 시퍼렇다.

③ 어찌씨 앞에 가지가 붙어서 된 파생어 보기
　　맨먼저, 외따로.

(3-3-2) 뒷가지 파생어

　뒷가지란 씨뿌리의 뒤에 붙는 씨가지란 뜻이니, 뒷가지 파생어는 뒷가지에 의한 파생어를 이름이다. 뒷가지는 이름씨, 풀이씨(움직씨와 그림씨), 어찌씨 아래에 붙는 것이 있다. 국어에는 앞가지보다 뒷가지의 수가 더 많다.

① 이름씨 뒤에 가지가 붙어서 된 파생어 보기
　　사람들, 자네들, 구경군들, 새들, 선생질, 낚시질, 걸레질, 애꾸눈이,
　　일군, 동양인, 교육가, 학자, 사무원, 공무원, 교사, 임신부, 모리배,
　　기계화, 과학화, 솜씨, 말씨, 마음씨, 날씨, 옆댕이.

② 풀이씨 뒤에 가지가 붙어서 된 파생어 보기
　　가시다, 오시다, 보시다, 낚으시다, 자겠다, 가았다, 가더라, 길었다,
　　맑았다, 길겠다, 맑겠다.

③ 어찌씨 뒤에 가지가 붙어서 된 파생어 보기
　　더하다[加], 출렁출렁하다, 반작반작하다, 흔들흔들하다, 반작거리다,
　　까물거리다, 재재거리다, 빈정거리다, 꼼작거리다.

(3-3-3) 속가지 파생어

속가지란 씨와 씨와의 사이에 들어가아, 그 두 씨를 어울러서, 한 씨로 만드는 일을 하는 씨가지를 이름이니, 속가지 파생어는 속가지에 의한 파생어를 이름이다. 이에는 다만 「ㅅ」, 「ㅂ」이 있을 뿐이다. 속가지를 인정하지 않는 학자도 있다.

① 「-ㅅ-」(임자씨와 임자씨와의 사이에 쓰임) 보기
  나뭇군, 깃발, 뒷간, 낚싯대, 잇몸.
② 「-ㅂ-」
  ㉠ 임자씨 또는 매김씨와 임자씨와의 사이에 쓰임 보기
    좁쌀, 입쌀, 찹쌀, 입짝, 접짝, 접때.
  ㉡ 풀이씨 또는 다른 씨와 풀이씨와의 사이에 쓰임 보기
    휩쓸다, 휩싸다, 날브뒤다.

(4) 약어(略語)와 그밖에 어휘

현대국어에서는 생활의 촉박으로 인하여 약어(略語)를 많이 쓰고 있으니, 이를테면, 「불백(불고기백반), 비냉(비빔냉면), 갈(가을), 담(다음), 보기(본보기), 안과(안과 병원), 특보(특별 보좌관), 특사(특별 사면), 합참(합동 참모 본부)」 따위와 같다. 그리고 현대국어에서는 해방 후 6·25사변 등으로 인한 사회의 혼란과 혼탁은 하층 사회에 은어(隱語)를 발달시키는 결과를 가져왔고, 또 속어(俗語)와 비어(卑語)를 많이 쓰게 되었으니, 이를테면, 「공갈(거짓말), 큰집(교도소), 돈(동그라미), 왕초(우두머리), 쿠사리 먹다(꾸중 듣다), 날리다(없어지다), 뺑소니치다(도망가다), 뻗다(죽다)」 따위의 속어가 그것이다.

5. 말본

(1) 말본 체계

갑오경장 이후의 우리 국어의 말본은, 우리나라 학자로서는 리봉운님에 의해 발아되어 쵀광옥·유길준님에 의하여 말본 체계가 서기 시작하고, 주시경(周時經)님에 와서 근대 과학적인 말본 체계가 거의 확립되었다 하겠다.

주시경님의 대표 저술인 ≪국어문법≫(1910)은 음성학적(音聲學的) 부분인 「국문(國文)의 소리」와 말본학의 부분인 「기난갈」[씨갈, 品詞論] 및 「짬듬갈」[월갈, 統語論, 統辭論, 文章論]로 나누어져 설명되어 있는데, 모든 용어는 토박이말로 만들어져 있다. 그 씨 가름의 이름을 보이면, 「임·엇·움·겻·잇·언·억·놀·끗」따위와 같다. 이와 같이 ≪국어문법≫에서는 음성학적인 학설과 말본학적인 학설을 볼 수 있을 뿐만 아니라 민족주의적 언어관이 밝히 부각되어 있음을 알 수 있다.

주시경님의 학설은 그 후계자들에게 영향을 주어 이어지고, 비판되고, 고쳐짐으로써 많은 발전을 가져 오기에 이르렀는데, 1950년 이전까지를 보면, 최현배(崔鉉培)·김윤경(金允經)·김두봉(金枓奉)·이상춘(李常春)·박승빈(朴勝彬)·정열모(鄭烈模)·정인승(鄭寅承)·이희승(李熙昇) 등 수많은 말본학자가 쏟아져 나왔다[61]. 이들의 각각의 말본 체계는 모두 특징을 가졌다. 그러나, 이 많은 이들에 의해 저술된 말본책은 씨 가름(품사분류) 체계로 볼 때, 세 큰 말본 체계로 나눌 수가 있으니, 첫째는 주시경님의 분석주의적인 말본 체계를 거의 그대로 이

---

61) 박종국 : ≪말본사전≫(정음사, 1980. 8. 30) 701~705쪽 참고.

어 받은 분석적 체계(分析的體系)이요, 둘째는 말의 본질의 종합성을 들어, 분석주의로부터 종합주의 쪽으로 지향하는 절충적 체계(折衷的 體系) 곧 준종합적 체계이요, 셋째는 철저한 종합적인 언어관 밑에서 종합적 체계(綜合的體系)를 이루려는 종합주의 체계가 그것이다.

(1-1) 분석적 체계

언어는 종합적인데서 분석적인 방향으로 발전한다는 언어관 밑에서 말본 체계를 확립한 것이니, 이 체계는 실사(實辭, 생각씨), 곧 의미요소와 허사(虛辭, 토와 씨끝) 곧 말본 요소를 살라서 각기 낱말로 **본** 것이다. 곧 실사는 물론 말본 요소인 토와 씨끝[語尾] 모두를 한 씨(품사)로 인정한 것이다.

이 말본 체계를 대표하는 이는 주시경(周時經)님인데, 이 분석적 체계를 그대로 계승 발전시킨 학자는 김두봉·김윤경·이상춘(李常春)·강매(姜邁)·장지영(張志暎)님 등 많은 학자가 있다. 그 가운데 김두봉님과 김윤경님이 대표라 하겠다. 주시경님의 말본 책으로 대표적인 저서는 ≪국어문법(國語文法)≫(1910. 4. 15)이다.

<u>아 기 가 자 라 오</u>.
(임) (겻) (움) (끗)
<u>아 기 가 젓 을 먹 소</u>.
(임) (겻)(임)(겻)(움)(끗)
<u>저 소 가 푸 른 풀 을 잘 먹 소</u>.
(언)(임)(겻) (언) (임)(겻)(억)(움)(끗)

(1-2) 절충적 체계

언어는 종합적인 특성을 갖는다라는 언어관이, 주시경님의 과도한 분석적 경향을 지양하게 되고, 그 보다는 종합적인 그러면서도 한편으로는 분석성을 잃지 않은 체계로, 이 체계는 의미 요소인 실사(實辭) 가운데 임자씨[體言]와 여기 붙은 허사(虛辭) 곧 토는 분리한다. 그러므로, 이러한 면에서 보면, 분석적 체계와 같다. 그러나, 한편 풀이씨[用言]의 실질적인 뜻을 가지는 부분인 줄기[語幹]와 줄기에 붙는 형식적인 부분인 씨끝[語尾]을 분석적 체계에서와 같이 갈르는 것이 아니라, 합하여 한 낱말로 보는 것이다. 이때에 분석적 체계에서 말하는 실사(實辭)를 줄기라 하고, 그 허사(虛辭)를 씨끝이라 한다. 그러므로, 이 절충적 체계에서는 줄기와 씨끝은 각립한 낱말이 아니라, 한 낱말의 형태론적 구성 요소가 되는 셈이다. 곧 토는 분석적 체계에서와 같이 씨(품사)로 인정하고 씨끝(어미)은 씨로 인정하지 않는 것이다.

그리고 여기의 이 풀이씨는, 그 씨끝(끝)이 여러 가지 꼴로 「끝바꿈」(어미 활용) 하는데, 이러한 끝바꿈을 하는 것이 풀이씨의 특징이라고 한다. 그러므로, 분석적 체계에 견주면 이는 종합성을 띤다. 이 체계를 창설한 최현배(崔鉉培)님은 자기의 풀이법이 종합적임이 특색이라 하고, 앞 사람의 풀이법보다 나은 점이라 하였다. 이 「절충적 체계」는 「준종합적 체계」라고도 한다.

이 체계에 따르는 학자는 정인승(鄭寅承) · 이희승(李熙昇) · 박창해(朴昌海) · 허웅(許雄)님 등 많은 학자가 있을 뿐만 아니라 현재 중고등학교의 말본 교과서의 말본 체계도 이 체계라 하겠고, 또 대부분의 현대 국어사전의 올림말의 씨가름도 이 체계에 따라 편찬된다고 하겠다.

최현배(崔鉉培)님의 말본 책으로서 대표적인 저서는 《우리말본》(1937. 2. 25)이다. 이 책은 주시경님의 말본 체계를 많이 수정 발전시켰으니, 우선 낱말의 성격 규정 방법부터 바꾸어, 주시경님이 두 낱말로 본 풀이씨(용언)의 줄기(어간, 씨줄기)와 씨끝(어미, 끝)을 합하여 한 낱말로 보고, 풀이씨의 「끝바꿈」(활용)을 설명하고, 「임·엇·움」과 같은 학술 용어(갈말)를 더 쉽게 이해될 수 있는 말인 「이름씨·그림씨·움직씨」로 바꾸었는데, 씨(품사)는 「이름씨·대이름씨·셈씨·움직씨·그림씨·잡음씨·매김씨·어찌씨·느낌씨·토씨」의 열 가지로 나누었다.

그리고 이 책은 그 양이나 질에 있어서 20세기 국어학의 가장 큰 수확으로 손꼽히며, 그 영향은 매우 커서, 이후의 말본 연구는 이것을 토대로 하여 발전되어 나가고 있다.

<u>아기가 자라오</u>.
<u>아기가 젖을 먹소</u>.
<u>저 소가 푸른 풀을 잘 먹소</u>.

(1-3) 종합적 체계

종합적 체계란, 말본에서 의미 요소인 실사(實辭)와 말본 요소인 허사(虛辭)를 분석적 체계와 같이 모두 갈르지 않고 실사와 허사를 모두 합하여 한 낱말로 처리하는 것이다. 곧 토와 씨끝(어미)을 씨로 인정하지 않는 것이다.

이 체계는 분석적 체계 및 절충적 체계(준종합적 체계)에 대립하는 체계로서, 주시경님의 가르침을 받은 정열모님에 의해 창설되었다. 그의 대표적인 저서는 ≪신편고등국어문법≫(1946. 10. 20)이다. 이 책에서 씨(품사)에는 「명사·동사·관형사·부사·감동사」의 다섯 가지로 나누었다. 그리고 「겻, 맺」은 품사가 아니라고 하였다.

이 말본 체계에 따르는 학자로는 이숭녕(李崇寧)·김민수(金敏洙)·장하일님 등이다.

<u>아 이 가</u> <u>자 라 오</u>.
<u>아 이 가</u> <u>젖 을</u> <u>먹 소</u>.
<u>저 소 가</u> <u>푸 른</u> <u>풀 을</u> 잘 <u>먹 소</u>.

(2) 씨의 가름[分類]

≪우리말본≫을 보면 씨의 가름[品詞의 分類]의 원리를, "그 말본에서의 구실[職能]을 주장[主]으로 삼고, 그에 따르는 꼴[形式]과 뜻[意義]을 딸림[從]으로 삼아서, 이 세 가지가 서로 관계하는 상태를 대종[標準]으로 삼아, 결정하여야 한다."고 세웠다. 이 원리에서 말하는 「말본에서의 구실」이란 이른바 구조적 기능(씨와 씨가 합하는 관계에 있는 자리, 또는 월[文章]을 만드는 작용)을 말하며, 「말의 꼴[形式]」이란 형태론적 특질을 말한다. 말본에서 소용 있는 꼴은, 그 낱말이 경우를 따라, 그 꼴이 달라짐이 있다든지, 도무지 달라짐이 없다든지 하는 따위의 꼴이다. 그런데, 구조적 기능이나 형태론적 특질은 함께 구조론(構造論)에 포함된다. 한편 여기에서 말하는 「뜻」 곧 「말본스런 뜻[語法的意義]」이란, 우리가 얼핏 생각하기 쉬운 형태의 의미(sememe)나, 어휘적(語彙的, 말수스런) 의미(사전적 의미)를 말함이 아니고, 그 말이 가지고 있는 공통성을 보이는 것이다. 말본에 소용 있는 가름[分類]은 낱말이 가지고 있는 보편성에 의한 가름이다. 이를테면,

봄은 <u>따뜻하고</u>, 여름은 <u>덥다</u>.
메는 <u>높고</u>, 물은 <u>맑다</u>.

에서「봄」,「여름」,「메」,「물」은 어휘적 의미, 또는 사전 풀이의 의미로는「春」,「夏」,「山」,「水」가 되나, 이는 씨(품사)의 분류에 불필요하다는 것이다. 곧「봄」,「여름」,「메」,「물」이 각각 그 뜻이 다르지마는, 모두 사물의 이름을 나타낸 것임은 한 가지요,「따뜻하고」,「덥다」,「높고」,「맑다」가 각각 그 뜻이 다르되, 모두 사물의 바탈[性質]을 나타낸 것임은 한가지다. 이와 같이,「말이 가지고 있는 공통스러운 뜻」, 이것이 말본갈[語法學]에서의 씨 가름에 소용되는 뜻이라는 것이다. 이렇게 보면, 씨 가름의 원칙은, 구조론(構造論)과 말본의 의미의 양면 관계도 이해된다.

≪우리말본≫의 씨 가름을 종합하여 한 틀로 보이면 다음과 같다.

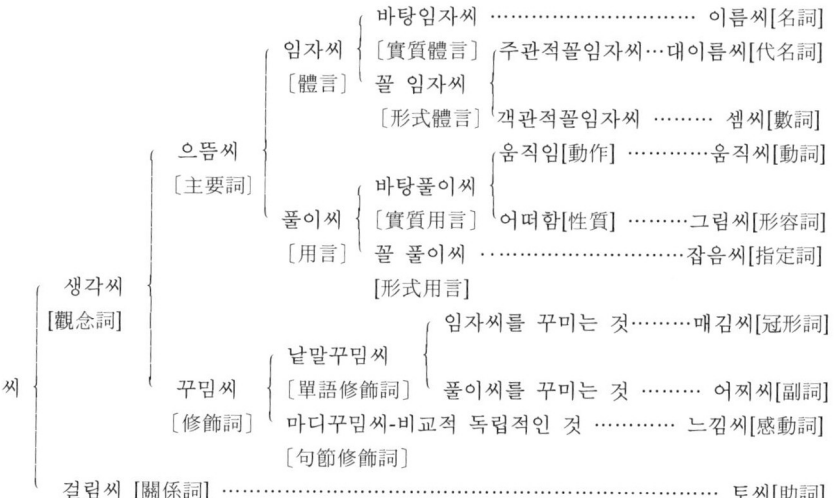

(3) 준굴곡법과 굴곡법

(3-1) 준굴곡법(임자씨와 토씨)

토씨는 생각씨에 붙어서 그것들 사이의 걸림[關係]을 보이며, 또는 그 뜻을 더하는 씨이니, 토씨가 붙는 자리를 살펴보면 다음과 같다.

첫째, 거의 온통이 임자씨 뒤에 붙어서 그 임자씨와 그 아래에 오는 다른 생각씨와의 걸림을 보임이 원칙이다(아이<u>가</u> 꽃나무<u>를</u> 심는다.).

둘째, 걸림[關係]에는 상관 없이, 다만 그 위의 생각씨에 어떠한 뜻만을 더한다(사람<u>마다</u>가 권력<u>만</u>을 피하고 있다.).

셋째, 더러는 어찌씨 뒤에 붙어서 뜻을 도운다(잘<u>도</u> 논다. 퍽<u>은</u> 깊다. 잘<u>만</u> 해라.).

넷째, 극소수는 풀이씨 뒤에만 쓰인다(그 사람도 간다<u>고</u> 합데다. 비가 많이 옵니다<u>그려</u>.).

그리고 현대국어의 토씨는 그 하는 구실[職責]의 다름을 따라 일반적으로, ⑴자리토씨[格助詞], ⑵도움토씨[補助詞], ⑶이음토씨[接續助詞], ⑷느낌토씨[感動助詞]의 네 가지로 가른다.

(3-1-1) 자리토씨[格助詞]

임자씨 뒤에 붙어서, 그 임자씨가 월의 짠조각[組成分]으로서의 일정한 자리[地位, 格]를 얻게 하는 토씨를 자리토씨[格助詞]라 한다. 현대국어의 자리토씨는 몇 가지로 가르느냐 하는 데 대하여서는 학자에 따라 의견이 다를 수 있으나, 이 자리토씨는, 그 잡는 자리의 다름을 따라, (1)임자자리토씨[主格助詞], (2)매김자리토씨[冠形格助詞], (3)어찌자리토씨[副詞格助詞], (4)부림자리토씨[目的格助詞], (5)부름자리토씨[呼格助詞], (6)기움자리토씨[補格助詞]의 여섯 가지로 가른다.

(3-1-1-1) 임자자리토씨[主格助詞]

임자씨에 붙어서, 그 임자씨가 월의 임자[主體]가 되게 하는 토씨를 이름이니, 「이, 가, 은, 는, 에서, 께서, 께옵서」들이 이에 붙는다.

> 사람이 다리를 건너가오.
> 새가 날아간다.
> 사람은 양심을 가져야 한다.
> 국가는 그 나라의 상징이다.
> 우리 학교에서 이겼습니다.
> 세종대왕께서 훈민정음을 지어 내시었다.
> 상감 마마께옵서 어느 곳에 겨오시냐?

(3-1-1-2) 매김자리토씨[冠形格助詞]

임자씨의 뒤에 붙어서, 그로 하여금 그의 임자씨를 꾸미는 매김씨 같은 노릇을 하게(곧 매김 자리에 서게) 하는 자리 토씨이니, 이에 붙는 것은 「의」 하나 뿐이다.

> 나의 책(所有, 가짐의 뜻), 나의 언니(關係, 걸림의 뜻), 동래(東萊)의 온천(所在, 있는 데의 뜻), 안성(安城)의 유기(所産, 나는 데의 뜻), 육지의 전(戰)(所起, 생긴 데의 뜻), 일장춘몽(一場春夢)의 인생(比喩, 비김의 뜻), 가을의 노래(對象, 마주것의 뜻), 신라의 통일(所

成, 이룸의 뜻), 백두(白頭)의 산(名稱, 이름의 뜻), 사람의 아들(所屬, 딸림의 뜻), 충무공(忠武公)의 거북선(所作, 지음의 뜻), 최대의 경의(그림씨스런 성질을 그대로 매김꼴처럼 만드는 단순한 매김자리토씨)

(3-1-1-3) 어찌자리토씨[副詞格助詞]

임자씨 뒤에 붙어서 그와 함께, 마치 어찌씨 모양으로, 풀이씨를 꾸미는 자리토씨를 이름이다. 이 어찌자리토씨는 여러 가지가 있으니, ①곳 자리토씨[處所格助詞]에는 「에, 에게, 한테, 더러, 께, 에서, 서, 에게서, 한테서, 에서, 로, 으로, 에게로, 한테로, 께로, 안에, 안으로, 가운데, 속에, 밖에, 우에, 아래에, 넘어, 앞에, 뒤에」 등이 붙고, ②연장자리토씨[器具格助詞]에는 「로, 로써, 으로, 으로써」 등이 붙고, ③자격자리토씨[資格格助詞, 감목자리토씨]에는 「로, 로서, 으로, 으로서, 치고」 등이 붙고, ④견줌자리토씨[比較格助詞]에는 「과, 와, 하고, 처럼, 대로, 같이, 만큼, 만, 보다, 에서」 등이 붙고, ⑤함께자리토씨[與同格助詞]에는 「와, 과, 하고」 등이 붙고, ⑥바꾸힘자리토씨[變成格助詞, 바꿈자리토씨]에는 「가, 로, 이, 으로」 등이 붙고, ⑦따옴자리토씨[引用格助詞]에는 「라고, 라, 이라고, 이라, 고」 등이 이에 붙는다.

    진흙이 옷에 묻었다.
    한 겨레의 흥망은 그 젊은이들에게 매혔습니다.
    그 사람이 나한테 무슨 일이 있나.
    어떤 어른이 아이더러 길을 물어 갔어요.
    아버지께 여쭈어 보았다.
    학교에서 놀았다.

공장서 일합니다.
그 말을 그 사람에게서 들었다.
이것은 저이한테서 받았다.
자네는 어데로 가는가?
그애가 감기로(로써) 아니 왔습니다.
붓으로(으로써) 글씨를 쓴다.
김 님이 그 학교의 교장으로(으로서) 취임하였다
빠르기가 번개와 같다.
너의 성적이 누구하고 같으냐?
무엇이든지 법대로 합시다.
태순이는 동무와 산에 놀러 갔소.
땅 위에서 올라간 김이 비가 되오.
그애가 자라나서 드디어 큰 학자로 되었다오.
저것은 무어라고(라) 하는 나무요(이오)?
그 사람이 오라고 합니다.

(3-1-1-4) 부림자리토씨[目的格助詞]

임자씨 뒤에 붙어서, 그것이 남움직씨의 부림[目的物, 對象]이 됨을 보이는 자리토씨이니, 이에는 「를, 을, (ㄹ)」이 쓰인다.

우리 집에는 과실나무를 심었다.
아이가 밥을 먹는다.
왜 그걸(그것을) 가지고 왔소?
그 사람이, 어데 날(나를) 보고 주었다고.

이 부림자리토씨는 흔히 줄이는 수가 있다.

아이가 밥(을) 먹는다.
아이가 어머니(를) 부른다.

(3-1-1-5) 부름자리토씨[呼格助詞]

임자씨 뒤에 붙어서, 그것이 부름 자리에 서는 것을 보이는 자리토 씨이니, 이에는 「야, 여, 시여, 아, 이여, 이시여」가 쓰인다.

나비야, 靑山 가자, 범나비 너도 가자.
오, 주여, 이 불쌍한 사람을 도와 줍소서.
복동아 어데 가니?
하느님이여 굽어보소서.
아버지시여, 멀리 있는 이 자식의 마음을 좀 살펴 주십시오.
하느님이시여, 모든 일이 당신의 뜻대로만 이루어 지게 도와 줍소서.

이 부름자리토씨는 「특수토씨」, 「고립토씨[孤立助詞]」, 「임자자리토 씨[主格助詞]」라 하는 학자도 있다.

(3-1-1-6) 기움자리토씨[補助格助詞]

임자씨 뒤에 붙어서, 그것이 잡음씨의 기움말[補語]이 되게 하는 자 리 토씨이니, 이에는 「가, 이」가 있다.

오늘날은 안연(晏然)히 앉아 있을 때가 아니다.
저 물새는 비오리가 아니오?
힘센 것이 제일이 아니다.
그것은 말이 아니다.

이 기움자리토씨는 다만 잡음씨 「아니다」가 풀이말이 된 경우에만 쓰이고, 「이다」인 경우에는 쓰이지 아니한다. 또 「아니다」 앞에서도 기움자리토씨를 줄이는 일이 있다.

白鷗야, 놀라지 마라, 너 잡을 내(가) 아니로라.

이상의 토씨들은 임자씨와 다른 말과의 관계를 정밀하게 나타낸다. 그런데 잡음씨 중 「이다」의 낱말을 「이름씨를 월의 풀이말 되게 정하여 주는 토씨」라 하고, 이를 자리토씨[格助詞] 속에 넣어 풀이자리토씨[敍述格助詞]라 하는 학자도 있으며, 현대 학교 말본에서는 「이다」를 풀이토씨로 보고 「특수도씨」로 처리하고 있다.

(3-1-2) 도움토씨[補助詞]

생각씨 뒤에 붙어서, 그것들에 월의 조각[成分]으로의 일정한 자리[地位, 格]를 주는 것이 아니요, 다만 그 조각의 뜻을 여러 가지로 돕는[補助하는] 구실[職務]을 하는 토씨를 도움토씨[補助詞]라 한다.

이 도움토씨도 학자에 따라 의견이 다를 수 있으나, 그 나타내는 뜻의 다름을 따라, ⑴다름도움토씨[相異補助詞], ⑵한가지도움토씨[同一補助詞], ⑶홀로도움토씨[單獨補助詞], ⑷한결도움토씨[一樣補助詞], ⑸비롯함도움토씨[始作補助詞], ⑹미침도움토씨[到及補助詞], ⑺특별함도움토씨[特別補助詞], ⑻마찬가지도움토씨[亦同補助詞], ⑼가림도움토씨[選擇補助詞], ⑽어림도움토씨[槪算補助詞], ⑾더함도움토씨[添加補助詞], ⑿끝남도움토씨[終結補助詞], ⒀덜참도움토씨[不滿補助詞], ⒁그만두기도움토씨[姑捨補助詞], ⒂섞음도움토씨[混同補助詞]의 열 다섯 가지로 가른다.

(3-1-2-1) 다름도움토씨[相異補助詞]

어떤 것이 다른 것하고 서로 다름을 보이는 도움토씨이니, 이에는 「은, 는」이 붙는다.

> 꽃은 밤비에 피고, 잎은 아침볕에 반짝인다.
> 저애는 학교에 가는데, 너는 어데로 가니?

(3-1-2-2) 한가지도움토씨[同一補助詞]

이것이 저것과 한가지임을 보이는 도움토씨이니, 이에는 「도」가 붙는다.

> 너도 가겠니? 나도 가겠다.
> 죽도 밥도 안 되었다.

(3-1-2-3) 홀로도움토씨[單獨補助詞]

다른 것은 그러하지 아니한데, 이것만이 홀로 그러함을 보이는 도움토씨이니, 이에는 「만, 뿐」이 붙는다.

> 애만 속절없이 타는구나!
> 그는 공부만 한다.
> 아홉 시 안으로 온 이는 나뿐이다.
> 그가 말뿐 아니라, 돈도 많이 내었어요.

(3-1-2-4) 한결도움토씨[一樣補助詞]

하나도 빼지 않고 다 한결로, 또는 하나로 차등없이 골고루 함의 뜻을 보이는 도움토씨이니, 이에는 「마다, 씩」이 붙는다.

  날<u>마다</u> 오전 아홉 시에 학교에 갑니다.
  사람<u>마다</u> 그런 소리를 하겠지요.
  아이마다 하나<u>씩</u>을 주어라.
  누구든지 똑 열 개<u>씩</u>이다.

(3-1-2-5) 비롯함도움토씨[始作補助詞]

어데서 비롯함을 보이는 도움토씨이니, 이에는 「부터」가 붙는다.

  몇 시<u>부터</u> 공부를 시작하오?
  새벽달 보려고 어스름<u>부터</u> 나앉는다.

(3-1-2-6) 미침도움토씨[到及補助詞]

어데에서 어데까지 미침을 보이는 도움토씨이니, 이에는 「까지」가 붙는다.

  여기서 거기<u>까지</u>가 몇 마장[里]이나 될까요?
  아침 아홉 시부터 오후 세 시 반<u>까지</u> 공부합니다.

요새 사람들 중에 「안으로」라고 써야 할 말을 「까지」로 하는 일이 있는데, 이런 일이 없도록 하여야 한다.

  내일 오전 9시<u>안으로</u> 등교하라(내일 오전 9시<u>까지</u> 등교하라).
  7일 정오<u>안으로</u> 면사(面舍)에 나올 일
      (7일 정오<u>까지</u> 면사에 나올 일).

(3-1-2-7) 특별함도움토씨[特別補助詞]

무엇을 특별히 들어 말하는 도움토씨이니, 이에는 「야, 이야, 야말로, 이야말로」가 붙는다.

  네야 그럴 리가 있겠냐마는·····.
  야광(夜光) 명월이야 밤인들 어두우랴?
  이거야말로 개 발에 쥐 잡기다.
  금강산이야말로 우리 나라의 자랑이다.

(3-1-2-8) 마찬가지도움토씨[亦同補助詞]

다르기는 다른데, 끝장은 같은 것이 되고 맒을 보이는 도움토씨이니, 「ㄴ들, 인들, 라도, 이라도」가 붙는다.

  낙환들 꽃이 아니랴?
  밤낮으로 생각하니, 병인들 안 날소냐?
  아무라도 그것을 할 수 있소.
  넋이라도 있고 없고.

(3-1-2-9) 가림도움토씨[選擇補助詞]

두 가지 넘어 되는 것 가운데에서 하나를 가리는 뜻을 보이는 도움토씨이니, 이에는 「나, 이나, 든지, 이든지」가 붙는다.

  배나 감이나 잡수시오.
  너나 내나 별 수 없다.
  엿이나 호콩이나 한가지 맛이다.
  도끼든지 낫이든지 괜찮소.
  먹이든지 붓이든지 다 여기 넣어 두어라.

(3-1-2-10) 어림도움토씨[槪算補助詞]

마음으로 어림함을 들어 내는 도움토씨이니, 이에는 「나, 이나」가 붙는다.

돈을 얼마<u>나</u> 썼니?
아마 두 시<u>나</u> 되었겠다.
사람이 몇<u>이나</u> 왔습니까?

(3-1-2-11) 더함도움토씨[添加補助詞]

무엇에다가 또 무엇을 더함을 뜻하는 도움토씨이니, 이에는 「조차」가 붙는다.

그대뿐 아니라, 그 사람<u>조차</u> 그런 말을 하데.
너<u>조차</u> 그럴 줄은 몰랐다.

(3-1-2-12) 끝남도움토씨[終結補助詞]

일이나 몬[事物]이 끝남을 보이는 도움토씨이니, 이에는 「마저」가 붙는다.

하나<u>마저</u> 잡수시오.
나<u>마저</u> 데려 가시오.

이 「마저」는 또 어찌씨로도 쓰인다.

밥을 <u>마저</u> 먹어라.
글을 <u>마저</u> 읽고 가겠네.

(3-1-2-13) 덜참도움토씨[不滿補助詞]

마음에 차지 아니함을 나타내는 도움토씨이니, 이에는 「나마, 이나마」가 붙는다.

> 그나마 많이 있었으면 좋겠소.
> 죽이나마 많이 잡수시오.

(3-1-2-14) 그만두기도움토씨[姑捨補助詞]

어떤 것이 다른 것과 비겨 보아서 그 결과의 어찌 될 것이 너무도 환하기 때문에, 말할 것도 없이 그만둔다는 뜻을 보이는 도움토씨이니, 이에는 「커녕」이 붙는다.

> 떡커녕 밥도 없더라.
> 십 원커녕 백 원이라도 받겠다.
> 상커녕 벌을 받았어요.

(3-1-2-15) 섞음도움토씨[混同補助詞]

무엇이 여럿가운데 들어 섞여 있음을 보이는 도움토씨이니, 「서껀」이 붙는다.

> 그 사람서껀 왔었지요.
> 김 주사서껀 왔습니다.

(3-1-3) 이음토씨[接續助詞]

더러는 여러 가지의 임자씨와 임자씨와를 이어서, 그것이 한 덩이가 되어서 한 낱의 월 조각[文成分]이 됨을 보이며(이를 낱말 이음토씨라 함), 또 더러는 풀이씨 뒤에 쓰이어서, 월과 월을 이어서, 한 겹월이 되게 하는 것(이를 월 이음토씨라 함)이다.

(3-1-3-1) 낱말이음토씨[單語接續助詞]

이 낱말이음토씨에는 「와, 과, 고, 이고, 며, 이며, 랑, 이랑, 하고, 하며, 에」가 붙는다.

> 나와 너는 유별한 동무 아닌가?
> 논과 밭을 다 잃어 버렸다.
> 너고 나고 할 것 없이 다 그리 되었네.
> 책이고 책상이고 다 타 버렸다.
> 배며 배추며 여러 가지를 벌려 놓았다.
> 옷이며 신이며 죄다 흩어져 있었다.
> 팔월 한가위에는 머루랑 다래랑 먹고 노는 재미가 참 좋았습니다.
> 먹이랑 붓이랑 다 가져와.
> 붓하고 먹하고 가져오너라.
> 논하며 밭하며 다 차려 주었다.
> 붓에 먹에 종이에 어느것 없는 게 없네.

(3-1-3-2) 월이음토씨[文接續助詞]

이 월이음토씨에는 「마는, 시피」가 붙는다.

> 비가 옵니다마는, 농사는 이미 틀렸습니다.
> 당신부터 가오마는, 일은 꼭 될는지 모르겠소.
> 어른께서도 아시다시피, 저 애가 본래 착합니다.

(3-1-4) 느낌토씨[感動助詞]

더러는 낱말이나 이은말 뒤에, 더러는 월의 끝에 붙어서 느낌을 나타내는 토씨이다. 이 느낌토씨에는 ①임자씨 뒤에 붙는 것, ②풀이씨 뒤에 붙는 것, ③낱말이나 이은말이나 월의 끝에 자유스럽게 붙어 쓰이는 것의 세 가지가 있다.

①임자씨 뒤에 붙는 느낌토씨에는 「도, 나(이나)」가 있다.
    사람도 많다.
    달도 밝다.
    벌써 두 시나 되었네.
    너는 다섯이나 먹었구나!
②풀이씨 뒤에 붙는 느낌토씨에는 「그려」가 있다.
    비가 옵니다그려!
    자네도 왔네그려!
③낱말이나 이은말이나 월의 끝에 자유스럽게 붙어 쓰이는 느낌토씨에는 「요, 말이야」 등이 있다.
    나는요 엿 먹었다.
    나는 간다요.
    나는말이야 벌써 보았다.
    그 사람이 그런다말이야.

(3-2) 굴곡법(풀이씨의 끝바꿈)

한 풀이씨가 월에서 그 말본스런 노릇[語法的職能]을 다하기 위하여, 그 말꼴[語形]의 끝의 부분(곧 씨끝)을 여러 가지로 바꾸나니, 이를 풀이씨의 끝바꿈이라 한다. 이 끝바꿈은 풀이씨만이 있는 특징이다. 끝바꿈에는 세 가지의 법이 있으니, 마침법[終止法], 이음법[接續法], 감목법[껌목법, 資格法]이다.

(3-2-1) 마침법[終止法]

풀이씨가 월의 풀이(설명)가 되어서 그 월을 마치는 것을 이름이니, 이 때의 월은 끝난월[完結文]이 된다. 보기를 들면,

> 날이 <u>개었다</u>.
> 강물이 <u>맑다</u>.
> 새가 <u>노래한다</u>.

의 「개었다, 맑다, 노래한다」와 같다. 마침법의 끝바꿈꼴을 움직씨, 그림씨, 잡음씨로 나누어 보면, 움직씨에는 ①베풂꼴[敍述形], ②물음꼴[疑問形], ③시킴꼴[命令形], ④꾀임꼴[請誘形]이 있고, 그림씨와 잡음씨에는 베풂꼴과 물음꼴만이 있다.

(3-2-2) 이음법[接續法]

풀이씨가 월의 풀이가 되기는 하였지마는, 아직 마치지 아니하고, 다른 말에 잇는 법을 이름이니, 이 때의 월은 아직 끝난 월이 되지 못한다. 보기를 들면,

> 자손이 <u>잘나면</u>, 그 집이 <u>일고</u>, 국민이 <u>잘나면</u>, 그 나라가 흥하느니라.
> 장마가 <u>개니</u>, 먼 산이 아름답다.
> 물이 <u>맑으면</u>, 고기가 적게 든다.
> 새가 <u>노래하거나</u>, 꽃이 <u>웃거나</u>, 내게 무슨 상관이 있으랴?

의 「잘나면, 일고, 개니, 맑으면, 노래하거나, 웃거나」와 같다. 이음법의 끝바꿈꼴을 움직씨, 그림씨, 잡음씨로 나누어 보면, 움직씨에는 ①매는꼴[拘束形], ②놓는꼴[放任形], ③벌임꼴[羅列形], ④풀이꼴[說明形], ⑤견줌꼴[比較形], ⑥가림꼴[選擇刑], ⑦잇달음꼴[連發形], ⑧그침꼴[中斷形], ⑨더보탬꼴[添加形], ⑩더해감꼴[益甚形], ⑪뜻함꼴[意圖形], ⑫목적꼴[目的形], ⑬미침꼴[到及形], ⑭되풀이꼴[反覆形]이 있고, 그림씨는 움직씨와 같은데 다만 움직씨에 있는 「목적꼴[目的形]」이 없는 대신에 「힘줌꼴[强勢形]」이 있다. 잡음씨에는 ①매는꼴, ②놓는꼴, ③벌임꼴, ④풀이꼴, ⑤견줌꼴, ⑥가림꼴, ⑦잇달음꼴, ⑧그침꼴, ⑨더보탬꼴, ⑩더해감꼴 등이 있다.

(3-2-3) 감목법[껌목법, 資格法]

풀이씨가 더러는 월의 풀이가 되는 동시에, 더러는 따로 서서, 그 감목[資格, 껌목]이 바뀌어서, 더러는 이름씨 같이도 되고, 더러는 매김씨 같이도 되고, 더러는 어찌씨 같이도 되는 것을 이름이다. 보기를 들면,

> 내가 이 말을 <u>사랑함</u>은 까닭이 없지 않소.
> 구름이 잦으면 <u>비오기</u>가 쉽다.
> 물을 <u>건너</u> 산을 <u>넘어</u>, 지향 <u>없이</u> 다니다가‥‥‥.
> 우연한 기회에 그 사람을 <u>보게</u> 되었소.

의 「사랑함, 비오기, 건너, 넘어, 없이, 보게」들과 같다. 감목법의 끝바꿈꼴은 움직씨, 그림씨, 잡음씨 모두 ①어찌꼴[副詞形], ②매김꼴[冠形詞形], ③이름꼴[名詞形]이 있다.

(3-3) 도움줄기[補助語幹]

풀이씨의 줄기는 단일한 중심 관념을 나타내는 씨몸만으로 되는 것이 그 으뜸꼴[基本形, 原形]이지마는, 그 자세한 뜻을 나타내기 위하여, 그 중심 관념을 돕는 조각(뒷가지, 接尾辭)을 거기에다가 덧붙이니, 이 씨몸에 덧붙어서 복잡한 줄기를 이루는 조각[部分]을 도움줄기[補助語幹]라 이른다. 도움줄기는 역시 줄기의 한 조각인즉, 한 번 들어간 다음에는, 다른 줄기와 같이, 고정적 상태를 취하여 바뀌지 아니하고, 다만 그 뒤에 붙는 씨끝만이, 말본스런 관계(걸림)를 표시하기 위하여, 여러 가지로 끝바꿈할 따름이다. 이를테면,

　　　　가시ー다｜는｜어｜기｜면｜고｜

에서, 도움 줄기 「시」가 원줄기 「가」와 함께 붙박여서 동하지 아니함과 같다. 또 도움줄기와 씨끝에서는, 홀소리와 닿소리 뒤에 두루 쓰이는 것과, 한 가지 뜻의 것이 홀소리 뒤와 닿소리 뒤와를 따라서 그 꼴이 달라지는 것과의 두 가지가 있으니, 도움줄기에서는 앞의 것을 두루도움줄기[共通補助語幹], 뒤의 것을 가름도움줄기[分揀補助語幹]라 하며, 그리고 가름도움줄기의 홀소리 아래에만 쓰이는 꼴을 홀소리도움줄기[母音補助語幹], 닿소리 아래에만 쓰이는 꼴을 닿소리도움줄기[子音補助語幹]라 일컫는다.

```
             ┌ 두루도움줄기 ················· 이(하임)
도움줄기 ┤
             └ 가름도움줄기 ┬ 홀소리도움줄기······ 시(높임)
                               └ 닿소리도움줄기······ 으시(높임)
```

그리고 또 두루도움줄기 가운데에, 그 뜻은 한 가지인데 그 위의 줄기의 끝낱내에 홀소리의 바탈이 밝음[陽性]과 어두움[陰性]을 따라서,

그 꼴을 달리하는 것이 있으니, 그 밝은 홀소리(ㅏ, ㅗ) 아래에 쓰이는 것을 밝은도움줄기[陽性補助語幹]라 하며, 그 어두운홀소리(ㅓ, ㅜ, ㅡ)와 중간홀소리(ㅣ) 아래에 쓰이는 것을 어두운도움줄기[陰性補助語幹]라 일컫는다.

도움줄기 { 밝은도움줄기………았, 았었.
         어두운도움줄기……었, 었었.

움직씨의 도움줄기, 그림씨의 도움줄기, 잡음씨의 도움줄기는 각각 다음과 같다.

(3-3-1) 움직씨의 도움줄기

움직씨의 도움줄기는 다음과 같이 10가지로 가른다.

①하임도움줄기[使動補助語幹] : 죽다-죽<u>이</u>다, 먹다-먹<u>이</u>다.
②입음도움줄기[被動補助語幹] : 먹다-먹<u>히</u>다, 잡다-잡<u>히</u>다.
③낮춤도움줄기[謙卑補助語幹] : 먹나이다-먹<u>으옵</u>나이다,
　　　　　　　　　　　　　　　 가나이다-가<u>옵</u>나이다.
④높임도움줄기[尊敬補助語幹] : 가다-가<u>시</u>다, 받다-받<u>으시</u>다.
⑤때도움줄기[時間補助語幹] : 자다-자<u>겠</u>다, 가다-가<u>았</u>다.
⑥할수도움줄기[可能補助語幹] : 한 시간에 백 리라도 달아나<u>겠</u>다.
⑦미룸도움줄기[推量補助語幹] : 아직도 싸움하<u>겠</u>다.
⑧다짐도움줄기[確認補助語幹] : 너는 가<u>것</u>다. 너 그리 했<u>것</u>다.
⑨버릇도움줄기[習慣補助語幹] : 저 사람이 일상 저리 하<u>것</u>다.
⑩힘줌도움줄기[强勢補助語幹] : 날다-날<u>치</u>다, 넘다-넘<u>치</u>다,
　　　　　　　　　　　　　　　 깨다-깨<u>뜨리</u>다.

(3-3-2) 그림씨의 도움줄기

그림씨의 도움줄기는 다음과 같이 5가지로 가른다.

①높임도움줄기 ; (으)시
②낮춤도움줄기
    첫째 갈래 ; (으)옵, (으)오, (으)ㅂ
    둘째 갈래 ; 자옵, 자오, 잡
    셋째 갈래 ; 사옵, 사오, 삽, 습
③때도움줄기 { 올적 ; 겠, (으)리
              지난적 ; 았, 었
              도로생각 ; 더
④미룸도움줄기 ; 겠
⑤다짐도움줄기 ; 것

(3-3-3) 잡음씨의 도움줄기

잡음씨의 도움줄기는 다음과 같이 5가지로 가른다.

①높임도움줄기 ; 시
②낮춤도움줄기 ; 옵, 오, ㅂ
③때도움줄기 { 올적 ; 겠, 리
              지난적 ; 었
            도로생각 ; 더
④미룸도움줄기 ; 겠
⑤다짐도움줄기 ; 것

이상 풀이씨의 도움줄기에 대하여 간략히 살펴보았다. 이 도움줄기

[補助語幹]는 일명 「안맺음씨끝」 또는 「선어말어미(先語末語尾)」라 하여 다루는 학자도 있다.

(4) 월의 구성법

(4-1) 월의 으뜸골(기본 문장형)

한 월[文章]을 이루는 조각[成分] 배열(排列)의 두드러진 특질은, 정상적인 말에 있어서는 풀이말[敍述語]이 끝에 오는 일이다. 다른 모든 조각들은 이에 앞서고, 임자말[主語]은 대체로 첫머리에 놓이며, 부림말[目的語, 客語]이 임자말 다음에 놓인다(임자말+부림말+풀이말). 그리고 꾸밈말[修飾語]은 꾸밈[修飾] 받을 말 앞에 놓인다.

특히 현대국어에 있어서는 월의 구성 요소의 말본 상 구성 순서는 크게 「임자조각[主部]+풀이조각[述部]」이라 하겠으나, 월의 으뜸골[基本型] 곧 기본 문장형을 보이면 다음과 같다.

① 임자말+풀이말[움직씨, 그림씨, 이름씨(보어)+잡음씨]
  ㉮ 임자말+움직씨(무엇이 어찌하다) ; 별이 반짝인다.
  ㉯ 임자말+그림씨(무엇이 어떠하다) ; 달이 밝다.
  ㉰ 임자말+[이름씨(보어)+잡음씨](무엇이 무엇이다) ; 이것이 범이다.
② 임자말+부림말+풀이말(움직씨)(무엇이 무엇을 어찌하다) ; 학생이 공부를 한다.
③ 임자말+간접부림말+직접부림말+풀이말(움직씨)(무엇이 무엇에게 무엇을 어찌하다) ; 선생이 학생에게 공부를 시킨다.

이와 같이 국어의 기본 문장은 셋~다섯으로 본다. 그런데 국어는 임자씨[體言]에 토씨가 뒤붙어서 자리[格]를 표시하므로, 위에 보인 핵심적 말본스런 월의 차례는 절대적인 것은 아니다. 우리 국어는 낱말 차례보다는 토씨가 중요한 구실을 하기 때문에 그 토씨 이외의 낱말 곧 월 구성 요소의 차례를 적당히 바꿔 놓아도 임자씨에 토씨만 따라 다니면, 말본스런 뜻엔 변함이 없다(보기 ; 개가 사람을 본다→사람을 개가 본다). 다만 무엇을 강조하느냐만 달라지는 것이다. 이와 같이 문장 요소가 도치될 수 있다는 것까지 계산에 넣으면 5형식 기본 문장(핵문장)의 자율적 생성 문장은 더욱 복잡하고 어려워지는 것이다.

(4-2) 월의 조각[成分]

월은, 그 구실[職責]로 보아서, 몇 조각[成分]으로 나눌 수 있으니, 그 나누인 조각을 「월의 짠조각[文의 組成部分]」 혹은 「월의 조각[文의 成分]」이라 한다. 그 월의 조각은 쓰임과 중요성의 다름을 따라 월의 성립에 가장 중요한 으뜸이 되는 조각인 「으뜸조각[主要成分, 主成分]」, 으뜸조각에 붙어서 그것을 꾸미는 노릇을 하는 것(꾸밈말)인 「딸림조각[從屬成分, 附成分]」, 으뜸조각이나 딸림조각과는 직접적인 관계가 없이 그 월에서 따로 떨어져 있는 「홀로조각[獨立成分]」으로 삼분된다.

으뜸조각에는 임자말[主語], 풀이말[敍述語, 說明語], 기움말[補語], 부림말[目的語, 客語]이 있다. 그리고 부림말에는 직접부림말과 간접부림말이 있다.

임자말[主語]은 월의 임자[主體, 主題]가 되는 조각으로서, 임자씨[體言, 主體詞]에 임자자리토씨[主格助詞]「가, 이, 에서, 께서, 께옵서」들이 붙어서 성립된다.

새가 날아간다.
사람이 다리를 건너가오.
우리 학교에서 이겼습니다.
언니께서 그런 이야기를 하셨습니다.
상감마마께옵서 어느 곳에 겨오시냐?

풀이말[敍述語, 說明語]은 그 임자말 된 일몬[事物]의 움직임과 바탈(성질)이 어떠함과 유개념(類槪念)의 무엇임과를 풀이하는 조각인데, 움직씨, 그림씨, 잡음씨가 여기에 속한다.

아기가 운다.
꽃이 아름답다.
이것이 범이다.

이 위의 보기를 보아 알 수 있는 바와 같이 월에 있어서 「임자말」과 「풀이말」은 가장 으뜸되는 조각이다.

기움말[補語]은 바탕생각[實質觀念]이 없는 꼴풀이씨[形式用言] 곧 잡음씨[指定詞]가 월의 풀이말이 될 것에, 바탕 있는 맞은편 생각[賓位槪念]을 기워서(補充하여서) 그 풀이를 다 이루게 하는 말을 이름이다.

이것이   첨성대이다.
그 사람의   아들이   병정이다.
그것은   진리(眞理)가   아니다.
인(仁)은   인(人)이라.

에서 ══ 이 기움말이니, 이것이 없고는 바탕이 있는 풀이가 되지 못한다. 이와 같이 기움말은 잡음씨와 한 덩이가 되어서 월의 풀이를 온전히 하는 것이다.

  부림말[目的語, 客語]은 남움직씨[他動詞]가 월의 풀이말이 될 적에, 그 움직임이 부리는(使用하는) 또는 지배하는 목적물(目的物)을 나타내는 말을 이름이다.

    재영이가 방을 쓸었다.
    나는 너를 사랑한다.
    고기가 미끼를 물었다.

이 보기 글에서 밑줄친 것과 같이, 움직임의 부림[使用物, 目的物]을 보이는 말을 부림말이라 한다.

  직접부림말은 남움직씨로 표현되는 행위의 대상이 되는 말인데, 이것은 원칙적으로 임자씨에 토씨「를, 을」이 붙어서 성립된다. 그러나, 이 토씨는 생략될 수 있으며, 도움토씨[補助詞]「은, 는, 도」가 나타나면 그 토씨는 나타나지 아니한다.

    아버지께서 이 문제를 풀어 주셨다.
    아이가 밥 먹는다.
    경희가 그림도 잘 그린다.

  간접부림말은 남움직씨로 표현되는 행위의 수혜의 대상이 되는 말인데, 이것은 토씨「에(게), 께」가 임자씨에 붙으면서 성립된다.

    선생님이 학생들에게 책을 배부하신다.
    이 분이 우리 학교에 많은 돈을 찬조하셨다.
    이 책을 선생님께 갖다 드려라.

  흔히 으뜸조각[主要成分, 主成分] 속에 주제어(主題語)를 포함시키기도 하는데, 주제어(임자말)는 월의 임자 곧 주제(主題)의 구실을 하는

말로서 원칙적으로 도움토씨 「는, 은」이 임자씨에 붙어서 실현된다. 이 도움토씨를 일반적으로 임자자리토씨에 포함시킨다.

<u>삼국유사는</u> 중 일연의 지음이다.
<u>형수는</u> 키가 작다.
<u>국기는</u> 그 나라의 상징이다.
<u>우리 학교는</u> 전통이 깊다.
<u>사람은</u> 양심을 가져야 한다.
민주주의의 <u>법은</u> 만인 평등 원리 위에 선다.

딸림조각[從屬成分]에는 임자씨로 된 조각[成分]을 꾸며 주는 매김말[冠形語]과 풀이말[敍述語]의 뜻이 분명하게 드러나도록 풀이말을 꾸며 주는 어찌말[副詞]이 있다.

매김꾸밈말[冠形修飾語] 또는 매김말[冠形語]은 임자씨로 된 월의 조각의 뜻을 가늘게 꾸미기 위하여, 그 앞에 어떠한 말을 더하는 것을 이름이다.

<u>누른</u> 개가 <u>까만</u> 고양이를 쫓는다.
<u>그의</u> 성공은 <u>근면의</u> 결과이다.

이 보기글에서 밑줄 친 것과 같은 것이니, 이 매김말이 있어서 「개, 고양이, 성공, 결과」의 뜻이 더 똑똑하게 된다. 이 경우의 「누른, 까만, 그의, 근면의」가 매김자리[冠形格]에 선 매김말이다.

어찌꾸밈말[副詞的修飾語] 또는 어찌말[副詞語]은 풀이씨로 된 월의 조각의 뜻을 여러 가지로 가늘게, 똑똑하게 하기 위하여, 그 앞에다가 어떠한 말을 더하는 것을 이름이다.

하노바람이 <u>몹시</u> 불어 온다.

세월이 <u>살같이</u> <u>빨리</u> 간다.
물이 <u>매우</u> 맑다.
이것이 <u>꼭</u> 소라란 것입니다.

이 보기글에서 밑줄 친 것과 같은 것이니, 이 어찌말이 있어서 「불어 온다, 간다, 맑다, 입니다」의 뜻이 더 똑똑하게 된다. 이 경우의 「몹시, 살같이, 빨리, 매우, 꼭」이 어찌자리[副詞格]에 선 어찌말이다.

홀로조각[獨立成分]은 홀로말[獨立語]이나 이음어찌씨[接續副詞]로 이루어진다.

<u>할머니</u>, 어데 가셔요?
<u>아버지</u>, 손님이 오셨습니다.
<u>돈</u>, 돈이 무엇인가?
<u>결혼</u>, 아직 그것은 문제도 안 된다.
<u>아</u>, 아름답다, 이내 고장.
<u>허허</u>, 그렇게 되었나?
<u>그러나</u>, 그는 그 돈을 먹지 아니하였다.
<u>그러므로</u>, 사람은 제 힘으로 살아 가야 한다.

이 보기에서와 같이 부름말[呼稱語](할머니, 아버지), 보임말[提示語](돈, 결혼), 느낌말[感動語](아, 허허), 이음말[接續語](그러나, 그러므로)이 곧 홀로말의 네 갈래라 하는 것이다. 홀로말은 월이 되기[成立]에 관계가 없고, 거의 한 낱의 월처럼 홀로 서는 성질을 가진 것으로 되, 아직 월로 보기에는 그 꼴이 부족하므로, 월의 한 조각으로 보는 것이다. 여기의 부름말[呼稱語]을 임자말[主語]로 보는 학자도 있다.

으뜸조각이 각각 그 꾸밈말을 갖춰 있는 것을 갖은월조각[具備成分]

이라 하여, 그 꾸밈말을 갖춘 임자말을 「갖은임자말[具備主語]」, 그 꾸밈말을 갖춘 부림말을 「갖은부림말[具備客語]」, 그 꾸밈말을 갖춘 기움말을 「갖은기움말[具備補語]」, 그 꾸밈말을 갖춘 풀이말을 「갖은풀이말[具備敍述語]」이라 일컫는다. 그 보기를 들면 다음과 같다.

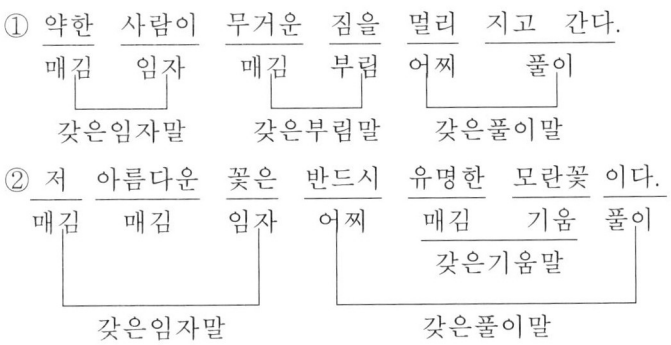

월의 조각을, 앞에 말한 바와 같이 임자말·풀이말·부림말·기움말·매김말·어찌말·홀로말의 일곱 가지로 나누었지마는, 다시 이것을 크게 두 조각으로 가르는데, 하나는 그 월의 임자가 되는 조각이니, 이를 임자조각[主部], 하나는 그 임자에 대하여, 풀이하는 조각이니, 이를 풀이조각[敍述部, 說明部]이라 한다.

월은 간단한 것이거나 복잡한 것이거나를 물론하고, 반드시 「임자조각」과 「풀이조각」의 두 가지를 갖춰 있다. 「임자조각」은 곧 「임자말」이거나 「갖은임자말」이요, 「풀이조각」은 간단한 것은 「풀이말」이거나 「갖은풀이말」로 되지마는, 그 복잡한 것은 그 밖에 (갖은)부림말이나 (갖은)기움말이나를 가지고 되며, 또 어떤 것은 (갖은)부림말과 (갖은)기움말과를 함께 가지고 된다.

```
    임자 조각                     풀이 조각
 ─────┴─────             ─────────┴─────────
 갖은 임자말   갖은 부림말   갖은 기움말   갖은 풀이말
 꾸밈+임자말   꾸밈+부림말   꾸밈+기움말   꾸밈+풀이말
```

(4-3) 월의 갈래[種別]

 월은 첫째 그 짜임[構造]과, 둘째 그 바탈[性質上]로 보아서 각각 가르는데, 이제 이를 따로 따로 말하기로 한다.

 첫째, 월은 그 짜임의 홑지고 겹집[複雜함]을 따라서, 홑월[單文]과 겹월[複文]로 가르고, 겹월을 다시 그 짜임의 다름을 따라, 가진월[包有文]과 벌린월[나란히월, 並列文]과 이은월[連合文]의 세 가지로 가르니, 홑월을 포함하여 네 가지가 된다.

 홑월은 임자말과 풀이말과의 걸림(관계)의 되기가 단 한 번만 성립한 월이니, 이는 다음과 같이 다섯 가지로 나누어 말할 수 있다.

 ①홑월의 가장 대표적인 것은, 임자조각[主部]과 풀이조각[敍述部, 說明部]이 각각 하나씩인 것이다.

  달이 밝다.
  그 사람이 육군장교였다.
  새가 운다.
  아이가 글을 읽는다.

 ②임자말이 비록 여럿이라도, 풀이말과의 걸림의 되기(관계의 성립)가 단 한 번만인 것은 홑월이다.

  참새와 뱁새가 재재거린다.

아버지와 아들이 밭을 간다.
단군과 세종대왕과 이 순신은 조선의 삼대 위인이다.

③풀이말이 여럿이라도 그 임자말과의 걸림의 되기가 단 한번만인 것은 또한 홑월이다.

김군은 튼튼하고, 재주있고, 또 부지런하다.
기러기가 울며 간다.
그애가 밥을 먹고 학교에 갔다.

④임자말과 풀이말이 함께 여럿으로 되었을지라도, 그 걸림의 되기가 다만 한 번만인 것은 또한 홑월이다.

꽃과 잎이 붉고 푸르다.
진수와 종길이는 꼭 같이 가고 같이 온다.
우리 언니와 나는 한글을 읽고 쓴다.

⑤그 밖에 꾸밈말, 기움말 따위의 있고 없음과 적고 많음은 홑월이 되고 안됨에 아무 상관이 없다.

저 앞집의, 착한 진수는 아침마다, 반드시 매우 재미있는 한글 공부를 퍽 열심으로 합니다.
그날 아주 이른 아침에, 그는 뜨끈뜨끈한 국밥을 많이 먹고, 긴 가래를 오른 손에 가지고, 뒷들 여덟 마지기 논으로 일하러 나갔습니다.

홑월에서는, 그 풀이말이 꼭 한 번만 끝나기를 소용하나니, 만약 두 번 이상으로 끝나면, 이는 홑월이라 할 수 없다.

가진월[包有文]은 마디[節]가 씨와 마찬가지의 자리를 차지하여서 월의 한 조각을 이룬 것을 그 속에 가진(소유한) 월을 이름이다. 이

때에, 그 씨처럼 쓰인 마디를 딸림마디[從屬節]라 하며, 그 딸림마디를 가진 마디를 으뜸마디[主節]라 일컫는다.

　가진월은 주종(主從)의 짜임을 가진 겹월이니, 반드시 으뜸마디가 하나 이상의 딸림마디를 가지고 된다. 그런데 딸림마디의 풀이말은 감목법[껌목법, 資格法]의 꼴들로 된 것과 마침법[終止法]의 꼴들로 된 것의 두 가지가 있다. 그 감목법의 어찌꼴[副詞形]을 가진 것을 어찌마디[副詞節]라 하고, 매김꼴[冠形詞形]을 가진 것을 매김마디[冠形節]라 하며, 이름꼴[名詞形]을 가진 것을 이름마디[體言節]라 한다. 그리고 마침법으로 된 깃을 풀이마니[用言節]라 한다. 그러한즉 다시 말하면, 가진월이란 것은 그 속에 어찌마디나 매김마디나 이름마디나 풀이마디를 가진 겹월을 이름이다.

　①어찌마디를 가진 가진월의 보기
　　그 사람이, <u>낯이 뜨뜻하게</u>, 그런 소리를 했어요.
　　모래벌이, <u>눈이 부시게</u> 희다.

　②매김마디를 가진 가진월의 보기
　　<u>향기가 좋은</u> 꽃이 만발하였다.
　　나는 <u>눈이 오는</u> 날을 제일 좋아하오.

　③이름마디(임자마디)를 가진 가진월의 보기
　　<u>달이 밝기</u>가 낮과 같다.
　　<u>그 이름을 모름</u>이 가장 유감이다.
　　<u>큰 바람이 불기</u>는 아마 오후 여덟 시부터였다.

　④풀이마디를 가진 가진월의 보기
　　부지런한 학생이 <u>성적이 좋으니라</u>.
　　후덕한 사람은 <u>인망이 높으니라</u>.

그 청년이 마음이 매우 착한가?

벌린월[並列文]은 뜻으로는 각각 독립하여 같은 값어치를 가진, 둘 이상의 마디(맞선마디)를 다만 편의상 형식적으로 벌리어서 한 덩이로 만든 월이다. 그런데 그 웃 마디의 풀이말은 이음법의 벌임꼴[羅列形]을 가지고 아랫 마디에 잇느니라. 벌린월은 벌림의 짜임을 가진 것이니, 곧 둘 이상의 맞선마디[對立節]로 된 겹월이다.

겨울은 춥고, 여름은 덥다.
산은 높고, 물은 맑다.
순(舜)은 누구이며, 나는 누구이냐?
뜨거운 것은 나의 가슴이요, 붉은 것은 나의 마음이요, 깨끗한 것은 나의 절조(節操)이외다.

이은월[連合文]은 원래 뜻으로 보아 같은 값어치를 가진 두 마디가 형식으로 잇기어 한 덩이가 되어서 더 큰 한 덩이의 생각을 나타낸 월이다. 그런데 이은월의 앞마디의 풀이말은 이음법[接續法]으로 되데, 벌임꼴[羅列形] 밖의 다른 꼴들도 된다.

언니는 부지런하지마는, 아우는 게으르다.
심기는 괴롭지마는, 거두기는 즐겁다.
봄은 되었으나, 꽃은 피지 아니하였다.
봄이 오면, 꽃이 핀다.
가을이 되니, 들빛이 누르다.
그애가 내 동생인데, 나이가 열 두살이다.
비가 오는데, 당신은 어데로 가시오?
까마귀 날자, 배 떨어진다.
네 말을 하자, 네가 오는구나!

새도 양육(養育)의 은혜를 알거든, 사람이 부모의 은혜를 모를소냐?
비가 올 뿐더러, 바람조차 분다.
비가 올수록, 보리가 잘 자라오.
밤이 새도록, 나는 공부를 했다.
비가 오다가, 눈이 온다.
처음에는 내가 하다가, 나중에는 그 사람이 했다.

둘째, 월은 그 바탈[性質]로 보아, 베풂월[敍述文], 시킴월[命令文], 물음월[疑問文], 꾀임월[請誘文]의 네 가지로 가른다.

원래 월은 임자말과 풀이말과의 두 가지 조각으로 됨이 그 원본적(原本的) 구성 원리이다. 그런데 이 두 가지 중에 월로서의 불가결의 중요성을 더 많이 가지고 있는 것은 그 풀이말이다. 임자말은 흔히 줄어지고 드러나지 아니하는 일이 많으되, 풀이말은 줄어지는 일이 극히 드물다(보기 ;「참 덥다」,「꽤 덥다」).

그러므로, 월을 그 바탈로 가르려면, 먼저 그 풀이의 바탈을 근거로 하고, 다음에는 그 임자말을 근거삼아서 가른다.

베풂월[敍述文]은, 말하는이가 제 혼자의 생각을 베풀어 말하는 월이니, 그 풀이말은 풀이씨의 베풂꼴[敍述形]로 끝맺음이 그 보람[特徵]이다.

나는 이 일을 꼭 이루어 내겠다.
자식은 부모를 공경하여야 한다.
너는 나의 가장 사랑하는 동무이다.
비가 오는구나!

시킴월[命令文]은 시킴[命令]이나 말림[禁止]의 뜻을 나타내는 월이니, 그 풀이말의 씨끝은 마침법의 시킴꼴[命令形]로 된다.

너는 저리 가거라.
그대는 여기 앉으오.
당신도 오시오.

물음월[疑問文]은 맞음편의 생각을 묻는 뜻을 나타내는 월이니, 그 풀이말의 씨끝이 물음꼴[疑問形]로 됨이 그 보람이다.

너는 금강산을 보았느냐?
자네는 어느것을 원하는가?
하나에 둘을 더하면, 모두 얼마요?

꾀임월[請誘文]은 맞음편을 꾀이어서 저와 함께 무슨 움직임을 하자 하는 뜻을 나타내는 월을 이름이니, 그 풀이말이 꾀임꼴[請誘形, 이끄는꼴]로써 끝맺는 것이 그 보람이다.

정술아, 학교에 가자.
여보게, 우리도 가세.
좀 지나갑세다.
당신도 가십시다.

6. 맞춤법

한글 맞춤법은 훈민정음 창제 당시 마련된 것이 있었으나, 그 뒤 여러 세기를 내려오면서 문자 생활에 따라 나타나는 여러 가지 문제점에 대한 수정 보완 등을 한, 어떤 공통된 규정이 이루어진 일이 한 번도 없었다. 다만 그때그때 일정 집단들이 각기 거의 주관적인 표기법의식에 의하여 표기 방법을 사용하였으므로 문란해졌던 것이다.

그러나, 19세기 말엽에 시세의 진전에 따라 무법한 한글을 과학적 토대 위에 정리하려는 새로운 움직임이 선각자들로부터 일어나게 되었다.

(1) 국문연구소의 철자법

이「국문연구소」는 광무(光武) 11년(1907) 7월 8일에 그때 학부대신 이재곤(李載崑)님이 임금의 재가를 얻어 학부 안에 개설한 자문위원회의 성격인 국어·국문 연구기관이다. 연구소에서는 국문의 원리(原理)와 연혁(沿革)과 현재 행용(行用)과 장래 발전 등의 방법을 연구하는 것으로 되어 있으나, 그 설치의 직접 동기는 무엇보다도 지석영(池錫永)님의 상소에 따라 학부(學部)의 상의와 재가를 거치어 광무 9년(1905) 7월 19일 공포한 지석영의「신정국문(新訂國文)」때문이었다고 하겠다. 곧 그 공포된 지석영의 안에 대하여 학자 간에 반대가 많고, 특히 홀소리「·」자를 폐지하고,「ᅵ」(ㅣㅡ의 합한 음)자를 새로 만들어 발표함에 관한 반대의 의견이 집중되었다. 그래서 학부(學部)에서 이 형편을 살피어, 국어연구소를 설치하여, 국문의 일반 문제를 연구하여, 실제의 글자 사용을 규정하려는 것이었다. 이 연구소의 위원으로 뽑힌 이들은 다음과 같다[62].

위원장 : 학부 학무국장 윤치오(尹致旿)

위 원 : 장헌식(張憲植)·이능화(李能和)·현은(玄檃)·권보상(權輔

---

[62] 김윤경 : ≪한국문자급어학사≫(동국문화사, 1954. 12 재판) 356~357쪽 및 ≪새로지은 국어학사≫(을유문화사, 1963. 3. 15) 128~129쪽, 최현배 : ≪한글갈≫(정음사, 1942. 4. 30 초판, 재판) 416쪽~418쪽 참고.

相)・주시경(周時經)・상촌정기(上村正己)・어윤적(魚允迪)・이종일(李鍾一)・이억(李億)・윤돈구(尹敦求)・송기용(宋綺用)・유필근(柳苾根)・지석영(池錫永)・이민응(李敏應)

이 위원들은 융희(隆熙) 원년(1907) 9월 16일 제1차 회의를 개최한 뒤 융희 3년(1909) 12월 27일 최종 회의까지 약 2년 반 동안 23회의 회의를 거듭하면서「국문연구 의정안(國文研究議定案)」이라는 제목으로 통일된 보고서를 마련하였는데, 토의 연구된 내용은 다음과 같다.

첫째, 국문(國文)의 연원(淵源)과 자체(字體) 및 발음(發音)의 연혁(沿革)

둘째, 초성(初聲) 중「ㅇ, ㆆ, ㅿ, ◇, ㅱ, ㅸ, ㆄ, ㅽ」8자의 복용(復用) 당부(當否)

세째, 초성(初聲)에 대한「ㄱ, ㄷ, ㅂ, ㅅ, ㅈ, ㅎ」6자 병서(並書)의 서법 일정(書法一定)

넷째, 중성(中聲)「ㅡ」자를 창제하고「・」자를 폐지하는 당부(當否)

다섯째, 종성(終聲)「ㄷ, ㅅ」2자의 용법(用法) 및「ㅈ, ㅊ, ㅋ, ㅌ, ㅍ, ㅎ」6자를 종성(終聲)에도 통용(通用)하는 당부(當否)

여섯째, 자모(字母)의 칠음(七音)과 청탁(淸濁)과의 구별(區別) 여하(如何)

일곱째, 사성표(四聲票)의 용부(用否) 및 국어음(國語音)의 높낮이 [高低]

여덟째, 자모(字母)의 음독(音讀) 일정(一定)[ㅇ이응 ㄱ기윽 ㄴ니은 ㄷ디읃 ㄹ리을 ㅁ미음 ㅂ비읍 ㅅ시읏 ㅈ지읒 ㅎ히읗 ㅋ키읔 ㅌ

티읕 피읖 츠치읓 ㅏ 아 ㅑ 야 ㅓ 어 ㅕ 여 ㅗ 오 ㅛ 요 ㅜ 우 ㅠ 유 ㅡ 으 ㅣ 이 ㆍ ᄋ]

아홉째, 자순(字順)과 행순(行順)의 일정(一定)

열째, 맞춤법[綴字法]

이 십제(十題) 모두에 대한 연구의 결과는 통일 종합되어 연구소의 의견을 덧붙이어, 내각에 제출되었었으나, 아직 공포되기 전에 학부대신이 갈리게 된 것과 국운이 쇠망에 임한 때문에 유야무야 중에 묻히어버리고 말게 되었으니 불행한 일이라 아니할 수 없다.

그러나, 이것은 세종대왕 이후 최초로 정부의 주재로 정리의 손을 댄 새로운 국어 표기법이 포함된 국문 전체에 대한 시도였다고 하는 데 의의가 크다고 하겠다. 특히 이 의정안이 근대국어 시기의 전통적인 맞춤법과는 아주 다른 원리(된소리 표기, 종성 제한을 철폐하고 모든 초성을 종성에 쓸 수 있다 등)를 제시한 점이 주목된다 하겠다. 이것은 아마도 이 연구소의 위원으로서 처음부터 끝까지 지도적 구실을 하였던 주시경(周時經)님의 맞춤법의 이론이 반영된 결과였다. 그의 맞춤법의 이론은 바로 그대로 그 후계 학자들에게 이어져서 현대 맞춤법이 제정되기에 이르렀다.

이제 현대국어에 있어서의 맞춤법(표기법)을 국문연구소에 의해 발아된 후 나타난 차례에 따라 따로따로 고찰해 보기로 한다.

(2) 총독부의 언문 철자법 규정

우리나라가 합병됨과 더불어 조선총독부(朝鮮總督府)가 설치되었는데[63], 총독부 학무국에서는 종래 우리나라 사람이 지은 보통학교 독본

(讀本)의 철자법을 「평이한 것」으로 일정하게 한다는 구실로, 기존 교과서를 몰수하고 일본인 정책에 맞는 새 교과서를 편찬하는데 필요한 철자법 규정을 정하였다. 그들은 이 철자법 규정 제정을 위한 위원회를 구성하였는데, 그 위원회의 위원은 우리나라 학자와 일본인 중에서 뽑아 위원회를 구성하였다. 이 위원회의 위원들은 회의를 거듭하여 교과서 철자법 규정을 마련하였으니, 이것이 총독부 제1회 철자법 규정 (1912년 4월)이다. 총독부에서는 이 철자법 규정을 교과서에만 적용시키려는 것이 아니고 일반인들에게까지 강제 통용시키려 하였다. 그리고 총독부에서는 제1회 우리말 철자법을 확정 발표 시행하면서 그 후 두 번에 걸쳐 개정하였으니, 제1회부터 제3회까지의 내용을 살펴보면 대략 다음과 같다.

제1회 보통학교용 언문 철자법

조선총독부가 1912년 4월에 첫 번째로 발표한 철자법 규정은 「보통학교용 언문 철자법」인 바, 이는 모두 16항으로 되어 있다.

---

63) 일본인들의 강압에 못 이겨 광무 9년(1905) 11월 18일 체결된 을사조약(乙巳條約)을 발판으로 우리나라(당시 대한제국)의 외교권을 장악한 일본인은 통감부(統監府)를 설치(1906년 2월~1910년 9월)하고 통감을 주재시켜 이른바 보호정치를 시행하다가 융희 4년(1910)에는 그나마 명목만의 우리 대한제국의 국가체제를 강제로 해체하고 한일합방을 단행(1910. 8. 29 순종 임금의 어새 날인)하여 한국 본토 전부를 일본의 영토로 편입시켰다. 일본인은 이로부터 우리 대한제국의 영토를 조선이라 개칭하였으며, 국가적 통치를 시행함에 따라 종래의 통감부를 폐지하고 이 보다 강력한 통치기구인 조선총독부를 설치(칙령 제319호인 조선총독부 설치령에 따라 1910. 9. 30 총독부 관제 및 소속 관서의 관제가 공포됨)하여 1910년 10월 1일부터 1945년 8월 15일 광복 때까지 기능을 가동하였다.

그 내용을 보면, 그 중심 방침은 ①철자법에서는 현재 경성어(京城語)를 표준으로 하고, ②가급적 종래 관습의 용법을 취하여 발음대로의 서법을 취하며, ③한자음은 심한 속음이 아닌 한 시음(時音)을 채용한다 등이라 하겠다. 그리고 이 규정에서 순수 조선말에 대하여는 홀소리 글자 「·」를 사용하지 아니하고, 「ㅏ」로 일정하며, 된소리 표기는 각자병서로 하지 않고 「ㅅㄱ, ㅼ, ㅽ」과 같이 된시옷(ㅅ)만 사용하고, 받침으로는 「ㄱ, ㄴ, ㄹ, ㅁ, ㅂ, ㅅ, ㅇ, ㄺ, ㄻ, ㄼ」만 쓴다 하고, 종래 두 가지 서법이 있는 토씨(조사) 「는, 논」, 「를, 롤」은 「는, 를」로 징하고 있나.

제2회 보통학교용 언문 철자법 대요

일본인이 총독부 설치 후 실시해 온 무단 정치를 3·1운동이 있은 뒤 그들은 다소 완화된 소위 문화 정치를 표방하여 문화에 대한 쇠사슬을 늦추었으니, 이에 발맞추어 위원회의 토의로서 철자법을 개정 확정하였다. 이 때가 1921년 3월의 일이다. 그 첫 번째 개정 확정된 「보통학교용 언문 철자법 대요」는 당초 것과 많이 틀리지 않으나, 개정된 사항 중 몇 가지 들어 말하면, ①순수 조선말 중 말머리에 있는 「니, 녀」 등은 「이, 여」와 같이 발음하는 것이 많으나, 다른 말 밑에 붙어 숙어를 이루는 경우에는 「ㄴ」음이 부활하게 됨이 많은 고로 이런 것들은 전부 「니, 녀」로 그대로 쓴다(보기 : 녀름, 녑, 녜, 닉을, 닙을). ②한자음의 두음의 「ㄹ」인 것은 발음의 여하를 불구하고 항상 「ㄹ」 그대로 쓴다(보기 : 란초, 룡산, 리익, 리일). ③순수한 조선말에 대하여는 표음적 표기법에 좇아 「댜, 뎌, 됴, 듀, 디, 탸, 텨, 튜, 티」를 「자, 저, 조, 주, 지, 차, 처, 초, 추, 치」로 쓴다(보기 : 절(뎔), 좃소(둇소), 질(딜)). ④종성(받침)에 있어 「ㄷ, ㅈ, ㅊ, ㅋ, ㅌ, ㅍ, ㅎ, ㄲ, ㅄ, ㄳ」들도 쓰려는 주장도 상당한 이유가 있으나, 우선 재래식 받침만 쓰게 했다. ⑤사이「ㅅ」의 규정을 두어「ㅅ」을 위말 끝에, 또는 아래말의 처음에 붙이기로 하였다(보기 : 동짓달, 열갯달, 외양깐, 긔빨) 등이다.

그러나, 그 뒤 조선어학회를 중심으로 주시경님의 후계학자들에 의해 우리 말·글에 대한 연구가 활발히 진행되고, 또 실제 교육을 하는 교육 당사자는 물론 사회에서도 교과서에 대한 철자법의 개정을 부르짖게 되니, 총독부 안에서도 개정의 필요성을 인정하게 되었기 때문에 마침내 두 번째의 개정을 행하게 되었다.

제3회 언문 철자법

조선총독부 학무국에서 우리 국어 학자와 일본인 학자들을 위원으로 위촉하여, 그동안 이론이 있는 대목에 대한 개정 기초안을 작성하고, 이를 제1, 2차에 걸쳐 심의하여 확정하였으니, 이 때가 1930년 2월이다. 이 통일안은「언문 철자법(諺文綴字法)」이란 이름으로 공포되었다.

이 철자법의 내용은, 총설 3항, 각설 25항, 부기 2항으로 되었다.

이 두 번째 개정 철자법은 우리나라 학자가 위원에 대폭 참가하여 이루어졌으므로 형태주의 표기가 부분적으로나마 드디어 현실화되었다고 할 수 있다. 이 철자법은 총설에서 순수한 조선말과 한자음을 불문하고 발음대로 표기함을 원칙으로 하고 있으며, 각설에서는 순수한 조선말과 한자음과를 불문하고「ㅏ」로 발음되는「·」는 전부 이것을 폐하고「ㅏ」로 쓴다고 하였고, 된시옷의 기호는「써, 까, 쯤」과 같이 병서로 하였고, 종성(받침)은 종래 사용하던「ㄱ, ㄴ, ㄹ, ㅁ, ㅂ, ㅅ, ㅇ, ㄺ, ㄻ, ㄼ」10개 이외에「ㄷ, ㅌ, ㅈ, ㅊ, ㅍ, ㄲ, ㄳ, ㄵ, ㄾ, ㄿ, ㅄ」등 11개를 더 합한 21개로 하였으며, 부기에서는 닿소리(자음)의 칭호법을 정하였는데, 「ㅎ」(히읏)만 그 뒤 1933년 10월 조선어학회에서 제정한 「한글 마춤법 통일안」의 낱자의 이름과 다르고 「ㄱ」(기역)부터 「ㅍ」(피읖)까지는 모두 같다. 그 밖에도 그 뒤 조선어학회에서 제정한 「한글 마춤법 통일안」과 유사한 점이 많이 있다.

(3) 조선어학회의 「한글 맞춤법 통일안」

(3-1) 조선어학회의 창립

한글학회의 선신인 「국어연구학회(國語硏究學會)」가 국어를 연구할 목적으로 융희 2년(1908) 8월 31일 봉원사(奉元寺)에서 조직되었다64). 그러나, 이 학회는 한일합방 직후인 1910년 9월 3일(또는 17일) 회명을 「배달말글몯음[朝鮮言文會]」으로 바꾸었다가 1913년 3월 23일 다시 명칭을 「한글모」로 바꾸었다(이때 주시경님이 회장에 피선됨). 그 뒤 이 학회는 1914년 7월 27일 주시경(周時經)님의 하세(下世)와 일본인들의 억압에 못 견디어 1917년 3월경에 가서는 학회 활동이 완전 중단되어 해체나 다름없이 되었다65).

---

64) ≪한글모죽보기≫(필사본)에 따르면 창립회원은 주시경(周時經)님을 비롯하여 상동청년학원(尙洞靑年學院) 하기 국어 강습소(夏期國語講習所) 졸업생과 기타 유지 제씨들이다. 초대 회장은 김정진(金廷鎭)님이다(≪한글모죽보기≫는 1975년경에 발견되어 현재 세종대학교 중앙도서관에 소장되어 있음).

65) 조선어학회 잡지 ≪한글≫ 창간호 제1권 제1호(1932. 5. 1)의 37쪽 "본회 중요일지"에, "조선말과 글의 과학적 연구와 통일과 보급과의 운동은, 고 주시경 선생으로부터 시작되었다. 서력 1897년 국문동식회(國文同式會)가 조직된 후로 연구회와 강습소와 강연회 등 여러 가지 조직으로 활동하여 오다가, 그 때 몰리어 오는 풍진(風塵)에, 최후로 1915년에는 조선말글모(朝

한일합방이 되자 일본인들의 무단정치가 시작되어, 언론, 집회, 결사에 아무런 자유가 없었다. 우리 배달겨레는 이 지독한 압박에 견딜 수 없어서, 그 무서운 일본인들의 무력 탄압에 반항하여 독립전쟁이라고 할 수 있는 3·1운동을 일으키었다. 이 3·1운동이 있은 후 그들은 우리 민족을 무마하기 위한 수단으로 문화정치를 표방하게 되어 민간 신문 두셋의 발행을 허락하고, 잡지 발행을 게재 원고 검열제도로나마 허락하였으며, 집회도 허가제로 용인하게 되었다.

이 다소 완화된 기회를 타서 일본인들의 억압에 못 견뎌 유명무실화 되었던 학회도 재출발하게 되었다. 그래서 임경재(任暻宰)·최두선(崔斗善)·이승규(李昇圭)·장지영(張志暎)·권덕규(權悳奎)·이병기(李秉岐)·이상춘(李常春)·이규방(李奎昉)·박순룡(朴洵龍)·신명균(申明均)·김윤경(金允經)님 등이 1921년 12월 3일 휘문의숙(徽文義塾)에서 다시 「조선어연구회(朝鮮語研究會)」를 창립하였다. 이 학회는 그 뒤인 1931년 1월 10일 총회 결의에 따라 「조선어학회(朝鮮語學會)」로, 또 광복 후 1949년 9월 5일 다시 「한글학회」로 이름을 고쳐[66] 오늘에

鮮語文會)도 부득이 해산함에 이르렀다. 그 뒤에 7년 동안은 아무 형식적 조직은 없었으나, 이 운동의 목숨만은 끊임없이 이어온 것이다. 그러다가 1921년 12월에야 다시 조선어연구회(朝鮮語研究會)라는 이름으로 새 조직이 생기어 이 운동의 중추가 되다. 작년 1월 총회에는 회명을 고쳐 조선어학회(朝鮮語學會)라 하였다. 본회의 지난 40년 동안의 긴 역사를 한두 마디로 말할 수가 없는 것이매, 그 자세한 것은 다음 기회로 미루고 ……"라고 되어 있다.

그런데 주시경님의 ≪국어문전음학(國語文典音學)≫(박문서관, 1908. 11. 6) 61쪽에는 주시경 선생이 19세 때인 갑오(1894)에 국문동식회(國文同式會)를 조직했다고 하였다.

[66] 박종국 : ≪국어학사≫(문지사, 1994. 12. 30) 315~316쪽 "조선어학회의 창

이르고 있다.

　이 학회는 창립 당시부터 단순한 학문의 연구만을 위한 학회는 아니었다. 주시경님의 제자들이 중심이 되어 그 어른의 정신과 학문을 이어받는 데 더욱 힘쓰고, 그들은 국어의 학리를 연구하는 한편, 말과 글을 통해서 민족 정신을 지키고 불어 넣는 일을 실천하였다. 그런 일 때문에 1942년 10월 1일 이른바「조선어학회 사건」이 터져 직접 학회에서 연구에 관여한 사람들과 정신적이나 물질적으로 도와 준 사람들이 일시에 투옥되어 학회 활동이 한 때 중단되었다. 그러나, 조국의 광복과 더불어 활동을 나시 벌여 오늘날까시 활발히 활동하고 있다.

　한글학회는 창설된 뒤 한글날(처음에는 가갸날) 기념식의 주최, 학술지인 ≪한글≫ 잡지의 발간, 학술 연구발표회 개최, 한글 맞춤법 통일안 제정, 표준말 사정, 외래어 표기법 제정, 각종 용어 제정, 국어사전 편찬, 국어교원 양성, 교과서 편찬, 한글 기계화 연구, 한국 지명 조사, 한글 계몽 보급 등을 통하여 우리 어문 발전에 기여한 바 이루 말할 수 없이 많거니와 그 중에 조선어학회가 제정 1933년 10월 29일 한글날을 기하여 반포한「한글 마춤법 통일안」은 우리 어문 표기에 일대(一大) 정리와 통일을 가져왔으니, 이는 세종대왕의 훈민정음 창제 반포 이후 한국어학사 상에 신기록을 지었다 하겠다.

(3-2)「한글 맞춤법 통일안」제정

　국어 맞춤법 체계인 이 통일안은 1930년 12월 13일 조선어학회 총회

립". 한글학회 ≪한글학회 50년사≫(1971. 12. 3) 3~6쪽 "한글학회의 창립". ≪한국사 22≫(대한민국 문교부 국사편찬위원회, 1978. 8. 24) 463~471쪽 "조선어학회의 항쟁" 참고.

의 결의로 한글 맞춤법의 통일안을 제정하기로 되어, 처음에 위원 12인(權悳奎·金允經·朴顯植·申明均·李克魯·李秉岐·李允宰·李熙昇·張志暎·鄭烈模·鄭寅燮·崔鉉培)으로써 2개년 간 심의를 거듭하여 1932년 12월에 이르러 맞춤법 원안의 작성을 마치었다. 그리고 또 위원 6인(金善琪·李鉀·李萬珪·李常春·李世楨·李鐸)을 증선(增選)하여 모두 18인의 위원으로써 개성(開城)에서 회의(1932. 12. 25~1933. 1. 4)를 열어 그 원안을 축조 토의하여 제1독회를 마치고, 이를 다시 수정하기 위하여 수정위원(修正委員) 10인(권덕규·김선기·김윤경·신명균·이극로·이윤재·이희승·장지영·정인섭·최현배)에게 맡기었다. 그 뒤 6개월을 지나 대체의 수정이 끝났으므로, 또 위원 전체로써 다시 화계사(華溪寺)에서 회의(1933. 7. 25~8. 3)를 열어 그 수정안을 다시 검토하여 제2독회를 마치고, 또 이를 전체적으로 정리하기 위하여 정리위원(整理委員) 9인(권덕규·김선기·김윤경·신명균·이극로·이윤재·이희승·정인섭·최현배)에게 맡기어 최종의 정리가 다 마치었으며, 같은 해인 1933년 10월 19일 조선어학회 임시총회를 거치어 이를 시행하기로 결의되니, 이로써 이 한글 마춤법 통일안이 비로소 완성을 고(告)하게 되었다.

이제 그 최초에 제정 1933년 10월 29일 한글날에 반포한「한글 마춤법 통일안」을 보면 머리말 외에 총론(總論)·각론(各論)·부록(附錄)의 세 조각으로 나누어져 있는데, 그 내용을 대략 소개하면 다음과 같다.

1. 총론(總論) : 세 가지의 대원칙이 규정되어 있으니, 그 제1항은 "한글 마춤법[綴字法]은 표준말을 그 소리대로 적되, 어법(語法)에 맞도록 함으로써 원칙(原則)을 삼는다."로, 제2항은 "표준말은 대체(大

體)로 현재(現在) 중류 사회(中流社會)에서 쓰는 서울말로 한다."로, 제3항은 "문장(文章)의 각(各) 단어(單語)는 띄어 쓰되, 토는 그 웃 말에 붙여 쓴다."로 되었다.

2. 각론(各論) : 전체를 7장(章)로 나누되, 장(章)에 따라서 몇 개 절(節)로 하위분류하고, 이 전체의 장(章)을 다시 65항(項)으로 하였는바, 그 제1장은 「자모(字母)」에 관한 규정이니, 곧 「자모(字母)의 수(數)와 그 순서(順序)」, 「자모(字母)의 이름」에 관한 일이고, 제2장은 「성음(聲音)에 관(關)한 것」에 대한 규정이니, 곧 「된소리」, 「설측음(舌側音) ㄹ」, 「구개음화(口蓋音化)」, 「ㄷ받침 소리」에 관한 일이고, 제3장은 「문법(文法)에 관(關)한 것」에 대한 규정이니, 곧 「체언(體言)과 토」, 「어간(語幹)과 어미(語尾)」, 「규칙 용언(規則用言)」, 「변격 용언(變格用言)」, 「받침」, 「어원 표시(語源表示)」, 「품사 합성(品詞合成)」, 「원사(原詞)와 접두사(接頭辭)」에 관한 일이고, 제4장은 「한자어(漢字語)」에 관한 규정이니, 곧 「홀소리만을 변기(變記)할 것」, 「닿소리만을 변기(變記)할 것」, 「닿소리와 홀소리를 함께 변기(變記)할 것」, 「속음(俗音)에 관한 일이고, 제5장은 약어(略語)에 관한 규정이고, 제6장은 「외래어 표기(外來語表記)」에 관한 규정이고, 제7장은 「띄어 쓰기」에 관한 규정이다.

3. 부록(附錄) : 「표준어(標準語)」규정과 「문장 부호(文章符號)」사용법을 상론하였다.

이 통일안의 핵심은 그 제3장 문법(말본) 곧 형태에 관한 것이고, 실질적인 개혁으로는 그 당시까지 써 오던 홀소리 글자 「·」자의 폐기와, 된소리 표기법도 각자병서(各字並書) 「ㄲ, ㄸ, ㅃ, ㅆ, ㅉ」으로 표기하게 한 것 등이다. 그리고 된소리 글자를 포함한 낱자(자모)의 순서와 수 및 칭호법을 정하고, 받침에 있어서도 재래에 쓰던 받침 10

개(ㄱ, ㄴ, ㄹ, ㅁ, ㅂ, ㅅ, ㅇ, ㄺ, ㄻ, ㄼ) 이외에 「ㄷ, ㅈ, ㅊ, ㅋ, ㅌ, ㅍ, ㅎ, ㄲ, ㅆ, ㄳ, ㄵ, ㄶ, ㄽ, ㄾ, ㅀ, ㅄ」의 18개 받침을 오늘날과 같이 더 쓰게 된 것 들이다.

이 통일안은 1933년 처음으로 반포된 이후에 몇 차례의 부분적 수정을 거쳐 오늘에 이르렀는데, 그 보완된 경로를 차례대로 보이면 다음과 같다.

제1차 한글 마춤법 통일안 수정(修整)

1937년 5월 10일 정정 오판 발행(訂正五版發行)의 조선어학회의 「한글 마춤법 통일안」이니, 이 제1차 수정 내용은 조선어학회에서 「사정한 표준말 모음」(1936. 10. 28. 한글날 기념일 반포)에 따라 부록 표준어 제7, 제8 양항의 표준말 어휘 전부를 본안(本案)에서 온전히 삭거(削去)하고, 본안 각항의 용어(用語)와 어례(語例)들을 모두 사정(査定)된 표준말로써 적당히 수보 정리(修補整理)한 것이다. 이때 발행되는 책부터 세로로 짜여졌던 책판이 가로판이 되었다.

제2차 한글 맞춤법 통일안 개정(改定)

1940년 10월 20일 개정 제10판 발행의 조선어학회의 「개정한 한글 맞춤법 통일안」이니, 그 개정된 요점과 개정의 경로를 말하면, 본문 제19항 중의 「후」를 「추」로 고치는 동시에, 본안(本案) 명칭의 표기 중 「마춤법」을 「맞춤법」으로 쓴다는 것과, 제29항의 문구 수정(文句修正)과, 제30항의 「사이ㅅ」을 쓸 것의 세 가지 점 및 부록 부호(符號)의 증보 수정(增補修整)들이다. 실제로 원안(原案) 내용의 변개(變改)는 이때가 처음이다. 그리고 이때 개정안(改定案)에 따른 전편 철자(全篇綴

字)의 교정(校正)으로 인하여 이에 판(版)을 새로 지어 간행하였다.

제3차 한글 맞춤법 통일안 개정(改正)
1946년 9월 8일 조선어학회의 「한글 맞춤법 통일안 일부 개정」이니, 이때 조선어학회의 정기 총회에서 개정한 내용을 보이면 다음과 같다.

(1) 제10항에 아래와 같이 추가함.
단(但) 어간(語幹)의 끝소리 「ㄴ」, 「ㅁ」의 아래에서 어미(語尾)의 첫소리가 된소리로 변(變)한 대로 적지 아니한다.
예(例): (갑(甲)을 취(取)하고 을(乙)을 버린다.)

갑(甲)　　　　　　　을(乙)
신고(履) 신다 신소 신지　　신꼬 신따 신쏘 신찌
검고(黑) 검다 검소 검지　　검꼬 검따 검쏘 검찌

(2) 제30항을 아래와 같이 고침
복합 명사(複合名詞)나 또는 복합 명사에 준(準)할 만한 말에서 두 말 사이에 된소리가 나거나 또는 다시 구개음화(口蓋音化)한 「ㄴ」이나 「ㄹ」 소리가 나는 것은, 윗 말의 끝소리가 홀소리인 경우는 「ㅅ」을 받치어 적고, 닿소리인 경우는 이를 표시(表示)하지 아니한다.

예(例): (一) 윗 말 끝이 홀소리인 것
① 냇가[川邊], 콧날[鼻線], 콧등[鼻脊], 잇몸[齒齦], 촛불[燭火].
② 잇과[理科], 갓법[加法], 홋수[戶數], 섯자[書字].
③ 챗열[鞭穗], 아랫이[下齒], 댓잎[竹葉], 베갯잇[枕衣].
　　(二) 윗 말 끝이 닿소리인것
① 길가[路邊], 손등[手背], 등불[燭火], 발새[趾間], 움집[土幕], 들것[擔架], 굴대[轉軸], 들보[架樑], 죌손[把所], 길짐승[走獸].
② 상과(商科), 감법(減法), 권수(卷數), 한자(漢字).

③ 집일[家事], 물약[水藥], 쌀엿[米飴], 맹장염(盲腸炎),관절염(關節炎).

(3) 제48항에 아래와 같이 추가함

단(但) 속음(俗音)이 된소리인 것은 본음(本音)으로만 적는다.

예(例): 정가(定價), 발달(發達), 필시(必是), 결재(決裁).

(4) 제61항에 아래와 같이 추가함

단(但) 문장(文章)의 앞뒤 관계(關係)에 의(依)하여 특별(特別)히 필요(必要)한 경우에는 단어(單語)를 적당(適當)히 붙이어 씀을 허용한다.

예(例):

원칙(原則)	허용(許容)
이 곳 저 곳.	이곳 저곳.
제 이십 일 항.	제 이십 일항.
좀 더 큰 이 새 나라.	좀더 큰 이 새나라.
열 술 밥. 병 술 집.	열술 밥. 병술 집.

(5) 제62, 63, 64의 세 항을 삭제(削除)하고, 제65항을 제62항으로 삼음.

(6) 새로 제63항을 아래와 같이 둠.

둘 이상(以上) 단어(單語)로 이룬 고유명사(固有名詞)는 그 각(各) 단어를 띄어 쓴다.

예(例): 이 순신. 경기 도. 삼국 사기. 덕수 공립 국민 학교.

제4차 한글 맞춤법 통일안 개정(한글판)

1948년 10월 9일 한글판 제235판 발행의 조선어학회의 「개정한 한글 맞춤법 통일안 한글판」이니, 이 한글판은 1946년 9월 8일 개정본의 전문을 순한글로 바꾸어서 새 판으로 박아 낸 것이다. 이 이전 판까지는 국한문의 혼용으로 간행하였었다.

제5차 한글 맞춤법 통일안 개정(용어 수정판)

1958년 2월 25일 용어 수정판 제251판 발행의 한글학회의 「개정한 한글 맞춤법 통일안 용어 수정판」이니, 이 통일안 본문 가운데의 말본 용어만을 일체로 문교부 제정의 우리날 용어로 바꾸어 새 판으로 만들어 낸 것이다. 일찌기 문교부로부터 제정한 「문법 용어」가 1949년 7월 9일에 공포되었다.

이 용어 수정판의 차례를 보면 다음과 같이 되어 있다.

차 례

 총론
 각론
 제1장 낱자(자모)
  제1절 낱자의 수와 그 순서
  제2절 낱자의 이름
 제2장 소리(성음)에 관한 것
  제1절 된소리
  제2절 혀옆소리(설측음) "ㄹ"
  제3절 입천장소리되기(구개음화)
  제4절 "ㄷ" 받침 소리
 제3장 말본(문법)에 관한 것
  제1절 임자씨(체언)와 토
  제2절 줄기(어간)와 끝(어미)

　　　　제3절 움직씨(동사)의 입음꼴(피동형)과 하임꼴(사역형)
　　　　제4절 벗어난풀이씨(변칙용언)
　　　　제5절 받침
　　　　제6절 말밑(어원) 표시
　　　　제7절 겹씨 된 것(품사 합성)
　　　　제8절 낱말의 몸(원사)과 앞가지(접두사)
　　제4장 한자말(한자어)
　　　　제1절 홀소리만을 고쳐 쓸 것
　　　　제2절 닿소리만을 고쳐 쓸 것
　　　　제3절 닿소리와 홀소리를 함께 고쳐 쓸 것
　　　　제4절 익은소리(속음)
　　제5장 준말(약어)
　　제6장 들온말(외래어) 표기
　　제7장 띄어쓰기
　　　　　　　　　　부　록
　1. 표준말
　2. 부호

　이상과 같이 수차에 걸쳐 수정 및 보완 되면서 이 통일안은 국어 정서법의 기준이 되어 왔던 것이다.
　이제 참고로 1933년 최초의 통일안의 총론과 1958년 통일안 용어 수정판의 총론을 비교해 보면 다음과 같다.

한글 마춤법 통일안(1933년)	한글 맞춤법 통일안(1958년)
總論	총론
一. 한글 마춤법[綴字法]은 표준말을 그 소리대로 적되, 語法에 맞도록 함으로써 原則을 삼는다.	1. 한글 맞춤법은 표준말을 그 소리대로 적되 어법에 맞도록 함으로써 원칙을 삼는다.
二. 표준말은 대체로 現在 中流 社會에서 쓰는 서울말로 한다.	2. 표준말은 대체로 현재의 중류 사회에서 쓰는 서울말로 한다.
三. 文章의 各 單語는 띄어 쓰되, 토는 그 웃 말에 붙여 쓴다.	3. 문장의 각 낱말(단어)은 띄어쓰되, 토는 그 윗 말에 붙이어 쓴다.

(4) 문교부 고시 「한글 맞춤법」

정부는 정부 수립을 하던 때인 1948년 8월 15일 조선어학회의 「한글 맞춤법 통일안」을 채택 40년이 넘도록 사용하여 오다가 1988년 1월 19일 문교부 고시 제88-1호로 「한글 맞춤법」을 개정 고시하고, 이 맞춤법을 1989년 3월 1일 부터 시행한다고 하였다. 한편 문교부는 같은 날짜로 「표준어 규정」도 문교부 고시 제88-2호로 고시하였다. 그리고 문교부는 그 몇 해 전인 1984년 1월 13일에는 「국어의 로마자 표기법」을 제정 문교부 고시 제84-1호로 고시하였고, 또 1986년 1월 7일에는 「외래어 표기법」을 문교부 고시 제85-11호로 고시한 바 있다.

그 뒤 이 맞춤법의 밑 일을 해 온 학술원 산하 기구인 국어연구소에서는 이 맞춤법의 시행에 이에 대한 올바른 이해가 널리 이루어지도록 하기 위하여 새 맞춤법에 대한 해설서인 ≪한글 맞춤법 해설≫을 1988년 6월 30일자로 발행하였다.

한글학회(조선어학회)가 제정한 「한글 맞춤법 통일안」은 실시 후 반세기가 훨씬 지났지만 그 뒤 수차의 수정과 보완이 있었으므로 어문

표기에 문제점이 거의 없었다. 그런데 일부에서는 개정을 주장하여, 문교부는 한글 맞춤법을 1970년부터 검토하기 시작하여 17년 만에 새로 개정한 「한글 맞춤법」을 발표하게 된 것이라 하나, 실제 개정의 필요를 느끼지 못했다.

「한글 맞춤법 통일안」을 개정하여야 된다고 주장하는 이들은, 통일안의 경우, 현재에 와서 불필요한 조항이 생기게 된 점, 실제 문자 생활에서는 이 맞춤법에 분명한 규정이 없다는 점, 규정은 있으나 잘 지켜지지 않는다는 점 등을 들며 개정해야 된다는 것이었다.

문교부는 이러한 문제들을 해결하기 위하여 한글학회의 「한글 맞춤법 통일안」을 개정해 놓은 것이 「한글 맞춤법」이다.

이 「한글 맞춤법」은 전문 6장과 부록으로 되어 있는데, 본문의 전체 규정은 57항이다. 그리고 본문은 제1장 총칙, 제2장 자모, 제3장 소리에 관한 것(된소리, 구개음화, 'ㄷ' 소리 받침, 모음, 두음 법칙, 겹쳐 나는 소리), 제4장 형태에 관한 것(체언과 조사, 어간과 어미, 접미사가 붙어서 된 말, 합성어 및 접두사가 붙는 말, 준말), 제5장 띄어쓰기(조사, 의존 명사, 단위를 나타내는 명사 및 열거하는 말 등, 보조 용언, 고유 명사 및 전문 용어), 제6장 그 밖의 것으로 되었으며, 부록에서는 문장 부호가 마침표[終止符], 쉼표[休止符], 따옴표[引用符], 묶음표[括弧符], 이음표[連結符], 드러냄표[顯在符], 안드러냄표[潛在符] 등으로 나뉘어 규정되어 있다.

「한글 맞춤법」은 「한글 맞춤법 통일안」과의 비교에서 볼 때 몇 가지 달라진 것은 있으나, 거의 비슷하다고 하겠으며, 두드러지게 달라진 것은 용어 표현상의 문제라고 하겠으니, 우리말 용어를 한자말 용어로 다시 돌려 놓았다는 것이라 하겠다.

이제 「한글 맞춤법」과 「표준어 규정」을 종합하여 볼 때, 그 달라진 몇 가지 사항들을 보이면 다음과 같다.

① 말본 – 형태주의의 중시
  책이요→책이오, 오시요→오시오, 일찍이→일찍이,
  더우기→더욱이, 생그시→생긋이.

② 음소주의의 중시
  맞추다/마추다→맞추다, 뻗치다/뼈치다→뻗치다,
  만만찮다→마마찮다, 변변찮다→변변찮다,
  강남콩→강낭콩, 삭월세→사글세, 돐→돌.

③ 높임 도움줄기(안맺음씨끝)의 정돈
  –읍니다→–습니다.

④ 사이ㅎ 폐지
  간편ㅎ게→간편케, 연구ㅎ도록→연구토록,
  가ㅎ다→가타, 흔ㅎ다→흔타.

⑤ 복수 대중말(표준말)의 인정
  멍게/우렁쉥이, 땅콩/호콩, 넝쿨/덩굴, 쪽/편.

⑥ 홀소리어울림의 파괴
  가까와→가까워, 괴로와→괴로워

⑦ 한자말로 된 합성어의 경우 사이시옷(ㅅ) 사용의 제한
  곳간[庫間], 셋방[貰房], 숫자[數字], 찻간[車間], 툇간[退間],
  횟수[回數].

⑧ 성과 이름, 성과 호 등은 붙여 쓰되, 성과 이름, 성과 호를 분명히 구분할 필요가 있을 경우에는 띄어 씀

남궁 억→남궁억/남궁 억, 독고 준→독고준/독고 준,
황보 지봉(皇甫芝峰)→황보지봉(皇甫芝峰)/황보 지봉(皇甫芝峰).

이 달라진 몇 가지 사항에서 지적하지 않을 수 없는 것은 첫째 홀소리어울림의 파괴이요, 둘째 한자말 합성어의 경우 사이시옷(ㅅ) 사용의 제한이요, 셋째 원칙적으로 성과 이름을 붙여 쓰게 한 것 등이다. 특히 성과 이름 문제는 본 맞춤법 총칙에 규정한 띄어쓰기의 대원칙으로 보거나 역사성과 일반적인 관례로 보아 원칙이 바뀐 잘못된 개정이다.

7. 대중말[標準語]

대중말 곧 표준말[標準語]은 같은 뜻을 가진 여러 말들 가운데에서 원칙으로 좋은 말 하나만을 뽑아서 대중(표준)을 세우는 것이니, 어떠한 언어 단체(言語團體, 言語社會)의 규범이 될 만한 말, 다시 말하면 본보기가 될 만한 말을 이르는 것이다. 나라로 말하면 한 나라 안의 대중이 되고 기본이 되는 말, 곧 한 나라에서 국어로 쓰이고 있는 공통적인 말로서, 방언(方言) 곧 사투리에 대치되는 말이다.

우리가 하나의 사물을 나타내거나, 한 갈래의 뜻을 나타내는 형태는 여러 가지로 다를 수 있다. 이를테면, 벌레(곤충)의 하나인「잠자리[蜻蛉]」가 한 물체이지만 이것을 나타내는 형태는「잠자리, 까랭이, 안질뱅이, 자마리, 짬잘래, 앉은뱅이, 잰자리, 발가숭이, 앉은뱅이, 잼자리, 벌거숭이, 짬자리, ……」등 무려 스물 네 가지나 있고,「거꾸로[倒]」를 나타내는 형태도「거꾸로, 꺼꾸로, 꺼꾸루, 꺼꿀로, 꺼꿀루, 거꿀로, 까꾸로, ……」등 11가지나 있다. 또 눈을 떴다 감았다 하는 동작에도

7. 대중말[標準語]   551

「깜박깜박, 감박감박, 깜빡깜빡, 감작감작, 감짝감짝, 금벅금벅, 금뻑금뻑, ……」 등 여러 가지 형태가 있다.

　이런 낱말의 서로의 관계가 첫째 소리가 가깝고, 뜻이 똑 같은지, 둘째 소리는 아주 다르면서, 뜻이 똑 같은지, 셋째 소리도 비슷하면서, 뜻도 비슷한지, 넷째 소리는 비슷하지만, 뜻은 아주 다른지 등을 하나 하나 가려 내어야 한다.

　그리하여, 소리가 비슷하거나 아주 다르면서도 나타내는 뜻이 똑 같다면, 그 중에서 어느 하나를 가리어 대중이 될 말로 정하고, 다른 말은 이 대중말(표준말)로 귀일시키도록 하는 인위적인 조치가 필요하게 된다.

　이렇게 하지 않고서는 이 잡다한 낱말을 지방에 따라, 직업에 따라, 사회 계층에 따라 달리 나타낸다면, 의사소통의 불편은 말할 것도 없고, 도저히 언어 교육을 실시할 도리가 없다. 또, 위의 보기를 든 「잠자리」의 경우, 뜻풀이(주석)를 스물네 군데에 모조리 똑 같은 내용으로 한다면, 사전의 편찬은 거의 불가능하게 될 것이다.

　이런 필요성에서 서로 다른 방언을 쓰는데서 오는 의사소통의 불편을 덜어 주려면, 국민을 한덩어리로 묶어 통일되게 하려면, 국어 교육을 올바로 하려면, 사전을 체계적으로 편찬하려면, 대중말의 사정은 반드시 시급히 실시되어야 할 일이요, 하지 않을 수 없는 과정이다. 여기에서 대중말 사정의 필요성이 강조된다.

　우리나라에서 대중말(표준말)이 공식으로 정해진 것은 조선어학회에서 1933년 「한글 마춤법 통일안」을 제정 공포 후, 1936년 10월 28일 훈민정음 반포 490돌 기념일을 기하여 ≪사정한 조선어 표준말 모음≫을 펴내면서부터이다.

　조선어학회가 학회 안에 우리말의 대중말 관계를 전담하는 「조선어 표준어 사정 위원회」를 둔 시기는 1934년 7·8월쯤으로 추측된다[67]. 이 사정 위원회가 첫 기능을 발휘하여 대중말 사정에 손을 댄 것이 1935년 1월 2일 「조선어 사정의 제1독회」 때부터이었다. 이 사정 위원회는 제1독회를 1935년 1월 2일부터 5일 동안, 제2독회를 1935년 8월 5일부터 5일 동안, 제3독회를 1936년 7월 30일 열었다. 이 중 제3독회는 최종의 독회로서 사정위원회도 이것으로 해체하게 되므로, 그 자세가 한층 진지하고 신중하였다. 이 때 사정된 낱말 수는 표준말 6,231개, 준말 134개, 비표준말 3,082개, 한자말 100개, 모두 9,547개이다[68]. 그리고 사정한 표준말의 발표식은 1936년 10월 28일에 있었으니, 이는 우리 역사상 처음으로 문화적 성사인 「사정한 표준말의 발표식」이라 하겠다. 당시 표준말 사정에 참여한 위원은, 최종 수정위원인 문세영·윤복영·이강래·이극로·이만규·이윤재·이중화·이희승·장지영·정인승·최현배님 등 모두 73인인데, 이 중에 반수 이상인 37인은 경기 출생(그 중에 서울 출생이 36인)이고, 그 밖의 약 반수인 36인은 각 도별로 하되, 각도의 인구수 비례에 좇아 대표도 선출되었다.

　대중말에 대해서는 조선어학회에서 제정한 「한글 맞춤법 통일안」의 총론 제2항에, "표준말은 대체로 현재 중류 사회에서 쓰는 서울말로 한다."라고 규정되어 있는데, 이것이 대중말 사정 원칙에 대한 우리 나라 최초의 규정이라 하겠다. 이것은 시대적으로는 지금 쓰고 있는 현대말, 계급적으로는 중류 사회에서 쓰는 말, 지방적으로는 경제·정치·문화·교통의 중심지인 서울말 곧 수도(首都)를 택함을 말한 것이다. 이 원칙에 따라 ≪사정한 조선어 표준말 모음≫의 책이 나오기 전, 이미 공포한 「한글 마춤법 통일안」의 부록에 표준말을 드러내어

---

[67] 한글학회 : ≪한글학회 50년사≫(한글학회, 1971. 12. 3) 197쪽 참고.
[68] 김윤경 : ≪새로지은 국어학사≫(을유문화사, 1963. 3. 15) 306쪽 참고.

보인 것이 구체적인 보기를 든 것으로는 처음이라고 생각한다.

　조선어학회에서 1936년에 낸 ≪사정한 조선어 표준말 모음≫은 「한글 마춤법 통일안」 부록에 제시한 대중말을 더욱 확대해 별도의 책자로 낸 것이다. 이 책에 실린 낱말은 거의 실용어이다.

　이 사정한 표준말은 사전 편찬에 채용됨은 물론, 교육계·종교계·문예계·언론계 등의 적극적인 지지를 받아 애용되었고, 광복 직후에는 국어교육과 교과서 및 사전 편찬 등에 채용되었다.

　대중말에 대한 것은, ≪사정한 조선어 표준말 모음≫이 나와 실행된 지 반세기가 넘어 정부(문교부)에 의하여 다시 사정되어 문교부 고시 제88-2호로 1988년 1월 19일 「표준어 규정」이 발표되었는데, 이 규정은 1989년 3월 1일부터 실행토록 한다는 것이다. 이 「표준어 규정」은 두 부로 나눠져 있는데, 「제1부 표준어 사정 원칙」, 「제2부 표준 발음법」으로 되어 있다.

　이 규정 제1부 표준어 사정 원칙에서, "표준어는 교양 있는 사람들이 두루 쓰는 현대 서울말로 정함을 원칙으로 한다."라고 하였다. 이것은 종래 「한글 맞춤법 통일안」의 총론 제2항의 자리에서 별도로 제정한 「표준어 규정」 제1부 표준어 사정 원칙 제1장 총칙 제1항의 자리로 옮겨 말의 표현만 조금 바꾼 것일 뿐 표준말의 사정 원칙은 종전과 거의 다를 바 없다고 하겠다.

♧자료♧

☐ 참고문헌…557

☐ 찾아내기…566

☐ 한국어발달사 연표…617

참고 문헌

강신항 : 「운해훈민정음 연구」(한국연구원, 1967. 12. 20)
　　　　「조선관역어 연구」(백합출판사, 1974. 10. 10)
　　　　「계림유사 고려방언 연구」(성균관대출판부, 1980. 9. 20)
고영근 : 「국어문법의 연구」(탑출판사, 1983. 12. 5)
권덕규 : 「조선어문경위」(광문사, 1923. 5. 25)
김계곤 : 「현대국어의 조어법 연구」, 한글 196호(1987)
김기혁 : 「국어문법연구-형태·통어론-」(박이정출판사, 1995. 5. 30)
김동소 : 「중세 한국어 개설」(대구카톨릭대학교출판부, 2002. 4. 5)
김두봉 : 「조선말본」(신문관, 1916. 4. 13)
　　　　「깁더조선말본」(중국 상해, 1922년경)
김민수 : 「국어문법론 연구」(통문관, 1962. 5. 5 재판)
　　　　「신국어학사」(전정판)(일조각, 1982)
김방한 : 「한국어의 계통」(민음사, 1983. 11. 15)
김석득 : 「소실문자고」, 인문과학 13집(연세대학 인문과학연구소, 1965. 6. 30)
　　　　「국어구조론」(연세대학교출판부, 1971. 3. 5)
　　　　「우리말 연구사」(정음문화사, 1983. 12. 30)
　　　　「우리말 형태론-말본론-」(탑출판사, 1992. 8. 30)
김선기 : 「한·일·몽 단어 비교」, 한글 142호(한글학회, 1968. 10. 25)

김승곤 : 「한국어조사의 통시적 연구」(대제각, 1978. 12. 30)
　　　　「한국어의 기원」(건국대학교 출판부, 1990. 9. 1 재판)
김영배 : 「석보상절 제23・24 주해」(일조각, 1972)
김완진 : 「한국어발달사 상(음운사)」, 한국문화사대계Ⅴ(고려대 민족문화
　　　　연구소, 1967. 5. 30)
　　　　「향가 해독법 연구」(서울대학교 출판부, 1983. 5. 20 재판)
김윤경 : 「조선문자의 역사적 고찰」, 동광(1931)
　　　　「조선문자급어학사」(조선기념도서출판관, 1938. 1. 25)
　　　　「고급용 나라말본」(동명사, 1948. 5. 15 초판, 1952. 2. 15 재판)
　　　　「한국문자급어학사」 증보 4판(동국문화사, 1954. 12. 25)
　　　　「새로지은 국어학사」(을유문화사, 1963. 3. 15)
김일근 : 「한글서체의 사적 변천」, 국어국문학 제22호(1960)
김정수 : 「한글의 역사와 미래」(열화당, 1990)
김지용 : 「경세훈민정음도설해제」(연세대학교 인문과학연구소, 1968)
김형규 : 「한국사개요」(일조각, 1991. 1. 15)
남기심 : 「국어의 격과 격조사에 대하여」, 겨레문화 5(한국겨레문화연
　　　　구원, 1991. 11. 25)
남기심・이정민・이홍배 공저 : 「언어학개론」(개정판)(탑출판사, 1982.
　　　　3. 25 개정 5판)
남풍현 : 「차자표기법연구」(단국대학교 출판부, 1981)
남풍현・심재기 : 「구역인왕경의 구결연구(기1)」, 동양학 6(1976. 5. 30)
노대규 : 「국어의 감탄문 문법」(보성문화사, 1983. 3. 1)
노대규・김영희・이상복・임용기・성낙수・최기호 공저 : 「국어학서설」
　　　　(신원문화사, 1991. 2. 25)
도수희 : 「백제어연구」(아세아문화사, 1977. 2. 28)

리봉운 : 「국문졍리」(국문각, 1897, 1)
리의도 : 「훈민정음의 중성에 대한 새로운 해석」, 한글 186호(한글학회, 1984)
문효근 : 「한국어 성조의 분석적 연구」(세종출판공사, 1974. 9. 20)
「훈민정음의 음절 생성 규정의 이해 - 범자필합이성음에 대하여 - 」, 국어교육론총 제1집 창간호(연세대학교, 1981)
「훈민정음 제자원리」, 세종학연구 8(세종대왕기념사업회, 1993)
박병채 : 「향찰과 이두의 개념 정립에 대하여」, 어문논집 1(고려대학교, 1966. 7. 20)
「국어발달사」(세영사, 1989. 8. 30 초판, 1990. 8. 30 재판)
박종국 : 「훈민정음」 역주(정음사, 1976. 3. 30)
「말본사전」(정음사, 1980. 8. 30)
「세종대왕과 훈민정음」(세종대왕기념사업회, 1984. 12. 31)
「훈민정음 예의에 관한 연구 - 그 해석과 이본간의 오기에 대하여 - 」(1982)
「훈민정음 이본간에 나타난 예의의 몇 가지 문제」, 문호 제8집(건국대학교 국어국문학연구회, 1983. 2. 13)
「몽산화상법어약록언해해제」, 세종학연구 2(세종대왕기념사업회, 1987. 12. 30)
「능엄경언해 해제」, 겨레문화 2(한국겨레문화연구원, 1988. 7. 17)
「남명집언해 해제」, 세종학연구 3(세종대왕기념사업회, 1988. 12. 31)
「용비어천가 해제」, 세종학연구 4(세종대왕기념사업회, 1989)
「15, 16세기초 국어학의 문헌 역주(1) - 용비어천가·동국정운·사성통해·훈몽자회 서문 등을 중심으로 - 」, 하동호교

　　　　　수재경오기념논총(탑출판사, 1990. 7. 15)

　　　　「15, 16세기 국어학의 문헌 역주(2)-홍무정운역훈, 훈몽자회, 신증유합 서문·범례 등을 중심으로-」, 국어의 이해와 인식, 갈음 김석득 교수 회갑기념논문집(한국문화사, 1991. 11. 30)

　　　　「용비어천가 역주」, 세종학연구 5(1990. 11. 30), 세종학연구 6(1991. 12. 30), 세종학연구 7(1992. 12. 30)

　　　　「용비어천가 역주」, 「국역 증보문헌비고 악고 2」(세종대왕기념사업회, 1994. 12. 30)

　　　　「국어학사」(문지사, 1994. 12. 30)

　　　　「한결 김윤경선생의 생애와 학문」, 나라사랑 제91집(외솔회, 1995. 9. 23)

　　　　「훈민정음종합연구」(세종학연구원, 2007. 3. 30)

방종현 : 「훈민정음통사」(일성당서점, 1948. 1. 20)

배윤덕 : 「최석정의 경세정운 연구」, 국어의 이해와 인식, 갈음 김석득 교수회갑기념논문집(한국문화사, 1991)

서정수 : 「존대법의 연구」(한신문화사, 1984. 4. 20)

　　　　「국어문법」(뿌리깊은 나무, 1994. 12. 30)

성백인 : 「만주어 음운론 연구」(명지대학교 출판부, 1981. 3. 20)

손보기 : 「세종시대에 엮어지고 펴낸 책」(세종대왕기념사업회, 1986. 10. 20)

　　　　「우리 겨레의 뿌리-고인류학 방법으로 찾아본다-」, 겨레문화 1(한국겨레문화연구원, 1987. 7. 17)

안병희 : 「구결과 한문훈독에 대하여」, 진단학보 41(진단학회, 1976. 4. 26)

「중세국어 구결의 연구」(일지사, 1978 재판)
「중세어의 한글 자료에 대한 종합적인 고찰」, 규장각 3(서울대학교도서관, 1979. 12)
양주동 : 「조선고가연구」(박문서관, 1942. 11)
유길준 : 「서유견문」(교순사, 1895. 4. 25)
「대한문전」(융문관, 1909. 2. 18)
유창돈 : 「언문지 주해」(신구문화사, 1958. 9. 15)
「국어변천사」(통문관, 1961. 4. 10)
'이조어사전」(연세대학교 출판부, 1964. 11. 30)
이광린 : 「양잠경험촬요에 대하여」, 역사학보 제28집(역사학회, 1965. 9. 25)
이기문 : 「국어사개설」(민중서관, 1962. 10. 30 재판)
「한국어형성사」, 한국문화사대계Ⅴ(고려대학교 민족문화연구소, 1967)
「훈몽자회연구」(한국문화연구소, 1971. 8. 10)
「훈민정음 창제에 관련된 몇 문제」, 국어학 2(1974)
「개화기의 국문연구」(일조각, 1981. 1. 10 중판)
이길록 : 「국어문법연구」(일신사, 1981. 2. 15)
이남덕 : 「15세기 국어의 어두자음군계 어휘의 어원 연구」, 세종학연구 1(세종대왕기념사업회, 1986. 10. 9)
이돈주 : 「훈몽자회 한자음 연구」(전남대 출판부, 1980. 2)
이동림 : 「동국정운연구」(동국대학교 국어국문학연구실, 1970. 10. 10)
이명규 : 「근대국어의 음운현상에 관한 연구」, 인문논총 3(한양대학교, 1982)
이병도 : 「임신서기석에 대하여」, 서울대학교 논문집 5(인문사회과학,

1957. 4. 15)
이상백 : 「한글의 기원」(통문관, 1957. 8. 25)
이성구 : 「훈민정음 연구」(동문사, 1985. 12. 30)
이숭녕 : 「국어음운론연구 제1집 'ㆍ' 음고」(을유문화사, 1948. 12. 20 초판, 1954. 10. 20 재판)
이윤재 : 「한글 강의」 신생 2권 9호(1929. 9. 1)
이응호 : 「개화기의 한글운동사」(성청사, 1975. 2)
「미군정기의 한글운동사」(성청사, 1975. 2)
이익섭 : 「국어 표기법 연구」(서울대학교 출판부, 1992. 6. 20)
이정호 : 「훈민정음의 구조 원리－그 역학적 연구－」(아세아문화사, 1978. 4. 5 재판)
이철수 : 「한국어사」(개문사, 1990. 8. 26 중판)
「양잠경험촬요의 이두 연구」(인하대학교 출판부, 1989. 12. 30)
이희승 : 「국어학개설」(민중서관, 1955. 8. 10)
임용기 : 「훈민정음에 나타난 삼분법의 형성과정에 대하여」, 세종학연구 7(세종대왕기념사업회, 1992)
장세경 : 「이두 연구」 한양대 논문집(1970. 5. 25)
「고대차자 복수인명표기 연구」(국학자료원, 1990. 7. 15)
「이두 어휘집들의 이두 어휘 대비 연구」, 겨레문화 4(한국겨레문화연구원, 1990. 12. 15)
장지영 : 「조선어 철자법 강좌」(활문사, 1930. 8. 5)
장지영·장세경 : 「이두사전」(정음사, 1976. 4. 30)
전규태 : 「논주 향가」(정음사, 1976. 6. 30)
전재호·박태권 : 「국어표현문법」(이우출판사, 1979. 3. 20)
정렬모 : 「신편고등문법」(한글문화사, 1946. 10. 20)

정인승 : 「이두 기원의 재고찰」, 일석 이희승 선생 송수기념논총(1957)
조재수 : 「국어사전편찬론」(과학사, 1984. 2. 28)
주시경 : 「국어문전음학」(박문서관, 1908. 11. 6)
　　　　「국어문법」(박문서관, 1910. 4. 15)
　　　　「조선어문법」(박문서관, 1911. 12. 19)
　　　　「말의 소리」(석판, 1914)
진태하 : 「계림유사 연구」(명지대학교 출판부, 1987. 3. 1 삼판)
최광옥 : 「대한문전」(안악면학회, 1908. 1)
최기호 : 「노걸대, 朴 연구에 있어서 몇 가지 문제」, 상명여대 논문집 17(1985)
　　　　「한국어의 계통연구」, 세종학연구 7(세종대왕기념사업회, 1992)
최낙복 : 「주시경 문법의 연구」(문성출판사, 1991. 8. 18)
최범훈 : 「구결 연구」, 국어국문학 55~57(1972. 11. 1)
　　　　「한국어발달사」(경운출판사, 1990. 10. 30)
최세화 : 「15세기 국어의 중모음 연구」(아세아문화사, 1982. 8. 30 삼판)
최　철 : 「향가의 문학적 연구」(새문사, 1983. 4. 16 초판, 1985. 6. 21 재판)
최현배 : 「우리말본」(연희전문학교 출판부, 1937. 2. 20), 깁고 고친판 (1955. 2. 25, 1971, 1980. 12. 20 등)
　　　　「한글갈」(정음사, 1942. 4. 30 초판, 재판)
　　　　「고친 한글갈」(정음사, 1971. 1. 10)
　　　　「'·'자의 소리값 상고」, 동방학지 제4집(연세대학교 동방학연구소, 1959. 6. 30)
　　　　「외솔 최현배박사 고희기념논문집」(1968. 10)
허　웅 : 「국어음운론」(정음사, 1958. 2. 20)

　　　　　　　「개고 신판 국어음운론」(정음사, 1965)
　　　　　　　「15세기의 토씨연구」, 한글 150호(한글학회, 1972. 9. 30)
　　　　　　　「한글과 민족문화」(세종대왕기념사업회, 1974. 12. 15)
　　　　　　　「우리옛말본-형태론-」(샘문화사, 1975. 4. 20)
　　　　　　　「언어학」(샘문화사, 1981. 2. 20)
　　　　　　　「국어학」(샘문화사, 1983. 8. 20)
　　　　　　　「16세기 우리옛말본」(샘문화사, 1989. 12. 20)
홍기문 : 「정음발달사」 상·하(서울신문사 출판국, 1946. 8. 30)
홍윤표 : 「국어사 문헌자료 연구」(태학사, 1993. 3. 15)
　　　　　「근대국어연구(1)」(태학사, 1994. 3. 30)
홍이섭 : 「세종대왕」(세종대왕기념사업회, 1971. 11. 30)

국사편찬위원회 : 「한국사 22-근대」(탐구당, 1978. 8. 24)
문교부 : 문교부고시 제84-1호 「국어의 로마자 표기법」(1984. 1. 13)
　　　　　문교부고시 제85-11호 「외래어 표기법」(1986. 1. 7)
　　　　　문교부고시 제88-1호 「한글 맞춤법」(1988. 1. 19)
　　　　　문교부고시 제88-2호 「표준어 규정」(1988. 1. 19)
　　　　　「국어 어문 규정집」(대한교과서주식회사, 1988. 11. 15)
문화부·세종대왕기념사업회 : 「아름다운 한글 : 글자체 600년전-한글 어제·오늘·내일-」(1990. 10. 9)
세종대왕기념사업회·민족문화추진회 : 「조선왕조실록」(국역본 및 원본)
조선어학회 : 「한글」 창간호 제1권 제1호(1932. 5. 1)
　　　　　　　「한글 마춤법 통일안」(1933. 10. 29)
　　　　　　　「사정한 조선어 표준말 모음」(1936. 10. 28)
진단학회 : 「한국사」(을유문화사, 1959~1963)

한글학회 : 「큰사전」(을유문화사, 1947. 10~1957. 10)
  「한글학회 50년사」(1971. 12. 3)
  「한글맞춤법통일안」(원본 및 고침판 모음)(1980. 7. 30)

김택장삼랑(金澤庄三郞) : 「日韓兩國語同系論」(1910. 1)
백도고길(白鳥庫吉) : 「日本の古語と韓國語との比較」, 國語雜誌(1894)
소창진평(小倉進平) : 「國語及朝鮮語のため」(1920. 3)
  「鄕歌及び吏讀の硏究」(1929. 3)

W. G. Aston : A comparative study of the Japanese and Korean Languages(1879)
N. Poppe : 「Introduction to Altaic Linguistics」(Wiesbaden, 1965)
G. J. Ramstedt : 「Remarks on the Korean Language」(Helsinki, 1928)
  「A Korean Grammar」(Helsinki, 1939)
  「Stdies in Korean Etymology」(Helsinki, 1949)
  「Einführung in die altaishe Sprachwissenschaft」(Ⅰ,Ⅱ,Ⅲ)
  (Helsinki, 1952, 1957, 1966)

찾아내기

[ㄱ]

「ㄱ」-없애기 규칙 365
「가」 515
「-가/아」(씨끝) 382, 383
「-가/아」(토씨) 373, 375, 501, 502, 504, 519
가갸글 176
가갸날 176, 177
가곡원류(歌曲源流) 441
가라말[加羅語] 85
가례언해(家禮諺解) 325, 417
가로글씨[橫書] 179
가로쓰기 479
가름도움줄기[分揀補助語幹] 515
가림꼴[選擇刑] 514
가림도움토씨[選擇補助詞] 505, 508
「가-물음법」 375
「가-물음토씨」 375
가사(歌辭) 41, 412
「가시-다」 515
가야(伽倻) 82, 202
가야말[加耶語, 伽倻語] 35, 76, 79, 84

가온혓소리[中舌音] 216, 330
「가운데」(토씨) 502
「-가」의 발생 462, 466
가지[씨가지, 語枝, 接辭] 358
가진월[包有文] 478, 525, 526, 527
가체신금사목(加髢申禁事目) 432
가획 원리(加畫原理) 144, 146, 178
각자병서(各自並書) 150, 161, 261, 271, 303, 317, 319
간경도감(刊經都監) 253, 271
간소화 472
간이벽온방언해(簡易辟瘟方諺解) 40, 289
간이화(簡易化) 37
간접부림말 478, 519, 521
간찰(簡札) 300
「갈ㅎ」(갈, 刀) 213
갈이소리[摩擦音] 71, 143, 214, 234, 321, 323
갈항사석탑(葛項寺石塔) 108
갈홍(葛洪) 93
감동사 497
감목법[겸목법, 資格法] 513, 514, 527

감목법[껌목법, 資格法]의 꼴　527
감목법의 끝바꿈꼴　514
감토　352
갑오경장(甲午更張)　36, 176, 475
강매(姜邁)　495
강명(江名)　186
강명길(康命吉)　435
강우성(康遇聖)　421
강희맹(姜希孟)　282, 419
강희안(姜希顔)　172, 263, 265
갖은이움밀[具備補語]　524
갖은부림말[具備客語]　524
갖은월조각[具備成分]　523
갖은임자말[具備主語]　524
갖은풀이말[具備敍述語]　524
「같이」(토씨)　502
개경(開京 : 開城)　221
개고신판 국어 음운학　149
개성(開城)　86
개인 문집　39
개정한 한글 맞춤법 통일안　542
개정한 한글 맞춤법 통일안 용어 수
　　정판　545
개정한 한글 맞춤법 통일안 한글판
　　544
개화기의 한글 운동사　176, 178
객체　464
객체높임[客體尊敬]　206, 397, 464, 466
객체높임법[客體尊敬法, 客體尊待法]
　　398
객체높임법[客體尊敬法]으로 쓰여진
　　어휘　342
객체 높임의 －습－　463
객체높임의 퇴화　463
객체를 높이는 안맺음씨끝(도움줄기)
　　「－습－」　466
갸품　350
「－거」(씨끝)　395
「－거늘/어늘」(씨끝)　388
「－거니~－거니」(씨끝)　391
「－거니와」(씨끝)　389
「－거든/어든」(씨끝)　387
거란[契丹]　98
거란말[契丹語]　140
거문도　57
거석문화(巨石文化)　66
거성(去聲)　159, 164, 255, 262, 309,
　　312, 331, 332
거센소리[有氣音, 激音]　37, 148, 212,
　　213, 214, 235, 324, 444, 486
거센소리 되기(격음화)　326, 449, 477
거제도　57
거줏>거짓　453
「거츨－」　213
건길지(鞬吉支)　82, 199
건원릉 비문(健元陵碑文)　94
걸림씨[關係詞]　499
「－게/에」(씨끝)　395
「－겟－」　413, 468
「－겟－」의 등장　468
「－겠－」　468
겨레　353

겨레말[民族語] 20
겨레 문화 주의 137, 139
겨슬[冬] 215
겨시다 341
겨집 242
견줌꼴[比較形] 514
견줌법 365
견줌자리 토씨[比較格助詞, 對比格助詞] 352, 359, 365, 369, 502
겹닿소리[重子音, 複子音] 69, 71, 72, 234, 311, 323, 486
겹셈[複數] 208
겹월[複文] 478, 525, 527
겹홀소리[複母音, 重母音] 156, 256, 305, 311, 445, 487
겹홀소리 12개 486
겻 494, 497
경기어(京畿語) 36, 86
경덕왕(景德王) 103, 108, 113, 185
경민편(警民編) 118
경민편언해(警民篇諺解) 325, 419, 441, 448
경상방언 479
경서 40
경서 언해 40
경세훈민정음도설(經世訓民正音圖說) 422, 442
경신록언석(敬信錄諺釋) 434
경신록언해(敬信錄諺解) 439
경연(經筵) 138
경연관(經筵官) 139

경음(硬音) 213
경음화(硬音化) 326
경주(慶州) 86
경주 남산신성비(慶州南山新城碑) 184, 188
경주 남산신성비문(慶州南山新城碑文) 108
경청선원 자적선사 능운탑비(境淸禪院慈寂禪師凌雲塔碑) 233
계림유사(鷄林類事) 29, 39, 207, 215, 222, 223, 233, 235, 237, 238, 239, 240, 241, 243, 246, 344
계림유사 한자음 240
계보(系譜) 45
계주윤음(戒酒綸音) 428
계축일기(癸丑日記) 441
계통론(系統論) 41, 46, 486
계통수설(系統樹說) 46
계통적 분류(系統的分類) 45
계통적(系統的) 연구 46
「고」 340
「-고」(구)/오(우)(씨끝) 389
고가연구 205
고구려(高句麗) 78, 86
고구려말 35, 58, 76, 78, 86, 104, 183, 184, 189, 203
고구려말과 중세한국말 및 고대 일본말과의 대조 197, 198
고구려 문자(高句麗文字) 96
고구려본기 96
고구려의 지명어(地名語) 190, 192,

찾아내기 569

193, 194
고금석림(古今釋林) 41, 433
「-고나」(씨끝) 382
「-고녀/오녀」(씨끝) 382
고달사 원종대사탑비(高達寺元宗大師塔碑) 233
고대(古代) 34
고대국어(古代國語) 33, 35, 183, 214, 215
고대국어 연구 자료 39
고대국어의 홀소리 체계 217
고대문자 92
고대 문자(古代文字) 기원설 128
고대어(古代語) 34
고대한국어(古代韓國語) 34
고등국어문전(高等國語文典) 권일(卷一) 483
「고돌ㅍ」 351
「-고라/오라」(씨끝) 384
고려 86
고려가요(高麗歌謠) 223
고려가요(高麗歌謠)의 처용가 205
고려말 86, 224, 240
고려말의 향찰제 표기 자료 223
고려 문자(高麗文字) 99
고려사(高麗史) 39, 98, 223, 243
고려 속요(高麗俗謠) 39, 230, 241
고려의 일부 관직명 243
고려전(高麗傳) 185
고려 중앙어(中央語) 86, 221
고립토씨[孤立助詞] 504

「고·마ᄂᆞᆯ」 200
「고-물음법」 373
「고-물음토씨」 373
고사경(高士褧) 228
고사기(古事記) 30, 39, 185
고산유고(孤山遺稿) 441
「-고/오」(씨끝) 382, 383, 389, 396
「-고/오」(토씨) 373, 374, 502, 511
고유식(固有式) 지명 103
고유어 표기 101
고전(古篆) 122
고전 기원설(古篆起原說) 121, 123
「-고져/오져」(씨끝) 391
고조(高祖) 98
고조선 86
고조선(古朝鮮)의 언어 76
고조선비사(古朝鮮秘詞) 95
고종(高宗) 113, 225
고주몽(高朱蒙) 83
고친한글갈 117, 314, 328
고ㅎ[鼻] 213
고흥(高興) 97
「-곡/옥」(씨끝) 390
곡용(曲用) 72, 358
「-곤/온」(씨끝) 387
곤여만국전도(坤輿萬國全圖) 460
「-곰/옴」(토씨) 377
「-곳/옷」(토씨) 377
곳 자리토씨[處所格助詞] 502
공법(貢法) 137
공시언어학(共時言語學) 24, 26

공시적 연구 25, 40
공시태(共時態) 24, 27
공용어 20
공주(公主) 126
공통어(公通語) 20, 21, 45
공통조어(共通祖語) 30, 45, 46, 62
「-과」(토씨) 365, 369, 502, 511
「-과…」(토씨) 369
「-과/와」(토씨) 365, 369
과거(지난적) 400
과거제도(科擧制度) 120, 245
과거형 형태소「-엇-」 468
「-과…과」(토씨) 369
「-과로/와로」(토씨) 365, 366
「-과~-와」(토씨) 365
과학 41
관명(官名) 204
관성제군명성경(關聖帝君明聖經) 439
관직명(官職名) 39, 185, 188, 223
관형사 497
광개토대왕릉비(廣開土大王陵碑) 39, 184, 185
광종(光宗) 245
광주판천자문(光州版千字文) 295
괴다[愛, 寵] 350, 351, 459
교과서 41, 485
교방가요(敎坊歌謠) 441
교서관(校書館) 253, 270
교정청(校正廳) 298
교지(敎旨) 136
교착성(膠着性) 47, 48, 72

「-구」(토씨) 374
구결(口訣) 29, 35, 92, 101, 107, 113, 115, 116, 117, 119, 222
구결문(口訣文) 108
구결이 이두나 향찰과 또 다른 점 119
구결(口訣) 자료 39
구경(九經) 117
구급간이방(救急簡易方) 242, 282
구급방언해(救急方諺解) 275
구당서(舊唐書) 98
구두(句讀) 115
구변지국(九變之局) 94
구변진단지도(九變震檀之圖) 94
91운(韻) 333
구역인왕경(舊譯仁王經) 29, 39, 115, 116, 223, 227
구해남화진경구결(句解南華眞經口訣) 292
구황촬요벽온방(救荒撮要辟瘟方) 418
국가주의 131, 133
국강상 광개 토경 평안 호태왕(國罡上廣開土境平安好太王) 186
국명(國名) 186, 188
국문(國文) 175, 176, 178, 475
국문(國文)의 소리 494
국문동식회(國文同式會) 537, 538
국문론 41
국문문법(國文文法) 176, 483
국문연구소(國文研究所) 325
국문연구소(國文研究所)의 맞춤법 통일안 478

국문연구소의 철자법 531
국문연구 의정안(國文研究議定案)
　　325, 532
국문정리(國文正理) 41, 176, 483
국민소학독본 472
국어(國語) 19, 475
국어 계통론(國語系統論) 65
국어 계통 연구 63
국어교육론(국어교육학) 41, 486
국어국문학과 477
국어 국자류(國語國字類) 41, 412
국어 맞춤법의 역사 402
국어문법(國語文法) 41, 216, 329, 483,
　　494, 495
국어문전음학(國語文典音學) 483, 484,
　　539
국어문체론 41, 486
국어발달사(국어사) 22, 28, 33, 205,
　　241, 323
국어사 41, 486
국어사개설(國語史概說) 33, 239
국어사개요(國語史概要) 34
국어사 문헌자료 연구 418
국어사의 시대 구분 33
국어사전의 올림말의 씨가름 496
국어사회학 41, 486
국어 성립의 조건 20
국어순화운동 476
국어식(國語式) 101
국어심리학 41, 486
국어연구소 547

국어연구학회(國語研究學會) 537
국어의 개념 20
국어의 계통 50
국어의 기본 문장 74
국어의 기본 문장은 셋~다섯 518
국어의 기본 문장형 478
국어의 로마자 표기법 547
국어의 범위 86
국어의 소릿점(방점) 331
국어의 형성(形成) 75
국어철학 41, 486
국어학 314, 463, 464
국어학사 41, 99, 486, 539
국어 한자음 성조에 따라 소릿점 336
국어 형성 86
국역성서(國譯聖書) 461
국자류(國字類) 412
국조사장(國朝詞章) 415
국한 혼용 480
국호(國號) 39, 185, 201
군사(軍事)에 관한 낱말 244
굴곡법(屈曲法) 358, 359
굴곡법(풀이씨의 끝바꿈) 379, 512
굴곡의 가지 358
굴절(屈折) 48
굼벙 242
굼벙이 242
굽치는말(굴절어, 굴곡어) 46, 47
권덕규(權悳奎) 63, 538
권문해(權文海) 93
권보상(權輔相) 531

권점(圈點) 406
권제(權踶) 265
권채(權採)의 서문 136
권희(權憘) 460
귀의 성(鬼의 聲) 482
귀족적(貴族的) 37
귄테르트 66
규장전운(奎章全韻) 434
균여(均如) 189
균여대사(均如大師) 112, 113
균여전(均如傳) 39, 97, 107, 112, 184, 188, 204, 223
그레이 19
「그려」(토씨) 512
그림글자[繪畵文字] 92, 99
그림씨[形容詞] 497, 499, 513, 514, 520
그림씨의 도움줄기 516, 517
그만두기도움토씨[姑捨補助詞] 505, 510
그침꼴[中斷形] 514
근대(近代) 34
근대국어(近代國語) 33, 35, 36, 411
근대국어 국어 자료 40
근대국어의 닿소리 음소 444
근대국어의 홀소리 체계 444
근대어(近代語) 34
근대한국어(近代韓國語) 34
근초고왕(近肖古王) 97
글말[文語] 240, 245
글안 문자 55

글자의 운[字韻] 158, 159
금강경삼가해(金剛經三家解) 40, 280
금강반야바라밀경언해(金剛般若波羅密經諺解) 273
금석문(金石文) 30, 39, 108, 184, 204, 245
금석문(金石文) 이두 표기 자료 233
금성(金城;慶州) 201, 203, 221
금슬>금실 453
금양잡록(衿陽雜錄) 282, 298, 419
「-긔/의」(씨끝) 395
「긔차>기차」 453
「-기」(씨끝) 392, 393
기난갈[씨갈, 品詞論] 494
기독교 성경의 번역서 41
기본 글자 143, 145, 151, 156, 178, 304
기본 글자(기본 홀소리) 256
기본 글자「ㄱㄴㅁㅅㅇ」 144
기본 문장형(월의 으뜸꼴) 74
기본자(基本字) 154
기본 홀소리 세 글자 257
기움말[補語] 478, 504, 519, 520, 524
기움자리토씨[補助格助詞] 501, 504
기자(箕子) 132
「기→지」 450
기행 41
김경준(金敬俊) 422
김구(金鉤) 172
김낙(金樂) 229
김두봉(金枓奉) 216, 329, 485, 494, 495

찾아내기   573

김득상(金得祥) 172
김민수(金敏洙) 109, 498
김방한 63
김부식(金富軾) 188
김석득 152
김수온(金守溫) 270
김순몽(金順夢) 289
김안국(金安國) 287, 288, 291
김완진(金完鎭) 238
김육(金堉) 418
김윤경(金允經) 46, 63, 92, 96, 98, 99, 128, 330, 485, 494, 495, 531, 538, 552
김인후(金麟厚) 296
김전(金詮) 287
김정국(金正國) 289, 297, 420
김정진(金廷鎭) 537
김증(金曾) 268
김지(金祗) 228
김지남(金指南) 422
김진하(金振夏) 423, 424
김창조(金昌祚) 429
김창집(金昌集) 424
김천갈항사석탑(金泉葛項寺石塔) 184
김치인(金致仁) 431
김택장삼랑(金澤庄三郞) 64
김형규(金亨奎) 34, 237
김형우(金亨宇) 433
깁더조선말본 41, 485
「깊-은」 358
ㄱ롬[江, 湖] 340, 456

ㄱ술[秋] 215
「-기/익」(씨끝) 395
「곧-」(토씨) 368
ㅈㅂ다 351
까지(토씨) 507
께(토씨) 502, 521
께로(토씨) 502
께서(토씨) 501, 519
께옵서(토씨) 501, 519
꼴시늉말[짓시늉말, 擬態語] 344
꼴을 본뜬 상형 원리(象形原理) 142
꼴 임자씨[形式體言] 499
꼴조각[形態部, 虛辭, 形式語] 344
꼴 풀이씨[形式用言] 499, 520
꾀임꼴[請誘形, 이끄는꼴] 478, 513, 530
꾀임법[請誘法] 381, 385
꾀임법의 맺음씨끝 385
꾀임월[請誘文] 478, 529, 530
꾸밈말[修飾語] 75, 518, 523
꾸밈씨[修飾詞] 499
끗 494
끝난월[完結文] 513
끝남도움토씨[終結補助詞] 505, 509
끝바꿈[活用] 358, 359, 380, 496, 497, 513
끝바꿈[活用] 씨끝[語尾] 206
끝소리[末音] 71
끝소리 규칙[末音規則, 末音法則] 51, 71

[ㄴ]

「-ㄴ」(토씨) 376
「-ㄴ/은-」 401
「ㄴ들」(토씨) 508
「ㄸ」 304
「ㄸ」음의 소실 319
나[我] 343
「-나」(씨끝) 396
「나(이나)」(토씨) 512
「나」(토씨) 508, 509
나는 자리(조음 위치) 149
「-나눌」(씨끝) 388, 389
「-나든」(씨끝) 388
나라말본 330, 485
나라이름 표기 29
나란히 씀[並書] 148
나려이두(羅麗吏讀) 433
나리[川] 232
「나리→내」 232
「나마」(토씨) 510
나무에 새김[刻木] 84
나무의 늙고 단단한 것[老壯] 145
나무의 바탕이 생긴 것[性質] 145
나무의 성히 자란 것[盛長] 145
낛 307
낡 69
남구만(南九萬) 422
남명집언해(南明集諺解) 40, 279
남방계설(南方系說) 65
남사(南史) 185

남산신성(南山新城) 108
남움직씨[他動詞] 521
남퉁구스어군 57
남풍현 107
남해도 57
남화진경대문구결(南華眞經大文口訣) 292
납 242
낮춤도움줄기[謙卑補助語幹] 516, 517
낱내[音節] 163, 178
낱내글자[音節文字] 92, 179
낱내사이[音節間]의 「ㄹ」(r,l) 탈락 238
낱말꾸밈씨[單語修飾詞] 499
낱말 이음 토씨[單語接續助詞] 369, 511
낱소리글자[音素文字] 92, 121, 178, 252
낱자의 발음법 166
낱자의 이름 166
내리쓰기(세로쓰기) 479
내파음화(內破音化) 215, 239
내훈(內訓) 277
넘어(토씨) 502
네 어군[四語群] 58
「네ㅎ」 207
노걸대언해(老乞大諺解) 41, 325, 421, 449, 471
노걸대집람(老乞大輯覽) 421
노박집람(老朴集覽) 286
노일전쟁(露日戰爭) 476
논어대문구결(論語大文口訣) 291

논어언해 40, 299
놀 494
농가집성(農家集成) 41, 419
농법서 40
농사직설(農事直說) 40, 282, 297, 419
농상집요(農桑輯要) 110, 232
농서(農書) 40, 412
높임도움줄기[尊敬補助語幹] 516, 517
높임법(존경법) 206, 341, 397
높임법(존경법)의 체계 413, 462
놓는꼴[放仜形] 514
「-뇌」(씨끝) 382
누가복음 441
누리→뉘[世] 232
눌지왕(訥祇王) 108
뉴[輩] 461
느낌말[感動語] 523
느낌씨[感動詞] 497, 499
느낌토씨[感動助詞] 500, 512
「-는」(토씨) 376, 467, 501, 506, 521, 522
능엄경언해(楞嚴經諺解) 40, 115, 270, 271
「-니-」 396, 402
닛므윰[齒槽] 458
「-ㄴ-」 396, 401
「-ㄴ->-는-」 401
「-ㄴ/는」(토씨) 376, 467

[ㄷ]

「ㄷ→ㅅ」 325, 418, 420, 471
「ㄷ→ㅅ」 방향의 혼기 325
「ㄷ→ㅅ」의 혼기 419, 421
「ㄷ」과 「ㅅ」을 혼기 425
「ㄷ」받침의 부활 325
「-다」(씨끝) 382, 384, 396
「-다」(토씨) 382
「-다가」(씨끝) 391
「-다/더-」 401
「-다/라」(씨끝) 382
다름도움토씨[相異補助詞] 505, 506
다짐도움줄기[確認補助語幹] 516
단군 93
단군조선 86
단일어(單一語) 60, 343, 490
단일 언어(單一言語) 85
단자해(單字解) 421
단철(單綴) 언어 48
닫음소리[閉鎖音] 71
달레 65
담비[煙草] 461
당문(唐文, 漢文) 112
당악(唐樂) 112
당언(唐言) 112
당지[當直] 461
닿소리(초성) 146
닿소리 교체[子音交替] 348
닿소리글자[初聲字, 子音字] 178, 179
닿소리(초성) 기본 음소 255, 302
닿소리끼리의 닮음 327
닿소리도움줄기[子音補助語幹] 515

찾아내기 575

닿소리 법칙[子音法則] 68
닿소리(자음) 14자 168
닿소리[初聲] 17글자를 만든 방법 142
닿소리(초성) 17자 147, 157, 307
닿소리 음소(音素) 214
닿소리 음소 19개 486
닿소리의 기본 음소 17글자 149
닿소리(자음)의 변천 312, 445
닿소리(자음) 27자 체계 150
닿소리의 이어바뀜[子音接變] 327
닿소리(자음) 체계 212, 302, 310, 444, 486
대동운부군옥(大東韻府群玉) 93
「대로」(토씨) 502
대륙설(大陸說) 65
대마도(對馬島) 무진사종기(无盡寺鐘記) 108
대명률(大明律) 109, 228
대명률직해＝직해대명률 109
대변설(大辯說) 95
대양설(大洋說) 65
대영홍(大英弘) 94
대응(對應) 30
대이름씨[代名詞] 497, 499
대조영(大祚榮) 98
대중말(표준말) 20, 24, 31, 476, 489, 550, 551, 553
대중말의 사정 원칙 20
대학언해 40, 299
대한국어문법 483
대한문전 41

대현(大賢) 93
대화엄귀법사주원통수좌균여전(大華嚴歸法寺主圓通首座均如傳) 189
「-더-」 396, 401
「더러」(토씨) 502
더보탬꼴[添加形] 514
더함도움토씨[添加補助詞] 505, 509
더해감꼴[益甚形] 514
덜참도움토씨[不滿補助詞] 505, 510
「-덧」(씨끝) 394
「-도」(토씨) 376, 506, 512, 521
「-도곤」(토씨) 352, 366, 367
도교서(道敎書) 41
「-도록」(씨끝) 395
도서(島嶼) 57
도솔가(兜率歌) 113
도움줄기[補助語幹] 246, 396, 515, 517
도움토씨[補助詞] 359, 375, 500, 505, 521, 522
도이장가(悼二將歌) 113, 223, 229
도천수관음가(禱千手觀音歌) 113
독닙신문(→독립신문) 407, 481, 482
독도 57
돌[梁] 85
돌궐 문자 54
동계설 65
동계어(同系語) 45
동국(東國) 94
동국신속삼강행실도(東國新續三綱行實圖) 324, 416, 446, 448

동국신속삼강행실도의 표기법 471
동국정운(東國正韻) 40, 149, 156, 253, 267, 301, 306, 314, 333, 406
동국정운식의 소릿점법 336
동국정운식 한자음 표기법 333, 335
동국정운의 종성 체계 334
동국정운의 초성 체계 334
동국통감(東國通鑑) 117
동동(動動) 230
동명성왕(東明聖王) 186
동몽고어군 56
동몽선습(童蒙先習) 118
동문선습(童文先習) 119
동문유해(同文類解) 427, 451, 461
동문자모분해(東文字母分解) 441
동사 497
동옥저(東沃沮) 77
동음(東音) 214
동의보감(東醫寶鑑) 41, 416
동이(東夷) 77
동이전(東夷傳) 76, 78, 79, 81, 185
동일어족(同一語族) 45
되르퍼 63
되풀이꼴[反覆形] 514
된소리(경음) 37, 148, 168, 212, 213, 214, 235, 317, 323, 324, 444, 486
된소리(켕김소리) 319
된소리되기(경음화) 326, 447, 477
된소리 표기 437
둏다[好] 338
두 가지 이상의 뜻을 갖는 어휘 339

두겹홀소리 311, 445, 455
두겹홀소리 ㅢ의 운명 454
「-두고」(토씨) 365, 366
「-두곤」(토씨) 366
「-두군」(토씨) 366, 367
두기능법 380, 381
두기능법의 씨끝 380
두루도움줄기[共通補助語幹] 515
두립다 351
두보(杜甫) 278
두시언해 40, 242, 405
두입술 갈이의 울림소리[兩脣有聲摩擦音] 314
두창경험방(痘瘡經驗方) 417
둘째 가리킴[第二稱格]의 사람대이름씨 208
「둘ㅎ」 207
둥근 입술 홀소리(원순모음)되기 330, 452
둥근 입술 홀소리[圓脣母音]「ㅜ」 330
뒤섞임(blending) 458
「뒤에」(토씨) 502
뒤토[後置詞, postposition] 73
뒤홀소리(후모음) 216, 240, 311
뒷가지[接尾辭] 72, 73, 491
뒷가지 파생어 492
드라비다말(Dravida) 51, 65, 73
드라비다 말겨레 49
드라비다말과의 동계설 66
드러냄표[顯在符] 548
드리다 343

「든지」(토씨) 508
들다 351
「-듯」(씨끝) 394
「-디」(씨끝) 392, 393
디다[落] 351, 460
「디→지」 450
「-드록」(씨끝) 395
딚빼 68, 307
「-듯」(씨끝) 394
듯다 350, 351
듗오다[愛] 459
「-더」(씨끝) 392
따옴자리토씨[引用格助詞] 502
따옴표[引用符] 548
딸림마디[從屬節] 527
딸림조각[從屬成分, 附成分] 478, 519, 522
땅이름 29, 101
땅이름의 표기 103
때도움줄기[時間補助語幹] 516
때매김[時制, 時相, tense] 393, 400
때매김법 397, 400
때매김의 으뜸때[原時, 基本時] 400
때매김 형태소 401
떨어지는말(떨어짐말, 고립어, 위치어) 46, 48, 100
뜻 498
뜻글자[낱말글자, 表意文字] 92
뜻조각[意味部, 實辭, 槪念語] 343
뜻함꼴[意圖形] 514
띄어쓰기 406, 479

「띠→찌」 450

[ㄹ]

「-ㄹ」(토씨) 361, 503
「-ㄹ/을」 401
「-ㄹ씨」(씨끝) 396
「ㅀ」 334
「-ㅀ」(씨끝) 314, 316
「-라」(씨끝) 382, 396
「라」(토씨) 502
「라고」(토씨) 502
「라도」(토씨) 508
「라온」 70
「라와」(보다)(토씨) 352
라후어(Lahu語) 57
라후족(Lahu) 57
람스테트 31, 52, 53, 58, 59, 60, 62, 63, 64
「랑」(토씨) 511
러피다 70
러울 70
「로」(토씨) 502
로룻바치[才人] 71
「로서」(토씨) 502
「로써」(토씨) 502
「-를」(토씨) 361, 467, 503, 521
리봉운(李鳳雲) 176, 483, 485, 494
「-룰」(토씨) 361, 467

[ㅁ]

「-ㅁ」(씨끝) 392
「몽」 334
마가복음 441
마경언해(馬經諺解) 419
마경초집언해(馬經抄集諺解) 325, 418
「마는」(토씨) 511
「-마는」(토씨) 372
「마다」(토씨) 376, 507
마디[節] 526
마디꾸밈씨[句節修飾詞] 499
마디 이음 토씨(마디연결토씨) 369, 372
「-마론」(토씨) 372
「마저」(토씨) 509
마찬가지도움토씨[亦同補助詞] 505, 508
마침법[終止法] 380, 381, 478, 513, 527
마침법[終止法]의 꼴 527
마침법의 끝바꿈꼴 513
마침법의 시킴꼴[命令形] 530
마침표[終止符] 548
마테오릿치(Matteo Ricci) 460
마한(馬韓) 79, 80
마한말[馬韓語] 35, 82, 200
마흐리[冠, 帽, 갓] 462
「만」(토씨) 502, 506
만주말(청어) 461
만주말 학습서 41
만주 문자 56
만주-퉁구스 제어 56
말 483

말갈(靺鞨) 78, 79
말겨레[語族] 30
말레이 폴리네시아 말겨레 48
말본 30, 31, 205, 223, 245, 462
말본갈[文法學] 476, 499
말본사전 177, 359, 463, 464, 494
말본스런 뜻[語法的意義] 498
말본에서의 구실 498
말본 체계 494
말[馬]에 관한 낱말 243
말의 꼴[形式] 498
말의 끝남법 /↗↘→↓/ 488
말의 소리 158, 483
말의 연접법 /+/ 488
말이 가지고 있는 공통스런 뜻 499
말이야(토씨) 512
말첫머리 닿소리떼[語頭複合子音, 語頭子音群] 68, 235, 323
말첫머리 닿소리떼의 된소리되기(경음화) 447, 472
말첫머리 「ㅂ-계」 닿소리떼의 된소리되기 445
말첫머리 「ㅅ-계」 닿소리떼[語頭子音群] 412
말첫머리 「ㅅ-계」 닿소리떼의 된소리되기 323
말첫머리 평음(平音)에서 거센소리되기 449
맑은 소리[淸音] 147
망긴[網巾] 461
맞선마디[對立節] 528

맞춤법[正書法]   253, 402, 468, 478,
    530, 533
매[鷹]에 관한 낱말   244
매김꼴[冠形詞形]   207, 514, 527
매김꼴 토씨[冠形詞形助詞]   246
매김꾸밈말[冠形修飾語]   522
매김마디[冠形節]   527
매김말[冠形語]   478, 522, 524
매김법[冠形法]   380, 393
매김씨[冠形詞]   497, 499, 501
매김자리[冠形格]   522
매김자리토씨[冠形格助詞]   372, 501
매김법의 씨끝   393
매는꼴[拘束形]   514
매듭글자[結繩文字]   92
맹자언해   40, 299
맻   497
맺음 씨끝   380, 396
맺음씨끝의 굴곡범주   381
「—며」(씨끝)   396
「며」(토씨)   511
며주   355
명감(明鑑)   278
명문(銘文)   100
명사   497
명연(明衍)   424
명의록언해(明義錄諺解)   325, 431, 471
명황계감언해(明皇誡鑑諺解)   278
모국어(母國語)   21
모로   187
모음 교체(母音交替)   344

모음 변이(母音變異)   37
목갈이소리[喉頭摩擦音]   148
목구멍소리[喉音]   143, 144, 146, 148
목구멍소리계(후음계)   234, 311
목우자수심결(牧牛子修心訣)   276
목적꼴[目的形]   514
목청소리[氣音]   71
몽고말[蒙古語]   30, 53, 59, 140
몽고말 차용어   241, 243
몽고말 학습서   41
몽고 문자 기원설   127
몽고 제어   55
몽고 파스파문자 기원설(蒙古八思巴
    文字起原說)   124
몽골말본   72
몽산화상법어약록언해(蒙山和尙法語
    略錄諺解)   276
몽어유해(蒙語類解)   429
「뫼」   342, 356
뫼[山]   187, 456
묘법연화경언해(妙法蓮華經諺解)   40,
    272
무기음(無氣音)   213
무명[木綿]   461
무수[蕪]   215
무예도보통지언해(武藝圖譜通志諺解)
    433
무후(武后)   98
묶음표[括弧符]   548
문교부 고시 제84—1호   547
문교부 고시 제85—11호   547

문교부 고시 제88-1호「한글 맞춤법」 169
문교부 고시 제88-1호 478, 547
문교부 고시 제88-2호 20, 478, 547, 553
문교부 고시「한글 맞춤법」 547
문무왕(文武王) 108
문법 용어 545
문서 기록 38
문자 음운(文字音韻) 422
푼자의 빌딜사직 게딘 92
문장 부호 479, 548
문종(文宗) 97, 107, 112, 189, 253
문통(文通) 437
문학서 40, 443
문학서적 412
문학 활동 482
문헌 자료 39
문헌 조사 연구 방법 29
문형 구결 116
문호왕 법민조(文虎王法敏條) 109
문화유씨보[柳文化譜] 96
문효근 158, 164
물길(勿吉) 78, 79
물길말[勿吉語] 79
물길전(勿吉傳) 79
물명고(物名考) 438
물보(物譜) 426, 462
물음꼴[疑問形] 478, 513, 530
물음법[疑問法] 373, 381
물음법의 씨끝 383

물음월[疑問文] 478, 529, 530
물음 토씨[疑問助詞] 246, 359, 373
미래(올적) 400
미룸도움줄기[推量補助語幹] 516
「미르」 242
「미리」 242
미침꼴[到及形] 514
미침도움토씨[到及補助詞] 505, 507
미타참절요(彌陀懺節要) 424
민간어원(民間語源) 458
민본 정신(民本精神) 134
민본주의(民本主義) 133, 134, 137
민주주의(民主主義) 134
몰 242
몰(馬) 217
「-뭇」(토씨) 377
미ㅎ(미) 350

[ㅂ]

「ㅂ→봉→ㅗ,ㅜ」 313
「ㅂ-계」 234, 323, 446, 447
「ㅂ-계」 닿소리떼 412
「ㅂ-계」 말첫머리 닿소리떼 446
「ㅂ」 446
「ㅳ」 446
「ㅄ」 446
「ㅴ」 446
「ㅄ-계」 323, 446, 447
「ㅄ-계」 닿소리떼 412
「ㅄ-계」 말첫머리 닿소리떼[語頭子

音群] 445
「ㅄ」 첫소리(초성) 470
「ㅸ」(β) 215, 227, 235, 238, 265, 313, 326
「ㅸ」(β) 등장 237
「ㅸ」글자의 소리 312
「ㅸ」음의 소실 312
바꾸힘자리토씨[變成格助詞, 바꿈자리토씨] 502
바탕임자씨[實質體言] 499
바탕풀이씨[實質用言] 499
박내(朴來) 283
박병채(朴炳采) 28, 33, 83, 116, 205, 241, 323, 347, 405, 443, 447
박성원(朴性源) 426
박세거(朴世擧) 419
박세화(朴世華) 421, 422
박순룡(朴洵龍) 538
박승빈(朴勝彬) 494
박제가(朴齊家) 434
박종국 99, 107, 116, 118, 138, 175, 177, 359, 381, 426, 432, 435, 463, 464, 494, 538
박준(朴浚) 415
박창해(朴昌海) 496
박통사신석언해(朴通事新釋諺解) 429
박통사언해(朴通事諺解) 41, 325, 421, 471
박팽년(朴彭年) 172, 263, 265, 267
「밖에」(토씨) 502
반복 합성어 491

반야바라밀다심경약소현정기언해(般若波羅密多心經略疏顯正記諺解) 272
반잇소리[半齒音] 144
반절(反切) 123, 126, 174
반촌(泮村) 127
반투 말겨레 49
반혀가벼운소리[半舌輕音] 165, 262
반혓소리[半舌音] 144, 165
반홀소리 486
밭[田] 432, 471
받다 343
받줍다 343
받침 체계 487
발생음성학 154
발음 31
발음기관(음성기관) 143, 145, 147
발해(渤海) 86
발해군왕(渤海郡王) 98
발해 문자(渤海文字) 98
발해시대(渤海時代) 35
밝은도움줄기[陽性補助語幹] 516
밝은홀소리[陽性母音] 67, 155, 179, 216, 305
밟 69
방각본(坊刻本) 412
방약합편(方藥合編) 440
방언(方言) 29, 31, 85, 86, 87
방언 구역 478
방언론 41, 486
방언 이어(方言俚語) 132

방언 조사 연구 방법 29, 31
방언집석(方言輯釋) 431
방위(方位) 150, 155
방종현 330
방편자리 토씨[方便格助詞] 359, 368
방효언(方孝彦) 433
배달글 176
배달말글몯음[朝鮮言文會] 177, 537
백도고길(白島庫吉) 64
백련초해(百聯抄解) 296
백잔(百殘) 187
백제(百濟) 82, 86, 187
백제말[百濟語] 35, 58, 76, 79, 82, 86, 104, 183, 184, 198, 199, 200, 203
백제말과 중세국어와의 대조 200
백제말의 특징 83
백제 문자(百濟文字) 97
백제본기 97
백제의 지명어 198, 199
백제의 지배 계층족(支配階層族) 82
백제의 피지배 계층족(被支配階層族) 82
백제전(百濟傳) 82, 185, 199
백제 지명 66
버릇도움줄기[習慣補助語幹] 516
번역노걸대(飜譯老乞大) 40, 285
번역노걸대박통사 범례(飜譯老乞大朴通事凡例) 312
번역박통사(飜譯朴通事) 40, 243, 285
번역소학(飜譯小學) 287, 298

번절(翻切) 123, 175
벌린월[並列文, 나란히월] 478, 525, 528
벌임꼴[羅列形] 514, 528
범서(梵書) 97
범어(梵語) 140
범자(梵字) 124
범자 기원설(梵字起原說) 124
법수교비문(法首橋碑文) 95
법어언해(法語諺解) 276
「법측＞법직」 453
베품꼴[敍述形] 478, 513
베품법[叙述法] 381
베품법의 씨끝 381
베품월[敍述文] 478, 529
벼슬이름 29, 101
벼슬이름의 표기 104
벽온신방(辟瘟新方) 419
변섬(邊暹) 421, 422
변이음 300
변진(弁辰) 79
변한(弁韓) 80
변한말[弁韓語] 35, 84
변효문(卞孝文) 297
병서(並書) 41, 161, 255, 261
병서(각자병서) 302
병서법(並書法) 149
병자호란(丙子胡亂) 36
병학지남(兵學指南) 41, 432
「보다」(토씨) 502
보덕이암(普德移庵) 94

보임말[提示語]   523
보장봉로(寶臧奉老)   94
보통학교용 언문 철자법   478, 534
보통학교용 언문 철자법 대요   535
보한재집(保閒齋集)   133
보현십원(普賢十願)   189
보현십원가(普賢十願歌)   112, 113, 223
「-보ᄉᆞᆼ-」   397
「보ᄉᆞᆼ시-」   397
「보ᄉᆞᆼ시고」   396
복각(覆刻)   40, 412
복판홀소리[中央母音]   216, 330
복합어(複合語)   457, 490
본국문(本國文)   176
본문(本文)   176
「-봇」(토씨)   377
뵈다[謁]   343
뵈숩다   343
부름말[呼稱語]   523
부름자리토씨[呼格助詞]   246, 359, 378, 501, 504
부름 토씨   378
부림말[目的語, 客語]   74, 518, 519, 521, 524
부림법   361
부림자리토씨[目的格助詞]   359, 361, 501, 503
부사   497
부여(夫餘)   77, 86
부여계어(夫餘系語)   76, 183
부여계 어군(語群)   78

부여계 제어   78
부여말[夫餘語]   35, 76, 78
부여씨(夫餘氏)   82
부착성(附着性)   51
「부터」(토씨)   507
북방계설(北方系說)   52
북방민족(北方民族)   66
북사(北史)   79, 185, 199
북아시아 조어   62
북퉁구스어군   57
분류두공부시언해(分類杜工部詩諺解)   278
분문온역이해방(分門瘟疫易解方)   291
분석적 체계(分析的體系)   495, 497
분철(分綴)   267, 269, 271, 272, 279, 280, 281, 284, 285, 287, 290, 291, 294, 299, 403, 404
분철 표기(分綴表記)   470
불경 언해   40
불설대보부모은중경(佛說大報父母恩重經)   293
불설아미타경언해(佛說阿彌陀經諺解)   273
불우헌집(不憂軒集)   441
불정심경언해(佛頂心經諺解)   281
불정심타라니경언해   335
불청불탁(不淸不濁)   145, 148, 150, 256, 303, 310, 320
붙갈이소리[破擦音]   71, 320
붙갈이소리[破擦音] 「ㅈ」음의 발음   238

붙는말[附着語, 添加語, 膠着語] 46, 72, 100
비교언어학적(比較言語學的) 46
비교 조사 연구 방법 29, 30
비기(秘記) 94
비단[匹段] 461
비더- 397
비더니- 397
비더니이다 397
비려(碑麗) 187
비롯함노옴도씨[始作補助詞] 505, 507
비리국(裨離國) 187
비어(卑語) 478, 493
비통어적 합성어(非統語的合成語) 491
빈혀 355
빋 460
빋쓰다(값이 있다) 460
빌어온말[借用語] 461, 488
빚[債] 460
ᄇ라다 357
「ᄇ롬-애」 358
「-봇」(토씨) 377
뿌리[語根] 358
뿌리+씨끝 359
뿌리(임자씨)+토씨 205, 359
뿐(토씨) 506
뻬 68
뜯들다 351
뻘 68, 236
뜯다>찢다 453

[ㅅ]

「ㅅ~ㄷ」 470
「ㅅ→ㄷ」 324, 425, 471
「ㅅ→ㄷ」 방향의 혼기 324, 415, 416
[ㅅ-ㅿ]의 변이음소 320
「ㅅ-ㄱ」 234, 323, 446
「ㅅ-ㄱ」가 된소리 447
「ㅅ」 끝소리 소실 324
「ㅅㅣ」 446
「ㅼ」 446
「ㅆ」 446
「ㅺ」 446
「ㅭ」 448
「ㅿ」 37, 215, 227, 236, 316, 326, 405
「ㅿ」(z) 235, 236, 237, 238, 321
「ㅿ」 음의 소실 319
사가독서(賜暇讀書) 138
사기(史記) 126, 185
사람의 말소리[聲音] 142
사람이름 29, 101
사람이름의 표기 104
사랑[斜廊] 461
사략언해 430
사로(斯盧) 201, 202
사로말[斯盧語] 202
사리영응기(舍利靈應記) 268
사모예드말 69
사본(寫本) 412
사분법(四分法) 33
사서(辭書) 41

사서언해 324, 416
사성(四聲) 164, 255, 309, 310, 331, 333, 437
사성(四聲)의 성조(聲調) 262
사성점 37, 331
사성통해(四聲通解) 286, 312
사성 표시 406
사시찬요(四時纂要) 419
사이전(四夷傳) 185
「-사이다/새이다」(씨끝) 385, 386
사잇소리 163, 308, 314, 405
사전 41, 412
사전류 443
사전 편찬 37
사정한 조선어 표준말 모음 485, 551, 553
사정한 표준말 모음 542
산성일기(山城日記) 441
삼강행실도(三綱行實圖) 40, 136, 279, 335, 441
삼국사기(三國史記) 29, 39, 66, 84, 96, 97, 103, 108, 116, 183, 184, 188, 190, 204, 205, 208, 242
삼국사기 지리지 190, 194, 198, 199, 207
삼국유사(三國遺事) 29, 39, 93, 94, 103, 108, 114, 183, 184, 188, 189, 204, 205, 208, 242
삼국지(三國志) 30, 39, 76, 77, 80, 83, 183, 185
삼극(三極 : 三才) 263

삼대목(三代目) 204
삼분법(三分法) 33
삼운성휘(三韻聲彙) 427
삼자 중성(三字中聲) 156
삼자합용중성(三字合用中聲) 156, 305
삼재(三才) 151, 178, 256
삼한(三韓) 80, 82, 86
삼한어 79
삼황내문(三皇內文) 92
상고 중국말[上古中國語] 60, 61
상대 높임[相對尊敬, 相對尊待] 397, 399, 464, 465
상대높임의 발달 463
상동청년학원(尙洞靑年學院) 537
상말글 175
상성(上聲) 159, 164, 255, 262, 309, 312, 331, 332
상원사종기(上院寺鐘記) 108
상원사중창권선문(上院寺重創勸善文) 273
상징어(象徵語) 67
상촌정기(上村正己) 532
상형(象形) 기원설 128
상형 원리(象形原理) 144
새[新] 338
새 글자를 만든 대원리(大原理) 255
새 낱말 460
새로지은 국어학사 92, 531, 552
「-새이다」(씨끝) 386
생각씨[觀念詞] 499
「서」(토씨) 502

서거정(徐居正) 117
서기체(誓記體) 105
서견(토씨) 510
서나벌(徐那伐) 201
서동(薯童) 113
서동요(薯童謠) 113
서라벌(徐羅伐) 201
서리→시[間] 232
서몽고어군 56
서법(書法) 261
서봉총은합우(瑞鳳塚銀合杆) 108, 184
서양말 478, 489
서양말 외래어 456
서유견문(西遊見聞) 480
서유린(徐有隣) 434
서장문자(西藏文字) 기원설 128
서재필(徐載弼) 481, 485
석가보(釋迦譜) 40
석독(釋讀) 116
석독 구결(釋讀口訣) 116
석독명(釋讀名) 204
석범(石帆) 438
석보상절(釋譜詳節) 40, 171, 253, 266, 335, 345, 346, 404, 406, 469
석봉천자문(石峯千字文) 295
석표(石標) 39
섞음도움토씨[混同補助詞] 505, 510
선가귀감(禪家龜鑑) 294
선어말어미(先語末語尾) 518
선조(宣祖) 93, 95
선종영가집언해(禪宗永嘉集諺解) 272

선(先)터어키말 55
설두음(舌頭音) 335
설상음(舌上音) 335
설순(偰循) 279
설총 134
성(性, Gender) 73
성경 485
성경의 번역서 412
성관자재구수육자선정(聖觀自在求修六字禪定) 293
성교감략(聖敎鑑略) 441, 472
성덕왕(聖德王) 108
성명(城名) 39, 184, 186
성모(聲母) 178
성삼문(成三問) 124, 125, 263, 267, 268
성수(成數) 155
성음(成音) 163, 309
성자(成字) 163, 309
성조(聲調) 331, 412
성조 체계(聲調體系) 36, 252, 309, 331
성조 표기 164
성종(成宗) 117, 336
성종실록(成宗實錄) 95
성현(成俔) 124, 283
성호사설(星湖僿說) 125, 174
「세」 208
세가(世家) 98
세 가지의 성조(聲調) 331
세겹홀소리 312, 445, 455
세겹홀소리 체계의 변화 454
세로글씨[내리글씨, 縱書] 179

세 소리[三聲] 157
세 어군[三語群] 53, 54, 61, 62
세자(世子:文宗) 140
세조 272, 273, 336, 346
세조실록(世祖實錄) 95
세종대왕 122, 127, 129, 132, 134, 135, 138, 139, 141, 166, 169, 221, 253, 263, 346, 407
세종대왕과 훈민정음 107, 118, 138, 264
세종대왕의 서문 129, 255
세종시대에 엮어지고 펴낸 책 139
세종실록 115, 122, 123, 129, 132, 135, 136, 138, 170, 172, 174
세종실록악보(世宗實錄樂譜) 266
세종실록지리지 190, 245
세종어제훈민정음 171
「세ㅎ」 208
셈씨[數詞] 497, 499
셈어 48
「-셔」(토씨) 378
션됴힝장(先祖行狀) 420
셩경직해 472
소리[音聲] 158
소리갈 483
소리값[音價] 167, 255
소리바탕글자[音韻資質文字] 178
소리시늉말[擬聲語] 67, 344
소리의 길이 /ː/ 488
소리의 변화 328
소릿점[聲點, 傍點] 331, 336, 406

소멸 어휘 349
소문(蘇文) 94
소부리(鞍座兒, 언치) 462
소설(小說) 41, 412, 442, 482
소아론(小兒論) 41, 423
소학(小學) 278
소학언해(小學諺解) 298, 324, 416
소학집설구결(小學集說口訣) 292
소혜왕후(昭惠王后) 278
속가지[接腰辭] 491
속가지 파생어 493
속격(屬格) 73
속말 말갈(粟末靺鞨) 98
속삼강행실도(續三綱行實圖) 284
속소위반절이십칠자(俗所謂反切二十七字) 175
속어(俗語) 493
속에(토씨) 502
속첨홍무정운(續添洪武正韻) 286
손돌[窄梁] 85
손목(孫穆) 223
손보기 139
손수산(孫壽山) 268
송강가사(松江歌辭) 426
송기용(宋綺用) 532
수궁(受兢) 96
수서(隋書) 185
수양대군(세조) 266
숙신(肅愼) 78
숙신계어(肅愼系語) 76
숙신족(肅愼族) 79

숙종(肅宗) 224
순경음(脣輕音) 255, 335
순경음「ㅸ」(β) 등장 237
순수한 굴곡법 358
순우리말(토박이말) 489
순중음(脣重音) 335
숨띤소리[有氣音] 148
쉼표[休止符] 548
슈룸[雨纖] 456
슈판[水飯] 461
스ᄀᆞᄫᆞᆯ>스굴ᄒᆞ>시골 453
스오미말 69
스트리트 61, 62
「시」(높임) 515
「-시-」 206, 396
시가집(詩歌集) 442
시경언해 299
시대 구분 32
시드럽다 351
시식권공언해(施食勸供諺解) 284
시신(時神) 136
시여(토씨) 504
시용향악보(時用鄕樂譜) 40, 241, 289
시조(時調) 41, 412
시킴꼴[命令形] 478, 513
시킴꼴 씨끝[命令形語尾] 246
시킴법[命令法] 381, 384
시킴법의 맺음씨끝 384
시킴월[命令文] 478, 529
시피(토씨) 511
신간 구황촬요(新刊救荒撮要) 420

신간 증보 삼략직해(新刊增補三略直解) 437
신경준(申景濬) 427
신계암(申繼黯) 423, 424
신국어학사 109
신당서(新唐書) 98
신득청(申得淸) 116
신라(新羅) 82, 86
신라말[新羅語] 35, 58, 76, 79, 84, 86, 183, 184, 201, 202, 204, 205, 206, 207, 208, 209, 210, 211, 212, 214, 215, 217
신라말의 닿소리 체계 212
신라말의 대이름씨[代名詞] 208
신라말의 셈씨 207
신라말의 음운 체계(音韻體系) 212
신라말의 홀소리 체계 216
신라 문자(新羅文字) 97
신라어화(新羅語化) 106
신라의 삼국통일(三國統一) 85
신라전(新羅傳) 97, 185, 203
신라조(新羅條) 84
신말평(申末平) 283
신명균(申明均) 538
신문 41, 412, 485
신문류 443
신미(信眉) 270, 272, 276, 277
신번첩해몽어(新飜捷解蒙語) 433
신비지사문 96
신석소아론(新釋小兒論) 424
신석팔세아(新釋八歲兒) 423

신소설 41
신숙(申夙) 420
신숙주(申叔舟) 124, 125, 172, 263, 267, 268
신숭겸(申崇謙) 229
신용개(申用漑) 284
신이행(愼以行) 422
신전자초방언해(新傳煮硝方諺解) 422
신정국문(新訂國文) 41, 531
신증유합(新增類合) 295, 336, 345
신지(神誌) 93, 94
신지비사(神誌秘詞) 93, 94, 95
신지비사문(神誌秘詞文) 93
신편고등국어문법 485, 497
실록본 264
실사(實辭, 생각씨) 67, 107, 112, 495, 496, 497
실학(實學) 36
실학사상(實學思想) 252
실학풍(實學風) 412
심천(深淺) 258
19개 음소 체계 444
19개의 닿소리 체계 328
19닿소리 486
19닿소리 체계 444
십구사략언해(十九史略諺解) 325, 429, 441, 451
19세기 말본 체계 468
19세기의 홀소리 체계 445
15세기의 음운 체계 310
15세기 주체높임의 기본형태 398

17세기 말본 체계 462
17세기의 홀소리 체계 444
18세기 말본 체계 467
18세기의 홀소리 체계 445
스랑 353, 354
스랑ᄒ다 354, 459
스랑ᄒ다[愛] 351
「-ᄉᆞᆸ-」 206, 398, 399
「-ᄉᆞᆸ-」 206, 398, 463, 464, 465, 466
「-ᄉᆞᆸᄂᆞ이다」 465
숨 206
숨다 342
싱각 354
싱각ᄒ다 354
씨(품사) 495, 496, 497
씨 가름에 소용되는 뜻 499
씨 가름의 원칙 499
씨 가름(품사분류) 체계 494
씨끝(語尾) 73, 358, 380, 396, 495, 496, 497
씨끝(어미) 「-ㅭ」 314, 316
씨의 가름[品詞의 分類] 498
씩(토씨) 507
쏘다 460
「-쎄」(토씨) 363, 364
「-끠」(토씨) 363, 364
쓷 446
쏠 236
짝[隻] 446
쫄[醋] 446

「ㅡ사」(토씨)   377
「ㅡ슿ㅡ」   207, 396, 398, 399
「ㅡ슙ㅡ」   207, 398, 399

[ㅇ]

「ㅇ」   321, 322, 328
「ㆁ」   37, 321, 322, 328
「ㆁ>ㅇ」   323
「ㆁ>ㅇ>ㆁ·ㅇ>ㅇ」   323
「ㆁ」음의 소실   321
「ㅡㆁㅡ」의 소리값 소실   465
「ㅇㅇ」   304
「ㅇㅇ」음의 소실   318
「ㆆ」   316, 405
「ㆆ」음의 소실   314
「ㅐ」   328, 412, 444, 445, 452, 454
「ㅒ」   454
「ㅔ」   412, 444, 452, 454
「ㅖ」   454
「ㅙ」   454
「ㅚ」   454, 477
「ㅞ」   454
「ㅟ」   454, 477
「ㅡ」   151
「ㅡ」(ɨ,ɯ)   217
「ㅡ」가 「ㅜ」   452
「ㅓ」   454
「ㅣ」   151
「ㅡㅣ」(토씨)   360, 369, 372, 466
「ㅚ」   454
「ㅟ」   454
「·」   151, 216, 304, 329, 330, 467, 531, 532
「·」(ə)   217
「·→ㅡ→ㅣ」   152
「·>ㅏ」   328
「·>ㅓ」   328
「·>ㅗ」   328
「·>ㅡ」   328
「·」음소   37, 412, 444
「·」음소의 소실   445, 451, 454
「·」음의 혼늘림   328
「·」의 소리값   437
「·」의 소릿값 소실   68
"·"자의 소리값 상고   330
「·ㅣ」   328, 444, 445, 452, 454
「ㅡ아」(씨끝)   383
「ㅡ아」(토씨)   375, 378, 504
「ㅡ아/어ㅡ」   397
아니[不, 非]   337
아니다   504
아라가야(阿羅伽倻)   187
「아래에」(토씨)   502
아리수(阿利水)   187
아메리카 말겨레   49
아문(我文)   176
「ㅡ아써/어써」(씨끝)   384
아스톤   63
아슴[親戚]   456
아언각비(雅言覺非)   242, 436, 461
아이누말(Ainu)   51, 61, 62

아이들보이 177
아자바님내띄 208
아촌설[暮歲] 458
아촌셜[歲暮] 458
아춤＞아츰＞아침 453
아프로 아시아 말겨레 47
9가지의 말겨레[語族] 46
아희원람(兒戱原覽) 438
악리(樂理) 기원설 128
악장 40
악장가사(樂章歌詞) 39, 223, 241, 415
악학궤범(樂學軌範) 39, 40, 223, 230, 283, 406, 441
안드러냄표[潛在符] 548
안등(安騰) 110, 232
안라(安羅) 187
안맺음씨끝(도움줄기) 380, 396, 397, 399, 401, 413, 463, 518
안맺음씨끝(도움줄기)「-겟-」의 등장 468
안맺음씨끝의 굴곡범주 396, 397
안민가(安民歌) 113
안병희 116
「안에」(토씨) 502
「안으로」(토씨) 502, 507
안지(安止) 265
안평대군 용(安平大君瑢) 140
알타이 계통설 50, 52
알타이 공통어 58
알타이공통어 음소 217
알타이 공통어의 홀소리 음소 216

알타이 공통 조어(共通祖語) 58, 60
알타이 공통조어와 그 분화 58
알타이말(알타이어) 59, 76
알타이 말겨레(Altai 語族) 30, 48, 53, 58, 61
알타이 말겨레설[語族說] 62
알타이 세 어군[三語群] 62
알타이어의 특징 70
알타이어학 개설 59
알타이어학 개설 Ⅰ·Ⅱ·Ⅲ 53
알타이 제어(諸語) 53, 62, 64, 73
알타이 제어의 어순 74
알타이 제어의 하위분류(下位分類) 60
알타이 조어(造語) 58, 62
암각화(岩刻畵) 99
암클 175
압록강 187
앙부일구(仰釜日晷) 136
앞가지[接頭辭] 491
앞가지 파생어 491
「앞에」(토씨) 502
앞이붕[前口蓋, 센입천장] 450
앞토[前置詞, preposition] 73
앞홀소리(전모음) 216, 240, 311
앞홀소리되기[前舌母音化] 453
「-애/에」(토씨) 363
「-야」(씨끝) 383
「-야」(토씨) 371, 379, 504, 508
야말로(토씨) 508
「-야…-야」(토씨) 371
야쿠트(Yakut) 67

야쿠트말(Yakut) 68
약어(略語) 478, 493
양서(梁書) 82, 83, 84, 97, 185, 199, 203
양잠경험촬요(養蠶經驗撮要) 39, 108, 110, 223, 232, 233, 236
양주동(梁柱東) 114, 485
어금닛소리[牙音] 142, 144, 145, 146, 148
어금닛소리계(아음계) 234, 311
어느[何] 339
「-어늘」(씨끝) 388
「-어니와」(씨끝) 389
어두운도움줄기[陰性補助語幹] 516
어두운홀소리[陰性母音] 67, 155, 179, 216, 305
어두 유기음(語頭有氣音) 213
「-어든」(씨끝) 388
어라하(於羅瑕) 82, 199
어록해(語錄解) 420
어륙(於陸) 82
어리다 355
어리석은 남녀[愚夫愚婦] 135
어리석은 백성[愚氓] 136
어리석은 백성[愚民] 130, 133, 134, 135
어림도움토씨[槪算補助詞] 505, 509
어마님내 208
어말 모음(語末母音) 200
어순(語順) 74
「-어써」(씨끝) 385

어엿브다 354, 355, 459
어엿비 354, 355
어윤적(魚允迪) 531
어제계주윤음(御製戒酒綸音) 325, 428
어제내훈 441
어제백행원(御製百行源) 429
어제상훈언해(御製常訓諺解) 325, 425
어제소학언해(御製小學諺解) 298, 425
어제여사서언해(御製女四書諺解) 425
어제훈서언해(御製訓書諺解) 325, 428
어찌꼴[副詞形] 514, 527
어찌꾸밈말[副詞的修飾語] 522
어찌마디[副詞節] 527
어찌말[副詞語] 478, 522, 524
어찌법[副詞法] 380, 394
어찌법의 씨끝 394
어찌씨[副詞] 499, 502, 509
어찌자리[副詞格] 523
어찌자리토씨[副詞格助詞] 501, 502
어형 변화 347, 457
어휘(語彙) 30, 31, 205, 223, 241
억 494
언 494
언간(諺簡) 442
언간류 443
언문(諺文) 122, 124, 125, 126, 128, 140, 171, 172, 173, 178
언문서(諺文書) 173
언문일치(言文一致) 480
언문자모(諺文字母) 175
언문지(諺文志) 127, 216, 329, 437,

443, 450
언문 철자법(諺文綴字法) 536
언문청(諺文廳) 124, 173
언서(諺書) 124, 173
언어 22
언어계통론(言語系統論) 46
언어사(言語史) 86
언어와 고대문화 63
언어의 계통(系統) 45
언어 일반적 연구 방법 29, 32
언어 체계가 달라지는 세 가지 조건 24
언어학 19
언음첩고(諺音捷考) 438, 443
언자(諺字) 174, 175
언해납약증치방(諺解臘藥症治方) 430
언해두창집요(諺解痘瘡集要) 40, 324, 415
언해본(주해본) 264
언해본 ≪훈민정음≫ 310
언해태산집요(諺解胎産集要) 41, 324, 415
얹음씨[冠詞] 73
얼굴 354
엄리대수(奄利大水) 187
엄체수(淹㴲水) 187
「업더시 ー」 397
업더시니이다 396
「업스시 ー」 397
업스실씨 396
「엇」 494, 497

「ー엇ー」 402, 468
「ー엇엇ー(ー였었ー)」이 등장 468
「ー었ー」 413, 468
「ー었었ー」 413
「ー에」(씨끝) 395
「ー에」(토씨) 363, 502, 511
「에(게)」(토씨) 521
「에게」(토씨) 502
「에게로」(토씨) 502
「에게서」(토씨) 502
「에서」(토씨) 501, 502, 519
에스토니아말 69
에카르트 65, 66
「ー여」(씨끝) 383
「ー여」(토씨) 371, 379, 504
「ー여…ー여」(토씨) 371
여교(女敎) 278
여론조사 137
여린소리 213
여사서언해(女四書諺解) 325, 425, 471
여시[狐] 215
여씨향약언해(呂氏鄕約諺解) 287
여진(女眞) 79
여진관역어(女眞館譯語) 56
여진말[女眞語] 56, 140, 245
여진족(女眞族) 79, 356
역계경(歷谿卿) 84
역대전리가(歷代轉理歌) 116
역리(易理) 142
역리적 원리 원칙 158
역사언어학(歷史言語學) 26

역어유해(譯語類解)　325, 422
역어유해보(譯語類解補)　430, 461
역학서(譯學書)　412, 442
연결법　368
연병지남(練兵指南)　41, 416, 448
연산군　335
연산주(燕山主)　174
연서(連書)　150, 303
연서법(連書法)　149
연장자리토씨[器具格助詞]　502
연철(連綴)　65, 266, 269, 270, 271, 291, 299, 403
연철 표기(連綴表記)　471
열줍다　342
열녀(烈女)　278
염난수(塩難水)　187
염불보권문(念佛普勸文)　430
염불작법(念佛作法)　294
염수(鹽水)　187
영비각자(靈碑刻字)　290
영양왕(嬰陽王)　96
영일냉수리비(迎日冷水里碑)　184
영·정조(英正祖)　99
영조　429
영천청제비(永川菁堤碑)　184
예(濊)　77, 78, 86
「-예」(토씨)　363
예경제불가(禮敬諸佛歌)　189
예기집설대전구결(禮記集說大全口訣)　292
예니세이말　70

예말[濊語]　35, 76, 78
예문고(藝文考)　93
예사맑은소리[平淸音]　148
예사소리[平音, 無氣音]　147, 214, 444, 486
예사흐린소리[平濁音]　150, 303
예술　41
예의편(例義篇)　255
예종(睿宗)　98, 113, 229
예종실록(睿宗實錄)　95
「-오」(씨끝)　382, 384, 390
「-오」(토씨)　374
「-오/우-」　397
오교(五敎)　136
「-오녀」(씨끝)　382
오대진언(五大眞言)　281
「-오라」(씨끝)　384
오랑캐　356
오래[門]　456, 459
「-오로」(토씨)　368
오륜전비기언해(五倫全備記諺解)　424
오륜행실도(五倫行實圖)　435
오분법(五分法)　34
오음(五音)　143, 144, 150, 179, 234
오전(五典)　136
「-오져」(씨끝)　391
오주연문장전산고(五洲衍文長箋散稿)　116, 174, 175
오주연문장전산고(五洲衍文長箋散稿)의 언문변증설(諺文辨證說)　441
오행(五行)　150, 155, 257

「ᅳ옥」(씨끝) 390
옥저(沃沮) 77, 78, 86
옥저말[沃沮語] 35, 76, 78
온[百] 345, 456
「ᅳ온」(씨끝) 387
온조(溫祚) 83
「ᅳ옴」(토씨) 377
「ᅳ옷」(토씨) 377
「ᅳ와」(토씨) 365, 369, 502, 511
「ᅳ와로」(토씨) 366
완도 57
왕건(王建) 221, 229
왕명(王名) 186
왕문(王文) 96
왕문문(王文文) 96
왕자 140, 141, 253
왕호(王號) 39, 185, 188, 204
왜어유해(倭語類解) 423, 446, 450
외국말 489
외국의 문헌 39
외국 자료 39
외래말[外來語] 72, 478, 489
외래어 표기 37
외래어 표기법 476, 485, 547
외솔 최현배 박사 고희 기념 논문집 131
요(토씨) 512
요사렴(姚思廉) 97
요한복음 441
용비어천가(龍飛御天歌) 40, 85, 94, 187, 200, 245, 253, 264, 266, 313, 405, 441, 469
용비어천가의 사잇소리 적는 낱자 316
용자례(用字例) 262
용장사(茸長寺) 93
용재총화(慵齋叢話) 124
우디거 356
우랄 말겨레 47, 48
우랄 알타이 계통설(系統說) 50, 51
우랄 알타이 말겨레 47
우랄·알타이어 76
우랄 알타이어의 특질 67
우랄 알타이어의 특질과 한국어와의 관계 67
우리 208
우리글 176
우리말본 21, 41, 330, 485, 496, 498, 499
우리말 성조에 따른 소릿점 336
우리말 어순(語順) 100
우리말 어순식(語順式) 105
우리말 연구사 152
우리말의 입성 310
우리옛말본 216, 463
「ᅳ(우)마」(씨끝) 382
우마양저염역치료방(牛馬羊猪染疫治療方) 291
우신행(于愼行) 126
우에(토씨) 502
운모(韻母) 178
운서(韻書) 40, 41, 147, 158, 412, 434

운소(韻素) 487
운용법(運用法) 255
운율 음운(韻律音韻) 487
운율자질(韻律資質, 얹힘음운) 488
운학본원(韻學本源) 124
운회(韻會) 172
울릉도 57
울림갈이소리[有聲摩擦音] 「△(z)」의 발생 236
울림소리[有聲音, 濁音] 70, 313, 320, 321
울림소리 되기 326
울림없는 소리[無聲音] 316, 326
움 494, 497
움직씨[動詞] 497, 499, 513, 514, 520
움직씨의 도움줄기 516
워허 245
원각경구결(圓覺經口訣) 274
원각경언해(圓覺經諺解) 274
원시 부여계어(夫餘系語) 85
원시 한국말[原始韓國語] 60
원시 한족계어(韓族系語) 85
원우통보(元祐通寶) 99
월을 짜는 법 52
월의 갈래[種別] 525
월의 구성법 518
월의 구성 요소의 말본상 구성 순서 52
월의 으뜸골(기본 문장형) 518
월의 조각[文의 成分] 478, 519, 524
월의 짠조각[文의 組成部分] 519

월 이음 토씨[文接續助詞] 369, 372, 511
월인석보(月印釋譜) 40, 171, 172, 242, 264, 269, 335, 345, 469
월인천강지곡(月印千江之曲) 40, 253, 266, 306, 308, 335, 346, 404, 405, 469
위구르 문자(위그르 문자) 54, 55
위굴글자[畏吾兒字] 126
위략(魏略) 84
위만조선 84
위서(魏書) 79
위수(位數) 155, 257
위지(魏志) 30, 76, 77, 80, 83
위지 동이전(魏志東夷傳) 183, 185
위치법 362
위치어(位置語) 74
위치자리 토씨[位置格助詞] 359, 362
유가종(瑜珈宗) 93
유구(琉球) 58
유기(留記) 96
유기음 212, 213
유길준(俞吉濬) 480, 485, 494
유라크말 70
유류왕(儒留王) 187
유리왕(類利王) 187
유서필지(儒胥必知) 440
유씨물명고(柳氏物名考) 242, 438
유윤겸(柳允謙) 278
유이민(流移民) 83
유자광(柳子光) 283

유추(類推) 457
유필근(柳苾根) 532
유향(劉珦) 98
유희(柳僖) 127, 216, 329, 437, 438, 450
유희춘(柳希春) 296, 420
육분법(六分法) 34
육조법보단경언해(六祖法寶壇經諺解) 283, 335
6홀소리 체계 412, 445
윤돈구(尹敦求) 532
윤두수(尹斗壽) 95
윤리서 40
윤음(綸音) 443, 451
윤음언해(綸音諺解) 435
윤치오(尹致旿) 531
윤호(尹壕) 282
융천사(融天師) 113
「-으나」(씨끝) 388
「-으나~-으나」(씨끝) 391
「-으니」(씨끝) 382, 386
「-으니~-으니」(씨끝) 390
으뜸꼴[基本形, 原形] 515
으뜸마디[主節] 527
으뜸씨[主要詞] 499
으뜸조각[主要成分, 主成分] 478, 519, 521, 523
「-으라」(씨끝) 384
「-으라와」(토씨) 365, 367
「-으란」(토씨) 376
「-으란디」(씨끝) 387

「-으로」(토씨) 368, 502
「으로서」(토씨) 502
「으로써」(토씨) 502
「-으론」(토씨) 365, 367
「-으리」(씨끝) 382
「-으며」(씨끝) 390
「-(으)ㅂ니다」 466
「-(으)샤-」(씨끝) 397, 463
「-으쇼셔」(씨끝) 384, 385
「으시」(높임) 515
「-(으)시-」(씨끝) 397, 463, 464, 466
「-(으)이-」 465
「-(으)이-」(-(으)이-) 465
「-(으)이-」 399, 465
「-으이다」(씨끝) 382
「-은」(씨끝) 393, 467
「-은」(토씨) 366, 376, 467, 501, 506, 521, 522
「-은댜(토씨) 382
「-은뎌(토씨) 382
「-은뎌/은댜」(씨끝) 382
「-은들」(씨끝) 389
은어(隱語) 493
「-을」(씨끝) 467
「-을」(토씨) 361, 503, 521
「-(을)드려」(토씨) 363, 364
「-을샤(씨끝)」 382
「-을쎠(셔)/-을샤」(씨끝) 382
「-을씨(씨끝)」 387
「-읆」(씨끝) 393

음(音)　101
음독 구결(音讀口訣)　116, 119
음독명(音讀名)　204
음독자(音讀字)　108
음성(音聲)　300
음성모음화(陰性母音化)　454
음성적 기호 체계(記號體系)　22
음소(音素)　300
음소 도치(音素倒置)　347
음소 위주의 표기　469
음소주의(音素主義)　468
음식(飮食)에 관한 낱말　244
음악서　40
음양(陰陽)　257
음운(音韻)　30, 31, 205, 223, 233, 300, 443
음운 대응(音韻對應)　53, 67
음운 대응 규칙　62
음운 도치(音韻倒置)　347, 457
음운론　41, 486
음운 체계　301, 444
음운 체계의 변천　312, 445
음절 도치(音節倒置)　347
음향 음성학　154
음·훈(音訓)　101
음훈차표기체계(音訓借表記體系)　103
읍루(挹婁)　78
「-의」(씨끝)　395
「-의(토씨)」　364, 372, 501
「-의/-이」(토씨)　369, 371
의미(意味)　30, 31

의미가 확대된 어휘　356
의미론　41, 486
의미 변화　352, 458
의미의 분화(分化)를 일으킨 어휘　356
의사청(議事廳)　172
의서(醫書)　40, 412, 442
의약서　40
의유당일기(意幽堂日記)　441
의종(毅宗)　113
의침(義砧)　278
의창법　381
「-이」　466
「-이/ㅣ」(토씨)　360, 365, 367, 466, 467, 501, 502, 504, 519
「-이-」　397
「이」(하임)　515
이가환(李嘉煥)　426
이개(李塏)　172, 263
이겸로(李謙魯)　232
「이고」(토씨)　511
이광린(李光麟)　232
이광정(李光庭)　460
이규경(李圭景)　116, 174, 175
이규방(李奎昉)　538
이극로　330
이기(二氣：陰陽)　263
이기문(李基文)　33, 58, 63, 190, 198, 205, 236, 239, 243, 405, 446, 450
「이나」(토씨)　508, 509
「이나마」(토씨)　510
이능화(李能和)　124, 531

「이다」 505
이덕무(李德懋) 99, 122, 123, 434
이덕수(李德壽) 425
이두(吏讀) 29, 35, 92, 101, 107, 112, 117, 119, 134, 203, 204, 208, 222, 225, 228, 263, 412, 443
이두(吏讀) 자료 39, 41
이두문체 108
이두문학 107
이두 문헌 39
이두사전 107
이두체 108
이두휘편(吏讀彙編) 440
「이든지」(토씨) 508
「이라」(토씨) 502
「이라고」(토씨) 502
「이라도」(토씨) 508
「-이라와」(토씨) 365, 367
「이랑」(토씨) 511
이로하(伊路波) 40, 283
이륜행실도(二倫行實圖) 40, 288, 441
이름꼴[名詞形] 514, 527
이름마디[體言節] 527
이름법[名詞法] 380, 381, 392
이름법을 나타내는 씨끝 392
이름씨[名詞] 497, 499
「-이며」(토씨) 369, 370, 511
「-이며…」(토씨) 371
「-이며…-이며」(토씨) 370
「-이여…-이여」(토씨) 371
이문건(李文楗) 290

이문진(李文眞) 96
이민응(李敏應) 532
이병기(李秉岐) 538
이병도(李丙燾) 106
이병모(李秉模) 435
2,3씨(품사)로 통용되는 낱말 337
이상춘(李常春) 494, 495
이서(李曙) 418, 419
이선로(李善老) 172, 263
이성계(李成桂) 221
이성전(異城傳) 199
이수(李洙) 431
이수광(李睟光) 124, 173
이수신편(理藪新編) 461
이순지(李純之) 137
이숭녕(李崇寧) 216, 330, 498
이승규(李昇圭) 538
이시여(토씨) 504
23자모(字母) 333
23초성 149, 334
「이야」(토씨) 508
「이야말로」(토씨) 508
이어(俚語) 117
이억(李億) 531
이억성(李億成) 429, 433
「이여」(토씨) 504
「-(이)여」(토씨) 369, 371
이역전(異域傳) 82
이윤재(李允宰) 178
이은월[連合文] 478, 525, 528
이음 글자[異音字] 156

이음말[接續語] 523
이음법[接續法] 380, 381, 386, 513, 528
이음법의 끝바꿈꼴 514
이음법의 맺음씨끝 386
이음 어찌씨[接續副詞] 523
이음 토씨[接續助詞] 359, 368, 500, 510
이음표[連結符] 548
이응호 176, 178
이의봉(李義鳳) 433
이이(李珥) 125, 175, 426
이익섭 405, 471
이자 중성(二字中聲) 156
이자 합용중성(二字合用中聲) 156, 305
이재곤(李載崑) 531
이재위(李載威) 426
이재유고(頤齋遺稿) 437
이종일(李鍾一) 532
이중 언어(二重言語) 200
이찰(吏札) 117
이철수(李喆洙) 34, 67, 190, 198, 205, 236, 238
이한걸(李漢杰) 128
이황(李滉) 420
이후원(李厚源) 420
이희승(李熙昇) 494, 496
인구어(印歐語) 48, 51, 73
인구어(印歐語)의 어순 74
인구어 동계설(印歐語同系說) 66
인구어족(印歐語族) 46
인도 게르만 말겨레[印歐語族] 46, 48, 65
인도주의 135
인도 지나 말겨레(印度支那語族) 48
「인들」(토씨) 508
인명(人名) 39, 184, 186, 188, 204, 223
인시(寅時) 151
인어대방(隣語大方) 436
인조대왕행장(션됴힝장[先祖行狀]) 420, 464
인종(仁宗) 188
인칭법 397
일곱 가락[七調] 263
일곱가지 소리[七音] 263
일동장유가(日東壯遊歌) 441
일본말[日本語] 30, 51, 57, 62, 64, 69, 70, 201, 478, 489
일본말 외래어 456
일본말의 차용 413
일본말 학습서 40, 41
일본서기(日本書記) 30, 39, 185
일본식 서양말 478, 489
일본식 한자말 478, 489
일빅[百] 345
일연(一然) 188
일영(日影) 136
일자 중성(一字中聲) 156, 305
일합 일벽(一闔一闢) 152
임 494, 497
임경재(任曔宰) 538
임나(任那) 187
임신서기석(壬申誓記石) 105, 106, 184,

187
임신서기석명(壬申誓記石銘) 106
임신서기체(壬申誓記體) 105, 187
임자말[主語] 74, 518, 519, 523, 524, 525
임자말+[이름씨(보어)+잡음씨] 74, 518
임자말+간접 부림말+직접 부림말 +풀이말(움직씨) 74, 518
임자말+그림씨 74, 518
임자말+부림말+풀이말(움직씨) 74, 518
임자말+움직씨 74, 518
임자말+풀이말 74, 518
임자말+풀이말+부림말 74
임자법 360
임자씨[體言, 主體詞] 67, 73, 74, 496, 499, 500, 502, 503, 504, 519, 522
임자자리토씨[主格助詞] 163, 308, 359, 360, 466, 467, 501, 504, 519, 522
임자자리토씨 「-가」 467
임자자리토씨 「-가」의 발생 413, 462, 466
임자조각[主部] 74, 524
임자조각[主部]+풀이조각[述部] 518
임잔(任殘) 187
임진왜란 36, 252
입겿(입겾, 입겿, 口訣) 115, 270
입말[口語] 174, 240, 245
입성(入聲) 164, 255, 262, 309, 331
입술가벼운소리[脣輕音] 149, 165, 303, 312
입술소리[脣音] 143, 145, 148, 452
입술소리계(순음계) 234, 311
입음도움줄기[被動補助語幹] 516
입천장소리 되기[이붕소리되기, 口蓋音化] 37, 437, 450
「잇」 494
잇달음꼴[連發形] 514
잇브다 351
잇소리[齒音] 143, 145, 146, 147, 148
잇소리계(치음계) 234, 311
「잊-」(困, 倦) 213
잎[門, 窓, 戶, 口] 459
「-오」(씨끝) 467
「-오/은」(토씨) 376, 467
「-올」(씨끝) 467
「-올」(토씨) 361
「-옵넝이다」 465
「-익」(씨끝) 395
「-익/의」(토씨) 363, 364, 371

[ㅈ]

「ㅉ」 446
자격자리토씨[資格格助詞, 감목자리토씨] 502
자류주석(字類註釋) 441
자리토씨[格助詞] 359, 378, 500, 505
자명종(自鳴鍾) 461
자모(字母) 158
자부선생(紫府先生) 93

자시(子時) 151
자시다 342
자칭(自稱)의 홀셈 208
자휼전칙(字恤典則) 432
작품 100
잡음씨[指定詞] 246, 497, 499, 504, 513, 514, 520
잡음씨의 도움줄기 516, 517
잡지 41, 485
장성백암사첩문(長城白巖寺貼文) 233
장세경 107
장소원(張昭遠) 98
장수왕(長壽王) 186
장지영(張志暎) 107, 495, 538
장하일 498
장헌식(張憲植) 531
장혼(張混) 438
재구(再構) 30, 58
재차 나옴[再出] 153
재출자(再出字) 151, 154, 256, 304
「-쟈」(씨끝) 385
전기 중세어(前期中世語) 33, 34
전단량(旃檀梁) 84
전라방언 479
전망법(展望法) 28
전망적 방법(展望的方法) 27
전율통보(典律通補) 441
전자(篆字) 122
전청(全淸) 145, 146, 147, 148, 149, 214, 256
전청음(全淸音) 148

전탁(全濁) 148, 149, 150, 214, 256
전탁음(全濁音) 303, 334
전탁음(全濁音) 6자 149
전해지지 않은 고대문자 92
절충적 체계(준종합적 체계) 495, 497
정과정곡(鄭瓜亭曲) 113
정도사 조탑비(淨兜寺造塔碑) 233
정두원(鄭斗源) 461
정서(鄭敍) 113
정서법(正書法) 402
정속언해(正俗諺解) 288
정약용(丁若鏞) 436
정양(鄭瀁) 420
정열모(鄭烈模) 485, 494, 497
정위(定位) 155
정음(正音) 142, 171
정음청(正音廳：諺文廳) 253
정음통석 426
정인승(鄭寅承) 494, 496
정인지(鄭麟趾) 123, 125, 129, 265
정인지(鄭麟趾)의 훈민정음 해례 서문 132, 134, 137, 165, 262
정철(鄭澈) 426
정철(鄭澈)의 자당(慈堂) 안씨(安氏) 내간(內簡) 300, 467
정초(鄭招) 297
정치음(正齒音) 335
정치음자(正齒音字) 264
정태언어학 26
정효항(鄭孝恒) 117
젇다 350, 351

제가역상집(諸家曆象集) 137
제도 185
제망매가(祭亡妹歌) 113
제4차 한글 맞춤법 통일안 개정(한글
　　판) 544
제3차 한글 맞춤법 통일안 개정 543
제3회 언문 철자법 536
제5차 한글 맞춤법 통일안 개정(용어
　　수정판) 545
제2부 표준 발음법 553
제이전(諸夷傳) 185
제2차 한글 맞춤법 통일안 개정 542
제2회 보통학교용 언문 철자법 대요
　　535
제1부 표준어 사정 원칙 553
제1차 한글 마춤법 통일안 수정 542
제1회 보통학교용 언문 철자법 534
제자원리(制字原理) 158
제자해(制字解) 141, 142, 143, 144,
　　145, 146, 147, 148, 150, 151,
　　153, 255, 322
제작 동기 131
제주도 57
제주방언들 479
제중신편(濟衆新編) 435
「-져」(씨끝) 385
「-져/쟈」(씨끝) 385
「-져라」(씨끝) 385
졉다(졻다) 356
조대기(朝代記) 95
조변안(曹變安) 268

조선(朝鮮) 86, 94
조선고가연구(朝鮮古歌硏究) 41, 485
조선관역어(朝鮮館譯語) 29, 39, 222,
　　223, 226, 227, 233, 237, 238, 344
조선교육심의회 477
조선글 176
조선말 86
조선말글모(朝鮮語文會) 537
조선말본 41, 216, 329, 485
조선말 큰사전(큰사전) 485
조선문자급어학사(朝鮮文字及語學史)
　　41, 63, 485
조선불교통사(朝鮮佛敎通史) 124
조선어문경위(朝鮮語文經緯) 63
조선어문법(朝鮮語文法) 483
조선어연구회(朝鮮語硏究會) 177, 538
조선어 표준어 사정 위원회 551
조선어학회(朝鮮語學會) 20, 37, 169,
　　407, 478, 485, 538, 542, 544, 553
조선어학회 사건 539
조선어학회의「한글 맞춤법 통일안」
　　537
조선어학회의 창립 537, 539
조선어학회의 항쟁 539
조선열전(朝鮮列傳) 185
조선전(朝鮮傳) 185
조세제도(租稅制度) 137
조신(曺伸) 288
조위(曺偉) 278
조인영(趙寅永) 438
「조차」(토씨) 509

졸본(卒本) 187
종교 41
종교서적 443
종교에 관한 자료 41
종기(鍾記) 39
종묘(宗廟) 136
종성(終聲) 157, 158, 159, 162, 179, 255, 334
종성규칙(받침규칙)의 원리 원칙 469
종성부용초성(終聲復用初聲) 469
종성에서 입성(入聲) 표기 334
종성해(終聲解) 157, 159, 173, 260, 306, 307, 310
종합적 체계(綜合的體系) 495, 497
좌시다 341
좌종당(左宗棠) 185
주몽(朱蒙) 186
주서(周書) 82, 185, 199
주시경(周時經) 176, 216, 325, 329, 483, 484, 485, 494, 495, 497, 533, 537, 539
주역언해 299
주역전의구결(周易傳義口訣) 275
주역전의대전구결(周易傳義大全口訣) 275
주영편(晝永編) 441
주자학(朱子學) 344
주제어(임자말, 主題語) 521
주체높임[主體尊敬] 397, 464, 466
주체높임법[主體尊敬法, 主體尊待法, 主語敬語法] 397

주체높임법[主體尊敬法]으로 쓰여진 어휘 341
주체높임 형태의 변화 462
주체-대상법 397
준굴곡법(곡용) 205, 358, 359
준굴곡법(임자씨와 토씨) 359
준굴곡법과 굴곡법 358, 500
준굴곡의 가지 358, 359
준종합적 체계 495, 496
줄기[語幹] 72, 496
「줄기+(으)샤-」 398
「줄기+습-」 398
「줄기+(으)이-」 399
중간(重刊) 40, 412
중간 경민편(重刊警民編) 297
중간 두시언해(重刊杜詩諺解) 417, 446
중간 및 개찬본 441
중간홀소리[中性母音] 155, 216, 305
중고(中古) 34
중고국어(中古國語) 35, 221, 222
중고국어 연구 자료 39
중고국어의 닿소리 체계 234
중고국어의 말본 245
중고국어의 어휘적 특성 241
중고국어의 홀소리 체계 239, 240
중고국어 전기의 닿소리 기본 음소 [子音基本音素] 234
중고등학교의 말본 교과서의 말본 체계 496
중고어(中古語) 34

중고어의 시기에 여진말의 차용어 245
중고~중세 한국말의 뿌리 205
중고한국어(中古韓國語) 34
중국말 51, 100, 224, 226, 461
중국말법(中國語法) 100
중국말의 차용 456
중국말 학습서 40, 41
중국운학(中國韻學) 333
중국의 중고음(中古音) 체계 214
중국 체계(中國體系) 101
중글 175
중기(中期) 34
중기국어(중기어) 33, 34
중부방언 478
중성(中聲) 157, 158, 160, 162, 179, 256
중성(홀소리) 제자의 원리 151
중성해(中聲解) 156, 158, 260
중세(中世) 34
중세국어(中世國語) 33, 35, 36, 213, 251, 252, 344, 349
중세국어 구결의 연구 116
중세국어 맞춤법 403
중세국어 연구 자료 40
중세국어 음소 217
중세국어의 연철(連綴) 403
중세국어의 종성 469
중세 몽고말 238
중세한국어(中世韓國語) 34
중앙어(中央語) 36, 86, 253

중용언해 40, 299
중종 166, 336
중철(重綴) 285, 287, 288, 289, 299, 404
중철 표기(重綴表記) 470
즈믄[千] 207, 345, 456
즐겁다(즐기다)[樂] 338
즐책>질책 453
즘게 350
즛 354, 460
즛->짓-(개가-) 453
증보 문헌비고(增補文獻備考) 93, 117, 133
증수무원록언해(增修無冤錄諺解) 325, 434
지나 티벳 말겨레 48
지눌(知訥) 276
지리지(地理志) 188
지명(地名) 39, 184, 186, 204, 223
지봉유설(芝峰類說) 124, 173
지석영(池錫永) 531, 532
지장보살본원경언해(地藏菩薩本願經諺解) 277
직접부림말 478, 519, 521
직해대명률(直解大明律)=대명률직해 29, 108, 109, 128, 223, 228, 232, 233, 236, 245, 246
진국(辰國) 80, 84
진단(震檀) 94
진도 57
진서(晉書) 185, 187

진서(眞書) 173
진양대군 유(晉陽大君瑈) 140
진언권공언해(眞言勸供諺解) 284, 335
진언집(眞言集) 294
진지 342
진평왕(眞平王) 108, 113
진한(辰韓) 79, 80
진한어(辰韓語) 35
진화언어학(進化言語學) 25, 26
집현전(集賢殿) 138
집현전관(集賢殿官) 138
집현전 학사 140, 141, 253
짓 460
짓시늉말[擬態語] 67
징기스칸 석비문 55
ᄌᆞ갸 342
ᄌᆞ걔 342
「-ᄌᆞᇦ-」 206, 398, 399
ᄌᆞᆷ-(沈潛) 217
「-ᄌᆞᆷ(좁)닝이다」 465
「-좁-」 206, 398, 399
짜임새로 본 어휘 분류 489
짬듬갈[월갈, 統語論, 統辭論, 文章論] 494
쫌올 446

[ㅊ]

「ㅊ(cʰ)」 213
「쳐」 304
차용어 241, 461, 489
차자 표기 문자 92, 100
차자표기법연구(借字表記法硏究) 107
차청(次淸) 145, 148, 149, 214, 256
착량(窄梁) 85
찬기파랑가(讚耆婆郎歌) 113, 114
창령 진흥왕척경비(昌寧眞興王拓境碑) 184
창살글자 175
창힐(倉頡) 125
처럼(토씨) 502
처용 114
처용가(處容歌) 114, 205
처음 나옴[初出] 153
척사윤음(斥邪綸音) 438
천·지·인(天地人) 178
천·지·인(天地人) 삼재(三才) 256
천리경(千里鏡) 461
천의소감언해(闡義昭鑑諺解) 325, 428
철자법(綴字法) 402
첩해몽어(捷解蒙語) 41, 433
첩해신어(捷解新語) 41, 421, 446
첫소리 규칙[頭音規則, 頭音法則] 51, 69
첫째 가리킴[第一稱格]의 사람대이름씨 [人代名詞] 208
청구(靑邱:靑丘) 93
청구사문(靑丘沙門) 93
청구영언(靑丘永言) 441
청나라 말의 차용 413
청비록(淸脾錄) 99
청어노걸대(淸語老乞大) 41, 424

청어노걸대신석(淸語老乞大新釋) 424, 441
청어의 차용 456
청일전쟁(淸日戰爭) 476
청장관전서(靑莊館全書) 99, 122, 441
청취 음성학 154
청취 지각적 허용 규정 158, 163
청탁(淸濁) 149
초발심자경(初發心自警) 296
초성(初聲) 157, 158, 159, 160, 161, 162, 179
초성 글자 144, 145
초성(기본음소) 17자 142, 255
초성 23자 256
초성(닿소리) 제자의 원리 142
초성·중성·종성 157
초성해(初聲解) 158, 259
초출자(初出字) 151, 154, 256, 304
촌가구급방(村家救急方) 40, 289
총독부의 언문 처자법 규정 533
최광옥 494
최두선(崔斗善) 538
최만리 122, 129, 172
최범훈(崔範勳) 34, 65, 190, 198, 205, 225, 228, 405
최석정(崔錫鼎) 422
최세진(崔世珍) 140, 166, 285, 286, 287, 290, 312, 421
최숙생(崔淑生) 287
최읍(崔浥) 173
최항(崔恒) 172, 263, 265, 267

최행귀(崔行歸) 112
최현배(崔鉉培) 21, 117, 128, 131, 174, 177, 216, 314, 316, 321, 328, 329, 330, 485, 494, 531
추모왕(鄒牟王) 186
추바시말 55
축시(丑時) 151
충담사(忠談師) 114
충렬왕(忠烈王) 126, 188
충목왕(忠穆王) 115, 228
충숙왕 116
「치고」(토씨) 502
치두음(齒頭音) 335
치두음자(齒頭音字) 264
치두·정치음(齒頭正齒音) 264, 270
칠대만법(七大萬法) 294
칠서언해(七書諺解) 298
7종성 71
7종성법 421, 422, 428, 430, 431, 432, 434, 439
7종성법 체계(7종성 체계) 325, 471
7종성으로 간소화 472
7홀소리 체계 412, 445

[ㅋ]

「ㅋ(K^h)」 213
카스트렌 51
「커녕」(토씨) 510
「-컨마론」(토씨) 372, 373
코펠만 66

찾아내기 609

콧소리[鼻音] 214, 234
콩[大豆] 213
쿠리매[褂子, 쾌자] 462
크다[大] 213
큰사전 489
클로슨 63
키[箕] 213
「키→치」 450
키릴문자 56
킈다[採] 213

[ㅌ]

타락차[奶子茶] 462
타밀말 65
타우지말 70
탐라(耽羅) 86
탑기(塔記) 39, 100
탕건[唐巾] 461
태극사상(太極思想) 기원설 128
태사 주(太史籒) 125
태상감응편도설언해(太上感應篇圖說
　　諺解) 439
태조(太祖) 98, 108, 109, 228
태종(太宗) 108, 110, 225, 232
태종실록(太宗實錄) 93
태평광기언해(太平廣記諺解) 417
태학박사(太學博士) 96
터어키말 30, 53, 59, 67
터어키 제어 54, 55
터짐소리[破裂音, 閉鎖音] 71, 147, 212,

234, 323
터짐소리 체계(體系) 214
털릭 349
토(입겿) 107, 115, 495, 497
토란 242
토박이말(고유어) 241, 245, 406, 478,
　　488, 489
토박이말로 된 인명 268
토박이말의 폐어화(廢語化) 456
토슈[套手] 462
토슈[套袖] 461
토시 462
토씨[助詞] 73, 74, 358, 499, 500, 521
토씨(조사) 체계 205
통도사 국장생석표(通度寺國長生石標)
　　233
통시언어학(通時言語學) 25, 26, 46
통시적 연구 25
통시태(通時態) 25, 27
통어론(통사론) 41, 486
통어적 합성어(統語的合成語) 490
투먼 245
퉁구스말 30, 53, 56, 59, 74
퉁구스 제어 56
퉁컨 245
특별함도움토씨[特別補助詞] 505, 507
특수토씨 359, 378, 504, 505
「티→치」 450
팅즈 242

[ㅍ]

파생어(派生語)　457, 490, 491
파스파[八思巴]　125
파스파[八思巴] 문자　55
파열음(破裂音)　214
판소리 사설　442
팔관회(八關會)　229
팔리(Pali) 문자 기원설　128
팔세아(八歲兒)　41, 423
8종성　310, 324, 403, 404, 469, 470
팔종성가족용(八終聲可足用)　469
8종성법 체계　471
8홀소리 체계　412, 445
평산신씨장절공유사(平山申氏壯節公遺事)　229
평성(平聲)　159, 164, 255, 262, 309, 312, 331, 332
평안방언　479
평양 법수교(法首橋)　95
평양지(平壤誌)　95
평음(平音)의 된소리 되기　447
평창상원사종기(平昌上院寺鐘記)　184
포박자(抱朴子)　93
포폐　59, 60, 62, 63
포폐의 계통도(系統圖)　61
표기법(表記法)　402
표음(表音)스런 표기　102
표음주의(表音主義)　403
표음표기(表音表記)　468
표의표기(表意表記)　468
표준말[標準語]＝대중말　550
표준말 사정　37

표준어 규정　20, 478, 547, 549, 553
표훈(表訓)스런 표기　102
풀어쓰기　479
풀이꼴[說明形]　514
풀이마디[用言節]　527
풀이말[敍述語, 說明語]　74, 478, 518, 519, 522, 524, 525
풀이씨[用言]　67, 73, 496, 499, 502
풀이씨의 끝바꿈　358, 513
풀이씨의 베풂꼴[敍述形]　529
풀이자리토씨[敍述格助詞]　505
풀이조각[敍述部, 說明部]　74, 524
풀이토씨　505
피노 우그리아 말겨레　47
핀란드　69

[ㅎ]

「ㆅ」음의 소실　317
「ㆅ」의 발음　317
「하고」(토씨)　502, 511
하늘·땅·사람[天地人]　152
「하며」(토씨)　511
하미토·세미트 말겨레　47
「하시-」　397
「하시나」　396
「하시며」　396
하연(河演)　173
하임도움줄기[使動補助語幹]　516
「-하」(토씨)　379
학조(學祖)　277

학회지　485
한가지도움토씨[同一補助詞]　505, 506
한강(漢江)　187
한결도움토씨[一樣補助詞]　505, 506
한계희(韓繼禧)　270, 272, 273
한국글　176
한국말　19, 53, 59, 61, 62, 64, 65, 69, 71, 73, 100, 224, 226
한국말과 일본말의 낱말　64
한국말과 일본말의 비교 연구　64
한국말에 관한 소견　53
한국말의 뿌리와 줄기　85
한국말의 최초 분리설　61
한국문자급어학사　46, 92, 128, 531
한국문화사대계Ⅴ　58, 63, 238
한국 본토　57
한국사　22　539
한국사개설(韓國史槪說)　236
한국사개요(韓國史槪要)　237
한국어발달사　22, 34, 65, 190, 198, 205, 225
한국어발달사를 연구하는 까닭　22
한국어발달사 상 음운사(韓國語發達史 上 音韻史)　238
한국어발달사의 시대 구분　32, 35
한국어사(韓國語史)　34, 67, 190, 198, 205, 236, 238
한국어와 인도(印度) 드라비다 방언의 비교 연구　65
한국어의 계통　63
한국어형성사　58, 63, 190, 198, 205

한글　169, 176, 177, 485, 537
한글갈[正音學]　41, 216, 485, 531
한글과 민족문화　123, 149, 152, 405
한글 글자본 제정 규정　479
한글날　176, 177
한글 마춤법 통일안(한글 맞춤법 통일안)　20, 168, 169, 407, 478, 485, 540, 542, 552, 553
한글 맞춤법　476, 478, 547, 548, 549
한글 맞춤법의 제정　37
한글 맞춤법 통일안 일부 개정　543
한글 맞춤법 통일안 제정　539
한글 맞춤법 해설　547
한글모　177, 537
한글모죽보기　177, 537
한글 서체　479
한글전용의 시범　253
한글학회　177, 489, 537, 538, 539, 545, 552
한글학회 50년사　177, 539, 552
한글학회의 창립　539
한기능법　380, 381
한 기능의 씨끝　380
한(韓)나라　79
한당식(漢唐式) 개정 지명　103
한문　100, 245
한문체(漢文體)　106
한문화시대(漢文化時代)　36
한불ᄌᆞ뎐[韓佛字典]　441
한상덕(韓尙德)　108, 110, 232
한서(漢書)　185

한성주보(漢城周報) 441
한송정곡(寒松亭曲) 99
한쇼[巨牛, 大牛] 458
한양(漢陽) 86, 221
한영영한자전 441
한영ㅈ전(韓英字典) 441
한·일 양어의 비교 연구 63
한일어 동계설(韓日語同系說) 63
한자(韓字) 100, 176
한자(漢字)로 음차(音借) 186
한자를 약자로 만들어 쓴 구결 118
한자말 406, 478, 489
한자말의 차용 413
한자음 333
한자음 표기 방법 406
한자의 음훈차표기(音訓借表記) 102
한자 전자를 빌어 쓴 구결 118
한자 차용(漢字借用) 101
한자차용표기(漢字借用表記) 223, 239
한자 학습서 40
한족계 79
한족계어(韓族系語) 76, 81, 183, 200
한족어권(韓族語圈) 65
한족조선어(漢族朝鮮語) 35
한중록(閑中錄) 441
한청문감(漢淸文鑑) 242, 325, 431, 462, 471
한테(토씨) 502
한테로(토씨) 502
한테서(토씨) 502
할수도움줄기[可能補助語幹] 516

함경방언 479
함께자리토씨[與同格助詞] 502
합벽(闔闢) 258
합성어(合成語, 複合語) 25, 238, 343, 490
합용병서(合用並書) 150, 156, 161, 162, 261, 304
합자법(合字法) 157
합자 체계 307
합자해(合字解) 150, 157, 160, 164, 173, 261, 307
해동가요(海東歌謠) 441
해동제국기(海東諸國紀) 277
해례본 264
海에서 少年에게 482
해화엄(海華嚴) 93
행렬집합식(行列集合式) 158, 179
향가(鄕歌) 29, 107, 112, 184, 205, 207, 208, 215, 216
향가 25수 39, 204, 214
향가의 처용가 205
향가체(鄕歌體) 229
향가(鄕歌) 표기체 105
향악(鄕樂) 112
향약구급방(鄕藥救急方) 29, 39, 113, 225, 233, 238, 242, 245
향언(鄕言) 112
향음(響音) 321
향찰(鄕札) 92, 97, 101, 107, 111, 112, 119, 203
향찰문(鄕札文) 108

향찰체(鄕札體) 112
향찰 표기 체계(鄕札表記體系) 35, 105, 184
허리가지(허릿가지) 491
허사(虛辭) 67, 101, 112, 246, 495, 496, 497
허 엽(許曄) 297
허 웅(許雄) 19, 123, 149, 152, 216, 314, 316, 321, 324, 330, 332, 359, 381, 405, 446, 455, 463, 464
허준(許浚) 415, 416
헌종(憲宗) 116
헐버트 65
혁다[小] 459
혁련정(赫連挺) 97, 189
혁신(革新) 37
현대(現代) 34
현대국어(現代國語) 33, 35, 37, 475, 477
현대국어 말본 358
현대국어 연구 자료 41
현대국어의 닿소리 음소 486
현대국어의 맞춤법[正書法] 478
현대국어의 받침 487
현대국어의 방언 구역 478
현대국어의 어휘 488
현대국어의 토씨 500
현대국어의 홀소리 음소 486
현대말[現代語] 34, 86, 465
현대 중앙어 86

현대 한국어(現代韓國語) 34
현문항(玄文恒) 427
현실 국어 한자음 335
현실 한자음 표기법 333
현유가(賢瑜珈) 93
현은(玄檃) 531
현재(이적) 400
혈의 누(血의 淚) 482
혓소리[舌音] 143, 144, 145, 146, 148
혓소리계(설음계) 234, 311
형성기 한국어(形成期韓國語) 34
형태론 41, 486
형태소(形態素) 53, 396
형태 위주의 표기 469
형태음소 320
형태주의(形態主義) 468
혜성가(彗星歌) 113, 188
혜정교(惠政橋) 136
홀로도움토씨[單獨補助詞] 505, 506
홀로말[獨立語] 523, 524
홀로이름씨(고유명사) 102, 186, 188, 204
홀로이름씨의 표기 101, 223
홀로조각[獨立成分] 478, 519, 523
홀본(忽本) 187
홀소리(중성, 모음) 151, 154, 255
홀소리 교체[母音交替] 348
홀소리 글자[中聲字, 母音字] 178, 179
홀소리 도움줄기[母音補助語幹] 515
홀소리(모음) 10자 168
홀소리(중성) 11자 151, 154, 157, 307

홀소리어울림[母音調和] 47, 48, 51, 67, 68, 155, 217, 305, 330, 344, 361, 362, 454, 467
홀소리어울림의 허물어짐 330, 453
홀소리의 기본음소 11자 156
홀소리의 변천 328, 451
홀소리 체계[母音體系] 156, 216, 239, 304, 311, 444, 486
홍계희(洪啓禧) 428
홍명복(洪命福) 431
홍무정운(洪武正韻) 268
홍무정운역훈(洪武正韻譯訓) 40, 156, 253, 268, 306
홍순명(洪舜明) 423
홍윤표 418, 430, 435
홑닿소리[單子音] 71, 234, 311
홑셈[單數] 208
홑월[單文] 478, 525
홑홀소리[單母音] 156, 216, 256, 305, 311
홑홀소리 10 486
홑홀소리 7음소 216
화동정음 426
화동정음통석운고(華東正音通釋韻考) 426
화어류초(華語類抄) 439
화엄경행원품(華嚴經行願品) 428
화음계몽언해(華音啓蒙諺解) 440
화음방언자의해(華音方言字義解) 436
화이역어(華夷譯語) 223, 226
화포식언해(火砲式諺解) 418

활용의 씨끝[語尾] 358
황도연(黃度淵) 440
황윤석(黃胤錫) 124, 437
황제(黃帝) 93
황찬(黃瓚) 125, 126, 127
황필수(黃泌秀) 440
회고법(回顧法) 29
회고적 방법(回顧的方法) 27, 29
회골(回鶻) 126
효경언해(孝經諺解) 299
흑다[小細] 459
흑덕다[細] 459
후기의 기본 음소 234
후기 중세어(後期中世語) 33, 34
후한서(後漢書) 39, 77, 79, 81, 185
훈독(訓讀) 116, 228
훈독 구결(訓讀口訣) 116
훈독자(訓讀字) 108
훈몽자회(訓蒙字會) 40, 140, 166, 242, 243, 290, 344, 406, 441
훈몽자회 범례(凡例) 166, 167, 174, 316
훈몽자회의 전승자음(傳承字音) 336
훈민(訓民) 133
훈민 정신(訓民精神) 134
훈민정음(訓民正音) 29, 36, 40, 92, 117, 121, 122, 128, 133, 139, 141, 142, 148, 150, 151, 153, 157, 158, 160, 164, 166, 169, 170, 171, 178, 179, 216, 221, 251, 253, 254, 263, 301, 305,

306, 307, 309, 310, 312, 318,
321, 324, 328, 329, 331, 333,
335, 344
훈민정음 낱자[字母]의 이름 166
훈민정음도해(訓民正音圖解) 427
훈민정음 반대 상소문 122
훈민정음 반포 141
훈민정음 서문 129, 130, 133
훈민정음 언해(訓民正音諺解) 269,
316, 331, 405
훈민정음 언해본 134, 270
훈민정음운해(訓民正音韻解) 427, 442
훈민정음원본(訓民正音原本) 254
훈민정음으로 바꾸어 쓴 구결 118
훈민정음의 기원설 121
훈민정음의 닿소리(초성) 체계 302
훈민정음의 음절 생성 규정의 이해
158
훈민정음의 특이성과 우월점 178
훈민정음 이름의 변천 169
훈민정음 28자 142
훈민정음 제자의 대원리(大原理) 141
훈민정음 주해본(訓民正音註解本) 270
훈민정음 창제의 동기 128
훈민정음 체계 301
훈민정음해례 123, 141, 173, 442
훈민정음해례본(訓民正音解例本) 242,
254, 469
훈민정음 해례 서문 129
훈음종편(訓音宗編) 441
훈의소학강보(訓義小學講譜) 118

흐름소리[流音] 214, 234
흐린소리[濁音] 148, 444, 486
흙 69
희종(熙宗) 276
힘줌꼴[强勢形] 514
힘줌도움줄기[强勢補助語幹] 516
「-ㅎ고」(토씨) 369, 370
「-ㅎ며」(토씨) 370
ㅎ나(一) 217
「ㅎ나ㅎ」 207
「ㅎ니리((으)니)」 100
「ㅎ느-」 397
「ㅎ느니-」 397
「ㅎ느니라」 396
「ㅎ느다(-느-)」 400
「ㅎ리라(-(으)리-)」 400
「ㅎ마」 341
「혼」 207
「혼가지-」(토씨) 368
「흙」 307
「희」 339
「-희」(토씨) 363, 365
「힌뿔」 236

[◇]

◇ 426

[二]

二 531, 532

[ㆍㆍ]

「ㆍㆍ」(=ㅣ+ㆍ) 427

한국어발달사 연표

1. 고대국어(기원전 2333년 ~ 서기 935년)

기원전 2333년(단군 1년)	단군 고조선을 개국함. 우리말 쓰여짐.
기원전 2, 3세기	한자 한문 전래.
고조선 때	여옥(麗玉)이 「공무도하가(公無渡河歌)」 곧 「공후인(箜篌引)」 지음.
기원전 57년(신라 혁거세 1년)	혁거세 신라 세움(신라).
기원전 37년(고구려 동명왕 1년)	동명왕 고구려 세움(고구려).
기원전 18년(백제 온조왕 1년)	온조왕 백제 세움(백제).
기원전 17년(고구려 유리왕 3년)	유리왕이 「황조가(黃鳥歌)」 지음.
서기 28년(신라 유리왕 5년)	「도솔가(兜率歌)」 지음(전하지 않음).
서기 32년(고구려 대무신왕 15년)	「호동설화(好童說話)」 지음(전하지 않음).
서기 29년~56년(신라 유리왕 때)	「회소곡(會蘇曲)」 지음(전하지 않음).
서기 42년(신라 유리왕 19년)	「구지가(龜旨歌)」 지음.
서기 307년(신라 기림왕 10년)	신라 국호를 「신라(新羅)」로 정함.
서기 372년(고구려 소수림왕 2년)	불교가 들어옴.
서기 375년~383년(백제 근구수왕 때)	왕인(王仁)이 「천자문(千字文)」 1권과 「논어(論語)」 10권을 일본에 전함.
서기 414년(고구려 장수왕 2년)	「광개토왕비(廣開土王碑)」 세움(비문).
서기 451년(신라 눌지왕 35년)	경주 「서봉총은합우명(瑞鳳冢銀合杅銘)」
서기 503년(신라 지증왕 4년)	「영일냉수리비문(迎日冷水里碑文)」
서기 536년(신라 법흥왕 23년)	「영천청제비문(永川菁堤碑文)」
서기 552년(신라 진흥왕 13년)	「임신서기석명(壬申誓記石銘)」

서기 561년(신라 진흥왕 22년)   진흥왕순수비인 「창령진흥왕척경비(昌寧眞興王拓境碑)」
서기 568년(신라 진흥왕 29년)   진흥왕순수비인 북한산 비봉(碑奉)의 북한산비
서기 579년(신라 진평왕 1년)   서동이 「서동요(薯童謠)」 지음(「삼국유사」에 전함).
서기 591년(신라 진평왕 13년)   「경주 남산 신성비명(慶州南山新城碑銘)」
서기 600년(고구려 영양왕 11년)   이문진(李文眞)이 「유기(留記)」 100권을 「신집(新集)」 5권으로 개편함(전하지 않음).
서기 632년(신라 진평왕 54년)   융천사(融天師)가 「혜성가(彗星歌)」 지음(579년~632년)(「삼국유사」에 전함).
서기 632년~646년(신라 선덕여왕)   「풍요(風謠)」 지음(「삼국유사」에 전함).
서기 654년~660년(신라 무열왕)   설총이 태어남. 설총은 우리말로 구경(九經)을 읽고 후생을 훈도하였고, 우리말로 화이(華夷)의 방속(方俗)과 물명(物名)을 이해하고 육경 문학을 훈해(訓解) 하였음.
서기 661년~680년(신라 문무왕)   광덕(廣德)이 「원왕생가(願往生歌)」 지음(「삼국유사」에 전함).
서기 663년(신라 문무왕 3년)   백제(百濟) 멸망함.
서기 668년(신라 문무왕 8년)   고구려(高句麗) 멸망함. 신라 삼국 통일함.
서기 692년~701년(신라 효소왕)   득오곡(得烏谷)이 「모죽지랑가(慕竹旨郎歌)」 지음(「삼국유사」에 전함).
서기 699년(발해 고왕 대조영 1년)   대조영 발해 세움(발해).
서기 702년~736년(신라 성덕왕)   「헌화가(獻花歌)」 지음(「삼국유사」에 전함). 김대문(金大問)이 「화랑세기(花郎世紀) 지음.
서기 719년(신라 성덕왕 18년)   설총이 감산사아미타여래조상기(甘山寺阿彌陀如來造像記) 찬함.
서기 725년(신라 성덕왕 24년)   평창(平昌)「상원사종명(上院寺鐘銘)」
서기 737년~741년(신라 효성왕)   신충(信忠)이「원가(怨歌)」지음(「삼국유사」에 전함).
서기 742년~764년(신라 경덕왕)   월명사(月明師)가 「도솔가(兜率歌)」와 「제망

매가(祭亡妹歌)」지음. 충담사(忠談師)가 「찬기파랑가(讚耆婆郞歌)」와 「안민가(安民歌) 지음. 여자 희명(希明)이 「도천수관음가(禱千手觀音歌)」 지음(「삼국유사」에 전함). 이때 월명사가 「산화가(散花歌)를 지었으나 전하지 않음.

서기 745년(신라 경덕왕 4년)	대마도(對馬島) 「무진사종명(无盡寺鐘銘)」
서기 755년(신라 경덕왕 14년)	「화엄경 사경 조성기(華嚴經寫經造成記)」
서기 757년(신라 경덕왕 16년)	우리나라 지명을 중국식으로 고침.
서기 758년(신라 경덕왕 17년)	김천 「갈항사석탑기(葛項寺石塔記)」
서기 785년~798년(신라 원성왕)	영재(永才)가 「우적가(遇賊歌)」 지음(「삼국유사」에 전함).
서기 875년~885년(신라 헌강왕)	처용랑(處容郞)이 「처용가(處容歌)」 지음(「삼국유사」에 전함).
서기 888년(신라 진성여왕 2년)	대구 화상(大矩和尙)과 위홍(魏弘)이 향가집인 「삼대목(三代目)」 편찬함(전하지 않음).
서기 892년(후백제 견훤 1년)	견훤이 후백제 세움.
서기 901년(마진 궁예 1년)	궁예가 마진(태봉) 세움.
서기 918년(고려 태조 1년)	태조 왕건이 고려(高麗) 세움. 태봉(泰封) 멸망함.
서기 923년(고려 태조 6년)	균여(均如)가 태어남.
서기 926년(고려 태조 9년)	발해(渤海) 멸망함.

2. 중고 국어(서기 935년~1446년)

서기 935년(고려 태조 18년)	신라(新羅) 멸망함.
서기 936년(고려 태조 19년)	후백제(後百濟) 멸망함.
서기 941년(고려 태조 24년)경	「경청선원 자적선사 능운탑비(境淸禪院慈寂禪師凌雲塔碑)」

서기 958년(고려 광종 9년)	중국식 과거제 도입하여 한문(漢文)을 필수 과목으로 함.
서기 967년(고려 광종 18년)	「성주 석불좌상 배명(星州石佛坐像背銘)」
서기 973년(고려 광종 24년)	「보현십원가(普賢十願歌)」를 지은 균여(均如)가 돌아감(923년~973년). 「보현십원가」는 향가 모두 11장으로 이루어짐. 이 11장의 작품은 「대화엄수좌원통양중대사균여전(大華嚴首座圓通兩重大師均如傳)」이라는 이름의 「균여전」에 전하는데, 작품 이름은 「예경제불가(禮敬諸佛歌)」·「칭찬여래가(稱讚如來歌)」·「광수공양가(廣修供養歌)」·「참회업장가(懺悔業障歌)」·「수희공덕가(隨喜功德歌)」·「청전법륜가(請轉法輪歌)」·「청불주세가(請佛住世歌)」·「상수불학가(常隨佛學歌)」·「항순중생가(恒順衆生歌)」·「보개회향가(普皆廻向歌)」·「총결무진가(總結無盡歌)」임. 균여(均如) 돌아감.
서기 977년(고려 경종 2년)	「교리마애석불이두문(校里磨崖石佛吏讀文)」, 「고달사원종대사탑비(高達寺元宗大師塔碑)」
서기 1010년(고려 현종 1년)	「개심사 석탑기(開心寺石塔記)」
서기 1021년(고려 현종 12년)	「고려 대장경」의 판각 시작(제1차).
서기 1031년(고려 현종 22년)	「정도사 조탑비(淨兜寺造塔碑)」
서기 1044년(고려 정종 10년)	「보현사 석탑기(普賢寺石塔記)」
서기 1075년(고려 문종 29년)	혁련정(赫連挺)이 「균여전(均如傳)」 지음.
서기 1085년(고려 선종 2년)	「통도사 국장생 석표(通度寺國長生石標)」, 「밀양 국장생 석표(密陽國長生石標)」, 「울주 국장생 석표(蔚州國長生石標)」
서기 1093년(고려 선종 10년)	「나주 서문내 석등기(羅州西門內石燈記)」
서기 1102년(고려 숙종 7년)	「승정 경렴 석관명(僧正景廉石棺銘)」
서기 1103년~1104년(고려 숙종 8~9년)(송 휘종2~3년)	손목(孫穆)이 「계림유사(雞林類事)」 지음.

한국어발달사 연표 621

서기 1107년(고려 예종 2년)	「천북 관세음사 종명(川北觀世音寺鐘銘)」
서기 1109년(고려 예종 4년)	「밀양 오층석탑조성기(密陽五層石塔造成記)」
12세기 초	「대방광불화엄경 소(大方廣佛華嚴經疏)」에 입겿(토) 기입.
서기 1120년(고려 예종 15년)	예종이 「도이장가(悼二將歌)」 지음.
서기 1145년(고려 인종 23년)	김부식(金富軾)이 「삼국사기(三國史記)」 지음.
12세기 중엽	「대방광불화엄경(大方廣佛華嚴經)」에 입겿(토) 기입.
서기 1160년(고려 의종 14년)	「양등사 반자 이두문(楊等寺半子吏讀文)」
서기 1170년(고려 의종 24년)	정서(鄭敍)가 「정과정곡(鄭瓜亭曲)」 지음(1147년~1170년).
서기 1177년(고려 명종 7년)	「표충사 함은 향완 이두문(表忠寺含銀香垸吏讀文)」
서기 1201년(고려 신종 4년)	「태화이년명반자이두문(泰和貳年銘半子吏讀文)」
서기 1214년(고려 고종 1년)	「고령사 반자 이두문(高嶺寺飯子吏讀文)」
서기 1217년(고려 고종 4년)	「정축명 반자 이두문(丁丑銘飯子吏讀文)」
서기 1224년(고려 고종 11년)	「이의사 반자 이두문(利義寺飯子吏讀文)」
서기 1226년(고려 고종 13년)	「수선사 사원 현황기(修禪社寺院現況記)」
서기 1234년(고려 고종 21년)	주자(鑄字)로 「고금상정예문(古今詳定禮文)」 50권 간행(전하지 않음). 「동국이상국집(東國李相國集)」에 전함.
서기 1236년(고려 고종 23년)	「고려 대장경」 판각 시작(제2차).
13세기 중엽이전	대장도감(大藏都監)에서 「향약구급방(鄉藥救急方)」 간행(후대 중간본만 전함).
서기 1238년(고려 고종 25년)	「복천사 반자 이두문(福泉寺飯子吏讀文)」
서기 1240년(고려 고종 27년)	「수정사 반자 이두문(修定寺飯子吏讀文)」
서기 1241년(고려 고종 28년)	이규보(李奎報)가 「동국이상국집」 완성.
13세기 중엽	「금광명경(金光明經)」과 「구역 인왕경(舊譯仁王經)」에 입겿(토) 기입.

서기 1251년(고려 고종 38년)	「고려 대장경」 판각 완성.
서기 1262년(고려 원종 3년)	「상서도관첩(尙書都官貼)」
13세기 후반	「유가사지론(瑜伽師地論)」에 입겿(토) 기입.
서기 1281년(고려 충렬왕 7년)	「송광사 고려 노비 문서(松廣寺高麗奴婢文書)」
서기 1285년(고려 충렬왕 11년)	일연(一然)이 「삼국유사(三國遺事)」 지음.
서기 1287년(고려 충렬왕 13년)	이승휴(李承休)가 「제왕운기(帝王韻記)」 지음 (1224년~1300년).
서기 1308년(고려 충렬왕 34년)	「쌍화점(雙花店)」(1275년~1308년)
서기 1336년(고려 충숙왕 5년)	「함창 김씨 병자년 준호구 이두문(咸昌金氏丙子年准戶口吏讀文)」
서기 1351년(고려 충정왕 3년)	「감은사 반자 이두문(感恩寺飯子吏讀文)」
서기 1372년(고려 공민왕 21년)	「밀양박씨 임자년 준호구 이두문(密陽朴氏壬子年准戶口吏讀文)」
서기 1376년~1382년(고려 우왕 2년~8년)	「이자수 고신 이두문(李子脩告身吏讀文)」
서기 1378년(고려 우왕 4년)	장성백암사첩문(長城白巖寺貼文)
서기 1383년~1387년(고려 우왕 9년~13년)	「유종혜 고신이두문(柳宗惠告身吏讀文)」
서기 1385년(고려 우왕 11년)	「장집 소지 이두문(張戢所志吏讀文)」
14세기	고려가요〔동동(動動), 처용가(處容歌), 사모곡(思母曲), 청산별곡(靑山別曲), 가시리, 정석가(鄭石歌), 서경별곡(西京別曲), 이상곡(履霜曲), 만전춘(滿殿春), 상저가(相杵歌), 유구곡(維鳩曲) 등〕
서기 1392년(조선 태조 원년)	고려 멸망함. 조선 건국.
서기 1394년(조선 태조 3년)	정도전(鄭道傳)이 「조선경국전(朝鮮經國典)」 편찬.
서기 1395년(조선 태조 4년)	「대명률직해(大明律直解)」 간행. 정도전 등이 「고려사(高麗史)」 37권 편찬. 정도전이 「경제문감(經濟文鑑)」 편찬.
서기 1396년(조선 태조 5년)	정인지가 태어남.
서기 1397년(조선 태조 6년)	음력 4월 10일(양력 5월 15일) 세종대왕이

	한양 준수방 잠저인 장의동에서 태어남.
서기 1401년(조선 태종 원년)	교서감(校書監)을 고쳐 교서관(校書館)으로 함.
서기 1403년(조선 태종 3년)	주자소를 둠. 계미자(癸未字)를 만듦. 하륜(河崙) 등이「신수동국사략(新修東國史略)」편찬.
14세기말 15세기초	「조선관역어(朝鮮館譯語)」간행.
서기 1409년(조선 태종 9년)	최항이 태어남.
서기 1410년(조선 태종 10년)	하륜 등이「태조실록(太祖實錄)」수찬 시작.
서기 1413년(조선 태종 13년)	「태조실록」편찬 완성.
서기 1414년(조선 태종 14년)	문종(이향)이 태어남.
서기 1415년(조선 태종 15년)	「양잠 경험 촬요(養蠶經驗撮要)」간행.
서기 1416년(조선 태종 16년)	'농국략운(東國略韻)」간행(전하지 않음).
서기 1417년(조선 태종 17년)	「향약구급방(鄕藥救急方)」중간. 세조(이유)·박팽년·신숙주·이개·강희안이 태어남.
서기 1418년(조선 태종 18년, 세종 즉위년)	음력 8월 10일(양력 9월 18일) 세종대왕이 경복궁 근정전(勤政殿)에서 즉위(조선 제4대 임금). 성삼문 태어남.
서기 1420년(조선 세종 2년)	집현전을 확장하고 녹관을 둠. 활자 경자자(庚子字)를 만들기 시작함.
서기 1421년(조선 세종 3년)	주자소에서 경자자(庚子字)를 완성하고 인쇄법을 개량함.
서기 1422년(조선 세종 4년)	세종대왕이 활자의 글씨체를 고쳐 만들게 함.
서기 1423년(조선 세종 5년)	유관(柳觀) 등이「고려사(高麗史)」개수.
서기 1425년(조선 세종 7년)	「태조실록」재필사.
서기 1426년(조선 세종 8년)	「정종실록(定宗實錄)」편찬.
서기 1429년(조선 세종 11년)	「농사직설」편찬.
서기 1430년(조선 세종 12년)	「농사직설」반포.
서기 1431년(조선 세종 13년)	「태종실록」편찬 완성.「향약 채취 월령」간행(필사본만 전함)
서기 1432년(조선 세종 14년)	「신찬 팔도지리지」편찬.「삼강행실도」3권 3책 편찬.

서기 1433년(조선 세종 15년)　　「신찬경제속육전」 편찬. 「향약집성방」 간행(중간본만 전함).
서기 1434년(조선 세종 16년)　　조판 주자의 법을 개량하고 갑인자(甲寅字)를 만듦. 「삼강행실도」 반포(한문본).
서기 1435년(조선 세종 17년)　　주자소를 경복궁으로 옮김.
서기 1436년(조선 세종 18년)　　「자치통감훈의」 반사함. 납활자 병진자(丙辰字)를 만듦.
서기 1438년(조선 세종 20년)　　「신주무원록음주」 이룩됨.
서기 1440년(조선 세종 22년)　　교서관의 글자 연구를 권면함.
서기 1441년(조선 세종 23년)　　단종(이홍위)이 태어남. 「명황계감」 찬집 완료함.
서기 1443년(조선 세종 25년)　　세종대왕이 몸소 「훈민정음(訓民正音)」을 창제함.
서기 1444년(조선 세종 26년)　　세종대왕이 최항, 박팽년, 신숙주, 이선로, 이개, 강희안들에게 의사청에 나아가 『운회(韻會)』를 언문(諺文)으로 번역하게 하고, 동궁(세자)과 진양 대군(이유), 인평 대군(이용)으로 하여금 그 일을 관장하게 함. 집현전 부제학 최만리 등이 훈민정음을 반대하는 상소문을 올림.
서기 1445년(조선 세종 27년)　　세종대왕이 신숙주, 성삼문, 손수산 등을 요동에 보내어 운서(韻書)를 질문하여 오게 함. 권제, 정인지, 안지 등이 『용비어천가(龍飛御天歌)』 전10권(시가 총 125장)을 지음. 「의방유취(醫方類聚)」·「치평요람(治平要覽)」이 이룩됨.

3. 중세국어(서기 1446년 ~ 16세기말)

서기 1446년(조선 세종 28년)   「훈민정음」을 반포하고『훈민정음(訓民正音)』(해례본)을 펴냄. 세종대왕이 대간의 죄를 언문으로 써서 환관 김득상에게 명하여 의금부와 승정원에 보이게 함. 언문청(諺文廳)을 둠. 훈민정음을 이과(吏科)와 이전(吏典)의 시험 과목으로 정함. 소헌 왕후가 돌아감.
서기 1447년(조선 세종 29년)   관리 시험에서 먼저 훈민정음을 치르게 함. 『석보상절(釋譜詳節)』이 완성됨. 『월인천강지곡(月印千江之曲)』이 완성됨. 『동국정운(東國正韻)』 전6권이 완성됨.『용비어천가(龍飛御天歌)』 간행 550본을 근신에게 내려 줌
서기 1448년(조선 세종 30년)   집현전에서 어명을 받들어 언문으로 사서(四書)를 번역하기 시작함.『동국정운(東國正韻)』을 각도와 성균관, 4부학당에 내려 줌.
서기 1449년(조선 세종 31년)   운서(韻書)를 질정하기 위하여 신숙주, 성삼문 등이 명나라 사신의 숙소를 찾아다님.『사리영응기(舍利靈應記)』 간행(추정).
서기 1450년(조선 세종 32년)   성삼문, 신숙주, 손수산들이 명나라 사신에게 운서에 대해 질문함. 세종대왕이 돌아감. 문종 즉위. 영릉 현궁(玄宮)에 하폄(下窆)함.
서기 1451년(조선 문종 원년)   「고려사」 편찬 완성.
서기 1452년(조선 문종 2년, 단종 즉위년)   세종대왕신도비(世宗大王神道碑)를 영릉에 세움.「고려사절요」 편찬. 단종 즉위. 정음청(正音廳)을 혁파함. 문종 돌아감.
서기 1453년(조선 단종 원년)   이선로(이현로) 돌아감.
서기 1454년(조선 단종 2년) 음력 3월 30일(양력 5월 6일)   춘추관에서『세종실록(世宗實錄)』163권을 편찬 완성.
서기 1455년(조선 단종 3년, 세조 원년)   『홍무정운역훈(洪武正韻譯訓)』완성. 강희안이 을해자(乙亥字)를 만듦.「사성통고(四聲通考)」 간행(전하지 않음).

서기 1456년(조선 세조 2년)   집현전(集賢殿)을 없앰. 성삼문·박팽년·하위지·이개·유응부·유성원 등 사육신 사형.
서기 1457년(조선 세조 3년)   성종(이혈)이 태어남. 단종 돌아감.
서기 1459년(조선 세조 5년)   『훈민정음언해(訓民正音諺解)』와 『월인석보(月印釋譜)』 전25권 간행.
서기 1460년(조선 세조 6년)   문과 초장에 「훈민정음」·「동국정운」·「홍무정운」을 시험.
서기 1461년(조선 세조 7년)   간경도감 설치함. 『능엄경언해(楞嚴經諺解)』(활자본) 전10권 5책을 교서관에서 을해자(乙亥字)로 간행.
서기 1462년(조선 세조 8년)   『능엄경언해(楞嚴經諺解)』 목판본 전10권 5책을 간경도감에서 간행.
서기 1463년(조선 세조 9년)   「묘법연화경언해」 7권 간행(추정).
서기 1464년(조선 세조 10년)   「상원사어첩·중창권선문(上院寺御牒重創勸善文)」(현재까지 전해지는 가장 오랜 한글 붓글씨 자료)이 이루어짐. 「선종영가집언해」 2권. 「금강경언해」, 「아미타경언해」, 「심경언해」, 「신간배자예부운약」 간행. 강희안 돌아감.
서기 1465년(조선 세조 11년)   「원각경언해」 간행(추정).
서기 1466년(조선 세조 12년)   『구급방언해』 전2권 2책 간행. 교서관(校書館)을 전교서(典校署)로 고침.
서기 1467년(조선 세조 13년)   「목우자수심결언해」 간행. 「법어언해」 간행.
서기 1468년(조선 세조 14년)   세조 돌아감.
서기 1467년~1472년(조선 세조 13년~성종 3년) 「몽상화상법어약록언해」 1책 간행(추정).
서기 1474년(조선 성종 5년)   최항 돌아감.
서기 1475년(조선 성종 6년)   『내훈』 전3권 3책 편찬. 신숙주 돌아감.
서기 1478년(조선 성종 9년)   정인지 돌아감.
서기 1481년(조선 성종 12년)   『두시언해』 전25권 간행. 『삼강행실도언해』 전3권 1책 간행.

서기 1482년(조선 성종 13년)	「남명집언해」, 「금강경삼가해」 간행.
서기 1484년(조선 성종 15년)	전교서(典校署)를 다시 교서관(校書館)으로 고침.
서기 1485년(조선 성종 16년)	「불정심경언해(관음경언해)」, 「오대진언」 간행.
서기 1489년(조선 성종 20년)	「구급간이방」 간행.
서기 1492년(조선 성종 23년)	「금양잡록」, 「이로하」 간행.
서기 1493년(조선 성종 24년)	『악학궤범』 전9권 3책 간행.
서기 1494년(조선 성종 25년)	성종 돌아감.
서기 1496년(조선 연산군 2년)	「육조법보단경언해」, 「진언권공언해」 간행.
서기 1502년(조선 연산군 8년)	「동국여지승람」 반사함.
서기 1504년(조선 연산군 10년)	연산군의 잘못을 지적하는 한글 문서 사건이 나서, 한글 가르치기를 금지시키고 한글로 된 책들을 불사르게 함. 육조·의금부 및 각 사에서 아뢰는 공사에 이두를 쓰지 말게 함.
16세기 초기(조선 중종 때)	「시용향악보」 간행(고가요 26편이 전함).
서기 1506년(조선 중종 1년)	언문청을 없앰.
서기 1513년(조선 중종 8년)	검박(儉朴)을 권장하는 전지(傳旨)를 언문으로 번역하게 함.
서기 1514년(조선 중종 9년)	「속삼강행실도」 간행.
서기 1516년(조선 중종 11년)	주자도감을 설치함.
서기 1517년(조선 중종 12년)	최세진이 편찬한 『사성통해』 전2권 2책 간행. 「번역노걸대」, 「번역박통사」 간행.
서기 1518년(조선 중종 13년)	『이륜행실도』, 『번역소학』, 「여씨향약언해」, 「정속언해」 간행.
서기 1519년(조선 중종 14년)	김정국이 편찬한 「경민편언해」 간행.
서기 1525년(조선 중종 20년)	「간이벽온방」 간행.
서기 1527년(조선 중종 22년)	최세진이 편찬한 『훈몽자회』 전3권 1책 간행.
서기 1530년(조선 중종 25년)	「신증 동국여지승람」 간행.
서기 1536년(조선 중종 31년)	한글석비 영비각자 세움(현재까지 전해지는 가장 오랜 한글 석비). 최세진이 「운회 옥편」

	엮음.
서기 1539년(조선 중종 34년)	최세진이「이문집람」엮음.
서기 1541년(조선 중종 36년)	「우마양저염역치료방」간행.
서기 1542년(조선 중종 37년)	「본문온역이해방」간행. 최세진 돌아감.
조선 중종 때	「노박집람」간행.「배자예부운략」간행.「시용향악보」간행.
서기 1553년(조선 명종 8년)	「불설대보부모은중경」간행.
서기 1560년(조선 명종 15년)	「성관자재구수육자선정」간행.
서기 1568년(조선 선조 원년)	「월인석보」간행(중간, 희방사 판).
서기 1569년(조선 선조 2년)	「진언집」,「선가귀감」,「칠대만법」간행.
서기 1572년(조선 선조 5년)	「염불작법」간행.
서기 1573년(조선 선조 6년)	「내훈」간행(내사기)
서기 1574년(조선 선조 7년)	『여씨향약언해』(교정본) 간행.
서기 1575년(조선 선조 8년)	광주판『천자문』1책 간행.「원각경언해」간행(중간).
서기 1576년(조선 선조 9년)	유희춘의「신증유합」간행.
서기 1577년(조선 선조 10년)	「초발심자경」간행.
서기 1579년(조선 선조 12년)	「중간경민편」간행.「이륜행실도」간행(개간본).
서기 1581년(조선 선조 14년)	「농사직설・금양잡록」간행(중간).
서기 1583년(조선 선조 16년)	『석봉천자문』1책 간행.
서기 1585년(조선 선조 18년)	교정청 설치.
서기 1587년(조선 선조 20년)	교정청에서『소학언해』전6권 4책 간행.(내사기는 선조 21년 1월로 됨).
서기 1588년(조선 선조 21년)	사서・삼경의 음석(音釋)을 교정하고 언해를 마침.
서기 1590년(조선 선조 23년)	사서언해(「대학언해」1책,「중용언해」1책,「논어언해」4권 4책,「맹자언해」14권 7책) 간행 반사.「효경언해」간행 반사.
서기 1592년(조선 선조 25년)	임진왜란이 일어남.

4. 근대국어(17세기초엽~서기 1894년)

서기 1601년(조선 선조 34년)	「석봉천자문」 간행(재간).
서기 1606년(조선 선조 39년)	「주역언해」 간행.
서기 1607년(조선 선조 40년)	「악장가사」 간행(추정).
서기 1608년(조선 선조 41년)	「언해두창집요」, 「언해태산집요」 간행.
서기 1609년(조선 광해군 원년)	「사서석의」 간행.
서기 1610년(조선 광해군 2년)	「악학궤범」 간행(임란후판본).
서기 1612년(조선 광해군 4년)	「연병지남」 간행. 「용비어천가」 간행(중간). 「중용언해」 간행(중간). 「소학언해」 간행(중간).
서기 1613년(조선 광해군 5년)	허준의 『동의보감』 전 25권 25책 간행. 「계축일기」, 「시경언해」 간행.
서기 1615년(조선 광해군 7년)	「배자예부운략」 간행.
서기 1617년(조선 광해군 9년)	『동국신속삼강행실도』 전18권 18책 간행.
서기 1620년(조선 광해군 12년)	「태평광기언해」 간행.
서기 1627년(조선 인조 5년)	「첩해신어」 간행.
서기 1632년(조선 인조 10년)	「중간두시언해」, 「가례언해」 간행.
서기 1633년(조선 인조 11년)	「향약집성방」 간행(중간).
서기 1635년(조선 인조 13년)	「화포식언해」 간행.
서기 1636년(조선 인조 14년)	병자호란이 일어남.
서기 1639년(조선 인조 17년)	「구황촬요벽온방」 간행.
서기 1646년(조선 인조 24년)	최석정이 태어남.
조선 인조 때	이서의 「마경초집언해」 간행.
서기 1653년(조선 효종 4년)	「벽온신방」 간행.
서기 1655년(조선 효종 6년)	『농가집성』 간행. 『악학궤범』 간행(후판본).
서기 1656년(조선 효종 7년)	「경민편언해」 간행.
서기 1657년(조선 효종 8년)	「어록해」 간행.
서기 1659년(조선 효종 10년)	『용비어천가』 간행(중간).
서기 1660년(조선 현종 원년)	「신간구황촬요」 간행.
서기 1664년(조선 현종 5년)	「유합」 간행(중간).

서기 1670년(조선 현종 11년)　　「노걸대언해」 간행.
서기 1675년(조선 숙종 원년)　　「노걸대언해」 간행(중간).
서기 1676년(조선 숙종 2년)　　「첩해신어」 간행(중간).
서기 1677년(조선 숙종 3년)　　「박통사언해」 간행(중간).
서기 1678년(조선 숙종 4년)　　최석정이 『경세훈민정음도설』 지음. 「배자예부운략」 간행(활자본).
서기 1682년(조선 숙종 8년)　　「마경초집언해」 간행(중간).
서기 1687년(조선 숙종 13년)　　「송강가사」(성주본) 간행.
서기 1690년(조선 숙종 16년)　　「역어유해」 간행.
서기 1691년(조선 숙종 17년)　　숙종이 「훈민정음후서(訓民正音後序)」 지음. 숙종의 서문이 붙은 「석봉천자문」 중간.
서기 1693년(조선 숙종 19년)　　활자본 「맹자언해」, 「중용언해」 간행.
서기 1694년(조선 숙종 20년)　　숙종의 서문이 붙은 「석봉 천자문」 간행(중간).
서기 1695년(조선 숙종 21년)　　활자본 「대학언해」·「주역언해」·「시경언해」·「서경언해」 간행.
서기 1697년(조선 숙종 23년)　　박성원이 태어남.
서기 1698년(조선 숙종 24년)　　「신전자초방언해」 간행.
서기 1703년(조선 숙종 29년)　　「왜어유해」, 「팔세아」, 「소아론」, 「청어노걸대」 간행. 「삼역총해」 간행. 홍계희가 태어남.
서기 1704년(조선 숙종 30년)　　「미타참절요」 간행.
서기 1708년(조선 숙종 34년)　　「송강가사」(관서본) 간행.
서기 1712년(조선 숙종 38년)　　신경준이 태어남.
서기 1715년(조선 숙종 41년)　　최석정이 돌아감.
조선 숙종 때　　「동몽선습언해」 간행.
서기 1721년(조선 경종 원년)　　「오륜전비기언해」 간행.
서기 1728년(조선 영조 4년)　　「청구영언」 편찬.
서기 1729년(조선 영조 5년)　　도활자(陶活字)가 제작됨.
서기 1736년(조선 영조 12년)　　「어제여사서언해」 간행. 「어제내훈」 간행.
서기 1744년(조선 영조 20년)　　「어제소학언해」 간행. 정동유가 태어남.
서기 1745년(조선 영조 21년)　　「어제상훈언해」 간행.

서기 1747년(조선 영조 23년)   박성원이 『화동정음통석운고』 지음.
서기 1748년(조선 영조 24년)   「동문유해」, 「증수무원록」 간행.
서기 1750년(조선 영조 26년)   신경준이 『훈민정음운해』 지음.
서기 1751년(조선 영조 27년)   홍계희가 『삼운성휘』 지음.
서기 1755년(조선 영조 31년)   「천의소감언해」 간행.
서기 1756년(조선 영조 32년)   「어제훈서언해」 간행.
서기 1757년(조선 영조 33년)   「계주윤음」 간행.
서기 1759년(조선 영조 35년)   「동문선습」 간행.
서기 1760년(조선 영조 36년)   「화엄경행원품」 간행.
서기 1763년(조선 영조 39년)   「일동장유가」, 「해동가요」 편찬.
서기 1765년(조선 영조 41년)   「청어노걸대신석」, 「박통사신석언해」, 「어제
                              백행원」 간행. 「용비어천가」 간행(숭산).
서기 1767년(조선 영조 43년)   박성원 돌아감.
서기 1768년(조선 영조 44년)   「몽어유해」 간행.
서기 1769년(조선 영조 45년)   「상운성휘」 간행.
서기 1771년(조선 영조 47년)   홍계희 돌아감.
서기 1772년(조선 영조 48년)   「십구사략어해」 간행(추정).
서기 1773년(조선 영조 49년)   유희가 태어남.
서기 1774년(조선 영조 50년)   「삼역통해」 간행(증보본).
서기 1775년(조선 영조 51년)   「역어유해보」 간행.
서기 1776년(조선 영조 52년, 정조 즉위년) 「염불보권문」 간행. 규장각을 설치함.
서기 1777년(조선 정조 원년)   「명의록언해」 간행. 「소아론(신석소아론)」 간
                              행. 「팔세아(신석팔세아)」 간행(중간).
서기 1778년(조선 정조 2년)   「방언집석」 편찬.
서기 1779년(조선 정조 3년)   「한청문감」 간행(추정).
서기 1781년(조선 정조 5년)   신경준 돌아감.
서기 1783년(조선 정조 7년)   「자휼전칙」 간행.
서기 1785년(조선 정조 9년)   「전율통보」 편찬. 「대전통편」 간행.
서기 1787년(조선 정조 11년)   「병학지남」 간행.
서기 1788년(조선 정조 12년)   「가체신금사목」 간행. 이규경이 태어남.

서기 1789년(조선 정조 13년)　　이의봉이 「고금석림」 편찬.
서기 1790년(조선 정조 14년)　　「첩해몽어」, 「무예도보통지언해」 간행.
서기 1791년(조선 정조 15년)　　「고산유고」 간행.「증수무원록언해」 간행(신본).
서기 1792년(조선 정조 16년)　　「증수무언록」 간행.
서기 1795년(조선 정조 19년)　　동활자 30만자를 주조함.「청장관전서」 간행.
서기 1796년(조선 정조 20년)　　「규장전운」, 「경신록언석」 간행. 「전운옥편」
　　　　　　　　　　　　　　　　간행(추정).「신전좌초방언해」 간행(중간).
서기 1797년(조선 정조 21년)　　『오륜행실도』 전5권 4책 간행.
서기 1798년(조선 정조 22년)　　「대동운부군옥」 간행(중간).
서기 1799년(조선 정조 23년)　　「제중신편」 간행.
서기 1800년(조선 정조 24년)　　「노계집」 간행.
조선 정조 때　　　　　　　　　　이성지가 「재물보」 엮음.「유서필지」 간행.
서기 1805년(조선 순조 5년)　　　「신간증보삼략직해」 간행.
서기 1806년(조선 순조 6년)　　　정동유가 「주영편」 지음.
서기 1808년(조선 순조 8년)　　　정동유 돌아감.
서기 1816년(조선 순조 16년)　　한글놋쇠활자를 주조함(박종경).
서기 1819년(조선 순조 19년)　　정약용이 「아언각비」 완성. 『전운옥편』 간행.
서기 1820년(조선 순조 20년)　　강위가 태어남.
서기 1824년(조선 순조 24년)　　유희가 『언문지』 지음.
서기 1837년(조선 헌종 3년)　　　유희 돌아감.
서기 1839년(조선 헌종 5년)　　　「척사윤음」 간행.
서기 1846년(조선 헌종 12년)　　석범이 『언음첩고』를 지음.
서기 1848년(조선 헌종 14년)　　권정선이 태어남.
조선 헌종 때　　　　　　　　　　이규경이 「오주연문장전산고」 지음.
서기 1852년(조선 철종 3년)　　　「태상감응편도설언해」 간행.
서기 1855년(조선 철종 6년)　　　「관성제군명성경」 간행.
서기 1856년(조선 철종 7년)　　　정윤용이 「자류주석」 지음. 유길준이 태어남.
서기 1866년(조선 고종 3년　　　 한징이 태어남.
서기 1869년(조선 고종 6년)　　　강위가 『동문자모분해』 지음.
서기 1872년(조선 고종 9년)　　　「유서필지」 간행(중간).

서기 1876년(조선 고종 13년)   주시경(상호)이 황해도 봉산에서 태어남.「가 곡원류」간행.
서기 1879년(조선 고종 16년)   최광옥이 태어남.
서기 1880년(조선 고종 17년)   「경신록언석」간행. 최초의 한글 전태자모 최지혁체로 된 『한불ᄌᆞ뎐』간행.
서기 1881년(조선 고종 18년)   『누가복음』,『요한복음』번역 간행.
서기 1883년(조선 고종 20년)   최초의 근대식 인쇄소인 박문국이 세워짐 (신연활자로「한성순보」인쇄).
『셩교감략』번역 간행.「화어류초」간행(추정),「화음계몽언해」간행(추정).
서기 1884년(조선 고종 21년)   「마가복음」번역. 강위 도아감.
서기 1885년(조선 고종 22년)   「방약합편」간행. 지석영이 태어님.
서기 1886년(조선 고종 23년)   한성순보가「한성주보」로 개명, 한글판, 한문판, 한글한문판을 발행.
서기 1887년(조선 고종 24년)   로스(J. Ross)의『예수셩교젼서』간행. 성균관 (成均館)을 경학원(經學院)으로 개칭. 장지영이 태어남.
서기 1888년(조선 고종 25년)   이윤재가 태어남.
서기 1889년(조선 고종 26년)   김두봉이 태어남.
서기 1890년(조선 고종 27년)   「한영ᄌᆞ전」,「영한자전」간행.
서기 1893년(조선 고종 30년)   이극로가 태어남.
서기 1891년~1895년(조선 고종 28년~32년) 「ᄉᆞ민필지」간행.

5. 현대국어(서기 1894년~현재)

서기 1894년(조선 고종 31년)   갑오경장으로 우리 글의 이름을 국문(國文)이라 부름.「관보(官報)」국문 사용. 김윤경·최현배가 태어남.
서기 1895년(조선 고종 32년)   유길준이『서유견문』을 국한 혼용문으로 지어 간행. 「국민소학독본」 등 간행.

서기 1896년(조선 고종 33년, 건양 원년) 최초의 순 한글 신문인 「독닙신문」(독립신문)이 창간됨. 「신정심상소학」 간행. 주시경이 한글맞춤법의 통일을 위한 국문동식회(조선문동식회) 설립. 이희승이 태어남.

서기 1897년(조선 고종 34년, 건양 2년) 『셩경직해』 간행, 리봉운의 『국문정리』 간행. 정인승이 태어남.

서기 1898년(조선 고종 35년, 광무 2년) 최초의 일간지 매일신문이 창간됨.

서기 1901년(조선 고종 38년, 광무 5년) 『신식유서필지』 간행.

서기 1903년(조선 고종 40년, 광무 7년) 양주동·홍기문이 태어남.

서기 1905년(조선 고종 42년, 광무 9년) 지석영의 상소문인 『신정국문』이 법령으로 공포됨.

서기 1906년(조선 고종 43년, 광무 10년) 권정선이 「음경(정음 종훈)」 지음. 「초등소학」 간행. 『유서필지』 간행(중간). 최초의 순한글 월간지 『가정잡지』가 발행됨. 국문동식회 해체됨.

서기 1907년(조선 고종 44년, 광무 11년, 순종 즉위년, 융희 1년) 학부 안에 국문연구소를 세움. 주시경이 하기 국어 강습소를 엶. 김선기가 태어남.

서기 1908년(조선 순종 원년, 융희 2년) 한글학회의 전신인 국어연구학회 창립. 주시경이 국문연구소에 낸 「국문연구안」에서 한글 풀어쓰기를 처음 주장함. 최광옥의 『대한문전』 간행. 주시경의 『국어문전음학』 간행. 최창선이 「소년(少年)」 잡지 창간함. 「권왕문」 간행. 지석영의 「아학편」 간행. 이숭녕이 태어남.

서기 1909년(조선 순종 2년, 융희 3년) 유길준의 『대한문전』 간행. 김희상의 『초등국어어전』 간행. 지석영의 「자전석요」 간행.

서기 1910년(조선 순종 3년, 융희 4년) 주시경의 『국어문법』 간행.

한국어발달사 연표 635

서기 1911년	국어연구학회를 '배달말글몯음'(朝鮮言文會)으로 바꿈. 주시경의 『조선어문법』 간행. 김희상의 「조선어전」 간행. 최광옥 돌아감. 김형규가 태어남.
서기 1912년	조선총독부(학무국)에서 『보통학교 언문 철자법』(제1회)을 펴냄.
서기 1913년	'배달말글몯음'을 '한글 모'로 바꿈(회장 : 주시경).
서기 1914년	주시경의 『말의 소리』 간행. 주시경·유길준 돌아감. 최초의 한글타자기인 이원익 5벌식 모아쓰기 타자기가 나옴.
서기 1916년	김두봉의 『조선말본』 간행.
서기 1917년	'한글모'의 학회 활동이 완전 중단됨. 안확의 「조선문법」 간행.
서기 1918년	허웅·유창돈이 태어남.
서기 1919년	3·1운동 일어남. 「독립선언문」 선포.
서기 1920년	조선일보와 동아일보가 창간됨. 조선총독부에서 『조선어사전』 간행. 이규영의 「현금조선어법」 간행. 남광우가 태어남.
서기 1921년	조선어연구회(현 한글학회)가 창립(재창립)됨. 조선총독부에서 『보통학교 언문 철자법 대요』(제2회) 간행. 강매의 「조선어문법제요(상)」 간행.
서기 1922년	김두봉의 『깁더조선말본』 중국 상해에서 간행. 김원우의 「조선정음문전」 간행. 이필수의 「선문통해」 간행.
서기 1923년	권덕규의 「조선어문경위」 간행. 안확의 「수정조선문법」 간행. 이규방의 「신찬조선어법」 간행. 리필수의 「졍음문전」 간행.
서기 1924년	장지영의 「조선어전」 간행.

서기 1925년	강매·김진호의 「잘뽑은 조선말과 글의 본」 간행. 이상춘의 「조선어문법」 간행.
서기 1926년	조선어연구회가 주동이 되어 훈민정음 반포 기념일(가갸날, 음력 9월 29일)을 정하고 기념식을 엶.
서기 1927년	조선어연구회가 동인지 『한글』 창간. 이희상의 「울이 글틀」 간행.
서기 1928년	가갸날을 한글날로 바꿈.
서기 1929년	조선어연구회가 주동이 되어 조선어사전 편찬회를 조직함. 최현배의 『우리말본첫째매』(말소리갈) 간행. 이완용의 「중등교과조선어문전」 간행.
서기 1930년	조선어연구회에서 철자법제정위원회와 표준말사정위원회를 구성함. 조선총독부에서『언문철자법』(제3회) 간행. 장지영의 「조선어철자법 강좌」 간행. 조선어연구회가 「정선 조선어문법」 간행. 최현배의 「조선어의 품사분류론」(조선어문연구소재) 간행.
서기 1931년	조선어연구회를 조선어학회로 바꿈. 박승빈 중심의 조선어학연구회 창립. 박승빈의 「조선어학 강의요지」 간행.
서기 1932년	조선어학회 기관지 「한글」(월간) 첫 호 간행. 박상준의 「개정 철자준거조선어법」 간행. 강매의 「정선 조선어문법」 간행. 김윤경의 「조선말본」(배화제4호 소재) 간행. 양력 10월 29일을 한글날로 삼음.
서기 1933년	조선어학회에서 『한글 마춤법 통일안』 간행 신명균의 「조선어문법」 간행.
서기 1934년	조선어학회 안에 표준말사정위원회를 둠. 최현배의 「중등조선말본」 간행. 조선어연구회

	에서 훈민정음 반포일을 그레고리오력으로 환산해서 10월 28일을 한글날로 삼음. 조선어학연구회가 『정음』 창간. 진단학회 창립. 『진단학보』 창간.
서기 1935년	박승빈의 『조선어학』 간행. 지석영 돌아감.
서기 1936년	조선어사전편찬회를 해산하고 그 일을 조선어학회에서 맡음. 조선어학회가 『사정한 조선어 표준말 모음』 간행. 최현배의 「중등교육조선어법」, 「시골말 캐기 잡책」 간행. 심의린의 「중등학교 조선어문법」 간행.
서기 1937년	조선어학회에서 「한글 맞춤법 통일안 고친판」 간행. 또 조선어학회는 이 해 11월에 '한글 가로 풀어쓰기 안'의 채택을 결의함. 최현배의 『우리말본』, 「한글의 바른길」 간행. 박승빈의 「간이 조선어 문법」 간행. 조윤제의 「조선시가사강」 간행.
서기 1938년	일제가 학교의 조선말 교육을 금지함. 김윤경의 『조선문자 급 어학사』 간행. 문세영의 『조선어사전』 간행. 조선어학회에서 「속담 딱지」, 「자맞춤 딱지」, 「자맞춤 딱지 노는 법」 등을 간행.
서기 1940년	조선어학회가 「외래어 표기법 통일안」을 발표함. 훈민정음 원본이 경북 안동의 이한걸님 집에서 발견됨. 일제가 조선말로 된 책의 출판을 금지함.
서기 1941년	조선어학회에서 「외래어 표기법 통일안」 간행. 권영달의 「조선어문정체」 간행.
서기 1942년	조선어학회에서 「조선말 큰사전」 조판을 시작함. 최현배의 『한글갈』 간행. 조선어학회 수난 사건이 일어남(학회의 모든 일이 중단

	됨). 양주동의 『조선고가연구』 간행.
서기 1943년	이윤재 돌아감.
서기 1944년	한징 돌아감.
서기 1945년	8·15 해방을 맞아 조선어학회 사건으로 연루되어 복역중이던 이극로·최현배·이희승·정인승이 8월 17일 석방됨. 조선어학회가 지은「한글 첫 걸음」 등 각종 국어교과서를 군정청 학무국에서 발행. 군정청 학무국 조선교육심의회 교과서분과에서 '한자는 없애고, 모든 글은 가로쓰기'로 결정함.「훈민정음」원본 기록의 '정통 9월 상한'을 근거로 한글날을 양력 10월 9일로 다시 바꿈.
서기 1946년	정부에서 한글날을 공휴일로 지정함. 훈민정음 반포 500돌 기념 한글날 기념식을 덕수궁에서 성대하게 거행함. 조선어학회에서「훈민정음원본」 영인 간행. 홍기문의 『정음발달사』 간행. 정열모의 『신편고등국어문법』 간행. 박종우의「한글의 문법과 실제」 간행. 이상춘의「국어문법」 간행. 박창해의「쉬운 조선 말본」 간행. 김병제의「한글 맞춤법 해설」 간행.
서기 1947년	조선어학회가 『조선말 큰 사전』(큰사전) 첫권 간행(을유문화사). 최현배의「글자의 혁명」 간행. 양주동의「여요전주」 간행. 홍기문의「조선문법연구」 간행. 이극로의「실험도해조선어음성학」 간행. 이윤재·김병제의「표준조선말사전」 간행. 유재헌의「국어 풀이씨 가름」 간행. 김근수의「중학 국문법책」 간행. 장하일의「중등 새 말본」 간행. 이희승의「한글맞춤법통일안 강의」 간행.

서기 1948년	최현배의「중등 조선 말본」간행. 김윤경의『나라말본』·「중등말본」간행. 이영철의「중등 국어 문법」간행. 박태윤의「중등 국어 문법」간행. 정열모의「초급 국어 문법 독본」·「고급국어문법 독본」간행. 대한민국 정부 세움. 문교부가『한자 안 쓰기의 이론』펴냄. 방종현의「훈민정음통사」간행. 정태진의「고어방언사전」간행. 이극로의「국어학논총」간행. '한글 전용에 관한 법률'(1948. 10. 9 법률 제6호)이 공포됨. 조선어학회가「새짓힌 한글맞춤법통일아」한글판 간행. 세종중등국어교사양성소 설립. 김성칠의「용비어천가 역주」간행. 유열의「풀이반 훈민정음」간행. 이숭녕의「국어음운론연구 제1집 'ㆍ' 음고」간행. 석주명의「제주도 방언집」간행.
서기 1949년	조선어학회가 '재단법인 한글집'의 설립을 허가 받음. 조선어학회를 '한글학회'로 바꿈. 이숭녕의「고어의 음운과 문법」,「조선어음운론연구」간행. 이인모의「재미나고 쉬운 새조선 말본」간행. 장하일의「표준 말본」간행. 정인승의「표준 중등 말본」간행. 이희승의「초급 국어문법」간행. 심의린의「개편 국어 문법」간행. 한글전용촉진회(위원장: 최현배) 조직함. 공병우가 3벌식 가로쓰기 타자기를 개발함. 이상훈의「조선옛말사전」간행. 김형규의「국어학개론」간행. 정희준의「조선고어사전」간행.
서기 1950년	한글학회가「큰사전」제3권 간행. 6.25사변이 일어남.

서기 1951년	최현배의 「우리말 존중의 근본 뜻」 간행.
서기 1953년	이진모의 「국어학개설」 간행. 한글 간소화 안이 공포됨(국무총리 훈령 제8호). 한글학회 등에서 한글 간소화 안에 대해 반대 성명을 발표함. 정경해의 「국어 강의」 간행.
서기 1954년	최현배의 「한글의 투쟁」 간행. 이숭녕의 「국어학개설」(상) 간행. 국무회의에서 한글 간소화 안을 통과시키자 각계에서 반대 성명을 발표함.
서기 1955년	최현배의 「깁고고침 우리말본」 간행. 이희승의 「국어학개설」 간행. 허웅의 「용비어천가 역주」 간행. 김민수의 「국어문법」 간행. 대통령이 한글 간소화 안을 거두어 들임. 최정순이 초등 교과서체 밑그림을 제작함.
서기 1956년	이숭녕의 「중등국어문법」·「고등국어문법」 간행. 정인승의 「표준 고등말본」·「표준 중등말본」 간행. 이희승의 「고등문법」·「중등문법」 간행. 세종대왕기념사업회 창립. 장봉선이 종합타자기 발명 특허와 사식기 글자판 배열표 등을 획득. 문교부가 「우리말 말수 사용의 잦기조사-어휘사용 빈도조사-」 간행.
서기 1957년	최현배의 「중등말본(1, 2, 3)」 간행. 최태호의 「중학말본(Ⅰ,Ⅱ,Ⅲ)」 간행. 국무회의에서 한글 전용 적극 추진에 관한 건이 의결됨. 한글학회의 「큰사전」이 완간됨(을유문화사). 이상백의 「한글의 기원」 간행. 최정호가 밑그림 활자(명조체, 고딕체 등) 설계함.
서기 1958년	한글학회가 「개정한 한글맞춤법통일안 용어 수정판」(순우리말 말본 용어판) 간행. 또 「중사전」 간행. 허웅의 「국어음운론」 간행. 최

	현배의 「한글의 투쟁」 간행. 유창돈의 「언문지 주해」 간행.
서기 1959년	장봉선 사식기 한글 제서체를 개발하여 사식기와 함께 국내외에 보급하기 시작. 한글학회가 '한글타자기 글자판 시안'을 발표함. 신기철·신용철의 「표준국어대사전」 간행. 김민수의 「주해 훈민정음」 간행.
서기 1960년	한글학회의 「소사전」 간행. 이희승의 「새고등문법」 간행. 이숭녕의 「고등국어문법」 간행. 김민수·남광우·유창돈·허웅의 「새중학문법」·「새고교문법」 간행. 조정수가 납작체 활자, 벤톤활자 설계함. 남광우의 「고어사전」 간행(동아출판사). 김민수의 「국어문법론 연구」 간행.
서기 1961년	이희승의 「새중등문법」 간행. 유창돈의 「국어변천사」 간행. 허웅의 「중세국어문법」(개정증보판) 간행. 이기문의 「국어사개설」 간행. 이숭녕의 「중세국어문법」 간행. 최현배의 「한글바로적기 공부」 간행. 김두봉 돌아감(?).
서기 1962년	문교부 안에 '한글전용특별심의회'가 생김. 「한글전용특별심의회 회보」 제1집·제2집이 간행됨. 김형규의 「국어사연구」 간행.
서기 1963년	「한글전용특별심의회 회보」 제3집·제4집·제5집이 간행됨으로서 완간됨. 최현배의 「한글 가로글씨 독본」 간행. 김윤경의 「새로지은 국어학사」 간행. 학교문법통일안 공포(문교부).
서기 1964년	모든 국어교과서를 통해서 한자를 노출시켜 가르치기로 함. 유창돈의 「이조어사전」 간행(연세대학교 출판부).

서기 1965년	동국대학교 역경원「팔만대장경」번역 착수. 민족문화추진회 창립. 허웅의 「개고신판 국어음운학」간행.
서기 1966년	최현배의 「배달말과 한글의 승리」간행. 민족문화추진회 한문고전 국역 착수(연려실기술 제1집, 제2집 펴냄). 유창균의 「동국정운연구-연구편-」간행. 박병채의 「역해 훈민정음」간행. 유창돈 돌아감.
서기 1967년	한글학회가 한글 전용을 위한 「쉬운말 사전」간행. 고려대 민족문화연구소가 「한국문화사 대계V- 언어·문화사」간행. 강신항의 「운해 훈민정음 연구」간행.
서기 1968년	국무회의에서 한글 전용 5개년 계획(안)이 의결되고 이어 1970년부터 한글 전용을 실시하기로 결정. 한글 전용 연구위원회가 생김 (대통령령). 한글 전용에 관한 총리 훈령을 공포함. 세종대왕기념사업회가 세종대왕기념관 기공식 거행. 세종대왕기념사업회가 최초로 조선왕조실록 국역사업 착수(『세종실록』제1집, 제2집을 펴냄), 한글전용국민실천회 창립. 최학근의 「국어방언연구」간행.
서기 1969년	허웅의 「옛말본」간행. 정부가 한글 4벌식을 타자기 표준자판으로 공표함. 장봉선이 한글 사진 식자기와 사진 식자판 개발. 김윤경 돌아감.
서기 1970년	세종대왕기념사업회가 「KING SEIJONG THE GREAT」간행. 이동림의 「동국정운연구」간행. 『세종대왕기념관』낙성. 최현배의 「한글만쓰기의주장」(유고) 간행. 최현배 돌아감.
서기 1971년	김석득의 「국어 구조론」간행. 홍이섭의

「세종대왕」(전기) 간행. 이기문의 「훈몽자회 연구」 간행.

서기 1972년   한글학회 기관지 『한글 새소식』(월간) 창간. 세종대왕기념사업회가 「한글기계기본글자판(세벌식 자판)」 제정 공포. 건국대학 출판부에서 「동국정운」 영인 간행.

서기 1973년   정인섭의 「국어 음성학 연구」 간행. 서울대 동아문화연구소가 「국어국문학사전」 간행. 세종대왕기념관 세종문화진열실 개관.

서기 1974년   이응호의 「미군정기의한글운동사」 간행. 허웅의 「한글과 민족문화」 간행. 문효근의 「한국어 성조의 분석적 연구」 간행. 강신항의 「훈민정음」 간행. 김세한의 「주시경전」 간행. 전재호의 「두시언해의 국어학적 연구」 간행. 한글학회가 한글문화협회를 결성함.

서기 1975년   허웅의 「우리옛말본」 간행. 김석득의 「한국어연구사」(상·하) 간행. 김현규의 「국어사개요」 간행. 진태하의 「계림유사 연구」 간행. 이응호의 「개화기의 한글운동사」 간행. 신기철·신용철의 「새우리말 큰사전」 간행. 정경해의 「국문법원리수정론」 간행.

서기 1976년   국어순화추진회 창립. 박태권의 「국어학사논고」 간행. 장지영·장세경의 「이두사전」 간행. 박종국의 「훈민정음」(주해) 간행. 장지영 돌아감.

서기 1977년   한글회관 낙성식 거행. 세종대왕기념사업회가 기관지 「세종문화」 창간. 영릉 성역화를 마치고 세종전 개관. 남기심·이정민·이홍배의 「언어학 개설」 간행. 김민수의 「주시경 연구」 간행. 안병희의 「중세국어 구결의 연

	구」 간행. 양주동 돌아감.
서기 1978년	나진석의 「우리말의 때매김 연구」 간행. 이정호의 「훈민정음의 구조원리 -그 역학적 연구-」(재판) 간행. 김승곤의 「한국어조사의 통사적 연구」 간행. 이극로 돌아감.
서기 1979년	오옥진이 「훈민정음」 판각 복원. 한글 글자꼴 연구 모임을 엶(한글학회). 황희영의 「한국어음운론」 간행. 김석득의 「주시경 문법론」 간행.
서기 1980년	한글학회가 종래 「한글 맞춤법 통일안」을 수정한 「한글 맞춤법 통일안」 간행. 허웅·박지홍의 「주시경선생의 생애와 학문」 간행. 박종국의 「말본사전」 간행(정음사), 이돈주의 「훈몽자회 한자음연구」 간행. 종래 한글 맞춤법 통일안을 수정한 한글 맞춤법을 펴냄(한글학회). 김방한의 「언어학논고」 간행. 김형규의 「한국방언연구」 간행. 김완진의 「향가 해독법 연구」 간행.
서기 1981년	남풍현의 「차자표기법연구」 간행. 이길록의 「국어문법연구」 간행. 이기문의 「개화기의 국문연구」(중판) 간행. 서병국의 「신강훈민정음」(재판) 간행. 주시경이 무덤이 동작동 국립묘지 제2유공자 묘역으로 옮겨짐. 허웅의 「언어학」 간행. 성백인의 「만주어음운론연구」 간행. 정음사 외솔타자기(2벌식) 개발.
서기 1982년	한글학회가 한글 풀어쓰기 연구 모임을 만듦. 최학근의 「한국방언학」 간행. 최세화의 「15세기 국어의 증모음연구」 간행. 이병주의 「두시연구논총」 간행.
서기 1983년	김석득의 「우리말연구사」 간행. 허웅의 「국어

학」 간행. 김완진의 「향가 해독법연구」 간행. 고영근의 「국어문법의 연구」 간행. 김방한의 「한국어의 계통」 간행. 노대규의 「국어의 감탄문 문법」 간행. 박병천의 「한글궁체연구」 간행. 김민수의 「신국어학」 간행. 서병국의 「신강국어학사」 간행. 김승곤의 「음성학」 간행.

서기 1984년　한글학회가 우리말의 로마자 적기를 발표함. 박종국의 「세종대왕과 훈민정음」 간행. 이철수의 「한국어사」 간행. 김영배의 「평안방언 연구」 간행. 학술원 부설 국어연구소 세워짐. 국어연구소 기관지 『국어생활』 창간. 재단법인 한국겨레문화연구원 설립. 조재수의 「국어사전 편찬론」 간행. 박지홍의 「풀이한 훈민정음 -연구주석-」 간행. 서정수의 「존대법의 연구」 간행. 송현의 「한글기계화개론」 간행. 김승곤의 「한국어의 기원」 간행.

서기 1985년　이남덕의 「한국어 어원연구」 간행. 국어순화추진회와 사단법인 한글전용국민실천회가 합쳐서 「사단법인 국어순화추진회」로 새 출발함. 한글 2벌식 표준자판을 공표함. 이성구의 「훈민정음연구」 간행. 남기심·고영근의 「표준국어문법론」 간행. 전재호의 「두시언해강의」 간행.

서기 1986년　한힌샘(주시경) 연구 모임을 만듦(한글학회). 세종대왕기념사업회가 학술지 「세종학연구」 창간. 김일근의 「언간의 연구」 간행. 고영근·이현희의 「주시경 국어문법(교주)」 간행. 정인승 돌아감.

서기 1987년　한글학회가 창립 연월일을 1908년 8월 31일

	로 올려 잡음. 정보교환용 한글 완성형 표준 코드를 제정함. 한글문화단체모두모임 창립. 주시경연구소가 세워 짐. 임홍빈의 「국어의 제귀사 연구」 간행. 김승곤의 「새우리말 연구」 간행. 최세화의 「국어학논고」 간행. 강신항의 「수정증보 훈민정음연구」 간행. 배해수의 「한국어 내용연구(2)」 간행. 전영우의 「국어화법론」 간행. 남영신의 「우리말 분류사전」 간행. 이광정의 「국어품사분류의 역사적 발전에 관한 연구」 간행. 권재선의 「국어학 발전사(현대편)」 간행. 고영근의 「표준중세국어문법론」 간행.
서기 1988년	한글학회가 「한힌샘 주시경 연구」 창간호 간행. 김차균의 「나랏말의 소리」 간행. 문교부에서 국어연구소를 통해 종래의 한글 맞춤법 통일안을 간소화의 방향으로 수정한 「한글맞춤법」을 제정하고 공표함(문교부고시 제88-1호). 주시경연구소가 기관지『주시경학보』창간. 권재선의 「국어학 발전사」 간행.
서기 1989년	허웅의 「16세기 우리 옛말본」 간행. 박병채의 「국어발달사」 간행. 유창균의 「문자에 숨겨진 민족의 연원」 간행. 문교부에서 개정(1988.1.19)한 「한글맞춤법」을 3월부터 시행함. 김승곤의 「우리말 토씨연구」 간행. 고영근의 「국어형태론 연구」 간행. 김웅모의 「국어 평행이동 자동사 낱말밭」 간행. 이희승 돌아감.
서기 1990년	서재극의 「국어어형론고」 간행. 장세경의 「고대차자 복수인명표기연구」 간행. 국어정보학회 창립. 「아름다운 한글 글자체 600년전 -한

| | 글 어제·오늘·내일-」을 세종문화회관 전시실에서 개최. 「세종대왕 치적 특별전」을 세종대왕기념관에서 개최. 김정수의 「한글의 역사와 미래」 간행. 이철수의 「한국어사」(중판) 간행. 최범훈의 「한국어발달사」 간행. 김승곤의 「한국어통어론」 간행. 안병희의 「중세국어문법」 간행. 세종대왕기념사업회가 한글고전역주사업에 착수함(「석보상절」 제6, 9, 11). 김형주의 「국어학사」 간행. |
| 서기 1991년 | 한글학회가 「우리말 큰사전」과 「한국 땅이름 큰사전」 간행. 노대규·김영희·이상복·임용기·성낙수·최기호의 「국어학서설」 간행. 국어연구소를 국립국어연구원으로 개편함. 세종대왕기념사업회가 「교과서 본문용 한글 글자본」을 제정함. 한국정신문화연구원이 「한국민족문화대백과사전」 간행. 이기문의 「국어 어휘사 연구」 간행. 강신항의 「현대국어 어휘사용의 양상」 간행. 최낙복의 「주시경 문법의 연구(1)」 간행. |
| 서기 1992년 | 이익섭의 「국어표기법 연구」 간행. 김승곤의 「한국어의 토씨와 씨끝」 간행. 김석득의 「우리말 형태론 -말본론-」 간행. 글자체 용어 명조체를 바탕체로, 고딕체를 돋움체로 고쳐 부르기로 함. 세종대왕기념사업회가 「한글 네모체 및 옛한글 글자본(일부)」을 제정. 권재선의 「한글연구 (1), (2)」 간행. 강길운의 「훈민정음과 음운체계」 간행. 이윤석의 「용비어천가」(역주) 간행. 허웅의 「15·16세기 우리 옛말본의 역사」 간행. 성낙수의 「제주도 방언의 통사론적 연구」 간행. 김선기·홍기문

돌아감.

서기 1993년   김차균의「우리말 성조」간행. 남기심의「국어조사의 용법」간행. 홍윤표의「국어사문헌자료연구 -근대편 1-」간행. 백응진의「한국어역사음운론」간행. 세종대왕기념사업회가 「제목용 한글 글자본 및 본문용 옛한글글자본」을 제정. 김진규의「훈몽자회 어휘연구」간행. 김민수의「현대의 국어연구사」간행. 김응모의 「국어이동자동사 낱말밭」간행. 성낙수의「우리말 방언학」간행. 유창균의「훈민정음 역주」간행. 박영순의「현대 한국어 통사론」간행. 남광우의「고어사전」간행. 임종택・이현규・권재선・김동소・홍순성・서보월의「신국어학」간행. 유창균의「국어학사」간행. 김선기의「옛적노래의 새풀이 향가 신석」(유고) 간행.

서기 1994년   박종국의「국어학사」간행. 박영순의「한국어 의미론」간행. 세종대왕기념사업회가「한글쓰기체 글자본(정자체, 흘림체)」과「옛한글 글자본(일부)」를 제정. 서정수의「국어문법」간행. 권재일의「한국어 문법의 연구」간행. 홍윤표의「근대국어연구(1)」간행. 고영근의「통일시대의 어문문제」간행. 박갑수의「국어 문체론」간행. 박종국의「용비어천가」(증보문헌비고 악고 2) 번역본(세종대왕기념사업회) 간행. 김슬옹・김불균・신영희의「한글이름짓기사전」간행. 이숭녕 돌아감.

서기 1995년   허웅의「20세기 우리말의 형태론」간행. 홍윤표・송기중・정광・송철의의「17세기 국어사전」간행. 이현규의「국어 형태 변화의

	원리」 간행. 세종대왕기념사업회가 「한글 궁체 글자본(정자체, 흘림체)」을 제정. 한글학회가 「국어학사전」 펴냄. 문화체육부와 세종대왕기념사업회가 바탕체, 돋움체, 제목바탕체, 제목돋움체, 쓰기정자체, 쓰기흘림체, 궁체정자체, 궁체흘림체, 훈민정음체의 9종의 한글 글자본을 개발 보급함. 조선왕조실록 국역본 전자책(CD-ROM)을 간행 보급함(세종대왕기념사업회·민족문화추진회·서울시스템주식회사). 김승곤의 「한국어의 토씨와 씨끝」 간행. 김기혁의 「국어문법연구-형태·통어론-」 간행. 김응모의 「한국어 종교 관혼상제 자동사 낱말밭」 간행. 조재수의 「남북한말 비교사전」 간행. 장재성의 「문장표현사전」 간행. 고영근의 「최현배의 학문과 사상」 간행.
서기 1996년	한글학회가 「한글 우리말큰사전」(전자사전)과 「국어학 자료 은행 편람」 I~IV권 간행. 허웅의 「국어학 -우리말의 오늘 어제-」 간행. 김승곤의 「현대나라말본 -형태론-」 간행. 박종국의 「한국어발달사」 간행. 최남희의 「고대국어 형태론」 간행. 박갑수의 「한국 방송언어론」 간행. 김윤학의 「땅이름연구 -음운형태-」 간행. 김응모의 「한국어 신체관련 자동사 낱말밭」 간행. 김계곤의 「현대국어의 조어법 연구」 간행. 한국교열기자회가 「한국 신문방송말글 변천사(상)(하)」 간행. 김형규 돌아감.
서기 1997년	한글학회가 「훈민정음」 원본 영인본과 「훈민정음 : 옮김과 해설」 간행. 김형철의 「개화기

국어연구」 간행. 김형배의 「국어의 사동사연구」 간행. 「세종성왕기념탑」 건립. 세종대왕 탄신 600돌기념행사를 성대하게 거행. 김응모의 「한국어 구기경기 동사 낱말밭」·「한국어운동경기 동사 낱말밭」 간행. 박홍길의 「우리말 어휘 변천연구」 간행. 김민수의 「김정일시대의 북한언어」 간행. 김영배의 「증보평안방언연구」 간행. 서상규의 「노걸대어휘색인 1~6」 간행. 김민수의 「우리말 어원사전」 간행. 남광우 돌아감.

서기 1998년 연세대학교 언어정보개발연구원이 「연세 한국어사전」 간행. 권재일의 「한국어 문법사」 간행. 세종대왕기념사업회 부설 한국글꼴개발원 설립. 「글꼴 1998」 창간. 세종대왕기념사업회가 「세종문화사대계1-어학·문학-」 간행. 문화관광부에서 국어정보화 중장기 발전 계획인 '21세기 세종 계획'에 착수함. 김승곤의 「현대국어 통어론」 간행. 김영희의 「한국어 통사론을 위한 논의」 간행. 김응모의 「한국어 여가선용 자동사 낱말밭」 간행. 이승명의 「추상과 의미의 실재」, 「의미론 연구의 새 방향」 간행. 배문식의 「우리말의 뿌리를 찾아서」 간행. 이대규의 「국어교육의 이론」 간행. 김영태의 「경남 방언과 지명연구」 간행. 김동소의 「한국어변천사」 간행. 한태동의 「세종대의 음성학」 간행. 고영근의 「한국 어문운동과 근대화」 간행. 한국정신문화연구원 인문연구실의 「두시와 두시언해 연구」 간행.

서기 1999년 허웅의 「20세기 우리말의 통어론」 간행. 김

한국어발달사 연표   651

서기 2000년	차균의「우리말 방언 성조의 비교」,「우리말의 시제구조와 상 인식」간행. 국립국어연구원이「표준국어대사전」간행. 정재도의「국어사전바로잡기」간행. 이관규의「학교문법론」간행. 김응모의「한국어 싸움 국방의무 자동사 낱말밭」간행. 이수열의「우리말 바로쓰기」간행. 세종한글서예큰뜻모임 창립. 서상규·한영균의「국어정보학 입문」간행. 남풍현의「이두연구」간행. 이강로의「사성통해의 연구(상)」간행. 김응모의「일상 언어 자동사 낱말밭」간행. 김석득의「외솔 최현배 학문과 사상」간행. 조재수의「남북한말 사전」간행. 세종대왕기념사업회가「한글의 세계화」를 선언하고, 묵필글씨「훈민정음서문」을 세계 각국 57곳에 보냄.「한글글꼴용어사전」간행. 윤석민의「현대국어의 문장 종결법 연구」간행.
서기 2001년	김계곤의「경기도 사투리연구」간행. 남기심의「현대국어통사론」간행. 한국어세계화재단 설립. 세종대왕기념사업회가「한국고전용어사전」전5집을 펴냄.「세종문화사대계」전5집으로 완간함. 고영근의「한국의 언어연구」간행. 이윤하의「현대국어의 대우법 연구」간행. 박영순의「외국어로서의 한국어교육론」간행. 이근술·최기호의「토박이말 쓰임사전」간행. 고영근의「역대 한국문법의 통합적 연구」간행.
서기 2002년	김동소의「중세한국어 개설」간행. 한글학회가「우리 토박이말 사전」간행. 김영진의「국어사연구」간행. 허재영의「부정문의 통

사적연구」 간행. 이현복의 「음성언어 연구의 어제와 오늘」 간행. 김차균의 「영호남 방언 운율비교」 간행. 하치근의 「현대 우리말본」 간행. 한길의 「현대우리말의 높임법 연구」 간행. 김종도의 「인지문법의 디딤돌」 간행. 김응모의 「한국어 몸동작 자동사 낱말밭」·「한국어 정서자동사 낱말밭」·「한국어 인지심리자동사 낱말밭」·「한국어 심리 자동사 낱말밭」 간행. 박홍길의 「낱말의 이해」 간행. 박태권의 「국어학사 연구」 간행. 진성기의 「제주도 금기어 연구사전」 간행. 김웅배의 「전남방언연구」 간행. 노대규의 「한국어의 화용의미론」 간행. 조오현·김용경·박동근의 「컴퓨터 통신언어 사전」 간행.

서기 2003년   박종국의 「한글문헌해제」 간행. 김차균의 「영남 방언 성조비교」 간행. 최용기의 「남북한 국어 정책 변천사 연구」 간행. 디지털 한글박물관을 엶. 문순덕의 「제주방언 문법연구」 간행. 이기갑의 「국어방언문법」 간행. 최낙복의 「주시경 문법의 연구(2)」 간행.

서기 2004년   유영두의 「생성소멸 문법」 간행. 김영진 등의 「대전사회방언연구」 간행. 리의도의 「이야기 한글 맞춤법」 간행. 고영근의 「한국어의 시제 서법 동작상」 간행. 세종대왕기념사업회가 「현대 한국대표 서예가 한글 서체를 컴퓨터 글자체로 개발함(원곡 김기승체, 일중 김충현체, 평보 서희환체, 갈물 이철경체, 꽃뜰 이미경체). 송재선의 「우리말 속담대사전」 간행. 이광호의 「근대국어문법론」 간행. 허웅 돌아감.

서기 2005년	한글학회가 「우리말사전」(중사전) 펴냄. 배해수의 「한국어불절구조 이해 -이론과 방법과 실제-」 간행. 한치근의 「우리말 연구의 이론과 실제」 간행. 박창원의 「훈민정음」 간행. 최남희의 「고구려어 연구」 간행. 국어기본법 제정(1월 27일 법률 제7368호), 한글전용에 관한 법률 폐지, 한글날 국경일로 제정(12월 8일 국회 통과, 12월 29일 법률 제7771호로 공포)됨. 세종대왕기념사업회가 「동국정운체(한글체)」를 컴퓨터 글자체로 개발. 최규수의 「주시경 문법론과 그 뒤의 연구들」 간행.
서기 2006년	560돌 한글날 첫 국경일 행사를 성대하게 거행. 세종대왕기념사업회가 「용비어천가」 서문에서 제5장까지 판각 복원. 백문식의 「우리말 부사 사전」 간행.
서기 2007년	박종국의 「훈민정음종합연구」 간행. 박창해의 「현대한국어 통어론 연구」 간행. 김동소의 「한국어의 역사」 간행. 송상조의 「제주말 큰사전」 간행. 반재원·허정윤의 「한글창제 원리와 옛글자 살려쓰기」 간행. 김진영·차충환·김동건의 「판소리문화사전」 간행. 박병천의 「조선시대 한글 서간체 연구」 간행. 한글학회가 「2007 가게이름 조사 보고서 -부산·대구·인천·광주·대전·진주-」 간행.
서기 2008년	신기철의 「한국문화대사전」 전10권 간행. 진성기의 「제주도 옛말사전」 간행. 박종국의 「겨레의 큰 스승 세종성왕」 간행. 한글학회·국립국어원이 '한글을 빛낸 자랑스러운 인물' 「마르지 않는 한글 샘 주시경」 간행.

박종국 약력

1935년 경기도 화성 출생, 아호 : 문원(文園).

연세대학교 문과대학 국어국문과 졸업/
건국대학교 대학원 문학석사/
세종대학교 명예문학박사/
연세대학교 문과대학 및 교육대학원 출강/
한양대학교 인문과학대학 및 사범대학 출강.
세종대왕기념사업회 부회장/세종대왕기념관 관장/
국어조사연구위원회 표준말 사정위원/
재단법인 한국겨레문화연구원 원장, 이사(현)/
한글학회 감사, 평위원(현)/
학교법인 성신학원 감사/재단법인 운정재단 이사(현)/
재단법인 외솔회 이사/외솔회 부회장, 고문(현)/
국어순화추진회 부회장(현)/
민주평화통일정책자문회의 상임위원 및 위원/
연세대학교 문과대학 동창회 회장, 명예회장, 고문(현)/
한글서체개발운영위원회 위원장(현)/
한글문화단체모두모임 부회장, 고문(현)/
세종한글서예큰뜻모임 명예회장, 고문(현)/
재단법인 재외동포교육진흥재단 이사/
재단법인 한글재단 이사(현)/
세종대왕기념사업회 회장(현).

[지은책] 훈민정음 주해(1976), 말본사전(1980), 세종대왕과 훈민정음(1984), 국어학사(1994), 한국어발달사(1996), 세종대왕기념관(2001), 한글문헌 해제(2003), 용비어천가 역주

훈민정음종합연구(2007), 겨레의 큰 스승 세종성왕(2008)

[공 저] 세종대왕 전기, 세종대왕어록, 세종연구자료총서, 세종대왕연보, 세종문화유적총람, 한국선현위인어록, 한국고전용어사전, 한글글꼴용어사전, 기타 논문 및 번역

세종학연구원은 세종대왕의 정신을 이어받아
겨레문화 발전을 위하여 연구 출판 사업을 하는 곳으로
누구나 함께 할 수 있습니다.

한국어발달사 증보

1996년 3월 15일 초판발행
2009년 2월 24일 증보판인쇄
2009년 2월 27일 증보판발행

지은이 박종국
펴낸이 박은화
펴낸데 세종학연구원

주소 : 서울특별시 마포구 동교동 201-50호
전화 : 02-326-0221
팩스 : 02-326-0178
전자우편 : sejongpress@gmail.com
등록번호 : 제313-2007-000053호
등록일 : 2007. 2. 27.

편집 이임
제작 박은화
인쇄 보성피앤씨

ⓒ 박종국, 2009

판권소유 세종학연구원
◎지은이와 협의하에 인지를 생략합니다.

ISBN 978-89-959405-3-2 93710

사름마다 ᄒᆡ여 수ᄫᅵ니겨날로ᄡᅳ·메 便
뼌安한킈 ᄒᆞ고져 ᅙᅳᆯ ᄯᆞᄅᆞ미니라
ㄱ ᄂᆞᆫ 牙앙音ᅙᆞᆷ이니 如ᅀᅧ君군ㄷ字ᄍᆞᆼ 初
총發벓聲셩 ᄒᆞ니 ᄀᆞᆮᄒᆞ니 並뼝書셩ᄒᆞ면 如ᅀᅧ虯
뀨ᇢ字ᄍᆞᆼ 初총發벓聲셩ᄒᆞ니라
ㅋ ᄂᆞᆫ 牙앙音ᅙᆞᆷ이니 如ᅀᅧ快·쾡ᇢ字ᄍᆞᆼ 初총發벓聲셩ᄒᆞ니라
ㆁ ᄂᆞᆫ 이ᄃᆞᆳ 字ᄍᆞᆼ 初총發벓聲셩 ᄋᆞᆫ 처섬
펴아 나ᄂᆞᆫ 소리라 並뼝書셩ᄒᆞ는 글ᄫᅡᆯᄡᅳ
·라